TRIBUTAÇÃO ESTADUAL E MUNICIPAL NO AGRONEGÓCIO:

Antes e Depois da Reforma Tributária

CIP-BRASIL. CATALOGAÇÃO NA PUBLICAÇÃO
SINDICATO NACIONAL DOS EDITORES DE LIVROS, RJ

L92t

Loubet, Leonardo
Tributação estadual e municipal no agronegócio : antes e depois da reforma tributária / Leonardo Loubet. - 1. ed. - São Paulo : Noeses, 2024.

876 p. ; 23 cm.
Inclui bibliografia
ISBN 9788583102359

1. Agricultura - Impostos - Legislação - Brasil. 2. Agroindústria - Impostos - Legislação - Brasil. 3. Reforma tributária. I. Título.

24-94684 CDU: 351.713:63(81)

Gabriela Faray Ferreira Lopes - Bibliotecária - CRB-7/6643

Leonardo Furtado Loubet

Doutor (USP) e Mestre (PUC/SP) em Direito Tributário. Professor Conferencista e Coordenador do Curso de Extensão em Tributação no Agronegócio do IBET – Instituto Brasileiro de Estudos Tributários. Professor em Cursos de Pós-Graduação em Direito Tributário. Membro do Comitê Jurídico e Membro-fundador do Comitê Tributário da SRB – Sociedade Rural Brasileira. Autor do livro Tributação federal no agronegócio (2ª edição, Noeses). Advogado.

TRIBUTAÇÃO ESTADUAL E MUNICIPAL NO AGRONEGÓCIO:

Antes e Depois da Reforma Tributária

2024

editora e livraria
NOESES

Fundador e Editor-chefe: Paulo de Barros Carvalho
Gerente de Produção Editorial: Rosangela Santos
Arte e Diagramação: Renato Castro
Revisão: Microart
Designer de Capa: Aliá3 - Marcos Duarte

2024

editora e livraria
NOESES

Editora Noeses Ltda.

Tel/fax: 55 11 3666 6055

www.editoranoeses.com.br

"O que temeis, homens de pouca fé?"

(Mt: 8, 26)

"Peça e Eu te darei."

(Lc: 11, 9)

"Ajuda-te e Eu te ajudarei."

(Is: 41, 13)

****

"Essa é a convicção que temos diante de Deus, graças a Cristo. Não nos atreveríamos a pensar que essa obra é devida a algum mérito nosso; pelo contrário, é de Deus que vem nossa capacidade."

(2 Coríntios: 3, 4-6)

****

"Seja mais forte do que sua melhor desculpa."

(Autor desconhecido)

Dedico este trabalho, em primeiro lugar, com todas as minhas forças de corpo e de espírito, ao Nosso Senhor Jesus Cristo:

"Senhor, eu vi, vivi e senti a experiência divina diversas vezes em minha vida. O Senhor sempre cuidou de mim, tenho plena convicção disso. Poder concluir este trabalho é só mais uma prova, dentre tantas. A maturidade nos faz perder qualquer constrangimento tolo em dizer publicamente o que sentimos no nosso íntimo, para que passemos a louvar e a evangelizar, ao nosso modo, mais e mais! Obrigado por tudo, especialmente pelos desafios que sempre me impôs! Isso que me fez crescer!"

Dedico todo meu esforço também à minha esposa, Fabrina Bigaton Loubet:

"Fá, estou certo de que sem você não seria o que sou. Você cativa, você ilumina, você inspira! As dificuldades que passamos são para nos edificar e para edificarmos quem está ao nosso entorno. Seu exemplo transforma a vida das pessoas! Muito obrigado por me fazer melhor!"

Dedico esta obra igualmente às minhas filhas, Manuela e Giovana:

"Manu e Gigi, ver as atitudes que vocês, ainda em crescimento, já têm, é algo que me preenche, que me dá pleno sentimento de realização! Espero que vocês continuem assim e que um dia eu e sua mãe possamos ouvir que vocês têm orgulho de nós também! Se no futuro vocês forem metade do ser humano que sua mãe é, nós teremos atingido nosso objetivo!"

Finalmente, dedico este livro, com o mesmo entusiasmo, ao meu amigo Fábio Pallaretti Calcini:

"Calcini, somos amigos há mais de 20 (vinte) anos! Estou certo de que nós dois, cada um ao seu modo e embora separadamente, conseguimos, com muito trabalho e humildade, construir a literatura jurídico-tributária do agronegócio brasileiro! Seu exemplo para mim não é o do jurista (e você o é de mão cheia), mas o do ser humano, que mostra a todos sua vocação, sua perseverança, sempre encarando os desafios diários de cabeça erguida, alicerçado na nossa fé cristã!"

AGRADECIMENTOS

O encerrar de uma jornada sempre leva a um olhar para trás, a uma reflexão sobre tudo o que se passou. É hora de agradecer. Com sinceridade, com força, de coração. Sozinho não somos nada. A gratidão é o sentimento mais nobre que todos temos que ter.

Claro que, em primeiro lugar, agradeço a Deus. Não da boca para fora, jamais protocolarmente. Sinto-me um abençoado, já disse isso várias vezes. Pelas experiências de vida, pelas dificuldades, pelas oportunidades concedidas, pela minha família, pela minha saúde, enfim, pela minha história! Este trabalho é o resultado do que Ele fez e faz por mim!

Evidentemente que tenho que agradecer também ao meu núcleo familiar: a Fá, a Manu e a Gigi! Obrigado pela compreensão por tantos finais de semana sem estar com vocês, pelas viagens que deixamos de fazer nesse período e por todo apoio que me deram!

Agradeço aos meus pais, Wilson Vieira Loubet e Solange Furtado, pela educação que me deram, na sua acepção mais ampla! E igualmente a meu irmão, Luciano Furtado Loubet, pelo exemplo de estudos para mim, durante e depois da faculdade! Ao meu pai sou grato ainda pela revisão minuciosa do texto!

Meus sinceros agradecimentos a todos da equipe do Pithan & Loubet Advocacia, pela ajuda desmedida, sobretudo à minha assistente, Maria Poliana Mendonça dos Reis, que sempre esteve disposta a me auxiliar nos *backups* da tese e nas pesquisas!

Cabe uma menção muito especial aos valorosos préstimos dos colaboradores da Biblioteca do IBDT – Instituto Brasileiro de Direito Tributário, os quais não mediram esforços para me disponibilizar vários dos textos utilizados nesta obra!

De igual forma, agradeço aos Professores Robson Maia Lins e Tácio Lacerda Gama por todo apoio e incentivo ao projeto de encarar o Doutorado na USP, desde o início!

A todos os Professores que tive ao longo do Doutorado, os quais me proporcionaram pontos de vista profundos e diferentes sobre o Direito, colocando-me à prova, justamente o que eu tanto ansiava: os Professores Doutores Luís Eduardo Schoueri, Humberto Bergmann Ávila, Heleno Taveira Torres, Enrique Ricardo Lewandowski, Pierpaolo Cruz Bottini, Roberto Quiroga Mosquera, Gustavo Gonçalves Vettori e Marina Vieira de Figueiredo!

Um agradecimento também à Professora Dra. Marina e ao Prof. Dr. Lucas Galvão de Britto pelas valiosíssimas observações críticas feitas na minha banca de qualificação!

Jamais poderia deixar de agradecer aos membros que compuseram a banca examinadora da minha Tese de Doutorado, publicada através deste livro, os quais, após quase quatro horas de arguição no Salão Nobre da USP no dia 09 de setembro de 2024, concederam-me a aprovação com a distinção *Summa Cum Laude:* Professores Doutores Roque Antonio Carrazza, Paulo Ayres Barreto, Marina Vieira de Figueiredo, Cecília Priscila de Souza e Maria Ângela Lopes Paulino Padilha!

Por fim, mas em caráter especial, quero fazer um agradecimento a quem transformou minha vida acadêmica (e, por consequência, a modificou para melhor em vários outros aspectos): ao meu orientador, o Prof. Dr. Paulo de Barros Carvalho, que está entre os grandes do ontem, do hoje e do amanhã, pela sua genialidade, sua generosidade e seu exemplo!

UMA EXPLICAÇÃO INICIAL: A ABORDAGEM DA REFORMA TRIBUTÁRIA E SEUS REFLEXOS PARA O AGRO

No curso do desenvolvimento desta pesquisa veio à luz a tão falada – e por que não dizer polêmica – "Reforma Tributária", introduzida pela Emenda Constitucional (EC) 132, de 20 de dezembro de 2023. A substanciosa modificação provocada por esse veículo normativo não poderia ser desprezada, é claro. Sobretudo, tratando-se de rearranjo de tope constitucional. Por esse motivo, foi inserido todo um capítulo ao final da obra, evidenciando os potenciais reflexos que esse diploma pode trazer para o agronegócio.

Ocorre que, até o encerramento deste livro, ainda não foram votadas as várias leis complementares prometidas pela EC 132/23. Na verdade, até esta data foram apresentados dois projetos pelo Poder Executivo, os Projetos de Leis Complementares 68/2024 e 108/2024. O primeiro é bastante complexo e extenso (com mais de 500 artigos e de 20 anexos), assumindo o papel de "lei-base" da regulamentação da Reforma, tendo sido aprovado pela Câmara dos Deputados, mas ainda pendente de apreciação pelo Senado Federal. O outro trata do Comitê Gestor, do ITCMD e de outros temas. Evidentemente, não dá para adotar como parâmetro de investigação simples projetos de leis, em especial porque, com certeza, haverá modificações nos textos propostos. O direito em gestação, as normas que estão por vir não podem compor o quadro de análise do jurista dogmático; no máximo, cabem breves comentários. Também são poucas as manifestações doutrinárias existentes sobre a Reforma neste momento histórico, inclusive pelo ambiente nebuloso que gravita sobre todos.

Por isso mesmo, todas as vezes em que o autor empregou neste livro a expressão *"como será"* o subsistema tributário estadual e municipal aplicável ao agro a partir da Reforma Tributária o leitor deve compreendê-la no sentido de *"como pode ser"* ou de *"como deve ser"* esse conjunto de regras específicas, na medida em que emenda constitucional, como se sabe, não cria tributo, mas outorga competência para que o legislador complementar ou ordinário, em etapa posterior, o institua, desde que respeitadas as balizas fixadas pela própria Constituição.

Esses aspectos impuseram que o tema fosse desdobrado inteiramente de forma autoral, *com enfoque exclusivo entre os enunciados prescritivos da EC 132/23 e a compreensão hermenêutica dos impactos vislumbrados para o agronegócio.* Dessa premissa decorrem duas constatações: (i) em primeiro lugar, as leis complementares que sobrevierem podem atenuar os efeitos negativos para o setor (e é isso o que se espera); (ii) e o tom inédito das ideias, fatalmente, estará mais suscetível a ponderações críticas, que contraponham o que o autor defendeu.

No que concerne à primeira possibilidade, *o PLP 68/2024*, na forma em que o texto foi aprovado pela Câmara, *só veio a corroborar a procedência das várias censuras levantadas no capítulo final desta obra,* a exemplo do enquadramento de temas normativos importantes no formato de "listas" e a ausência de sintonia entre o novo modelo e a realidade do campo. O capítulo no qual o ICMS sobre a atividade rural foi abordado deixa claro que são necessárias adaptações legislativas a esse setor, não só pelas suas peculiaridades, como também por força de mandamento constitucional. Como o IBS e a CBS virão a substituir, entre outros, justamente o ICMS, se os tropeços antevistos neste estudo não forem corrigidos haverá, por certo, um desgastante (e necessário) contencioso nos próximos anos, a fim de que os direitos dos agentes do agronegócio sejam respeitados.

Quanto à última ponderação colocada acima, envolvendo a originalidade da abordagem, antes o desbravar de caminhos inexplorados, com assunção de riscos, do que a polida covardia da omissão, que causa comodismo, que impede os avanços, que causa estagnação no pensamento jurídico.

Campo Grande, MS, 02 de outubro de 2024.

Leonardo Furtado Loubet

PREFÁCIO

A análise do material prescritivo do direito positivo, com a intenção de organizá-lo em porções segmentadas, permitindo o surgimento das chamadas *disciplinas especializadas*, pressupõe a existência de uma teoria bem elaborada sobre as normas jurídicas. Os conteúdos semânticos em torno dos quais giram as noções referenciais, considerados como núcleos aglutinadores, são expressos em frases cujo sentido isolado não é suficiente para lhes atribuir qualificações comunicativas plenas, demandando que o destinatário as leia e as compreenda. É precisamente nessa função hermenêutica de atribuição de sentido, ou melhor dizendo, na adjudicação de significação, que reside o trabalho do cientista.

Nesse cenário, mostra-se relevante a utilização de uma classificação adequada aos enunciados prescritivos que formarão as unidades normativas, sejam aqueles relativos ao veículo introdutor ou às normas introduzidas. De fato, algumas expressões legislativas aplicam-se exclusivamente ao diploma que insere normas no ordenamento jurídico positivo, enquanto outras qualificam sujeitos, estabelecem procedimentos, delimitam as condições espaciais e temporais do antecedente ou do consequente das normas jurídicas, assim como determinam os modais que regulam as interações intersubjetivas.

Entre os primeiros, ou seja, aqueles que se referem ao documento responsável pela inserção da norma no sistema, encontram-se as regras de competência, enunciados prescritivos que desempenham papel decisivo no estabelecimento dos limites dentro dos quais o *factum* tributário pode acontecer. No direito brasileiro, é tradição reger a matéria das competências no altiplano constitucional, especialmente em matéria tributária, deixando claro o poder jurídico atribuído aos sujeitos, aos órgãos e às instituições.

As regras de competência revestem-se de relevância inestimável para a estruturação e o funcionamento da ordem jurídica tributária. Sobretudo em um cenário complexo como o do Brasil, onde coexistem prerrogativas de diferentes entes políticos (União, Estados, Distrito Federal e Municípios). Compreender os limites dos poderes jurídicos das entidades tributantes, respeitando-os e integrando-os, constitui alicerce do *saber*, seja sob o ponto de vista jurídico, econômico ou político.

O sistema tributário nacional, produto da cultura – tal qual o direito positivo –, surgiu no âmago da experiência humana operada diante da turbulência do convívio social. Assiste-se, portanto, ao autor de uma obra jurídico-científica a faculdade de demarcar a região que melhor lhe aprouver do direito para, sobre ela, fazer incidir seu esforço descritivo, à maneira como atuou Leonardo Furtado Loubet, ao propor um subsistema tributário estadual e municipal do agronegócio.

Nesse contexto, a tributação do agronegócio ocupa uma posição de destaque dentro do sistema tributário, notadamente no propósito deste livro, cujo objetivo é analisar a existência de um arcabouço jurídico pautado por padrões normativos que permitam a estruturação de um subsistema específico para o agronegócio.

Não há dúvida de que o aludido setor constitui um dos pilares estruturantes da economia brasileira, com impacto profundo não apenas na produção de alimentos e matérias-primas, mas também na configuração jurídica e administrativa das receitas públicas. A complexidade dessa interação é particularmente visível no âmbito das Administrações Estaduais e Municipais, onde se intensifica a necessidade de um ambiente normativo estável e previsível.

O Autor do texto é Doutor pela Universidade de São Paulo (USP) e Mestre pela Pontifícia Universidade Católica de São Paulo (PUC/SP) em Direito Tributário, além de Professor Conferencista do Instituto Brasileiro de Estudos Tributários (IBET). Neste escrito jurídico, Leonardo Loubet adota os pressupostos epistemológicos do Construtivismo Lógico-Semântico para realizar um estudo analítico da tributação em nível estadual e municipal relativo ao agronegócio, examinando o cenário normativo antes e depois da Reforma Tributária introduzida pela Emenda Constitucional n. 132/2023, isto é, sem ignorar as transformações que se avizinham ao atual sistema tributário.

A obra, que é fruto de sua tese de doutoramento, apresentada ao Programa de Pós-Graduação em Direito Tributário da Universidade de São Paulo (USP), dedica-se a explorar as complexas questões tributárias que envolvem o agronegócio, apresentando exame crítico da estrutura jurídica que molda esse setor e investigando as especificidades da tributação estadual e municipal, sempre à luz de sua vasta experiência na advocacia e na docência. O método hermenêutico-analítico adotado permite-lhe compreender as normas tributárias aplicáveis ao agronegócio e a recortar a realidade, a fim de amoldá-la aos contornos jurídicos dentro das possibilidades sintáticas, semânticas e pragmáticas. Por tais considerações, acolhi com imensa satisfação a nobre tarefa de prefaciar este livro.

O título, *Tributação Estadual e Municipal no Agronegócio: antes e depois da Reforma Tributária*, já anuncia a relevância da obra, refletindo a profundidade do tema que o Autor se propôs a investigar. Assim, este escrito é a confirmação da profunda inter-relação entre o direito tributário e o agronegócio, iluminando aqueles que se deparam com a complexa rede de normas que regulam a tributação no setor. Recomendo a leitura e espero que o texto se torne um recurso valioso para advogados, acadêmicos e juristas que desejam se aprofundar neste particular mundo.

Parabenizo Leonardo Loubet, a Universidade de São Paulo e à Editora Noeses por oferecerem à comunidade jurídica um trabalho atual e de grande relevância teórica e prática.

São Paulo, 13 de novembro de 2024.

Paulo de Barros Carvalho

Emérito e Titular da PUC/SP e da USP.

SUMÁRIO

INTRODUÇÃO

Esta obra é fruto de uma tese audaciosa. Seu objetivo é identificar, sistematizar e explorar as normas do ordenamento jurídico que venham a revelar *qual é, como é* e *como será* o subsistema tributário estadual e municipal incidente sobre o agronegócio brasileiro. É difícil, mas possível. É desafiador, mas necessário. Não existe uma legislação aglutinadora desse tema que pudesse facilitar o caminho, que pudesse servir de norte para o estudo, há de se reconhecer. Esse vazio poderia passar a impressão – e, de fato, essa é a impressão de primeiro instante mesmo – que não haveria subconjunto algum a ser organizado, que tudo não passaria de imaginação do intérprete. Esse sentimento inicial é muito forte, travando qualquer impulso que se pretenda fazer em termos investigativos. No entanto, é nos momentos de dificuldade que o raciocínio é colocado contra a parede, que o pesquisador é confrontado para ver se tem conteúdo sólido mesmo, de maneira a superar os obstáculos. E então, meditando serenamente sobre seu entorno, começa a perceber que, a despeito da inexistência de veículos normativos nacionais que concentrem as prescrições acerca da atividade rural, Estados e Municípios, todos os dias, exercem essas competências, exigindo seus tributos dos agentes inseridos nesse segmento. Mas, não à moda de um modelo comum, geral, indiferente a qual setor esteja a descarregar seus enunciados; muito pelo contrário, os entes estaduais e municipais adotam arquétipos próprios para reger as relações fiscais de empresas e produtores rurais, *deixando pistas de que há material a ser trabalhado* pelo jurista atento.

Ora, como isso é possível? Como Estados e Municípios editam preceitos gerais e abstratos segundo padrões distintos para esse setor econômico, ou, o que não é menos frequente, os aplicam de acordo com um estilo particularizado, se não houvesse, verdadeiramente, um subsistema tributário próprio para o agronegócio? Como explicar que o ICMS, desde a Lei Kandir, passando pelas leis estaduais até culminar nos pontos terminais dos Regulamentos, inegavelmente oferece regramento singular para a atividade, a não ser pela suposição de que há um ICMS-agro a ser sistematizado? O que dizer das "contribuições voluntárias" instituídas pelos Estados para determinados "fundos", que recaem apenas sobre esse setor? E em relação ao ITCMD, que não tem qualquer parâmetro transparente e seguro para mensuração do valor venal das fazendas, parecendo muito mais um palpite fiscal do que um levantamento técnico por ocasião da constituição do crédito tributário? O mesmo se nota quanto aos demais tributos que rodeiam a atividade, os quais indicam a prevalência de regras próprias ou de esquemas de aplicação com cordel distinto. A própria Reforma Tributária, fruto da EC 132/23, só veio a reforçar a convicção no sentido de que, sim, há um trato normativo peculiar para o agronegócio, quando contemplou regimes diferenciados para as três etapas da cadeia, compreendendo o "antes da porteira" (fornecimento de insumos), o "dentro da porteira" (a atividade produtiva rural em si) e o "depois da porteira" (os adquirentes desses produtos).

Foi a pujança da realidade que exigiu que esta pesquisa fosse enfrentada. Os fatos, sempre rebeldes, clamavam por essa sistematização. Justamente por conta disso, a estratégia para construção do texto teve de seguir o rumo inverso do que usualmente se faz: em vez de tomar como ponto de partida o plano normativo para circunscrever os fatos potencialmente jurídicos, foram os fatos que possibilitaram a demarcação do conjunto de normas relevantes à análise. Daí a principal razão de ser deste livro: *acoplar a prática à teoria, a experiência à ciência, o mundo do ser ao do dever-ser.* Como Estados e Municípios vêm instituindo e cobrando seus tributos do agro por meio de modelos bastante questionáveis e sem qualquer peia, exercitando suas competências sobre essas faixas como se fossem pontos cegos do direito; e como não houve ainda quem se animasse a encarar a tarefa de garimpar, identificar, organizar, sistematizar e de interpretar essas normas, o estudo só ganha ainda mais em importância, de modo a trazer para a comunidade acadêmica e para os assim denominados juristas práticos um viés investigativo inédito, atual e robusto da tributação que onera um segmento econômico tão relevante para a Nação. A crença inarredável que nutre este trabalho é a de que o alicerce teórico está sempre pronto para melhor compreender e bem resolver os problemas que a dinâmica fiscal vai impondo, trazendo soluções firmemente afinadas ao que se espera do sistema jurídico. O papel do jurista é promover o liame constante entre a especificidade do fato e a abstração da norma, de modo a conferir ao texto resultado útil, sempre com um pé na realidade.

O Capítulo I será a base mesma de todo o raciocínio construído. Como se pode imaginar, não é nada fácil circunscrever o objeto a que se propõe a pesquisa. Esse aspecto, inclusive, chegou a colocar em jogo se haveria mesmo uma tese a ser defendida. Todavia, a partir de duas premissas o horizonte começou a ficar mais claro: a primeira delas, é a de que o agro representa um nicho de destaque da economia brasileira, movimentando cifras vultosas, o que significa intuir que ali onde há circulação de riquezas, há consequências fiscais; e a outra a de que, indiscutivelmente, Estados e Municípios se valem de modelos normativos peculiares ou de lógicas interpretativas diferenciadas para atingir seus objetivos arrecadatórios. Eis a hipótese levantada: *há um arcabouço jurídico próprio, identificado por padrões normativos, que possa viabilizar a delimitação de um subsistema tributário estadual e municipal típico para o agronegócio?* Esse será o núcleo duro do trabalho, do início ao fim. Para responder essa indagação, o primeiro passo envolverá uma tomada de consciência de que ainda não foram produzidas reflexões específicas sobre a matéria, o que torna sobremodo desafiadora a empreitada. Além disso, que de uns tempos a esta parte a literatura jurídica vem se preocupando cada vez mais com aspectos de tributação setorial, o que tem levado a caminhos proveitosos. Na sequência, para isolar o eixo temático serão examinados os sujeitos dessas relações e suas condutas com coloração fiscal. A partir dessa base fática, o mote será apontar quais são os critérios normativos tidos como relevantes pelo legislador que venham a conotar uma *repetição de regras* de conteúdo semelhante. Percorrido esse trajeto, passar-se-á à checagem do modo pouco rigoroso com que as legislações desses entes federativos empregam seus conceitos, gerando muitas vezes uma confusão proposital ao distorcer competências. A multiplicação desse padrão e o fato de que há dezenas de convênios de ICMS editados pelo CONFAZ para versar especificamente sobre a atividade rural levarão à conclusão parcial de que é possível sistematizar um subconjunto tributário específico para o agro.

Superada essa etapa, o raciocínio será desmembrado, notadamente no que toca à tríade que ampara o projeto: a identificação dos problemas, a organização dos temas e o apontamento das *diretrizes* a serem seguidas por essas pessoas políticas de direito constitucional interno. Essa palavra é poderosa: diretriz. Um trabalho científico deve trazer respostas aos dilemas experimentados pelo setor do conhecimento estudado. E é nessa linha que este estudo quer atuar. Para que o texto possa ganhar em profundidade, serão escolhidos os Estados e Municípios com maior "PIB" no agronegócio, os quais terão suas legislações avaliadas como paradigmáticas. A partir daí o escopo será apresentar o conceito de "agronegócio" para os fins desta investigação, providência indispensável para que o pensamento progrida. Tudo isso, é claro, há de ter um esteio teórico para que possa se sustentar, uma fundação coesa de conhecimento que estruture a investigação. Afinal, as competências tributárias que dizem respeito ao segmento rural têm sido flexibilizadas de uma forma bastante enfática – e preocupante. Esse modelo científico está encravado fortemente nos estudos da linguagem, em especial na *Escola do Constructivismo Lógico-Semântico*. Fixada essa base, serão elencados de forma mais específica os sujeitos e as operações a serem perquiridas, assim como os tributos respectivos que comporão o repertório: o ICMS, o ITCMD, o ITBI, o IPVA, o IPTU, o ISS, as taxas municipais e o IBS e a CBS, as novidades previstas pela Reforma Tributária. É importante salientar que, como estratégia de abordagem, esses tributos serão examinados naquilo que apresentam de peculiar em relação ao agro, e não nos seus modelos gerais.

Pois bem, uma vez cumprido esse roteiro, as próximas etapas envolverão as modalidades fiscais em si mesmas. A começar pelo ICMS, que ocupará o Capítulo II. Sem dúvida alguma, *esse será o tributo mais relevante (e complexo) de todos a serem enfrentados*. Para que a pesquisa se mostre viável, primeiro serão segregadas as prescrições constitucionais estruturantes do ICMS, mas desde o princípio voltadas à intersecção com o meio rural. Ou seja, cada um dos seus aspectos – materialidades, contribuintes, bases de cálculo, não cumulatividade, seletividade, imunidades, reserva de lei complementar e as operações interestaduais – serão cuidadosamente explorados sem perder de vista o objeto proposto, que é o agronegócio, e não o ICMS na sua completude. Uma plataforma muito relevante ao trabalho é a definição de "categorias desonerativas" para as finalidades buscadas, mormente para escrutinar o polissêmico "diferimento", tão empregado pelos Estados e tão mal compreendido pela doutrina e pela jurisprudência (cuja explicação é exatamente sua ambiguidade normativa). Em seguida, o objetivo será o olhar crítico da legislação paradigma dos Estados eleitos, a saber: Mato Grosso, Mato Grosso do Sul, Goiás, Minas Gerais e Bahia. Como se terá a oportunidade de demonstrar, a comparação dos diplomas estaduais reafirma a confiança intelectual de que há um ICMS-agro a ser considerado.

Para que a exposição possa ser mais fecunda, dividir-se-á a cadeia nas suas três fases ("antes", "dentro" e "depois da porteira"), de modo a que o regime jurídico de cada uma delas possa ser devidamente enaltecido. No que concerne aos fornecedores de insumos, o primeiro ato será delimitar quem pode pertencer a esse domínio. Feita essa demarcação, dois veículos normativos muito relevantes terão de ser acareados: os Convênios/CONFAZ 52/91 e 100/97. Pelo que ficará comprovado, tais instrumentos servem como roteiro imprescindível para a adequada absorção acerca da forma por intermédio da qual o ICMS se lança no mercado de insumos agropecuários. Passando para o "dentro da porteira", o intuito será dedicar todas as atenções à figura do produtor rural propriamente dito. Há um vácuo gigantesco, uma vastidão inabitada de especulações científicas sobre *o produtor rural e o ICMS*. Não existe praticamente nada sobre o tema. Um fator que pesa, e muito, na relevância dessa análise é o de que o produtor está no início da cadeia, inaugurando um novo ciclo econômico a partir das riquezas da natureza. Chapar sobre ele o modelo tradicional de ICMS pode levar a distorções com efeitos deletérios, *tornando o imposto estadual um verdadeiro tributo sobre receita bruta*. E o que é pior, a Lei Kandir pressupõe o tratamento diferenciado, mas não dá respostas adequadas a esse problema. A formatação do figurino cabível para o produtor em face das exigências constitucionais será a causa dessa parte do estudo, especialmente com relação àquilo que os Estados designam de "diferimento". Para encorpar ainda mais a pesquisa, serão feitas reflexões atreladas aos segmentos da pecuária, da produção de grãos e da silvicultura. E para fechar o tripé do agro, os destinatários dos produtos rurais também ocuparão uma cena no palco desta obra. No "depois da porteira" se situam diversos agentes econômicos, a exemplo de armazéns gerais, cooperativas, cerealistas, agroindústrias, *tradings* e as transportadoras. Há muito a ser abordado, em especial quanto à sistemática não cumulativa e à concessão de categorias desonerativas aos adquirentes. Por prosaico que possa parecer, a incidência de ICMS sobre as exportações terá de ser destravada também, além do modelo previsto para as transportadoras. Para encerrar o Capítulo II, será dedicado um espaço muito especial aos famigerados "fundos" estaduais que repercutem sobre o agro, instituídos por vários Estados sob pretexto de se tratar de uma "contribuição voluntária". A aderência desses "fundos" ao perfil típico de ICMS é tema extremamente relevante, máxime quanto à burla à rigidez das competências impositivas, haja vista a proliferação de tais expedientes percebida nos últimos anos, materializada pelo FUNDERSUL (MS), FETHAB (MT), FET (TO), FDI (MA), TFTG (MA), FUNDEINFRA (GO) e FDI (PI).

O Capítulo III cuidará do ITCMD. O ambiente rural é eminentemente familiar, e não empresarial. Com isso não se quer dizer que os produtores não conduzem seus negócios com uma visão empresarial, longe disso. A intenção é realçar que o modelo de gestão ainda é formado, na sua maior parte, por pessoas físicas, no âmbito familiar. Essa é a explicação para que o ITCMD sempre seja um ponto de atenção para o agropecuarista, na medida em que, seja pelo falecimento, seja pela doação, o patrimônio pode ser alcançado pelo imposto estadual. Há peculiaridades, no entanto, que devem ser consideradas, sobretudo na mensuração dos bens. Esgrimir quais rubricas devem compor o acervo a ser avaliado e como ele deve ser avaliado é medida não só de calibração correta da carga por parte do Fisco, como de exercício de cidadania pelo produtor. O grande desafio é estabelecer *critérios claros e coerentes* para que o patrimônio rural seja medido em harmonia com o ordenamento jurídico, dado que, não raro, a definição da base calculada é recheada de subjetivismos. Por essa razão que as pautas fiscais de valores de terras serão duramente enfrentadas. Mais um aspecto a ser visto passará pelas chamadas *holdings* rurais e os meios adequados para que o ITCMD possa incidir.

Também o ITBI tem muito a oferecer em matéria de análise de suas projeções sobre o agro. No Capítulo IV o objetivo será esse. Depois de demarcados seus aspectos constitucionais, procurar-se-á amarrar, de forma segura, o critério material do ITBI-fazendas, promovendo-se um exame atilado de suas possibilidades. No entanto, o maior foco de conflitos está na base de cálculo, porquanto os Municípios têm se valido de pautas absolutamente despidas de elementos sustentáveis. Não só isso, o advento do Tema 1.113 do STJ pode ser um ingrediente a mais nessa tumultuada relação entre Fisco e contribuintes. Daí o motivo por que a indicação das diretrizes a serem respeitadas na mensuração dos imóveis rurais é providência importante e que tem muito a contribuir para solucionar esses impasses. Merecerá um item à parte o problema da integralização do capital social de pessoas jurídicas rurais com fazendas e a possibilidade ou não de ser exigido o ITBI, diante do Tema 796 do STF. Afinal, os Municípios estão autorizados a cobrar o imposto sobre a diferença entre o valor contábil de uma propriedade rural e seu valor atual de mercado? É isso o que este estudo procurará responder nesse trecho.

O penúltimo capítulo, para que a exposição fique mais viável, abordará conjuntamente o IPVA, o IPTU, o ISS e as taxas municipais a título de alvará de localização e funcionamento. Em relação ao imposto estadual, explorando se era possível ou não, na redação anterior à Reforma Tributária, sua incidência sobre colheitadeiras, tratores e demais máquinas agrícolas. Quanto ao IPTU, investigar-se-á sua consistência em imóveis urbanos nos quais se explora atividade rural. No que toca ao ISS, a intenção é averiguar alguns serviços desenvolvidos no meio rural e suas interações com o imposto, como a armazenagem de grãos, o confinamento de bovinos (o "boitel") e as UBSs (unidades de beneficiamento de sementes). Para fechar o Capítulo V serão feitas algumas considerações sobre o descabimento do cálculo de taxas pelos Municípios, as quais tomam por parâmetro a área total da fazenda quando a produção é conduzida por uma sociedade agropecuária que tem domicílio fiscal no imóvel rural, isso como condição para expedir a autorização para funcionamento e possibilitar, como consequência, a regular emissão de notas pela empresa. Embora a pessoa jurídica rural faça venda de seus produtos, submetendo-se, em princípio, ao ICMS, sem alvará municipal ela não fica regular, o que obsta sua atividade; e sem o recolhimento da absurda taxa projetada sobre a extensão da fazenda ela não tem o alvará. Está aí a questão.

Por derradeiro, no Capítulo VI as preocupações estarão todas voltadas aos potenciais impactos da Reforma Tributária para o agronegócio brasileiro. O desencaixe entre um modelo pensado para a indústria e o comércio urbano e a realidade vivida pelo agro é abissal. Paira uma incerteza muito grande sobre como esse sistema funcionará para o produtor. A primeira preocupação, como se tentará demonstrar, é a de que, dos tributos substituídos (PIS, COFINS, IPI, ICMS e ISS), o produtor rural, a bem de se ver, não sofria reflexos de nenhum deles. Além disso, a compra antecipada de insumos, a sazonalidade, a variação cambial e as intempéries climáticas poderão provocar sérias distorções no modelo ideal do IBS e da CBS. Não só isso, a incorporação no altiplano constitucional de novos conceitos, como "insumos agropecuários", "produtos agropecuários" e "alimentos destinados ao consumo humano", os quais justificarão regimes fiscais diferenciados, lançarão desafios enormes pensando-se na indeterminação da linguagem e na necessidade de que se tornem tais conceitos determináveis. O que são "insumos agropecuários"? São só corretivos de solo, adubos e sementes ou também maquinários agrícolas, energia elétrica, combustível, lubrificantes e frete? E "produtos agropecuários", quais são? Os "alimentos destinados ao consumo humano", que merecerão redução de carga, são apenas alimentos saudáveis ou qualquer um, como o macarrão instantâneo, os enlatados e os petiscos das reuniões casuais? Esse assunto é muito sério. *Estará ressuscitado o debate sobre as listas,* agora não mais de serviços, mas de produtos? A Cesta Básica Nacional de Alimentos, seguindo pelo mesmo caminho analítico, se não for adequadamente construída tornar-se-á reles benefício fiscal conferido a supermercados, contrariando o que se apregoou no ambiente de debates da Reforma. A pretensa "constitucionalização" dos "fundos do agro" é outra matéria que perturba. Como se vê, há um horizonte largo a ser considerado.

Este trabalho foi fortemente inspirado e influenciado pela Teoria da Linguagem, com toda carga ambivalente que vem consigo de clareza para o raciocínio, de um lado, e de complexidades pelo universo que se abre, de outro. Estas palavras introdutórias servem como um bom indicativo de que há muito, mas muito a ser pensado e repensado quando se esteja inclinado a tentar organizar, com seriedade, o vastíssimo domínio da tributação. Qualquer tema, como o da tributação do agronegócio, pode e deve ser estruturado a partir de uma ciência forte. Só assim o conhecimento evolui de verdade. Se ao final da leitura do texto o sentimento que ficar é o de que algo inovador, coerente e consistente foi apresentado, então o esforço terá valido a pena.

CAPÍTULO I

BASES EPISTEMOLÓGICAS PARA A DEMARCAÇÃO E A SISTEMATIZAÇÃO DO TEMA

I.1. DE INÍCIO, A JUSTIFICATIVA DESTA TESE: O AGRONEGÓCIO É UM SETOR IMPORTANTÍSSIMO PARA O PAÍS, DE MODO QUE O ESTUDO DE SUA TRIBUTAÇÃO SE MOSTRA DE INEGÁVEL RELEVÂNCIA

O conhecimento é inesgotável. O tempo simplesmente passa na sua instantaneidade e a realidade apenas se impõe de forma sobranceira, o que faz com que o ser humano, quando se pega a pensar sobre o mundo circundante, tente compreendê-lo, tente organizá-lo racionalmente. É inerente ao ser pensante fazer perguntas, levantar questionamentos. Por mais que queira, o sujeito não consegue ser mero espectador do ambiente que lhe cerca, vendo-se, com frequência, obrigado a promover reflexões. É isso o que move o homem, abrindo-lhe novos horizontes. E é isso também o que está na raiz da ciência.

Para que as coisas do mundo sejam ajeitadas de uma forma lógica se revela necessário o estabelecimento de padrões, de critérios coerentes de organização, conforme o assunto que se queira conhecer. O pressuposto de um pensamento consistente é definir qual objeto que se busca compreender melhor e a partir de que parâmetros é possível o aprofundamento do raciocínio. A eleição de critérios, no entanto, vai promovendo um fatiamento do mundo no plano das ideias, leva a um "recorte" temático. Esse paradoxo está sempre presente em qualquer reflexão que se pretenda mais elaborada: como não é possível abraçar todo o universo, o ser humano se vê obrigado a isolar no âmbito abstrato uma determinada matéria e a partir disso tem que definir por quais critérios irá se deter sobre ela. Vai daí que para conhecer é necessário reduzir, circunscrever, fragmentar o mundo à volta. Eis a razão por que o conhecimento é inesgotável, pois haverá tantos "objetos do mundo" a serem conhecidos quantos forem os recortes e as premissas estabelecidas. Basta uma guinada no plano de análise ou um ajuste na lente do intérprete que um "novo mundo" se abre. Não por outro motivo Lourival Vilanova dizia, com razão, que *"o conhecimento é um fato complexo"*.[1]

Esta obra se propõe a pesquisar a "Tributação Estadual e Municipal no Agronegócio: antes e depois da Reforma Tributária". As considerações feitas anteriormente, entretanto, parecem longe, parecem bem distantes daquilo que se busca analisar. Ledo engano. Essa é só uma impressão de primeiro instante. E assim se afirma porque é a reflexão ponderada sobre o mundo circundante que permite identificar novos fenômenos, novas "realidades". O agronegócio,

1. *As estruturas lógicas e o sistema do direito positivo.* São Paulo: RT, 1977, p. 1. Conveniona-se, desde já, que todas as notas de rodapé com remissões bibliográficas ao longo deste estudo serão feitas com informações completas acerca da publicação, ainda que isso possa parecer desnecessário ou repetitivo. O objetivo é evitar confusões entre as obras dos autores, pois há diversos casos em que os juristas citados têm mais de uma obra utilizada neste texto.

da forma com que se projeta hoje, acaba por se mostrar uma nova realidade que se consolidou nos últimos tempos, a qual deve ser adequadamente compreendida e organizada. Entender com profundidade seu universo, o que lhe marca e o que lhe dá o tom de especificidade é algo que tem a contribuir com o progresso científico, inclusive – e especialmente – no âmbito de seus reflexos tributários.[2]

É indiscutível que o agronegócio se tornou um segmento pujante, em franco crescimento, sendo responsável por uma parcela considerável das divisas da balança comercial brasileira. A imprensa noticia que, em média, um quarto das riquezas do País vem do campo.[3] O agro é um setor que tem sua força e isso é insuscetível a questionamentos, afinal, trata-se de um nicho de destaque na economia brasileira. Se o agronegócio forma uma rede de relações econômicas importantíssima, então, a análise aprofundada e sistematizada de sua tributação não poderia ser diferente, o que significa dizer, sem pestanejar, que *o exame detido dos desdobramentos fiscais desse setor igualmente tem relevância.*

A ciência não pode estar alheia a esses novos fenômenos que surgem, pelo contrário, deve estar instrumentada para captar tais manifestações econômicas e sociais. No caso do agronegócio, seria um vácuo no pensamento científico não perceber ou deixar de fora o estudo de sua tributação. Até mesmo porque, enquanto a ciência cochila, a prática segue se impondo. As autoridades fiscais, sabedoras do fluxo de recursos que circulam nesse meio, criam modelos questionáveis de cobrança de tributos sobre esses agentes econômicos, a exemplo das hipóteses envolvendo

2. Pactua-se com o interlocutor também, desde logo, que ao longo desta tese as expressões "agronegócio", "atividade rural" ou simplesmente "agro" serão empregadas como sinônimas.

3. Agro gera 27% do PIB e é setor seguro e promissor para quem quer investir; veja oportunidades.Disponívelem:https://exame.com/agro/agro-gera-27-das-riquezas-do-brasil-e-e-setor-seguro-e-promissor-para-quem-quer-investir-veja-oportunidades/.

a "quebra de diferimento" (para exigir o ICMS sobre fatos manifestamente insuscetíveis de tributação) e os "regimes especiais de exportação" (para cobrar o imposto, de forma velada, sobre operações imunes). Não é demais dizer que *ali onde há circulação de riquezas há, inexoravelmente, repercussão tributária*. Conhecer as entranhas dos mecanismos fiscais que se projetam sobre esse setor, portanto, é condição para o controle de validade das normas jurídicas que pretendem discipliná-lo. Nessa ordem de ideias associar a "tributação" ao "agronegócio" faz todo sentido.[4]

Daí o motivo pelo qual se defende que um estudo de tributação setorial voltado especificamente ao agronegócio tem inegável importância e é esse cenário que justifica a escolha deste tema. É por intermédio da identificação, delimitação e sistematização das normas que prescrevem comportamentos de índole fiscal que esse "objeto do mundo" pode ser adequadamente conhecido, que as perguntas sobre seu entorno podem ser respondidas. A isso se presta a ciência: ser instrumento capaz para que o homem consiga dar respostas a suas indagações. Essa sua função primordial. Nas palavras de Tercio Sampaio Ferraz Jr., a ciência "tem um sentido operacional manifesto, constituindo um sistema de previsões prováveis e seguras, bem como de reprodução e interferência nos fenômenos que descreve".[5]

Pois bem, ao longo deste estudo serão buscadas as respostas que possam esclarecer *qual é* e *como é* o regime tributário estadual e municipal incidente sobre o agronegócio. Constatar quais são os tributos relevantes para a

---

4. Outro pacto que se estabelece com o leitor é o de que, como este estudo irá examinar a tributação estadual e municipal que recai sobre o agro, então fica compreendida na análise também a competência deferida ao Distrito Federal, que congrega ambas atribuições por força de mandamento constitucional (art. 147). Logo, é desnecessário fazer referência expressa ao longo do texto ao Distrito Federal. Sua competência está abrangida no estudo.

5. *A ciência do direito*. 2. ed. São Paulo: Atlas, 1980, p. 10-11.

atividade rural e o modo pelo qual Estados e Municípios vertem suas prescrições para regulamentá-la são os pilares da pesquisa, que se pretende sistematizada e aprofundada, sempre mantendo fidelidade ao compromisso de encarar os problemas práticos com cientificidade.

Não só isso: no decorrer do desenvolvimento deste estudo o eixo temático teve de ser adaptado para contemplar também *como será* o regramento tributário aplicável ao agronegócio brasileiro, diante da aprovação da Reforma Tributária, promulgada pela Emenda Constitucional (EC) 132, de 20 de dezembro de 2023. Eis a característica mais marcante (e indesejável) da ordem fiscal nacional: a dinamicidade, pois a todo instante o jurista que se dedica às letras tributárias se depara com um tema novo ou, muitas vezes, com uma profunda alteração do sistema. Como se pode antever, o cenário que se descortina para a elaboração da tese é fortemente desafiador, pois não é pouca coisa envolvida.[6]

I.2. O NÚCLEO DURO DESTE TRABALHO: A HIPÓTESE LEVANTADA, A TESE DEFENDIDA E AS EVIDÊNCIAS QUE A COMPROVAM

A maior barreira metodológica a ser superada neste texto é identificar se há um subsistema tributário próprio aplicável ao agronegócio no âmbito estadual e municipal e, em havendo, de que maneira é possível estruturá-lo. Só cabe avançar no conhecimento científico, com a descoberta de novas possibilidades, quando o hermeneuta elege com solidez seu foco de análise, promovendo os recortes necessários

6. "Espera-se do cientista do direito que escolha as premissas, penetradas, é claro, pelos valores que compuserem sua ideologia, mantendo-se fiel aos pontos de partida, para elaborar um sistema descritivo consistente, dando a conhecer como se aproxima, vê e recolhe o objeto da investigação" (CARVALHO, Paulo de Barros. *Direito tributário, linguagem e método*. 7. ed. São Paulo: Noeses, 2018, p. 163).

para isolar seu objeto cognoscente, fazendo-o mediante critérios coerentes e consistentes. Esse isolamento temático leva à fragmentação do mundo ao redor, é verdade, mas é justamente esse expediente que faz com que novas perspectivas sobre a matéria a ser enfrentada possam brotar.

Acontece que não há uma legislação centralizadora ou sequer uniforme que permita a fácil identificação de um regramento estadual e municipal voltado de forma clara ao agronegócio. Nem da Carta Constitucional, nem das leis complementares, muito menos no formato de "códigos" ou de "regulamentos" se infere uma organização do tema. O que há são preceitos dispersos, embora aos montes. Isso poderia indicar que não há uma cadeia normativa própria voltada à regência das relações do agro em matéria de tributos estaduais e municipais. Ocorre, no entanto, que um olhar detido, acompanhado de meditações demoradas, demonstra uma espécie de *padronização* praticada por Estados e Municípios na disciplina fiscal dos fatos econômicos inerentes ao agronegócio, algo como uma repetição de regras de conteúdo semelhante esparramadas nos diversos diplomas legislativos desses entes federativos. Ora, isso é material de trabalho a ser investigado cientificamente, porque, afinal de contas, se os entes federativos exigem seus tributos debaixo desses modelos, tais comportamentos são normas jurídicas, estão depositados no terreno do direito positivo, merecendo, pois, atenção dogmática, de modo a se conhecê-los.

Em síntese, o grande desafio aqui é encontrar um meio para apontar e organizar as normas que apresentam um elemento de conexão comum, delineando seu campo de atuação típico. Esse é o núcleo duro deste estudo: partir do início ao fim à busca das regras de competência estadual e municipal que se preocupem em disciplinar da perspectiva tributária o agronegócio. Como esta é uma pesquisa inspirada em propósitos científicos, deve-se, então, levantar a hipótese objeto de análise, de modo a que, uma vez confirmada, se possa demonstrar a tese defendida.

I.2.1. A hipótese objeto de investigação: existe um arcabouço jurídico próprio, identificado por padrões normativos, que permite estruturar um subsistema tributário estadual e municipal típico no agronegócio?

Não é fácil construir um raciocínio diante de um horizonte rarefeito, fluido, vago, carente de organização e até de estudos prévios indicadores de um caminho a ser seguido. Tudo parece ficar ou na abrangência das regras gerais ou nas entrelinhas de problemas de menor relevância. A primeira sensação que se tem é a de que a pesquisa não desaguará em lugar algum, porque a ausência de diplomas aglutinadores voltados à sistematização prescritiva das atividades do agro nas esferas estadual e municipal parece demonstrar que não há nada de específico que pudesse sustentar a tese.

Entretanto, quando o pesquisador mira a realidade à sua volta de forma atenta começa a perceber que há uma repetição de problemas parecidos, que há conflitos similares que se propagam. Qual a razão disso? Por que Estados insistem em dizer que concedem um "diferimento" aos produtores de gado ou de soja e milho, se o imposto não fica postergado para a etapa posterior? Por que Mato Grosso do Sul, Mato Grosso, Tocantins, Maranhão, Goiás e Piauí criaram, nessa ordem, um regime "substitutivo" ao ICMS na cadeia rural? Por que alguns Estados fixam uma regra de "quebra de diferimento" quando o pecuarista leva seu rebanho de uma fazenda para outra, situada em território de outro Estado, exigindo-lhe o ICMS sobre gado próprio? Por qual motivo os Estados instituem "regimes especiais" para exportação de carne e grãos, algumas vezes com o estabelecimento de contrapartidas, sob pena de lhes cobrar o ICMS em transações imunes? O que explica o fato de Estados fixarem "pautas fiscais" para mensurar os preços dos produtos do agro? Por que também avaliam as fazendas mediante "pautas fiscais" por ocasião da transmissão por herança ou por doação? E qual o fundamento jurídico para incidência tributária sobre o preço das terras, e não das cotas de empresas rurais quando da doação ou da herança de tais cotas, ignorando o patrimônio líquido da empresa? O que dizer da atitude dos Municípios de exigir imposto sobre transmissão de bens imóveis quando há apenas integralização de cotas de uma empresa por intermédio de imóveis rurais? Ou o que é pior, o que legitima a cobrança do imposto municipal sobre o valor de mercado da propriedade rural quando há mera transferência do patrimônio da pessoa física para a sociedade da qual passa a fazer parte?

O cenário é amplo e está aí a exigir um estudo comprometido com a ciência. Esses são apenas alguns exemplos do que se tem visto no cotidiano das relações jurídicas do agronegócio. Estados e Municípios têm conduzido a tributação desses e de outros fatos de uma forma bastante intensa. Se o fazem de forma correta ou não é o que este estudo buscará desvendar. Mas, muito mais que isso, a repetição de comportamentos dos entes tributantes revela um *padrão normativo* no trato das atividades do agro. Ou seja, ainda que não haja uma centralização da matéria em diplomas legislativos de caráter nacional, o fato é que é assim que os tributos vêm sendo exigidos Brasil afora. Daí o despertar do interesse no estudo desse tema, algo vindo da pujança da realidade. Trata-se, portanto, de uma excelente oportunidade de associar *a prática à teoria*, de maneira a se construir um modelo científico que possa identificar, organizar e sistematizar essas normas, verificando se esse modo de agir tem respaldo ou não na ordem jurídica em vigor. Seguindo a advertência de Maria Helena Diniz, "o conhecimento científico é aquele que procura dar às suas constatações um caráter estritamente descritivo, genérico, comprovado e sistematizado", na medida em que seu foco é constituir-se em "um corpo sistemático de enunciados verdadeiros".[7]

Diante desse contexto, a hipótese levantada neste trabalho é esta: existe um arcabouço jurídico próprio, identificado por padrões normativos, que permite estruturar um subsistema tributário estadual e municipal típico no agronegócio? Essa a pergunta a ser respondida. Sendo positiva a resposta, aí caberá destrinchar os desdobramentos dessa premissa tributo a tributo nos próximos capítulos, inclusive no que concerne aos impactos da Reforma Tributária para o agro.

I.2.2. O que motiva este estudo: o ineditismo do tema e a utilidade de escritos de tributação setorial

As considerações feitas até aqui estão marcadas por duas colocações bem claras: a de que a atividade rural contribui de forma bastante eficiente com as riquezas geradas pelo País, de modo que o estudo de sua tributação é relevante, e a de que Estados e Municípios têm exigido seus tributos sobre esse setor de forma cada vez mais contundente.

Todavia, a despeito das cifras que esse segmento movimenta, ainda hoje não há estudos sistematizados sobre a tributação estadual e municipal que repercute sobre ele. Noutras palavras, tais entes federativos vêm conduzindo a tributação do setor sem qualquer amarra, de forma solta, sem que sejam confrontados por proposições estruturadas que coloquem à prova a validade de suas exigências. Esse, portanto, é um sério fator que motiva a realização desta pesquisa. Não só. Um estudo de tributação setorial, como o do agronegócio, é sempre importante e apto a gerar frutos, por ter a capacidade de indicar os problemas práticos vivenciados, propiciando um esquema de análise gerador de conteúdo dinâmico a respeito de determinado campo das

7. *Compêndio de introdução à ciência do direito.* 25. ed. São Paulo: Saraiva, 2014, p. 33.

relações econômicas. São esses dois aspectos, fundamentalmente, que inspiram este estudo.

I.2.2.1. O (ainda) ineditismo do tema: ausência de reflexões sistematizadas e aprofundadas acerca do objeto de análise

Hoje em dia chega a ser lugar comum afirmar que o agronegócio é crucial para o Brasil. Desde os tempos da estabilização da moeda na metade da década de 90 do século anterior, passando pelo inegável salto que a tecnologia deu nas questões envolvendo o campo, os produtos brasileiros assumiram o porte de verdadeiras *commodities*, o que, por consequência, fomentou um expressivo volume de recursos gerados nesse setor. Dada a robustez alcançada, era esperado, obviamente, que as atenções de todos se voltassem para esse segmento econômico, inclusive e especialmente por parte do Fisco.

E assim vem ocorrendo. Com efeito, as discussões no âmbito do agro estão cada vez mais elaboradas, cada vez mais sofisticadas, estando as autoridades fiscais atentas a essas movimentações. Foi-se o tempo da figura caricata do produtor "à moda antiga", em que o sujeito era uma pessoa simples, residia na propriedade e se envolvia manualmente no cultivo da terra com equipamentos arcaicos, com o auxílio de sua esposa, seus filhos pequenos e, às vezes, de um funcionário. Hoje o que há são verdadeiros empresários rurais – e isso não deve ser visto com maus olhos, muito pelo contrário. O aumento considerável de produtividade, resultado de muita tecnologia, tornou os índices de colheita de grãos e de precocidade e qualidade do rebanho algo inimaginável há trinta, quarenta anos. O ganho de escala se deve ao desenvolvimento de sementes mais resistentes, à melhoria genética dos animais e aos equipamentos modernos que fazem o trabalho com precisão. Portanto, a atividade rural tornou-se um negócio atrativo, que gera riquezas, levando também, é claro, à valorização das terras.

Não é preciso uma inteligência sobre-humana para deduzir que isso atrairia holofote, tanto que hoje é até propaganda de televisão. O agro incorporou-se ao cotidiano da sociedade, havendo uma gama enorme de profissionais que se dedicam a esse setor, como veterinários, agrônomos, zootecnistas, vendedores, consultores, administradores, economistas, contabilistas, advogados e, claro, as empresas multinacionais que fomentam todo esse mercado. Olhando para o produtor rural como o centro das atenções, diversas relações se formam, desde o desenvolvimento da atividade em si (compreendendo tudo aquilo que é necessário para produzir, como sementes, adubos, herbicidas, máquinas, sistemas informatizados etc.), passando pela comercialização dos produtos (relação com as *tradings*, com frigoríficos e outros agentes) até chegar aos aspectos "burocráticos" contábeis e jurídicos (declarações, certidões, emissões de notas, desdobramentos ambientais, civis, contratuais, fiscais etc.). Não é só, também os meios de comunicação perceberam a importância do setor, o que levou à criação de *sites*, canais e jornalistas especializados no tema.

Com o Fisco não haveria de ser diferente. As entidades tributantes se deram conta de que necessitavam aprimorar seus mecanismos de controle, até mesmo porque, isso é inegável, havia muita informalidade nesse setor. Vários Estados criaram departamentos específicos para o exercício da fiscalização das atividades rurais. Traçar os contornos necessários no plano da legislação e definir as estratégias fiscalizatórias foram providências que vieram sendo tomadas por União, Estados e Municípios para que pudessem incrementar suas arrecadações. Prova disso é o LCDPR – Livro-Caixa Digital do Produtor Rural, que foi instituído no âmbito federal para tornar mais transparente a apuração do imposto sobre a renda do produtor rural pessoa física e que ainda trará seus reflexos no futuro, não só no IR, mas também no cruzamento de informações com o ICMS e, mais adiante, com o IBS – imposto sobre bens e serviços e com a CBS

– contribuição sobre bens e serviços, os novos tributos veiculados pela Reforma Tributária.[8] Os Estados, de igual modo, têm instituído paulatinamente mecanismos eletrônicos nas atividades rurais para que possam aprimorar a fiscalização.

Esse o contexto desse mercado. E apesar de sua incontestável relevância, a verdade é que, ainda hoje, faltam estudos sistematizados sobre os tributos do agro. Tivemos a oportunidade de nos dedicar a esse tema, mas, pelo recorte feito à época para a pesquisa, limitamo-nos à análise dos tributos federais, o que, mesmo assim, revelou-se trabalho de fôlego.[9] No que concerne aos tributos estaduais e municipais que têm repercussão sobre a atividade rural, porém, notadamente em relação ao ICMS, ainda não houve quem se dedicasse a esse estudo global de toda a cadeia. Um levantamento profundo e concatenado a respeito da forma com que Estados e Municípios prescrevem suas normas em torno do agronegócio é relevantíssimo, mas não foi feito até o momento. Nada obstante, é preciso reconhecer, existam obras recentes e importantes sobre temas que examinam alguns aspectos da atividade, o que mostra que o interesse nessa área vem crescendo – e isso é muito bom.[10]

---

8. Sobre o LCDPR, vide Instruções Normativas n°s 1.848/18 e 1.903/19 da Secretaria da Receita Federal do Brasil.

9. LOUBET, Leonardo Furtado. *Tributação federal no agronegócio*. 2. ed. São Paulo: Noeses, 2022. A primeira edição é de 2017.

10. Pela ordem cronológica, vide: BORGES, Eduardo de Carvalho (coord.). *Tributação no agronegócio*. São Paulo: Quartier Latin, 2005; HARET, Florence. *Tributação no agronegócio*. 2. ed. São Paulo: IDEA, 2015; TAMARINDO, Ubirajara Garcia Ferreira; PIGATTO, Gessuir. *Tributação no agronegócio:* uma análise geral dos principais tributos incidentes. Leme: JH Mizuno, 2018; TORRES, Heleno Taveira; DONIAK JR., Jimir (coord.). *Agronegócio, tributação e questões internacionais*. São Paulo: Quartier Latin, 2019; MANO FILHO, Ben-Hur Carvalho Cabrera. *Tributação da atividade rural*. São Paulo: Almedina, 2019; MASSARA, Luiz Henrique Nery; CAMPOS, Marcelo Hugo de Oliveira; CASTRO JR., Paulo Honório (coord.). *A tributação no agronegócio*. Belo Horizonte: Casa do Direito, 2020; TORRES, Heleno Taveira; DONIAK JR., Jimir (coord.). *Agronegócio, tributação e questões internacionais*. São Paulo: Quartier Latin, 2021. v. II; REBOUÇAS, Rodolfo; CASTRO JR., Paulo Honório; HORTA, Nereida; FALEK, Thales Saldanha; CUNHA, Gabriel Hercos (org.). *Controvérsias tributárias atuais no agronegócio*. São Paulo: Dialética,

Daí o ineditismo deste livro. Uma pesquisa consistente dos tributos estaduais e municipais que incidem sobre esse setor tem muito a contribuir à compreensão do segmento como um todo e também ao próprio progresso científico. Se os órgãos estaduais e municipais vêm lançando mão de regras específicas para o agro e se o contencioso administrativo e judicial nessa esfera vem crescendo é sinal de que há muito a dizer sobre ICMS, ITCMD, ITBI, IPVA, IPTU, ISS e taxas no agronegócio, inclusive quanto aos "fundos" que repercutem nessa atividade, ainda desconhecidos de boa parte da comunidade acadêmica. E o que dizer então do IBS, da CBS e do IS (imposto seletivo), novidades advindas da Reforma Tributária, quais serão seus desdobramentos para a atividade rural? É esse o pano de fundo que justifica a escolha e que confere importância à análise que se pretende fazer.

I.2.2.2. Encarar os problemas práticos deve ser uma preocupação constante da Ciência e um estudo de tributação setorial cumpre bem esse papel

Até aqui se procurou demonstrar que o agronegócio é um setor de destaque da economia brasileira, estando a merecer reflexões específicas sobre os modelos tributários criados pelos entes federados para regê-lo. Enfatizou-se também

---

2021, v. I e II; VIEIRA, Lucas; MOURÃO, Pablo; MANICA, Alexandre. *Tributação previdenciária, interventiva e corporativa do agronegócio.* Rio de Janeiro: Lumen Juris, 2021; CUNHA, Gabriel Hercos; HALAH, Lucas Issa; CAVALCANTI, Müller; FALEK, Thales Saldanha; DUTRA, Viviane Faulhaber. *CARF e o agronegócio.* Belo Horizonte/São Paulo: D'Plácido, 2022; SOUZA, Frederico Augusto Alves Feliciano; MURAYAMA, Janssen; ROSA, Julian Davis de Santa; CRUZ, Michael Gomes (coord.). *Tributação no agronegócio.* Rio de Janeiro: Lumen Juris, 2023; FERRARI, Bruna Camargo; DONIAK JR., Jimir; PEIXOTO, Marcelo Magalhães (coord.). *Tributação e contabilidade no agronegócio.* São Paulo: MP Editora, 2023; CUNHA, Gabriel Hercos; CISOTTO, Liliane Bertelli Imura; MOUMDJIAN, Rafael Garabed; VIEIRA, Renato Teixeira Mendes; FALEK, Thales Saldanha (org.). *ICMS e o agronegócio:* livro em homenagem ao Professor Fábio Calcini. Belo Horizonte: Casa do Direito, 2024. Dessas valiosas obras todas, cabe uma menção especial ao livro do Prof. Fábio Calcini, no qual o jurista aborda temas relevantes do agro seguindo uma ordem sistematizada: CALCINI, Fábio Pallaretti. *Tributação no agronegócio:* algumas reflexões. Londrina: Thoth, 2023.

que pesquisas sistematizadas voltadas à cadeia normativa estadual e municipal ainda não foram feitas. Entretanto, essas ponderações podem e devem ser aprofundadas.

Durante muito tempo a doutrina dedicou-se – com acerto – à compreensão das categorias tributárias em si. Basta pensar que a tão propalada "autonomia" do Direito Tributário é algo relativamente recente, se comparada aos demais "ramos" das letras jurídicas – lembrando que o direito é uno e indecomponível, sendo sua divisão feita apenas para fins didáticos.[11] Enquanto o Direito Civil tem suas raízes no milenar Direito Romano, o Direito Tributário começou a ser discutido no Brasil na década de 50, culminando na sua codificação em 1966. Foi fundamentalmente a partir daí que ao longo da década de 60 aos anos 90 muito se debateu sobre conceito de tributo, sobre impostos, taxas e contribuição de melhoria, competência, imunidade, isenção, lançamento, decadência e prescrição. Muito foi falado também acerca de imposto sobre a renda, sobre o antigo ICM, IPI, ISS, IPTU e a distinção do regime jurídico das taxas e tarifas, entre outros problemas. Com a consolidação da teoria da regra-matriz de incidência tributária iniciaram-se as produções acadêmicas sobre seus critérios normativos e, passo adiante, sobre as respectivas regras-matrizes dos tributos. Isso tudo foi importantíssimo, de inquestionável relevo na demarcação do conhecimento jurídico-tributário.

Os últimos anos, porém, impuseram que outros avanços fossem feitos. Da vastidão de regras que integram o imposto sobre a renda, era necessário conhecer melhor, por exemplo, as prescrições específicas e particularizadas que disciplinam a renda auferida no mercado de capitais. Do rol amplo de preceitos envolvendo o ICMS, passou a ser exigível tratar

---

11. CARVALHO, Paulo de Barros. *Curso de direito tributário*. 33. ed. São Paulo: Noeses, 2023, p. 17.

dos que regulamentam o setor de combustíveis. Como se isso não bastasse, as novas tecnologias e os novos modelos de negócios igualmente lançaram desafios enormes para que a ciência desse jeito de compreendê-los de maneira a definir seus regimes tributários. Por isso foram desenvolvidos estudos em torno da tributação do mercado de capitais[12], sobre o setor de petróleo[13] e de novas tecnologias.[14]

Diante desse quadro, a questão que se coloca é a de que um estudo de tributação setorial tem muito a agregar não só à comunidade acadêmica, mas também – e sobretudo – à prática do cotidiano jurídico. É evidente que o domínio das categorias gerais que definem a tributação era, é e continuará sendo imprescindível. Afinal, sem saber lidar com as ferramentas normativas fiscais o jurista não vai a lugar algum. Fazer um estudo de tributação setorial não significa abandonar os fundamentos da tributação, menos ainda minimizar a seriedade e a profundidade dos estudos que tiveram por mérito conferir organicidade ao sistema. Longe disso. O que se está aqui a defender é que é plenamente possível e que também tem seu valor a atitude cognoscitiva de apoderar-se de toda essa construção científica reunida para concentrar as energias sobre um setor econômico específico, de maneira a delinear seus contornos tributários. Ou seja, o foco nesse tipo de análise não é tratar de um determinado tema tributário isoladamente, mas sim de circunscrever os reflexos tributários oriundos de um dado segmento econômico. Em vez de o intérprete isolar o ICMS, por exemplo, ele modifica seu sistema de

12. MOSQUERA, Roberto Quiroga. *Tributação no mercado financeiro e de capitais.* São Paulo: Dialética, 1999.

13. TORRES, Heleno Taveira; CATÃO, Marcos André Vinhas (org.). *Tributação no setor de petróleo.* São Paulo: Quartier Latin, 2005. Vide também: ALVES, Fabio Silva; PINTO, Francis Tenorio Duarte; MURAYAMA, Janssen (org.). *Tributação na distribuição de combustíveis.* Rio de Janeiro: Lumen Juris, 2018.

14. BARRETO, Paulo Ayres (coord.). *Estudos tributários sobre a economia digital.* São Paulo: Noeses, 2021.

referência para fazer um estudo não de tributos em espécie, mas sim dos tributos que incidem sobre uma cadeia econômica, como a do agronegócio. O resultado de uma pesquisa como essa é a de exibir não a estrutura do ICMS, de resto largamente conhecida de todos; *e sim o que há de peculiar no ICMS-agronegócio,* oferecendo uma nova perspectiva do fenômeno jurídico. Com efeito, "o singelo interesse que demonstramos por algum objeto", ou seja, "o mero impulso já desencadeia uma sucessão de cortes e recortes isoladores do seu alvo", sendo certo que são esses mesmos (re)cortes que "passam a ser nosso instrumento fundamental no sentido de conhecer, técnica e cientificamente, a imensa realidade de sua existência, interior e exterior".[15]

Essa especificidade do conhecimento, cada vez mais presente nas relações modernas, não pode levar, porém, ao abandono do domínio do todo. Antes de ser um neurologista especializado em epilepsia ou um oncologista especializado em câncer de boca, o sujeito é médico. Essa "especialização" (epilepsia ou câncer de boca) da "especialização" (neurologia ou oncologia) proporciona ao médico tratar com maior segurança seus pacientes, na medida em que, pela repetição de casos similares, ele vai acumulando conhecimento e vivência prática que lhe permitem tomar as melhores decisões. No entanto, o especialista deve ser capaz de identificar como está o funcionamento geral do organismo de seu paciente, estando aí a exigência para que ele saiba integrar a parte ao todo. Geraldo Ataliba, em prefácio à primeira edição de *As estruturas lógicas e o sistema do direito positivo* de Lourival Vilanova, bem chamou a atenção para essa preocupação no que concerne ao dado jurídico:

O que falta de modo alarmante é o domínio das categorias, a visão sistemática, global, operacional e funcional

---

15. CARVALHO, Paulo de Barros. *Derivação e positivação no direito tributário*. São Paulo: Noeses, 2016, v. III, p. XVIII/XIX.

do Direito como conjunto, como um todo. De nada vale o conhecimento de uma seara, se se desconhece sua articulação com as demais. De pouco vale a familiaridade com certas informações, se não se as coordena com o universo do Direito, se não se sabe filiá-las, explicá-las e concatená-las com os fundamentos em geral, e com o todo sistemático onde inseridas. (...) Tanto pior quando o acervo de informações é de tal vulto que não pode sequer ser assimilado pelo estudioso, na sua universalidade, forçando as especializações e condicionando uma visão necessariamente parcial do fenômeno jurídico, com consequente perda da perspectiva mais radical e decisiva, que é precisamente a global.[16]

Eis mais um compromisso desta obra: promover o exame estruturado da tributação estadual e municipal incidente sobre o agronegócio sem perder de vista a solidez dos fundamentos gerais da tributação. Com isso, os problemas do cotidiano, que devem ser uma preocupação constante da ciência, serão encarados com embasamento teórico, de modo a que as perguntas que gravitam em torno desse setor sejam respondidas com consistência. Daí o motivo pelo qual se pode dizer que um estudo de tributação setorial cumpre bem o papel de promover a aliança entre o fato e a norma, a experiência e a ciência, a prática e a teoria. Como dizia José Souto Maior Borges, "num horizonte infinito de possibilidades abertas ao pensamento, cada um deve escolher o seu próprio itinerário".[17]

I.2.3. O caminho para construção deste estudo

A hipótese levantada nesta análise já está lançada. Todas as justificativas, motivações e desafios que a cercam já estão postos. O caminho para respondê-la não tem nada

16. São Paulo: RT, 1977, p. XIII-XIV.

17. *Ciência feliz*. 3. ed. São Paulo: Quartier Latin, 2007, p. 29.

de simples, é verdade, mas há formas possíveis para que a indagação teórica que marca o núcleo deste trabalho seja encarada com desenvoltura, de forma estruturada, atingindo o objetivo de trazer um ponto de vista inexplorado do fenômeno jurídico, evidenciando se existe e, em existindo, qual é, como é e como será o subsistema tributário estadual e municipal aplicável ao agronegócio.

I.2.3.1. O primeiro passo: o isolamento do eixo temático, a partir dos sujeitos das relações investigadas e de suas condutas aptas a gerar reflexos tributários

A primeira forma para se atingir a meta traçada é a de isolar o eixo temático da pesquisa, a partir dos sujeitos das relações investigadas e de suas condutas aptas a gerar reflexos tributários. Ou seja, como o trabalho do intérprete é constantemente fazer a subsunção dos fatos às normas, antes de se investigar o domínio das normas em si é necessário delimitar bem a base factual sobre a qual o raciocínio percorrerá.

Quando se afirma que este é um estudo de tributação setorial parece evidente que o campo profícuo para as reflexões passa não pela indicação estanque de um determinado tema jurídico-tributário, como o da competência, da imunidade ou do lançamento, mas sim pela delimitação de uma dada cadeia econômica, que passa a servir como baliza para a investigação. Vai daí que nesse tipo de análise *a demarcação sólida dos fatos é tão importante quanto à das normas aplicáveis,* afinal de contas, o que se quer é conhecer de que maneira a tributação incide sobre aquele segmento. Sendo assim, é necessário segregar, de um lado, tudo o que é rural do que é não rural, de outro. Noutras palavras, como o exame envolve o estudo da tributação estadual e municipal do "agronegócio", o que vai importar são apenas os sujeitos e os fatos inseridos no universo do agro. Trata-se de um alicerce até óbvio para a construção da tese, na medida em que é pela circunscrição dessa cadeia econômica, no domínio dos fatos, que será possível delinear as normas que a ela importam. Essa estratégia nada mais é do que um desdobramento da técnica de subsunção dos fatos às normas, algo intrínseco à atividade interpretativa: dado que interpretar é selecionar os critérios normativos aplicáveis a determinados fatos, um pressuposto da interpretação é compreender bem quais são os fatos envolvidos. Não custa ter em mente, no entanto, a exortação de Riccardo Guastini, para quem "na verdade, as relações entre direito e fatos são bem mais complexas do que leva pensar o modo comum de exprimir-se".[18]

Realmente, o jurista conhece os fatos por meio das normas, de tal modo que os fatos relevantes para sua análise são aqueles que passaram pela juridicidade das regras do direito, em alusão às lições do inexcedível Pontes de Miranda. Valendo-se do "suporte fático", uma categoria epistemológica crucial para a teoria ponteana, o mestre alagoano explica, com a simplicidade dos sábios, que "já aí começa a função classificadora da regra jurídica: distribui os fatos do mundo em fatos relevantes e fatos irrelevantes para o direito, em fatos jurídicos e fatos ajurídicos".[19] Como se verá, esses fatos formam o conjunto que causa interesse porque o legislador dispensa um tratamento diferenciado à atividade rural, talhando-lhe regras específicas. A forma como o faz não se estrutura pelo *local* onde são percebidos tais fatos (critério espacial, o que significa dizer que pode haver atividade rural em área urbana), mas sim pelos *fatos em si* (critério material) e pelos *sujeitos* que o realizam (critério pessoal). Portanto, o passo inicial para se averiguar se a resposta à hipótese levantada é positiva é fazer esse processo dialético focado nos fatos e sujeitos tidos como importantes pelo direito como passíveis de enquadramento debaixo do

18. *Das fontes às normas*. São Paulo: Quartier Latin, 2005, p. 57.

19. *Tratado de direito privado*. Atual. Vilson Rodrigues Alves. Campinas: Bookseller, 1999, t. I, p. 66.

rótulo "rural", explorando as possibilidades que o próprio sistema admite.

I.2.3.2. O segundo passo: os critérios para identificação no ordenamento jurídico de normas de conteúdo semelhante, indicadoras de um subsistema próprio

A outra estratégia que serve de ferramenta para se atingir o propósito buscado no caminho para construção da tese é encontrar os critérios para identificação no ordenamento jurídico de normas de conteúdo semelhante, indicadoras de um subsistema próprio.

Particularmente, esse é o grande desafio desta pesquisa. É que não há, como já salientado, um diploma legislativo aglutinador, estruturante, da tributação estadual e municipal envolvendo o agronegócio. Não se encontra uma sistematização da matéria no âmbito constitucional ou da legislação complementar, nem na seara dos "regulamentos". Esse é um aspecto bastante importante para este estudo, que requer atenção. Mas, se a temática fosse comum, secundária, irrelevante, por qual motivo a Lei Complementar nº 87/96 – a conhecida "Lei Kandir" – dispensaria preceitos específicos de ICMS envolvendo a atividade rural? E por qual razão os Estados se preocupariam em editar convênios próprios de ICMS voltados aos insumos do agro, a exemplo do Convênio 100/97? E o que dizer então dos diversos outros convênios que fazem referência aos produtos da atividade rural, como o nº 52/91, que trata das máquinas e implementos agrícolas? Ou por que Estados e Municípios, entre outros exemplos, estabeleceriam em suas legislações regras típicas para a mensuração do patrimônio oriundo da atividade rural?

Aqui está a base que permite edificar o raciocínio: embora não haja em cada um dos tributos estaduais (ITCMD, ICMS, IPVA, taxas e contribuição de melhoria) ou dos municipais (IPTU, ITBI, ISS, taxas e contribuição de melhoria) capítulos próprios preordenados a reger as relações jurídicas do agronegócio, *em vários desses tributos há regramentos específicos ou peculiaridades que têm suscitado dúvidas no âmbito rural,* de tal maneira que essas questões podem e devem ser analisadas por um estudo estruturado. Isso se dá, à semelhança do que demonstramos quando do estudo da tributação federal incidente sobre o agro, por aquilo que denominamos de "complemento do complemento do verbo", isto é, ao dispensar um regime jurídico especial para apuração do imposto dessas operações, o legislador "descortinou um horizonte interessante, *que agrega um complemento ao complemento do verbo que exprime a ação do núcleo da hipótese de incidência do imposto sobre a renda.* (...) Em poucas palavras: a materialidade do IRPF no agronegócio é 'auferir renda *da atividade rural'* (verbo + complemento + complemento)".[20]

As normas jurídicas têm incidência sobre os fatos a partir de atos de aplicação, mas, para isso, seu arquétipo completo pressupõe a previsão de fatos de possível ocorrência que, uma vez ocorridos e desde que relatados em linguagem competente, produzam as consequências jurídicas prescritas no ordenamento. O Prof. Paulo de Barros Carvalho já expôs com notável profundidade a estrutura sintática das normas jurídicas, sendo esse um dos grandes méritos que o seu pensamento trouxe para a compreensão do fenômeno normativo.[21] Ocorre que dos vários critérios da regra-matriz de incidência tributária (na hipótese, os critérios material, espacial e temporal; e no consequente, os critérios pessoal, subdividido entre sujeitos ativo e passivo, e quantitativo, subdividido entre base de cálculo

---

20. LOUBET, Leonardo Furtado. *Tributação federal no agronegócio.* 2. ed. São Paulo: Noeses, 2022, p. 160-161 (com destaques no original).

21. *Direito tributário:* fundamentos jurídicos da incidência. 10. ed. São Paulo: Saraiva, 2015, *passim.*

e alíquota), *os que importam e que são os que propiciam a identificação de um subsistema tributário estadual e municipal próprio ao agronegócio são os critérios material e, por consequência, pessoal, mais precisamente na sujeição passiva*. Não foi pelo critério temporal, nem pelo quantitativo, muito menos pela sujeição ativa e sequer pelo critério espacial que o legislador, conscientemente ou não, apartou as atividades do agro. Como o critério material é o núcleo que marca a hipótese de incidência, sendo responsável por indicar qual é a conduta em si apta a gerar efeitos tributários, representado linguisticamente por um verbo de predicação incompleta e seu respectivo complemento, é justamente no complemento do complemento do verbo que se identifica um subconjunto, uma diferenciação promovida pela ordem jurídica, com o intuito de dar um acabamento normativo distinto aos fatos jurídicos *do agronegócio*.

A constatação leva em conta a forma sutil, *a priori* despretensiosa, com que o legislador orienta prescritivamente esses comportamentos, mas a sagacidade da fórmula proposta neste estudo reside na exata identificação de *subconjuntos normativos*, invocando aqui a Teoria das Classes, algo tão presente no domínio do direito positivo, embora passe despercebido pela maioria das pessoas.[22] A atividade legislativa nada mais é, em boa dose, do que uma constante discriminação, de criação de categorias jurídicas aplicáveis a determinados fatos, e não a outros. Em diversas ocasiões o político volta suas regras para uma determinada classe de fatos ou a um conjunto de pessoas, por vezes ainda criando subgrupos. No caso específico da tributação estadual e municipal do agronegócio é isso o que se passa: no bojo de "regras gerais" o legislador insere um dispositivo específico

22. Sobre a teoria das classes, vide: COPI, Irving M. *Introdução à lógica*. Tradução Álvaro Cabral. São Paulo: Mestre Jou, 2004, p. 139/145. Sobre a aplicabilidade da teoria das classes ao direito, dentre outros, vide: CARVALHO, Aurora Tomazini. *Curso de teoria geral do direito:* o Constructivismo Lógico-Semântico. 5. ed. São Paulo: Noeses, 2016, p. 335/346.

voltado à atividade rural ou o administrador passa a aplicar essa regra geral de uma forma diferente quando o caso envolve algo oriundo do agro. Está aqui o modo de aproximação do objeto de estudo e é nesse aspecto que esta investigação dará mais trabalho, pois será necessário garimpar tais ocorrências normativas.

I.2.4. A tese em si e sua sustentação

Percorrido esse caminho, é chegado o momento, agora sim, de demonstrar, de forma clara, qual é a tese defendida neste trabalho, de modo a dar uma resposta plena à hipótese levantada e a extrair dela os desdobramentos jurídicos respectivos, com base nas evidências de sua ocorrência.

Importa muito examinar os tributos estaduais e municipais do agro não apenas porque esse estudo não foi realizado ainda, mas sim, fundamentalmente, pelas consequências práticas que essa lacuna provoca. É preocupante, para dizer o mínimo, que Estados e Municípios venham exigindo impostos de operações econômicas vultosas envolvendo a atividade rural sem que estejam definidas as balizas que possam demarcar o exercício legítimo dessa competência. A criação de modelos fiscais próprios ou o uso elástico dos mecanismos de pautas de valores por parte desses entes federados só corroboram que há uma obscuridade enorme nesse campo, a qual tem servido para que a exigência fiscal prevaleça em um cenário bastante questionável. Há indicadores de aspectos dúbios a serem refletidos, muitos deles decorrentes da falta de compreensão adequada das operações do setor e também de uma boa dose de confusão linguística criada propositadamente por Estados e Municípios na fixação de suas regras. Muitas vezes o caos semântico interessa ao Fisco, é preciso deixar isso registrado.

Dizer, por exemplo, que há um "diferimento" na venda do gado para o frigorífico e que, em contrapartida, pode ser exigida do produtor rural uma "contribuição voluntária" a um "fundo estadual" é algo que se tornou consolidado em vários Estados, como o FUNDERSUL, em Mato Grosso do Sul, o FETHAB, em Mato Grosso, o FET, em Tocantins, e o FUNDEINFRA, em Goiás, sem que a suposta voluntariedade esteja presente.[23] Ou então afirmar que o Estado pode exigir o ITCMD calculando o valor das cotas da empresa rural pelo "*valuation*" desse direito a partir da expectativa de rentabilidade futura. Ou mesmo que o Município está autorizado a cobrar o ITBI sobre a diferença entre o valor contábil da fazenda e o valor de mercado das terras no ato da integralização do patrimônio da pessoa física para a pessoa jurídica. Há questões importantes a serem dissecadas, como se pode notar. Eis a realidade se impondo de forma enfática, o que leva à empolgação para que esse duelo seja encarado.

I.2.4.1. O enlace das operações do agro e suas peculiaridades: prévias reflexões sobre os fatos

Uma providência indispensável a ser tomada no preparo do terreno, de modo a que as conclusões possam germinar em solo fértil, é a de esmiuçar as operações do agronegócio, evidenciando suas peculiaridades. Essa abordagem é útil porque permite delinear o panorama dos negócios jurídicos envolvidos nessa cadeia, demarcando a base concreta sobre a qual o raciocínio será construído. Como o intuito é associar a atividade rural ao seu sistema tributário, então é preciso explicar como se dão as relações entre esses agentes. Em poucas palavras: neste espaço serão feitas prévias reflexões sobre os fatos.

Toda a cadeia do agronegócio é estruturada partindo da figura central do produtor. A adoção desse critério não se dá pelo produtor rural em si, enquanto indivíduo, como

23. Com intuito de padronização do texto, todas as vezes que esses fundos forem mencionados eles o serão em caixa alta e sem aspas.

alguém que, por hipótese, pudesse merecer algum privilégio ou qualquer tipo de benesse. A questão não é essa. O que leva à formação dessa teia de relações tendo o produtor ao centro deve-se ao fato de que é ele, produtor, o responsável pela geração de alimentos. Ele que produz os itens básicos da alimentação humana ou animal, pouco importando se é micro, pequeno, médio ou grande produtor rural. Não há indústria alimentícia sem a produção de alimentos, assim como não há indústria de sementes, de adubos, de máquinas, de equipamentos agrícolas e de insumos em geral sem o produtor. Dada a peculiaridade do tipo de produto – alimentos, que são essenciais – a demanda é sempre presente e a tendência é a de que cresça cada vez mais, com o aumento da população mundial. Ou seja, as crises por que passam esse setor estão baseadas em problemas de estiagem, de clima, de fatores agrobiológicos, de fixação de preços, de variação cambial, de tensões externas e outras, mas dificilmente pela falta de demanda propriamente dita. Por essa ordem de ideias é intuitivo notar que o produtor, enquanto integrante de uma cadeia econômica, não reivindica uma atenção especial por ele próprio, e sim pelo tipo de mercadoria que produz.

Pois bem, nesse contexto já se percebe que há um "antes", um "dentro" e um "depois da porteira". Essa frequente divisão que se faz quando a intenção é compreender a cadeia como um todo é didática e espelha bem as etapas do processo produtivo – além de ser acolhida também na jurisprudência e na legislação, como se verá. Essa forma de enxergar o segmento rural é importante porque traz consigo reflexos no sistema jurídico. Basta pensar na geração de créditos de ICMS para fins de não cumulatividade ao longo da operação.

Em linhas gerais, o "antes da porteira" diz respeito a tudo aquilo que é necessário à produção rural, estando em uma fase pré-produtiva. Nessa classe abre-se um leque considerável de agentes econômicos, os quais podem ser subdivididos da seguinte maneira: (i) fornecedores de recursos financeiros: todos aqueles que viabilizam financeiramente a operação, como os bancos e as próprias revendedoras de insumos e as *tradings,* que concedem prazos para recebimento dos valores em períodos posteriores à colheita ou antecipam pagamentos; (ii) fornecedores de máquinas e implementos agrícolas: todas empresas que vendem tratores, colheitadeiras, caminhões, pás carregadeiras, semeadoras, arados, pulverizadores, grades, roçadeiras e outros; (iii) fornecedores de insumos agropecuários: tais como sementes, mudas, fertilizantes (são os adubos, os quais podem ser orgânicos, como adubos naturais, a exemplo de esterco e de "cama-de-frango", ou adubos químicos à base de nitrogênio, fósforo e potássio, conhecidos no mercado como "NPK", da tabela periódica), corretivos de solo (como calcário e gesso), herbicidas (que combatem ervas daninhas), inseticidas (insetos), fungicidas (fungos), vacinas, entre outros; (iv) fornecedores de estrutura para produção: como silos, armazéns, galpões, mangueiros, estradas internas; (v) fornecedores de serviços técnicos: engenheiros agrônomos, médicos veterinários, zootecnistas; (vi) e fornecedores de transporte: todos aqueles que levam esses itens até as fazendas. Quanto aos agentes financiadores, em especial as revendedoras de insumos, é cabível uma referência à transação de *barter,* a qual, na prática, nada mais é do que uma troca: a empresa fornece os insumos na fase prévia ao plantio e o produtor, após a colheita, cumpre a obrigação pela entrega em produtos, a qual é garantida por uma CPR (cédula de produto rural), título endossável e que usualmente é negociado pelo estabelecimento com uma *trading,* formalizando essa relação triangular.[24]

Superada essa etapa, olha-se para "dentro da porteira", isto é, para a fase produtiva em si. Nesse particular

---

24. BURANELLO, Renato. *Manual do direito do agronegócio.* 2. ed. São Paulo: Saraiva, 2018, p. 198/210.

tudo aquilo que envolve extração ou exploração vegetal e animal estará enquadrado como uma atividade rural *in natura*, compreendendo toda forma de exploração econômica de matriz vegetal ou animal. Por exemplo, pode ser citada a geração de produtos vegetais, como arroz, feijão, soja, milho, algodão, cana-de-açúcar, sorgo, trigo, frutas, hortaliças e legumes, e também a produção animal, como a bovinocultura, a avicultura, a suinocultura, a equinocultura, a ovinocultura e a caprinicultura. Não só, igualmente a transformação desses produtos feita pelo próprio criador ou agricultor não escapa ao conceito, a exemplo da produção de lácteos (queijos, requeijões e manteigas), de frutícolas (sucos, doces, geleias, pastas e frutas desidratadas) e de mel. Essa a etapa-chave de toda a cadeia, pois, sem produção rural, não há sentido falar-se em agronegócio. Todos os envolvidos na operação dependem, fundamentalmente, do "dentro da porteira". E mais, todas as regras jurídicas diferenciadas que serão tratadas adiante tomam o produtor rural como núcleo aglutinador que justifica essas políticas legislativas, haja vista que a geração de alimentos é considerada uma atividade essencial.

Por fim, chega-se ao "depois da porteira". Nesse conjunto estão todos aqueles que são os destinatários dos produtos rurais. Trata-se, sem sombra de dúvidas, de um grupo muito relevante também, na medida em que essas empresas são as responsáveis pelo armazenamento, transformação, comercialização e transporte das mercadorias. Nessa classe se enquadram as cooperativas, os frigoríficos, os laticínios, as usinas sucroalcooleiras, os armazéns gerais, as cerealistas, as *tradings* (empresas multinacionais adquirentes desses produtos para exportação) e as transportadoras. E aqui vale chamar a atenção para os desdobramentos envolvidos, porque os produtos não são destinados apenas ao mercado interno, mas, igualmente e com bastante força, ao mercado externo, algo que, como se pode antever, atrai consequências jurídicas importantes.

Esse quadro resumido que se fez acima da cadeia do agro pode ser classificado como uma visão dinâmica da operação, que engloba os negócios jurídicos detectáveis nessas transações comerciais. Mas, há outro lado que não pode deixar de ser considerado em uma análise tributária que se pretenda ampla: trata-se da propriedade rural em si mesma, com seus tributos incidentes, algo que pode ser conceituado como uma visão estática do agronegócio. Não é demais registrar que, sob a ótica do bem imóvel, ou o tributo incide sobre o fato jurídico "ser proprietário", ou então sobre o fato da "transmissão da propriedade", seja por uma venda, seja por doação, por herança ou ainda por transação societária. Investigar os fatos jurídicos que atraem a incidência tributária sobre o imóvel rural é tarefa que não poderia ser deixada de fora, evidentemente.

Essa a base fática que permite construir a tese e que também irá governar o raciocínio desenvolvido nos próximos capítulos desta pesquisa. Esmiuçar cada um desses fatos, examinando com maior profundidade suas vicissitudes e os enquadrando na moldura normativa possível no que concerne aos tributos de competência dos Estados e Municípios será a missão a ser alcançada ao longo deste estudo.

I.2.4.2. Afinal, como é possível sistematizar a tributação estadual e municipal no agronegócio? A indevida miscelânea de conceitos praticada por Estados e Municípios e o padrão de enquadramento dos fatos nas categorias jurídicas

Apesar da aparente simplicidade para compreensão da cadeia econômica do agronegócio, a verdade é que Estados e Municípios, ao fixarem suas regras para discipliná-la, criam uma miscelânea de conceitos na definição das categorias jurídicas que regem esse setor, o que tem sido causa, de forma cada vez mais acentuada, de muita insegurança jurídica. A obscuridade e a *maleabilidade semântica* dos núcleos prescritores de condutas são convenientes ao Poder Público, pois, em um universo de incertezas, a autoridade que se julga competente se sente no exercício legítimo de uma autorização jurídica para *moldar* a ordem normativa como bem lhe aprouver. Esse estado de coisas é corriqueiro no agro. E isso não pode ser assim.

São vários os exemplos. Não são poucas as hipóteses de "diferimento", de "suspensão", de "redução de base de cálculo", de "crédito presumido", de "crédito outorgado", de "isenção parcial", de "regimes especiais", de "benefício fiscal" e de "procedimento especial de fiscalização", entre tantas outras formulações linguísticas criadas por esses entes federados. Isso para não falar das diversas situações nas quais a tributação segue adiante pela via das "pautas fiscais" ou de "contribuições voluntárias". Afinal de contas, todas aquelas expressões são empregadas de acordo com seu perfil jurídico típico? São sinônimas? Representam apenas formas diferentes de se dizer a mesma coisa? Ou para cada uma há um espaço normativo próprio, de tal modo que não se pode tolerar o uso de uma, em vez da outra? Em sendo essa última a hipótese, há consequências distintas? É nessa ferida que este estudo quer tocar.

Em 31 de dezembro de 1902, Rui Barbosa apresentou ao Senado Federal sua famosa *Réplica*, na qual defendeu seus pontos de vista sobre os defeitos que entendia existentes no projeto do Código Civil, o qual viria a ser aprovado apenas em 1916. A certa altura, Rui parece endereçar sua crítica ao legislador de hoje: "nem compreendo que outra maneira exista de fixar o pensamento vazado num texto, a não ser a de lhe darmos a transparência, a nitidez, a precisão de uma forma correta e intemerata", culminando em dizer que, se tais vícios não fossem reparados nas sucessivas fases legislativas, o texto "carreará consigo novas manchas de linguagem, novos defeitos de enunciado, e, com eles, novos problemas de hermenêutica legislativa (...)".[25] Essa reprimenda cai muito bem ao atual cenário fiscal, inclusive sob o ângulo da tributação incidente sobre o agronegócio. Estados e Municípios, de modo indiscutível, vão usando tais conceitos de forma solta com o claro propósito de criar um espaço de *discricionariedade* na fixação de direitos e obrigações atribuíveis ao contribuinte, mas há de haver uma projeção própria para os vocábulos do sistema de direito positivo.

Essas são as barreiras a serem derrubadas neste estudo. O intuito é identificar o mau uso desses signos linguísticos, demarcando o conceito jurídico adequado e, por consequência, trazendo à tona o desvio no exercício da competência tributária. Longe de se tratar de um preciosismo acadêmico, a verdade é que tais expedientes retóricos empregados pelas autoridades fiscais trazem consequências práticas, tanto sob a ótica de que uma "benesse fiscal" legitimaria a exigência de uma contrapartida financeira para os Estados (como o que se passa com os "fundos" do agronegócio), como pela de que seria possível limitar os créditos de ICMS no âmbito da não cumulatividade, por exemplo.

Pois bem, foi prometido no início que a hipótese objeto de investigação era descobrir se há ou não um subsistema tributário próprio aplicável ao agronegócio e, havendo, qual é e como é esse subconjunto normativo (sem se esquecer de como ele será, diante da aprovação da Reforma Tributária). E para se destrinchar esse novelo foi afirmado que, embora não haja uma legislação aglutinadora, é possível identificar padrões normativos específicos na disciplina das operações do agro que se repetem nas legislações dos Estados e Municípios, indicadores da existência de um regramento típico. Por paradoxal que possa parecer, a despeito da forma

---

25. BARBOSA, Rui. *Réplica* (Reedição do Conselho Seccional do Rio de Janeiro da OAB e da Fundação Casa de Rui Barbosa). Rio de Janeiro: Gráfica Mec Editora, 1980, v. I, p. 88.

desencontrada, flexível e descomprometida com o apego terminológico com que os legisladores estaduais e municipais estatuem suas normas para o agro, um exame detido dessa matéria permite defender, com convicção, *que há, sim, um padrão,* formado por princípios inspiradores, por regras que sempre aparecem, por conceitos mal aplicados, por uma uniformidade normativa percebida (embora não em um único diploma aglutinador). Da confusão conceitual e da distorção do ordenamento em que incidem Estados e Municípios deduz-se um estereótipo normativo, o qual reivindica uma organização, com o apontamento adiante das diretrizes a serem necessariamente observadas. Esse regramento padronizado pode ser demonstrado da seguinte forma:

Tema tratado	Disciplina normativa	Evidenciação[26]
Atividade produtiva dos produtores rurais pessoas físicas e pessoas jurídicas ("dentro da porteira")	Enquadramento dessas operações como submetidas ao regime de "diferimento" em matéria de ICMS, sob o pressuposto de ser um "benefício fiscal"	- MT: art. 573 e arts. 1º, 3º, 4º a 7º, 9º a 14 e 17 do Anexo VII do Decreto 2.212/14 (RICMS/MT) - MS: art. 1º do Anexo II do Decreto 9.203/98 (RICMS/MS) - GO: art. 14 do Anexo VIII do Decreto 4.852/97 (RCTE/GO) - MG: art. 129 e Anexo VI do Decreto 48.589/23 (RICMS/MG) - BA: art. 286 do Decreto 13.780/12 (RICMS/BA)

26. Pelos motivos que serão explicados adiante, serão tomadas como referência principal nesta tese as legislações dos Estados de Mato Grosso, Mato Grosso do Sul, Goiás, Minas Gerais e Bahia. Já em relação aos Municípios, serão investigadas, na medida do possível, as leis de Sorriso (MT), Maracaju (MS), Cristalina (GO), Uberaba (MG) e São Desidério (BA). Especificamente no que tange aos Municípios, no entanto, como vários entes apenas reproduzem as previsões genéricas do Código Tributário Nacional em suas legislações locais, vê-se que o foco das divergências, muitas vezes, repercute mais enfaticamente na forma como tais comandos são interpretados, o que se evidencia pela jurisprudência existente, a qual será trazida nos respectivos capítulos. Esse será o roteiro, mas isso não impede a análise das leis de outros Estados e Municípios que possam ser úteis ao raciocínio construído.

Tema tratado	Disciplina normativa	Evidenciação
Atividade produtiva dos produtores rurais pessoas físicas e pessoas jurídicas ("dentro da porteira")	Como condição para o gozo de "diferimento" de ICMS nessas operações, que seria um "benefício fiscal", cria-se um "regime substitutivo" ao ICMS, por meio de "contribuições voluntárias" a "fundos"	- MT (FETHAB): art. 132, §§ 2º, 3º e 9º-B do Decreto 2.212/14 (RICMS/MT) - MS (FUNDERSUL): art. 3º do Anexo II do Decreto 9.203/98 (RICMS/MS) - GO (FUNDEINFRA): art. 14-A do Anexo VIII do Decreto 4.852/97 (RCTE/GO)[27]
Insumos necessários à atividade produtiva dos produtores rurais pessoas físicas e pessoas jurídicas (do "antes" para o "dentro da porteira")	Não reconhecimento de créditos de ICMS, tendo em vista o "diferimento" concedido	- MT: arts. 1º, 3º, 4º a 7º, 9º a 14 e 17 do Anexo VII do Decreto 2.212/14 (RICMS/MT) - MS: art. 1º, § 4º, do Anexo II do Decreto 9.203/98 (RICMS/MS) - GO: art. 16, V, do Anexo VIII do Decreto 4.852/97 (RCTE/GO) - MG: art. 136 do Decreto 48.589/23 (RICMS/MG)
Atividade produtiva dos produtores rurais pessoas físicas e pessoas jurídicas ("dentro da porteira")	Exigência de ICMS sobre transferência de gado próprio de uma fazenda para outra do mesmo produtor, situadas em Estados distintos, sob o pressuposto de que, nessa hipótese, há uma quebra do "diferimento" da cadeia bovina	- MT: art. 4º, II, "b", do Decreto 2.212/14 (RICMS/MT) - MS: art. 4º-B do Decreto Estadual nº 12.056/06 - GO: art. 6º, XLIII, "a", "2", e CXVI, "b", do Anexo IX do Decreto 4.852/97 (RCTE/GO)
Tributação do patrimônio imobiliário rural sob a perspectiva de heranças e doações ("patrimônio rural")	Avaliação do valor das terras por "pautas fiscais", sem transparência na forma de construção dessas pautas	- MT: art. 20 do Decreto 2.125/03 (RITCMD/MT) - MS: art. 127 da Lei 1.810/97 (CTE/MS) - GO: art. 377, § 3º-B, do Decreto 4.852/97 (RCTE/GO) - MG: art. 14, §§ 1º e 2º, Decreto 43.981/05 (RITCMD/MG)

27. Além de Mato Grosso, Mato Grosso do Sul e Goiás, também instituíram "contribuições voluntárias" os Estados de Tocantins, Maranhão e Piauí, o que só reafirma a padronização de modelos inconstitucionais para o agro. Esse tema será explorado adiante.

Tema tratado	Disciplina normativa	Evidenciação
Tributação do patrimônio rural envolvendo cotas de sociedades agropecuárias proprietárias de imóveis rurais sob a perspectiva de heranças e doações ("patrimônio rural")	Avaliação do valor das cotas não pelo patrimônio líquido da empresa, mas sim pelo valor de mercado das terras, inclusive com o *valuation* projetado pela expectativa de rentabilidade futura	- MT: art. 16, parágrafo único, do Decreto 2.125/03 (RITCMD/MT) - MS: art. 127 da Lei 1.810/97 (CTE/MS) - GO: art. 377-B, I, do Decreto 4.852/97 (RCTE/GO) - MG: art. 13, §§ 2º a 4º, do Decreto 43.981/05 (RITCMD/MG)
Tributação do patrimônio imobiliário rural sob a perspectiva de venda de fazendas ("patrimônio rural")	Avaliação do valor das terras por "pautas fiscais", sem transparência na forma de construção dessas pautas	Como esclarecido, a evidenciação será feita no capítulo próprio, a partir da divergência jurisprudencial existente
Tributação do patrimônio rural envolvendo integralização do capital social de sociedades agropecuárias com fazendas ("patrimônio rural")	Exigência do imposto municipal sobre a diferença entre o valor contábil da fazenda registrado na declaração de imposto sobre a renda da pessoa física e o valor de mercado das terras	Como esclarecido, a evidenciação será feita no capítulo próprio, a partir da divergência jurisprudencial existente
Exportação da produção rural ("depois da porteira")	Exigência de adesão a "regimes especiais de exportação" como condição às remessas para o exterior, sob o pressuposto de tratar-se de um "benefício fiscal", com o estabelecimento de contrapartidas, em alguns casos	- MT: arts. 1º e 3º do Decreto 1.543/97 - MS: art. 4º do Decreto 11.803/05 - GO: art. 38-A da Lei 11.651/91 (CTE/GO)

Esses são apenas alguns exemplos, trazidos aqui para comprovar a tese; outros serão expostos ao longo do estudo, ratificando-a. A constância dessas práticas em diversos Estados e Municípios é reveladora da existência, realmente, de uma padronização nas questões específicas envolvendo o agronegócio brasileiro, de tal sorte que o exame crítico de tais mandamentos legais é algo a ser feito.

Não se pode tolerar mais essa instabilidade conceitual na fixação das regras jurídicas porque a falta de convenção clara dos códigos da linguagem do direito leva a desdobramentos concretos no campo tributário. Para fins ilustrativos, se uma dada operação está enquadrada debaixo do conceito de uma "imunidade incondicionada", não é dado aos Estados criar empecilhos para que a mercadoria seja exportada e para que o ICMS não seja cobrado, como se tratasse de uma "isenção", a qual seria juridicamente classificada como um "favor legal", ou mesmo de um "benefício fiscal", autorizando, em contraponto, a exigência de uma série de deveres que muitas vezes atravancam a operação, tudo à espera de encontrar um pretexto mínimo que seja para afirmar que não está provada a exportação e que, portanto, o ICMS é devido. São vários os casos nesse sentido e é disso que objetivamente se trata aqui.[28] Os agentes públicos não são ingênuos para negarem um direito escancaradamente assegurado. O que fazem é *usar o direito para negar o direito*, valendo-se de artimanhas retóricas para ajustar a ordem jurídica àquilo que convém aos seus interesses. No fundo, no fundo, é isso. O

---

28. "MANDADO DE SEGURANÇA - CONTROLE DE LEGALIDADE DE ATO ADMINISTRATIVO - INDEFERIMENTO DE PEDIDO DE CONCESSÃO DE REGIME ESPECIAL DE CONTROLE E FISCALIZAÇÃO - FUNDAMENTOS SEM RESPALDO LEGAL - CONCESSÃO DA SEGURANÇA. 1. A Constituição Federal estabelece a imunidade de ICMS para as operações de exportação de mercadorias. A Administração Pública, no exercício do poder regulamentar, estabeleceu obrigações acessórias, com a finalidade de viabilizar a imunidade e facilitar a fiscalização das operações realizadas por contribuintes em seu território. Para tanto, como visto, foi estabelecido o Regime Especial de Controle e Fiscalização relativo às operações de exportações e de saída para o fim específico de exportação, através do Decreto 11.803/2005, contendo regras específicas para a concessão do regime especial. De sorte que o indeferimento do pedido somente deverá, necessariamente, estar amparado em disposições legais, sob pena de nulidade. (...) 3. A mesma ilegalidade manifesta recai sobre o argumento de oportunidade e conveniência da Administração na concessão do regime especial. Com efeito, os regimes especiais visam facilitar o cumprimento das obrigações tributárias pelos contribuintes, conforme estabelece o art. 4º, do Anexo V, ao RICMS. A 'facultatividade' ou 'oportunidade e conveniência' da Administração não está na concessão da imunidade, que é assegurada pela Constituição Federal, mas na adoção de obrigações acessórias. 4. Ordem concedida" (Tribunal de Justiça de Mato Grosso do Sul. Mandado de Segurança 1405362-85.2023.8.12.0000. 4ª Seção Cível. Rel. Des. Sideni Soncini Pimentel. *DJe* 26.07.2023).

direito, porém, deve ser tratado com seriedade, por isso que neste estudo se procurará demonstrar, a partir de categorias consistentes, qual é o conjunto normativo genuinamente aplicável ao agronegócio.

I.2.4.3. A ordem hierarquizada do sistema e seus reflexos na organização da matéria

O maior desafio desta pesquisa é definir a maneira de sistematizar a tributação estadual e municipal no agronegócio. Nas páginas anteriores foram traçados os parâmetros para que se faça a aproximação do objeto a ser investigado, notadamente pela identificação de padrões normativos espalhados nas legislações estaduais e municipais pelo País afora. Nada obstante, são cabíveis ainda considerações adicionais a esse raciocínio, para que a construção da tese se revele sólida, consistente.

No Brasil, como se sabe, a competência tributária foi repartida entre União, Estados, Distrito Federal e Municípios. Além disso, nessa matéria não há um único tipo de veículo introdutor de normas, pelo contrário, há a Constituição Federal, emendas constitucionais, leis complementares, leis ordinárias, medidas provisórias, decretos, resoluções, convênios, portarias, instruções normativas, circulares e todo o cabedal restante e interminável de instrumentos subalternos. A complexidade, como se vê, é algo inerente à sistemática tributária brasileira. Ora, se há normas nacionais, federais, estaduais, distritais e municipais, e ainda por cima de diversas hierarquias, como organizar esse caótico cipoal normativo para trazer à luz um mínimo de racionalidade, de maneira a se encontrar um "sistema", isto é, normas que sejam pareadas por um elemento comum, a tributação estadual e municipal no agronegócio?

Realmente, a tarefa não é fácil. Basta pensar que há quase três dezenas de unidades federativas estaduais e mais de cinco milhares de municipais. Seria desanimador e praticamente impossível, para dizer o básico, ter que passar em revista toda a legislação de cada um dos 26 Estados, do Distrito Federal e dos mais de 5.500 Municípios. E mesmo que esse hercúleo levantamento fosse feito, aí não teria quem se predispusesse a lê-lo, dado seu gigantismo.

É claro que isso não é necessário. Não é esse o roteiro a ser seguido. Esta obra não está preordenada a ser uma mera compilação de textos legislativos, à moda de um *Vade Mecum*. O que se busca, isso sim, é identificar os aspectos iguais ou semelhantes que marcam os tributos incidentes sobre o agronegócio, sistematizando-os, organizando-os, enfim, explicando-os de maneira crítica, ainda que para isso seja necessário travar contato constante com a legislação, evidentemente. Se para abordar um tributo estadual, como o ICMS ou mesmo o ITCMD, ou um tributo municipal, como o ISS ou o IPTU, fosse condição necessária checar a legislação de todos os Estados e de todos os Municípios, não haveria um só trabalho acadêmico sobre ICMS, ITCMD, ISS ou IPTU. Em síntese, estudos de tributos em espécie estaduais e municipais não exigem tamanho nível de detalhamento – até mesmo porque isso, na prática, empobreceria a pesquisa, por exigir incursões superficiais.

Mas, o problema remanesce: como, então, organizar melhor o tema? A resposta é esta: todo texto jurídico que se queira consistente deve partir, necessariamente, das normas de superior escalão para, de lá, ir construindo a tessitura sistêmica, moldando a disciplina dada pelo direito sobre aquela matéria, e aí sim iniciar a aterrisagem hierarquizada pelas regras subalternas de maior concretude. Esse percurso tipicamente kelseniano, sobre ser o mais coerente, permite um olhar mais amplo do que se busca compreender, tendo como ponto de partida os enunciados estruturantes de toda a ordem jurídica para culminar naqueles mais "rentes à vida", parafraseando Pontes de Miranda. Portanto, é da Constituição para as leis e dessas para os instrumentos normativos secundários o itinerário a ser percorrido.

Estabelecido esse mourão do raciocínio, logo de partida o intérprete se depara com uma dificuldade: a Constituição brasileira não conceitua o que vem a ser "agronegócio" ou mesmo "atividade rural". Isso não há de espantar ninguém. É claro que a Constituição não conceituou essa matéria, porque não é função mesmo da Carta Magna explicar as palavras que emprega. Do documento normativo mais relevante do País não se poderia esperar que viesse acompanhado de um glossário, de notas explicativas. A despeito de não ter conceituado o "agronegócio", a "atividade rural", o constituinte deixou claras pistas de que se preocupou com esse tema, tendo se valido de diversas expressões análogas para indicar que se trata de questão de tope constitucional.

Com efeito, é verdade que a Carta da República não dispensou, *de forma direta,* preceitos que pudessem dar os contornos conceituais desse segmento. Não o fez de forma direta, mas isso não quer dizer que a matéria não tenha tido importância para o legislador constituinte. Como esclarecemos em obra sobre o tema, é do próprio Texto Constitucional que se identificam vários enunciados que permitem a formação do conceito de "agronegócio", porque fazem referência, explícita ou implicitamente, a esse setor econômico.[29] Apenas a título de ilustração, não considerando as modificações da Reforma Tributária (cuja análise será empreendida no último capítulo), os vocábulos "rural" e seu plural "rurais" aparecem mais de 30 (trinta) vezes ao longo da Carta da República, incluindo o Ato das Disposições Constitucionais Transitórias e sem contar as emendas constitucionais.[30] Já os signos linguísticos "agrário" ou

29. LOUBET, Leonardo Furtado. *Tributação federal no agronegócio.* 2. ed. São Paulo: Noeses, 2022, p. 123-124.

30. Arts. 5º, XXVI; 7º, *caput* e XXIX; 8º, § único; 43, § 3º; 153, VI e § 4º, II; 158, II; 183; 184; 185, I; 186; 187, *caput,* IV, VII e VIII; 189; 190; 191 (02 vezes);

"agrária" apresentam-se em mais de 10 (dez) ocasiões.[31] As palavras "agrícola" e "agrícolas", por sua vez, são empregadas quase 10 (dez) vezes.[32] Por seu turno, as expressões "agropecuária", "agropecuárias" e "agroindustriais" foram utilizadas poucas vezes, mas também aparecem no texto.[33] Os termos "agricultura" e "pecuária", por curioso que possa parecer, não foram utilizados pelo constituinte. "Agronegócio" também não.

Isso mostra que houve uma preocupação por parte do constituinte com as pessoas que se dedicam à atividade rural, sobretudo pela sua relevância no atendimento das necessidades básicas da sociedade, como a alimentação. A prova dessa assertiva está no art. 187 da Constituição Federal, inserido no capítulo que cuida "Da Política Agrícola e Fundiária e da Reforma Agrária" (Título VII, "Da Ordem Econômica e Financeira", Capítulo III):

> Art. 187. A política agrícola será planejada e executada na forma da lei, com a participação efetiva do setor de produção, envolvendo produtores e trabalhadores rurais, bem como dos setores de comercialização, de armazenamento e de transportes, levando em conta, especialmente:
>
> I – os instrumentos creditícios e fiscais;
>
> II – os preços compatíveis com os custos de produção e a garantia de comercialização;
>
> III – o incentivo à pesquisa e à tecnologia;
>
> IV – a assistência técnica e extensão rural;
>
> V – o seguro agrícola;

194, § único, II; 195, § 8º; 201, § 7º, II (02 vezes) e § 9º; e 243. No ADCT, arts. 10, § 2º (02 vezes) e § 3º; 47, II (02 vezes) e § 2º (02 vezes) e § 3º, V; e 62.

31. Arts. 22, I; 126; no Título VII, Capítulo III; 184, *caput* (02 vezes) e § 2º, § 4º (02 vezes) e § 5º; 185; 187, § 2º; 188, *caput* e § 2º; 189 e 243.

32. Arts. 21, XXIII, "b"; no Título VII, Capítulo III; 187, *caput,* V e §§ 1º e 2º; 188; e 50 (02 vezes) do ADCT.

33. Arts. 23, VIII; 100, § 18; 187, § 1º; 97, § 3º, e 101, § 1º, do ADCT.

> VI – o cooperativismo;
>
> VII – a eletrificação rural e irrigação;
>
> VIII – a habitação para o trabalhador rural.
>
> *§ 1º. Incluem-se no planejamento agrícola as atividades agroindustriais, agropecuárias, pesqueiras e florestais.*
>
> *§ 2º. Serão compatibilizadas as ações de política agrícola e de reforma agrária.*

Eis a regra estruturante, elevada à estatura de maior hierarquia normativa, que permite afirmar que esse tema não passou ao largo do constituinte. É a partir desse enunciado que todas as políticas públicas voltadas para o setor devem ser elaboradas, inclusive quanto aos *"instrumentos fiscais"*, na dicção do texto. Vai daí que *a calibração das normas tributárias para esse segmento foi um mandamento imposto pela Carta Federal.* Ainda que não haja um título, um capítulo ou mesmo uma seção dedicada especificamente à atividade rural de forma aglutinante, o art. 187 e os demais dispositivos indicados mostram que, sem sombra de dúvidas, há um arcabouço normativo próprio sobre essa atividade, ainda que, às vezes, pressuposto. Não bastasse isso, também outros dispositivos constitucionais – como o princípio da capacidade contributiva e a seletividade em razão da essencialidade dos produtos, por exemplo, algo extremamente relevante na carga fiscal dos itens alimentícios – estão aí a consolidar esse subconjunto normativo. Portanto, se há previsões constitucionais a respeito da atividade rural, isso comprova que é possível organizar as normas que tratam de sua tributação.

Não é só. Também no âmbito das leis complementares há campo fértil e seguro para que esse raciocínio seja construído. Basta registrar que a Lei Complementar nº 87/96 contém dispositivos específicos de ICMS para reger o agronegócio (art. 20, § 3º, I, c/c § 6º, I). Ora, se a legislação que cuida diretamente do ICMS preocupou-se com esse setor econômico, então é porque há espaço para se dizer que existem normas próprias a serem organizadas e estruturadas no que concerne a esse imposto estadual.

O mesmo se diga dos inúmeros convênios que versam sobre a atividade rural, a exemplo do Convênio do CONFAZ – Conselho Nacional de Política Fazendária nº 100/97, que *"reduz a base de cálculo do ICMS nas saídas dos insumos agropecuários que especifica"*. Trata-se de diploma de inegável importância para a sistematização dos tributos estaduais que recaem sobre o agronegócio, sendo, pois, igualmente uma rota firme, porque fincada no direito positivo, para que a matéria seja estruturada.

Da mesma maneira, há também outros convênios do CONFAZ, Códigos Tributários Estaduais, Códigos Tributários Municipais e Regulamentos de ICMS que fornecem insumo farto (embora não de maneira organizada) para que esse repositório normativo seja identificado e, nessa ordem de ideias, seja bem demarcado e sistematizado, de modo a oferecer uma visão horizontal e ao mesmo tempo aprofundada da tributação estadual e municipal que incide no agronegócio, como um subconjunto próprio de regras. Não há, de fato, um diploma aglutinador da matéria, mas há preceitos importantes dispostos por aí, à espera de uma sistematização. São essas normas particularizadas que dão sustentação ao estudo e que serão nos próximos capítulos contrapostas às operações típicas do agronegócio, de modo a testar sua validade e sua pertinência sistêmica.

I.2.4.4. Os diversos convênios de ICMS no âmbito do CONFAZ indicam que há um subsistema próprio para o agro que reclama ser estudado

Outro aspecto que reafirma a existência de um subsistema próprio para essa cadeia econômica é a circunstância, como salientado, de que há vários convênios de ICMS editados no âmbito do CONFAZ envolvendo desdobramentos do agronegócio, o que significa dizer que se trata de matéria relevante a ser organizada, demandando um estudo aprofundado.

Vários são os instrumentos normativos desse nível hierárquico que, direta ou indiretamente, tocam em questões da atividade rural. Organizando-os em ordem cronológica, pode-se dizer que chegam à casa de dezenas. Iniciando pelos editados na década de 1970, cabe menção ao Convênio SINIEF s/n, de 15 de dezembro de 1970, o qual cataloga nos arts. 26 e seguintes os procedimentos a serem adotados na armazenagem, algo inerente às operações do agro. Na sequência, vem o Convênio 44/75, que "dispõe sobre a isenção de produtos hortifrutigranjeiros" (o qual, posteriormente, foi alterado pelo Convênio 68/90). De igual modo, merece referência o Convênio 35/77, cujo objetivo é consolidar as "disposições relativas ao tratamento tributário de gado e coelho, inclusive da carne e dos produtos comestíveis de sua matança, e, bem assim, dos reprodutores, matrizes e equinos puro-sangue de corrida". Passando para a década de 1980, destaca-se o Convênio 25/83, que "estabelece tratamento tributário do leite pasteurizado para as unidades da Federação que especifica". Já no marco temporal da década de 1990 o Convênio 15/90 "estabelece critérios para a fixação da base de cálculo para as operações com café cru", com as alterações dos Convênios 78/90 e 90/92. Outro veículo normativo bastante importante para o agro é o Convênio 52/91, que "concede redução da base de cálculo nas operações com equipamentos industriais e equipamentos agrícolas". Logo adiante foi editado o Convênio 70/92, cuja ementa prevê o seguinte: "concede isenção nas operações com embrião e sêmen bovinos". Também deve integrar o rol de diplomas selecionados o Convênio 139/92, que "autoriza os Estados que menciona a conceder isenção do ICMS nas saídas internas de gado". Não só ele, mas igualmente o Convênio 136/93, o qual "estabelece regime especial de tributação para as operações com equino de raça". Já o

Convênio 128/94 "dispõe sobre tratamento tributário para as operações com as mercadorias que compõem a cesta básica", em substituição ao Convênio 139/93, algo que, como se pode imaginar, é extremamente importante em se tratando de atividade rural. O Convênio 113/96 "dispõe sobre as operações de saída de mercadoria realizada com o fim específico de exportação", tema relevante e do cotidiano das atividades do agronegócio brasileiro. O último veículo normativo da década de 1990 que merece ser enfatizado é o Convênio nº 100/97, supramencionado, que "reduz a base de cálculo do ICMS nas saídas dos insumos agropecuários que especifica". Passando para a década de 2000 aparece o Convênio 106/03, o qual "autoriza os Estados e o Distrito Federal a concederem redução de base de cálculo do ICMS nas saídas de algodão em pluma". Além dele há o Convênio 153/04, que "autoriza as unidades federadas a concederem benefícios fiscais na modalidade redução de base de cálculo do ICMS", entre outras hipóteses para produtos derivados de uva e vinho (cláusula 1ª), cana-de-açúcar (cláusula 3ª), novilho precoce (cláusula 4ª), alho (cláusula 5ª), mandioca (cláusula 7ª), carne e demais produtos comestíveis frescos, resfriados, congelados, salgados, secos ou temperados resultantes do abate de aves, leporídeos, bovinos, bufalinos, caprinos, ovinos e suínos (cláusula 8ª), couro bovino ou bufalino, especialmente *wet-blue, wet-white,* semiacabado e assemelhados (cláusula 9ª) e algodão em caroço, algodão em pluma e caroço de algodão (cláusula 10ª). Outro convênio importantíssimo é o nº 89/05, cuja ementa prevê que sua função é dispor sobre "a concessão de redução na base de cálculo do ICMS devido nas saídas de carne e demais produtos comestíveis, resultantes do abate de aves, gado e leporídeos". O Convênio 83/06 regulamenta mais uma questão bastante relevante para o agro, pois "dispõe sobre procedimentos de controle das remessas de mercadorias para formação de lote de exportação em recintos alfandegados". O Convênio 84/09, com os ajustes do Convênio

203/17, "dispõe sobre as operações de saída de mercadoria realizada com o fim específico de exportação". A seu passo, o Convênio 126/13 "autoriza à redução a base de cálculo do ICMS nas operações com bovinos destinados aos estados que especifica", o qual foi complementado pelos Convênios 178/21 e 88/23. Por fim, vale menção ao Convênio/CONFAZ ICMS nº 19, de 07 de abril de 2022, que "autoriza as unidades federadas que menciona a reduzir a base de cálculo do ICMS incidente sobre as operações de saída interestaduais realizadas com bovinos".

Ora, diante de todo esse arcabouço legislativo, a pergunta clara e direta que vem à mente é a seguinte: se não houvesse um regramento próprio para as atividades do agro, por acaso os Estados e o Distrito Federal teriam se preocupado em costurar tantas normas consensuais no foro do CONFAZ, que resultaram nesses convênios? É evidente que há peculiaridades nas relações econômicas envolvendo o "antes", o "dentro" e o "depois da porteira" que justificam a edição de normas específicas, o que só vem a confirmar a consistência da tese proposta.

I.2.4.5. Em conclusão: sim, é possível estruturar um subsistema tributário estadual e municipal específico para o agronegócio e é a isso que se presta este texto

Este é um trabalho acadêmico, inspirado em postulados científicos, que pretende trazer uma visão inexplorada do fenômeno jurídico. Uma análise diferente, mas alicerçada em fundamentos teóricos que se projetam sobre os fatos para capturar uma "nova realidade", de maneira a recortar uma dada cadeia econômica e a trazê-la para o rigor da lente jurídica, de tal sorte a concluir se a tributação está sendo exercida de forma correta ou não.

As *justificativas* para elaboração deste texto já foram demonstradas: o agronegócio é um setor relevantíssimo para a Nação, o estudo de sua tributação estadual e municipal ainda não foi feito e uma pesquisa setorial sempre tem frutos a produzir, por isolar os problemas específicos de determinado segmento da sociedade. No que concerne às *dificuldades* a serem enfrentadas, a principal delas passa pela ausência de diplomas normativos centrais sobre a matéria, além da ausência de trabalhos prévios que pudessem indicar um caminho, um roteiro a ser seguido. Ciente desses desafios, este estudo adota como *objetivos* identificar se há ou não um regramento tributário estadual e municipal próprio aplicável ao agro e, havendo, qual é e como é esse subsistema, por meio da identificação, delimitação e sistematização de suas normas, com a indicação das diretrizes a serem observadas, inclusive para o ordenamento futuro a ser implantado pela Reforma Tributária. Como *estratégias* para alcançar o resultado final, o estudo vale-se da prévia seleção dos fatos inerentes à cadeia rural, de modo a conhecê-los melhor, dividindo-os em "antes", "dentro" e "depois da porteira", sob a perspectiva dinâmica da tributação, mas sem olvidar dos fatos jurídicos que gravam a propriedade rural em si, sob o prisma estático; e da identificação no ordenamento jurídico de normas de conteúdo semelhante, pinçando os preceitos dispersos, reveladores de um subconjunto próprio. O texto usa como *recursos científicos* (alguns já explorados, outros a serem detalhados mais adiante) a ordem hierarquizada das normas jurídicas, a teoria da regra-matriz de incidência tributária, a Teoria das Classes, o Constructivismo Lógico-Semântico e os subsídios da literatura estrangeira, de modo a se construir um modelo teórico que viabilize a sistematização dos tributos estaduais e municipais no agronegócio, identificados por padrões normativos observáveis nas legislações desses entes federativos. Uma vez cumpridos esses estágios, aí a pesquisa prossegue nos próximos capítulos com os desdobramentos práticos desse núcleo científico, tributo a tributo.

Postas as coisas dessa maneira, a conclusão a que se chega, em resposta à hipótese levantada no início, é a de que *sim, é possível estruturar um subsistema tributário estadual e municipal específico para o agronegócio.* Como foi detalhado até aqui e como restará confirmado por ocasião da análise individual de cada tributo, esse subsistema decorre da circunstância de que Estados e Municípios, embora não lancem mão de veículos normativos aglutinadores ou mesmo de livros, capítulos ou seções destacadas no bojo de suas legislações, acabam por dispensar ao agro regramentos fiscais próprios, no caso dos Estados vários deles oriundos de convênios editados no CONFAZ, razão pela qual o exame detido dessas normas jurídicas tem uma contribuição muito relevante a trazer.

Com efeito, seja sob o ângulo do "antes", do "dentro" ou do "depois da porteira", pela ótica dinâmica das operações, seja sob o viés estático do patrimônio rural, os Estados e os Municípios, notadamente aqueles com maior vocação para o agronegócio, fixam suas regras de uma maneira mais ou menos uniforme, com conteúdo normativo parecido, com modelos fiscais similares, todos eles inspirados por uma base principiológica semelhante, de maneira que a tese defendida fica evidenciada, e mais, seu desenvolvimento se torna possível. A falta de uma legislação centralizadora que pudesse servir de parâmetro para o destrinchar das ideias, embora dificulte, não impede a construção do raciocínio. *Aliás, essa lacuna até reforça a necessidade de um estudo sobre a matéria;* afinal, a tributação está sendo levada adiante justamente na ausência de normas estruturantes, o que exige uma fiscalização redobrada acerca da validade dessas prescrições locais. Sempre serão prestigiadas nesta pesquisa, evidentemente, as normas de superior hierarquia, porém, nos espaços dos vácuos da legislação constitucional ou complementar serão examinadas as regras das legislações dos Estados e Municípios sobre temas relevantes ou específicos da atividade rural, comparando-as com os fundamentos da tributação brasileira, a fim de checar se a forma de exigência desses tributos se sustenta ou não à luz da ordem constitucional-tributária em vigor.

I.3. O DESENVOLVIMENTO DO RACIOCÍNIO POSTO NESTE ESTUDO

Uma vez levantada a hipótese que ocupa o cerne das preocupações e tendo sido positiva a resposta por evidências identificadas no interior do sistema de direito positivo, as quais possibilitam a construção da tese de que, de fato, existe um subconjunto normativo peculiar, deve-se agora avançar nesse raciocínio, desenvolvendo-se as ideias que decorrem dessa premissa. De agora em diante a intenção é partir mais firmemente para o propósito em si da pesquisa, de modo a se circunscrever o segmento econômico eleito – o "agronegócio" – a partir das normas que orientam de forma prescritiva as condutas humanas nele inseridas. Noutras palavras, serão demonstrados os critérios adicionais pelos quais se revela possível a demarcação e a sistematização do tema, de tal sorte a viabilizar o exame de cada um dos tributos relevantes para esse setor.

I.3.1. Reafirmando os objetivos buscados: a identificação dos problemas, a sistematização dos temas e o apontamento de diretrizes a serem seguidas

Neste bloco de argumentos o intuito é desmembrar as implicações que o tema permite, explorando as possibilidades investigativas, moldando, assim, um esquema teórico consistente. Para isso, devem ser reafirmados os objetivos antes anunciados: a identificação dos problemas, a sistematização dos temas e o apontamento das diretrizes a serem seguidas.

Com relação ao primeiro deles, os critérios adotados para se pontuar os problemas que o agronegócio tem experimentado no âmbito da tributação estadual e municipal passam pela *especificidade* e pela *relevância* das controvérsias abordadas. Isso é particularmente bastante importante que fique realçado. São várias as questões tributárias, isso parece nítido, que podem surgir sobre um dado contribuinte, sobre uma dada operação ou mesmo sobre um determinado segmento econômico. E não dá nem para antever todos os problemas, muito menos, ainda que isso fosse possível, tratá-los em um único estudo. Por isso que para a elaboração deste trabalho um critério pertinente é o da especificidade, isto é, serão enfrentados problemas específicos que incidem sobre o agronegócio, não notados em outros setores. Uma abordagem animada por esse norte tem por mérito trazer ao conhecimento da comunidade acadêmica um ponto de vista em princípio desconhecido, não só ampliando o horizonte de informações, como também exigindo que as convicções jurídicas sejam testadas.

Contudo, a base de abordagem não se resume a isso. Serão igualmente trazidos problemas que, embora não sejam específicos da atividade rural, assumem caráter de relevância para o setor, de modo a que a pesquisa não fique incompleta. Tome-se como exemplo o debate sobre os contornos da imunidade do ITBI na integralização de capital social de empresas por meio da conferência em imóveis, a cujo respeito os Municípios vêm entendendo que podem cobrar o imposto sobre a diferença entre o valor contábil do bem e seu valor de mercado. Esse não é um problema exclusivo do agro, é verdade. Porém, para o agro ele se tornou um gigantesco entrave nas operações societárias, porquanto os valores discutidos são elevadíssimos, e mais, porque os Municípios têm se valido de pautas para arbitrar o suposto valor de mercado das terras. Assim, há aspectos particulares que ganham um desdobramento próprio sob a perspectiva da relevância, exigindo que o estudo se detenha sobre eles também.

No que concerne à sistematização dos temas, a estrutura levará em conta a divisão por cada um dos tributos estaduais e municipais que importam ao agronegócio, começando topograficamente pelos dos Estados (art. 155, CF) e finalizando pelos dos Municípios (art. 156). Além disso, em cada um dos tributos serão feitas as respectivas subdivisões de acordo com os critérios da regra-matriz de incidência tributária, iniciando-se pela materialidade até culminar no critério quantitativo. E mais, ao fazer essa subdivisão, o texto procurará propiciar uma visão específica sobre cada setor do agro seguindo a classificação das operações desde o prisma dinâmico ("antes", "dentro" e "depois da porteira"), em especial no capítulo de ICMS, a exemplo da cadeia de insumos, de grãos, da carne, dos adquirentes e do frete; como também no estático (patrimônio rural), abarcando o ITCMD e o ITBI. No penúltimo capítulo serão abordados, em conjunto, tributos que indicam alguma particularidade com o agro, ainda que não comportem um capítulo próprio para cada um deles (IPVA, IPTU, ISS e taxas municipais no agronegócio). No capítulo final, diante da aprovação da Reforma Tributária, serão investigados os reflexos que a EC 132, de 20 de dezembro de 2023, deve trazer para o setor.

Por fim, como não há uma legislação aglutinadora de caráter nacional sobre o tema e como serão examinadas as legislações dos Estados e Municípios com vocação para o agro, um último objetivo buscado é o de apontar as diretrizes a serem seguidas por esses entes federados em matéria de tributação. Eis mais um aspecto bastante relevante a ser dito. Dada a vastidão de normas de Estados e Municípios e tendo em vista que, embora haja identificação de um padrão, muitas das vezes cada pessoa política fixa sua própria regra nas suas minúcias, *a intenção é a de que da constatação de cada problema encontrado nesse emaranhado de normas se aponte a diretriz a ser observada, bem ao estilo "certo" e "errado"* (ou "válido" e "inválido", em termos mais técnicos, no plano da linguagem-objeto). Desse caos normativo devem ser apontados os caminhos, a rota correta que a ordem jurídica em vigor admite.[34] Isso significa que esta pesquisa não está limitada a uma mera descrição de normas, de forma passiva; muito pelo contrário, o tom a ser empregado é o de sistematizar a matéria justamente para que se faça um juízo crítico dos modelos fiscais empregados por Estados e Municípios, revelando suas inconsistências.

I.3.2. Os cuidados na construção do texto: equilíbrio no aprofundamento de temas específicos ou relevantes para o agro, sem se perder na amplitude do casuísmo

Outra consideração adicional a ser feita de forma breve é a de que, em virtude do universo amplo constatado em matéria de legislação tributária, na construção deste texto devem ser tomados os cuidados necessários para que se encontre o equilíbrio entre o aprofundamento de temas específicos e relevantes para a cadeia rural, de um lado, sem se perder na amplitude do casuísmo, de outro.

Com efeito, essa atividade é bastante larga no que concerne às diversas operações praticadas. Basta pensar, para fins ilustrativos, no segmento dos insumos da atividade rural. Ora, há vários fornecedores que se enquadram nessa categoria, como os de sementes, de fertilizantes e de herbicidas, inseticidas e fungicidas. Cada mercadoria dessa recebe uma classificação fiscal própria. E embora boa parte delas tenha um mesmo tratamento jurídico, evidentemente que uma é diferente da outra. O mesmo raciocínio pode ser

34. PINO, Giorgio. Interpretazione cognitiva, interpretazione decisoria, interpretazione creativa. *Rivista di Filosofia del Diritto (Journal of Legal Philosophy) n. 01.* Bologna: Il Mulino, 2013, p. 77/102. Disponível em: https://www.academia.edu/25552055/Interpretazione_cognitiva_interpretazione_decisoria_interpretazione_creativa.

trazido para o ângulo do "depois da porteira", já que as vicissitudes da cadeia frigorífica não são exatamente as mesmas das *tradings* de grãos. Não é só: na análise dos tributos que incidem sobre o patrimônio rural (ITCMD e ITBI) há peculiaridades de cada um a serem consideradas também.

Portanto, sobretudo no capítulo de ICMS, será fundamental explorar essas diferenças, de tal modo a trazer uma análise concatenada e analítica dos problemas identificados, formando um arcabouço abrangente, uma visão global dos principais aspectos da tributação rural exigível pelos entes federados mencionados. Um estudo empreendido dessa maneira leva a uma compreensão melhor do setor, traz riquezas de detalhes ainda não explorados, viabiliza proposições mais bem construídas acerca de suas peculiaridades. Todavia, há de se ter a sensatez para não se perder nos labirintos dos preceitos normativos exacerbadamente específicos. No âmbito de um trabalho acadêmico como este não se pode cair na tentação de querer analisar cada regra, cada dispositivo infralegal, cada normatização de inferior hierarquia envolvendo o agronegócio, porque isso levaria a um casuísmo tamanho que a tese perderia em consistência teórica. Encontrar esse equilíbrio é mais um dos desafios.

I.3.3. A forma de abordagem: contraponto entre a pujança do arcabouço constitucional, da lei complementar e dos convênios, de um lado, e pragmaticamente da legislação dos Estados e Municípios com maior "PIB" no agro, de outro

Para que a pesquisa possa se mostrar coesa, formando um núcleo teórico sólido e alcançando seus propósitos com desenvoltura, é necessário, como se viu, organizar seu objeto partindo das normas superiores, descendo, a partir daí, para as regras que apresentem conteúdo mais específico, sempre exercendo o processo comparativo dialético de compatibilidade ou não das normas inferiores com as de maior hierarquia. Até aí, isso soa correto, insuscetível a questionamentos. O ponto que se levanta, porém, é o seguinte: desse universo vasto de legislações estaduais e municipais mais específicas que servirão de material a ser investigado, como escolher aquelas que contribuirão para a tese? Noutras palavras, se não se deve ter a pretensão de fazer uma análise de todos os diplomas legislativos de todos os Estados e de todos os Municípios (como, de fato, não deve ser feito mesmo), qual então será o elemento de comparação?

A pergunta é relevante, pois, como salientado, se o intérprete não se precaver, perde-se na imensidão normativa brasileira. Tendo em vista que em matéria tributária todos os entes federados são sujeitos competentes para injetar normas no sistema, se o estudioso partir para esse caminho não chegará a lugar algum. Não dá para fazer uma reflexão científica interessante tendo por lógica a análise de toda a legislação, até mesmo porque isso seria sobre-humano. Para o projeto avançar é imperativo mais um recorte, que se delimite a matéria sob a lâmina do microscópio jurídico, assumindo o estudo um viés produtivo. Como o intuito é sistematizar a tributação estadual e municipal no agronegócio, um critério que se mostra pertinente, e que por isso mesmo foi o escolhido, é o de contrapor a pujança do arcabouço constitucional, da legislação complementar e dos convênios, de um lado, pragmaticamente com a legislação dos Estados e Municípios com maior "PIB" no agro, de outro.

Essa é uma alternativa útil e que pode dar resultados interessantes. O estudo que se pretende fazer envolve um exame normativo voltado sob o ângulo pragmático de como esses entes federativos têm tratado essa matéria, com apoio, sempre que possível, na jurisprudência como parte integrante da análise desenvolvida no texto. O fator de eleição dos Estados e Municípios que terão sua legislação examinada leva em conta os maiores "PIBs" do agronegócio brasileiro, mas não custa destacar que o PIB – produto interno bruto é uma apuração econômica que se faz, geralmente, em nível nacional, e não estadual ou municipal, daí o emprego da expressão entre aspas. Esse é um levantamento feito pelo IBGE que identifica a soma de todas as riquezas anuais produzidas no País, a partir de vários indicadores econômicos. Embora esses cálculos também sejam feitos por Estados e Municípios, o mais usual é a consolidação dos números no âmbito nacional. Apesar disso, é possível identificar quais são os Estados e Municípios que contribuem com as maiores fatias no que concerne aos valores produzidos no campo, por intermédio da PAM – Produção Agrícola Municipal, apurada pelo IBGE. Trata-se de estratégia atrativa para a pesquisa, por ser presumível que, quanto maiores as operações do agro nesses Estados e Municípios, mais bem aparelhadas estarão suas legislações para disciplinar as consequências jurídico-fiscais daí decorrentes.

Esses dados foram compilados pelo MAPA – Ministério da Agricultura, Pecuária e Abastecimento, que divulgou, em janeiro de 2022, uma nota técnica com uma lista dos 100 municípios de maior produção agropecuária do Brasil.[35] Tais informações tiveram por parâmetro a base de dados do IBGE, inclusive da PAM, com referência aos anos de 2019 e 2020. O levantamento é importante porque permite identificar, a partir de uma fonte segura, quais são as localidades que têm maior movimentação agropecuária em solo nacional. E é de se presumir, como afirmado, que haja um maior interesse da fiscalização nessas localidades quanto à atividade rural e, por consequência, que as respectivas legislações contenham regras específicas para regulamentá-la, servindo como elemento comparativo fértil.

35. 100 municípios mais ricos do agronegócio no Brasil. Disponível em: https://globorural.globo.com/Noticias/Economia/noticia/2022/01/100-municipios-mais-ricos-do-agronegocio-no-brasil.html.

Conforme os dados divulgados, 35 municípios estão em Mato Grosso, 14 em Mato Grosso do Sul, 10 em Goiás, 09 na Bahia, 09 em Minas Gerais, 06 em São Paulo, 04 no Pará, 04 no Paraná, 02 no Rio Grande do Sul, 02 no Piauí, 02 no Maranhão, 01 em Tocantins e 01 em Pernambuco, além do Distrito Federal. Pelo que se vê, há uma predominância do Centro-Oeste, que, não sem motivo, é conhecido como o celeiro do Brasil. Diante desses números, *a linha de corte promovida para viabilizar a pesquisa levará em conta a legislação dos 05 (cinco) Estados com maior representatividade no agro*, a saber, Mato Grosso, Mato Grosso do Sul, Goiás, Bahia e Minas Gerais, *e, com relação aos Municípios, os primeiros colocados de cada um desses Estados*, ou seja, Sorriso (MT), Maracaju (MS), Cristalina (GO), São Desidério (BA) e Uberaba (MG). É claro que no futuro esses números podem mudar. Todavia, eventual modificação não altera a consistência do texto, na medida em que as legislações desses entes federativos estão sendo tomadas apenas como um modelo, um paradigma para tornar o raciocínio mais ilustrativo, não estando a tese na dependência propriamente dita de tais comandos individualmente considerados. Ademais, por certo que por muitos anos esses polos continuarão a ter destaque no agronegócio, razão pela qual a alteração no *ranking* não preocupa. Seguindo essa fórmula o estudo ganhará corpo, permitindo uma abordagem mais palpável para que o sistema teórico seja testado – sem cair no casuísmo de regras com especificidade exacerbada, como já salientado.

Cabe esclarecer, além disso, que a análise não estará preocupada em fazer uma evidenciação minudente das legislações desses Estados e Municípios, como se fossem "comentários". Pelo contrário, o critério tomado servirá apenas como base de apoio, na medida do possível, para a identificação dos modelos tributários criados por esses entes com o propósito de regulamentar o agronegócio, de maneira a que o estudo possa enfrentá-los. O fato de terem sido esses os escolhidos não impede que dispositivos de outros Estados ou Municípios que se mostrem relevantes sejam trazidos para cá, com o objetivo de enriquecer a escrita, pois isso possibilitará identificar, nos planos estadual e local, as principais questões envolvidas.

Uma última observação: também pelos motivos declinados páginas atrás, vários Municípios, em especial os menores, limitam-se a replicar em suas legislações internas os dispositivos do CTN. Isso não significa que não existam problemas de ordem municipal para o agro. Pelo contrário, essa mera transcrição das regras nacionais deixa em aberto situações difíceis de serem compreendidas em matéria de ITBI, de IPTU, de ISS e de taxas, notadamente quanto ao primeiro, porque os enunciados gerais não respondem de forma adequada às especificidades do agro. E então, ao aplicarem tais comandos, as autoridades municipais seguem uma lógica própria, quase sempre engessada e até certo ponto punitiva, a qual resulta em distorções, sem que se atentem à necessidade de observar as peculiaridades factuais apresentadas pelo meio rural, até em respeito ao art. 187 da Carta Constitucional. O que significa, com exatidão, "valor venal" de uma fazenda no momento da apuração do ITBI? Quais rubricas da propriedade rural devem compor a base de cálculo? É apenas a terra nua? É a terra preparada? Mas, como se chega ao valor da terra preparada? Eis um dos entraves que serão dirimidos. E a circunstância de haver litígios entre produtores e Municípios sobre esses temas não só ratifica o núcleo da tese, como reaviva sua utilidade.

I.3.4. A inexistência de um conceito de "agronegócio" na legislação estadual e municipal não é um problema

Firmada a orientação de que a análise se dará a partir de uma ordem normativa hierarquizada, sempre iniciando das normas estruturantes para encontrar as regras de menor escalão, e mais, que como elemento adicional de pesquisa serão investigadas as previsões específicas das legislações dos 05 (cinco) Estados com maior representatividade econômica para o agronegócio brasileiro e dos 05 (cinco) Municípios com maior destaque, situando-se na primeira colocação de cada um desses Estados, é chegado o momento, então, de buscar nesse arcabouço legislativo enunciados que possam permitir, a partir de uma postura dogmática, a construção do conceito de "agronegócio". Se o cerne da pesquisa é a tributação estadual e municipal no agronegócio, o mapa a ser palmilhado para se circunscrever o objeto "agronegócio", e a partir dele projetar os tributos a serem sistematizados, é o do conjunto de normas superiores, de preceitos estaduais e também locais que tratem do assunto.

A Constituição da República, como já se viu, não traz um conceito de "agronegócio" ou de "atividade rural". Não traz e não deveria trazer mesmo, na medida em que a norma fundante do ordenamento tem por objetivo estabelecer as vigas mestras do sistema jurídico. Nada obstante, seu texto contém dispositivos que indicam, claramente, que a atividade rural foi uma preocupação do constituinte, o que significa dizer que há, ainda que fluidamente, uma noção conceitual a ser lapidada. Ora, por certo que os vocábulos "rural", "rurais", "agrário", "agrária", "agrícola", "agrícolas", "agropecuária", "agropecuárias" e "agroindustriais" hão de indicar alguma coisa. A linguagem normativa, embora seja, a princípio, indeterminada, padecendo, como se verá, de ambiguidade, vagueza e genericidade, é determinável, podendo assumir graus mais objetivos de significação, a partir, por exemplo, de comparações entre signos linguísticos. Há uma projeção indiscutível de associação das palavras aos objetos do mundo que elas representam, há uma projeção semântica inaplicável e há zonas de penumbra, em torno das quais a aplicação é incerta, é dúbia, na modalidade "talvez". Como esclarece Humberto Ávila, "da dúvida relativa ao enquadramento de um indivíduo numa classe ou de uma situação em um determinado significado num caso-limite não se pode concluir pela inexistência da classe ou pela inexistência do significado. Pode-se em vez disso concluir exatamente o contrário".[36]

Um médico desenvolve uma atividade "agrícola"? Claro que não. Um supermercado é uma "agropecuária"? Também não. Esses são exemplos simples que mostram em que circunstâncias a mensagem constitucional decididamente não se aplica, por não se ajustarem aos núcleos de significação no seu sentido de base. E um agricultor ou um pecuarista, desenvolvem uma atividade que pode ser vista como "rural"? É evidente que sim. Aí o ajuste entre o sentido de base da palavra e seu campo de significação usual. Mas, e um produtor que transforma o leite em queijo para fins comerciais, ou mesmo quem cultiva laranja e a transforma em suco, extrapola o conceito de "atividade rural", podendo ser visto como um industrial e, portanto, ser tributado não como produtor? Nessa hipótese, pode-se admitir um "talvez", a indicar a necessidade de maior concretude dos enunciados normativos para dar o acabamento na disciplina jurídica. A Constituição, está-se a perceber, não conceituou de forma expressa "agronegócio" ou "atividade rural", como não o fez para nenhum dos outros signos linguísticos que emprega; porém, isso não quer dizer que haja um "nada jurídico" sobre essa matéria, cabendo à lei conferir mais objetividade às significações a seu respeito e, por evidente, à ciência contribuir com os caminhos para maior clareza no trato jurídico do tema. É mais uma vez Humberto Ávila quem auxilia na compreensão de tão intrincado desafio:

Assim, se um termo constitucional for definido direta ou indiretamente, expressa ou implicitamente pela Constituição, por estipulação ou incorporação, e consequentemente

---

36. *Teoria da indeterminação no direito:* entre a indeterminação aparente e a determinação latente. São Paulo: Malheiros/JusPodivm, 2022, p. 123.

exprimir um significado determinado em razão do enunciado em que inserido e do contexto, linguístico e extralinguístico, em que usado, o fato de a Constituição atribuir à lei complementar a tarefa de defini-lo *não faz com que ele deixe por isso de exprimir o mencionado significado.*[37]

Descendo um piso, chega-se ao andar da lei. A começar pela legislação complementar, também o Código Tributário Nacional não trata do "agronegócio" ou da "atividade rural". Na verdade, o que fez o CTN foi apenas dispensar sua normatização no que concerne ao imposto sobre propriedade territorial rural (ITR), inclusive veiculando critérios para se distinguir o imóvel "urbano" do "rural" (arts. 29 e 32). Isso resolve uma parte do problema, mas apenas sob o ângulo estático do agronegócio, isto é, da tributação incidente sobre os imóveis, e não sob o prisma dinâmico, vale dizer, das transações comerciais e respectivas relações jurídicas envolvidas. De igual maneira, a Lei Complementar nº 87/96 (a "Lei Kandir") não se preocupou em dar uma definição acerca desse segmento econômico, apenas previu no art. 20 regras para fins dos créditos na não cumulatividade do ICMS quanto à "produção rural" e aos "produtos agropecuários". Não há também dispositivos que conceituem o "agronegócio" ou a "atividade rural" no patamar dos convênios de ICMS do CONFAZ, instrumento normativo autorizado constitucionalmente para inserir normas relevantes para esse imposto. Por exemplo, no Convênio 100/97, que "reduz a base de cálculo do ICMS nas saídas dos insumos agropecuários que especifica", ou mesmo no Convênio 52/91, que "concede redução da base de cálculo nas operações com equipamentos industriais e implementos agrícolas", além de todos os outros citados anteriormente. Note-se, porém, que também aqui, apesar de não existir um conceito aglutinador de "agronegócio" ou de "atividade

37. *Teoria da indeterminação no direito:* entre a indeterminação aparente e a determinação latente. São Paulo: Malheiros/JusPodivm, 2022, p. 124 (sem destaques no original).

rural", é inequívoco que esse setor é tratado nos textos legislativos, inclusive porque há dezenas de convênios que se referem ao agro, como se viu, estando aí a constatação de que há relações jurídicas a serem mais esclarecidas.

Sobram, então, os diplomas legislativos dos Estados e Municípios. O intérprete vai cheio de esperança a eles, mas volta de lá decepcionado. Isso porque os Estados e os Municípios, embora deem indicações inequívocas de que a atividade rural é um segmento econômico importantíssimo – tanto assim que recebe por parte desses entes federados regras específicas – não se preocupam em conceituar, em definir normativamente o que vem a ser "agronegócio" ou "atividade rural". Com efeito, os Códigos Tributários Estaduais, os Códigos Tributários Municipais e os Regulamentos de ICMS de tais pessoas políticas não trazem preceitos que contenham enunciados que demarquem, de forma objetiva, o que se considera ou não "agronegócio" ou "atividade rural". O que suas legislações fazem é apenas criar mecanismos fiscais para as atividades enquanto espécies (pecuária, agricultura, avicultura, piscicultura, silvicultura etc.), ou então no que toca aos produtos rurais em si (bovinos, equinos, suínos, aves, soja, milho, algodão, leite, madeira, carvão etc.). Em poucas palavras: as legislações de Estados e Municípios não oferecem vetores normativos que viabilizem a construção do conceito de "agronegócio", algo que é crucial para esta pesquisa.

Estaria, então, o estudo inviabilizado? Não, não há motivo para frustrações. A inexistência de um conceito de "agronegócio" na legislação estadual e municipal não é um problema.

I.3.5. O conceito de "agronegócio" para os fins desta investigação: o conceito estrito e o conceito contextual

Não havendo um conceito expresso de "agronegócio" ou de "atividade rural" no âmbito da Constituição Federal, das leis complementares ou mesmo das legislações dos Estados e Municípios, a única saída é buscar em outros instrumentos normativos do sistema jurídico enunciados que permitam a identificação mais precisa do objeto de investigação, em uma interpretação integrativa. É certo, afinal, que alguma coisa o legislador constituinte, complementar e ordinário quis dizer ao fazer referência a esse segmento econômico. Cabe ao estudioso, pois, encontrar respostas para esse problema. E é nesse tipo de encruzilhada que a ciência manifesta seu poder. Eis o que leciona, com grande autoridade, o Prof. Paulo de Barros Carvalho:

> As normas se conjugam de tal modo que as de menor hierarquia buscam seu fundamento de validade, *necessariamente,* em outras de superior hierarquia, até chegarmos ao patamar da Constituição, ponto de partida do processo derivativo e ponto de chegada do esforço de regressão. Vê-se, de pronto, que a *hierarquia* exsurge como autêntico axioma de toda e qualquer ordem positiva, como também os chamados 'princípios ontológicos do direito'.[38]

Esse o caminho, de fato. Ainda que não tenha o legislador do CTN, do ICMS ou mesmo dos Estados e Municípios tido o cuidado de dar os contornos jurídicos necessários para o isolamento temático dessa atividade econômica, de modo a prescrever as respectivas relações jurídico-tributárias, a verdade é que há no domínio do sistema de direito positivo diploma legal que preenche essa lacuna, acomodando normativamente a previsão do constituinte, que é hierarquicamente superior: a referência que se faz é ao art. 2º da Lei Federal 8.023/90. Embora essa lei tenha por núcleo disciplinar o "imposto de renda sobre o resultado da atividade rural", suas prescrições vão muito além disso, abrindo passagem para a demarcação normativa desse setor.

---

38. CARVALHO, Paulo de Barros. *Direito tributário, linguagem e método.* 7. ed. São Paulo: Noeses, 2018, p. 233 (com destaques no original).

Invocar a legislação do imposto sobre a renda para delinear semanticamente o conceito de "atividade rural" é um expediente que visa a suprir uma lacuna importante do ordenamento, por intermédio de um mecanismo de integração hermenêutica. A interpretação analógica ou raciocínio por analogia é a operação pela qual se atribui a um caso ou a uma determinada matéria, que não apresenta uma regulamentação expressa no ordenamento jurídico, a disciplina prevista pelo legislador para um caso ou matéria similar, tendo por função a colmatação da lacuna percebida.[39] Quando se busca preencher uma lacuna normativa, não se está a propagar a invenção de regras deslegitimadas, "mas antes o limite de um desenvolvimento do Direito imanente à lei, que se mantém vinculado à intenção reguladora, ao plano e à teleologia imanente à lei", porque "o termo 'lacuna' faz referência a um caráter incompleto" e só se pode falar em lacuna da lei "quando esta aspira a uma regulação para um determinado setor que é, em certa medida, completa".[40] Como o centro das prescrições dos legisladores federal, estaduais e municipais é o mesmo – as consequências fiscais atribuíveis aos agentes econômicos inseridos no "agronegócio" – a seleção da Lei Federal 8.023/90 para dar sentido de completude à matéria fica não só autorizada, como também se revela imprescindível.

O caráter sistêmico dessa lei para a tributação do agronegócio, seus vacilos linguísticos na estruturação adequada do conceito e seus desdobramentos práticos sobre as operações respectivas já foram objeto de longas considerações de nossa parte em obra na qual a tributação federal do agro foi examinada.[41] Como não há regramento especí-

---

39. BOBBIO, Norberto. *Saggi sulla scienza giuridica*. Torino: Giappichelli, 2011, p. 47.

40. LARENZ, Karl. *Metodologia da ciência do direito*. Tradução José Lamego. 3. ed. Lisboa: Fundação Calouste Gulbenkian, 1997, p. 524/526.

41. LOUBET, Leonardo Furtado. *Tributação federal no agronegócio*. 2. ed. São Paulo: Noeses, 2022, p. 38/66.

fico em sentido diverso no âmbito estadual ou municipal e como é essencial para este estudo construir o conceito de "agronegócio", o roteiro declinado a seguir irá se valer, em boa medida, das conclusões alcançadas naquele outro trabalho, as quais serão expostas de forma resumida, até mesmo porque a intenção aqui não é ser repetitivo.

A primeira observação a ser feita é a de que o signo linguístico "agronegócio" não aparece nos enunciados legais ou infralegais que orientam de forma prescritiva essa atividade. A bem de se ver, o legislador ordinário usa expressões próximas – como "rural", "atividade rural", "propriedade rural", "imóvel rústico", "trabalhador rural", "agricultura", "pecuária", "agroindústria", entre outras – para disciplinar o tema. Trata-se, há de se reconhecer, de um neologismo, que ao longo dos tempos foi sendo incorporado à língua portuguesa falada no Brasil, em especial pela influência de economistas, ao importarem a expressão *agribusiness* usada na obra dos americanos John H. Davis e Ray A. Goldberg, em 1957.[42] Como admoestou Rui Barbosa, "refugar os neologismos insensatos, incorretos, ou informes não é proscrever o neologismo".[43] Essa se tornou uma expressão largamente manejada pelos usuários da linguagem nas suas mais diversas manifestações, colocando-se como uma realidade nos dias de hoje, tanto assim que houve projeto de lei no Congresso Nacional para conferir um regime jurídico mais claro ao "agronegócio", apartando-o, por exemplo, da agricultura familiar.[44]

---

42. DAVID, John H.; GOLDBERG, Ray. *A concept of agribusiness*. New York, Alpine, 1957, p. 136. *Apud* QUEIROZ, João Eduardo Lopes. Direito do agronegócio: é possível a sua existência autônoma?. *In:* SANTOS, Márcia Walquíria Batista dos; QUEIROZ, João Eduardo Lopes (coord.). *Direito do agronegócio.*. Belo Horizonte: Fórum, 2005, p. 26.

43. BARBOSA, Rui. *Réplica* (Reedição do Conselho Seccional do Rio de Janeiro da OAB e da Fundação Casa de Rui Barbosa). Rio de Janeiro: Gráfica Mec Editora, 1980, v. II, p. 396.

44. CASTRO, Rogério Alessandre de Oliveira. Agronegócio e o direito comercial

A despeito de não ser essa a designação dada pelo direito posto para se referir ao setor, nada impede que, no campo descritivo, se adote o signo "agronegócio". Com efeito, o estudo científico não necessita valer-se da mesma nomenclatura do legislador, notadamente quando seu intuito é dar um contorno mais preciso àquilo que busca conceituar. O "fato gerador" está aí para servir de prova, por ser expressão ambígua e que, por isso mesmo, não ostenta prestígio em um discurso acadêmico rigoroso, ou seja, no plano metalinguístico é possível descrever a linguagem-objeto com expressões que ofereçam maior grau de certeza ou mesmo com maior apelo retórico. No caso do "agronegócio", trata-se de vocábulo que angariou trânsito corrente no processo comunicacional entre as pessoas, o que significa afirmar que não é preciso abandoná-lo, mas sim esclarecê-lo, conceituá-lo, tendo em vista sua força pragmática.

Dadas essas explicações, é o caso agora de voltar a atenção para o texto legislado. Eis o teor do art. 2º da Lei Federal 8.023/90:

> Art. 2º Considera-se atividade rural:
>
> I – a agricultura;
>
> II – a pecuária;
>
> III – a extração e a exploração vegetal e animal;
>
> IV – a exploração da apicultura, avicultura, cunicultura, suinocultura, sericicultura, piscicultura e outras culturas animais;
>
> V – a transformação de produtos decorrentes da atividade rural, sem que sejam alteradas a composição e as características do produto *in natura*, feita pelo próprio agricultor ou criador, com equipamentos e utensílios usualmente empregados nas atividades rurais, utilizando exclusivamente matéria-prima produzida na área rural explorada, tais como a pasteurização e o

brasileiro: a contribuição do PLS 487/2013 para o surgimento de um novo sub-ramo desse direito. *In:* PARRA, Rafaela Aiex Parra (org.). *Direito aplicado ao agronegócio:* uma abordagem multidisciplinar. Londrina: Thoth, 2018, p. 39/58.

> acondicionamento do leite, assim como o mel e o suco de laranja, acondicionados em embalagem de apresentação.
>
> Parágrafo único. O disposto neste artigo não se aplica à mera intermediação de animais e de produtos agrícolas.

Esse preceito legal, como salientado, é a base estruturante de todo o sistema jurídico que permite construir o conceito de "agronegócio", apartando o que se encaixa no seu regramento, daquilo que não entra. Apesar de editado em 1990, o dispositivo continua norma válida, vigente e eficaz, sendo sua análise minuciosa a chave para a solução dos problemas, na medida em que o mandamento pretende circunscrever aquilo que é "atividade rural" do que não é.

Nada obstante o art. 2º da Lei 8.023/90 esteja preordenado a tratar do imposto sobre a renda da atividade rural, essa regra ganha projeções muito mais relevantes, que viabilizam a demarcação do que significa "atividade rural". Seu texto, ao estabelecer o que se considera atividade rural, acaba por contemplar em enunciados prescritivos os critérios jurídicos que dão o tom desse segmento econômico. Ao fazê-lo, o dispositivo projeta-se como norma aglutinante que oferece elementos para a identificação do conceito de "agronegócio". Basta ver que o *caput* foi contundente ao prescrever que *"considera-se atividade rural"* o rol de atividades elencadas nos cinco incisos que lhe seguem.

Apesar disso, o texto normativo não fica imune a críticas. E assim se afirma porque o diploma legal revela uma mescla de critérios, uma confusão entre gênero e espécies. Nos incisos I e II o legislador capitulou a "agricultura" e a "pecuária", os dois grandes troncos do agronegócio, como "atividade rural". Todavia, no inciso III preceituou: *"considera-se atividade rural"*, na dicção da lei, *"a extração e a exploração vegetal e animal"*. Ora, mas a "agricultura" (inciso I) não é uma "extração e exploração vegetal" (inciso III)? E a "pecuária" (inciso II) não é uma "extração e exploração animal" (inciso III)? Ou bem deveria o legislador estruturar o conceito pela espécie (agricultura e pecuária), ou então pelo gênero (extração e exploração vegetal e animal). A lei, porém, acabou por misturar as espécies com o gênero. Superado esse tropeço, está no inciso III a base normativa que permite construir o conceito de "atividade rural" pelo gênero, pois se considera *atividade rural a extração e a exploração vegetal e animal.*

O inciso IV volta a incidir em pleonasmo, porque a exploração da apicultura (abelhas), avicultura (aves), cunicultura (coelhos), suinocultura (suínos), sericicultura (bicho-da-seda), piscicultura (peixes) e "outras" culturas animais nada mais são, como visto, do que uma extração e exploração animal, já preenchida no inciso III. E não custa registrar que a expressão *"e outras culturas animais"* do inciso IV acaba por reforçar a redundância legislativa.

O inciso V, por sua vez, esse sim tem relevância, por ampliar o conceito de agronegócio não apenas para as atividades *in natura,* mas também para as operações de transformação dos produtos rurais. A regra, porém, também merece censura verbal, na medida em que expressões como "equipamentos e utensílios usualmente empregados nas atividades rurais" não contribuem em nada para a clareza dos comandos legais. O advérbio de modo "usualmente" deixa em aberto de que maneira esse elemento comparativo deveria ser aferido para que a transformação dos produtos não extrapolasse o conceito, se pelas fazendas circunvizinhas, se pela região ou mesmo se por uma fotografia temporal retratada à época da edição da lei para se averiguar se os equipamentos e utensílios "usualmente empregados" nas atividades rurais estão ou não de acordo com a transformação realizada em um dado caso concreto. O que importa para se identificar uma transformação de produtos rurais sem extravasar o conceito da lei é a presença de quatro requisitos: (i) a transformação tem que ser feita pelo produtor, ainda que com a ajuda de empregados, não podendo ser terceirizado o processo; (ii) a matéria-prima tem que ser da fazenda, não se admitindo a aquisição de produção de terceiros; (iii) os equipamentos, ainda que modernos, têm que estar instalados na propriedade rural; (iv) e os produtos resultantes não podem ser produtos industriais, com a adição de elementos químicos.[45]

Em síntese, tudo o que indicar uma extração ou exploração vegetal ou animal pode ser classificado como uma atividade rural, atraindo para si o regramento tributário próprio do agro. Daí a relevância dessa norma, a qual fixa as bases para compreensão do tema. Qualquer atividade que indicar uma extração e exploração vegetal e animal estará dentro do conceito (atividades *in natura*), estendendo-se também para a transformação dos produtos rurais, atendidos os requisitos supraindicados. Vale destacar que, nos termos do parágrafo único, a mera intermediação de animais e de produtos agrícolas não configura uma atividade rural.

Olhando sob essa ótica, o art. 2º, III, da Lei Federal 8.023/90 fornece subsídios para identificação do conceito de "agronegócio" a partir de sua visão dinâmica, isto é, das suas relações econômicas. Não se pode deixar de fora, no entanto, o "agronegócio" desde seu prisma estático, vale dizer, das situações envolvendo as fazendas, a propriedade imobiliária rural. Com essas preocupações que conceituamos o agronegócio na obra mencionada da seguinte maneira:

Em sendo assim, pode-se definir agronegócio como o conjunto de atividades econômicas que abrange a extração ou a exploração de produtos de origem animal ou vegetal, em estado natural, ou submetidos a processos que não modifiquem as características originais do produto (beneficiamento) ou suas propriedades (industrialização

---

45. LOUBET, Leonardo Furtado. *Tributação federal no agronegócio*. 2. ed. São Paulo: Noeses, 2022, p. 83/91.

rudimentar), nesse último caso desde que a transformação seja realizada pelo próprio produtor rural, bem como a industrialização desses produtos (agroindústrias), além da propriedade de imóveis rurais, assim entendidos aqueles situados fora da zona urbana do Município, como definido em lei complementar, independentemente da destinação que se lhes é dada.[46]

Essa formulação conceitual, embora tenha sido estruturada, repita-se, para explicar a tributação federal incidente sobre o agronegócio, responde bem aos propósitos desta pesquisa, notadamente por estar alicerçada em norma do sistema posto, bem como por inexistir norma em sentido contrário nos planos estadual ou municipal que pudessem levar ao seu abandono.

Parte da formulação pode ser classificada como o *conceito estrito* de "agronegócio", tendo por parâmetro as atividades de extração e exploração vegetal e animal realizadas pelo produtor rural, nas dependências físicas de sua propriedade. Contudo, ao longo dos anos a moldura normativa foi se modificando para o fim de abarcar, de igual modo, as atividades de transformação desses produtos em larga escala por "agroindústrias", conceito introduzido pela Lei Federal 10.256, de 09 de julho de 2001. Além disso, outras pontas da cadeia já tinham recebido do legislador disciplina específica, não só na fase de fornecimento de insumos, como também nas etapas posteriores de comercialização, em virtude do art. 1º, parágrafo único, e 2º, II, da Lei 8.171/91, a qual dispõe sobre a *"política agrícola"*. Consolidou-se, enfim, a ideia de "segmento antes da porteira",

46. LOUBET, Leonardo Furtado. *Tributação federal no agronegócio*. 2. ed. São Paulo: Noeses, 2022, p. 59. Dando enfoque para toda a cadeia, eis a definição de Renato Buranello: "podemos definir, então, o agronegócio como o conjunto organizado de atividades econômicas que envolve todas as etapas compreendidas entre o fornecimento dos insumos para produção até a distribuição para consumo final de produtos, subprodutos e resíduos de valor econômico relativos a alimentos, fibras naturais e bioenergia" (*Manual do direito do agronegócio*. 2. ed. São Paulo: Saraiva, 2018, p. 32).

"segmento dentro da porteira" e "segmento depois da porteira".[47]

De fato, o regramento jurídico diferenciado não se circunscreve às pessoas físicas e jurídicas que exploram diretamente a atividade rural, alargando-se para colher quem está nas fases anteriores da cadeira produtiva (pré-produção) e posteriores (pós-produção), atingindo tanto os fornecedores de insumos, quanto as empresas comercializadoras desses produtos. O próprio CARF – Conselho Administrativo de Recursos Fiscais também segue essa acepção conceitual, como se vê de um importante precedente nesse sentido:

> O conceito contemporâneo do agronegócio não permite visualizar a produção agrícola de maneira isolada, mas sim dentro de um contexto sistêmico, integrando-se todas as cadeias do negócio. Tomando-se como referência o local de entrada da propriedade rural, qual seja, a porteira, fala-se em (1) setor a montante, 'antes da porteira', elo da cadeia onde se situam os agentes que detêm os insumos e os bens de produção, (2) setor de produção, 'dentro da porteira', ou seja, produção dentro dos limites da propriedade, e (3) setor a jusante, 'depois de porteira', responsável pelo processamento, comercialização, marketing e distribuição do produto.[48]

Pode-se falar, portanto, em um *conceito estrito* de atividade rural (ou "atividade rural em sentido estrito"), focado na figura do produtor rural propriamente dito, ou seja, nas atividades *in natura* e de transformação "dentro da porteira"; e em um *conceito contextual* (ou "atividade rural em sentido amplo"), abraçando toda a cadeia produtiva,

---

47. QUEIROZ, João Eduardo Lopes. Direito do agronegócio: é possível a sua existência autônoma?. *In:* SANTOS, Márcia Walquíria Batista dos; QUEIROZ, João Eduardo Lopes (coord.). *Direito do agronegócio.* Belo Horizonte: Fórum, 2005, p. 26/27.

48. Processo nº 11080.013885/2007-65. Acórdão nº 1103-001.094. 1ª Câmara. 3ª Turma Ordinária. 1ª Seção de Julgamento. Rel. Cons. André Mendes de Moura. J. 26.08.2014.

"antes" e "depois da porteira". Esse é um aspecto crucial à pesquisa, inclusive porque ele se confirma na legislação do ICMS e da própria Reforma Tributária. Mas, note-se bem: o regramento jurídico diferenciado tem sempre por pressuposto quem está no centro, isto é, o produtor rural, em virtude de políticas de preços e de concessão de subsídios. Trata-se de uma decisão política do legislador, a qual não pode passar despercebida do olhar atento do jurista.

I.4. O ALICERCE TEÓRICO QUE DÁ ESTEIO AO ESTUDO: A INDETERMINAÇÃO DA LINGUAGEM, O EXERCÍCIO DA COMPETÊNCIA TRIBUTÁRIA E A ADOÇÃO DE UM MODELO CIENTÍFICO CONSISTENTE COMO FERRAMENTA DE CONTROLE

Esta obra arvora-se na função de sistematizar a tributação estadual e municipal incidente no agronegócio. Os desafios e as formas para que essa meta seja alcançada já foram declinados. Contudo, falta ainda trazer o alicerce teórico que dá esteio ao estudo, algo imprescindível para que a análise crítica que se pretende fazer possa se sustentar de pé. Essa base se constrói pela análise do fenômeno jurídico a partir do seu viés linguístico, o que traz inegáveis efeitos positivos para sua compreensão. Por mais que algumas correntes acadêmicas queiram minimizar essa característica, o direito se apresenta como linguagem. Não se trata de focar a linguagem como o centro das atenções, mas sim perquirir de que maneira seu estudo pode contribuir para uma interpretação mais adequada do sistema jurídico, inclusive no bojo de uma pesquisa de tributação setorial, como esta.

O problema é que a linguagem em si mesma é indeterminada. E com indeterminação o direito não cumpre sua função de reger a vida em sociedade. Diante desse contexto, o objetivo deste tópico, ainda que *a priori* possa ter um tom mais abstrato, é fixar as premissas do raciocínio, é firmar o modelo científico adotado para o exercício de controle das normas tributárias estaduais e municipais da atividade rural, examinando de que maneira a indeterminação da linguagem pode ser reduzida, com foco, especificamente, nos desdobramentos concretos daí resultantes. Afinal, a competência tributária há de estar bem demarcada para que seu exercício não resulte em arbítrio, o que não é diferente para a sistemática tributária do agronegócio, como vem se passando.

Em face dos valores constitucionais envolvidos, deve ser respeitado o sentido de base dos enunciados empregados pelo constituinte na delimitação das competências tributárias. Trata-se de questão de importante envergadura para as ideias que serão defendidas nos próximos capítulos, porque Estados e Municípios laboram com esses conceitos *como se fossem maleáveis,* prontos para serem adaptados aos interesses de ocasião. E em nome de uma ciência forte isso não pode ser admitido.

I.4.1. As dificuldades práticas envolvidas

Há alguns temas que são capitais para o desenvolvimento de qualquer raciocínio minimamente elaborado. Temas esses que, no mais das vezes, as pessoas nem se dão conta de que lidam com ele no seu dia a dia, na sua vida corriqueira, seja nas suas relações familiares, seja nas suas interações profissionais. As pessoas, simplesmente, vão sendo empurradas pela dinamicidade dos tempos atuais sem se deter muito a pensar o que lhes circunda. São as reflexões estruturadas, no entanto, que permitem um novo ponto de vista sobre a sociedade em geral ou então sobre determinado campo de especulações de forma específica. É assim que a ciência vai descortinando outros horizontes, buscando compreender melhor os fenômenos que servem como seu objeto. O conhecimento científico não se estagna, está sempre em evolução.

Um desses temas estruturantes de todo o conhecimento humano é justamente o dado da linguagem. O professor, o engenheiro, o médico e o jurista se veem às voltas do inapelável cerco da linguagem. A todo instante eles são chamados a *compreender* comandos, a *descrever* fenômenos, a *conceituar* situações, a *explicar* fatos, enfim, a se *comunicar* e a *tomar decisões*. E isso se dá por intermédio da linguagem. Mas não apenas eles, é claro. Em todas as outras profissões e também nas mais diversas situações o homem é atraído pela linguagem. É condição inerente ao ser humano a interação por meio dela. Desde o professor que explica a uma criança o que é um "ditongo", ao engenheiro que precisa construir pensando nas "leis da termodinâmica", ao médico que tem que ter conhecimento de "farmacologia", ao advogado que precisa saber o que é um "agravo de instrumento", até chegar à mãe que diz à sua filha pequena "não encoste na panela quente", isso tudo é orientado pela linguagem.[49]

A linguagem, portanto, assume diversos atributos, podendo ter variadas formas, funções e tipos, a depender do contexto em que empregada.[50] Ocorre, porém, *que não há uma relação constitutiva entre a palavra escolhida e aquilo que ela quer expressar.* O vínculo entre significantes e significados é um liame que se estabelece a partir de determinados padrões de usos linguísticos que vão se formando em uma dada comunidade. A palavra "panela" supramencionada pode significar o objeto no qual se faz o cozimento de alimentos ou um círculo social fechado no qual não en-

---

49. "Todo processo de comunicação entre seres humanos pressupõe um sistema de significação como condição necessária" (ECO, Umberto. *Tratado geral de semiótica*. Tradução Antônio de Pádua Danesi e Gilson Cesar Cardoso de Souza. São Paulo: Perspectiva, 2014, p. 6).

50. CARVALHO, Paulo de Barros. *Direito tributário, linguagem e método*. 7. ed. São Paulo: Noeses, 2018, p. 31/67.

tra quem não é bem-vindo. É curioso: as próprias palavras "círculo social" e o verbo "entrar" expressam bem o que buscam significar, mas ninguém vê ou toca um "círculo social" e, por isso mesmo, não pode "entrar" ou "sair" dele, na sua acepção de base. Houve um tempo em que se pensava que a palavra teria o dom de "revelar" o seu sentido unívoco, o objeto específico do mundo que ela "representaria", mas hoje tal forma de se compreender o fenômeno linguístico ficou superada.

Aqui se chega ao cerne do problema, que traz consequências práticas:: a linguagem em si mesma, enquanto um conjunto de signos representativos de objetos inseridos no meio comunicacional, é indeterminada. Os signos linguísticos representam objetos (ideais ou concretos) que podem variar. A diferença entre texto e contexto deve ser levada em consideração, pois a "mãe" do exemplo acima pode ser a avó que cria a infante desde seu nascimento, a "filha" pode ser a neta e a "panela", como se viu, pode significar outra coisa. Todos vivem, em suas infinitas experiências diárias, rodeados pela linguagem e empregando palavras que muitas vezes destoam do seu núcleo duro de significação. "Aumenta o ar, por favor" pode significar um pedido para baixar a temperatura do ar-condicionado, ou justamente o contrário, para aumentá-la. Tudo vai depender se quem diz a frase sofre de calor ou frio naquele instante. Os exemplos são intermináveis e podem ser invocados esses, de caráter mais simples, até outros mais elaborados, como a dimensão semântica dos vocábulos "verdade" ou "justiça", cujas variações definitórias são imensas.

Se esses problemas ficassem circunscritos às relações sociais corriqueiras não haveria maiores consequências, porque as pessoas vão se entendendo, vão explicando melhor o que quiseram dizer, vão interagindo. A grande questão é que esses tropeços de comunicação são perceptíveis também no mundo do direito, no qual há ordens transmitidas aos indivíduos com a finalidade de disciplinar a vida em sociedade. Por isso mesmo esses comandos devem ser claros, inconfundíveis, tudo em nome do valor "segurança jurídica", da "liberdade". Ora, como seria possível existir segurança jurídica se as determinações fossem dúbias, se os destinatários não conseguissem assimilar o que podem, o que devem e o que não devem fazer?

O fato é, contudo, *que também o direito se vê imerso nos problemas da linguagem,* porque ele em si mesmo é constituído por ela. E se a linguagem é potencialmente indeterminada, evidentemente que também o direito, se não tomar seus cuidados, será indeterminado. Quantos problemas a palavra "poder" já não causou ao direito? Carlos Maximiliano denunciou isso na década de 20 do século passado.[51] Afastar a indeterminação da linguagem jurídica, pois, é requisito crucial a ser cumprido em nome de um legítimo Estado Democrático de Direito, cuja concepção comporta desdobramentos de diversos níveis, pensando em legalidade (o agente público só pode fazer o que a lei lhe permite, logo, é elementar que a lei estabeleça com clareza o que pode e o que não pode ser feito) e em cidadania (o cidadão, para gozar da liberdade que a Constituição lhe promete, precisa conhecer quais são as regras do Estado, de tal modo que essas regras têm de ser veiculadas claramente).

Esse aspecto do problema, está-se a ver, é demasiadamente denso e admitiria reflexões das mais variadas ordens. Isso, todavia, encaminharia o estudo para outro campo, para searas muito amplas e filosóficas, que escapam aos seus fins. Daí a necessidade de se promover mais um ajuste temático decisivo: o que se buscará refletir neste estudo,

---

51. A primeira edição da clássica obra é de 1924, cujo prefácio foi reproduzido nas edições seguintes. Nas palavras do autor na primeira edição: "quantos erros legislativos e judiciários decorrem de orientação retrógrada!". Sobre o "pode" e o "deve", ver: MAXIMILIANO, Carlos. *Hermenêutica e aplicação do direito.* 9. ed. Rio de Janeiro: Forense, 1980, p. 270/272.

por meio de um viés analítico e com "um pé na terra" (expressão propositadamente pensada para indicar tanto a vocação prática do estudo, quanto seu objeto, o agro), é a indeterminação da linguagem a partir dos seus reflexos para o direito tributário, *mais diretamente no que tange à tributação incidente sobre o agronegócio*. O interesse tem uma explicação muito simples: a competência tributária há de estar bem demarcada para que seu exercício não resulte em arbítrio. Até aí, a afirmação soa irrefutável. O ponto difícil, entretanto, é definir em que circunstâncias exatas, no dia a dia, a lei tributária que rege as relações da atividade rural viola ou não a competência delineada constitucionalmente. Afinal, há uma indeterminação "à brasileira", pois o direito tributário nacional gera muito debate (e, portanto, insegurança), inclusive por pronunciamentos contraditórios do Supremo Tribunal Federal. Os tempos são estranhos. Quiçá, seja o momento de a ciência recuperar seu protagonismo de outrora.

I.4.2. O dado da linguagem e sua importância decisiva para um estudo sólido no âmbito do Direito Tributário, especialmente de tributação setorial

Há uma explicação lógica no investigar a indeterminação da linguagem no campo fiscal. Se o Estado tem de veicular regras para que possa cobrar seus tributos, e se as *regras tributárias possíveis* já estão contempladas na sua Constituição, segue daí que, evidentemente, há de haver uma definição clara sobre o que pode ou não ser exigido do indivíduo. Essa a meta a ser perseguida sempre: demarcar o campo da licitude (tributo), distinguindo-o do da ilicitude (arbítrio, confisco). É com essa linha mestra que o jurista tem que se preocupar.

No plano teórico, isso tudo é correto e muito belo de dizer. A proposta convence, já que fincada em premissas coerentes. O que põe em desafio essa assertiva, no entanto, é a *dificuldade prática de controlar* quando a lei tributária agride ou não a Constituição. A raiz mesma do problema é apontar, com precisão, em que circunstâncias exatas, demonstráveis sem qualquer pestanejo, o tributo torna-se ilegítimo, afrontador da ordem jurídica. Aqui está o grande desafio. Encarar essa realidade na qual o legislador sempre espicha a corda, sempre estica conceitos para exigir tributos – o que ganhou corpo no Brasil, de forma impressionante, nos últimos anos, e o que é pior, na maioria dos casos com a complacência do Judiciário – é a missão que se impõe à doutrina moderna. Pensar que isso também não acontece no agro é pueril.

O legislador não é tolo. O Estado e seus agentes não são incautos. Ninguém, em sã consciência, diria, abertamente, que está a exigir um tributo ao arrepio da Constituição. A retórica invocada é completamente outra, é no sentido inverso. O discurso é o de que a Constituição *autoriza* aquele tributo (ou aquela forma de apuração). E aí se cria um impasse: Fisco e contribuintes defendendo posições antagônicas e ambos se apoiando no mesmo argumento, a saber, a base prevista na Constituição da República. *A nítida estratégia adotada pelos ocupantes do poder é a de que as competências tributárias são indeterminadas.* Exploram-nas como se fossem pontos cegos do direito. Assim o direito tributário tem sido aplicado, mesmo que isso não seja admitido. Esse o retrato atual em matéria tributária.

Para dar conta desse desafio, que é eminentemente dogmático, a solução, muitas das vezes, não está nas análises de índole tributária em si mesmas, ao menos não como alicerce principal do argumento. Se a discussão diz respeito à "competência tributária", a qual, de sua parte, remete-se a "conceitos", o que, por seu turno, está inserido no contexto da linguagem, o caminho mais indicado é momentaneamente dar um passo atrás, é sair do domínio fiscal estrito para subir ao altiplano de reflexões filosóficas e lógicas mais consistentes, de modo a, aí sim, de posse desse ferramental teórico, voltar para o problema concreto em busca de uma solução, com poder maior de convencimento. Promove-se um olhar dogmático de dentro para fora e de lá retorna-se para cá. Essa a escolha mais fértil. Do contrário, o intérprete ficará na superficialidade dos fundamentos óbvios de que a lei deve respeitar a Constituição – ao que será objetado de que, no caso concreto, a lei não a desrespeitou. E ponto final.[52]

O início dessa análise é reconhecer que os signos linguísticos não contêm, eles próprios, os objetos que representam; pelo contrário, eles os representam da perspectiva ideal, formando ideias, noções, conceitos na mente de quem trava contato com a linguagem. Trata-se de uma premissa nuclear para a compreensão do tema, um pressuposto mesmo para todo o raciocínio. E assim se afirma porque praticamente em toda sua história o homem acreditou que a linguagem teria a capacidade de expressar, com assomos de identidade, os objetos aos quais ela se refere. A relação entre a palavra e o dado do mundo envolveria um vínculo de essência, um elo constitutivo, algo que mostrasse a ligação direta entre o signo e o objeto. Como afirma Nicola Abbagnano, os estóicos "chamavam de signo, de modo geral, 'aquilo que parece revelar alguma coisa'".[53]

---

52. Neste texto o autor não entrará nas divergências próprias da Semiótica, envolvendo os conceitos e até mesmo as projeções do fenômeno linguístico, pois isso extrapola os objetivos do estudo. A esse respeito, vide: ECO, Umberto. *As formas do conteúdo.* Tradução Pérola de Carvalho. São Paulo: Perspectiva, 2004, p. 11/15. Sobre a teoria dos fundamentos óbvios, vide: BECKER, Alfredo Augusto. *Teoria geral do direito tributário.* 3. ed. São Paulo: Lejus, 2002, p. 11/14.

53. *Dicionário de filosofia.* São Paulo: Martins Fontes, 2007, p. 1062. E como explica Danilo Marcondes, desde a filosofia antiga até o final do pensamento medieval a humanidade foi marcada "pelo interesse central pela ontologia, ou seja, pela questão sobre o Ser, sobre no que consiste a realidade, qual sua natureza última, sua essência". *Filosofia analítica.* Rio de Janeiro: Jorge Zahar, 2004, p. 9.

Essa forma de enxergar o fenômeno linguístico prevaleceu durante muito tempo – e ainda paira no entendimento comum das pessoas – a indicar uma necessidade do ser humano de tornar a linguagem mais concreta, palpável, objetiva; enfim, segura. Mesmo no domínio do direito essa concepção continua fortemente arraigada, desde os bancos das faculdades até os tribunais, o que tem prejudicado bastante o debate e a evolução das letras jurídicas. Basta pensar no próprio verbo empregado quando se fala em "interpretação": a interpretação, segundo a tradição, seria *extrair* do texto o sentido e o alcance da norma.[54] Assim como da fruta se extrai seu sumo, do texto extrair-se-ia seu significado. Ora, mas do texto, enquanto elemento físico (o texto da Constituição, da lei ou de uma sentença), não se "extrai" nada, no sentido de tirar ou retirar alguma coisa de algum lugar, de arrancá-la de um invólucro ou do chão. Se fosse possível "extrair" do texto o seu sentido, toda interpretação, evidentemente, seria unívoca, seria consensual, pois todos, ao fazerem a "extração", chegariam a um mesmo e único resultado. Por isso esse verbo não é o mais indicado para o universo do direito – nada obstante, ainda é a forma mais difundida da perspectiva hermenêutica tradicional.

Parece implicância, parece muita tinta para coisa irrelevante, mas não é. Tomar consciência de que os signos linguísticos não têm essa essencialidade que se gostaria que eles tivessem, de que apenas representam objetos concretos ou ideais no contexto de uma determinada língua, significa aceitar que a investigação sobre seu uso é indispensável e

---

54. "Em resumo, o executor *extrai* da norma tudo o que na mesma se contém: é o que se chama interpretar, isto é, determinar o sentido e o alcance das expressões do Direito" (MAXIMILIANO, Carlos. *Hermenêutica e aplicação do direito.* 9. ed. Rio de Janeiro: Forense, 1980, p. 1 – sem destaque no original). Roberto de Ruggiero, civilista italiano, afirma que "interpretar significa *procurar* o sentido e o valor da norma para medir a sua extensão precisa e avaliar da sua eficiência concreta sobre as relações jurídicas (...)" (*Instituições de direito civil.* Tradução Paolo Capitanio. Campinas: Bookseller, 1999, v. I, p. 177 – sem destaques no original).

que, portanto, a solução passa pelas instâncias semióticas sintáticas, semânticas e pragmáticas da linguagem. O que se busca é saber *de que maneira os signos empregados na linguagem do direito devem ser compreendidos.* Todavia, aqui cabe uma advertência importante: a investigação sobre a linguagem não está sendo feita tal qual um filósofo ou um filólogo, e sim para entender melhor o arranjo normativo que se deve dar ao direito tributário, mais diretamente no que tange aos problemas práticos vividos no agronegócio, como uma ferramenta útil para aplicação concreta, para colocar as teorias em funcionamento.[55]

Essas reflexões mostram que, no direito, a forma mais adequada de se expressar diante dos enunciados linguísticos empregados pelo legislador é a de que a função do intérprete é *construir* seus sentidos possíveis, mostrando, a partir de argumentos, qual é o mais coerente e, pois, qual deve ser adotado. Reside nesse ponto a força da mudança de foco, na medida em que, reconhecendo que o texto comporta vários sentidos possíveis, o intérprete passa a enunciá-los, demonstrando, a partir daí, em atitude de decisão, qual o sentido mais consistente, mais apropriado para resolver o problema posto. Saber se o ICMS incide ou não na transferência de bovinos entre fazendas do mesmo produtor passa pelos vários sentidos possíveis do vocábulo "circulação" e pela escolha de um deles, mais ajustado ao perfil do imposto, que está conectado aos signos "operações" e "mercadorias".[56]

---

55. "A ideia, desde o início e, mormente, daqui em diante, é falar da teoria não por ela própria, solta, longe da realidade social a que se propõe servir, e sim dar concretude às reflexões epistemológicas, promovendo a aliança efetiva entre o jurista dogmático e o mundo que lhe cerca. Em suma: o objetivo é colocar as teorias em funcionamento. Nessa perspectiva é que se procurará não discorrer sobre as teorias, mas aplicá-las, tentando demonstrar que qualquer problema jurídico – inclusive, portanto, a tributação no agronegócio – pode ser resolvido, com firmeza e precisão, pelo raciocínio científico bem construído" (LOUBET, Leonardo Furtado. *Tributação federal no agronegócio.* 2. ed. São Paulo: Noeses, 2022, p. 35-36).

56. Tema 1099: "não incide ICMS no deslocamento de bens de um estabelecimento

Essa mudança de postura cognoscitiva – que ainda não foi assimilada pela literatura jurídica brasileira como deveria – como se sabe não é nova, vem do final do Século XIX, início do Século XX. Trata-se de movimento intelectual que se deu na Europa, o qual ficou conhecido por "giro linguístico" (ou positivismo lógico). A proposta filosófica teve seu alicerce em grandes nomes, a exemplo de Gottlob Frege e Bertrand Russel, merecendo destaque a figura de Ludwig Wittgenstein.[57] O que pregaram esses pensadores, em resumo, foi que a linguagem é autorreferencial, ela vive e sobrevive de forma independente ao mundo dos objetos, delimitando o conhecer em si mesmo do sujeito pensante.[58] Foi daí que os estudos de Lógica e de Filosofia da Linguagem avançaram consideravelmente ao longo do Século XX.

E o que isso tem que ver com o direito tributário, ainda mais no que diz respeito ao agronegócio? A proposta inicial não era fazer um estudo prático? Ora, recapitulando os problemas trazidos linhas atrás, o que nutre esta análise é a tarefa de investigar *qual é* e *como é* o sistema jurídico em relação aos tributos estaduais e municipais que podem ser exigidos do agro (e também *como será*), o que significa avaliar se há como conferir uma determinação absoluta à linguagem do legislador constituinte ao fixar as competências tributárias ou, pelo menos, imprimir-lhe uma maior dose de determinação, justamente para combater manobras retóricas daqueles que distorcem conceitos normativos, dizendo

---

para outro do mesmo contribuinte localizados em estados distintos, visto não haver a transferência da titularidade ou a realização de ato de mercancia" (ARE 1.255.585. Rel. Min. Dias Toffoli. *DJe* 15.09.2020).

57. COSTA, Cláudio. *Filosofia da linguagem*. 2. ed. Rio de Janeiro: Jorge Zahar, 2003, p. 07.

58. "Com efeito, o que nos confunde é a uniformidade da aparência das palavras, quando estas nos são ditas, ou quando com elas nos defrontamos na escrita e na imprensa. Pois seu emprego não nos é tão claro". WITTGENSTEIN, Ludwig. *Investigações filosóficas*. Tradução José Carlos Bruni. São Paulo: Nova Cultural, 1999, p. 31.

que não o fazem. Portanto, o ato de interpretar o direito (aí incluído o direito que rege a tributação na atividade rural) se revela um ato de investigar a linguagem jurídica.[59]

Pontes de Miranda, desfilando a intuição que só os gênios têm, em 1922 já havia cravado naquela que foi a mais profunda de suas obras que "ninguém nunca viu uma relação jurídica".[60] É exatamente isso. Ninguém nunca viu ou tocou uma "relação jurídica", assim como não viu, ouviu ou tocou uma "propriedade", uma "receita bruta", um "faturamento", uma "venda", um "serviço", uma "imunidade", uma "isenção", um "diferimento", nem "valor venal" ou "contribuição facultativa". Todos esses são conceitos linguísticos, os quais foram adotados pelo constituinte ou pelo legislador infraconstitucional para que, normativamente, tivessem o condão de resultar ou não na obrigação de pagamento de um tributo. "Propriedade" é palavra ambígua que pode significar a coisa em si, a casa ou a fazenda da pessoa, ou então um "direito". Note-se que a coisa em si é apenas terra ou um punhado de solo com tijolos, paredes e telhado. A noção de circunscrição, de delimitação daquele objeto específico como pertencente a alguém é uma construção jurídica, por isso que um conceito normativo. Mas a mesma coisa pode estar sendo usada por outrem por força de um arrendamento ou aluguel – eis a "posse", outra criação jurídica.

---

59. Para mostrar a autorreferencialidade da linguagem, a reforçar a importância da investigação semiótica, dois exemplos servem bem: as palavras "dinossauro" e "gigante", do imaginário infantil. Ninguém nunca viu, ouviu ou tocou um dinossauro ou um gigante. Nada obstante, no universo cultural de hoje qualquer criança sabe bem dizer sobre um e outro, formando em sua mente esses objetos. Trata-se de uma construção linguística, que independe da coisa em si.

60. *Sistema de ciência positiva do direito*. 2. ed. Rio de Janeiro: Borsoi, 1972, p. 64. Vale esclarecer que, como consta na nota do editor à segunda edição, entre a primeira e a segunda versões só foi inserido um capítulo ao final, intitulado *"De 1922 a 1972"*.

É esse feixe de conceitos que se entrecruzam, revestidos em linguagem, que interessa ao jurista dogmático do Direito Tributário investigar, porque é isso que interfere no cotidiano das controvérsias fiscais. Daí a importância do dado da linguagem para um exame consistente no âmbito do Direito Tributário em geral e da tributação incidente sobre o agro em particular. Dizer apenas que determinada prática afronta a Constituição já não resolve mais. É preciso refinar os argumentos, encorpando a fala com um poder maior de convencimento.

I.4.3. A raiz do problema: ambiguidade, vagueza e outros vícios da linguagem

Os reflexos da linguagem para a teoria jurídica assumem também outros contornos, cabendo agora adentrar com maior detença nos aspectos envolvendo os problemas que a linguagem carrega consigo, os quais, por corolário, vão resultar em problemas jurídicos. A proposta, não custa enfatizar, não está endereçada a reflexões sobre a linguagem como centro das atenções. Não. O aspecto linguístico é tomado como elemento de apoio para compreender melhor as dificuldades vividas no direito, promovendo a conexão, a partir daí, com o direito tributário do agronegócio, notadamente no que concerne ao terreno movediço e instável que as competências impositivas viraram.

Quando o Supremo Tribunal Federal é chamado a decidir, em operação de integralização de capital com bens imóveis, se o Município pode ou não exigir o ITBI sobre a diferença entre o valor contábil do bem e o valor do capital social (tema importantíssimo para as denominadas *holdings* rurais, mas cujo precedente vem sendo compreendido de forma equivocada), a controvérsia, no fundo, envolve a interpretação dos enunciados linguísticos empregados pelo constituinte especificamente no art. 156, § 2º, I, da Carta da

República. E aí o debate fica em torno do que significam as expressões "não incide", "sobre" e "transmissão de bens ou direitos incorporados ao patrimônio de pessoa jurídica em realização de capital". A massiva comunidade jurídica sempre interpretou que "não incide" – olha só que desafio – significa "não incide". Para a doutrina (e também para a jurisprudência anterior) o preceito indica claramente que há uma imunidade incondicionada de ITBI nas operações envolvendo integralização de capital com bens imóveis. O texto não prevê nenhum condicionante, como o valor contábil do bem ou do capital social. Porém, o Supremo vislumbrou uma exceção implícita e decidiu que *"não incide"* significa *"incide"*, deixando em aberto a possibilidade de cobrança do imposto em determinadas situações.[61]

É com esse tipo de surpresa que quem se preocupa com as coisas do direito tributário tem que lidar rotineiramente. A cada instante há uma novidade – na maioria das vezes, causadora de espanto. O tédio tem passado longe do direito tributário brasileiro nos últimos tempos. Desse quadro brota a inevitável pergunta: será que o Sistema Constitucional Tributário adotado no Brasil é assim tão incerto, tão dúbio, tão nebuloso, a ponto de provocar tanto debate e insegurança? Como "não incide" pode significar "incide em parte"?

Na tentativa de responder a esses questionamentos o estudioso deve, como já salientado, voltar seus olhos para a linguagem, buscando entender seus vícios em geral e, depois disso, as imperfeições da linguagem jurídica. *São esses vícios que explicam a indeterminação da linguagem.* Logo, para entender com maior fecundidade o "sentido e o alcance do texto" (como apregoa a doutrina tradicional) é preciso

---

61. Tema 796: "a imunidade em relação ao ITBI, prevista no inciso I do § 2º do art. 156 da Constituição Federal, não alcança o valor dos bens que exceder o limite do capital social a ser integralizado" (RE 796.376. Rel. Min. Marco Aurélio. Rel. p/ acórdão Min. Alexandre de Moraes. *DJe* 25.08.2020).

reconhecer que o texto é formado por palavras e que as palavras podem ser ambíguas e vagas. Essa a raiz do problema.

Atitude cognoscitiva que segue por esse caminho tem outra grande virtude: uma vez reconhecendo que as palavras podem ser vagas ou ambíguas, em um caso concreto o jurista terá condições de demonstrar se o núcleo normativo prescrito pelo legislador em um dado enunciado comporta ou não maiores ambiguidades ou vaguezas causadoras de dúvidas, ou seja, as discussões sobre os sentidos possíveis das palavras adotadas pelo legislador, desse modo, ficam bem mais reduzidas. As mensagens normativas podem conotar alguma ambiguidade ou vagueza, mas não a ponto de tornarem seu comando uma *contradição entre termos*.

Aqui se encaixa o ponto central da questão, porque a linguagem do direito tem sido tratada como se fosse inteiramente indeterminada, como se não expressasse nada, como se significasse o que seu intérprete quiser. Ocorre que essa indeterminação *a priori*, que em si mesma não está incorreta, não passa de uma impressão de primeiro instante, já que ler não é compreender, não é interpretar. A linguagem é indeterminada porque os signos nela empregados apontam para a representação dos objetos que ela busca expressar. A relação entre as palavras e as coisas é uma relação estipulativa, não de essência. Mas há um foco denotador mais preciso das palavras, sobre o qual ninguém duvida, e outro mais vago, mais dúbio. São as chamadas *zonas de penumbra* a que se referiu Genaro Carrió.[62] Onde não há incertezas, porém, não é dado ao aplicador da norma, a pretexto de interpretá-la, fugir completamente do seu sentido de base. Se alguém emprega a expressão "caneta", certamente a famosa caneta esferográfica azul estará compreendida nesse conceito, ainda que se possa questionar se

62. *Notas sobre derecho y language*, p. 44. *Apud* BULYGIN, Eugenio. *Essays in legal philosophy*. Oxford: Oxford University Press, 2015, p. 78.

a caneta-tinteiro, o lápis ou a lapiseira estão dentro desse gênero ou não. O mesmo se diga ao evento "transmissão *causa mortis*". Sem morte, não há sequer que se cogitar de ITCMD na modalidade sucessão hereditária. A locução "não incide" segue pela mesma vereda.

Os estudiosos de Lógica e de Semiótica demonstraram, há muito tempo, que esses sentidos das palavras precisam ser construídos, à luz do contexto em que a linguagem se desenvolve. Não por outro motivo Ferdinand de Saussure afirmou que "o signo linguístico une não uma coisa e uma palavra, mas um conceito e uma imagem acústica", ou seja, "o laço que une o significante ao significado é arbitrário ou então, visto que entendemos por signo o total resultante da associação de um significante com um significado, podemos dizer mais simplesmente: o signo linguístico é arbitrário".[63] É incorreto pressupor que a significação é agregada à palavra, que ela é o objeto que a palavra substitui. As palavras designam os objetos de acordo com os padrões de usos linguísticos. E é por isso que fundamentalmente dois problemas têm que ser enfrentados na delimitação dos signos: a ambiguidade e a vagueza. Uma palavra é ambígua "quando tem dois significados distintos e o contexto não esclarece em qual dos dois se usa", ao passo que a palavra é vaga "quando existem 'casos limítrofes' de tal natureza que é impossível determinar se o termo se aplica ou não a eles".[64] A vagueza significa que o campo de referência do significado da palavra é indefinido e a ambiguidade que seu campo de referência não é único.

---

63. *Curso de linguística geral*. 28. ed. São Paulo: Cultrix, 2012, p. 106/108. Vide também: WITTGENSTEIN, Ludwig. *Investigações filosóficas*. Tradução José Carlos Bruni. São Paulo: Nova Cultural, 1999, p. 27.

64. COPI, Irving M. *Introdução à lógica*. Tradução Álvaro Cabral. São Paulo: Mestre Jou, 2004, p. 108.

É nisso que consiste a indeterminação da linguagem. E é dentro desses padrões linguísticos que a competência tributária (incluindo a competência tributária estadual e municipal para instituir e exigir tributos sobre o agronegócio) deve ser refletida. A dificuldade na relação comunicacional de se delinear sobre o que exatamente se fala e em qual extensão se fala é a causa desses problemas. *Em praticamente toda este estudo esses aspectos da linguagem jurídico-tributária adotada por Estados e Municípios serão refletidos.*

A polissemia que torna o significado da mensagem incerto (ex.: "banco", que pode ser para sentar ou a instituição financeira – ambiguidade) ou a obscuridade sobre a extensão semântica do vocábulo (ex.: "fique a dois passos de distância", que pode variar a depender do tamanho da pessoa que dará os passos – vagueza) acabam comprometendo a fluidez da mensagem, criando ruídos na comunicação entre emissor e receptor. A ambiguidade, portanto, nada mais é do que um signo que exprime mais de um significado. A vagueza, por sua vez, é um signo que revela uma imprecisão de seu significado. Há uma certeza positiva (casos que nele se enquadram) e uma certeza negativa (casos que nele não se enquadram), remanescendo, porém, uma zona limítrofe, na modalidade "talvez", porque a vagueza sempre se mostra em graus.[65] Pode-se mencionar ainda a genericidade, a revelar uma inespecificidade porque os casos se enquadram demais, abrange várias coisas ou objetos, em um raciocínio exacerbadamente includente (ex.: "todos os advogados são estudiosos", "os meios de comunicação

65. Vale destacar que a vagueza pode ser quantitativa, ou seja, situações em que não há um critério definidor sobre sua inclusão ou não no significado, por envolverem "quantidades diferentes" ("alto", "baixo", "magro", "gordo" etc.), ou então uma vagueza qualitativa combinatória (ou pluridimensional), casos em que não se tem um critério de antemão para saber quais elementos são necessários para construção do significado específico (ex.: "injúria", "dano moral"), já que há várias propriedades contextuais em jogo, reveladoras da imprecisão.

exercem com denodo sua função" ou "a sociedade exige mudanças").

Agora, isso não quer dizer que a linguagem que viabiliza a comunicação seja totalmente imprecisa. *Há uma supervalorização da indeterminação e uma subvalorização da determinação.*[66] A linguagem pode ser indeterminada, mas ela não é necessariamente indeterminável. De acordo com a pertinente observação de Alf Ross, na ambiguidade há uma "zona central" de aplicação, "à qual se acrescenta um círculo de incerteza"; e na vagueza também há uma "zona central de aplicações acumuladas", a qual "se transforma gradualmente num círculo de incerteza que abarca possíveis usos da palavra sob condições especiais não típicas".[67] Se alguém vai a um campo de futebol e xinga o "juiz", evidentemente que não está a se referir a um magistrado. A não ser que quem esteja apitando o jogo seja um magistrado. Por outro lado, se alguém vai ao fórum para ter uma audiência com o "juiz", é claro que não pretende encontrar lá o árbitro de futebol.

Não há, portanto, uma indeterminação absoluta da linguagem. A ambiguidade se resolve precisando, individualizando a aplicação do termo; a vagueza, especificando, delimitando sua amplitude. É claro que isso nem sempre é fácil. Uma coisa é explicar dados palpáveis (o trabalho de um botânico, por exemplo), outra é o raciocínio matemático (no campo da física ou da própria matemática em si), outra ainda é explicar uma linguagem (trabalho dos linguistas e dos juristas). Tudo isso parece bem distante da tributação do agronegócio. Não é assim, porém. Essa solidez do raciocínio será crucial para discutir, por exemplo, o que significam "diferimento" e "não cumulatividade" no âmbito do

---

66. ÁVILA, Humberto. *Teoria da indeterminação no direito:* entre a indeterminação aparente e a determinação latente. São Paulo: Malheiros, 2022, p. 9/13.

67. ROSS, Alf. *Direito e justiça.* Tradução Edson Bini. São Paulo: Edipro, 2003, p. 142-143.

ICMS-atividade rural ou o "valor venal" de uma fazenda, entre outros temas que serão abordados. Reconhecer essas complexidades e saber trabalhar com essas categorias é condição mesma para o bom manejo da linguagem e para dar os contornos devidos à linguagem jurídica, em exercício de interpretação.

I.4.4. A Escola do Constructivismo Lógico-Semântico e as técnicas para diminuição da indeterminação da linguagem no direito

Nas páginas anteriores se procurou demonstrar que o fenômeno linguístico permeia a comunicação humana como um todo e, por consequência, também a comunicação jurídica. E que boa parte dos problemas comunicacionais se explica, em considerável medida, pela indeterminação da linguagem. Como um dos pilares do direito é o valor "segurança jurídica", claro que a ciência teria que apontar critérios para solução desse problema, o que é uma tarefa sobremodo complicada. Esses critérios são os que interessam para se refletir sobre os efeitos da indeterminação da linguagem no direito tributário e sobre como é possível diminuí-la, sempre pensando lá na frente, nos problemas concretos que a tributação no agronegócio sugere.

Afinal, como se interpretam as palavras da lei? Por seu sentido literal, vernacular? Por seu viés histórico? Pelo sentido da linguagem comum? Por sua acepção técnica? De acordo com a intenção do legislador manifestada nos trabalhos preparatórios? É com esse grau de dificuldades que o intérprete tem que lidar.

A primeira afirmação a ser feita sobre isso é a de que não há como definir critérios *a priori* para solução de todos os problemas jurídicos. A assertiva pode ser frustrante para quem busca respostas prontas, mas é verdadeira. O direito é inegavelmente complexo e foi por esse motivo que a doutrina teve de desenvolver diversas técnicas para enfrentar esse desafio. Como lembra Riccardo Guastini, "la indeterminación concierne, por un lado, al sistema jurídico en cuanto tal; y por otro lado, a cada uno de sus componentes, es decir, a cada norma".[68] Foi com a preocupação de responder a essa gama de indagações que as propostas científicas foram sendo lapidadas.

Na análise desse desafiador problema, deve ser adotada uma postura crítica perante o sistema normativo, apontando não apenas como a interpretação é, mas como ela *deve ser*. A ciência não pode ser passiva, espectadora imbele, mas deve refletir criticamente como o direito vem sendo aplicado, apontando os meios, os caminhos que lhe parecem mais adequados para a compreensão das normas do sistema, a partir de argumentos, algo como um estudo dogmático de caráter crítico. A decisão sobre se determinada norma é "boa" ou não, se ela pode ser aplicada em consonância com o sentido estrito que a significação do seu plano de expressão indica ou se deve ser construída outra exegese, é, no fundo, uma decisão recheada de valores intrasubjetivos, da visão de mundo do seu aplicador, do seu universo moral e cultural e também de sua intenção, o que faz com que a *forma* com que ele emprega a norma possa variar se fosse outro o aplicador.[69] E a partir daí o que faz o agente é desenvolver seu raciocínio para justificar, muitas vezes com exacerbada retórica, sua decisão de ter dado o sentido "x" ou "y" ao texto da lei. Esse campo elástico

---

68. Interpretación y construcción jurídica. *Isonomia – Revista de teoría y filosofia del derecho*, Ciudad de Mexico: Instituto Tecnológico Autónomo de México, n. 43, p. 21, out. 2015. Nas palavras de Humberto Ávila, "todos os argumentos jurídicos são multidirecionais. A rigor, nenhum deles é, por definição, resolutivo, no sentido de indicar uma única alternativa de interpretação" (Argumentação jurídica e a imunidade do livro eletrônico. *Revista da Faculdade de Direito da UFRGS*, v. 19, p. 177, 2001).

69. BEZERRA NETO, Bianor Arruda. *O que define um julgamento e quais são os limites do juiz?* São Paulo: Noeses, 2018, p. 21.

e subjetivo é o que se nota, com frequência, no cotidiano da práxis dos tribunais. Entretanto, alguns mecanismos de controle podem ser postos em funcionamento para demonstrar a incoerência do raciocínio aplicado, guiados por um rigor metodológico.

Aqui ganha corpo a Escola do Constructivismo Lógico-Semântico, com seu ferramental teórico. Se a ciência pressupõe a adoção de uma metodologia, parece claro que a escolha de um modelo teórico por parte do intérprete é uma etapa crucial nesse processo. Há várias e importantes teorias que se formaram ao longo dos tempos, estruturadas por pensadores da maior expressão. A do Constructivismo Lógico-Semântico, no entanto, assumiu papel de destaque tanto pela dimensão que granjeou, quanto pelo resultado útil que proporciona. Longe de ser um arquétipo desprendido da realidade, ela vem servindo como método de análise que permite delinear com precisão não apenas temas concretos já conhecidos no campo do Direito Tributário, como também aspectos de Teoria Geral do Direito.[70]

Um desdobramento dogmático direto e imediato do Constructivismo é o estudo da teoria da norma jurídica a partir de sua feição linguística. Se o direito é linguagem, então dominar as categorias semióticas é um pressuposto para a adequada compreensão e aplicação do ordenamento jurídico. E é aqui que a teoria tem muito a contribuir com a prática. Afinal de contas, é necessário romper com esse estado de coisas em que o aplicador se sente encorajado a dar o sentido que quiser ao texto, fugindo completamente dos contornos de base dos signos linguísticos adotados

70. "O Constructivismo Lógico-Semântico é, antes de tudo, um instrumento de trabalho, modelo para ajustar a precisão da forma à pureza e à nitidez do pensamento; meio e processo para a construção rigorosa do discurso, no que atende, em certa medida, a um dos requisitos do saber científico tradicional" (CARVALHO, Paulo de Barros. Algo sobre o constructivismo lógico-semântico. *In:* CARVALHO, Paulo de Barros (coord.); CARVALHO, Aurora Tomazini de (org.). *Constructivismo Lógico-Semântico.* São Paulo: Noeses, 2014, v. I, p. 4).

sobranceiramente pelo legislador para estatuir normas, para reger a vida das pessoas. A pretexto de interpretar, não é dado ao operador modificar por completo o sistema, abandonando-o e inventando regras despidas de legitimação democrática, escondendo-se em suas ideologias particulares. Expressões como "legalidade suficiente" (RE 704.292, Rel. Min. Dias Toffoli) ou interpretação conforme o "pluralismo metodológico" (RE 651.703, Rel. Min. Luiz Fux) são apenas alguns exemplos do que se está a falar. Nessas horas falam mais alto as palavras contundentes do Prof. Paulo de Barros Carvalho:

> Os predicados da inesgotabilidade e da intertextualidade não significam ausência de limite para a tarefa interpretativa. A interpretação toma por base o texto: nele tem início, por ele se conduz e, até o intercâmbio com outros discursos, instaura-se a partir dele. Ora, o texto de que falamos é o jurídico-positivo e o ingresso no plano de seu conteúdo tem de levar em conta as diretrizes do sistema.[71]

A questão é exatamente essa. No manejo das competências tributárias o legislador ordinário e o aplicador da lei devem guardar observância às dimensões semânticas mais compatíveis com o objeto do regramento fixado na norma superior, e não sentidos distintos, que levam a um alargamento não autorizado do seu campo de projeção. Ou seja, ainda que a linguagem seja indeterminada porque as palavras são potencialmente ambíguas e vagas, a função última do intérprete é justamente identificar, dos sentidos possíveis dos vocábulos, aquele que melhor se afina ao contexto comunicacional do texto legislado, conferindo maior grau de densidade, de precisão. É bem verdade, como lembra Tácio Lacerda Gama, que as normas inferiores positivam um sentido mais analítico ao texto, se comparado àquele posto de forma sintética pelo comando de superior hierarquia. No

---

71. *Direito tributário, linguagem e método*. 7. ed. São Paulo: Noeses, 2018, p. 205.

entanto, "a hierarquia dos sujeitos competentes deve, também, projetar efeitos na forma de produzir sentido".[72]

I.4.5. A contribuição da literatura estrangeira no enfrentamento do tema

No caminho de encontrar soluções para redução da indeterminação da linguagem jurídica vale a pena também buscar subsídios na literatura estrangeira, que dialoga, com proveitosos resultados, com a linha de pensamento aqui adotada. E uma proposta para colocar a nu atos pseudo-hermenêuticos é submetê-los à prova das técnicas interpretativas elaboradas pela ciência. Para estruturar o raciocínio de modo coerente e atingir o objetivo de organizar essas técnicas conforme sua aplicabilidade em cada circunstância, *uma forma de classificação dos problemas pode ser realizada da seguinte maneira* (pensando-se, sobretudo, na indeterminação da linguagem das competências tributárias e seus reflexos para a tributação do agro):

(i) se há ou não enunciado linguístico expresso no qual o legislador tenha manifestado sua intenção de disciplinar a matéria ou aquele fato específico;

(ii) havendo enunciado, se o plano de expressão (o suporte físico, o texto) foi adequadamente aplicado;

(iii) havendo disciplina sobre o tema e existindo plano de expressão adequado, examina-se a hierarquia da espécie normativa em que a matéria foi disciplinada;

(iv) cumpridas essas etapas, aí se passa para seus contornos de significação, dando-se ênfase ao caráter do direito enquanto linguagem; e

---

72. GAMA, Tácio Lacerda. *Competência tributária:* fundamentos para uma teoria da nulidade. 2. ed. São Paulo: Noeses, 2011, p. 187.

(v) diante disso tudo se atribui a cada argumento o peso respectivo, em trabalho de valoração jurídica.

Evidentemente que em cada etapa dessas o trato da linguagem se faz sempre presente: seja para identificar se há enunciado expresso ou não; se o plano de expressão foi adequado; para aquilatar a hierarquia normativa; para investigar as projeções semânticas e pragmáticas; e na promoção da valoração jurídica. A proposta tem por norte apenas destacar cada uma dessas etapas do labor exegético, de modo a estruturar o exercício mental como um todo.

No primeiro aspecto, deve ser averiguado (i) se há ou não enunciado linguístico expresso pelo qual o legislador manifestou sua intenção de disciplinar a matéria ou aquele fato específico. O que pode ocorrer aqui é (i.a) a lei não ter previsto de maneira objetiva determinado fato juridicamente relevante, ou então o contrário, (i.b) há um enunciado linguístico geral, mas o legislador não previu uma exceção que se justifica. Na (i.a) ausência de regra específica, aí são cogitáveis técnicas como a analogia e a integração analógica para preenchimento de lacunas.[73] Como se viu páginas atrás, *não há nas legislações estaduais e municipais um conceito expresso de "agronegócio"*, o que abre espaço para se valer do conceito fixado na legislação federal. Por outro lado, havendo texto normativo, (i.b) mas não tendo sido prevista pelo legislador uma exceção que se justifica pelas peculiaridades envolvidas, então pode entrar em jogo o raciocínio por equidade, notadamente no que concerne à derrotabilidade das regras.[74]

Na sequência, (ii) havendo enunciado e não sendo o caso de se admitir uma exceção implícita, aí é necessário

---

73. SCHAUER, Frederick. *Thinking like a lawyer:* a new introduction to legal reasoning. Cambridge: Harvard University Press, 2009, p. 85/91.

74. PECZENIK, Aleksander. *Scientia juris:* legal doctrine as knowledge of law and as a source of law. Dordrecht (Netherlands): Springer, 2005, p. 115/120.

averiguar se o plano de expressão, isto é, o texto em si, foi adequadamente editado. Por vezes, os debates não estão no plano textual, mas apenas no da significação. Definir o que vem a ser "mercadoria" é algo inerente ao conteúdo da mensagem normativa. Porém, casos há em que é necessário *corrigir* o plano textual, porque o legislador empregou a palavra equivocada. E isso requer um trabalho hermenêutico também. Basta pensar no signo *"isentas"* veiculado no art. 195, § 7º, da Constituição. Há um consenso doutrinário e jurisprudencial de que a isenção não está no plano da Constituição, mas da lei. Se o intérprete não der outro sentido ao vocábulo, toda a lógica, toda a coerência do sistema ficaria comprometida. Seria o mesmo que no "Sistema Tributário Nacional" o constituinte tivesse equiparado os tributos às multas. Também o Código Tributário Nacional teve seus tropeços redacionais, como a expressão erro na "edificação" do sujeito passivo, empregada no art. 165, II. A interpretação literal, dentro dessa ótica, embora possa cumprir certa função primária, não é a mais adequada – até mesmo porque ler não é interpretar.[75]

A terceira etapa dentro dessa proposta classificatória é (iii) a análise acerca da hierarquia da espécie normativa em que a matéria foi disciplinada. Por exemplo, tratando-se de norma que ocupa posição sintática hierarquicamente superior no sistema (a exemplo das normas constitucionais que fixam a competência tributária), há de prevalecer a norma superior em relação à norma inferior, devendo a interpretação, necessariamente, prestigiar o comando da primeira.[76]

---

75. "L'interprétation est un élément essentiel du raisonnement juridique" (LEBEAU, Martin. *De l'interprétation stricte des lois:* essai de méthodologie. Paris: Defrénois, 2012, p. 153). Vide também: MAZZARESE, Tecla. Interpretación literal: juristas y linguistas frente a frente. *Doxa: cuadernos de filosofía del derecho,* Alicante (Espanha): Universidad de Alicante, n. 23, p. 597/631, 2000.

76. GAMA, Tácio Lacerda. *Competência tributária:* fundamentos para uma teoria da nulidade. 2. ed. São Paulo: Noeses, 2011, p. 150.

A quarta dimensão adentra, aí sim, (iv) na definição dos contornos de significação propriamente ditos. Aqui, fundamentalmente, residem os problemas mais frequentes. Apela-se para todo tipo de argumento, segundo a conveniência do intérprete: genético, teleológico, literal, histórico, sistemático, entre tantos outros. Cada um desses argumentos, evidentemente, tem sua relevância, sua utilidade na tradição do direito. No entanto, eles não podem ser escolhidos na prateleira, aleatoriamente. Deve haver uma coerência no processo de escolha, que pressupõe algumas etapas. No percurso gerador de sentido a análise da norma jurídica a partir do seu viés encravado na linguagem há de prevalecer, notadamente no que tange à adjudicação dos sentidos possíveis dos signos empregados pelo legislador, tomando-se por parâmetro os aspectos axiológicos envolvidos, o texto e o contexto para se precisar aquele que se ajusta ao cerne da mensagem prescritiva.[77] É claro que na construção de sentido do texto jurídico vários fatores entram em conta, mas não se pode sobrepor, por exemplo, argumentos extrajurídicos (como econômicos ou políticos) aos inerentes ao domínio do direito. Há de haver uma coerência lógica interna na organização dos argumentos, de modo que prevaleçam os argumentos institucionais (aqueles resultantes da linguagem jurídica) aos não institucionais (os de fora do sistema jurídico). E mesmo no arranjo interno devem ser conjugados os argumentos linguísticos do texto posto à sua origem, mas não com a prevalência da gênese da norma, na fase pré-legislativa.[78]

---

77. CARVALHO, Paulo de Barros. *Direito tributário, linguagem e método*. 7. ed. São Paulo: Noeses, 2018, p. 180/200.

78. Sobre o argumento genético e os denominados *travaux préparatoires*, vide: PECZENIK, Aleksander. *On law and reason*. 2. ed. Dordrecht (Netherlands): Springer, 2008, p. 331. E sobre a classificação dos argumentos entre institucionais e não institucionais, vide: ÁVILA, Humberto. Argumentação jurídica e a imunidade do livro eletrônico. *Revista da Faculdade de Direito da UFRGS*. v. 19, p. 157/180, 2001.

E, por fim, entra em jogo (v) o peso que se atribui a cada argumento, em trabalho de valoração jurídica. A normatividade é baseada em considerações axiológicas, na definição de regras que implantam valores.[79] Para creditar o peso a cada argumento, é necessário averiguar as implicações que decorrem dos elementos essenciais do ordenamento e quais são as determinações que resultam das próprias normas constitucionais, em especial dos princípios. A partir daí é possível construir algumas regras *prima facie* de interpretação, como a de que os argumentos institucionais devem prevalecer sobre os não institucionais e de que, nos institucionais, a ênfase há de ser dada aos argumentos linguísticos da norma posta em contraponto àqueles oriundos do processo de elaboração do texto (genético e histórico), isso tudo a partir dos postulados do Estado de Direito e da separação dos Poderes.

A proposta aqui defendida, em síntese, alinha-se em certa medida com o que a doutrina estrangeira convencionou chamar de *golden rule,* que não é uma regra propriamente dita, mas uma máxima hermenêutica a servir de guia. Havendo argumentos conflitantes, para solução das complexidades envolvidas deve-se tentar resolver o impasse a partir do contexto linguístico, afastando-se a indeterminação da linguagem a partir de categorias propriamente linguísticas.[80]

Esses caminhos, essas soluções possíveis são buscadas em nome de uma só coisa: racionalidade. Não é concebível que o sistema jurídico seja aplicado de qualquer jeito, sem qualquer critério de coerência. E mais, o peso atribuído à interpretação dependerá bastante do tipo de matéria tratada, do tipo de relação jurídica envolvida. Se o debate envolver

79. "Normativity is ultimately based on evaluative considerations" (RAZ, Joseph. *Between authority and interpretation:* on the theory of law and practical reason. Oxford: Oxford University Press, 2009, p. 209).

80. MACCORMICK, Neil. *Rhetoric and the Rule of Law.* Oxford: Oxford University Press, 2005, p. 138-139.

o tema das liberdades, parece claro que o aplicador pode, diante de circunstâncias justificáveis, ampliá-las; situação diferente, porém, envolve os casos em que já há uma restrição à liberdade do indivíduo, como no campo penal ou tributário. *Ampliar restrições ou alargar obrigações legais, no fundo, é vilipendiar a lógica estruturante de todo o sistema.* Daí a importância dessas premissas para se estudar a matéria tributária, inclusive sob um viés prático, como o da tributação do agronegócio, dado que a imposição fiscal reflete um dever legal imposto ao indivíduo, o que significa colocar o tema no seu devido eixo, combatendo interpretações ampliativas nesse domínio jurídico.

I.4.6. O aspecto central a ser considerado, porque isso traz desdobramentos para o agro: no manejo da competência tributária os entes federados não podem lidar com os conceitos normativos como bem lhes aprouver

As considerações que foram feitas no subitem anterior ganham contornos mais fortes no âmbito do agronegócio, na medida em que é a partir do horizonte constitucional que se percebe que cabe ao legislador respeitar as peculiaridades desse segmento. Ora, se o art. 6º da Constituição Federal preceitua ser a "alimentação" um direito de todos; se o art. 23, VIII, do mesmo Texto Constitucional prevê que é competência comum da União, dos Estados, do Distrito Federal e dos Municípios "fomentar a produção agropecuária e organizar o abastecimento alimentar"; e se, fundamentalmente, o art. 187 da Carta Magna prescreve que a política agrícola será "planejada e executada" na forma da lei, com a "participação efetiva do setor de produção", envolvendo "produtores e trabalhadores rurais", bem como os setores de "comercialização, de armazenamento e de transportes", levando em conta, especialmente, "os instrumentos creditícios e fiscais" e os "preços compatíveis com os custos de produção e a garantia de comercialização", no que estão incluídas as atividades "agroindustriais, agropecuárias, pesqueiras e florestais"; então, isso tudo é sinal de que a atividade rural mereceu do constituinte, indiscutivelmente, uma atenção diferenciada, havendo aí um grupo de direitos garantido constitucionalmente. De maneira acertada e incisiva, Fábio Calcini é categórico ao afirmar que "tributar de forma diferenciada o setor do agronegócio não é privilégio, mas, verdadeiramente, cumprir o que determina a Constituição Federal e o sistema jurídico brasileiro".[81]

A própria estrutura das normas constitucionais aponta na direção de que a tônica legislativa foi pensada tendo o produtor como figura central, pressupondo sua atividade de geração de alimentos. Se o Poder Público deve *fomentar* a produção agropecuária, de forma planejada e com a participação efetiva do setor produtivo, compreendendo todas as etapas da cadeia (custos de produção, comercialização, armazenamento e transporte), inclusive por meio de instrumentos *creditícios* e *fiscais,* a consequência decorrente da Carta Constitucional é a de que incumbe aos entes federados efetivamente fazer cumprir tais determinações.

Não se trata de um "favor", de uma "regalia". O problema é que gravita sobre o agronegócio um preconceito muito grande (ora velado, ora explícito) no sentido de que suas operações seriam "subtributadas", que não sofreriam a calibragem fiscal necessária para contribuir na formação do bolo arrecadatório. E a partir desse espírito Estados e Municípios (também a União) fazem de tudo para criar subterfúgios dos mais variados, de modo a exigir tributo onde não há espaço para tanto.

Não vem ao caso aqui enveredar para o caminho da análise se a carga tributária do agro é ou não adequada, porque este não é um estudo econômico do direito tributário.

---

81. *Tributação no agronegócio:* algumas reflexões. Londrina: Thoth, 2023, p. 25.

A despeito disso, para rebater essa ideia preconcebida, três objeções podem ser levantadas. A primeira delas é a de que o agronegócio não é uma atividade alheia à tributação, porque seja sob o ângulo estático (da propriedade rural), seja sob o prisma dinâmico (de suas transações comerciais) há, sim, incidência fiscal ao longo da cadeia produtiva, ainda que em algumas etapas o legislador, justificadamente, ajuste o respectivo ônus tributário, pensando nos reflexos econômicos sobre o produto comercializado. Ora, seria ilusório imaginar que deveria haver uma tributação com as vendas nos olhos sobre o produtor rural e que isso não traria repercussões lá na ponta, no preço final dos alimentos. Nada obstante, as empresas fornecedoras de insumos ("antes da porteira"), os produtores pessoas físicas e jurídicas ("dentro") e as agroindústrias e as *tradings* ("depois da porteira") pagam, sim, tributos (e muito, pelos altos valores envolvidos), por exemplo no que tange à renda auferida, no modelo, inclusive, de preços de transferência. Esse aspecto do debate dá ensejo à segunda questão: é a própria Carta da República que ordena que seja fomentada a produção agropecuária e que na política agrícola sejam implementados os *"instrumentos fiscais"* como normas indutoras, o que é uma clara indicação de que a tributação no agro deve recair *cum grano salis*. Por fim, não se deve perder de vista que o produtor rural inaugura um novo ciclo da cadeia econômica. Trata-se de uma das poucas hipóteses (para não dizer a única) em que uma pessoa física produz um bem econômico novo, a partir das riquezas da natureza, fazendo rodar a engrenagem da indústria daí em diante. É exatamente o inverso do segmento industrial, quando um produto novo é criado por uma empresa valendo-se de diversos insumos já prontos. Na atividade rural também há insumos, mas não na escala do que se passa na indústria. Vai daí que aplicar sobre o produtor rural um modelo tributário sem adaptações seria o mesmo que lhe exigir um imposto sobre a receita bruta da comercialização de seus produtos, com uma carga tributária usualmente de 17% do preço de venda, ao se pensar no ICMS.

Logo, uma análise criteriosa demonstra que a tributação adequada no agronegócio está longe de representar uma "benesse", sendo certo que agir em sentido contrário, gravando suas operações sem os devidos temperamentos, é desvirtuar e descumprir a Constituição Federal. Por isso que *no manejo da competência tributária os entes federados não podem lidar com os conceitos normativos como bem lhes aprouver*, pois, quando o fazem, sobre contrariar a ordem constitucional, ainda por cima criam empecilhos vividos na prática por todos aqueles integram esse setor, prejudicando, em última instância, os próprios consumidores desses produtos. Denunciar esse cenário e combater essas práticas são condutas imprescindíveis para que o exercício da tributação se contenha dentro dos seus limites de validade. Para que esse resultado seja alcançado com êxito não há outro jeito: é necessário balizar o raciocínio pela linguagem normativa que delineia a competência tributária, a fim de demonstrar, com firmeza de argumentos, o que pode e o que não pode ser feito em matéria de tributação no agro.

O que se defende aqui, com toda força de sua convicção, é que há uma significação nuclear mínima, um sentido de base, que deve ser respeitado. Não se pode presumir que os signos linguísticos empregados pelo constituinte tenham sido adotados em linguagem fabular, figurada, ambígua ou vaga. O núcleo de significação tem que ser observado, de modo que todo raciocínio (ou comando infraconstitucional) que levar a infirmar esse conceito deve ser afastado. Como bem adverte Celso Antônio Bandeira de Mello, se os vocábulos usados no plano constitucional não tivessem um mínimo de sentido eles seriam meramente "ruídos", vale dizer, não cumpririam sequer sua função comunicacional.[82]

---

82. "Segue-se que, nada obstante existam as situações fronteiriças, penumbrosas,

Isso se dá dessa forma porque um sistema conotado é um sistema cujo plano de expressão é, ele próprio, constituído por um sistema de significação.[83] Logo, não se pode ignorar o sistema de significação do primeiro plano de expressão. A interpretação não é um dado solto, mas se vincula ao sentido das palavras do texto interpretado.[84] De acordo com Umberto Eco, "o intérprete – como protagonista ativo da interpretação – está certamente pressuposto no curso de um processo de comunicação. Esse intérprete, porém, não é necessário num sistema de significação".[85] É intuitivo perceber, portanto, que há limites a serem respeitados, demonstráveis por categorias linguísticas e hermenêuticas. Não há como atribuir à expressão "não incide" um sentido absolutamente contrário, de que "incide" o tributo. Atitude dessa ordem significa arrebentar a moldura constitucional kelseniana.

Luís Alberto Warat leciona com propriedade que todo signo linguístico tem dois níveis de significação: o de base e o contextual. O segundo só tem sentido pressupondo o primeiro, por isso mesmo este (o nível de base) não pode ser ignorado. De acordo com o autor, o conteúdo de significação de base "é aquele que reconhecemos no plano

---

onde proliferam as incertezas, há também áreas de inquestionável certeza sobre o cabimento do conceito. Aliás, se não existissem tais áreas, *as palavras seriam meros ruídos sem qualquer conteúdo*. Não seriam signos, é dizer, significantes, e a comunicação humana tornar-se-ia impossível" (Eficácia das normas constitucionais sobre justiça social. *Revista de Direito* Público, nº 57/58, p. 245 – sem destaques no original).

83. BARTHES, Roland. *Elementos de semiologia.* Tradução Izidoro Blikstein. São Paulo: Cultrix, 2012, p. 113.

84. LAPORTA, Francisco. *El imperio de la ley:* una visión actual. Madrid: Trotta, 2007, p. 174.

85. *Os limites da interpretação.* Tradução Pérola de Carvalho. São Paulo: Perspectiva, 2015, p. 183. Nas palavras de Neil MacCormick, "'ordinary meaning' is sometimes contrasted with 'technical meaning' where laws deal with specialist subject matter. A text may be concerned with some technical subject matter with a specialized vocabulary of its own, and in that setting terms which have a technical as well as an ordinary meaning are better understood in the technical sense" (*Rhetoric and the rule of law:* a theory of legal reasoning. Oxford: Oxford University Press, 2005, p. 127).

teórico quando abstraímos a significação contextual e consideramos o sentido congelado, a partir dos elementos de significação unificados por seus vínculos denotativos". Já o contextual pode ser entendido como "o efeito de sentido derivado dos processos efetivos da comunicação social".[86] Não dá, por conseguinte, para despregar por completo dos signos linguísticos o sentido de base reconhecido por determinada sociedade na qual aquele signo é empregado. Desse modo, embora a linguagem adotada na delimitação das competências tributárias seja, em princípio, indeterminada (como qualquer linguagem), isso não quer dizer que ela seja absolutamente incompreensível, havendo meios para que se torne determinável, assumindo graus mais precisos de significação normativa.

Cumprido todo esse trajeto para firmar o alicerce deste estudo, a conclusão parcial a que se chega é a de que tanto o objeto "agronegócio", como a autorização constitucional envolvendo os tributos que serão estudados adiante se encontram em *níveis razoáveis de determinação linguística,* motivo pelo qual não se pode tolerar desvirtuamentos no exercício da competência tributária. O sentido de base dos enunciados normativos há de ser respeitado.

I.5. AS OPERAÇÕES, OS SUJEITOS PASSIVOS A SEREM ANALISADOS E OS TRIBUTOS QUE COMPORÃO O ESTUDO: O "ANTES", O "DENTRO" E O "DEPOIS DA PORTEIRA", INCLUSIVE COM SEUS IMPACTOS NA EXPORTAÇÃO, E O PATRIMÔNIO RURAL

Pavimentado o caminho pelo alicerce teórico que dá esteioà tese defendida, resta apenas indicar as operações e os sujeitos passivos a serem analisados e os tributos que serão

86. *O direito e sua linguagem.* 2. Versão. Porto Alegre: Sérgio Antônio Fabris, 1984, p. 65.

estudados. Por tudo que se viu, o agronegócio, na sua visão dinâmica, divide-se em uma fase pré-produtiva (o "antes da porteira"), na fase da produção rural em si (o "dentro da porteira") e na fase da comercialização desses produtos (o "depois da porteira"). Essa forma de enxergar esse mercado, sobre estar apoiada na realidade factual que lhe marca, oferece um horizonte mais fidedigno das suas operações, propiciando à pesquisa elementos úteis para sua compreensão. Mas, não só. O agronegócio pode ser investigado também sob a perspectiva estática, vale dizer, do patrimônio rural em si, compreendendo os tributos que repercutem sobre a propriedade imobiliária propriamente dita (o ITR, que escapa ao objeto desta obra) e sobre a transmissão de bens e direitos, seja por doação ou herança (ITCMD), seja por compra e venda ou por transação societária (ITBI).

No "antes da porteira" se enquadram vários agentes econômicos, aí compreendidos (i) fornecedores de recursos financeiros; (ii) fornecedores de máquinas e implementos agrícolas; (iii) fornecedores de insumos agropecuários; (iv) fornecedores de estrutura para produção; (v) fornecedores de serviços técnicos; (vi) e fornecedores de transporte. Já no "dentro da porteira" a análise se baseia na extração ou exploração vegetal e animal realizada pelo produtor rural, como a produção de arroz, feijão, soja, milho, algodão, sorgo, trigo, frutas, hortaliças, legumes, bovinos, aves, suínos e outros. Igualmente a transformação desses produtos realizada pelo próprio criador ou agricultor se encaixa nesse conceito. E no "depois da porteira" se enquadram os destinatários dos produtos rurais, responsáveis pelo armazenamento, comercialização e transporte das mercadorias.

É sobre esse rol de sujeitos passivos e de suas operações que o enfoque recairá. Assim, serão avaliadas as transações praticadas pelos produtores rurais pessoas físicas, sejam agricultores ou pecuaristas, bem como pelas sociedades agropecuárias (produtores rurais pessoas jurídicas), no âmbito do conceito estrito supra-anunciado (o "dentro da porteira"). Já em relação ao conceito contextual (o "antes" e o "depois da porteira"), serão investigadas as operações típicas praticadas por fornecedores de máquinas e equipamentos agrícolas e fornecedores de insumos agropecuários, entre outros (o "antes"), bem como de frigoríficos, laticínios, madeireiras, usinas sucroalcooleiras, cooperativas, armazéns gerais, cerealistas, *tradings* e transportadoras (o "depois da porteira"), inclusive no que concerne às exportações, dando a conhecer o que as aproxima e o que ostentam de particular no âmbito da tributação estadual e municipal incidente sobre seus negócios jurídicos.[87]

Para selecionar os tributos que interessam à análise, os critérios eleitos foram os seguintes: o que há de específico ou de relevante para o agronegócio, como esclarecido anteriormente. O intuito é identificar o que há de peculiar nessas operações econômicas, fazendo uma associação com desdobramentos práticos acerca da atividade rural. Isso significa que foram pinçados para a pesquisa apenas aqueles tributos que manifestem alguma coisa de particular que possa suscitar interesse à compreensão. Porém, além disso, há tributos ou desdobramentos de sua apuração que não são específicos do agro, mas que assumem especial relevância para seu universo, como a sistemática de mensuração do patrimônio rural no âmbito do ITCMD e do ITBI. E isso não poderia ser ignorado. Se a investigação diz respeito à tributação estadual e municipal, evidentemente que

87. A importância de se ter uma definição precisa do que vem a ser "agronegócio" pode ser vista também no seguinte julgado do CARF: "O art. 22-A da Lei nº 8.212/91 considera 'agroindústria' a atividade de industrialização da matéria-prima de produção própria. Sendo assim, não existe amparo legal para que a autoridade administrativa seccione o processo produtivo da empresa agroindustrial em cultivo de matéria-prima para consumo próprio e em industrialização propriamente dita, a fim de expurgar do cálculo do crédito os custos incorridos na fase agrícola da produção" (Processo nº 10630.902490/2011-89. Acórdão nº 3403-002.815. 4ª Câmara. 3ª Turma Ordinária. 3ª Seção de Julgamento. Rel. Cons. Antônio Carlos Atulim. J. 27.02.2014).

apenas aqueles tributos que apresentam algo de diferente ou de relevante justificam o exame.

Como se verá, esses tributos são: o ICMS, o ITCMD, o ITBI, o IPVA, o IPTU, o ISS e as taxas municipais a título de alvará de localização e funcionamento. Esses tributos que formam o arcabouço a ser estruturado, cobrindo tanto a visão dinâmica do agro, aí inseridas as operações de exportação, como seu viés estático, enquanto patrimônio rural. Destaca-se, em relação à forma de abordagem, que em cada capítulo será dedicado um espaço introdutório para fixação dos alicerces constitucionais, de modo que, logo em seguida, passar-se-á ao exame dos aspectos específicos ou relevantes de cada um desses tributos e suas projeções sobre a atividade rural. É esse leque amplo de atos jurídicos e de sujeitos passivos que importa à pesquisa, cuja análise detida propiciará uma visão ampla, consistente e interessante do fenômeno normativo que se lança sobre esse segmento econômico.

I.6. A RECÉM APROVADA REFORMA TRIBUTÁRIA E O NOVO SISTEMA QUE SE ANUNCIA PARA O AGRONEGÓCIO BRASILEIRO

Como no desenvolvimento deste estudo foi aprovada a Reforma Tributária, introduzida pela EC 132, de 20 de dezembro de 2023, a qual terá um prazo de transição estimado de 10 (dez) anos, é claro que o novo ordenamento constitucional já integrante do sistema de direito positivo teria que ser contemplado. A Reforma se anuncia inovadora para toda a população, trazendo reflexos importantes também ao agro, como se pode imaginar.

Por conta disso, no último capítulo serão feitas reflexões aprofundadas envolvendo o novo regramento e a atividade rural, sobretudo no que concerne à padronização que se pretendeu fazer em matéria de IBS – imposto sobre bens e serviços, CBS – contribuição sobre bens e serviços e IS – imposto seletivo. Pelo que se verá, não bastasse a complexidade da ordem jurídica em vigor aplicável ao agronegócio em matéria de tributação estadual e municipal, o sistema aprovado carrega consigo dificuldades enormes a serem superadas.

CAPÍTULO II
O IMPOSTO SOBRE OPERAÇÕES RELATIVAS À CIRCULAÇÃO DE MERCADORIAS E SOBRE PRESTAÇÕES DE SERVIÇOS DE TRANSPORTE INTERESTADUAL E INTERMUNICIPAL E DE COMUNICAÇÃO (ICMS) E O AGRONEGÓCIO

II.1. CONSIDERAÇÕES GERAIS ACERCA DO ICMS, DE MODO A SE DELINEAR SEUS REFLEXOS SOBRE O AGRONEGÓCIO

Tratar de tributação no agro implica partir para caminhos até certo ponto ainda inexplorados, sobre questões importantes que continuam em aberto e que, por isso mesmo, são desafiadoras. Desafiadoras, mas que precisam ser enfrentadas. E uma delas passa justamente pelo ICMS e o agronegócio. Embora tenham sido produzidos nos últimos anos textos interessantes que abordaram questões do imposto estadual sobre essa atividade, não houve até o momento um estudo abrangente sobre como o ICMS se projeta sobre toda a cadeia rural. Nesse cenário, mais uma vez cabe aqui a advertência feita no capítulo anterior: enquanto a ciência não dá a atenção devida ao tema, os Estados não se sentem intimidados e têm levado adiante a tributação, muitas vezes sem que estejam devidamente fixados, com clareza, os marcos que devem balizar o exercício dessa competência.

Uma tese que tem por função abordar a "Tributação Estadual e Municipal no Agronegócio: antes e depois da Reforma Tributária" haveria, evidentemente, que dar destaque ao ICMS. Trata-se do tributo mais relevante dos a serem analisados, seja pelo volume de recursos arrecadados, seja pela complexidade das legislações estaduais que o disciplinam, de tal sorte que seu protagonismo é indiscutível. E é preciso desfazer uma preconcepção bastante arraigada no domínio comum, no sentido de que o ICMS seria secundário para a atividade rural, na medida em que toda a cadeia seria beneficiada com "diferimento", resultando, na prática, em nenhum recolhimento fiscal. Isso não é verdade, como será demonstrado ao longo deste capítulo. Há faixas específicas de "diferimento", sim, sobretudo no "dentro da porteira", *que acabam por assumir caráter de genuínas isenções*. No entanto, há também consideráveis zonas de incidência tributária, cabendo um exame analítico sobre cada um dos problemas que vão surgindo.

O ICMS, por si só, é um tributo difícil de ser compreendido. Sua feição nacional, associada à competência concedida a entes regionais, fazem com que essa espécie tributária tenha em sua essência um viés conflituoso, uma natureza inflamada, levando sempre a disputas entre Estados, ficando o contribuinte no meio dessas tensões institucionais. Contudo, não só sob esse ângulo o ICMS se revela problemático. Igualmente no que diz respeito às suas materialidades possíveis, aos momentos em que se o considera devido, às operações interestaduais, à sua quantificação e à sistemática não cumulativa esse imposto é um prato cheio para controvérsias. Não são poucos os litígios, os pontos de irritação sistêmica desse tributo. De um modo ou de outro, porém, a realidade é essa: o ICMS está aí no cotidiano dos contribuintes, o que significa dizer que conhecê-lo bem é um pressuposto para o controle de sua validade, combatendo práticas abusivas do Poder Público.

Para que o raciocínio possa avançar, é necessário aqui recuperar outro aspecto que foi devidamente enfatizado no capítulo introdutório: este texto não é um estudo de tributos em espécie, mas sim de tributação setorial. Com isso, o intuito é deixar claro que não é objetivo desta pesquisa tratar longamente e nas suas minúcias do ICMS em si, ou mesmo do ITCMD, do ITBI, do IPVA, do IPTU, do ISS ou das taxas municipais, no que tange ao sistema atual; ou mesmo de IBS, CBS e IS, quanto aos tributos do futuro. Se a linha argumentativa fosse para esse lado, o foco de investigação se perderia. O que se quer, isso sim, é avaliar a fundo o que há de específico ou relevante no ICMS-atividade rural, procurando aquilatar as regras particularizadas fixadas pelos Estados para reger esse segmento econômico com o fim de lhe exigir o imposto, o mesmo se podendo dizer dos demais tributos selecionados. Uma coisa é certa: essas normas específicas há aos montes, fazem parte do domínio do direito positivo em vigor e têm embasado os comportamentos dos agentes fiscais para conduzir a tributação, de tal sorte que elas merecem ser detidamente esquadrinhadas.

Pois bem, mas como fazer isso? De que forma o ICMS-agronegócio pode ser estruturado? *Dividindo o pensamento em quatro grandes blocos:* (i) em primeiro lugar, delineando as bases gerais do ICMS, as quais, como tais, trazem reflexos à sistemática específica aplicável ao agro; (ii) destacando as normas da legislação paradigma dos Estados eleitos nesta obra, como forma de enriquecer o texto; (iii) segregando a análise a partir da visão dinâmica das operações, com foco seccionado no "antes" (fase pré-produtiva), no "dentro" (fase produtiva) e no "depois da porteira" (fase pós-produtiva); (iv) e, por fim, mediante um exame consistente acerca dos "fundos do agronegócio", revelando as graves ofensas que esse sistema paralelo de arrecadação tem causado ao sistema jurídico.

Essa estratégia de abordagem tem por mérito amarrar todas as pontas que importam ao ICMS-atividade rural. Começando pelas bases gerais, as considerações procurarão identificar os tópicos que norteiam o ICMS, porque isso, evidentemente, traz desdobramentos para o agronegócio também. Assim, serão acentuadas as materialidades possíveis do imposto estadual, seus contribuintes, a dosagem de sua base de cálculo, a calibragem de suas alíquotas, o mecanismo não cumulativo, a regra de desoneração das exportações, o papel da lei complementar e dos convênios na sua costura normativa, os desafios das operações interestaduais e as categorias desonerativas de que se valem os Estados na sua disciplina, *mas sempre com foco no agro*. Esse grupo de argumentos demarcará de forma satisfatória os aspectos mais relevantes do imposto, fazendo, desde logo, a interligação com as peculiaridades do agronegócio e permitindo, nos passos subsequentes, o aprofundamento nas suas questões mais específicas. Não se pode olvidar, no entanto, que no âmbito das considerações gerais de cada capítulo, como neste, o propósito não é discorrer vastamente sobre cada tributo – até porque isso já foi feito em obras de grandes autores que examinaram a fundo cada uma dessas espécies tributárias – mas sim o de amarrar os alicerces necessários para que a pesquisa possa ser realizada. Nada obstante, haverá uma preocupação para que sejam exibidos nas considerações gerais, de pronto, os pontos de contato com a atividade rural.

Na sequência, será investigado o arcabouço legislativo eleito como paradigma, avaliando de que maneira os Estados com maior "PIB" no agronegócio brasileiro preocupam-se em prescrever comportamentos de índole fiscal sobre essas operações, o que encorpará o texto por trazer um olhar mais próximo à realidade experimentada. Como salientado antes, é de se presumir que os locais onde o agro se mostre mais forte gere um maior interesse das autoridades fiscais no que concerne à arrecadação, pressupondo, nessa ordem de ideias, que as respectivas legislações estejam mais bem aparelhadas para capturar tais ocorrências econômicas.

Depois disso, será feita a segregação da cadeia rural nas suas três grandes frentes, o "antes", o "dentro" e o "depois da porteira", destrinchando de que forma o ICMS repercute sobre o mercado de insumos, sobre o produtor rural e sobre a agroindústria, algo que, ao que se tem conhecimento, ainda não foi feito em trabalhos anteriores. Desmembrar a cadeia completa em cada uma de suas respectivas fases, sobre proporcionar um viés analítico e estruturado da operação, levará, igualmente, à identificação das inconsistências cometidas pelo legislador no trato da matéria, com a possibilidade de apontamento das diretrizes corretivas a serem seguidas.

E, por fim, serão encarados os "fundos do agronegócio", um *ornitorrinco jurídico* criado por vários Estados com vocação para o agro com o objetivo de recolher quantias expressivas sobre os produtos rurais, tudo sob o pressuposto de não se tratar de tributo, mas de "contribuições voluntárias", algo bastante preocupante pela forma com que se espraiou Brasil afora. Esses impressionantes mecanismos paralelos de arrecadação têm atingido cifras bilionárias e vêm sobrevivendo há mais de vinte anos, sem que tenham sofrido uma resistência firme sob a ótica argumentativa acadêmica. Revelar a real natureza jurídica desses "fundos" e evidenciar, com clareza, todas suas agressões ao ordenamento é particularmente uma das missões mais empolgantes deste trabalho.

Superadas todas essas etapas, aí sim será possível cravar, com propriedade, qual é, nas suas peculiaridades, o ICMS que vem sendo exigido do agronegócio, com especial ênfase ao teste de sua validade diante do sobranceiro sistema constitucional em vigor.

II.1.1. As materialidades possíveis do ICMS e as faixas de incidência eleitas

Para que o ICMS-atividade rural seja conhecido não há como dissociá-lo das bases jurídicas gerais delineadas pelo legislador constituinte para o ICMS. Afinal de contas, no Brasil, como se sabe, o direito tributário *começa* e em certo sentido *termina* no âmbito da Carta da República. Todas as normas da ordem fiscal brasileira derivam do documento normativo de maior hierarquia do País e para ele regressam buscando seu respaldo. Isso foi demonstrado há muitos anos por Geraldo Ataliba – e não mudou.[88]

Ora, isso significa que o ICMS que repercute sobre a atividade rural não deixa de ser, evidentemente, o próprio ICMS, apenas como um braço, um *subconjunto* de regras próprias que procuram regulamentar melhor as especificidades que esse setor está a exigir. Não fosse assim e o ICMS-agro resvalaria, na sua inteireza, para o campo da invalidade, porque não pode existir uma subclasse de normas típicas que destoe do grupo a que pertença. A espécie há de preservar as características maiores do gênero da qual faça parte.[89] Portanto, o raciocínio passa pela comparação reiterada entre o todo e a parte, entre o gênero e a espécie, entre o ICMS "geral" e o ICMS "específico". Toda vez que a regra particularizada confrontar com o preceito

---

88. *Sistema constitucional tributário brasileiro.* São Paulo: RT, 1968, *passim.*

89. MOUSSALLEM, Tárek Moysés. Sobre as definições. *In:* CARVALHO, Paulo de Barros (coord.); BRITTO, Lucas Galvão de (org.). *Lógica e direito.* São Paulo: Noeses, 2016, p. 252-253.

global que lhe dá esteio haverá, é claro, uma hipótese de desvio, uma situação de contrariedade normativa, suscetível de ser afastada.

Pois bem, se para conhecer a espécie é imprescindível, como passo inicial, compreender o gênero, então é justamente esse ângulo de análise que será feito neste trecho do trabalho, a começar pela forma com que o constituinte definiu as faixas de incidência possíveis para o ICMS. Quando se tenta compreender o perfil jurídico de determinada espécie tributária a fonte a ser buscada não é outra, senão a constitucional. E nessa toada cabe trazer os vetores prescritos pela Constituição sobre o ICMS, a qual estabelece no art. 155, II, a competência para que Estados e Distrito Federal instituam impostos sobre "operações relativas à circulação de mercadorias e sobre prestações de serviços de transporte interestadual e intermunicipal e de comunicação, ainda que as operações e as prestações se iniciem no exterior".

Essa base textual da Carta da República indica que, além dos outros tributos deferidos aos Estados e ao Distrito Federal, esses entes regionais ficam autorizados a instituir o ICMS, que, por sua vez, se desdobra nas seguintes hipóteses: (i) sobre operações relativas à circulação de mercadorias; (ii) sobre prestações de serviços de transporte interestadual e intermunicipal; (iii) e sobre prestações de serviços de comunicação, lembrando que o imposto projeta seus efeitos mesmo que as operações e as prestações se iniciem no exterior. São três, portanto, as materialidades possíveis do ICMS. O Prof. Roque Antonio Carrazza agrega a essas três outras duas, haja vista suas particularidades, envolvendo as transações com lubrificantes e combustíveis líquidos e gasosos e de energia elétrica, além das operações com minerais.[90]

Para os fins que interessa a esta pesquisa o que importa é o ICMS-mercadorias e o ICMS-transportes, porque,

---

90. *ICMS*. 19. ed. São Paulo: Malheiros/JusPodivm, 2022, p. 49.

sob o ângulo do agronegócio, essas duas hipóteses de incidência trazem consequências relevantes, de tal modo que o ICMS-comunicações não apresenta nada de peculiar que merecesse ser trazido para cá, o mesmo podendo ser dito para as transações com lubrificantes, combustíveis líquidos e gasosos, energia elétrica e minerais, na esteira da classificação proposta pelo Prof. Roque. Outra materialidade passível de ser estudada gira em torno da importação. Sobre ela, também a doutrina se dedicou com afinco, buscando compreendê-la e encaixá-la na ordem jurídica nacional.[91] No entanto, o ICMS-importação não apresenta peculiaridade suficiente que pudesse trazê-lo para este estudo. Ficam, pois, definidas as duas hipóteses selecionadas: as mercadorias e o frete.

No que diz respeito aos negócios jurídicos envolvendo mercadorias, parece claro que esse é o núcleo duro que colhe toda a cadeia rural, desde o "antes", até o "dentro", estendendo-se ao "depois da porteira". A comercialização de mercadorias no âmbito dos insumos (fase pré-produtiva), na seara dos produtos rurais (fase produtiva) e sob o prisma da agroindústria (fase pós-produtiva) preenche os requisitos contemplados no art. 155, II, do Texto Constitucional, razão por que o ICMS-mercadorias tem inegável repercussão para o agronegócio. Mas, não só ele. De igual maneira o ICMS-transportes justifica sua análise, porque o frete é um dos grandes custos do segmento rural no que tange aos insumos ("antes") e na comercialização e distribuição dos produtos ("depois da porteira"), de tal modo que essa materialidade deve ser investigada também.

Promovidos esses recortes e dadas essas explicações, cabe agora trazer o arquétipo constitucional do ICMS-mercadorias, com o intuito de demarcar, mais adiante, o

---

91. SIMÕES, Argos Campos Ribeiro. *ICMS-importação:* proposta de reclassificação e suas aplicações. São Paulo: Noeses, 2014; MIGUEL, Luciano Garcia. *Incidência do ICMS nas operações de importação.* São Paulo: Noeses, 2013.

ICMS-mercadorias *da atividade rural*. Em 1983, Geraldo Ataliba e Cléber Giardino publicaram um texto primoroso, no qual esses autores tiveram a felicidade de traçar, com rigor descritivo, o eixo cabível ao antigo ICM, hoje ICMS (sendo certo que em relação à materialidade envolvendo as mercadorias nada mudou quanto ao seu núcleo com a Constituição de 1988).[92] De acordo com esses autores, da Constituição Federal é possível depreender os termos genéricos da hipótese de incidência do ICM. E é a partir dela que se delimita a competência dos Estados, notadamente porque a exegese constitucional há de sobrepor-se. Da fraseologia elevada ao patamar superior do sistema nota-se que há elementos centrais à definição do imposto, assim como caracteres circunstanciais. Essa advertência é importante, na medida em que, reiteradamente, se afirma que o "fato gerador" do ICM (ICMS) é a "saída" da mercadoria. A saída, contudo, é mero aspecto temporal da hipótese de incidência, ou seja, é o momento em que o legislador reputa acontecido o fato tributário. O verdadeiro, o único aspecto material é a *operação* relativa à circulação de mercadoria. O cerne é a operação, não a saída ou outro fator qualquer.

Para efeitos tributários, somente a *operação* poderá ser gravada pela regra fiscal. Por esse termo deve-se entender um negócio jurídico que tenha por finalidade transmitir a disponibilidade sobre determinado bem a outrem. Logo, é inapropriado e carece de fundamento jurídico afirmar-se que o imposto incide sobre a mera "circulação" no seu sentido físico, porquanto a circulação, aqui, é mera consequência de uma operação (negócio jurídico) que lhe serve de sustento. Por aí já se percebe a impossibilidade de o tributo onerar a circulação física de mercadorias entre estabelecimentos de uma mesma empresa (ou de um mesmo produtor rural), pois ninguém faz negócio consigo próprio.

---

92. Núcleo da definição constitucional do ICM. *Revista de Direito Tributário*, São Paulo: RT, 25/26, p. 101/119, jul./dez. 1983.

Os signos "saída", "circulação" e "mercadorias" são termos circunstanciais que gravitam em torno do núcleo "operações". Numa acepção de ordem puramente técnico-jurídica, a "circulação" deve ser lida como mudança de titularidade de uma mercadoria, o que bem afasta a concepção física que se procura empregar ao termo. Por outro lado, a saída da mercadoria não passa de aspecto temporal da hipótese de incidência do imposto, mormente porque a saída não é hipótese de incidência de nenhum tributo. Se assim não fosse, ter-se-ia que admitir que a remoção da mercadoria em virtude de furto ou de enchente deveria gerar obrigação de pagar o imposto – o que soa assaz despropositado. A bem da verdade, a saída não passa de um átimo temporal em que o legislador reputa ocorrido o fato imponível. Daí a se transformar esse elemento como núcleo da hipótese tributária vai uma distância abissal. E então concluem os dois autores que importa – e muito – chamar a atenção para o fato de que o imposto onera as *operações* que dão ensejo à circulação de mercadorias, e não outros elementos adjacentes. Com efeito, *"as operações é que se constituem no fulcro de toda a preocupação do constituinte e, portanto, necessariamente, está no centro das preocupações, seja do legislador, seja dos aplicadores administrativos ou judiciais desse tributo".*[93]

Esse texto já é bastante antigo. É antigo, mas continua muito atual. Seus autores conseguiram como ninguém explicar, com simplicidade e contundência nas palavras escolhidas, qual é o genuíno regime aplicável ao ICMS-mercadorias. Infelizmente, porém, os Estados complicaram demasiadamente o ICMS, a ponto de ocupar um lugar no pódio dos tributos complexos, junto com o IR e a dupla PIS/COFINS não cumulativos. É inacreditável que, passados tantos anos, em pleno século XXI, ainda hoje Estados queiram

93. Núcleo da definição constitucional do ICM. *Revista de Direito Tributário*, São Paulo: RT, 25/26, p. 104, jul./dez. 1983.

exigir o ICMS de empresas de construção civil, sob a justificativa de que realizam "circulação de mercadorias", ou mesmo de pecuaristas quando fazem a etapa de cria e recria de bovinos em uma determinada propriedade rural, situada em um Estado, e a etapa da engorda em uma fazenda de sua mesma titularidade, localizada em outro. O ICMS-mercadorias só pode ser exigido quando esteja presente uma operação jurídica que leva à transferência de propriedade de uma mercadoria, isto é, de um bem pertencente ao domínio do comércio (como o gado), de uma pessoa para outra. Jamais quando houver simples circulação física de um bem de um lugar para outro, sem mudança de titularidade.

Falta o ICMS-transportes. Quanto a essa faixa de incidência a Constituição também foi autoexplicativa, prescrevendo que o imposto só pode ser exigido "sobre prestações de serviços de transporte interestadual e intermunicipal". O tributo não incide sobre o transporte em si, mas sobre os serviços de transporte. Pressupõe-se, portanto, que alguém (o cliente) contrate outrem (a transportadora) para prestar um serviço de transporte, a título oneroso, levando um bem material de um ponto físico a outro. Esse o cerne de sua hipótese de incidência. Para que esse serviço seja gravado pelo ICMS, porém, o transporte deve ser entre Estados (interestadual) ou entre Municípios (intermunicipal), não sendo de competência estadual o serviço intramunicipal, vale dizer, os transportes feitos dentro de um mesmo município. De acordo com José Eduardo Soares de Melo, "é evidente que só se pode cogitar de 'prestação de serviço' quando existem duas (ou mais) pessoas (físicas ou jurídicas) nas qualidades de prestador e tomador (ou usuário) dos serviços (...)".[94] No que toca ao agro, o frete, como salientado, é bastante relevante, seja no que diz respeito aos insumos levados até as fazendas, seja ao escoamento

94. *ICMS:* teoria e prática. 16. ed. Belo Horizonte: Forum, 2023, p. 131.

da produção dos campos até as agroindústrias ou mesmo aos portos. Por isso essa modalidade tributária, da mesma forma, merece ser examinada.

II.1.2. Os contribuintes do imposto estadual e os sujeitos do agro

Quem compreende bem a estrutura completa da regra-matriz de incidência tributária sabe que o critério material busca circunscrever as especificidades em si da ocorrência fenomênica apta a gerar consequências tributárias, abstraindo-se de suas coordenadas de local e de tempo, assim como das pessoas nela envolvidas ou de seu vulto econômico. Para fins didáticos, a regra-matriz tem por missão crucial responder cinco perguntas, de modo a demarcar com precisão a imposição fiscal: (i) o quê? (critério material); (ii) onde? (critério espacial); (iii) quando? (critério temporal); (iv) quem? (critério pessoal); (v) e quanto? (critério quantitativo).

Evidentemente que a colocação da matéria dessa maneira é uma fórmula de síntese, a qual tenta explicar, com simplicidade para os iniciantes nas letras jurídicas, qual é o poder argumentativo dessa estrutura científica. A despeito da singeleza da colocação do tema mediante essas perguntas, no entanto, fica claro que há uma correlação lógica entre o critério material ("o quê?") e o critério pessoal, mais precisamente na posição de sujeito passivo ("quem?"). Afinal de contas, se o critério material é representado linguisticamente por um verbo de predicação incompleta e seu respectivo complemento, o que indica uma ação, um comportamento ou um estado, o sujeito passivo na condição de contribuinte será o *sujeito desse verbo* que realiza aquela ação, comportamento ou estado. Há uma relação entre "o quê" se fez e "quem" o fez.

O destinatário constitucional do tributo é quem realiza o fato jurídico tributário, por isso mesmo que, somente nas hipóteses explicitamente previstas em lei (e assim mesmo submetidas ao controle constitucional), pode aparecer como sujeito passivo outra pessoa que não aquela que tenha realizado o fato jurídico tributário. Como lembra José Artur Lima Gonçalves, quando o constituinte declina, de modo aberto, a conduta tipificada como sujeita à incidência, "só pode ser obrigado a pagar esse tributo a pessoa que concretamente realizou o fato significado por tal verbo".[95]

Essas palavras parecem alheias ao objeto desta análise, mas na verdade não são. Ora, se das materialidades possíveis do ICMS foram destacadas para cá o ICMS-mercadorias e o ICMS-transportes, então, por óbvio, os sujeitos passivos a serem estudados aqui serão aqueles que realizam a hipótese de incidência do ICMS-mercadorias e do ICMS-transportes. Dessa forma, aparecerão como contribuintes do imposto estadual, nas faixas selecionadas, os que realizam operações relativas à circulação de mercadorias e os prestadores de serviços de transporte interestadual e intermunicipal. No que concerne ao agro, isso é particularmente importante porque, dos três âmbitos de análise ("antes", "dentro" e "depois da porteira"), *todos eles realizam o fato jurídico tributário "vender mercadorias"*, de tal modo que todos são potencialmente contribuintes do ICMS em cada uma dessas etapas – inclusive os produtores rurais pessoas físicas, algo inusual quando se pensa em sujeição passiva do imposto.

Além disso, o manejo dessa competência pelos Estados desonerando determinada classe de operações ou supostamente instituindo regras de "diferimento" para algumas delas é algo a ser investigado com detença, sobretudo pelos

---

95. *Imposto sobre a renda:* pressupostos constitucionais. São Paulo: Malheiros, 2002, p. 187.

desdobramentos envolvendo os créditos de ICMS e também no que tange à forma com que certos entes tributantes se valem desses expedientes como moeda de troca, exigindo pagamentos para os "fundos do agro" como condição à manutenção do regime de "diferimento".

Já no que concerne ao ICMS-frete, serão avaliadas as repercussões do imposto estadual sobre as transportadoras tanto na cadeia de insumos, como na fase da distribuição e comercialização dos produtos, o que igualmente é bastante relevante, pensando-se, por exemplo, em imunidade nas exportações dos produtos do agro, o que pode afetar de modo considerável os custos com o frete.

II.1.3. As grandezas atingidas pelo imposto, a sistemática não cumulativa e seus potenciais reflexos para a atividade rural

Demarcados os marcos gerais envolvendo as materialidades selecionadas e os respectivos contribuintes, outro aspecto que não poderia deixar de ser tratado, a toda evidência, diz respeito ao critério quantitativo do ICMS, composto pela base de cálculo e respectivas alíquotas, para cuja conformação se agrega ainda a sistemática não cumulativa. A base de cálculo, sem dúvida, merece especial atenção quando se esteja a tratar de qualquer tributo. É esse elemento normativo que serve de parâmetro para saber qual parcela da riqueza manifestada pelo contribuinte irá sofrer a incidência do gravame tributário. Um erro, um vacilo que seja na adequada escolha da base impositiva poderá encaminhar a exigência fiscal para o terreno do confisco, por repercutir sobre expressões econômicas não admitidas pelo sistema.

Tamanha é a relevância da base de cálculo que Alfredo Augusto Becker sustentava que "não interessa saber quais os elementos que compõem o pressuposto material ou quais as suas decorrências necessárias", pois, para o jurista gaúcho, "basta verificar a base de cálculo".[96] Hoje, com os temperamentos que o trato de tempo vai impondo, procura-se conciliar sua proposta para uma posição intermediária, associando a materialidade do tributo à grandeza eleita, de modo a realçar o binômio critério material/base de cálculo.[97] De um modo ou de outro, o fato é que a base de cálculo ocupa posição de destaque nas análises fiscais, cabendo ao intérprete sempre dar a devida ênfase aos contornos indicados pela legislação quanto à expressão econômica declinada como apta a medir a intensidade do fato jurídico tributário.

Pois bem, se as duas materialidades pinçadas para este trabalho envolvem o ICMS-mercadorias e o ICMS-transportes, então, por consequência lógica, a base de cálculo da primeira deve ser o valor da operação mercantil, ao passo que a outra deve pesar o valor do serviço de transporte. Noutras palavras, uma vez que as hipóteses de incidência são, respectivamente, "realizar operações relativas à circulação de mercadorias" e "prestar serviços onerosos de transporte interestadual ou intermunicipal", as duas únicas bases viáveis para dosar esses fatos econômicos são "o valor da mercadoria" e o "valor do serviço". Ao menos, deveria ser assim.

Contudo, em matéria tributária brasileira nada do que parece óbvio é seguido, como a realidade demonstra. E assim se afirma porque a Lei Kandir determina que a base de cálculo do ICMS nessas modalidades, além do valor em si da mercadoria ou do serviço, deve levar em conta o montante do próprio tributo e as importâncias pagas a título de seguro, juros, frete e outros encargos cobrados. Isso faz com que a base de cálculo do imposto fique inchada, fique agregada de

---

96. *Teoria geral do direito tributário*. 3. ed. São Paulo: Lejus, 2002, p. 373.

97. CARVALHO, Paulo de Barros. *Curso de direito tributário*. 33. ed. São Paulo: Noeses, 2023, p. 31-32.

grandezas outras não pressupostas pelos enunciados constitucionais, isso sem dizer do denominado "cálculo por dentro", isto é, o cômputo do valor do tributo sobre sua própria base de cálculo, providência tida como constitucional pelo Supremo Tribunal Federal.[98] Este não é o palco adequado para defender os pontos de vista cabíveis acerca das razões pelas quais essa fórmula não está correta. Dado o recorte promovido – de seguir na identificação dos problemas específicos ou relevantes para o agro – as inconsistências que esses comandos legais revelam nas operações como um todo não serão objeto de contraponto neste trabalho. Ou seja, uma vez realizado o fato jurídico previsto na hipótese tributária, caberá ao contribuinte, de acordo com a lei, apurar o valor a recolher a título de ICMS levando em conta essas bases de cálculo indicadas. Fica o registro, de toda forma, acerca da invalidade de tais prescrições.[99]

Ocorre que o ICMS não se resume a isso. Não basta aplicar a alíquota prevista em lei sobre a base de cálculo da operação. No que concerne ao montante a ser recolhido, deve ser adotada a sistemática não cumulativa, a qual pressupõe o abatimento do imposto cobrado nas etapas anteriores. Com efeito, o art. 155, § 2º, I, da Constituição estabelece que o imposto "será não-cumulativo, compensando-se o que for devido em cada operação relativa à circulação de mercadorias ou prestação de serviços com o montante cobrado nas anteriores pelo mesmo ou outro Estado ou pelo Distrito Federal". Esse o preceito que embasa o princípio da não cumulatividade, tendo por lógica permitir a compensação, a cada etapa, do imposto devido nas operações anteriores, de tal modo a evitar o denominado "efeito cascata". Assim, por ocasião do recolhimento do imposto quando da venda de seus produtos, o contribuinte faz a subtração, a título de

98. RE 582.461-RG. Tribunal Pleno. Rel. Min. Gilmar Mendes. *DJe* 18.08.2011.

99. Sobre o tema, vide: CARRAZZA, Roque Antonio. *ICMS*. 19. ed. São Paulo: Malheiros/JusPodivm, 2022, p. 329/344.

crédito, do valor cobrado na fase da compra desse produto para revenda ou dos respectivos insumos necessários à criação da mercadoria a ser comercializada, como matéria-prima, embalagens e produtos intermediários. Com a sua peculiar didática, o Prof. Roque Antonio Carrazza tem conhecida passagem na seguinte direção:

> A Constituição, ao mencionar o instituto da *compensação,* consagrou o entendimento que a quantia a ser desembolsada pelo contribuinte a título de ICMS é o *resultado* de uma subtração, em que o *minuendo* é o montante do imposto devido e o *subtraendo* o total deste imposto anteriormente cobrado ou devido.[100]

O exame da não cumulatividade dá ensejo ainda a dois desdobramentos breves. O primeiro deles gira em torno de se saber se os créditos a serem reconhecidos nas etapas anteriores são os créditos físicos ou os financeiros. Trata-se de aspecto de inegável relevância. O crédito físico, em síntese, diz respeito àquilo que se agrega fisicamente à mercadoria a ser comercializada, ou seja, só geram créditos de ICMS as mercadorias ou componentes físicos que, diretamente, integrarão o produto a ser comercializado. Esclarecendo essa concepção da não cumulatividade, Luís Eduardo Schoueri leciona que "apenas se pode cogitar crédito de tributo pago em etapa anterior se esta compreendeu um produto

---

100. *ICMS.* 19. ed. São Paulo: Malheiros/JusPodivm, 2022, p. 416 (com destaques no original). Sobre a não cumulatividade, vide ainda: MOREIRA, André Mendes. *A não-cumulatividade dos tributos.* 4. ed. São Paulo: Noeses, 2020; CHIESA, Clélio. *ICMS: sistema constitucional tributário* – algumas inconstitucionalidades da LC 87/96. São Paulo: LTr, 1997; MARTINS, Ives Gandra da Silva (coord.). *O princípio da não-cumulatividade (Pesquisas tributárias – nova série – nº 10).* São Paulo: RT, 2004; MELO, José Eduardo Soares; LIPPO, Luiz Francisco. *A não-cumulatividade tributária* (ICMS, IPI, ISS, PIS e COFINS). 2. ed. São Paulo: Dialética, 2004; BERGAMINI, Adolpho. *ICMS:* análise de legislação, manifestações de administrações tributárias, jurisprudência administrativa e judicial e abordagens de temas de gestão tributária. 5. ed. São Paulo: Thomson Reuters Brasil, 2023; OLIVEIRA, André Felix Ricotta. *Manual da não cumulatividade do ICMS:* a regra-matriz do direito ao crédito de ICMS. 2. ed. São Paulo: Noeses, 2023.

agregado, fisicamente, àquele tributado na etapa seguinte".[101] Acaso se entenda que o critério não é esse, aí se deve admitir o crédito financeiro, o que significa reconhecer que quaisquer itens consumidos pelo estabelecimento comercial que forem submetidos à incidência do ICMS, como as mercadorias destinadas ao uso e consumo e as adquiridas para o ativo permanente (ativo não circulante), dão direito a crédito, e não só as rubricas que se agregam diretamente ao produto final. É o mesmo autor que explica essa perspectiva da não cumulatividade, de acordo com a qual, nessas circunstâncias, "a aproximação financeira considera, de um lado, uma receita de venda de um produto e, de outro, os custos que foram ali incorridos".[102]

Após o Tribunal de Justiça do Rio Grande do Sul ter decidido que "a lei não pode diminuir, reduzir, retardar, anular ou limitar o direito ao creditamento de ICMS, por ser direito público subjetivo constitucional assegurado a quem pratica operação mercantil",[103] essamatéria, inicialmente, foi submetida a exame em repercussão geral pelo Supremo, identificada pelo Tema 619, cujo teor era o "aproveitamento, nas operações de exportação, de créditos de ICMS decorrentes de aquisições de bens destinados ao ativo fixo da empresa". Todavia, a Corte resolveu cancelar a afetação, sob o entendimento de que esse debate se confundia com o que foi decidido no Tema 633. Com isso, o acórdão do TJ/RS foi reformado.[104]

O outro ponto relevante passa pelo art. 155, § 2º, II, alíneas "a" e "b", da Carta da República, de acordo com o

---

101. *Direito tributário*. 13. ed. São Paulo: Saraiva, 2024, p. 435.

102. *Direito tributário*. 13. ed. São Paulo: Saraiva, 2024, p. 435.

103. Apelação Cível nº 70039572458. 21ª Câmara Cível. Rel. Des. Marco Aurélio Heinz. Rel. p/ acórdão Des. Genaro José Baroni Borges. J. 02.03.2011.

104. A decisão de cancelar o Tema 619 foi proferida no seguinte processoRE 662.976-RG. Tribunal Pleno. Rel. Min. Dias Toffoli. J. 19.08.2024.

qual a isenção ou não incidência, salvo determinação em contrário da lei, não implicarão crédito para compensação com o montante devido nas operações ou prestações seguintes e acarretarão a anulação do crédito relativo às operações anteriores. Definir, com rigor, o que significam "isenção" e "não incidência" é algo fundamental, na medida em que, estando presentes essas categorias, não haverá crédito para compensação futura e haverá anulação dos créditos das etapas anteriores.

Ora, essas ponderações todas revelam, até de forma intuitiva, potenciais reflexos a serem investigados para o agronegócio. Com efeito, iniciando-se pela base de cálculo em si, há particularidades que merecem atenção, na medida em que os produtos do agro – boa parte verdadeiras *commodities* – têm seus preços voláteis definidos a partir de balizas internacionais, influenciados, por exemplo, pela cotação do *bushel* (unidade de medida diferente da saca de 60 kg) da Bolsa de Chicago, de tal modo que saber a data exata do "travamento" da operação faz toda diferença para fins jurídicos, por envolver o critério temporal do imposto devido, o que ressoa de forma direta no valor da operação.

Não se pode perder de vista também que, com frequência, os Estados adotam *pautas fiscais* para nortear os preços-parâmetro, pautas essas que, justamente por serem estanques, não necessariamente refletem a dinamicidade das operações, sendo algo, por si só, questionável. Além disso, a inclusão de outras rubricas na base de cálculo do ICMS acaba por trazer distorções mais acentuadas quando se está a tratar de transações com produtos rurais, sobretudo no que tange aos "descontos" praticados pelos adquirentes envolvendo a distância da fazenda até o destino para cálculo do custo do frete, por exemplo, no momento da liquidação do contrato.

Quanto à não cumulatividade, a vedação irrestrita ao crédito financeiro impactaria de forma significativa na cadeia rural. Por exemplo, a aquisição dos maquinários agrícolas, com seus valores elevadíssimos, não permite a tomada imediata de créditos do imposto, embora o custo do ICMS esteja embutido no preço do equipamento (mesmo com a redução do Convênio CONFAZ 52/91, como se verá). Nada obstante, ao menos há possibilidade de creditamento fracionado. É exatamente essa linha de pensamento que permite defender a inaplicabilidade do método estanque de "crédito físico" ao produtor rural, na medida em que esse agente econômico não "agrega fisicamente" a mercadoria adquirida da fase do "antes da porteira" à que ele produz ("dentro da porteira"); afinal de contas, o agropecuarista cria riquezas novas a partir de elementos da natureza, por isso mesmo tudo o que vem da etapa anterior deve ser considerado como "insumo em sentido amplo", de acordo com o que se demonstrará. *O produtor não faz simples revenda de mercadorias,* daí a razão pela qual o critério do crédito físico deve ser visto com temperamentos para esse setor. Essa lógica só se aplica, na sua plenitude, para a indústria e o comércio urbano.

Por fim – e esse é o ponto mais sensível nessa análise – a norma de que as isenções ou os casos de não incidência produzem um duplo efeito de anular os créditos anteriores e de impedir os créditos para as operações posteriores traz desdobramentos bastante específicos para a atividade rural, pois os Estados, no contexto desse enunciado prescritivo, "jogam" com essas regras para criar todo tipo de categoria desonerativa produto a produto, como as tais "isenções parciais", concessão de "créditos presumidos", de "créditos outorgados", fixação de hipóteses de "diferimento" e tantas outras, geralmente atreladas ao cumprimento de outros deveres, sob pena de "cobrança cheia" do tributo. Isso tudo, é claro, sempre no interesse meramente secundário da Administração Tributária local, que não é o interesse público legítimo. Vive-se algo parecido com um *direito tributário discricionário* nesse meio, no qual as categorias linguísticas são flexibilizadas aos moldes da conveniência do seu aplicador. O intuito da interpretação jurídica é justamente dar determinação ao significado do enunciado normativo.[105]

Portanto, é necessário saber, com assertividade, quais as projeções semânticas dos vocábulos "isenção" e "não incidência" contemplados no art. 155, § 2º, II, da Carta Magna, porque, a depender das circunstâncias envolvidas, se não se estiver diante de uma legítima "isenção" ou "não incidência", os créditos não poderão ser negados. E nisso a teoria jurídica pode contribuir de forma contundente, em especial a partir dos estudos modernos sobre a linguagem.

II.1.4. A seletividade em razão da essencialidade no ICMS e a calibragem da carga tributária dos produtos do agro

Refletir sobre ICMS no agro é relembrar que esse imposto incide sobre mercadorias em geral, inclusive alimentos, aí abrangidos os que compõem a cesta básica. Basta essa frase para que surja à mente, com toda força de sua normatividade, o mandamento constitucional segundo o qual o ICMS *"poderá ser seletivo, em função da essencialidade das mercadorias"* (art. 155, § 2º, III). Muito já se discutiu sobre o "poderá", sobre o que vem a ser "seletivo" e quais os contornos de significação do vocábulo "essencialidade". Como destacado páginas atrás, Carlos Maximiliano já havia alertado sobre o "pode" há cem anos.[106] Para o agronegócio brasileiro essas questões têm indiscutível relevância.

---

105. VELLUZZI, Vito. Interpretazione degli enunciati normativi, linguaggio giuridico, certezza del diritto. *Criminalia*, Pisa: ETS Edizioni, n. 3, p. 493, 2008. Disponível em: https://www.academia.edu/1409897/Interpretazione_degli_enunciati_normativi_linguaggio_giuridico_certezza_del_diritto.

106. MAXIMILIANO, Carlos. *Hermenêutica e aplicação do direito*. 9. ed. Rio de Janeiro: Forense, 1980, p. 270/272. Lembrando que a primeira edição é de 1924.

Na verdade, tudo passa por uma política tributária macro, pela fixação dos rumos que a Nação quer em matéria de impactos fiscais sobre o consumo. Não dá para conceber que o constituinte tenha feito uma mera sugestão aos Estados, no sentido de que, se eles quiserem, podem tributar o arroz, o feijão, os legumes e a carne de forma mais reduzida do que o fazem com relação à venda de um anel de brilhantes, por exemplo; mas, se assim não desejarem, que estaria tudo bem, que não haveria problema algum, os Estados estariam autorizados a colocar na mesma prateleira jurídica os alimentos e as joias, afinal, a seletividade no ICMS "poderá" ser implantada ou não. Imaginar que a norma constitucional da seletividade conforme a essencialidade dos produtos esteja restrita e enclausurada ao verbete "poderá" e que, portanto, essa seria uma mera faculdade deferida aos Estados é fazer pouco caso de toda a principiologia pensada pela Assembleia Nacional Constituinte, que buscou, claramente, passar a mensagem estruturante do ordenamento inaugurado logo nos primeiros dispositivos, a exemplo da dignidade das pessoas (art. 1º, III)[107], da construção de uma sociedade justa e solidária (art. 3º, I), da erradicação da pobreza (art. 3º, III) e da promoção do bem-estar de todos (art. 3º, IV).

É nisso que a sistematização do ICMS incidente sobre a atividade rural se lastreia e que deve se diferenciar. Colocar todas as mercadorias debaixo de um mesmo tratamento tributário por meio da padronização de uma única alíquota é desconsiderar que há produtos "essenciais" e produtos "não essenciais". Evidentemente que tais expressões estão fortemente marcadas por consideráveis doses de vagueza, já que circunscrever, com cuidado, o que é "essencial"

---

107. Embora o texto da Constituição se refira à dignidade da "pessoa humana", neste trabalho o autor se recusa a empregar essa expressão, creditando-a a um tropeço do constituinte, já que, naturalmente, não existe "pessoa não humana", estando aí um incontornável pleonasmo a cujo respeito os juristas não costumam se dar conta.

depende de uma série de circunstâncias, como o interesse do agente classificador.[108]

Uma forma de resolver esse problema é realizar um exame comparativo de mercadorias, buscando identificar o que se mostra "mais essencial" a todos. Indispensável expressa aquilo de que não se pode abrir mão. Essencial é o indispensável, de maneira que o conceito em si não comportaria gradação. Nada obstante, para fins jurídicos, notadamente para o escalonamento de alíquotas, é possível medi-lo em graus. É difícil fixar, por exemplo, se a água encanada é "mais essencial" do que a energia elétrica, se a geladeira é "mais indispensável" do que o fogão ou, nos tempos atuais, se o aparelho celular pode ser visto como "mais essencial" do que a televisão. Essas colocações seriam impensáveis tempos atrás, trazendo a debate, em uma mesma frase, bens como água encanada e aparelhos celulares, tudo a indicar que até o conceito de essencialidade varia conforme o tempo histórico de uma determinada sociedade.

Não houve nada ainda, entretanto, a substituir os alimentos, razão pela qual os itens que integram os gêneros alimentícios são a *indispensabilidade na sua essência,* são o que há de mais relevante para o ser humano, pois, isso é óbvio, sem alimento não há vida. Nas palavras de Francisco Laporta, "las reglas son generales, es decir, toda regla tiene siempre una formulación lingüística generalizadora, pero tiene también una justificación subyacente".[109] Parece claro

---

108. "O legislador aplicará bem o princípio da seletividade se fixar alíquotas menores de ICMS para produtos e serviços essenciais para a manutenção da dignidade da pessoa humana, permitindo que os consumidores, contribuintes de fato do imposto, tenham acesso a esses itens com mais facilidade" (MIGUEL, Carolina Romanini. Princípio da seletividade: a essencialidade como critério constitucional para fixação de alíquotas do ICMS. *XVII Congresso Nacional de Estudos Tributários:* meio século de tradição. São Paulo: Noeses, 2021, p. 283). Ainda sobre a seletividade no ICMS, embora com pensamento diferente, vide: MILEO FILHO, Francisco Sávio Fernandez. *Os fundamentos normativos da seletividade do IPI e do ICMS.* São Paulo: IBDT, 2022.

109. LAPORTA, Francisco. *El imperio de la ley:* una visión actual. Madrid: Trotta, 2007, p. 119-120.

que a justificação subjacente da adoção da seletividade no ICMS é permitir que os produtos sejam tributados de forma desigual. Os alimentos são a expressão mais clara disso.

Tais colocações assumem seus desdobramentos sob o ângulo tributário, como se está a ver, porque, a despeito da regra explícita contida no art. 155, § 2º, III, e independentemente do "poderá" ali mencionado, a dosagem da carga fiscal conforme a essencialidade dos produtos é uma decorrência lógica da Constituição da República, está nas entranhas da ideia de discriminação isonômica, desigualando os desiguais. É pelo comparativo dos produtos a serem onerados que o legislador há de calibrar o peso econômico do ICMS. Deve ser efetivamente cumprido, de forma adequada, o trecho segundo o qual o imposto há de ser seletivo *"em função"* da *"essencialidade"* da mercadoria envolvida. O verbo "poder" empregado, claramente, não indica uma simples faculdade, senão uma outorga de competência, uma autorização constitucional para que os valores previstos na Carta sejam implementados. Por isso Celso Antônio Bandeira de Mello defende cuidar-se de *dever-poder*, isto é, tais hipóteses "implicam dever de atuar no interesse alheio", então, "o poder, na competência, é a vicissitude de um dever".[110]

O Supremo Tribunal Federal, com bastante atraso se considerada a Constituição de 1988, acabou por se pronunciar sobre esse tema somente em 2022, embora não com a exegese mais acertada. Para a Suprema Corte, a adoção da seletividade em matéria de ICMS não é um mandamento, pois "a Constituição Federal não obriga os entes competentes a adotar a seletividade no ICMS". Porém, de acordo com o Tribunal, uma vez adotada a seletividade, é necessária a ponderação criteriosa das características intrínsecas do bem ou serviço em razão de sua essencialidade com outros elementos, de maneira que "o Estado que adotar a

---

110. *Curso de direito administrativo*. 32. ed. São Paulo: Malheiros, 2015, p. 147.

seletividade no ICMS terá de conferir efetividade a esse preceito em sua eficácia positiva, sem deixar de observar, contudo, sua eficácia negativa".[111] É criticável a posição assumida pelo Supremo, ao julgar a seletividade como não compulsória, porque isso reforça a ideia de que os Estados, querendo, podem simplesmente ignorá-la, deixar de aplicá-la. Ao menos, o Tribunal Superior deixou estabelecido que, uma vez prevista a seletividade na legislação local, ela há de ser respeitada, no que se abre a possibilidade de se exigi-la, inclusive, portanto, quanto aos produtos envolvendo a alimentação. Daí a pertinência dessa tese ao agronegócio.

II.1.5. A desoneração das exportações: um tema caro ao agronegócio brasileiro

Se há um tema que interessa e muito ao agronegócio, esse tema é o da desoneração das exportações. Dada sua capacidade impressionante de aumento de produtividade em larga escala - sem que necessariamente tenham que ser abertas novas áreas para plantio e pasto, bastando que se potencialize a produção das glebas já existentes e que se recuperem as áreas degradadas, como vem sendo feito – o agro atingiu o *status* de fornecer verdadeiras *commodities* cotadas em padrões internacionais, sendo responsável, pelo que divulga com frequência a mídia, por manter excelentes números na formação da balança comercial brasileira. Com a demanda mundial cada vez maior por alimentos, notadamente pelo "despertar" da China, era de se esperar que o Brasil se tornasse um grande exportador de grãos e

111. Tema 745: "Adotada pelo legislador estadual a técnica da seletividade em relação ao Imposto sobre Circulação de Mercadorias e Serviços (ICMS), discrepam do figurino constitucional alíquotas sobre as operações de energia elétrica e serviços de telecomunicação em patamar superior ao das operações em geral, considerada a essencialidade dos bens e serviços" (RE 714.139. Tribunal Pleno. Rel. Min. Marco Aurélio. Rel. p/ acórdão Min. Dias Toffoli. *DJe* 15.03.2022).

de vários tipos de carne. E foi o que aconteceu nos últimos vinte, trinta anos.

Aqui entram em jogo, naquilo que têm de maior solidez na construção de um pensamento institucional coeso, as políticas fiscais definidas por um país sobre qual tratamento tributário é desejável para suas matrizes econômicas. Se o Brasil se coloca como um grande ator no cenário econômico mundial de geração de alimentos, onerar as exportações com tributos significaria exportar não apenas produtos, mas tributos para outras nações. Ninguém há de negar que se o exportador for tributado, é claro que os ônus fiscais serão embutidos nos preços dos produtos, tirando a competitividade das mercadorias exportadas em face de seus concorrentes lá fora. Justamente por isso o pacto definido entre os diversos países por normas internacionais é o de que as exportações sejam desoneradas, a fim de que não haja repasse de tributos de um Estado soberano para outro.[112]

Para que isso se torne uma realidade, porém, o direito positivo precisa agir. E foi por isso que a Constituição brasileira, desde sua redação original, previu a regra da desoneração das exportações como uma genuína imunidade tributária. Em um primeiro momento, o texto estabelecia no art. 155, § 2º, X, "a", que o ICMS não incidiria "sobre operações que destinem ao exterior produtos industrializados, excluídos os semi-elaborados definidos em lei complementar". Com o advento da EC 42/03 a redação foi alterada para deixar assentado que o ICMS não incidirá "sobre operações que destinem mercadorias para o exterior, nem sobre serviços prestados a destinatários no exterior, assegurada a manutenção e o aproveitamento do montante do imposto cobrado nas operações e prestações anteriores". A

112. Sobre o tema, vide: TORRES, Heleno Taveira. *Direito tributário internacional:* planejamento tributário e operações transnacionais. São Paulo: RT, 2000, *passim*.

imunidade tornou-se mais ampla, passando de "produtos industrializados" (espécie) para "mercadorias" (gênero).

A classificação dos produtos em primários, semielaborados ou industrializados tinha bastante importância à época da vigência da redação inaugural da Constituição de 1988, em especial para as agroindústrias. Também a Lei Complementar 87/96 referiu-se à figura dos produtos "semi-elaborados", estabelecendo hipóteses de não incidência no campo infraconstitucional (arts. 3º, II, e 32, I). Tratando sobre a previsão constitucional até então em vigor adveio a Lei Complementar 65/91, que cuidou dos produtos "excluídos" da imunidade (art. 1º). Essa lei trouxe 03 (três) requisitos para que um produto fosse enquadrado na categoria de semielaborado: (i) que resultasse de matéria-prima de origem animal, vegetal ou mineral sujeita ao imposto quando exportada *in natura;* (ii) cuja matéria-prima de origem animal, vegetal ou mineral não tivesse sofrido qualquer processo que implicasse modificação da natureza química originária; (iii) e cujo custo da matéria-prima de origem animal, vegetal ou mineral representasse mais de 60% do custo do correspondente produto, apurado segundo o nível tecnológico disponível no País.

A questão que sempre se colocou foi a partir de que critérios precisos um produto seria semielaborado ou não. De um lado, não se discute quando se está diante de um produto primário, produto *in natura;* de outro, quando o produto apresenta características inquestionáveis de industrialização. Sobre isso, deve-se lembrar a quem compete dizer se um produto é resultado ou não de um processo de "industrialização". Essa tarefa, por expressa inferência constitucional, coube à União, por meio do IPI (art. 153, IV). A definição, da perspectiva jurídica, sobre o que vem a ser ou não um produto "industrializado" é incumbência da legislação federal, e não da estadual. Sendo produto "industrializado", não se haveria que falar em "semielaborado". O grande problema envolvia a coluna intermediária, ou seja, enquadrar certo produto como semielaborado, a exemplo de determinados açúcares, como o VHP (*very high polarization*), pois, para os Estados, era do interesse da fiscalização forçar a classificação como semielaborado, já que, nessa hipótese, estaria afastada a imunidade.

Por vezes o Judiciário teve de enfrentar esse tema. Quando esses conflitos chegaram ao Superior Tribunal de Justiça, a Corte sempre decidiu no sentido de que só seria produto semielaborado aquele que preenchesse, de forma cumulativa, os três requisitos da lei, chegando ao ponto de editar uma súmula, a Súmula 433, com o seguinte teor: "o produto semi-elaborado, para fins de incidência de ICMS, é aquele que preenche cumulativamente os três requisitos do art. 1º da Lei Complementar nº 65/1991". O Tribunal deixou assentado que o suco de laranja concentrado, por exemplo, é produto industrializado (afastando, pois, o regramento do "semielaborado").[113] E mesmo diante de enunciados emitidos pelo CONFAZ sobre o que seria ou não "semielaborado", "o STJ tem admitido a possibilidade de exclusão da incidência do ICMS sobre produtos que, embora constem da relação do CONFAZ, não se caracterizam como semielaborados por não satisfazerem, concomitantemente, os requisitos constantes dos três incisos do art. 1º da LC 65/91".[114] Em virtude da alteração realizada no plano constitucional, porém, perdeu sentido a divisão entre produtos primários, semielaborados e industrializados para fins de exportação em face do ICMS, porque a imunidade passou a se aplicar a qualquer "mercadoria", inclusive às *commodities* do agro. Esse debate só remanesce para

113. Ag. Rg. no REsp 970.346/SP. 2ª Turma. Rel. Min. Humberto Martins. *DJe* 19.10.2009.

114. REsp 1.046.618/PA. 2ª Turma. Rel. Min. Eliana Calmon. *DJe* 03.10.2008.

os casos em trâmite no Poder Judiciário para o período anterior à EC 42/03.[115]

Como será demonstrado ao longo deste trabalho, o problema que persiste atualmente não está na classificação dos produtos exportados como semielaborados ou não, *mas sim na insistência dos Estados em procurar, sob todos os pretextos, motivos para dificultar as exportações*, o que tem particular importância para os agentes situados na fase do "depois da porteira". A imunidade constitucional incidente na exportação de mercadorias é constantemente desafiada por alguns Estados-membros, sobretudo aqueles com vocação para o agronegócio, os quais se comportam como entes rebeldes no desrespeito a essa cláusula adotada pelo Estado brasileiro, fixada na conjuntura das regras de tributação internacional, inclusive instituindo "contribuições voluntárias" a "fundos" como estratégia para driblar a imunidade. Tudo isso sob a justificativa de perda de arrecadação.[116]

II.1.6. O papel das resoluções do Senado Federal, da lei complementar e dos convênios na estruturação do ICMS

Outro aspecto que merece ser enfatizado no âmbito destas considerações gerais – as quais, evidentemente, projetam-se também sobre o agronegócio – diz respeito ao papel das resoluções do Senado Federal, da lei complementar e dos convênios na estruturação desse imposto. Eis mais um ponto sensível que lhe marca, sendo a prova inconteste de que, embora de competência estadual, trata-se de um tributo que tem projeções em todo o território brasileiro. As operações envolvendo comércio de mercadorias

115. REsp 1.243.333-SP. 2ª Turma. Rel. Min. Herman Benjamin. *DJe* 19.12.2012.

116. BEVILACQUA, Lucas; FONSECA, Rafael. Compensações pela desoneração do ICMS nas exportações de bens primários e semielaborados. *In:* SCAFF, Fernando Facury; TORRES, Heleno Taveira; DERZI, Misabel de Abreu Machado *et al.* (coord.). *Federalismo (s)em juízo.* São Paulo: Noeses, 2019, p. 363/394.

ou prestação de serviços de transporte interestadual ou intermunicipal e de comunicação evidenciam que o imposto tem desdobramentos que são não apenas locais, mas nacionais, razão por que não haveria como ele sobreviver juridicamente sem um regramento básico uniforme.

O constituinte, de forma acertada, não se descurou disso. Em diversos preceitos a Carta manifestou sua preocupação em dar uma disciplina padronizada no que toca às regras estruturantes do ICMS, estabelecendo suas balizas normativas, sobretudo para evitar conflitos entre Estados-membros e para garantir ao cidadão o conhecimento de sua norma-matriz, de modo a protegê-lo de abusos legislativos. Mas, nem tudo ficou catalogado no âmbito constitucional. Na verdade, a Constituição elegeu o Senado Federal, como a casa representativa dos Estados, e os próprios Estados-membros como agentes capazes para definir as regras infraconstitucionais aplicáveis ao ICMS, notadamente com relação aos reflexos envolvendo operações internas, internacionais e de exportação (estas últimas no modelo anterior à imunidade ampla inaugurada com a EC 42/03). Para isso são três os veículos normativos utilizados: resolução do Senado Federal, lei complementar e os convênios.

No art. 155, § 2º, IV, a Constituição previu que resolução do Senado Federal, de iniciativa do Presidente da República ou de um terço dos Senadores, aprovada pela maioria absoluta, estabelecerá "as alíquotas aplicáveis às operações e prestações, interestaduais e de exportação". E no inciso V prescreveu que é facultado ao Senado Federal "estabelecer alíquotas mínimas nas operações internas", mediante resolução de iniciativa de um terço e aprovada pela maioria absoluta de seus membros, e "fixar alíquotas máximas nas mesmas operações" para resolver conflito específico que envolva interesse de Estados, nesse caso mediante resolução de iniciativa da maioria absoluta e aprovada por dois terços de seus membros. Nas palavras do Prof.

Heleno Taveira Torres, "resoluções do Senado Federal são instrumentos introdutórios de normas tributárias primárias que inovam a ordem jurídica em caráter vinculante para todos os Estados, a fim de garantir uniformidade nos limites mínimos ou máximos das alíquotas dos impostos estaduais".[117] O Senado cumpriu essa função, promulgando as Resoluções 22/89 (delineando, como regra, a alíquota de 12% nas operações interestaduais), 95/96 (definindo em 4% a alíquota no transporte aéreo interestadual) e 13/12 (estabelecendo que a alíquota do ICMS-importação é de 4%).

Prosseguindo na análise, o inciso VI dispôs que, salvo deliberação em contrário dos Estados e do Distrito Federal, as alíquotas internas "não poderão ser inferiores às previstas para as operações interestaduais". Eis mais uma regra importante, que tem em mira evitar que o ICMS possa, de alguma forma, ser instrumento de escolha por parte das empresas na definição do seu mercado consumidor, não permitindo que os Estados queiram criar manobras que venham a servir de atrativos concorrenciais. Tratando especificamente do regramento dos combustíveis, os §§ 4º e 5º contemplam diversas normas, várias delas também colocadas debaixo da cláusula "mediante deliberação dos Estados e do Distrito Federal", tudo a indicar a necessidade de participação conjunta dos entes federados no delineamento do ICMS.

Desses preceitos todos, porém, o que assume protagonismo é o art. 155, § 2º, XII, alíneas "a" a "h", o qual confere

---

117. *O papel do Senado na regulação de alíquotas de ICMS*. Disponível em: https://www.conjur.com.br/2013-jun-19/consultor-tributario-historico-senado-regulacao-aliquotas-icms. No mesmo texto o autor complementa: "A Resolução do Senado cumpre função equivalente de legalidade substantiva, cuja competência condiciona o poder, circunscrevendo seu campo de ação material, no caso, às alíquotas do ICMS. Isso porque, uma vez aprovada, sua observância será vinculante para todos os entes da federação, numa forma de limitação ao poder de tributar de garantia da uniformidade das alíquotas do ICMS".

à lei complementar diversas tarefas, desde a definição de seus contribuintes; a disciplina da substituição tributária; o regime de compensação do imposto; a fixação do local das operações e prestações de serviços para efeito de sua cobrança; a exclusão de sua incidência sobre outros serviços e produtos nas exportações; a previsão de casos de manutenção de créditos envolvendo remessas para outros Estados ou para o exterior; o regramento sobre a forma como, mediante deliberação dos Estados e do Distrito Federal, isenções, incentivos e benefícios fiscais serão concedidos e revogados; até a definição dos combustíveis e lubrificantes sobre os quais o imposto incidirá uma única vez, qualquer que seja sua finalidade.

Não vem ao caso aqui discorrer sobre os limites da lei complementar em geral e sobre sua função em relação a esse preceito em específico, pois a isso a doutrina já se dedicou.[118] Uma coisa, porém, parece certa: não é porque a Constituição deferiu à lei complementar essas várias funções que ela pode, a pretexto de exercer essa legítima competência, contrariar a própria Constituição, indo além do que previsto na Lei Maior, ou o que é pior, contrariando-a escancaradamente. Com esses temperamentos que o papel da lei complementar deve ser visto. E nesse aspecto a Lei Complementar nº 87/96 desempenha essa missão, ocupando esse espaço legislativo para dar os contornos nacionais ao ICMS – ainda que alguns de seus dispositivos sejam passíveis de crítica da perspectiva de sua validade jurídica, como será visto.

Outra fórmula encontrada pelo constituinte para evitar tensões federativas foi a do mencionado art. 155, § 2º, XII, "g", que conferiu à lei complementar a função de regular a *"forma"* como, mediante deliberação dos Estados e

118. Sobre o tema, vide: BORGES, José Souto Maior. *Lei complementar tributária*. São Paulo: RT/EDUC, 1975, *passim;* COÊLHO, Sacha Calmon Navarro. *Curso de direito tributário brasileiro*. 18. ed. Rio de Janeiro: Forense, 2022, p. 360.

do Distrito Federal, isenções, incentivos e benefícios fiscais serão concedidos e revogados. Essa matéria ficou a cargo da Lei Complementar nº 24/75, a qual foi recepcionada pela Carta de 1988, prevendo como instrumento normativo o convênio como veículo hábil à exteriorização do concerto de vontades dos Estados-membros. Como se sabe, os Estados reúnem-se no âmbito do CONFAZ – Conselho Nacional de Política Fazendária, sendo esse o palco de debates para que essa previsão constitucional seja cumprida. É dali que resultam os convênios de ICMS, os quais impactam, de forma direta, a vida dos contribuintes. Não é demais registrar que "os convênios CONFAZ têm natureza meramente autorizativa, ao que imprescindível a submissão do ato normativo que veicule quaisquer benefícios e incentivos fiscais à apreciação da Casa Legislativa".[119]

Pois bem, voltando agora as atenções para o agro especificamente, é inegável que tanto as resoluções do Senado Federal, como as leis complementares e os convênios oferecem um substrato importante para esta pesquisa, por propiciar um roteiro seguro, na medida em que, para se realizar um estudo consistente, mas de desdobramentos práticos, como se busca, é fundamental descer um degrau no organograma jurídico e analisar os instrumentos normativos infraconstitucionais que dispensam à atividade rural uma disciplina própria, diferenciada, formando um *subconjunto normativo apartado* em matéria de ICMS.

Como ficará demonstrado, não só a Lei Kandir apresenta enunciados específicos preocupados em reger a atividade rural, como vários convênios do CONFAZ, entre eles, fundamentalmente, os Convênios 52/91 e 100/97 colaboram para dar esse acabamento normativo, de tal sorte que não se pode prescindir nesta pesquisa a análise sob esse prisma. Aliás, por isso mesmo no capítulo anterior se adotou

---

119. ADIn 5.929. Tribunal Pleno. Rel. Min. Edson Fachin. *DJe* 06.03.2020.

como recorte para o estudo o exame das leis complementares e dos convênios que dizem de perto com o tema eleito. A influência dos enunciados prescritivos oriundos desses veículos normativos na formação do arcabouço do ICMS-agro é muito importante, logo, uma investigação atilada de tais manifestações do direito posto tem muito a contribuir para sua compreensão.

II.1.7. As operações interestaduais e seus desafios, inclusive diante das peculiaridades da cadeia rural

Um desdobramento bastante perceptível da feição nacional do ICMS se manifesta nos constantes desafios que as operações interestaduais revelam diuturnamente. Com efeito, a própria Constituição Federal, antevendo esses problemas, estabeleceu, como demonstrado no tópico anterior, que cabe ao Senado fixar as alíquotas interestaduais e dispor sobre alíquotas mínimas e máximas nas operações internas; que, salvo disposição em contrário dos Estados e do Distrito Federal, as alíquotas internas não poderão ser inferiores às previstas para as transações interestaduais; e que incumbe à lei complementar definir, para fins de cobrança e de vinculação do estabelecimento responsável, o local das operações, bem como prever casos de manutenção de crédito no que concerne à remessa de mercadorias de um Estado para outro. Todos esses mecanismos, sem dúvida alguma, têm por objetivo evitar a propalada "guerra fiscal", expressão que, embora batida e cantada em verso e prosa há muito tempo, é uma realidade vivida pelo federalismo brasileiro, não tem como esconder.

Há, no entanto, outros dois dispositivos que merecem atenção nessa abordagem e que integram essa técnica constitucional de tentar formar uma harmonia federativa em matéria de ICMS: a referência que se faz diz respeito aos incisos VII e VIII do § 2º do art. 155 da Carta, que é a base do chamado "DIFAL". O ICMS-diferencial de alíquotas nada mais é, como o próprio nome sugere, do que a diferença entre a alíquota interestadual e a interna praticada pelo Estado onde está situado o destinatário da mercadoria ou do serviço. Eis outra fonte de muita divergência entre os Estados desde a edição da Constituição em 1988, tanto assim que o texto foi alterado pelo constituinte reformador. Com o advento da EC 87/15, passou-se a prever no inciso VII que nas operações e prestações que destinem bens e serviços "a consumidor final, contribuinte ou não do imposto, localizado em outro Estado, adotar-se-á a alíquota interestadual e caberá ao Estado de localização do destinatário o imposto correspondente à diferença entre a alíquota interna do Estado destinatário e a alíquota interestadual". O inciso VIII, igualmente com a nova redação, dispôs que a responsabilidade pelo recolhimento do imposto correspondente à diferença entre a alíquota interna e a interestadual será atribuída "ao destinatário, quando este for contribuinte do imposto", ou então "ao remetente, quando o destinatário não for contribuinte do imposto".

As implicações do ICMS-DIFAL repercutem para todos os Estados e sobre todos os contribuintes, de modo que não há aspectos exclusivos que as diferenciam para a atividade rural em si. Porém, como elas *também* causam impacto para o agro, é importante para este trabalho que se compreendam, ainda que a breve trecho, quais são os problemas do imposto na faixa de diferencial de alíquotas, pois os Estados com maiores índices de produtividade rural, sobretudo os do Centro-Oeste, são grandes adquirentes de insumos agropecuários, como sementes, fertilizantes (adubos) e defensivos agrícolas (herbicidas, fungicidas e inseticidas). Portanto, há uma potencial zona de conflito interestadual aqui que justifica ser avaliada.

Uma primeira observação passa pela base textual empregada pelo constituinte reformador na EC 87/15. Quando se disciplinou as operações e prestações que destinem bens e serviços "a consumidor final", parece claro que não se poderia agregar logo em seguida o pretenso aposto "contribuinte ou não do imposto". Afinal de contas, se a mercadoria é destinada a consumidor final não combina agregar a esse sujeito de direitos a posição de contribuinte ou não, pois, sendo consumidor final, não se trata de contribuinte de ICMS. Ainda que o destinatário possa ser contribuinte do imposto para outras operações, naquela remessa interestadual específica ele não se enquadra como contribuinte, de tal modo que a locução merece censura. Só há de se falar em contribuinte genuíno de ICMS aquele que adquire a mercadoria para realizar uma operação relativa à circulação jurídica posterior, em uma operação em cadeia. Se o intuito do dispositivo foi congregar, na posição de destinatários, "consumidores finais em sentido estrito" (quem não é contribuinte de ICMS sob condição alguma) e "consumidores finais em sentido amplo" (quem é contribuinte de ICMS, mas que não adquire aquela mercadoria específica com finalidade de revenda), a redação poderia ter sido mais bem construída.

A despeito disso, a grande mudança que a emenda constitucional trouxe foi modificar a regra da tributação da origem para o destino. No formato em vigor, a Constituição passou a prescrever que caberá aos Estados consumidores, isto é, aqueles onde estão situados os adquirentes das mercadorias, o produto da diferença entre a alíquota interestadual e a alíquota interna praticada pelo Estado destinatário. O recolhimento dessa diferença ficará a cargo do destinatário, se ele for contribuinte do imposto (o que só vem a reforçar a impropriedade da redação do inciso VII), ou do remetente da mercadoria, se o destinatário não for contribuinte. Como forma de atenuar a perda de arrecadação para os Estados remetentes, a EC 87/15 previu uma regra de transição que foi desde o ano de 2015 até o ano de 2019 (art. 2º).

Logo que o novo texto foi publicado os Estados entabularam sua normatização consensual por meio do Convênio 93/2015. Tal instrumento normativo, no entanto, foi objeto de questionamento pela ADI nº 5.469, tendo o Supremo Tribunal Federal deferido medida cautelar para sustá-lo, sendo que, anos depois, no julgamento de mérito, pronunciou sua inconstitucionalidade, entendendo, entre outros fundamentos, que convênio interestadual "não pode suprir a ausência de lei complementar dispondo sobre obrigação tributária, contribuintes, bases de cálculo/alíquotas e créditos de ICMS nas operações ou prestações interestaduais com consumidor final não contribuinte do imposto, como fizeram as cláusulas primeira, segunda, terceira e sexta do Convênio ICMS nº 93/2015".[120] Diante desse quadro, veio a ser aprovada a Lei Complementar nº 190, de 04 de janeiro de 2022, cujo mote foi introduzir pelo veículo adequado os enunciados prescritivos exigidos para reger a matéria, a qual, por sua vez, também foi impugnada perante o Supremo por meio das ADIs 7.066, 7.070 e 7.078 no que concerne a aspectos envolvendo o princípio da anterioridade.

O que importa destacar para os fins aqui propostos é que o agronegócio, até pelos seus desdobramentos envolvendo o "antes", o "dentro" e o "depois da porteira", acaba por ser afetado pela feição nacional do ICMS, inclusive em relação ao ICMS-diferencial de alíquotas, porque as grandes indústrias de fornecimento de insumos em sentido amplo ("antes da porteira") estão situadas na sua maior parte nos Estados do Sul e do Sudeste; por outro lado, a base produtora mais expressiva, em especial de grãos e de carne, está nos Estados do Centro-Oeste ("dentro da porteira"); e os destinatários dos produtos do agro, ou seja, as agroindústrias, estão na sua maioria nos Estados do Sul e do Sudeste ("depois da porteira"), o que significa dizer que

120. ADIn 5.469. Tribunal Pleno. Rel. Min. Dias Toffoli. *DJe* 25.05.2021.

a transição de insumos, de produtos *in natura* e de produtos do agro transformados é diretamente impactada pelo ICMS entre esses Estados, de tal modo que as operações interestaduais, a toda evidência, assumem destaque na análise. É claro que esse é um quadro resumido que se tem do problema, pois há fornecedores de insumos no Centro-Oeste, há produção *in natura* em todos os Estados da federação, com grande ênfase também no Sul e no Sudeste, e há agroindústrias não apenas no Sul e no Sudeste, mas também no Centro-Oeste, isso para não dizer, por exemplo, da forte produção de grãos no oeste baiano ou na pecuária do Pará. O intuito com essas palavras foi apenas destacar que as peculiaridades do agronegócio brasileiro estão a exigir reflexões específicas sobre o modo como o ICMS-diferencial de alíquotas pode interferir na circulação de riquezas ao longo de sua cadeia econômica.

II.1.8. Para fechar este bloco de considerações gerais, uma questão relevante a este estudo: as categorias desonerativas de que se valem os Estados na disciplina do ICMS e sua reflexão crítica, a partir de uma averiguação consistente

Para finalizar este espaço de argumentos voltados ao apontamento das características gerais do ICMS, que, como tais, igualmente irradiam efeitos sobre o agronegócio, vale um especial destaque às categorias desonerativas de que lançam mão os Estados para disciplinar, no âmbito interno, esse imposto. Trata-se de aspecto que reclama bastante cuidado, porquanto as operações do agro – no "antes", no "dentro" e no "depois da porteira" – costumam merecer dos legisladores estaduais regras específicas de desoneração, muitas das vezes exigindo, como contrapartida, a renúncia a créditos ou mesmo pagamentos a "fundos". Dessarte, a compreensão, nos seus devidos eixos, de quais são exatamente essas figuras jurídicas não é só um desafio intelectual, mas também uma providência que ganha repercussão prática, sendo esse um ponto central a esta investigação. Basta lembrar que a Carta Constitucional estabelece, no que toca ao ICMS, que a "isenção" e a "não incidência" não dão direito a crédito, levando também ao cancelamento dos créditos anteriores. Além disso, vários Estados têm invocado o "diferimento" como um "benefício fiscal" que exige a renúncia dos créditos e que autoriza a cobrança dos "fundos do agro" (FUNDERSUL, FETHAB, FET, FUNDEINFRA etc.). Portanto, dominar os conceitos, longe de ser uma preocupação meramente acadêmica, é uma exigência indispensável para quem quer lidar com o direito tributário em vigor, inclusive, por óbvio, com a tributação rural.

A partir de agora serão investigadas quais são essas categorias desonerativas, a fim de que essas questões fiquem esclarecidas e devidamente posicionadas, cada uma no seu espaço cabível no ordenamento jurídico. Dado o objetivo traçado – de sistematizar a tributação estadual e municipal incidente sobre o agronegócio – o texto não irá tratar longamente sobre competência tributária, imunidades ou isenções, porque a isso já se debruçou a doutrina e porque não é esse o fim buscado. O escopo, isso sim, é dividir a matéria focando naquilo que pode trazer reflexos ao agro, encarando-a de forma direta, mas consistente.

O passo inicial nessa temática é definir o que se deve entender por "categorias desonerativas", expressão adotada neste trabalho. Bem ao estilo analítico que forma a Escola do Constructivismo Lógico-Semântico, o intérprete deve circunscrever seu objeto de análise, passando a enunciar suas características e a formular sua conceituação. Não dá para evoluir no pensamento científico de forma proveitosa sem que as premissas do raciocínio estejam claras para o interlocutor, sem que sejam realizados os recortes temáticos e metodológicos que proporcionam o aprofundamento daquilo que se quer conhecer. Sendo esse um aspecto importante para este estudo, o exame criterioso acerca de tais manifestações normativas dos Estados é algo a ser feito com a devida atenção.

São várias as formulações linguísticas captadas nas legislações estaduais, tanto no âmbito dos seus Códigos Tributários, como de leis complementares, de leis ordinárias, de decretos, de portarias e de resoluções das respectivas Secretarias Estaduais de Fazenda. Há toda variedade de alcunhas ao gosto do político, como "imunidade", "não incidência", "isenção", "isenção parcial", "suspensão", "regime especial", "crédito presumido", "crédito outorgado", "redução de base de cálculo", "alíquota reduzida", "alíquota 0%", "diferimento", "substituição tributária", "dispensa de pagamento", "remissão", "anistia", entre inúmeras outras. Rememorando aqui os questionamentos que foram feitos no capítulo introdutório, o que aquele que se dedica ao estudo do tema tem que indagar é o seguinte: afinal, todas essas são apenas formas diferentes de se dizer a mesma coisa ou cada expressão utilizada assume efeitos jurídicos próprios? Esses são conceitos jurídicos iguais, diferentes ou apenas similares? Se não forem sinônimos, quais são as implicações daí decorrentes?

A Constituição da República dá uma pista importante nessa temática. De acordo com o art. 150, § 6º, qualquer "subsídio ou isenção, redução de base de cálculo, concessão de crédito presumido, anistia ou remissão", relativamente aos tributos, só poderá ser concedida mediante lei específica. Como se vê, no horizonte constitucional foram pressupostas categorias desonerativas distintas, razão por que é incumbência da doutrina dar conta desse problema. Também o art. 1º da Lei Complementar nº 24/75, ao tratar da exigência de que as isenções sejam concedidas pelos Estados respeitando-se os convênios, estabelece que tal regra se aplica à redução da base de cálculo, à devolução total ou parcial do tributo, à concessão de créditos presumidos e a quaisquer outros incentivos ou favores fiscais ou financeiro-fiscais dos quais haja redução do ônus fiscal, além das prorrogações e extensões das isenções.

É isso que interessa refletir aqui. O que se nota – reiterando algo que foi enfatizado em outra passagem – é que os Estados tratam esse tema com uma discricionariedade que não tem cabimento, afrouxando os desdobramentos prescritivos, quando lhes convêm, ou exigindo as consequências normativas que lhe são próprias, quando há interesse arrecadatório em jogo. Por isso é necessário fazer uma triagem conceitual rigorosa, estabelecendo os pactos linguísticos que o próprio sistema impõe, na medida em que os vocábulos jurídicos hão de ter significação a mais precisa possível.[121] O Supremo "do passado" também trilhava por esse acertado caminho.[122]

A linguagem do direito, embora *a priori* indeterminada, é determinável a partir de técnicas hermenêuticas. Não dá para tratar tudo no direito como se fosse um completo caos linguístico, como se fosse um vazio absoluto de sentido, de significação, como muitas vezes se percebe no cotidiano.

II.1.8.1. O plano (constitucional) da competência tributária

Pois bem, postas as coisas dessa maneira, no percurso para circunscrever conceitualmente as "categorias desonerativas" na acepção empregada neste estudo é necessário

---

121. CHIASSONI, Pierluigi. *Técnica da interpretação jurídica*. São Paulo: Thomson Reuters Brasil, 2020, p. 85.

122. "Em Direito, os institutos, as expressões e os vocábulos têm sentido próprio, descabendo confundir a locação de serviços com a de móveis, práticas diversas regidas pelo Código Civil, cujas definições são de observância inafastável – artigo 110 do Código Tributário Nacional" (RE 116.121. Tribunal Pleno. Rel. Min. Octavio Gallotti. Rel. p/ acórdão Min. Marco Aurélio. *DJ* 25.05.2001).

separar três planos distintos: (i) o plano (constitucional) da competência tributária; (ii) o plano (constitucional) da incompetência tributária; (iii) e o plano (legal) do exercício da competência tributária. A despeito de essas serem considerações já conhecidas, elas representam a chave que pode resolver os problemas causados na interpretação dessa matéria, que tanto tem causado conflitos entre as autoridades fiscais e os contribuintes. Desobscurecer esse horizonte é algo que tem a contribuir na adoção de práticas tributárias mais transparentes, em respeito até aos primados da confiança na ação estatal, da boa-fé e, em última instância, da própria segurança jurídica.

Como se sabe, o sistema brasileiro se distingue dos demais países porque o modelo aqui estruturado encampa no documento normativo de maior hierarquia todo o organograma jurídico-tributário, estabelecendo *o que pode, o que não pode* e *como pode* ser exercida a tributação. Parece algo batido, afirmação desse jaez soa como simples lição teórica, mas, se bem refletida, a frase é dotada de inquestionáveis efeitos capazes de solucionar os impasses fiscais. Reconhecer, de verdade, que é na Carta da República que estão as normas que demarcam, de forma vinculativa, as balizas da tributação é aceitar que não há outro jeito: qualquer discussão tributária no Brasil – qualquer uma – há de partir, necessariamente, do topo para o piso, da Constituição para as normas que lhe são subalternas. Se não houvesse por aqui um legítimo *Sistema Constitucional Tributário* – algo que há muito tempo foi demonstrado por Geraldo Ataliba – aí não haveria problema algum, os entes políticos poderiam criar suas próprias regras de forma mais solta, segundo juízos de conveniência e oportunidade. Não é esse, porém, o regramento brasileiro. Há, sim, todo um arcabouço que fixa as regras relativas à tributação no âmbito nacional.[123]

---

123. ATALIBA, Geraldo. *Sistema constitucional tributário brasileiro*. São Paulo: RT, 1968, *passim*.

O primeiro plano é o da competência tributária. Justamente porque a Constituição, por uma decisão política, houve por bem encravar no seu texto o conceito pressuposto de tributo (cujo regime se distingue dos atos voluntários, dos ilícitos e das desapropriações[124]), suas espécies e a distribuição de competências entre os entes federados, é na própria Carta que se encontra delineada a competência conferida à União, aos Estados, ao Distrito Federal e aos Municípios em matéria tributária. Por isso mesmo a expressão supracitada – "plano (constitucional) da competência tributária" – não deixa de encerrar um pleonasmo, já que, em sendo plano da competência tributária, necessariamente o será na esfera constitucional. O emprego do vocábulo entre parênteses foi apenas para fins retóricos, para deixar claro, desde logo, que sempre a competência tributária há de ser haurida na Constituição Federal.

Quando o constituinte dividiu os tributos conforme suas respectivas espécies e deferiu à União os seus, aos Estados e ao Distrito Federal outros e aos Municípios outros tantos, é claro que isso há de ter algum sentido jurídico. A Carta da República não deu um cheque em branco, não permitiu que qualquer fato fosse tributado, senão não haveria lógica e perderia sua sustentação a rígida distribuição das competências. *Os fatos tributáveis são aqueles e somente aqueles previstos na Constituição brasileira,* não outros existentes em 1988 ou mesmo que tenham surgido depois disso. Não fosse assim, não teria o constituinte criado uma regra de escape, estabelecendo a possibilidade de a União vir a exigir tributos sobre outros fatos, na modalidade de impostos residuais, desde que por lei complementar, que sejam não cumulativos e que não estejam já discriminados no texto constitucional (art. 154, I). Ora, essa é a prova de que os fatos tributáveis não são maleáveis. Pode-se até

---

124. ATALIBA, Geraldo. *Hipótese de incidência tributária*. 6. ed. São Paulo: Malheiros, 2002, p. 37.

admitir reformas constitucionais para ampliar o leque das ocorrências aptas a gerar consequências tributárias, mas para isso se exige o veículo normativo próprio previsto pela Carta – a emenda constitucional – e não costuras políticas situadas no âmbito infraconstitucional. Aliás, foi isso o que se pretendeu com a chamada Reforma Tributária, que será examinada adiante. Eis o posicionamento de Robson Maia Lins acerca dessa temática:

> Nesses termos, podemos considerar a competência tributária como uma das parcelas entre as prerrogativas legiferantes das quais são portadoras as pessoas políticas, consubstanciada na autorização para a produção de normas jurídicas sobre tributos, sendo, em regra, facultativa e indelegável, mas sempre irrenunciável (...).[125]

Essas ponderações assumem ainda outros desdobramentos, que são importantes para esta pesquisa. Dizer que, por força da competência tributária definida constitucionalmente, os tributos exigíveis são aqueles tipificados no texto da Carta da República leva também a um raciocínio inverso, e consistente, no sentido de que os fatos que não estiverem catalogados na Constituição não são fatos tributáveis e, portanto, são inalcançáveis pelas pessoas políticas de direito constitucional interno. Pode parecer uma conclusão óbvia, porém, muitas vezes, não é demais reforçar as obviedades como estratégia para combate a abusos legislativos. Se são apenas aqueles os fatos passíveis de tributação, não podem os entes federados, aí incluídos os Estados, pretender, nem mesmo em tese, se meter naquilo que não está dentro do seu plexo de competências, por não estar minimamente ao alcance do poder decisório político do legislador estadual. Em poucas palavras: se determinado fato não está inserido na competência tributária, *ele não pode, é claro, ser "desonerado", sobretudo para se forjar um cenário*

125. *Curso de direito tributário brasileiro*. 2. ed. São Paulo: Noeses, 2022, p. 288.

de "benesse fiscal" que pudesse justificar uma contrapartida exigível do contribuinte.

II.1.8.2. O plano (constitucional) da incompetência tributária: a imunidade

A análise da competência tributária abre espaço também para a compreensão do fenômeno sob outro ângulo, sob o prisma da incompetência tributária, o segundo plano supra-anunciado. Aqui é preciso tomar as devidas cautelas para não se confundir as coisas. A "incompetência tributária", no sentido aqui empregado, é sinônimo das imunidades tributárias, isto é, dos fatos e pessoas que foram, explícita ou implicitamente, colocados à margem da possibilidade de tributação no mesmo momento histórico em que foi promulgada a Constituição. São enunciados prescritivos que definem negativamente a competência tributária, dispondo sobre circunstâncias em que as entidades federadas não podem exigir tributos. Ou, nas palavras de Regina Helena Costa, é uma "exoneração, fixada constitucionalmente, traduzida em norma expressa impeditiva da atribuição de competência tributária ou extraível, necessariamente, de um ou mais princípios constitucionais", cujo objetivo é conferir direito público subjetivo a certas pessoas, nos termos previstos pela Constituição, "de não se sujeitarem à tributação".[126]

Note-se que, nessas situações, tais fatos ou pessoas foram blindados pelo próprio constituinte, de tal maneira que não estão no rol de competências deferidas à União, aos Estados, ao Distrito Federal ou aos Municípios. Trata-se de cláusula de tope igualmente constitucional. É evidente que, a despeito de para o leigo ser indiferente o motivo por que não paga tributo, há profundas diferenças jurídicas entre

126. *Curso de direito tributário:* Constituição e Código Tributário Nacional. 14. ed. São Paulo: Saraiva, 2024, p. 78.

as situações envolvidas. As situações albergadas pela imunidade não são suscetíveis de ser tributadas porque nem mesmo há competência prevista pelo constituinte deferida à pessoa política. Logo, mesmo que haja previsão em lei, é claro que o tributo será inexigível, por confrontar a lei com o Texto Maior. O próprio Supremo Tribunal Federal vem decidindo, com acerto nesse aspecto, que "na regra imunizante, como a garantia decorre diretamente da Carta Política, mediante decote de competência legislativa, as presunções sobre o enquadramento originalmente conferido devem militar a favor das pessoas ou entidades que se socorrem da norma constitucional".[127]

Vai daí que, também aqui, não se pode "desonerar" na plataforma infraconstitucional aquilo que não pode ser "onerado". A imunidade está acima das possibilidades legislativas de ordem complementar, ordinária ou infralegal dos entes federados.

II.1.8.3. Um primeiro sentido de "não incidência": fatos alheios às possibilidades tributárias dos entes federados, dada a rigidez na discriminação de competências

A conjugação do que está no rol de competências tributárias com uma feição positiva e com enunciados que demarcam negativamente a competência (as imunidades) dá ensejo para se mencionar, como um aspecto relevante nesse assunto, aquilo que pode ser classificado como "não incidência em sentido amplo". Por essa expressão, seguindo os vetustos ensinamentos do Prof. Ruy Barbosa Nogueira, deve-se entender "o fato de a situação ter ficado fora dos limites do campo tributário", isto é, as descrições fenomênicas que, por não terem sido previstas na competência tributária, estão alheias à tributação.[128] Essa exegese é

127. AI-AgR. 674.339. 1ª Turma. Rel. Min. Dias Toffoli. *DJe* 13.02.2014.

128. *Curso de direito tributário*. 9. ed. São Paulo: Saraiva, 1989, p. 171.

confirmada por Roque Antonio Carrazza, para quem a não incidência "é simplesmente a explicitação de uma situação que ontologicamente nunca esteve dentro da hipótese de incidência possível do tributo".[129]

Esses fatos não se confundem com as hipóteses de imunidade tributária. Uma coisa é afirmar que as indenizações não podem ser tributadas pelo imposto sobre a renda, pois são mera recomposição patrimonial, e não acréscimo, autorizando o intérprete a concluir que o imposto sobre a renda "não incide" sobre indenizações. Outra, totalmente diferente, é dizer que o ICMS "não incide" sobre exportações. Nesse último caso, há uma operação relativa à circulação de mercadoria, denotando uma transferência de propriedade de bem móvel, mas, por uma opção do legislador constituinte, estabeleceu-se uma imunidade para essa operação específica. *As mesmas palavras para sentidos diferentes,* indicando uma ambiguidade.

Portanto, há de se ter a devida atenção no manejo da linguagem jurídica, pois a expressão "não incidência" (com todas suas variáveis, "não incidirá", "não incide") foi utilizada várias vezes pelo constituinte. Para fazer essa diferenciação, Luís Eduardo Schoueri chama de "não competência" o que a literatura jurídica normalmente rotula de "não incidência", e o que este estudo, para afastar a ambiguidade, preferiu designar como "não incidência em sentido amplo".[130]

Quando o art. 155, § 2º, II, do Texto Constitucional prescreve que a "isenção" ou "não incidência", salvo previsão em contrário, não implicará crédito para compensação na etapa posterior e acarreta a anulação dos créditos anteriores, estaria o constituinte empregando a "não incidência"

---

129. Imunidade, isenção e não-incidência. *In:* BARRETO, Aires F.; BOTTALLO, Eduardo Domingos (coord.). *Curso de iniciação em direito tributário.* São Paulo: Dialética, 2004, p. 106-107.

130. *Direito tributário.* 13. ed. São Paulo: Saraiva, 2024, p. 230.

no sentido de um fato não tributável pelo ICMS, como a prestação de serviços médicos? Ora, parece claro que não. Os contornos significativos da "não incidência" explicitamente mencionada no enunciado constitucional – a indicarem que se trata de um problema de ordem prática – não podem ser de fatos que não se amoldam às materialidades possíveis do ICMS, dado que, disciplinando esse imposto, seria um contrassenso tratar no verbete uma operação que não se enquadra, nem mesmo em tese, como passível de incidência via ICMS.

Eis uma matéria relevantíssima para esta obra. Os Estados, com uma intensidade muito grande, empregam em suas legislações o signo "não incidência" nas mais diversas hipóteses quando disciplinam o ICMS-agro. Logo, é necessário investigar qual é essa "não incidência" prevista na Constituição, tarefa a ser vista adiante.

II.1.8.4. O plano (legal) do exercício da competência tributária e um segundo sentido de "não incidência", enquanto competência não plenamente exercida

Resta, por fim, o último plano de análise, que é o do exercício da competência tributária. Aqui sim estão as "categorias desonerativas", no sentido tratado neste trabalho. Ao receberem a competência tributária, as pessoas políticas podem instituir o tributo, o que pressupõe edição de lei para isso, não o instituir ou instituí-lo parcialmente. Como exemplo das duas primeiras hipóteses, pense-se no IPTU. Esse imposto pode gravar a propriedade predial e territorial urbana. Se determinado Município cria o IPTU, contemplando a incidência tanto para lotes (propriedade territorial), como para construções (propriedade predial), terá exercido sua competência de forma completa. Pode ocorrer, no entanto, que outro Município exija o IPTU apenas sobre a propriedade territorial, deixando de levar a tributação em todas suas possibilidades. Aí haveria um exercício parcial da competência, como admitia o Prof. Aires Fernandino Barreto.[131]

Mas, pode ocorrer também uma terceira situação, que envolve a outorga de competência, porém, sem a criação, por lei, do tributo. O exemplo clássico é o imposto sobre grandes fortunas (art. 153, VII), até hoje ainda não instituído. Em alguns Municípios menores também não há nas suas legislações a instituição da contribuição de melhoria. Para essas situações específicas, de modo a distingui-las conceitualmente das demais, pode-se afirmar tratar-se de um caso de "não incidência em sentido estrito", isto é, há competência tributária deferida constitucionalmente, mas o tributo ainda não foi criado, por não haver lei o instituindo. Mais uma vez é Luís Eduardo Schoueri quem se posiciona sobre a temática, no sentido de que a "não-incidência revelará situação igualmente compreendida no campo da competência, mas deixada de lado pelo legislador no momento da descrição da hipótese".[132]

Um quadro resumido de tudo que foi dito até aqui é esse: a competência tributária é sempre constitucional, sendo identificada pelos fatos previstos na Constituição como passíveis de tributação, de forma exauriente; a incompetência tributária também se coloca na seara constitucional e é sinônimo das imunidades, que definem negativamente a competência; os fatos que não se amoldam ao arquétipo abstrato contemplado na competência tributária podem ser chamados de "não incidência em sentido amplo"; a competência exercida pressupõe edição de lei, a qual pode ser total ou parcialmente satisfeita; e as hipóteses em que há competência tributária outorgada, mas a cujo respeito o tributo ainda não foi criado, denominam-se de "não incidência em sentido estrito". Eis o pacto conceitual

131. *Curso de direito tributário municipal.* São Paulo: Saraiva, 2009, p. 171.

132. *Direito tributário.* 13. ed. São Paulo: 2024, p. 233.

estabelecido para que o raciocínio desenvolvido nesta obra possa avançar.[133]

II.1.8.5. A definição de "categorias desonerativas" para os fins deste trabalho

Havendo competência tributária e tendo ela sido exercida em sua plenitude, o fenômeno não se esgota por aí. Há ainda a possibilidade de o ente federado criar o tributo em toda sua extensão, contudo, prever exceções, seja contemplando desonerações para determinados fatos ou pessoas, seja estabelecendo regras distintas na sua apuração. Aqui estão as grandes dificuldades conceituais e é aqui também que estão os problemas do ICMS, no que este texto convencionou denominar de "categorias desonerativas". Tanto isso é verdade que o Superior Tribunal de Justiça, ao julgar o Tema 1.182, teve de decidir se crédito presumido, isenção, diferimento, redução de base de cálculo, alíquota presumida, *"entre outros"*, são ou não iguais da perspectiva jurídica. Como o caso envolvia os reflexos para o IRPJ e a CSLL, e mais, como a Corte não adentrou nas distinções individuais em si de cada uma dessas figuras, neste texto não se irá tomar esse julgado como parâmetro do raciocínio.[134] O Convênio CONFAZ 190/17 também se remete a várias delas, indistintamente.

Pela expressão "categorias desonerativas" deve-se entendê-la *como gênero normativo que indica qualquer mudança no padrão comum esperado da regra-matriz de incidência tributária*. Portanto, esse tema se encaixa no âmbito legal. É claro que a imunidade, que está na órbita constitucional, pode ser vista como uma desoneração tributária também.

---

133. "Infelizmente ainda é comum depararmos com a confusão entre 'isento', 'não tributado' ou 'imune' e essa confusão tem gerado erros de legislação, de interpretação e de aplicação das leis tributárias, que devem ser evitados" (NOGUEIRA, Ruy Barbosa. *Curso de direito tributário*. 9. ed. São Paulo: Saraiva, 1989, p. 173).

134. REsp 1.945.110/RS. 1ª Seção. Rel. Min. Benedito Gonçalves. *DJe* 12.06.2023.

O foco pretendido neste trecho do trabalho, no entanto, não é esse, pois o que se busca é identificar e organizar a forma pela qual os Estados, no exercício da competência tributária que lhes foi deferida (logo, no plano legal), a alteram.

Toda vez que houver uma norma "N1" que cria o tributo e uma norma "N2" que, de algum modo, modifica o padrão esperado em termos de incidência tributária da norma "N1", formando uma subclasse própria, haverá uma categoria desonerativa. Investigar de que maneira essas normas desonerativas afetam a regra-matriz de incidência tributária é tarefa importantíssima, uma vez que, como já dito e redito, os Estados, propositadamente ou não, empregam essas expressões de forma aleatória, chamando, por exemplo, de "diferimento" hipóteses em que não se "difere" nada para momento posterior.

As categorias desonerativas, entre elas as adotadas pelos Estados, evidentemente só podem ser aquelas que estão ao seu alcance, que estejam dentro do seu plexo de competências. Não se pode incluir no seu rol, ao menos para as ideias que se quer demonstrar nesta pesquisa, fatos que não estão ao alcance do legislador infraconstitucional. Pressupõe-se uma competência deferida constitucionalmente e exercida legalmente. Por uma decisão política infraconstitucional, porém, ou o tributo não colherá todos os fatos e pessoas que poderia atingir, ou então, colhendo-os, veicula-se uma regra distinta de apuração.

O que se quer é compreender quais são os desdobramentos que essas normas diferenciadas podem causar. Conjugando essas afirmações com os critérios da regra-matriz de incidência tributária, logo se vê que tais categorias desonerativas podem atingir (i) o critério material, (ii) o critério temporal, (iii) o critério espacial, (iv) o sujeito passivo, (v) a base de cálculo ou (vi) a alíquota. Apenas na sujeição ativa não teria sentido, por se tratar de conjunto unitário que representa o próprio ente tributante.

II.1.8.6. A categoria desonerativa que inviabiliza a incidência da norma tributária: a isenção, contemplando a "suspensão" e a "alíquota 0%"

O exemplo mais eloquente de uma categoria desonerativa no âmbito legal é o da isenção tributária. Na isenção há competência tributária, ela é exercida com a instituição do tributo, todavia, o legislador diminui a abrangência de um ou mais critérios da regra-matriz de incidência, restringindo-os. Na já clássica lição do Prof. Paulo de Barros Carvalho sobre essa matéria, seu posicionamento é o seguinte:

> Guardando a sua autonomia normativa, a regra de isenção investe contra um ou mais dos critérios da norma-padrão de incidência, mutilando-os, *parcialmente*. É óbvio que não pode haver supressão total do critério, porquanto equivaleria a destruir a regra-matriz, inutilizando-a como norma válida no sistema. O que o preceito de isenção faz é subtrair parcela do campo de abrangência do critério do antecedente ou do consequente.[135]

Perceba-se que, na isenção, essa mutilação parcial da norma tributária em sentido estrito afasta a incidência do tributo para aquela situação ou pessoa específica, não permitindo a instauração da relação tributária. Ela pode projetar-se sobre o critério material, mitigando-o, do que é exemplo a hipótese de isenção envolvendo a propriedade de veículo automotor adaptado para pessoas portadoras de necessidades especiais. Pode envolver também o critério espacial, por exemplo, no que concerne a parques industriais situados em determinadas regiões da entidade tributante. Ou ainda, o critério temporal, com relação à suspensão do imposto, nas circunstâncias em que esse vocábulo é empregado apenas para conotar uma forma de isentar o produto (e no agronegócio isso acontece com frequência). Quanto à sujeição passiva os exemplos são vários, podendo ser citada a isenção do

---

135. *Curso de direito tributário*. 33. ed. São Paulo: Noeses, 2023, p. 526 (com destaque no original).

imposto sobre a renda reconhecida às pessoas portadoras de câncer. E em relação à base de cálculo e à alíquota, seja nas hipóteses em que a lei desqualifica a grandeza tributável como expressiva de um valor econômico a ser mensurado, seja quando reduz a alíquota a 0%.

São conhecidas as divergências doutrinárias e jurisprudenciais acerca da "alíquota 0%". Todavia, se o sentido que se está empregando aqui é o de que a norma de tributação, uma vez aplicada, necessariamente irá resultar em quantia a pagar a título de tributo, parece claro que, se a alíquota for nula, esse fenômeno normativo não irá surtir seus efeitos esperados, valendo destacar que, para compreensão do instituto, "não há relevância na terminologia usada".[136]

Tratando-se de genuína hipótese de isenção, não há incidência da norma de tributação. No cotejo de duas normas válidas, vigentes e eficazes do sistema, a subsunção se dá na norma de exceção, da isenção, inviabilizando que se dê a obrigação tributária. Todos aqueles que auferirem renda estão sujeitos ao imposto respectivo, à exceção dos portadores de câncer. Em sendo a pessoa portadora de câncer, ela estará enquadrada na regra distinta, denotadora de uma subclasse normativa.

O problema maior – e mais comum em matéria de ICMS – diz respeito aos casos em que a lei local ou não rotula determinada situação como "isenção", ou cria sistemáticas distintas de apuração, levando a um fator redutor do tributo. *Mas, por qual motivo os Estados são tão reticentes em usar em suas legislações o vocábulo "isenção"?* Ora, porque, nos termos do art. 155, § 2º, XII, "g", "isenções", incentivos e benefícios fiscais só podem ser concedidos nos termos de lei complementar, sendo certo que a Lei Complementar nº 24/75 exige que haja consenso entre Estados

136. CARVALHO, Paulo de Barros. *Direito tributário, linguagem e método*. 7. ed. São Paulo: Noeses, 2018, p. 617.

no âmbito do CONFAZ para que um Estado conceda uma isenção no sentido técnico do termo. Isso faz com que os Estados criem todo tipo de malabarismo linguístico para tentar camuflar as isenções previstas em suas legislações, cunhando-as com outros nomes. Nada obstante essa constatação, toda vez que o caso concreto indicar que não se instaura o vínculo tributário por se tratar de uma norma excepcionadora, no sentido mencionado acima, haverá uma isenção, pouco importando o vocábulo utilizado. Afinal, *verba non mutant substantiam rei.*

II.1.8.7. O descabimento do termo "isenção parcial", a "redução da base de cálculo" e a "alíquota reduzida"

Por outro lado, se houver incidência da norma tributária, *ainda que com alteração no seu critério quantitativo para fins de diminuição da carga fiscal,* não se deve denominá-la de "isenção", para que não haja confusão entre as duas possibilidades. É frequente o emprego dessa expressão no direito positivo, na jurisprudência e também na doutrina. Busca-se com ela designar as situações em que o contribuinte tem o impacto econômico do tributo diminuído, o qual é suavizado pela "isenção parcial". Bem por isso já se nota que essa figura repercute diretamente sobre o critério quantitativo do tributo, seja com a modificação da base de cálculo, seja da alíquota. E mais, tamanha é a relevância desse tema que o Supremo Tribunal Federal tem jurisprudência consolidada preceituando que "a redução da base de cálculo do ICMS equivale a uma isenção parcial, o que acarreta a anulação proporcional de crédito relativo às operações anteriores".[137]

Com contundência, Sacha Calmon Navarro Coêlho exorta que "a denominação de isenção parcial para o fenômeno da redução parcial do imposto a pagar (...) afigura-se

137. ARE-AgR 1.354.364. 1ª Turma. Rel. Min. Roberto Barroso. *DJe* 20.04.2022.

absolutamente incorreta e inaceitável. A isenção ou é total ou não é, porque a sua *essentialia* consiste em ser modo obstativo ao nascimento da obrigação".[138] É isso mesmo. Ora, uma reflexão detida, sopesando com rigor os termos jurídicos, mostra que, na "isenção parcial", há incidência da norma jurídica fiscal, pois seu resultado é uma obrigação de pagar tributo. A circunstância de o valor a ser recolhido ser menor do que aquele previsto pela regra-matriz de incidência não a transforma em uma isenção propriamente dita, ao menos não sob uma ótica conceitual estrita. Se na isenção "não incide" a norma de tributação, uma "isenção parcial" é uma contradição entre termos. Não há genuína isenção nessa modalidade, na pureza da palavra.

Isso não quer dizer, porém, que esses fenômenos não possam ser classificados como categorias desonerativas. Como foi dito antes, o conceito empregado neste trabalho tem por fim realçar ou as hipóteses em que não há incidência da norma tributária em sentido estrito, em virtude das isenções, ou então dos casos em que se cria uma regra distinta de apuração, reduzindo a carga fiscal. Em ambas as situações há uma modificação no padrão projetado pela regra-matriz de incidência tributária no âmbito geral e abstrato. Entretanto, enquanto nas isenções o legislador é livre para manejar suas políticas fiscais por qualquer um dos critérios da regra-matriz de incidência tributária, na segunda projeção o intuito claro é o de diminuir o ônus econômico do tributo, por isso que suas prescrições recaem sobre a base de cálculo ou a alíquota, ou então diretamente no mecanismo de créditos no contexto da não cumulatividade, característica marcante do ICMS, o que contribui para se alcançar os objetivos buscados. Uma coisa é certa: havendo tributação, mesmo que reduzida, não há que se falar em isenção no sentido técnico do vocábulo.

---

138. *Teoria geral do tributo, da interpretação e da exoneração tributária*. 3. ed. São Paulo: Dialética, 2003, p. 237.

Pois bem, duas modalidades bastante comuns de categorias desonerativas no ICMS envolvem a redução da base de cálculo e a aplicação de alíquota reduzida. Embora não sejam uma isenção, elas criam uma sistemática diferenciada no critério quantitativo da regra-matriz do ICMS. Por exemplo, quando a legislação local autoriza que determinado contribuinte adote "50% de base de cálculo". Na hipótese da "redução de base de cálculo" há incidência do ICMS, ainda que com redução da expressão econômica envolvida. O mesmo se diga quanto à "alíquota reduzida", por exemplo, "5%", em vez de "17%". Tais expedientes legislativos são, sim, um benefício reconhecido sob a perspectiva do contribuinte, mas não podem ser confundidos, tecnicamente, com uma isenção.

Com frequência as legislações estaduais se valem dessas categorias para reger as relações do agronegócio. Avaliando politicamente que determinada operação merece ser incentivada, mas não totalmente desonerada, o legislador estabelece hipóteses de redução de carga tributária com os mais criativos nomes e técnicas, entre eles a redução da base de cálculo e a aplicação de alíquota reduzida, por isso tais manifestações normativas integram o conceito examinado.

II.1.8.8. Os "créditos presumidos" e os "créditos outorgados"

Outras fórmulas de que se valem os legisladores estaduais para estimular determinadas atividades econômicas envolvem os "créditos presumidos" e os "créditos outorgados". Como esse é um imposto não cumulativo, pressupondo, de um lado, créditos a serem deduzidos e, de outro, débitos, os Estados reconhecem "créditos presumidos" ou deferem "créditos outorgados" para que seja atenuada a carga fiscal incidente, o que se nota igualmente em relação aos sujeitos do agronegócio.

Ou seja, na prática, essas nada mais são do que modalidades para se suavizar o peso econômico do imposto na operação, veiculando fórmulas matemáticas que permitam ao contribuinte não recolher o ICMS na carga cheia. O Estado, por exemplo, autoriza o contribuinte a tomar créditos sobre bens de uso e consumo ou já preestabelece determinado percentual para fins de creditamento, como "crédito presumido". Ou então prevê que, após a apuração, sobre o montante a recolher seja aplicado um "desconto", em percentual, o que usualmente se chama de "crédito outorgado". Em alguns textos legislativos ambos são tratados como sinônimos.

Luciano Garcia Miguel esclarece que o crédito presumido é "apenas uma técnica diversa de operacionalização do princípio da não-cumulatividade", de modo similar, segundo o autor, ao que se passa no imposto sobre a renda pela sistemática do lucro presumido, quando se tem "uma técnica de apuração do lucro".[139] São categorias desonerativas, sem dúvida alguma, que modificam o padrão comum de incidência tributária do ICMS. Não são, porém, "isenções" ou mesmo "isenções parciais".

II.1.8.9. As "remissões" e "anistias" não entram no conceito apregoado

Não é incomum também que os Estados ofereçam aos contribuintes programas de "anistia" em sentido lato, ou seja, de perdão de créditos decorrentes de relações tributárias. De igual modo, aqui não pode haver confusão. O perdão do tributo em si, tecnicamente caracterizado como remissão, ou o perdão dos desdobramentos do ilícito tributário, denominado anistia, embora possam ser vistos como

139. *Incidência do ICMS nas operações de importação.* São Paulo: Noeses, 2013, p. 72. Na mesma obra e na mesma página o autor complementa seu raciocínio: "além disso, há casos em que é simplesmente conferido ao contribuinte o direito a se creditar de um determinado valor, hipótese que preferimos denominar de crédito outorgado".

uma forma de "desoneração" dada ao contribuinte, não dizem respeito ao cerne do que se está a tratar neste trecho do trabalho. O objetivo buscado é avaliar, discriminando, os vários conceitos adotados pelos Estados para criar localmente sistemas tributários diferenciados, seja mediante isenções, seja com mecanismos nos quais, apesar de haver incidência fiscal, reduz-se a expressão econômica que seria devida. E nisso o perdão de tributos e multas de créditos constituídos ou que poderiam vir a ser constituídos não entra no conceito apregoado.

II.1.8.10. Os "regimes especiais" são apenas a casca de categorias desonerativas concedidas, não sendo uma figura autônoma

Mais uma expressão bastante invocada pelos Estados gira em torno dos "regimes especiais". Essa combinação de palavras, no entanto, é oca, é apenas a casca, o veículo utilizado para um determinado conteúdo. *"Regime especial para quê?"*, essa a pergunta a ser feita. Ou seja, o regime especial, enquanto tal, tem que ser regime especial *para alguma coisa*, com *alguma finalidade*. Mencionar os "regimes especiais", de forma isolada, desprendida de um determinado conteúdo, não leva a lugar algum. Na verdade, os regimes especiais, como o próprio nome indica, são permissões dadas pela lei para que as autoridades administrativas, avaliando as peculiaridades de um dado contribuinte ou de uma classe deles, autorize a apuração ou mesmo o recolhimento do tributo de uma forma diferenciada, tudo desde que devidamente justificado. Pedro Guilherme Gonçalves de Souza tem interessante ponto de vista sobre os regimes especiais de ICMS, o qual vale a pena compartilhar:

Em razão da dinâmica contábil-fiscal envolvida na circulação de mercadorias e da importância do ICMS para os orçamentos dos Estados e do Distrito Federal, há uma série de mecanismos de exceção à tributação-regra dos quais lançam mão tais entes federativos para o incremento da eficácia na arrecadação do imposto. Esses mecanismos identificam-se com os regimes especiais por modificar, em determinadas situações, a regra-matriz de incidência do imposto diante de situações específicas.[140]

Por exemplo, quando se dá à empresa o direito de fazer o recolhimento do imposto de forma quinzenal, quando se lhe defere uma carga tributária diferenciada ou nas hipóteses em que se lhe concede a prerrogativa de cumprir as obrigações acessórias (deveres instrumentais) de um modo diferente. Portanto, os regimes especiais não podem ser vistos como uma manifestação normativa autônoma que leva à alteração do padrão comum da regra-matriz de incidência tributária. Embora sem regime especial não haja, no mais das vezes, categoria desonerativa, os regimes especiais não são o conteúdo em si das práticas empregadas pelos Estados em matéria de ICMS que possa caracterizar o que tem sido construído neste tópico, mas sim o instrumento.

II.1.8.11. O ponto áureo da análise: a polissemia por ambiguidade normativa do "diferimento" enquanto uma isenção disfarçada e seu significado mais adequado, que leva a uma "substituição tributária para trás" (o mesmo fenômeno, visto por duas perspectivas distintas)

Se há um conceito que sempre incomodou o autor deste texto ao longo de anos e que, pode-se dizer, foi o estopim para o desenvolvimento desta obra, é o tal "diferimento". Quantas e quantas entonações diferentes, quantos sentidos distintos foram sendo empregados por vários Estados e até

---

140. *Regimes especiais tributários:* legitimação e condicionantes de segurança jurídica e de governança na perspectiva constitucional. São Paulo: Quartier Latin, 2018, p. 140. Sobre o tema, vide também: MIGUEL, Carolina Romanini. *Regimes especiais de ICMS:* natureza jurídica e limites. 2013. Tese (Doutorado em Direito Econômico e Financeiro) - Faculdade de Direito, Universidade de São Paulo, São Paulo, 2013.

pelo Supremo Tribunal Federal para tratar do "diferimento". Ora aparecendo como isenção, ora como diminuição da expressão econômica manifestada no critério quantitativo visando à redução de carga tributária, ora como hipótese de "substituição tributária para trás", o "diferimento", com toda franqueza, tem sido palco de muita confusão.

Como na legislação do agronegócio esse *nomen iuris* se destaca com assiduidade, é crucial encarar, de uma vez por todas, o que, realmente, deve ser entendido por "diferimento". Até mesmo porque *vários Estados se apoiam no "diferimento" como elemento legitimador para a cobrança dos "fundos do agro"*. Por consequência, demarcar bem o que há de ser entendido por esse termo jurídico é algo que ganha importância vital para o segmento econômico do campo, como é intuitivo concluir. Não por outro motivo o filósofo Ernst Cassirer advertiu que a "tarefa primeira da formulação conceitual não é (...) elevar a imaginação a uma generalidade cada vez mais ampla, mas sim alçá-la a uma determinação sempre crescente".[141]

O Código Tributário Nacional não menciona o "diferimento". Nos seus vários enunciados, o Código preocupou-se com diversos temas, inclusive das regras aplicáveis à sujeição passiva. No modelo do CTN aparecem expressões como "sujeito passivo", "solidariedade", "capacidade tributária" e "responsabilidade tributária", porém, não "diferimento". Fica, pois, um vazio legislativo no âmbito da principal lei complementar nacional na seara tributária. O único enunciado que pode lhe servir de apoio é o art. 128, ao contemplar a possibilidade de atribuição da responsabilidade pelo crédito tributário a terceira pessoa. Nada obstante essa lacuna, são várias as previsões nas leis locais em que o rótulo "diferimento" aparece, como se tratasse de

141. *A filosofia das formas simbólicas* – primeira parte, a linguagem. Tradução Marion Fleischer. São Paulo: Martins Fontes, 2001, p. 351.

algo bastante simples e explicitamente lapidado pelo Código Tributário Nacional, o que, por si só, já chama a atenção.

O mesmo se diga no que toca à lei geral do ICMS, a Lei Complementar nº 87/96. A Lei Kandir também não trata do "diferimento", vale dizer, tal figura jurídica não existe na LC 87/96. Apesar disso, esse signo linguístico é vastamente usado nas leis estaduais que disciplinam, no âmbito local, esse imposto. Sentindo-se autorizados pelo art. 6º da lei nacional, que prevê que lei estadual poderá atribuir a contribuinte do imposto ou a depositário a qualquer título "a responsabilidade pelo seu pagamento, hipótese em que assumirá a condição de substituto tributário", os Estados julgam gozar de uma porta aberta para criarem molduras normativas dúbias, obscuras, empregando essa palavra sem critérios conotativos claros. A tabela construída no Capítulo I é prova disso. Teria a Lei Complementar 87/96 confiado tamanho poder aos Estados-membros? E se o fez, poderia fazê-lo?

Apenas a Constituição, é verdade, menciona, de passagem, o diferimento, prevendo no art. 43, § 2º, III, ao tratar das políticas da União para diminuir as desigualdades regionais, que os "incentivos regionais compreenderão", entre outros, "isenções, reduções ou diferimento temporário de tributos federais devidos por pessoas físicas ou jurídicas". Buscando edificar a partir do Texto Constitucional a significação cabível para esse termo, o que é possível dizer é que o diferimento foi colocado lado a lado das isenções e das reduções de tributos federais, tudo como um incentivo regional. Por esse preceito lacônico deduz-se que diferimento não é nem isenção, nem redução de tributo. Há de ser, portanto, uma figura autônoma, distinta. Com as modificações introduzidas pela Reforma Tributária previu-se, agora, que pode haver "diferimento" de IBS/CBS para aquisição de bens de capital, aspecto que será investigado no último capítulo.

Outro caminho possível é perscrutar a etimologia da palavra. "Diferimento" vem de "diferir", que é verbo transitivo indireto que significa "ser diferente, distinguir-se", ou então assume a feição de verbo transitivo direto, indicando "transferir para outra data, adiar, procrastinar, retardar, delongar". E "diferido" é "adiado, retardado".[142] Olhando para esses dois distintos e ambíguos sentidos possíveis, um esforço de elucidação para afastar a indeterminação da linguagem jurídica, tornando-a determinável, mostra, com razoável grau de certeza, que quando o direito positivo emprega a expressão "diferimento" em enunciados prescritivos de cunho tributário não pode ser para dizer que aquela determinada norma tem por missão "ser diferente, distinguir-se", mas sim para "transferir para outra data, adiar, procrastinar, retardar, delongar". Não haveria sentido na primeira acepção, faltando-lhe um conteúdo aplicável à conduta a ser regida. Vai daí que, tratando-se de "diferimento tributário", e sendo o sentido do termo que mais combina com a tributação o de "transferir para outra data, adiar", *o diferimento só pode ter o significado de adiar o pagamento do tributo.*

Aqui, contudo, surge um problema. O Código Tributário Nacional já tem no seu feixe normativo um instituto próprio para designar o adiamento de pagamento de tributos, chamado "moratória". A moratória é uma das hipóteses de suspensão da exigibilidade do crédito tributário e indica a concessão de prazo para que o contribuinte pague o tributo, atendidas as condições dos arts. 152 a 155 do Código. Seria, portanto, o "diferimento" sinônimo de "moratória"? Parece claro que não, porque, com o diferimento, a legislação não busca suspender a exigibilidade do crédito tributário, congelando-o e concedendo ao contribuinte prazo para pagamento. Não é esse o sentido usado.

---

142. FERREIRA, Aurélio Buarque de Holanda. *Novo dicionário da língua portuguesa.* 2. ed. Rio de Janeiro: Nova Fronteira, 1986, p. 588.

É nesse terreno escorregadio que a doutrina foi se movimentando ao longo dos anos. Ao que parece, o "diferimento" nunca foi uma categoria dogmática a cujo respeito a literatura jurídica tenha detido suas atenções para valer, não só porque sua maior ocorrência fica circunscrita ao ICMS, e não aos outros tributos (o que, se fosse apenas por isso, com certeza levaria a um outro estado de coisas, tendo em vista a relevância do imposto estadual), mas, sobretudo, *porque seu emprego é mais comum no universo do ICMS-atividade rural,* subconjunto normativo em torno do qual não houve ainda uma reflexão mais aprofundada. Ademais, o enfoque mais duro dos autores sempre foi para combater a substituição tributária "para frente", deixando-se em segundo plano e não dando a devida ênfase à técnica "para trás". Essas duas constatações induzem à conclusão pela qual a doutrina se refere ao "diferimento" ora como uma isenção, ora como uma substituição tributária "para trás", ora como uma simples "não incidência", no sentido vago do termo.

Geraldo Ataliba e Cleber Giardino afirmaram que o "diferimento" seria uma "não-incidência", porque haveria "exclusão da oneração tributária por essa operação", de modo que os efeitos seriam iguais aos da "isenção ou outras formas de não-incidência".[143] Nas atualizações à obra de Aliomar Baleeiro, a Prof.ª Misabel Derzi equipara a substituição tributária "para trás" ao "diferimento do pagamento para a etapa subsequente, similarmente a isenções tópicas", afirmando a jurista que a lei não isenta expressamente, mas dispensa os contribuintes da etapa diferida do dever de recolher o imposto.[144] Para Sacha Calmon Navarro Coêlho não há que se falar em "substituição", mas sim

143. ICM – linhas mestras constitucionais – o diferimento. *Revista de Direito Tributário,* São Paulo: RT, nº 23/24, p. 133, jan./jun. 1983.

144. BALEEIRO, Aliomar. *Direito tributário brasileiro.* 11. ed. Atual. Misabel Abreu Machado Derzi. Rio de Janeiro: Forense, 2001, p. 742.

dever de recolher tributo próprio.[145] Regina Helena Costa equipara a substituição regressiva (ou "para trás") ao diferimento do tributo, inclusive fazendo referência aos produtos rurais.[146] Embora explique como se dá a substituição "para trás", Luís Eduardo Schoueri não chega a designá-la como "diferimento".[147] Renato Lopes Becho igualmente coloca lado a lado a substituição tributária regressiva e o "diferimento".[148] Maria Rita Ferragut segue na mesma linha.[149] Também o faz André Mendes Moreira.[150] Já Clélio Chiesa vê mais identidade com a isenção.[151]

Vale a pena registrar o posicionamento de Roque Antonio Carrazza. Nas palavras do ilustre Professor, "no passado chegamos a sustentar que o diferimento era uma modalidade de isenção"; hoje, no entanto, ao seu ver "o diferimento é forma de postergação do pagamento do tributo, isto é, uma espécie de substituição tributária".[152] Como se pode notar, há forte indefinição doutrinária.

O Supremo Tribunal Federal, ao julgar o paradigmático *leading case* do FUNDERSUL, cujo exame crítico será feito mais adiante, afirmou que "o diferimento, pelo qual se transfere o momento do recolhimento do tributo cujo fato gerador já ocorreu, não pode ser confundido com a isenção ou com

---

145. *Curso de direito tributário brasileiro.* 18. ed. Rio de Janeiro: Forense, 2022, p. 460/465.

146. *Código Tributário Nacional comentado em sua moldura constitucional.* 3. ed. Rio de Janeiro: Forense, 2023, p. 294.

147. *Direito tributário.* 13. ed. São Paulo: Saraiva, 2024, p. 636.

148. *Sujeição passiva e responsabilidade tributária.* São Paulo: Dialética, 2000, p. 136.

149. *Responsabilidade tributária e o Código Civil de 2002.* São Paulo: Noeses, 2005, p. 64.

150. *A não-cumulatividade dos tributos.* 4. ed. São Paulo: Noeses, 2020, p. 175.

151. *ICMS: sistema constitucional tributário* – algumas inconstitucionalidades da LC 87/96. São Paulo: LTr, 1997, p. 128.

152. *ICMS.* 19. ed. São Paulo: Malheiros/JusPodivm, 2022, p. 441.

a imunidade".[153] Há outros casos em que, por força do "diferimento", como a saída dos produtos não é tributada pelo ICMS, por ser "diferida" à próxima etapa do ciclo econômico, fica afastado o efeito cumulativo.[154] Vez por outra, porém, o próprio Tribunal tem que reconhecer que há "impropriedades técnicas dos conceitos conferidos aos benefícios concedidos pelos Estados", inclusive quanto ao "diferimento".[155]

Esta pesquisa vem sendo construída firmemente sobre as bases sólidas do rigor metodológico linguístico. A grande questão que não foi adequadamente percebida ainda é que "diferimento" é uma expressão polissêmica e que é contaminada por uma ambiguidade normativa. São dois sentidos possíveis ao termo: (i) o *"diferimento-isenção"*; (ii) e o *"diferimento-substituição tributária para trás"*. Com essas duas significações que o legislador usa o vocábulo, nas suas mais diversas manifestações esparramadas pelo direito positivo. Identificar se a adotou em um ou outro sentido depende da análise do próprio enredo normativo fixado pela lei para a situação específica envolvida.

O "diferimento-isenção" não "difere" a incidência tributária, porque incidência é ato de aplicação. A não ser que se a tome como "incidência potencial", a exemplo de relação jurídica efectual de Lourival Vilanova.[156] O que há, isso sim, é o deslocamento da "incidência econômica", vale dizer, o adquirente pagará o ICMS sobre base própria, "carga cheia", exatamente como se tivesse adquirido um produto isento. Não há, no entanto, determinação para que o adquirente retenha ("desconte") o ICMS devido pelo vendedor. Nesse sentido, o uso do termo "diferimento" nada mais é do que uma manobra linguística dos Estados para conce-

153. ADIn 2.056. Tribunal Pleno. Rel. Min. Gilmar Mendes. *DJ* 17.08.2007.

154. RE 325.623-AgR. 2ª Turma. Rel.ª Min.ª Ellen Gracie. *DJ* 07.12.2006.

155. RE 1.288.634. Tribunal Pleno. Rel. Min. Gilmar Mendes. *DJe* 09.02.2023.

156. *Causalidade e relação no direito.* 4. ed. São Paulo: RT, 2000, p. 123/125.

derem isenções disfarçadas sem autorização do CONFAZ para segmentos importantes de sua economia.

Já o "diferimento-substituição tributária para trás", esse sim, pode ser visto como um deslocamento da incidência jurídica, tendo por característica marcante a retenção do valor do tributo. O adquirente retém o valor do ICMS projetado sobre o preço de venda do remetente, formando-se entre eles uma relação jurídica. A incidência jurídica efetiva da perspectiva fiscal, entretanto, só surgirá quando o adquirente formalizar (declarar) aquele fato jurídico ao Fisco, recolhendo a importância respectiva, seja *antes* de transformar o produto rural, seja *depois,* ao transformá-lo e vendê-lo à etapa subsequente.

O problema é que, acaso o tributo retido do remetente tivesse que ser pago pelo adquirente somente quando o produto fosse transformado e vendido, isso criaria complexidades ainda maiores, *porque não haveria como saber "quanto" do produto vendido pelo remetente contribuiu para o produto final transformado pela agroindústria.* Para o agro, esse mecanismo não funciona e é exatamente por isso que nenhum Estado, conscientemente ou não, emprega o signo "diferimento" no sentido de "substituição tributária para trás" para essas operações.

Portanto, *trata-se de isenção condicionada.* Que imposto foi "diferido", qual seu critério temporal, qual sua base efetiva, como ele foi pago? E como provar que foi pago? Como e quando "incidiu"? Há mais a considerar. Se o preço da saca da soja na venda estava a R$ 200,00 e se, após a transformação pela agroindústria, o valor caiu para R$ 100,00, a agroindústria, hipoteticamente, iria recolher o ICMS do produtor considerando a soja como insumo tomando como parâmetro os R$ 200,00 sobre o preço de compra ou sobre os R$ 100,00 do preço de venda? Ora, sobre os R$ 100,00 de sua operação, *sinal de que ela pagou ICMS próprio,* e não um ICMS "diferido" da etapa anterior. A forma tradicional com que a doutrina busca explicar o fenômeno, como se vê, não descreve adequadamente o que se passa na realidade.

Como desdobramento dessas premissas todas, havendo isenção na etapa anterior, os Estados se veem obrigados a conceder às agroindústrias créditos presumidos e outorgados na condição de categorias desonerativas, sob pena de incidência sobre "carga cheia" na etapa posterior, acarretando oneração no preço dos alimentos e desvirtuando, com isso, o próprio mandamento constitucional. Ou seja, essa fórmula, imposta pelas peculiaridades do segmento, mostra que, se não fosse assim, o que estaria "diferido" seria o problema, e não o tributo: ter-se-ia um mero deslocamento de oneração do produtor rural ("dentro da porteira") para a agroindústria ("depois da porteira").

Bem por aí se vê que, no genuíno diferimento, enquanto "substituição tributária para trás", há incidência da norma tributária. Noutras palavras, não há diferimento sem incidência. Sendo um mero deslocamento da sujeição passiva da posição do contribuinte para o adquirente, como substituto tributário, o que ocorre é que o substituto, por meio de norma individual e concreta, "desconta" no pagamento do preço o valor do tributo devido pelo substituído e fica responsável por esse recolhimento. Portanto, *o verdadeiro diferimento nada mais é do que uma hipótese de substituição tributária "para trás"*, sendo o mesmo fenômeno, visto por dois ângulos distintos: o do contribuinte-vendedor e o do substituto-adquirente. São, pois, conceitos sinônimos.

Outra conclusão a que se chega diante dessas considerações é a de que, nesses casos, *se houver incidência é legítimo diferimento, e se não houver é isenção, ainda que não se dê esse nome.* É da essência do diferimento que haja incidência da norma tributária, cuja obrigação de recolhimento fica concentrada no adquirente. Por outro lado, se não houver incidência da norma tributária na operação, com previsão na lei de que o adquirente faça a retenção do tributo devido pelo vendedor, aí não se trata de real diferimento, mas sim de isenção. Essa ambiguidade não passou despercebida do olhar treinado de Paulo de Barros Carvalho:

> A terminologia 'diferimento' é empregada, no direito positivo brasileiro, para designar vários fenômenos jurídicos verificados nas legislações que disciplinam os impostos plurifásicos e não-cumulativos, como o ICMS. Sua configuração pode ser de isenção ou de substituição tributária, conforme o modo de atuação da regra-matriz de incidência prescrita em lei. A correta identificação deve ser efetuada em cada caso concreto, mediante exame do diploma normativo pertinente.
>
> O diferimento apresentar-se-á como isenção quando a regra matriz de incidência tributária sofrer mutilação que a impeça de alcançar determinadas situações. Nessa circunstância, inocorrerá, em momento algum da cadeia, exigência tributária concernente à operação intitulada 'diferida'.
>
> Por sua vez, será verdadeira substituição tributária a hipótese de diferimento em que houver postergação do instante para o pagamento do tributo. Aí, a regra-matriz permanecerá intacta em todos seus aspectos, incidindo e dando nascimento à obrigação tributária. Apenas a exigibilidade do cumprimento dessa relação jurídica é que será adiada, verificando-se em momento posterior da cadeia.[157]

O que se passa é que, muitas vezes, *as legislações estaduais concedem verdadeiras isenções ao longo da cadeia rural, mas as rotulam de "diferimento"*, para escapar da rigidez do modelo de aprovação unânime, via CONFAZ. Isso, porém, não importa, pois não é a nomenclatura adotada pela lei que irá balizar o raciocínio do intérprete, mas sim a compreensão do fenômeno normativo analisado. Quem

157. *Derivação e positivação no direito tributário*. São Paulo: Noeses, 2016, v. III, p. 100-101.

sabe esteja aí o motivo para tanta confusão conceitual em torno desse tema. Esse será um aspecto muito importante por ocasião do enfrentamento dos "fundos do agro", como se pode imaginar desde já.

Enfim, o legítimo diferimento não é categoria desonerativa sob o ângulo da isenção, nem de diminuição de carga tributária, na medida em que pressupõe a incidência jurídica normal em virtude da retenção do tributo, por isso que, no sentido rigoroso e especificamente pelos motivos declinados, não compõe o rol das categorias desonerativas aqui selecionadas, porque nada desonera. Todavia, se empregado como uma verdadeira isenção, aí integrará o conjunto, mesmo que componha o grupo com outra designação normativa.

II.1.8.12. Por fim, a "não incidência": não há um terceiro sentido isolado, que pudesse ser preenchido de forma autônoma

Todas essas etapas percorridas foram importantes e mostram que cada conceito jurídico se aplica de acordo com uma situação específica e segundo o padrão normativo respectivo, construído a partir das regras do ordenamento. Não dá para misturar "imunidade" com "isenção", assim como não se pode confundir "anistia" com "diferimento". O esmero com a linguagem jurídica há de ser uma preocupação constante da academia, apontando as diretrizes semânticas adequadas a serem respeitadas, pois o legislador, como o dia a dia comprova, não tem esse compromisso. E nisso o papel que os Tribunais têm de exercer não pode ficar alheio a críticas, na medida em que se espera que o Poder Judiciário, por ser formado por técnicos, fixe os contornos cabíveis em matéria de tributação, observando – e não flexibilizando – as significações próprias definidoras dos vocábulos que formam o sistema. A engrenagem lei, doutrina e jurisprudência só funciona bem se cada segmento desse universo se esforçar em desempenhar corretamente sua função.

Ocorre que no arcabouço das categorias desonerativas falta mencionar uma que, tal qual o "diferimento", costuma aparecer com bastante habitualidade quando se examina a legislação aplicável à tributação do agro: trata-se da "não incidência". Eis mais uma fórmula que é carregada de ambiguidade e vagueza, sendo por isso mesmo um reduto de incertezas. A começar pela própria estrutura combinatória, que se inicia pela feição negativa. Quem toma contato de forma solta com essa expressão pode tirar conclusões rasas – porém, justificáveis, dada a seleção das palavras escolhidas para designar esse termo – de que haveria dois grandes conjuntos, de um lado, o campo da "incidência" fiscal e, de outro, o da "não incidência". Tudo estaria resolvido dessa maneira e seria até certo ponto fácil lidar com tais conceitos, pois se no primeiro grupo se encontrariam todas as previsões nas quais o tributo é devido, no outro estariam, por exclusão, todas as demais, em que a imposição fiscal não é devida. Simples assim.

Seria muito bom se as questões tributárias pudessem ser desatadas com essa singeleza, mas não é isso o que se passa. Ora, por tudo o que já foi dito até esta altura, ficou evidenciado que há planos distintos de análise, que há fenômenos diferentes que se manifestam, em torno dos quais os desdobramentos práticos também não são iguais. Não dá para criar uma grande classe de fatos aglutináveis sob a legenda de "não incidência", porque o direito posto em vigor, se refletido com detença, a tanto não permite. E justamente por isso é bastante preocupante o modo desavisado com que a "não incidência" é tratada nos suportes físicos de normas, o que traz impactos, é óbvio, igualmente nos pronunciamentos dos Tribunais. *Esse estado de coisas tem implicações especiais para o agronegócio* porque o art. 155, § 2º, II, alíneas "a" e "b", da Carta da República prescreve que a isenção *"ou não-incidência*" no ICMS, salvo previsão em contrário, não gera crédito para compensação das operações subsequentes e leva à anulação dos créditos anteriores. Como no agro há diversas faixas de "isenção" ou "não incidência" (na linguagem empregada nas legislações), o desfecho que a aplicação desses conceitos ocasiona é imediato.

Deve-se buscar com tonicidade qual seria, então, a significação possível para o termo "não incidência". A doutrina não chega a fazer com minudência essa diferenciação, tratando a "não incidência" mencionada no preceito constitucional de forma indistinta, ou seja, como fato não tributável, como imunidade ou mesmo no sentido amplo e vago do signo, como uma hipótese na qual não é cobrado o tributo.[158]

Como a linguagem jurídica é constituída por palavras e como as palavras são potencialmente ambíguas e vagas, sendo em princípio indeterminadas, mas determináveis, é fundamental identificar quais são os sentidos que podem ser atribuídos a essa expressão, selecionando, a partir daí, aquela que melhor se ajusta à disciplina que a norma quer estabelecer. Ou seja, deve-se colocar à mesa todas as possibilidades que poderiam se amoldar à locução, de tal sorte a se apontar qual seu sentido mais preciso.

Pois bem, o que cabe debaixo da "não incidência" tributária? Ora, uma gama enorme de situações. Seguindo uma ordem lógica e hierarquizada, a primeira delas concentra (i) as hipóteses que não se enquadram nos fatos tributáveis demarcados na competência atribuída aos entes

---

158. Na condição de "não incidência em sentido amplo", na acepção empregada nesta tese, vide: CARRAZZA, Roque Antonio. *ICMS*. 19. ed. São Paulo: Malheiros/ JusPodivm, 2022, p. 440. Sobre "não incidência" como uma imunidade, vide: COÊLHO, Sacha Calmon Navarro. *Curso de direito tributário brasileiro*, 18. ed. Rio de Janeiro: Forense, 2022, p. 362-363. Sem especificar o sentido, vide: COSTA, Regina Helena. *Curso de direito tributário:* Constituição e Código Tributário Nacional. 14. ed. São Paulo: Saraiva, 2024, p. 368. E a respeito das várias significações possíveis à expressão, vide: CARVALHO, Paulo de Barros. *Direito tributário, linguagem e método*. 7. ed. São Paulo: Noeses, 2018, p. 763.

federados pelo constituinte, isto é, são os fatos alheios à tributação, denominados como "não incidência em sentido amplo". Outro sentido possível seria dos fatos que foram protegidos pelo constituinte, em relação aos quais se estabeleceu (ii) uma incompetência tributária, conceituada como "imunidade". Uma terceira projeção seria (iii) dos fatos a cujo respeito há competência tributária outorgada, mas ainda não exercida por ausência de lei instituindo o tributo, classificada como "não incidência em sentido estrito". Pode-se pensar na "não incidência" também como (iv) situações em que a competência foi exercida, porém, o legislador veicula exceções, mitigando um ou mais dos seus campos normativos, fenômeno conhecido como "isenção". Mais uma possibilidade para fins investigativos envolveria (v) a "isenção parcial" como fator de redução da carga econômica do tributo, entretanto, aí não cairia bem o termo, porque na incorretamente designada "isenção parcial" há incidência tributária, de maneira que não combina aplicar aqui a locução "não incidência". O sexto sentido hipotético para "não incidência" seria (vi) a de "não lançamento" isto é, de um evento econômico passível de tributação, mas sem um ato de aplicação constituindo o crédito tributário, daí o rótulo "não incidência". Porém, igualmente parece inadequado pensar no termo com essa significação, por envolver o plano das normas individuais e concretas, bem como por representar uma circunstância de ineficiência fiscal, algo que não se ajusta àquilo que a "não incidência" busca expressar. A "não incidência" a que se alude está no patamar das normas gerais e abstratas, não das individuais e concretas. Por fim, pode-se imaginar a "não incidência" (vii) como o perdão do tributo, um fato tributável que foi deixado para trás, que foi apagado, com a absolvição do contribuinte. Contudo, também para essa hipótese há um termo técnico próprio, a remissão, de maneira que a "não incidência" nesse caso seria descabida.

De todas essas possibilidades, as únicas nas quais a locução "não incidência" tem sido aceita dizem respeito às hipóteses "i" e "iii", vale dizer, para a "não incidência em sentido amplo" e a "não incidência em sentido estrito", pois em todas as demais ou há conceitos jurídicos próprios (imunidade e isenção) ou seu emprego não combina com o que o termo quer representar ("isenção parcial", "não lançamento" ou remissão). Assim, das hipóteses possíveis em que a expressão poderia ser adotada, apenas nessas duas faz sentido invocá-la da perspectiva rigorosa do termo. Com isso, afasta-se a indeterminação e ganha-se em maior precisão no manejo da linguagem jurídica.

Se os dois únicos sentidos mais ajustados ao termo "não incidência" são esses e se para as demais hipóteses ou há conceitos jurídicos próprios, ou as situações não se amoldam semanticamente ao núcleo de significação técnica da expressão, a conclusão a que se chega é a seguinte: *não há um terceiro sentido isolado, que pudesse ser preenchido de forma autônoma, para empregar a locução "não incidência"*. Trata-se de um pressuposto teórico muito relevante para esta obra, tendo em vista que a "não incidência" tem sido sacada à mão pelo legislador e pelos agentes do Fisco como um instrumento maleável para acobertar todas as situações conforme a conveniência de momento, lidando com esse conceito com uma elasticidade insustentável para moldá-lo conforme os interesses secundários do Poder Público.

Há outro sentido para a "não incidência" que não sejam esses dois? Não, sob o ângulo científico não há. Essa afirmação, porém, cria outro problema. O dispositivo constitucional do art. 155, § 2º, II, "a" e "b", preceitua, na sua literalidade, que *"a isenção ou não-incidência"* têm os efeitos mencionados de não gerar créditos futuros e implicar anulação de créditos passados. O verbete é esse: *"a isenção ou não-incidência"*. A que *"não-incidência"* então o constituinte se referiu? Seria a "não incidência constitucional" (imunidade)? A "não incidência legal" (isenção)? A "não incidência" de fatos alheios à tributação ("não incidência em sentido amplo")? Ou a "não incidência" envolvendo competência não plenamente exercida ("não incidência em sentido estrito")?

A única interpretação possível é a de que a "não incidência" ali mencionada foi tratada, de forma redundante, *como sinônimo de isenção.* Não pode ser a "não incidência constitucional", isto é, a imunidade, porque na imunidade o constituinte prescreveu, de forma expressa, que os créditos são mantidos, como se vê do art. 155, § 2º, X, "a". Se a "não incidência" do art. 155, § 2º, II, fosse equivalente nominal de "imunidade", haveria uma antinomia jurídica com o art. 155, § 2º, X, "a". Enquanto um prevê que a isenção *"ou não-incidência"*, salvo determinação em contrário da legislação, "não implicará crédito para compensação com o montante devido nas operações ou prestações seguintes" e "acarretará a anulação do crédito relativo às operações anteriores", o outro dispõe que "não incidirá" o ICMS "sobre operações que destinem mercadorias para o exterior, nem sobre serviços prestados a destinatários no exterior, assegurada a manutenção e o aproveitamento do montante do imposto cobrado nas operações e prestações anteriores". Há um dispositivo específico que versa sobre a "não incidência" como genuína imunidade constitucional, garantindo a manutenção dos créditos, de forma diametralmente oposta ao que veda o art. 155, § 2º, II. Portanto, essa hipótese está descartada.

Seria a "não incidência" investigada então sinônimo de "não incidência em sentido amplo"? A resposta é negativa também, na medida em que não teria lógica o constituinte veicular um enunciado prescritivo versando sobre o regime de créditos de ICMS para fatos que estão fora do campo de alcance do imposto. Se o art. 155, § 2º, II, cria uma regra diferenciada para o mecanismo da não cumulatividade de

ICMS, por certo que não estaria a cuidar ali de fatos inalcançáveis pelo ICMS. E o mesmo se diga da "não incidência em sentido estrito", dado que não haveria o constituinte de se preocupar em dispor sobre uma exceção à não cumulatividade para fatos em relação aos quais há competência deferida, mas que não foi sequer exercida ainda.

Só sobra a isenção. Note-se que o enunciado é "a isenção *ou não-incidência*". Não que se esteja a fazer uma interpretação literal, mas é importante perceber que a base textual não traz a vogal "a" antes da locução "*não-incidência*", o que, se houvesse, deixaria o preceito com a indicação clara de que seriam duas categorias distintas: "a isenção" ou "a não-incidência". O fato de não ter sido colocado o elemento diferenciador representado pelo artigo definido "a" sugere que a expressão "a isenção ou *não-incidência*" foi construída para enaltecer o termo "não-incidência" como simples aposto de "isenção", vale dizer, para dar-lhe o contexto de mero sinônimo, como conceito jurídico constitucionalmente estabelecido de modo equivalente ao de "isenção" para o fim de levar ao afastamento dos créditos para operações futuras e ao seu cancelamento quanto às operações passadas. Assim como se diz muitas vezes a "não incidência constitucionalmente qualificada" (na lição do Prof. Souto Maior Borges) como sinônimo de "imunidade", o termo "não incidência" do art. 155, § 2º, II, foi adotado como conceito correspondente ao de "isenção", também na terminologia de José Souto Maior Borges[159]. Até mesmo porque é frequente aparecer na legislação infraconstitucional o termo "não incidência" para estipular hipóteses isentas. De mais a mais, não há um outro sentido possível a ser empregado à "não incidência" ali mencionada, como se demonstrou, razão por que se pode concluir, com razoável nível de segurança, que o constituinte apenas incorreu em

159. *Teoria geral da isenção tributária*. 3. ed. São Paulo: Malheiros, 2011, *passim*.

pleonasmo ao colocar a expressão *"não-incidência"* logo após a palavra "isenção" nesse dispositivo.

Em síntese, não há um terceiro sentido possível a ser dado de forma autônoma à combinatória de palavras "não incidência".

II.2. A ANÁLISE DA LEGISLAÇÃO PARADIGMA DOS ESTADOS ELEITOS NESTE ESTUDO, COMO FORMA DE ENRIQUECER O TEXTO

O exame empreendido no tópico anterior, com todos seus subitens, teve por objetivo, como anunciado no início, trazer reflexões sistematizadas acerca dos aspectos gerais que marcam o ICMS, aspectos esses que, nessa condição, igualmente repercutem na cadeia econômica rural. Procurou-se, porém, não ficar na abstração das questões abrangentes desse imposto, fazendo desde logo a associação, sempre que possível, com os temas específicos do agronegócio. O resultado colhido até aqui revela que há muito a ser pensado acerca do ICMS-agro. As peculiaridades desse segmento reclamam análises mais individualizadas sobre como o modelo tributário global definido para o ICMS pode impactar a atividade rural.

Para que o texto ganhe corpo, consolidando sua intenção de trazer um viés diferenciado sobre a tributação estadual e municipal incidente sobre o agronegócio de forma consistente e preocupada com seus desdobramentos práticos, é o caso agora de investigar a legislação paradigma dos Estados eleitos neste escrito científico. Como destacado no capítulo anterior, não dá para se ter a pretensão de passar em revista todas as normas de todos os Estados para se concluir a partir desse esforço hercúleo qual é o ICMS que afeta o agronegócio brasileiro. Até mesmo porque, no modelo federativo em vigor, não seria exagero dizer que existem 27 sistemas tributários diferentes aplicáveis ao ICMS, se considerado o número de entes federativos. Portanto, sobre ser um despropósito examinar todo arcabouço de cada Estado, um estudo assim desenvolvido teria resultado útil questionável.

Daí a razão pela qual se definiu um plano de abordagem nesta pesquisa. Para que o estudo alcance frutos interessantes, descendo pragmaticamente às normas estaduais específicas voltadas ao agro, sem perder em consistência teórica, o critério adotado foi o de selecionar os Estados com maior "PIB" no agro, por ser presumível que onde o agronegócio ocupa uma posição de destaque na matriz econômica local, as respectivas legislações estarão mais bem aparelhadas para captar e disciplinar tais manifestações de riqueza. Seguindo as explicações e a metodologia declinada em tópico próprio do primeiro capítulo, foram pinçados, pela ordem, os três Estados do Centro-Oeste – Mato Grosso, Mato Grosso do Sul e Goiás – o Estado de Minas Gerais e a Bahia, uma já não tão nova fronteira agrícola, a qual é desenvolvida no Oeste de seu território e que se consolidou de forma pujante nos últimos anos.

Três últimas observações são necessárias antes de se passar para essa etapa. A primeira delas é a de que o exame a ser realizado não terá por objetivo fazer uma evidenciação, nas suas minúcias, de cada norma, de cada modelo estadual preordenado a reger a atividade agropecuária. O que se propõe é que o texto identifique *padrões normativos* no trato da matéria, sistematizando as regras básicas locais que versem sobre o "antes", o "dentro" e o "depois da porteira", adentrando, apenas quando o assunto exigir, em preceitos específicos que possam ilustrar melhor os problemas que o agro enfrenta.

A segunda advertência é a de que, por razões de ordem prática, a preferência recairá sobre os instrumentos aglutinadores das normas estaduais de ICMS, ou seja, seus respectivos regulamentos. Em vez de sair à cata de todas as leis locais que introduzem no sistema estadual preceitos de ICMS, o esforço se concentrará nos regulamentos, onde houver (em Goiás não há Regulamento de ICMS, mas Regulamento do Código Tributário Estadual), por ser razoável pressupor que tais veículos normativos organizam e concentram esses temas – sem se esquecer, é claro, que regulamento não pode criar direitos e deveres de forma inaugural, como enfatizou há muito tempo, com bastante propriedade, Oswaldo Aranha Bandeira de Mello.[160]

Por fim, nesta subdivisão do trabalho o estudo estará mais preocupado em somente detectar os subsistemas de ICMS aplicáveis ao agronegócio nesses cinco Estados do que tecer considerações críticas, ao modo de "comentários", pois o alvo da pesquisa não é esse. A escolha por se recortar a legislação paradigma tem por mira apenas dar ao texto uma maior concretude, de modo a compará-la com os enunciados situados em normas de superior hierarquia, em especial os de índole constitucional, além dos resultantes de leis complementares nacionais e de convênios entre os Estados, via CONFAZ.

II.2.1. A legislação do Estado de Mato Grosso

Na escolha de uma legislação paradigma do agronegócio para testar o raciocínio não poderia faltar, evidentemente, a de Mato Grosso. Esse Estado, de vasta extensão territorial e dotado de diversos biomas, tornou-se nas últimas décadas o maior produtor de grãos e de carne do País. As condições de relevo e climáticas fizeram com que os produtores mato-grossenses se tornassem responsáveis por uma parcela considerável das riquezas geradas em solo brasileiro, motivo pelo qual é indispensável em um estudo

160. *Princípios gerais de direito administrativo*. 2. ed. Rio de Janeiro: Forense, 1979, t. I, p. 357.

como este que sejam analisados os modelos tributários empregados por esse ente federativo para reger a atividade rural. Entretanto, se, de um lado, o agro mato-grossense é elogiável, de outro, as práticas fiscais adotadas localmente são conhecidas por serem confusas, incompreensíveis e muitas vezes abusivas. Basta lembrar do "artigo 87-J-9-1" do Regulamento anterior, todo remendado (Decreto 1.944/89). Ora, como é possível existir um dispositivo desse teor, que cria exceções à elevada potência, sem qualquer racionalidade legislativa?[161]

O Regulamento atual foi veiculado pelo Decreto 2.212, de 20 de março de 2014, estando embasado, na maior parte de suas disposições, na Lei 7.098, de 30 de dezembro de 1998. O exame aprofundado do RICMS/MT *acaba por confirmar a tese levantada*, no sentido de que *há subsistemas próprios* estaduais e municipais que repercutem sobre o agronegócio. Não só isso, ratifica também o que inicialmente era apenas um indício, de que *onde o agro é mais forte há uma preocupação maior* do ente federativo em dedicar uma disciplina mais detalhada a suas operações. Com efeito, o Regulamento de Mato Grosso contém *centenas de enunciados* que versam sobre a atividade agropecuária, sinal de que se trata de um segmento muito relevante para sua economia.

O RICMS/MT é formado por 1.060 artigos na parte envolvendo as "disposições permanentes", além de 11 (onze) anexos em vigor, cada um deles também apresentando dezenas ou até centenas de dispositivos. O Livro I diz respeito à "Parte Geral", sendo desmembrado em Título I ("Do Imposto"), Título II ("Da Sujeição Passiva"), Título III ("Da Obrigação Principal"), Título IV ("Das Obrigações

161. Tamanha a complexidade da legislação local, inclusive da em vigor, que a Secretaria de Estado de Fazenda tem um projeto de reforma do ICMS mato-grossense em estudo com a Fundação Getulio Vargas. Disponível em: https://www5.sefaz.mt.gov.br/-/sefaz-e-fgv-retomam-trabalho-da-reforma-do-icms. Com a aprovação da Reforma Tributária, porém, a tendência é a de que esse projeto não vá adiante.

Acessórias"), Título V ("Da Sujeição Passiva por Substituição Tributária e do *Diferimento* do Imposto"), Título VI ("Das Obrigações Especiais e de Terceiros"), Título VII ("Dos Sistemas Aplicados a Diversas Atividades Econômicas"), Título VIII ("Da Regra, Autorização e Medidas Incomuns"), Título IX ("Da Mora e das Penalidades") e Título X ("Da Fiscalização"). O Livro II, por sua vez, trata da "Parte Processual", ao passo que o Livro III cuida "Das Disposições Finais e dos Anexos". Cada livro é subdividido em capítulos, seções e subseções. E os anexos aprofundam-se em determinados temas, como a classificação nacional de atividades econômicas – CNAEs, o código fiscal de operações e prestações – CFOPs e a codificação da situação tributária – CSTs, entre outros assuntos. Para esta pesquisa interessam os Anexos IV ("Das Operações e Prestações Alcançadas por Isenção de ICMS"), V ("Das Operações e Prestações Alcançadas por *Redução de Base de Cálculo"*), VI ("Das Operações e Prestações Alcançadas por *Créditos Fiscais, Outorgados e Presumidos"*), VII ("Das Operações e Prestações Alcançadas pelo *Diferimento* do ICMS") e X ("Das Normas Específicas Relativas ao Regime de *Substituição Tributária,* Aplicadas a Segmentos Econômicos").

É claro que não é intenção aqui falar do Regulamento do ICMS de Mato Grosso como um todo. O que interessa à pesquisa é recortar, de todo esse amplo diploma legislativo, os aspectos que tocam ao agronegócio de forma mais direta. Apesar de ser essa a intenção, é preciso deixar registrado, porém, que das legislações selecionadas a de Mato Grosso é a mais complexa e extensa, motivo pelo qual ela servirá como uma espécie de *paradigma entre as paradigmas,* reclamando considerações mais alongadas neste subitem, até para que, no exame dos textos normativos dos outros quatro Estados, o enfrentamento possa ser mais breve e direto.

E nessa direção se percebe que o legislador estadual, talvez mesmo que inconscientemente, reafirmou a técnica aplicável ao agro de segregar a cadeia em "antes", "dentro" e "depois da porteira", sempre levando em conta o produtor rural ao meio. Nos preceitos regulamentares há normas específicas voltadas à fase de fornecimento de insumos, à produção em si e à etapa de aquisição, transformação e comercialização desses produtos. Mais ainda, tanto é verdade que o agronegócio mereceu uma atenção diferenciada que, logo de início, o Regulamento se preocupou em trazer os mandamentos diretamente aderentes a essa atividade, como se vê dos capítulos envolvendo a "Não-Incidência" (arts. 5º a 11), os "Benefícios Fiscais" (arts. 12 a 16), a "Isenção" (arts. 17 a 19) e a "Suspensão do Imposto" (arts. 20 e 21). Por certo que, acaso o agro fosse secundário naquela localidade, o Regulamento teria deixado para tratar desses temas mais para o final do diploma normativo; se o fez já nos primeiros dispositivos é um indicativo de que houve uma preocupação em dar o devido destaque a esse segmento. Outro aspecto confirmado pela pesquisa são os sentidos que o RICMS/MT emprega semanticamente às expressões "não incidência" e "diferimento". Em relação à primeira, ora a trata como imunidade decorrente de exportações diretas, ora como imunidade oriunda de exportações indiretas. Já as acepções adotadas em torno do "diferimento" passam ou por uma isenção condicionada, ou então como uma real hipótese de substituição tributária "para trás".

II.2.1.1. Os critérios da regra-matriz do ICMS-rural, segundo o RICMS/MT

Buscando o equilíbrio entre a exposição do modelo de ICMS definido em Mato Grosso para o agro e o cuidado para não cair no detalhamento exacerbado, é preciso traçar um plano de abordagem para análise da matéria. O plano definido é esse: primeiro, seguir os critérios da regra-matriz de incidência naquilo que a legislação local traz de específico; após, esboçar as regras que envolvem as "categorias desonerativas em sentido amplo" (expressão pensada para que seja averiguada a forma com que o Estado trata no âmbito interno a imunidade tributária das exportações), de maneira a checar o modo pelo qual o comportamento dos agentes dessa atividade econômica foi fixado em termos prescritivos.

No critério material, ao tratar da "incidência" (art. 2º), o legislador não fez nenhuma referência específica que merecesse destaque, apenas reproduzindo as disposições da Lei Kandir. No art. 4º, porém, ao mencionar o "fato gerador", o Regulamento estabeleceu que se considera "saída" do estabelecimento (no sentido de fato tributável) o ato "de quem promover o abate, a saída da carne e de todo o produto da matança do gado abatido em matadouro, público ou particular, não pertencente ao abatedor" (inciso I, "a").

Sob o ângulo do critério espacial igualmente não existe preceito diferenciado que merecesse comentário, de tal maneira que esse vetor normativo é orientado pelo modal "genérico", isto é, considera-se uma operação tributável aquela realizada em qualquer ponto do território estadual.[162]

No que concerne ao critério temporal, no entanto, há uma previsão no Regulamento que deve ser examinada. O Livro I ("Parte Geral"), Título III ("Da Obrigação Principal"), Capítulo VI ("Dos Regimes de Apuração e do Pagamento do Imposto"), dispõe no art. 132 que ficam obrigados a apurar e recolher o imposto "a cada operação ou prestação" os "produtores rurais", quando promoverem "saídas interestaduais" de (i) algodão (em caroço, pluma e assemelhados), (ii) aves (vivas, abatidas e suas carnes, frescas, refrigeradas ou congeladas), (iii) arroz (em casca ou beneficiado), (iv) café (cru, em coco ou grão), (v) couro ou pele (em estado fresco ou não), (vi) feijão, (vii) gado em pé, carnes e miudezas comestíveis (das espécies bovina,

---

162. CARVALHO, Paulo de Barros. *Curso de direito tributário*. 33. ed. São Paulo: Noeses, 2023, p. 295-296.

bufalina, suína, ovina e caprina), (viii) girassol, (ix) látex, (x) madeira (*in natura* ou de madeira serrada, inclusive lenha), (xi) milho, milheto e sorgo e (xii) soja (em grão, em farelo ou óleo). Ou seja, pela lógica da regra estabelecida, sempre que o produtor vender para outro Estado um desses produtos (que abrangem os principais do agro), o critério temporal assenta-se na premissa de que o imposto repercutirá no momento de cada operação, carga a carga. Entretanto, *seguindo a tônica quase sempre observada na legislação rural,* o art. 132, § 2º, preconiza que essa obrigação "poderá ser dispensada, mediante obtenção de regime especial". Para consegui-lo, o produtor tem que estar estabelecido no Estado há pelo menos oito meses, ter recolhido nos últimos seis meses, a cada mês, valor não inferior a 380 UPFs-MT (unidade de padrão fiscal) de ICMS *"e/ou"* de FETHAB, ser detentor de certidões negativas e, é claro, "formalizar opção pelo recolhimento da contribuição ao Fundo de Transporte e Habitação – FETHAB", bem como aos fundos correlatos (§ 3º). A interrupção dos pagamentos ao FETHAB, por sua vez, "implica a imediata suspensão da aplicação do regime especial" (§ 9º-B). Como se está a ver, é a velha prática conhecida, segundo a qual o Poder Público dá com uma mão, para tirar com a outra. Não é o caso ainda de investigar o FETHAB, algo que será feito adiante. Todavia, fica o registro de que, sem pagar o FETHAB, não há regime especial a ser respeitado nas vendas interestaduais do produtor.

Cabe agora o exame do critério quantitativo, algo bastante relevante para o agro mato-grossense, inclusive com relação ao sistema não cumulativo. No mesmo livro e título do Regulamento o Capítulo II se dedica à "Base de Cálculo". O art. 72, I, contempla regra de acordo com a qual a base de cálculo do ICMS, nas operações de saída de mercadorias, é o *"valor da operação"*. Tratando-se de hipótese de substituição tributária, a base será, no que concerne às operações *antecedentes* ou concomitantes, o valor da operação praticada pelo contribuinte substituído, cabendo ao substituto recolher o imposto, mesmo que sua saída seja isenta ou não tributada (art. 81, I, c/c § 2º, I). Eis a genuína sistemática do diferimento (ou substituição tributária "para trás") operando, pressupondo a incidência da exação.

Adiante, nos termos do art. 88, o *"valor mínimo"* das operações ou prestações *"poderá ser fixado em pauta"* expedida pela Secretaria de Estado de Fazenda, a qual poderá ser modificada a qualquer tempo, para inclusão ou exclusão de mercadorias, cabendo ao contribuinte, se discordar, comprovar a exatidão do valor por ele declarado. Não cabe aqui ainda passar às observações críticas a serem feitas a esses modelos de presunções veiculados para o agronegócio, porque o escopo nesta altura do trabalho é somente identificar o subconjunto do ICMS-agro em Mato Grosso. A despeito disso, fica gravado, desde logo, o descabimento de tal prática.[163]

Já quanto às alíquotas, será de 17% nas operações internas e de 12% nas interestaduais, conforme o art. 95. Todavia, o mesmo dispositivo prevê uma exceção para as operações internas com alguns produtos rurais, dispondo que será aplicável também a alíquota de 12% com arroz, feijão, farinha (de trigo, mandioca, milho ou fubá), aves (vivas ou abatidas, suas carnes e miudezas comestíveis), carnes e miudezas comestíveis (de bovinos, bubalinos, suínos, ovinos e caprinos), banha de porco, óleo de soja e açúcar (cristal ou refinado).

O Capítulo V, por seu turno, versando sobre a "Não-Cumulatividade", prescreve no art. 103 regra similar à prevista na Lei Complementar 87/96 acerca da sistemática de créditos e débitos, inclusive a de que não dão direito a crédito as entradas resultantes de operações *"isentas"* ou *"não tributadas"*. O mesmo se diga quanto à vedação do art. 116 para a integração ou consumo em processo de

163. Súmula 431/STJ: "é ilegal a cobrança de ICMS com base no valor da mercadoria submetido ao regime de pauta fiscal".

industrialização ou produção rural, quando a saída do produto resultante não for tributada ou for isenta. Igualmente ainda não é o momento de adentrar nos reflexos dessas vedações para o agro, o que será feito em trecho próprio deste texto. Prosseguindo na análise, o art. 110 estabelece que, em substituição a esse sistema de créditos e débitos, "poderá ser facultado ao contribuinte a compensação de importância resultante da aplicação de percentagem fixa". O art. 120, por sua vez, prescreve que fica vedado o aproveitamento de crédito de ICMS incidente nas aquisições interestaduais de soja em grão, "cuja entrada no território mato-grossense não estiver acompanhada de certificação e aprovação do produto pelo Instituto de Defesa Agropecuária do Estado de Mato Grosso – INDEA/MT". Ora, uma coisa é a legítima preocupação das autoridades sanitárias com o combate à inserção em seu território de plantas, sementes e grãos potencialmente danosos no quesito transmissão de doenças; outra, completamente diferente, é a garantia de apropriação de crédito decorrente de norma constitucional, não sendo lícito vedar o crédito de ICMS sem amparo em regra excepcionadora da Constituição, da Lei Kandir ou mesmo de convênio do CONFAZ. Em poucas palavras: no âmbito exclusivamente tributário, não compete ao Estado dispor, individualmente, sobre exceções, mesmo que louváveis sob a ótica sanitária.

Para fechar a parte envolvendo o campo da regra-matriz do ICMS-atividade rural em Mato Grosso, falta falar da sujeição passiva. Esse é um aspecto que merece uma reflexão mais detida, dada a tríade da cadeia do "antes", "dentro" e "depois da porteira", bem como no que diz respeito às questões envolvendo o "diferimento". O Livro I, Título II, dedica-se à "Sujeição Passiva". O Capítulo I trata "Do Contribuinte", atribuindo a essa figura a disciplina segundo a qual contribuinte é "qualquer pessoa, física ou jurídica, que realize, com habitualidade, operações de circulação de mercadorias", entre outras operações. Daí se percebe que contribuinte do ICMS-agro pode ser o produtor rural pessoa física ou jurídica, por preencher os critérios conotativos da norma geral e abstrata. E tanto assim é que o art. 23, I, reafirma essa tese, incluindo como contribuinte *"o produtor"*, além da "cooperativa" (inciso III), que nada mais é do que uma sociedade de pessoas.

Complementa essa normatização o art. 808, inserido que está no Título VII ("Dos Sistemas Aplicados a Diversas Atividades Econômicas"), Capítulo VIII ("Do Tratamento Conferido aos Produtores Primários"), pelo qual o RICMS/MT prescreve que os produtores primários são "as pessoas físicas que se dedicam à atividade agropecuária ou extrativa vegetal", os quais são divididos "em função do seu faturamento no exercício anterior" entre microprodutor rural, ou seja, aquele cujo total do faturamento foi igual ou inferior a 5.350 UPFs-MT, enquanto produtor rural é o que teve no ano imediatamente anterior faturamento superior a esse montante, vigente em janeiro do ano de referência.[164] A grandeza eleita pelo dispositivo foi o "faturamento", que só se realiza quando há venda de mercadorias. Assim, gado no pasto ou grão armazenado não são critérios para se classificar o indivíduo em "micro" ou "produtor rural". Outrossim, é importante registrar que, "independentemente de seu faturamento, o produtor primário, quando for optante pelo aproveitamento de crédito, terá o tratamento de produtor rural e suas operações serão submetidas à tributação" (art. 808, § 1º). Nota-se aqui uma questionável norma indutora, na qual o Estado tenta forçar o produtor a não "optar" por ter créditos de ICMS.

Ainda sobre a figura do produtor, o Regulamento trouxe mais algumas previsões importantes. Voltando ao Livro I, Título II, o legislador previu no Capítulo IV ("Do

164. A UPF-MT (Unidade de Padrão Fiscal) em setembro de 2024 ficou em R$ 240,19, de sorte que o faturamento anual previsto nessa data como divisor é de R$1.285.016,50. Disponível: https://www5.sefaz.mt.gov.br/upf-mt.

Estabelecimento") que serão consideradas para fins fiscais como um único estabelecimento "todas as unidades produtoras rurais, pertencentes ao mesmo titular, pessoa física, localizadas no território de um mesmo município" (art. 53). O art. 57 considera como industrial o estabelecimento produtor que industrializar a sua produção agropecuária ou extrativa, designando como produtor primário a pessoa física que se dedique à produção agrícola ou extrativa "em estado natural". Porém, independentemente de "qualquer manifestação do fisco", fica "equiparado" aos estabelecimentos comerciais ou industriais, no que concerne ao cumprimento das obrigações fiscais, o estabelecimento produtor primário "interessado no aproveitamento dos créditos do imposto relativo às entradas tributadas de insumos empregados na produção agropecuária" (art. 57, parágrafo único). Eis aqui, mais uma vez, o legislador estadual induzindo o produtor a não "optar" por tomar créditos de ICMS, em tom ameaçador.

Se essas são as normas catalogadas pelo Regulamento para o "dentro da porteira", é claro que não haveria de falhar o veículo normativo quanto ao "antes" e ao "depois". Como o produtor rural está no centro, para a fase do "antes da porteira" (isto é, para a cadeia de fornecimento de insumos) aplicar-se-á, em havendo previsão específica, a "substituição tributária para frente", de maneira que a indústria de insumos já recolha de forma antecipada os impostos incidentes ao longo do ciclo econômico, ao passo que para quem está no "depois da porteira" (ou seja, a agroindústria ou o exportador adquirentes dos produtos gerados pelo pecuarista ou pelo agricultor) será adotada, conforme o caso, a "substituição tributária para trás", com a retenção do imposto devido pelo produtor e consequente recolhimento. Em síntese, *para o "antes", a substituição "para frente"; para o "depois", a "para trás"*. Como a denominada "substituição tributária para trás" é admitida pelo ordenamento no art. 128 do Código Tributário Nacional e como a "substituição tributária para frente" foi tida como constitucional há muitos anos pelo Supremo Tribunal Federal, e também sem partir aqui para ponderações científicas acerca da procedência ou não do termo "substituição", essa é uma forma expositiva clara de colocar o tema.

Os arts. 45, 46 e 47 do Regulamento estão dispostos no Capítulo II ("Do Responsável"), Seção II ("Do Substituto"). De acordo com o art. 45, I, fica atribuída a condição de "substituto tributário" ao industrial, comerciante ou outra categoria de contribuinte, pelo pagamento do imposto devido "na operação ou operações anteriores". Esse sim o respaldo na legislação local para a substituição tributária "para trás", que indica um genuíno "diferimento" na cadeia agropecuária sob a perspectiva do produtor. O mesmo se diga quanto ao art. 46, ao fixar a responsabilidade pelo pagamento do imposto devido nas remessas de mercadoria do produtor para a cooperativa da qual faça parte, colocando o dever legal na cooperativa. Em havendo remessa de mercadorias do produtor para uma cooperativa, a cooperativa, fazendo a comercialização, fará o pagamento do ICMS devido por ele, estando a cooperativa "sujeita ou não ao pagamento do imposto". Igualmente o art. 47 estatui verdadeira regra de substituição tributária "para trás", ao prescrever que o contribuinte que realize operação com saída para outro Estado, para estabelecimento industrial ou comercial, para consumidor final ou ainda que fizer industrialização será considerado substituto tributário "relativamente ao imposto devido nas anteriores saídas de produto agropecuário", mesmo que a saída da mercadoria do adquirente esteja amparada por não incidência ou isenção (art. 47, VIII, "a" a "f", c/c § 1º, II).

O Livro I, Título V, do Regulamento dedica-se ao seguinte: "Da Sujeição Passiva por Substituição Tributária e do Diferimento do Imposto". O Capítulo I cuida "Da Sujeição Passiva por Substituição Tributária", sendo de se destacar o art.

448, o qual tem previsão relevante no inciso I, ao dispor que o imposto será pago "no momento da entrada no estabelecimento", localizado no Estado, de comerciante, industrial, cooperativa ou outra pessoa jurídica, contribuinte de ICMS, "em relação às saídas de mercadorias promovidas por produtor mato-grossense". A disciplina dada pela norma recai sobre a relação entre produtor e agroindústria (do "dentro" para o "depois da porteira"), pressupondo atos jurídicos de comercialização de produtos rurais do agropecuarista para comerciantes, indústrias ou cooperativas, os quais ficam responsáveis pela retenção e recolhimento do ICMS "no momento da entrada no estabelecimento".

Falta o polissêmico "diferimento", na forma em que disciplinado pelo RICMS/MT. Como já adiantado, a legislação ora trata o diferimento como verdadeira hipótese de substituição tributária "para trás", ora como inquestionável isenção condicionada – aliás, na maioria das vezes é essa última a hipótese. O art. 573 (inserido no Livro I, Título V, Capítulo VII – "Do Diferimento do Imposto") prescreve que o contribuinte que "optar pela utilização do diferimento", na forma prevista nos arts. 1º, 3º, 4º a 7º, 9º a 14 e 17 do Anexo VII, deverá "formalizar sua opção" junto ao Fisco, mediante apresentação de "declaração unilateral de vontade". Havendo diferimento caberá ao contribuinte usar os documentos fiscais apropriados, mas "sem destaque do imposto", nos quais constarão a expressão "ICMS diferido". Ora, mas que ICMS fica "diferido", fica postergado, se não houver um recolhimento efetivo do ICMS incidente sobre a operação de venda do produtor ao adquirente? O que faz a legislação, isso sim, é criar isenções condicionadas nessa etapa da cadeia, condicionada, entre outras situações, à regularidade do remetente e do adquirente, a qual, se descumprida, aí sim implicará na exigência do imposto de forma retroativa. Os arts. 577 a 579 reforçam que o pressuposto do "diferimento" é a regularidade fiscal dos agentes envolvidos.

A Seção III tem a alcunha "Da Interrupção do Diferimento e do Pagamento do ICMS Diferido", prescrevendo o art. 580 que interrompem o diferimento (i) a saída da mercadoria com destino a consumidor final; (ii) a saída da mercadoria cujo remetente ou destinatário não estejam em situação cadastral e fiscal regulares; (iii) "qualquer outra saída ou evento que impossibilite o lançamento do imposto nos momentos expressamente indicados"; (iv) ou a emissão de nota fiscal com destaque do imposto. Pelo que se colhe do enunciado, salvo a exigência de regularidade fiscal, a ideia é a de que o ICMS incida apenas na ponta, na última operação a ser realizada diretamente com o consumidor, de tal modo a que não produza efeitos em todas as etapas antecedentes. Acontece que isso tem um nome: isenção. *Dizer que a última etapa da operação será tributada não significa dizer que nas várias etapas anteriores não tenha havido isenção.* Seria verdadeiro "diferimento" se cada imposto incidente ao longo da cadeia fosse descontado do contribuinte substituído e recolhido posteriormente pelo adquirente substituto. Não é isso, porém, o que acontece, como insistentemente tem sido afirmado.

O próprio Regulamento ratifica esse raciocínio. De acordo com o art. 580, § 2º, não se incluem "no disposto no inciso III", ou seja, "qualquer outra saída que impossibilite o lançamento do imposto nos momentos expressamente indicados", as operações internas para emprego em processo industrial e as sucessivas saídas internas com destino a novo processo industrial, de produto resultante da industrialização anterior, sendo certo que "o lançamento do imposto será efetuado pelo estabelecimento que promover a saída do produto final acabado" (§ 3º). Eis a confirmação, em tudo e por tudo, de que não há diferimento algum nessa hipótese, mas uma única incidência, tomando em conta a base de cálculo do último agente da cadeia, que pagará o seu próprio ICMS da operação.

A legislação contempla ainda hipóteses de "dispensa de pagamento". A primeira delas é a que envolve remessas para o exterior (na verdade, isso decorre de imunidade tributária), além da produção de leite pasteurizado e doações ao Estado, na forma dos arts. 7º e 35 do Anexo IV. Não só, até 31 de dezembro de 2032, as saídas internas de farelo de soja e de farelo de milho para alimentação humana ou animal, bem como de arroz e feijão ficam "dispensadas" desse pagamento, o que só reforça a convicção de se tratar de uma hipótese de isenção, mesmo que o legislador não queira assim designá-la.[165]

Enfim, ocorrido o "momento do lançamento do imposto diferido", caberá ao estabelecimento fazer o pagamento "correspondente às saídas anteriores", em um único recolhimento, o qual englobará o "imposto devido pela operação tributada que realizar", nos termos do art. 583. Entretanto, como já destacado, não há operação tributada nas etapas anteriores. A revelar que o legítimo diferimento é outra coisa, o art. 585 prescreve que, em situações excepcionais devidamente ajustadas via termo de acordo, poderá ser fixada a "responsabilidade por substituição antecedente, mediante diferimento". Portanto, o próprio Estado admite que substituição antecedente e o real diferimento andam de mãos dadas.

O Anexo VII traz regras complementares ao diferimento. Exige-se que o produtor renuncie a quaisquer créditos, impedindo o gozo de "qualquer outro benefício fiscal" aplicável à mercadoria, e que aceite a adoção, como base de cálculo, dos valores fixados em pauta pelo Estado. A aplicabilidade do diferimento nas transações realizadas

---

165. Para que a tal "dispensa" seja aplicada, o Regulamento exige a regularidade da operação e da situação fiscal do contribuinte, bem como o recolhimento ao "Fundo Estadual de Equilíbrio Fiscal" do Estado (Lei 10.709/18) e ao "Fundo de Apoio às Ações Sociais de Mato Grosso" (Lei 10.932/19). Como esses "fundos", de duvidosa constitucionalidade, escapam ao objeto deste trabalho, eles não serão analisados.

pelos produtores abarca vendas interestaduais, vendas destinadas à exportação, para estabelecimento comercial ou industrial ou que resultem de produto beneficiado ou industrializado. Com esses condicionantes o Regulamento admite no Anexo VII o diferimento. *Em nenhuma das hipóteses do referido anexo se prevê retenção e recolhimento futuro do ICMS pelo adquirente,* de tal maneira que, a despeito do *nomen iuris* "diferimento", trata-se de uma isenção na operação realizada. E como o longo rol demonstra, nesse anexo o Estado coloca praticamente todos os produtos do agro debaixo da capa do "diferimento", tanto no "dentro da porteira", como também para algumas importações envolvendo o "antes" (cadeia de insumos).[166]

II.2.1.2. As categorias desonerativas do RICMS/MT aplicáveis ao agro

Para finalizar essa análise, justificadamente mais detida, cabem agora algumas considerações sobre as categorias desonerativas, uma vez encerrado o exame dos critérios da regra-matriz do ICMS-agro em Mato Grosso. O Estado, como se viu, dispensa vários dispositivos para regulamentar a "sujeição passiva", aí incluídas as posições de contribuinte, de substituto tributário e as hipóteses de "diferimento". Contudo, especificamente quanto ao "diferimento", a essência do modo com que o tema é tratado indica a existência de verdadeiras isenções. Nada obstante isso, o fato é que a legislação traz regras específicas sobre a

---

166. Pela ordem, eis os produtos: (i) algodão (em caroço, em pluma e fibrilha de algodão), (ii) arroz (em casca e casca de arroz), (iii) amendoim, (iv) mamona, (v) milheto, (vi) sorgo, (vii) mandioca, (viii) palmito, (ix) cacau, (x) castanha-do-Pará, (xi) guaraná, (xii) mel, (xiii) café (cru, em coco ou em grão), (xiv) feijão, (xv) milho, (xvi) semente de girassol, (xvii) soja, (xviii) importação de trigo, (xix) cana-de-açúcar, (xx) madeira (*in natura*, lenha e seus resíduos), (xxi) gado em pé (de qualquer espécie), (xxii) aves vivas, (xxiii) couro (em estado fresco, salmourado ou salgado), (xxiv) leite (cru, pasteurizado ou reidratado), (xxv) importação de insumos agropecuários (como inseticidas, fungicidas, rações e sementes) e (xxvi) nas operações internas com adubos.

isenção propriamente dita, como se verá. Logo, a investigação dessa e de outras categorias desonerativas é estratégia que pode enriquecer o estudo.

O Livro I, Título I, Capítulo III, trata da "Não-Incidência" (arts. 5º a 10). O art. 5º, II, c/c §§ 3º a 9º, enquadra como "não-incidência" operações "que destinem ao exterior mercadorias, inclusive produtos primários e produtos industrializados semielaborados". A legislação equipara a essas operações a "saída de mercadoria realizada com o fim específico de exportação", destinada a empresa comercial exportadora, inclusive *tradings*, e a armazém alfandegado ou entreposto aduaneiro. A "não-incidência" se aplica à prestação de serviço de transporte referente ao trajeto nacional até o porto de embarque, mas não se estende a eventual remessa dentro do território nacional. O art. 6º reporta-se à "não-incidência" como uma "desoneração" – corroborando o conceito tratado neste texto, embora nessa parte focando a desoneração imposta pelo constituinte – condicionando-a à regularidade fiscal e ao cumprimento de deveres instrumentais. A remessa de produtos primários efetuada por produtores rurais a empresas exportadoras recebe o nome de "suspensão", não sendo exigível o tributo (art. 6º, § 5º). A mesma nomenclatura é usada quanto às remessas de mercadorias para formação de lote em porto de embarque ou armazém não alfandegado situados em outra unidade federada com fim de exportação (art. 7º, §§ 1º e 2º). No caso dos produtos do agro, a prova da exportação deve ser feita em até 180 dias das remessas, salvo no caso do algodão em pluma, para o qual se admite prazo de 300 dias. Esgotado esse período, o imposto será exigido, por ausência de prova (art. 9º, § 9º).

As regras sintetizadas no parágrafo anterior demonstram bem que, nada obstante o Regulamento adote as expressões "não-incidência" e "suspensão", o conteúdo de tais mandamentos enquadram-se na categoria desonerativa *imunidade*, que tem base constitucional. As exportações de mercadorias, inclusive do agronegócio, são imunes, em virtude do art. 155, § 2º, X, "a", da Carta da República. E a imunidade deve ser observada não só no que concerne às exportações diretas, isto é, na venda específica do exportador para o adquirente situado em território estrangeiro, como também nas transações antecedentes que levam à exportação, denominadas exportações indiretas, algo bastante claro em se tratando de *commodities* agropecuárias, saindo o produto do campo para os portos, até pela extensão da norma constitucional de que a imunidade compreende as "operações que *destinem* mercadorias" ao exterior.[167]

O Capítulo V, intitulado "Das Disposições Comuns à Aplicação de Benefícios Fiscais", apoiado em boa medida no art. 1º da Lei Complementar 24/75, apresenta características interessantes para este trabalho, sobretudo por aglutinar, em um único dispositivo, tudo aquilo que a legislação considera como "benefícios fiscais". Eis o seu teor:

> Art. 12. Os benefícios fiscais serão concedidos ou revogados na forma e atendendo às disposições estabelecidas no artigo 155, § 2º, inciso XII, alínea *g*, da Constituição Federal.
>
> § 1º Ressalvada disposição em contrário, para os fins deste regulamento, nas referências nele efetuadas a 'benefícios fiscais' estão compreendidas as seguintes espécies:
>
> I – isenção;
>
> II – redução da base de cálculo;
>
> III – manutenção de crédito;
>
> IV – devolução do imposto;
>
> V – crédito outorgado ou crédito presumido;
>
> VI – dedução de imposto apurado;

167. "O melhor discernimento acerca do alcance da imunidade tributária nas exportações indiretas se realiza a partir da compreensão da natureza objetiva da imunidade, que está a indicar que imune não é o contribuinte, 'mas sim o bem quando exportado', portanto, irrelevante se promovida exportação direta ou indireta" (RE 759.244-RG. Tribunal Pleno. Rel. Min. Edson Fachin. *DJe* 25.03.2020).

VII – dispensa do pagamento;

VIII – dilação do prazo para pagamento do imposto, inclusive o devido por substituição tributária, em prazo superior ao estabelecido no Convênio ICM 38/88, de 21 de outubro de 1988, e em outros acordos celebrados no âmbito do CONFAZ;

IX – antecipação dos prazos para apropriação do crédito do ICMS, correspondente à entrada de mercadoria ou bem e ao uso de serviço, previstos nos artigos 20 e 33 da Lei Complementar Federal nº 87, de 13 de setembro de 1996;

X – financiamento do imposto;

XI – crédito para investimento;

XII – remissão;

XIII – anistia;

XIV – moratória;

XV – transação;

XVI – parcelamento em prazo superior ao estabelecido no Convênio ICM 24/75, de 5 de novembro de 1975, e em outros acordos celebrados no âmbito do CONFAZ;

XVII – outro benefício ou incentivo, sob qualquer forma, condição ou denominação, do qual resulte, direta ou indiretamente, a exoneração, dispensa, redução, eliminação, total ou parcial, do ônus do imposto devido na respectiva operação ou prestação, mesmo que o cumprimento da obrigação vincule-se à realização de operação ou prestação posterior ou, ainda, a qualquer outro evento futuro.

§ 2º Para os fins da legislação tributária mato-grossense, inclusive para fins de cumprimento de condições de fruição e de obrigações acessórias, não será tratado como "benefício fiscal" o diferimento do imposto, exceto quando expressamente assim considerado.

É curioso o modo pelo qual o Regulamento pretendeu referir-se aos "benefícios fiscais". Usando a forma tabular, buscou o legislador esmiuçar, taxativamente, quais são os benefícios fiscais existentes naquele Estado. Nas palavras do Prof. Paulo de Barros Carvalho, "se constrói uma classe ou conjunto enumerando os indivíduos que a compõem ou indicando as notas ou nota que o indivíduo precisa ter para pertencer à classe ou conjunto", sendo certo que a primeira é a forma tabular, ao passo que a outra é a forma-de-construção.[168]

Ocorre que, embora tenha sido esse o mote, o inciso XVII acaba por deixar uma porta aberta, desconstruindo a fórmula, ao prever que qualquer outro benefício ou incentivo, "sob qualquer forma, condição ou denominação", será entendido também como um benefício fiscal. Do rol do art. 12 os que este estudo classifica como categorias desonerativas são a isenção, a redução da base de cálculo, o crédito outorgado e o crédito presumido. Os demais, embora importantes, extrapolam os limites da pesquisa. Chama atenção o § 2º, de acordo com o qual o diferimento do imposto não será tratado como "benefício fiscal". Não o será quando assumir a feição típica de substituição tributária "para trás", mas nas circunstâncias em que denote genuína isenção, há de se enquadrar sim. Além dessa regra, outra a ser destacada é a do art. 14, III, c/c § 1º-A, I, ao prescrever que a fruição de um benefício fiscal fica condicionada à manutenção da regularidade fiscal pelo beneficiário, para cuja caracterização exigem-se "os recolhimentos das contribuições aos fundos estaduais, conforme disposto na legislação". Eis aqui, uma vez mais, os "fundos do agro" mostrando sua face.

O Capítulo V cuida "Das Operações e Prestações Alcançadas por Isenção do ICMS". O art. 17 limita-se a prever que ficam isentas as operações indicadas no Anexo IV. Em todos esses casos fica vedada a tomada de créditos na entrada de operações tributadas, como, aliás, prevê a Constituição.[169]

---

168. *Direito tributário:* fundamentos jurídicos da incidência. 10. ed. São Paulo: Saraiva, 2015, p. 145-146.

169. São isentas em Mato Grosso, de acordo com o Anexo IV: (i) as operações internas com arroz e feijão (art. 2º); (ii) as internas e interestaduais de hortifrutigranjeiros em estado natural (art. 4º); (iii) as internas e interestaduais de peixes e carne de jacaré (arts. 5º e 6º); (iv) as internas com leite pasteurizado do varejista para o

No Anexo V o Regulamento dispõe sobre as "Operações e Prestações Alcançadas por Redução de Base de Cálculo". Dos aspectos já não contemplados por isenções, a legislação estabelece no art. 3º que nas saídas interestaduais de carne e produtos comestíveis desse gênero a base de cálculo do ICMS fica reduzida a 58,33% do valor da operação, ficando vedado o aproveitamento integral do crédito do imposto na entrada no estabelecimento, quando tributada, do produto ou dos insumos empregados. Já nas operações internas com os mesmos produtos a base de cálculo é de 16,667%. (art. 3º-A). Na venda do leite do laticínio para o varejista há uma redução de 50% da base de cálculo (art. 4º), ao passo que para os industriais de produtos da mandioca a base de cálculo é de 58,824% nas vendas internas e de 41,666% nas interestaduais (art. 5º) e para o trigo a base nas operações internas é de 47,88% (art. 6º). O Regulamento prevê também hipóteses de redução de base de cálculo para operações com máquinas e implementos agrícolas (arts. 25 e 26). Nas saídas interestaduais com insumos agropecuários (inseticidas, fungicidas, vacinas, rações, calcário, gesso, sementes certificadas etc.) a base de cálculo fica reduzida para 40% (lembrando que nas operações internas há isenção), nos moldes do art. 30, à exceção do farelo e da "torta" de soja, do milho destinado à ração, e a aveia e farelo de aveia igualmente voltadas à alimentação animal, para cujos produtos a base de cálculo é de 70% (art.

---

consumidor final (art. 7º); (v) as operações com reprodutores e matrizes, mesmo que não tenham atingido ainda maturidade para reproduzir, de animais *vacuns*, bufalinos, ovinos e suínos puros de origem ou puros por cruza (art. 111); (vi) a importação de caprinos de comprovada superioridade genética (art. 112); (vii) as vendas internas e interestaduais de embriões e sêmens de animais bovinos, suínos, ovinos e caprinos (art. 113); (viii) saídas internas de mudas de plantas, exceto ornamentais (art. 114); (ix) e as saídas internas de insumos agropecuários (para pecuária, apicultura, avicultura e outros), dentre eles, inseticidas, fungicidas, vacinas, rações, calcário, gesso, sementes certificadas (tanto no campo de produção, quanto no beneficiador, mas desde que para semeadura), sorgo e milheto destinados à alimentação animal, sal mineralizado, esterco, farelo e "torta" de soja (uma espécie de ração), milho destinado à ração animal e farelo de aveia (art. 115).

31). As saídas internas de arroz para a CONAB são alcançadas pela regra da redução para 58,333% (art. 32), operações com equinos puro sangue para 48,89% (art. 34) e madeira de reflorestamento para 17,65% (art. 34-A).

Esse quadro mostra bem três aspectos: as operações internas que foram alçadas à isenção receberam do legislador reduções de base de cálculo nas interestaduais; os percentuais de redução de base de cálculo são diferentes conforme o tipo de produto; e, fundamentalmente, não há transparência na definição dos percentuais em si tomados como parâmetro para se fixar o montante de redução.

Por fim, no Anexo VI estão as regras sobre as "Operações e Prestações Alcançadas por Créditos Fiscais, Outorgados e Presumidos". O art. 6º é norma destinada aos frigoríficos, dispondo que, além da redução de base de cálculo fixada em 58,33% nas operações interestaduais, nessa mesma classe de transações (as saídas interestaduais) se concede um crédito presumido de 62,14% "do valor do imposto devido nas referidas operações". Para isso, é necessário renunciar a créditos e a aceitar os valores de pauta do Fisco. Outro setor contemplado foi o de usinas sucroalcooleiras, para as quais, em operações interestaduais com mercadoria produzida a partir de cana-de-açúcar mato-grossense, será concedido um crédito presumido de 41,67% do valor do imposto gerado. As condições são as mesmas previstas para os frigoríficos. Por último, nas transações interestaduais com madeira mato-grossense ou seus subprodutos o crédito presumido é de 25% do valor do imposto, igualmente sem direito a outro crédito.

Em conclusão a isso tudo o que se viu ao longo destas páginas, parece ter ficado suficientemente esclarecido que a legislação do Estado de Mato Grosso é um bom roteiro para se evidenciar o raciocínio. Nela se confirmam as premissas de que há um regramento próprio aplicável ao agro, de que onde o agro é pujante é previsível que as respectivas legislações o tratem com maior detalhamento nas suas operações e que os problemas conceituais denunciados no início deste capítulo estão enraizados também no corpo legislativo local.

II.2.2. Os preceitos normativos do Estado de Mato Grosso do Sul

Dando prosseguimento à pesquisa, o segundo Estado a ter sua legislação investigada é a da unidade federativa vizinha: Mato Grosso do Sul. No subtópico anterior o leitor já havia sido advertido de que o conjunto normativo de Mato Grosso era o mais extenso, sendo conhecido, infelizmente, por ser um confuso cipoal de regras. Sua legislação acabou por provar os pontos nos quais este estudo se apoia: há um subconjunto próprio dedicado ao agronegócio no quesito ICMS, o qual permite identificar *padrões normativos*, ainda que muitas vezes se valendo de conceitos jurídicos mal aplicados. Por isso mesmo foi adotado como paradigma entre as legislações paradigmas o RICMS/MT.

Para o exame da legislação de Mato Grosso do Sul a abordagem poderá ser diferente, mais enxuta e direta. O que se quer é consolidar a evidenciação de que essa repetição de normas acontece no âmbito dos Estados onde a atividade rural é mais pujante, e não fazer um estudo direcionado lei por lei, decreto por decreto. Assim, toda vez que forem identificados na legislação sul-mato-grossense dispositivos com conteúdo semelhante aos mato-grossenses, bastará apontá-los, remetendo-se às mesmas considerações críticas feitas anteriormente.

O Regulamento de ICMS de Mato Grosso do Sul foi introduzido no ordenamento jurídico local pelo Decreto Estadual 9.203, de 18 de setembro de 1998. Esse instrumento infralegal, por sua vez, encontra respaldo hierárquico na Lei Estadual 1.810, de 22 de dezembro de 1997, a qual dispõe sobre "os tributos de competência do Estado", ou seja, o Código Tributário Estadual. O RICMS/MS tem 274 artigos no seu texto central (bem menos que os 1.060 do RICMS/MT), sendo dividido em seis títulos. O Título I ("Do ICMS") é desmembrado em 21 (vinte e um) capítulos, com suas respectivas seções e subseções. O Título II trata das "Obrigações Acessórias", o III "Das Infrações e Penalidades", o IV "Da Administração Tributária", o V "Das Atividades ou Situações Especiais" e o VI "Das Disposições Gerais e Finais". Desses, os que aqui interessam são os Títulos I, II e V. Além disso, o Regulamento traz consigo 24 (vinte e quatro) anexos, ainda esmiuçados em subanexos, alguns deles servindo de referência a este estudo.

Prosseguindo pela mesma estratégia do subtópico anterior, fatiar-se-á a análise entre os preceitos que versam sobre os critérios da regra-matriz do ICMS-agro em Mato Grosso do Sul e os que cuidam das categorias desonerativas. Iniciando pelo critério material, o Título I ("Do ICMS"), Capítulo I ("Da Incidência do ICMS"), estabelece no art. 1º as hipóteses em que o ICMS se considera devido, entre elas a do § 2º, II, de acordo com a qual o imposto incide sobre "o abate de animais em matadouros públicos ou particulares não pertencentes ao abatedor, relativamente à carne e aos produtos e subprodutos resultantes do abate". Como se vê, trata-se de dispositivo similar ao de Mato Grosso, reforçando a convicção quanto aos padrões normativos. Além disso, o art. 1º, § 4º, V, traz regra interessante de ser destacada, ao prescrever que "a presunção de ocorrência de operações ou prestações sujeitas à incidência do ICMS", entre outras, pode ser estabelecida em face da comprovação de "declaração de nascimento ou de morte de animais em quantidade inferior ou superior, respectivamente, à resultante da aplicação dos índices admitidos na legislação". Haverá um espaço específico neste trabalho para o exame do ICMS sobre a cadeia bovina. Essa fórmula legislativa será uma das que serão investigadas adiante.

No que concerne ao critério temporal, o art. 9º traz um catálogo de dispositivos que buscam esmiuçar em que lapso de tempo o ICMS se tem por devido, havendo uma regra própria voltada também para o segmento de bovinos, que é a do inciso XVI: o ICMS, na forma do Regulamento, incide no momento do abate de animais, quanto à carne e aos demais produtos e subprodutos resultantes da matança do gado ocorrida em matadouros públicos ou particulares não pertencentes ao abatedor.

Com relação ao critério espacial, o art. 10 do RICMS/MS assenta-se na premissa de ser estruturado pela modalidade genérica (isto é, o imposto incide em qualquer ponto do território estadual), preceituando os arts. 13 e 14, respectivamente, que, estando o imóvel rural situado em mais de um Município, considera-se domicílio fiscal do contribuinte a respectiva sede e que a Secretaria de Fazenda pode fixar o domicílio fiscal de contribuintes das atividades pecuária ou agrícola "segundo o Município de origem".

Vem, então, o Capítulo IX, tratando "Da Base de Cálculo do ICMS". De específico vale menção ao art. 17, V, "b", ao estabelecer que a base de cálculo será o preço corrente da mercadoria no mercado varejista do local do fato, no caso de carne e demais produtos e subprodutos resultantes da matança em matadouros não pertencentes ao abatedor. Além disso, o art. 18 prescreve que a base de cálculo do ICMS "é o preço mínimo fixado pela autoridade competente" nos casos de "encerramento do diferimento". Eis mais uma constatação dos padrões normativos estabelecidos pelos Estados em matéria de ICMS sobre o agro, no caso, as hipóteses e desdobramentos do propalado "diferimento". Outra regra parecida está no art. 32, adotando em seu texto que "devem ser pautados, preferencialmente, os valores relativos a: (...) II – saídas de produtos agropecuários e extrativos, em estado natural ou simplesmente beneficiados, inclusive carnes de quaisquer espécies; III – saídas de peixes, em estado natural ou simplesmente resfriados ou congelados". A tônica da adoção de pautas de valores para os produtos da atividade rural sempre se mostra presente nas legislações dos Estados, está-se a ver. Em solo sul-mato-grossense há previsão para pauta também do valor dos serviços de transporte dos produtos do agro (art. 33). Para encerrar esse trecho da análise, não é demais citar dois dispositivos: os arts. 38 e 39. O primeiro dispõe que nos contratos de câmbio com fechamento antecipado (travamento de câmbio), a base de cálculo é o valor da operação em moeda nacional ao câmbio do dia do fechamento, aspecto importante pensando-se na comercialização de grãos. E o art. 39 prevê que "nas operações com gado de quaisquer espécies, existindo condições satisfatórias para a pesagem dos animais, deve prevalecer, a critério do Fisco, o peso real encontrado, para os efeitos do cálculo do ICMS devido".

Há outros enunciados prescritivos a serem considerados no que concerne à base de cálculo, embora estejam colocados no Título II, que versa sobre as "Obrigações Acessórias". O art. 107, §§ 2º a 7º, fixa várias regras a serem respeitadas no caso de diferença de eras de bovinos ou ao volume de grãos, inclusive estabelecendo as circunstâncias em que o imposto será exigido. Além disso, o art. 108 dispõe que é dever de todo pecuarista registrar "a marca que identifique os animais de sua propriedade" em livro próprio da unidade fiscalizadora do seu domicílio. Por fim, o art. 109, II, prevê a apresentação de declaração anual de produtor rural (DAP), a qual servirá para o controle das operações realizadas pelo agropecuarista.

Complementando o critério quantitativo, o art. 41 estabelece as alíquotas aplicáveis ao ICMS, não havendo nenhuma regra específica que tenha sido criada para o agro, diferentemente do que se dá em Mato Grosso. Nas operações internas a alíquota é de 17%, ao passo que nas interestaduais o percentual aplicável é de 12%.

No que diz respeito à sistemática não cumulativa, o art. 61 prevê que o produtor pode adotar *formas alternativas de apuração* do ICMS, abatendo percentagem fixa a título de crédito, hipótese em que ficará vedada a apropriação dos créditos nas entradas. Na forma do art. 63, não dão direito a crédito – como previsto nas demais legislações – a entrada de mercadorias ou a prestação de serviços em operações "isentas" ou "não tributadas". É vedado o crédito relativo a mercadoria entrada no estabelecimento para integração ou consumo em processo de industrialização ou produção rural, no caso em que a saída do produto resultante não seja tributada ou esteja isenta do ICMS, exceto em se tratando de saída para o exterior, nos termos do art. 64, I. O contribuinte que praticar operações tributadas com produtos agropecuários posteriores às saídas mencionadas no dispositivo pode utilizar o crédito correspondente ao ICMS cobrado nas operações anteriores àquela de que decorreu a entrada dos referidos produtos, seguindo as formalidades previstas na legislação.

O Regulamento dedica ainda no Título V ("Das Atividades ou Situações Especiais") um espaço legislativo próprio para tratar do produtor rural: o Capítulo VIII, denominado "Das Operações Realizadas por Produtores Rurais". Como se vê, eis mais uma evidência de que o ICMS-agro recebe um regime típico. E nesse capítulo, versando sobre a política de créditos adotada no Estado, o art. 258 estabelece que os créditos fiscais destacados nos documentos de origem de mercadorias ou serviços podem ser aproveitados na forma do Anexo VI. Esse anexo, por sua vez, versa sobre os "Créditos Fixos ou Presumidos e do Produtor Rural", dispondo, na linha do art. 61, que, "em substituição à apropriação dos créditos efetivos", o produtor pode "optar pelo abatimento de percentagem fixa, a título de crédito ou crédito presumido" (art. 1º do anexo). O art. 5º do referido anexo preceitua que os produtores podem apropriar o crédito somente quando efetivamente vinculado a operações aquisitivas de animais para comercialização e de insumos básicos para utilização direta na atividade, bem como no caso de mercadorias destinadas ao ativo fixo, porém, a operação de saída subsequente com diferimento do lançamento e do pagamento do ICMS implica o estorno do crédito relativo à entrada de animais ou insumos (art. 6º).

Quanto à apuração, o ICMS deve ser computado, de acordo com o art. 75, "por mercadoria, à vista de cada operação", (i) nos casos de entradas de mercadorias ou bens destinados ao ativo fixo ou ao consumo de estabelecimento de contribuintes agropecuários; (ii) nas saídas interestaduais "promovidas por contribuintes não detentores de Regimes Especiais de pagamento do ICMS" de vários produtos agropecuários, extrativos vegetais e hortifrutigranjeiros, como algodão, aves, arroz, café, farelos, gado vivo, leite, lenha, madeira, ovos, soja, trigo, entre outros; (iii) nas saídas internas tributadas "nos casos da não-aplicação do benefício do diferimento" desses produtos, assim como de "quaisquer outros produtos agropecuários"; (iv) além das saídas internas ou interestaduais, promovidas pelo estabelecimento beneficiador, com destino a pessoa ou estabelecimento diverso daquele que o tiver remetido para o beneficiamento, bem como em devolução dos produtos resultantes do abate de animais, nos casos em que o frigorífico promover o recebimento apenas para o abate de animais desacompanhados de documentação fiscal regular.

Resta, então, a sujeição passiva, antes de se passar para as categorias desonerativas. O art. 43, § 2º, I, fez questão de incluir a figura do "produtor" no rol de sujeitos passivos do ICMS em âmbito local. O mesmo se diga quanto à "cooperativa", que foi incluída no inciso IV. Já o art. 45 trata do "responsável solidário", preceituando que responde solidariamente "qualquer contribuinte em relação aos produtos agropecuários ou extrativos adquiridos de produtor não inscrito" (inciso V), bem como a "pessoa de direito público ou privado não-contribuinte ou não obrigada à inscrição estadual, que adquira mercadoria ou bem diretamente do produtor rural, na falta do pagamento por este" (inciso VII).

Ao cuidar do nebuloso "diferimento", o RICMS/MS prescreve no art. 8º que suas hipóteses são as previstas no Anexo II, o qual contempla no art. 1º o que o legislador local adota por esse vocábulo: "entende-se por diferimento a transferência do lançamento e do pagamento do imposto para etapa posterior ou final de circulação de mercadoria ou de prestação de serviço".

De forma diversa ao Regulamento mato-grossense, o sul-mato-grossense resolveu encarar esse conceito. A atitude é louvável, por tentar dar clareza às circunstâncias que lhe marcam. Por outro lado, esse ato deixa evidenciado que o propalado "diferimento", na forma prevista nesse dispositivo, só dá margem para dúvida mesmo. O que significa, com precisão, a "transferência do lançamento e do pagamento"? Que "imposto" é devido? A "etapa posterior" é necessariamente a subsequente ou pode ser qualquer uma mais adiante na cadeia? A "etapa final" é sempre a venda para o consumidor? Na prática, de que forma o ICMS que seria devido pelo produtor terá seu lançamento e pagamento "transferido" para uma etapa posterior, será apenas por inclusão no preço de um imposto que presumivelmente seria ali embutido? Mas de que maneira o imposto compôs o preço, se ele não foi cobrado, exigido ou se não é devido? Só há "diferimento" se houver retenção pelo adquirente ou isso não é necessário? Se não for, que "diferimento" há, no sentido de postergar o *recolhimento* do tributo, se não há retenção da quantia supostamente devida pelo adquirente?

Eis mais uma prova de que o diferimento, seguindo o modo com que os Estados o compreendem, é um signo linguístico normativo fortemente marcado por ambiguidade e vagueza, servindo de margem de manobra pelas autoridades fiscais. E tanto assim é que o art. 3º do Anexo II prevê, às claras, que a aplicação do diferimento "fica condicionada", em Mato Grosso do Sul, ao recolhimento do FUNDERSUL, o "fundo do agro" local, que será tratado mais adiante. Os arts. 4º a 16 trazem um longo catálogo de produtos para os quais o ICMS fica "diferido", entre eles vários do agro, como alho, cana-de-açúcar, carvão, feijão, mandioca, mel, insumos agropecuários e arroz. Entretanto, em nenhuma dessas operações a legislação contempla a regra de retenção pelo adquirente, assemelhando-se em tudo e por tudo a uma genuína isenção.

Não é só. O RICMS/MS prevê também, ainda no âmbito da sujeição passiva, as circunstâncias em que há substituição tributária. Elas estão tratadas no Anexo III, sendo que, na parte em que importa a este trabalho, o art. 1º remete-se às mercadorias incluídas em subanexo único, entre elas, as carnes (bovina, suína, de aves e ovina), os hortifrutigranjeiros, os produtos lácteos, café, açúcar, óleos e farinhas. O art. 44 versa sobre as operações antecedentes, atribuindo ao contribuinte substituto o dever de recolhimento do ICMS, aí lançados vários produtos do agro, no entanto, o art. 46 deixa claro que só será cabível essa sistemática quando "ressalvadas as hipóteses de dispensa do pagamento do imposto anteriormente diferido", tudo a indicar que, na prática, não há nem diferimento, nem substituição tributária alguma, mas verdadeira isenção.

Cumprida essa etapa, cabe agora falar das categorias desonerativas. O Regulamento inclui no Título I ("Do ICMS") o Capítulo II, denominado "Das Limitações da Competência Tributária", no qual estão incluídas as "Imunidades" (Seção I) e a "Não-Incidência" (Seção II). Além disso, o Capítulo III dedica-se à "Isenção", o Capítulo IV à "Disposição Comum à Exoneração do ICMS" e o V à "Suspensão da Cobrança do ICMS". Para não ser repetitivo na análise, o que interessa destacar quanto ao RICMS/MS é que o art. 2º arrola as hipóteses de imunidade, entre as quais as que envolvem a exportação direta (inciso I) e a indireta (§§ 1º e 2º), tema bastante sensível ao Fisco sul-mato-grossense. Nessas hipóteses, porém, exige-se o "regime especial de controle".

Com relação à não incidência, o art. 3º dispõe que o ICMS é inexigível quanto à movimentação de gado decorrente de parceria pecuária, desde que as propriedades remetente e destinatária estejam localizadas em solo sul-mato-grossense, ou seja, o termo é empregado como "não incidência em sentido amplo". Já no que concerne à isenção, o art. 5º determina que seja seguido o Anexo I, comentado logo a seguir, ordenando que as mesmas regras sejam aplicadas aos casos de redução de base de cálculo ou à concessão de crédito presumido. No que se refere à "Disposição Comum à Exoneração de ICMS", o art. 6º apenas prevê que as categorias mencionadas antes não dispensam o beneficiário da obrigação de reter os tributos que lhe competirem, nem de cumprir as formalidades dos deveres instrumentais. Por fim, o art. 7º contempla as normas envolvendo a "Suspensão da Cobrança do ICMS", entre elas, a que diz respeito à remessa para formação de lote com finalidade de exportação em porto de embarque localizado em outro Estado (inciso II), desde que haja regime especial (§ 3º).

Esses comandos normativos são similares à legislação paradigma de Mato Grosso. O Anexo I só corrobora essa assertiva. Esse apêndice, denominado "Dos Benefícios Fiscais", contém um longo catálogo de operações *isentas*, de *redução de base de cálculo*, de *crédito presumido* e de *crédito outorgado*.

Há isenção na importação de máquinas agrícolas sem similar no mercado nacional (art. 26-C), nas saídas internas de insumos agropecuários, nos moldes do Convênio 100/97 (art. 29), nas vendas internas de leite (art. 30), de mudas (art. 33), de produtos vegetais destinados à produção de biodiesel (art. 37-A), de reprodutores e matrizes de aves, bovinos, bufalinos, ovinos ou suínos (art. 41), de sêmen e embriões de bovinos, ovinos, caprinos e suínos (art. 42) e o transporte de soja e milho voltado à exportação (art. 43-A).

Vários produtos alimentícios que formam a cesta básica foram colocados no regime de redução de base de cálculo, como o arroz, o feijão, o óleo de soja, peixes, farinhas e café, fixando que o imposto resulte em um percentual líquido de 7% (art. 52). Há também redução de base de cálculo para operações internas com equinos e muares (art. 57), com hortifrutigranjeiros (art. 58-A), nas operações interestaduais com insumos agropecuários (art. 59), com fertilizantes (art. 59-A), nas vendas interestaduais de ração (art. 60), nas transações internas e interestaduais de mandioca (art. 60-B) e nas vendas internas e interestaduais de máquinas e implementos agrícolas (arts. 61 e 62). Constam ainda as hipóteses de concessão de crédito presumido, entre elas, aos estabelecimentos industrializadores de erva-mate (art. 71), de mandioca (art. 73) e de industrialização de produção própria de mandioca feita pelo produtor rural (art. 76-B).

Por fim, há previsão de crédito outorgado correspondente a 50% (cinquenta por cento) nas operações interestaduais com suínos para abate de produção sul-mato-grossense (art. 79-C).

Como se vê, mais uma vez a preocupação com o agro se evidencia, tendo o conjunto normativo de Mato Grosso do Sul dispensado regras específicas para a disciplina das relações decorrentes da atividade rural, de modo similar ao que se passa em Mato Grosso.[170]

---

170. Além dessas regras contidas no Regulamento, há previsões específicas de categorias desonerativas em outros diplomas estaduais, como o crédito outorgado para a cadeia do açúcar (Decreto 9.745/99) e os créditos presumidos para a cadeia da carne (Decreto 12.056/06), do couro (Decreto 11.796/05), de hortifrutigranjeiros (Decreto 8.855/97), para os laticínios (Decreto 6.996/93), para o óleo de soja (Decreto 9.113/98), para operações interestaduais de produtos agrícolas (Lei 2.783/03) e para o trigo (Decreto 10.298/01).

II.2.3. O arcabouço em Goiás

Diferentemente de Mato Grosso e Mato Grosso do Sul, Goiás não tem um "Regulamento de ICMS" de forma autônoma. Naquele Estado o que há é um "Regulamento do Código Tributário do Estado de Goiás". Esse regulamento foi veiculado pelo Decreto 4.852, de 29 de dezembro de 1997, o qual se ocupa em dar o acabamento secundário às previsões da Lei 11.651/91 (o Código Tributário Estadual) e que aglutina a normatização no âmbito infralegal de todos os tributos de competência estadual. O RCTE/GO é formado por 529 artigos e 17 anexos. Embora não haja um regulamento específico para o ICMS, como a técnica legislativa local foi tratar de todos os tributos em um mesmo veículo normativo, então, evidentemente, também o ICMS mereceu preceitos próprios nesse diploma. É isso o que se percebe no Livro Primeiro, denominado "Regulamento do ICMS", que vai dos arts. 2º ao 371. Quanto aos anexos, os que interessam à análise do agro são o VIII, o IX e o XII.

Chama a atenção o fato de que, embora o solo goiano tenha uma inequívoca vocação para o agronegócio, não se encontram no corpo em si do texto do RCTE/GO numerosas regras versando sobre a atividade rural. Por uma opção do legislador regulamentar, tais normas foram esparramadas ao longo dos anexos. Outra observação a ser feita – e essa em tom de crítica – é a de que não houve uma preocupação em sistematizar os temas, tendo sido inseridos os enunciados prescritivos sobre o agro de forma aleatória, sem uma sequência lógica. Basta ver, a título de ilustração, que o art. 6º do Anexo IX, ao tratar das isenções, é composto por 162 (cento e sessenta e dois) incisos, os quais versam desde a isenção para produtos hortifrutigranjeiros até aos equipamentos para construção da base de lançamento de foguetes em Alcântara, Maranhão. É um despropósito.

O Título I cuida "Da Incidência". No que há de relevante ou de específico envolvendo a materialidade das relações rurais, o art. 2º, parágrafo único, II, inclui no conceito de mercadoria qualquer bem móvel, novo ou usado, "inclusive produto rural" e "semovente" com o objetivo de mercancia. O art. 4º, § 4º, por sua vez, previu que não se considera bem do ativo imobilizado "o reprodutor, a matriz e os demais animais, inclusive ave, de cria ou de trabalho na atividade agrícola". Ainda com o propósito de reger a materialidade do ICMS-agro, o RCTE/GO traz no Anexo XII algumas formulações típicas, a exemplo das contempladas nos arts. 1º a 17, que normatizam as transações com armazéns gerais, entre as quais se inserem as operações com grãos. Vale menção também ao art. 22, que orienta prescritivamente os negócios envolvendo venda de café cru, bem como aos arts. 29 e 30, os quais se ocupam das operações com equinos.

Se com relação aos critérios espacial e temporal o legislador regulamentar goiano não positivou nada de diferente, quanto ao critério quantitativo há considerações a serem feitas. E assim se diz porque o art. 18 do RCTE/GO, seguindo a mesma inclinação do RICMS/MT e do RICMS/MS, prevê que, mediante pesquisa periódica de preços, a Secretaria de Fazenda pode "elaborar pauta de valores", informando o preço corrente de mercadoria ou de serviço "para fixação da base de cálculo". Essa agressão ao ordenamento jurídico se consolida localmente por meio da Instrução Normativa 002/19-SIF, de 14 de junho de 2019, cujo texto prescreve que fica adotado como pauta de valores, para efeito de base de cálculo do ICMS, o preço corrente da mercadoria previsto nos Anexos I e II desse ato normativo subalterno. E o Anexo I, denominado "Pauta de Produtos", *arrola justamente os produtos do agro,* como algodão, arroz, feijão, mandioca, milho, soja, trigo, gado (de todas as subespécies), carnes, peixes e madeira, entre outros. Eis mais uma prova de que a tributação estadual que recai sobre o agronegócio está a merecer reflexões críticas por parte da academia.

No que toca às alíquotas, o art. 20, § 1º, II, do Regulamento, de maneira similar ao que acontece em Mato Grosso, suaviza a carga tributária incidente sobre as operações internas com alguns produtos oriundos do campo, fixando-a em 12% para o açúcar, arroz, café, farinhas, feijão, milho, óleo comestível, queijos, ovos, leite, hortifrutícolas em estado natural, aves, peixes, gado e carnes.

Para dar o fecho na análise do critério quantitativo não podem ser deixadas de lado as regras sobre a sistemática de créditos no âmbito local. O art. 50 do RCTE/GO preceitua que o sujeito passivo que realizar operação tributada com produto agropecuário tem o direito de se creditar proporcionalmente do imposto estornado ou não creditado em operações anteriores, sempre que sua operação for antecedida de operações isentas ou não tributadas e estas antecedidas de operações tributadas, desde que o interessado siga as formalidades previstas na legislação. O art. 51, por seu turno, dispõe que o direito ao crédito conferido ao produtor agropecuário "pode ser substituído por um valor estimado", na forma de ato normativo próprio, hipótese em que, ao final do período, será feita a compensação do valor eventualmente excedente ou insuficiente. E os arts. 68, VII, e 69, IV, apontam no sentido, respectivamente, de que, quando se tratar de operação realizada por produtor rural, a apuração se dará por mercadoria, ressalvadas as exceções legais, e de que o produtor agropecuário pode ser submetido a um regime de apuração por estimativa. Não só, o art. 76, V, c/c a Instrução Normativa 598/03-GF preveem a possibilidade de *cobrança antecipada* do imposto nas saídas interestaduais de algodão, feijão, milho, milheto, soja, sorgo, couro, queijo, requeijão, gado bovino e bufalino, sementes de capim e café. Esses enunciados prescritivos dão bem a nota da quantidade de abusos que são cometidos nesse segmento.

Com relação à sujeição passiva há, de igual modo, preceitos específicos. O art. 34, § 2º, I, lançou no rol de contribuintes o produtor agropecuário, definindo-o como "a pessoa natural ou jurídica que exerça atividade de produção agropecuária ou extrativa vegetal, inclusive a captura pesqueira". E também como se dá nas legislações dos outros dois Estados, o Regulamento goiano não descurou de criar hipóteses de substituição tributária envolvendo as transações do agro. O Anexo VIII, intitulado "Da Substituição Tributária do ICMS", apresenta no Título II as circunstâncias de "Substituição Tributária pela Operação Anterior". Logo de cara o art. 2º prescreve que são substitutos tributários, "assumindo a responsabilidade pelo pagamento do imposto devido na operação interna anterior", o estabelecimento industrial na aquisição de produtos, diretamente do estabelecimento produtor ou de cooperativa, entre eles algodão (em pluma ou caroço), ave (viva ou abatida), café (em coco ou beneficiado), cana-de-açúcar, carvão vegetal, cereais (como soja e milho), couro bovino, fumo, gordura animal, hortifrutícola, lenha, feijão e outros, nos moldes do inciso I. Como se vê, os principais produtos rurais estão aí. Não só, o inciso V dispõe que empresas goianas titulares de projetos agroindustriais também são substitutas tributárias quanto às operações em regime de parceira ou integração e aquisição interna de carne e miúdos comestíveis de gado bovino ou bufalino, abrangendo também aves e suínos vivos. Nesses dois casos, o imposto incidente nas operações e prestações "deve ser apurado juntamente com aquele devido pelas operações de saídas próprias do estabelecimento eleito substituto tributário, resultando em um só débito por período" (§ 3º).

A legislação estabelece ainda que, à exceção de operação com álcool carburante e lenha, a adoção do regime de substituição pela operação anterior é opcional, ficando facultada ao contribuinte substituído a possibilidade de emissão de documento fiscal próprio e de apuração e pagamento do ICMS devido. Tratando-se de lenha, a substituição é obrigatória, inclusive quanto à aquisição feita junto a produtor rural. A questão central é a de que esse modelo de substituição da perspectiva do adquirente só é aplicável para a cana-de-açúcar, a soja, o milho, o gado e as carnes (produtos relevantíssimos para o agro local) *se e somente se* houver "contribuição" ao FUNDEINFRA, o "fundo do agro" local que será adiante enfrentado, de forma equivalente ao que se passa em Mato Grosso e Mato Grosso do Sul (art. 2º, §§ 1º-C a 1º-F, c/c art. 3º do Anexo VIII). Há dispositivos específicos também que tratam das operações com leite (art. 8º) e com cana-de-açúcar (art. 11).

Curiosamente, a legislação goiana não denomina essa substituição tributária com liame à operação antecedente de "diferimento", como o fazem os dois Estados vizinhos. Ocorre que, a despeito de não a classificar debaixo desse rótulo, o RCTE/GO dispõe nos arts. 14 e 14-A do referido anexo que haverá essa técnica de substituição *sem retenção do tributo* devido pelo produtor rural, de tal modo que o ICMS devido, em tese, seja "apurado juntamente com aquele devido pela operação de saída própria do estabelecimento eleito substituído", mas desde que haja o recolhimento de FUNDEINFRA. Ou seja, na prática, também aqui não há "diferimento" ou "substituição tributária" alguma, mas sim uma hipótese de isenção disfarçada na etapa anterior da cadeia ("dentro da porteira"), repercutindo o ICMS apenas sobre a operação própria da agroindústria ("depois da porteira"). Prova disso é que o art. 16, V, prescreve que "fica dispensado o pagamento do imposto devido pelas operações anteriores", com os condicionantes de que *não haja efetivo aproveitamento do crédito, a operação subsequente seja isenta ou não* tributada, a legislação admita o crédito do imposto na entrada ou preveja que não seja estornado e que "tenha sido feito o pagamento da contribuição ao FUNDEINFRA". Em síntese: não há ICMS, mas há incidência de uma "contribuição voluntária" a um "fundo" estadual.

Finalizando quanto à sujeição passiva, o art. 32 do referido Anexo VIII versa sobre as hipóteses de substituição tributária "para frente", fazendo menção a diversos apêndices nos quais as mercadorias sujeitas a esse regime foram catalogadas, entre elas, claro, produtos oriundos do agro (apêndices I e XXVI).

Cabe agora adentrar nas categorias desonerativas. O Regulamento do Código Tributário Estadual prevê no Livro Primeiro ("Regulamento do ICMS"), Título IV, um trecho próprio designado "Da Não-Incidência e dos Benefícios Fiscais". O art. 78 rotula a não incidência como "a situação que não está contemplada no campo de incidência do imposto" ou então "aquela que a lei elegeu como não sujeita à ocorrência do fato gerador". Como se pode intuir, são dois sentidos bem distintos.

O art. 79, I, "t", estabelece que o ICMS não incide sobre operação de saída interna de produto agropecuário em estado natural, para fim de beneficiamento ou outro tratamento, desde que retorne em noventa dias. Além disso, não incide também sobre saída interna do próprio estabelecimento com fim de industrialização de "produto agrícola" (alínea "v"), inclusive com a possibilidade de manutenção de crédito, salvo se a saída for isenta, não tributada, haja redução de base de cálculo ou concessão de crédito outorgado ou presumido (§§ 3º e 3º-A). Sobre as exportações (que decorrem de imunidade), a legislação local as menciona como não submetidas à tributação no art. 79, I, "a", inclusive quanto às exportações indiretas (§ 1º). Os arts. 74 a 78-B do Anexo XII ("Obrigações Específicas") adentram nas minúcias dos procedimentos envolvendo as exportações direta e indireta. Especificamente quanto à exportação de soja, milho e carnes, porém, o art. 79-A do texto principal do Regulamento condiciona-a, de forma inválida, ao recolhimento do FUNDEINFRA, como será visto adiante.

Já o Capítulo II do Título IV dedica-se aos "Benefícios Fiscais". Para o legislador regulamentar, "benefício fiscal é o subsídio concedido pelo Estado, na forma de renúncia total ou parcial de sua receita decorrente do imposto, relacionado com incentivo em futuras operações ou prestações nas atividades por ele estimuladas". O art. 83 arrola como benefício fiscal a isenção, a redução de base de cálculo, o crédito outorgado, a manutenção de crédito ou a devolução total ou parcial do tributo. E o art. 84 equipara o conceito normativo à concessão de quaisquer outros incentivos, benefícios ou favores, direta ou indiretamente. É seguindo esse espírito que o Anexo IX disciplina tais categorias desonerativas.

O art. 6º desse Anexo IX, como já salientado, é composto por 162 (cento e sessenta e dois) incisos. É questionável, para dizer o mínimo, a técnica legislativa que aglutina em um único preceito tantas hipóteses diferentes para reger uma determinada matéria. O fato é que no art. 6º se encontram as hipóteses de isenção de ICMS, de acordo com o Regulamento, entre elas, várias do agro.[171]

171. Nesse rol estão as saídas internas em estado natural de hortifrutícolas, ovos e pintos de um dia (inciso XI); reprodutores e matrizes de gado bovino, ovino, suíno e bufalino, puros de origem ou puros por cruza (inciso XIII); a importação desses animais (inciso XIV); sêmens e embriões (inciso XLI); saídas internas de bovinos, bufalinos, caprinos, ovinos, suínos, equinos, asininos, muares com finalidade de cria, recria e engorda (inciso XLIII); saída interna de produto hortifrutícola para industrialização (inciso XLIX); saída interna de produção própria destinada à industrialização de amendoim, arroz, aveia, cacau, café, cana-de-açúcar, canola, cogumelo comestível, gergelim, girassol, leite em estado natural, mamona, milho, soja e trigo (inciso LXXVIII); saídas internas para produção de couro (inciso LXXIX); saída interna de leite para industrialização (inciso LXXXII); para produção de mel (inciso LXXXVIII); mudas (inciso C); produto vegetal destinado à produção de biodiesel (inciso CI); saídas internas para abate de aves, bovinos, bufalinos, caprinos, ovinos e suínos (inciso CXVI); peixes (inciso CXVII); além do trigo (inciso CXLIX). E mais, o art. 7º, inciso XXV, fixa isenções para saídas internas com insumos agropecuários, como fertilizantes e rações, na esteira do Convênio 100/97.

O art. 8º desse anexo cuida das circunstâncias que envolvem a redução de base de cálculo. Nesse rol estão máquinas e equipamentos agrícolas (inciso I); leite pasteurizado (inciso II); saídas internas de arroz e feijão industrializados (inciso XIX); algodão em pluma (inciso XXXII); e saídas interestaduais de carnes (inciso XLI). O art. 9º concede redução de base de cálculo também para saídas interestaduais de insumos agropecuários (incisos VII e VIII); farelo de arroz (inciso IX); mandioca industrializada (inciso XXV); madeira (inciso XXXII); e adubos (inciso XXXVIII).

Quanto ao crédito outorgado, o art. 11 do Anexo IX do RCTE/GO contempla sua aplicabilidade para várias operações rurais.[172] O Anexo IX sistematiza, ainda, as margens de base de cálculo no Apêndice I.

Embora não esteja incluído no Anexo IX, o art. 64, V, do texto principal do RCTE/GO contempla outra categoria desonerativa, que é a do crédito presumido, concedendo-o ao produtor agropecuário à razão de até 40% (quarenta por cento) sobre o valor do imposto devido, em substituição a qualquer outro crédito, atendidos os limites e as condições estabelecidas em ato do Secretário de Fazenda.

172. O estabelecimento que receber de outra unidade federada, com isenção de ICMS, hortifrutícolas, aves e caprinos, desde que a saída interna seja tributada (inciso I); para frigoríficos participantes de programa estadual de geração de empregos (incisos V e VI); nas saídas internas e interestaduais de óleo vegetal comestível, exceto o de soja (inciso VIII); para os produtores de fertilizantes (inciso IX); para a cadeia do alho (inciso X); para os projetos agroindustriais de avicultura e suinocultura (inciso XII); para o produtor rural na venda de algodão em pluma, respeitadas as formalidades do § 1º (inciso XIII); para o estabelecimento abatedor de animais silvestres ou exóticos, atendidas as autorizações governamentais (inciso XV); para a operação interestadual com arroz industrializado (inciso XVIII); saídas de óleos comestíveis, desde que inexistentes estabelecimentos iguais em território estadual (inciso XXV); para a indústria sucroalcooleira (inciso XXVI); para estabelecimentos industrializadores de produtos agrícolas que atendam às exigências da legislação (inciso XXXI); para os industrializadores de soja (inciso XXXI-A); para o segmento do leite e do feijão (incisos XXXIV e XXXV); e, por fim, nas saídas interestaduais com café torrado ou moído industrializado (inciso LXXI).

Diante desse contexto, o que se percebe é a aproximação do arcabouço legislativo do Estado de Goiás aos previstos nos seus vizinhos Mato Grosso e Mato Grosso do Sul, ratificando a ideia de *padrões normativos* notados em matéria de tributação no agro.

II.2.4. O subsistema de Minas Gerais

O novo Regulamento de ICMS do Estado de Minas Gerais é elogiável. É difícil de se ver, seja em um texto acadêmico, seja em uma peça judicial, alguém enaltecer um diploma normativo em matéria tributária. No Brasil, todos se acostumaram, infelizmente, a se sentir perplexos diante do usual emaranhado de regras que formam a tessitura legislativa fiscal. Por isso que quando um corpo de normas é construído seguindo padrões adequados deve ser feito o devido registro. E foi com essa inspiração que o novo Regulamento foi editado.[173]

O Decreto 48.589, de 22 de março de 2023, introduziu no ordenamento infralegal mineiro o atual Regulamento de ICMS, dando o acabamento normativo necessário à Lei Estadual 6.763, de 26 de dezembro de 1975. Formado por 192 artigos e 10 anexos, o Regulamento, de fato, é enxuto, claro e suficientemente condensado para colher de modo eficiente as especificidades econômicas que merecem ser regidas da perspectiva jurídica. O Título I trata "Da Incidência do ICMS", o II "Da Não-Cumulatividade do ICMS", o Título III "Das Obrigações Acessórias", o IV "Do Pagamento do ICMS", o V "Do Diferimento, da Substituição Tributária e das Disposições Especiais de Tributação", o Título VI "Da Suspensão, da Isenção e da Não-Incidência", o VII "Da Fiscalização", o VIII "Das Penalidades" e o Título

173. Disponível em: http://www.fazenda.mg.gov.br/noticias/2023/2023.03.22_novo_ricms/.

IX "Das Disposições Finais". Desses títulos todos, os que interessam a esta pesquisa são o I, o II, o V e o VI. Já quanto aos apêndices, foram selecionados, porque dizem respeito ao tema eleito neste estudo, os Anexos I a IV e VI a X.

Seguindo a mesma estratégia observada até aqui e começando pelo Título I ("Da Incidência do ICMS"), é desde logo perceptível que os temas foram divididos conforme os critérios da norma-padrão de incidência, sendo classificados em "aspecto material" (arts. 2º a 6º), "aspecto temporal" (art. 7º), "aspecto espacial" (arts. 8º a 10), "aspecto quantitativo" (arts. 11 a 22) e "aspecto subjetivo" (arts. 23 a 27), bem na linha da linguagem empregada há muitos anos pelo Prof. Geraldo Ataliba.[174]

No que concerne ao aspecto (ou critério) material, o legislador regulamentar mineiro optou por não veicular nenhuma regra específica para o agronegócio, aliás, para nenhum segmento individualmente considerado. A tônica empregada foi a de estabelecer conotativamente os caracteres necessários para identificar uma operação relativa à circulação de mercadorias ou uma prestação de serviços de transporte interestadual ou intermunicipal e de comunicação. Igualmente o art. 7º, ao se ocupar do critério temporal, nada trouxe de peculiar. Apenas no trecho envolvendo o critério espacial, para ser exato no art. 10, III, o Regulamento entendeu por prescrever que se considera estabelecimento autônomo "a área, em Minas Gerais, de imóvel rural que se estenda a outro Estado". Mesmo assim, trata-se de regra que, a bem de se ver, seria dispensável, pois, evidentemente, não há como juridicamente um imóvel estar matriculado em dois Estados diferentes à luz da legislação própria, sendo cada parte do bem objeto de uma matrícula individualizada.

174. ATALIBA, Geraldo. *Hipótese de incidência tributária*. 6. ed. São Paulo: Malheiros, 2002, *passim*.

Portanto, é evidente que o imóvel situado em seu território será considerado um estabelecimento autônomo.

No consequente da regra-matriz do ICMS-mineiro se encontra no art. 12, § 1º, I, "a", regra de acordo com a qual na falta de valor da operação, a base de cálculo será o preço corrente da mercadoria no mercado atacadista local, caso o remetente seja produtor rural. O art. 20 dispõe no § 1º, III, que se o valor declarado pelo contribuinte for inferior ao de mercado, poderá a autoridade administrativa levar em consideração o preço corrente da mercadoria na região, inclusive exigindo a diferença do produtor rural, na hipótese de a operação ter sido tributada por valores mínimos de referência a que alude o § 2º.

Voltando-se para o critério pessoal, mais precisamente na posição da sujeição passiva, o RICMS/MG inclui, de forma explícita, o produtor rural como contribuinte do imposto, além das sociedades "de produção agropecuária" (art. 24, I e XXII, respectivamente). Não só como contribuintes os produtores rurais aparecem, mas também como responsáveis tributários no que concerne ao desenvolvimento da atividade em regime de economia familiar com inscrição estadual coletiva (art. 25, XVI). Como se vê, são poucas as regras específicas postas na parte geral do Regulamento envolvendo a atividade rural. A técnica legislativa empregada foi a de tratar tais situações em separado no âmbito dos anexos.

O Título II, ao versar sobre a "Não-Cumulatividade do ICMS", disciplina o tema nos arts. 28 a 59. Naquilo que importa ser destacado, o art. 29, § 2º, preceitua que o adquirente de arroz, café cru, feijão, milho ou soja, provenientes de outras unidades da Federação, somente terá direito a crédito do imposto se comprovar a efetiva entrada da mercadoria em território mineiro, se o imposto for corretamente destacado na nota e se a nota estiver acompanhada do comprovante do pagamento do ICMS, quando a unidade de origem exigir o recolhimento antecipado.

Já o art. 31, VII, prescreve que será abatido como crédito o imposto correspondente ao defensivo agrícola adquirido pelo produtor rural, para uso na agricultura, até o dia 31 de dezembro de 2032. O art. 38 traz uma regra peculiar do Estado, prevendo que a carga tributária na operação com bens de uso ou consumo e com bens considerados como alheios à sua atividade destinada a contribuinte que produza matéria-prima para a indústria de fertilizantes situada dentro do Estado fica reduzida, na operação interna, a 0% (zero por cento) até 31 de dezembro de 2032; na entrada, em operação interestadual, relativamente ao diferencial de alíquota, também a 0% (zero por cento), igualmente até 31 de dezembro de 2032; e na importação de 0% até 31 de dezembro de 2028 a 80%, gradativamente, até 31 de dezembro de 2032, isso tudo mediante regime especial.

O art. 39 veda o aproveitamento do crédito, entre outras hipóteses, *quando a operação que ensejar a entrada da mercadoria for realizada com diferimento,* salvo se o adquirente debitar-se, para pagamento em separado, do imposto devido na operação (inciso XI).

O Título V está intitulado assim: "Do Diferimento, da Substituição Tributária e das Disposições Especiais de Tributação". Nos termos do art. 129, "ocorre o diferimento quando o lançamento e o recolhimento do imposto incidente na operação com determinada mercadoria ou sobre a prestação de serviço forem transferidos para operação ou prestação posterior". Mais uma vez se nota nos textos de direito positivo o enlace promovido pelos legisladores estaduais entre os signos linguísticos "diferimento", "lançamento e recolhimento do imposto", "transferido" e "operação posterior". O § 1º desse dispositivo fixa regra segundo a qual o diferimento só se aplica às operações internas. O art. 130, a seu passo, deixa claro que as hipóteses de diferimento são as catalogadas no Anexo VI e nas previstas de forma específica no Anexo VIII.

Outro verbete crucial à análise é o do art. 132, que prevê que "o imposto diferido será considerado recolhido com a saída subsequente tributada da mesma mercadoria ou outra dela resultante", isso ainda que a alíquota aplicada seja inferior à prevista para a operação anterior realizada com o diferimento ou a apuração do imposto devido pela saída subsequente tributada esteja sujeita à apropriação de crédito presumido, independentemente do seu montante. Trata-se, como se vê, de enunciado que ratifica a ideia de que no propalado "diferimento", ao menos na forma com que as legislações o tratam, não há genuinamente postergação alguma de imposto a recolher, pois, na prática, o imposto diferido "será considerado recolhido com a saída subsequente tributada", vale dizer, tudo fica resolvido na operação a ser realizada pelo adquirente da mercadoria.

O art. 133 tenta suavizar a regra dispondo que o diferimento não exclui a responsabilidade do alienante quando o adquirente descumprir, total ou parcialmente, a obrigação, o que, todavia, não infirma o que foi dito antes.

Na esteira do art. 134 o diferimento fica encerrado quando a operação com a mercadoria recebida com o imposto diferido promovida pelo adquirente não estiver alcançada pelo instituto, for isenta ou não for tributada, ou então nas demais hipóteses ali arroladas, inclusive nas operações com gado quando a mercadoria, em seu transporte, deva transitar por território de outro Estado. Em tais casos o recolhimento do imposto diferido será feito pelo contribuinte que promover a operação que encerrar a fase do diferimento (art. 135).

Por fim, o adquirente da mercadoria não se debitará em separado pelo imposto diferido na operação anterior, sendo-lhe vedado abater o respectivo valor como crédito, sendo certo que "o recolhimento do imposto diferido se faz *pelo recolhimento do imposto incidente sobre a operação de saída da mercadoria recebida* com diferimento ou outra dela resultante", de acordo com o art. 136, § 1º – eis a real sistemática aplicável ao indigitado "diferimento", que nada difere, que nada posterga.

No que concerne à substituição tributária, o art. 139 se limita a estabelecer que tal mecanismo aplicar-se-á nas hipóteses do Anexo VII. Já quanto às "Disposições Especiais de Tributação", o que importa ser destacado é o art. 147, o qual prescreve que o produtor rural de leite e o produtor inscrito no cadastro respectivo de pessoa física têm direito ao tratamento diferenciado e simplificado do Capítulo XXXIX da Parte 1 do Anexo VIII. Produtores que tenham receita bruta anual igual ou superior a R$ 1.500.000,00 (um milhão e quinhentos mil reais) e que tenham escrituração fiscal digital poderão adotar o sistema normal de apuração de imposto por débito e crédito, mediante regime especial.

Para encerrar a análise do texto central do Regulamento e passar para os anexos, cabe menção ao Título VI, que cuida "Da Suspensão, da Isenção e da Não-Incidência". O art. 148 atrela a suspensão do imposto à ocorrência ou não de um evento futuro, cujas hipóteses estão previstas no Anexo IX. Já o art. 151 prescreve que as operações isentas são as do Anexo X, havendo regra expressa no art. 152 no sentido de que não se aplica a isenção na operação interna, "inclusive quando realizada por produtor rural", com destino a contribuinte do imposto, caso o adquirente promova subsequente saída interestadual da mercadoria, com destino a outro estabelecimento de mesma titularidade, sem destaque do imposto, em desacordo com as normas do Regulamento. A responsabilidade, todavia, recai sobre o adquirente, e não sobre o remetente.

Por fim, o art. 153 trata debaixo da nomenclatura "não-‑incidência" hipóteses de verdadeiras imunidades junto com casos de "não incidência em sentido amplo" (fatos que não se amoldam à arquitetura do imposto). Na primeira acepção, o art. 153, III, dispõe que o ICMS "não incide" sobre a operação que destine mercadoria ao exterior, "inclusive produto primário e produto industrializado semi-elaborado", algo que é bastante relevante para o agro, como já se teve a oportunidade de demonstrar. Os §§ 1º a 6º se dedicam a estabelecer as regras pormenorizadas envolvendo a não incidência sobre a exportação (imunidade), entre elas as remessas para formação de lote em armazém alfandegado ou entreposto aduaneiro.

Cumprida a etapa de exame desses dispositivos do RICMS/MG que são relevantes para o agro mineiro, cumpre agora enfrentar os anexos. Como já destacado, os apêndices que merecem atenção são os Anexos I a IV e VI a X. O Anexo I traz 04 (quatro) tabelas de alíquotas, sendo que a primeira e a segunda estão destinadas, respectivamente, às operações internas e às interestaduais, ao passo que a terceira discrimina algumas categorias de bens por NCMs e a quarta para as hipóteses envolvendo energia elétrica. Nas operações internas, o que deve ser enfatizado, pensando-se em atividade rural, é a alíquota de 7% definida para a comercialização de mel e seus derivados, que perdurará até 31 de dezembro de 2032. Além disso, a alíquota de 12% fixada para as transações internas com arroz, feijão, fubá, farinhas, frutas (quando não alcançadas pelas faixas de isenção) e tratores.

O Anexo II versa sobre a "Redução de Base de Cálculo". Dividido em 10 (dez) partes, esse anexo também é composto por tabelas. Na parte 01 há várias circunstâncias que importam ao agro.[175]

175. As saídas interestaduais de insumos destinados à pecuária, à agricultura, à apicultura e outras, como fungicidas, herbicidas, vacinas e equivalentes, sofrem redução de 60% (sessenta por cento) na sua base de cálculo, nos termos do Convênio 100/97. Nas saídas internas ou interestaduais de milho destinado ao produtor, à cooperativa ou à indústria de ração, a redução é de 30%. O mesmo percentual se aplica para a aveia, soja e farelos destinados à produção de alimentação animal. As comercializações interestaduais de componentes para produção de fertilizantes também têm redução de base de cálculo que variam de 15% a 66,67%. A venda para outros

O Anexo III estabelece as circunstâncias que envolvem a "Transferência e Utilização de Crédito Acumulado de ICMS". Trata-se, isso é intuitivo concluir, de aspecto que influencia no montante a pagar pelo contribuinte, pensando-se em não cumulatividade do imposto. O art. 1º desse anexo reporta-se à hipótese do art. 153 do Regulamento, sendo certo que esse último dispositivo prevê a "não-incidência" do ICMS nas operações de exportação. De acordo com o art. 1º, o crédito acumulado de imposto pode ser transferido, desde que observadas as formalidades nele previstas. Eis um tema relevante para as agroindústrias exportadoras situadas em Minas Gerais.

O art. 4º, por seu turno, está preordenado a reger as transferências de créditos decorrentes em razão de vendas com "diferimento" ou redução de base de cálculo. Como há várias previsões de pseudodiferimento e redução de base de cálculo para o agro, também esse verbete ganha importância para esses agentes econômicos. O art. 26 molda a disciplina envolvendo a transferência e utilização de crédito acumulado por estabelecimento fabricante de ração, abatedor de aves ou de suínos ou criador de aves ou suínos, ao passo que o art. 27 contempla as transações com operações intermediárias isentas ou não tributadas com produtos agropecuários e o art. 33 envolve as vendas de carvão vegetal. Para fechar, o art. 36 dispõe, de forma específica,

---

Estados de mudas de plantas tem redução de 60%, assim como de sementes e de ovo fértil. As vendas internas ou interestaduais de ração animal, concentrados, suplementos e aditivos sofrem a mesma base de redução (60%). Saídas de máquinas e implementos agrícolas igualmente têm percentuais de redução (variando de 41,42% a 53,33%). Operações internas com alguns produtos alimentícios receberam percentuais diminuidores da carga tributária que vão do intervalo de 33,33% a 61,11%. Tais produtos estão arrolados na parte 06 do anexo. Já a venda de cana-de-açúcar para estabelecimento industrial situado dentro do Estado tem redução de 33,33%. As operações interestaduais de carnes e demais produtos comestíveis frescos, resfriados, congelados, salgados, secos ou temperados resultantes de abate de aves e gado bovino, bufalino, caprino, ovino e suíno têm redução de 41,66% e 61,11%. O item 20 da parte 01 estabelece os percentuais de redução das máquinas e implementos agrícolas (41,42% a 68,88%), cujo detalhamento é feito na parte 05.

sobre a possibilidade de transferência de crédito de ICMS deferida ao estabelecimento produtor rural, autorizando-o, mediante regime especial, a cedê-lo a centro de distribuição de rede varejista de medicamentos. Regras parecidas encontram-se nos arts. 37 (para a agroindústria) e 38 (para os estabelecimentos de integração rural).

"Do Crédito Presumido", esse é o título do Anexo IV. A parte 01 arrola vários produtos da atividade rural, na linha das categorias desonerativas defendidas neste trabalho. No que tange aos produtos dos itens 02 (milho para ração), 03 (aveia, soja e farinhas para ração), 05 (mudas) e 09 (ração animal) da parte 01 do Anexo II ("Da Redução da Base de Cálculo), o Anexo IV concede um crédito presumido equivalente à parcela reduzida. Os estabelecimentos que fazem venda de peixes, o processamento de pescado ou o abate ou processamento de aves, de gado bovino, equídeo, bufalino, caprino, ovino ou suíno recebem crédito de modo que "a carga tributária resulte em 0,1% do valor da operação". As agroindústrias do setor de algodão que cumprirem os requisitos de programa governamental têm crédito presumido de 41,66%. Também têm crédito presumido as agroindústrias do setor de polpas, doces, geleias, conservas e sucos (70% do imposto). No caso de vendas internas de leite, o crédito presumido é de "100% do imposto incidente na operação" – na prática, verdadeira isenção. Se a venda do leite for interestadual, a carga tributária fica reduzida a 1%. Para as indústrias de batata o crédito é de 50%. Já nas operações com arroz e feijão o crédito é de 100%, isto é, outra hipótese de genuína isenção. Na venda do alho o crédito é de 90%.

O Anexo VI se preocupa em trazer regras sobre um tema recorrente no que tange ao modelo de tributação estadual para o agro: sua alcunha é "Do Diferimento". Dividido em 05 (cinco) partes estruturadas por meio de tabelas, esse anexo contém várias prescrições voltadas à atividade rural.

Na parte 01, o legislador regulamentar dividiu-as em 81 (oitenta e uma) hipóteses. Em um estudo acadêmico como este não vem ao caso discorrer, uma a uma, sobre todas elas (sem prejuízo das ponderações críticas sob a ótica conceitual que já foram feitas). Basta registrar que as operações do agro estão largamente contempladas ali, a exemplo das transações com cooperativas, das vendas de mel, de gado (bovino, suíno, caprino, ovino, bufalino ou equídeo), de aves de um dia, de trigo, farelo de canola, cana-de-açúcar, café cru, carvão vegetal, leite cru ou pasteurizado, algodão (em pluma ou caroço), soja e milho. Na parte 02 há referência ao item 06 da parte 01, ou seja, legumes e verduras. E na parte 03 ao item 21 da parte 01, vale dizer, diversos derivados de produtos rurais, como farelo de algodão, de aveia e de amendoim, melaço de cana-de-açúcar, milho e milheto. Todos esses atos jurídicos estão atrelados ao comando do art. 130 do Regulamento.

Por sua vez, o Anexo VII trata da "Substituição Tributária". Na sua maior extensão esse anexo concentra-se na "substituição para frente", típica das indústrias, e não na "para trás", que importaria ao agro, cujo equivalente conceitual é o diferimento. No que importa destacar, o art. 18, IV, prevê que a substituição tributária ali disciplinada não se aplica às operações que destinem mercadorias a estabelecimento industrial para emprego em processo de industrialização como matéria-prima, produto intermediário ou material de embalagem, desde que o estabelecimento não comercialize a mesma mercadoria. O Título II, ao estruturar as disposições específicas dos regimes de substituição tributária, regulamenta nos arts. 152 a 157 a "substituição para frente" dos produtos alimentícios. E no art. 164 a da cana-de-açúcar. A parte 02, item 17, arrola as mercadorias submetidas à substituição dos produtos alimentícios, ao passo que a parte 03, itens 02 a 09, igualmente se ocupa dessa categoria de produtos.

O Anexo VIII está preordenado a reger as "Disposições Especiais de Tributação" a que se refere o art. 141 do Regulamento. Contendo um vasto rol de enunciados prescritivos, esse anexo é dividido em duas partes, as quais estão voltadas aos produtos rurais. Eis a prova cabal de que também o legislador mineiro entendeu dispensar regras específicas para os produtos rurais, reafirmando, uma vez mais, a premissa de que existe um subsistema tributário próprio para esse segmento econômico.[176]

O penúltimo apêndice a ser comentado é o Anexo IX ("Da Suspensão"). Esse anexo está vinculado às hipóteses de suspensão tratadas no art. 150 do RICMS/MG, sendo composto por uma tabela com 21 (vinte e uma) partes.[177]

Finalmente, o Anexo X, que cuida "Das Isenções" arroladas no art. 151. Organizado em 25 (vinte e cinco) partes e em centenas de itens, esse anexo, está-se a ver, é bastante extenso e minucioso. Como a intenção deste trecho do trabalho não é fazer a análise em si da legislação de cada Estado, mas apenas apontar os pontos comuns comparáveis com os diplomas normativos dos outros entes federados,

---

176. Para fins de identificação no âmbito desta pesquisa vale a pena mencionar na parte 01 os capítulos VII (aves), VIII (café cru), IX (carvão vegetal), XII (equinos e bovinos de raça), XIII (gado e carnes bovina, bufalina e suína), XVI (produtos não comestíveis resultantes do abate de gado), XVII (exportação de mercadorias), XXXIII (farinha de trigo), XXXVI (cooperativas), XXXVII (cana-de-açúcar), XXXIX (produtor rural inscrito no cadastro estadual), XLII (leite, creme de leite e queijo minas artesanal), LXII (aves, insumos e ração para engorda de frango) e LXIV (floresta plantada, lenha e madeira *in natura*). Na parte 02 devem ser destacados os capítulos II (arroz) e V (polpa, extrato, suco ou molho de tomate).

177. Naquilo que interessa a este estudo devem ser trazidos os itens 02 (saída interna de produto agrícola para estabelecimento beneficiador), 07 (gado bovino, equino ou asinino, de raça, para cruza), 10 (saída de gado a título de invernagem pecuária), 11 (saídas de batatas para semeadura em armazém refrigerado), 15 (produto primário destinado a beneficiamento não industrial), 16 (remessa de animais ou insumos entre estabelecimentos participantes do sistema de integração rural) e 17 (saída interestadual de ave, insumo e ração para engorda de frango).

para que essa meta seja alcançada é suficiente a indicação de tais regras.[178]

É intuitivo perceber que o plexo de enunciados prescritivos que importam ao agro é considerável. Diante desse contexto, a conclusão parcial a que se chega nesta parte do trabalho é a de que também em Minas Gerais a atividade mereceu atenção especial, tendo o Regulamento de ICMS do Estado se preocupado em dar um tratamento jurídico próprio ao mencionado segmento econômico.

II.2.5. As regras do Estado da Bahia

Para encerrar, devem ser trazidas as regras aplicáveis ao agro na Bahia. O Regulamento de ICMS daquele Estado foi veiculado pelo Decreto 13.780, de 16 de março de 2012, o qual busca disciplinar, em caráter secundário, a Lei 7.014/96. O RICMS/BA é formado por 491 artigos, dispositivos esses, no entanto, que não estão distribuídos em livros e títulos, pelo contrário, a técnica adotada pelo legislador regulamentar baiano foi de tratar tudo em um texto corrido só, estando desmembrado apenas em capítulos – e são 50 capítulos. Como adendo, o Regulamento traz somente 02 anexos: um sobre substituição tributária e outro sobre créditos fiscais *"nas atividades rurais"*. É só mais uma prova, entre tantas outras, de que onde o agronegócio assume

178. Pela ordem, devem ser citados então os seguintes itens da parte 01: 01 (mudas), 02 (ovos, calcário e gesso como corretivo de solo e esterco animal), 03 (sementes), 04 (inseticidas, fungicidas e herbicidas), 05 (rações animais), 06 (cebola), 07 (reprodutor ou matriz de gado), 08 (importação de reprodutores e matrizes de bovino, bufalino, ovino ou suíno), 09 (importação de reprodutores e matrizes de caprinos), 10 (embriões e sêmen congelado), 11 (camarão), 12 (legumes, verduras, flores e frutas), 13 (caprinos vivos), 14 (leite), 44 (leite de cabra), 107 (serviço de transporte de mercadorias destinadas ao exterior), 120 (produtos vegetais para biodiesel), 129 (farinha de mandioca), 158 (feijão), 171 (alho) e 176 (ovinos). A parte 09 se dedica a arrolar os produtos semielaborados sujeitos ao regime de isenção, dentre eles os discriminados nos itens 01 a 21, 33 a 35 e 38 a 40.

relevância o legislador, inevitavelmente, sente necessidade de estabelecer um regramento próprio para a cadeia.

Pois bem. Desses 50 capítulos do Regulamento, é preciso dizer que a matéria não foi distribuída seguindo uma ordem adequada, diferentemente do que se viu quando da análise da legislação de Minas Gerais. Os primeiros capítulos são praticamente todos dedicados aos deveres instrumentais, havendo pouco a tirar dali em matéria de incidência da tributação estadual que repercute sobre a atividade rural. Apenas no Capítulo VI, para ser mais preciso a partir do art. 264, esse corpo legislativo passa a trazer temas que são relevantes para esta pesquisa.

O Capítulo VI trata "Da Isenção". O referido art. 264, que inaugura esse capítulo, prescreve que "são isentas do ICMS, podendo ser mantido o crédito fiscal relativo às entradas e aos serviços tomados vinculados a essas operações ou prestações", as 72 (setenta e duas) hipóteses tratadas nos seus incisos, entre elas, as saídas de ovos, nas operações internas, e de pintos de um dia (inciso III). O art. 265, por seu turno, é formado por 119 (cento e dezenove) incisos, igualmente tratando de operações tidas como isentas, entre elas as que englobam produtos do agronegócio.[179]

O Capítulo VII dispõe sobre a "Redução da Base de Cálculo". De acordo com o art. 266, fica reduzida a base de cálculo em relação às operações com máquinas agrícolas, na forma do Convênio 52/91. Fica também reduzida a base

179. Operações internas e interestaduais com hortifrutícolas, com bulbos de cebola, polpa de cacau, ovinos em pé, embriões e sêmen congelado, leite de cabra, plantas ornamentais, maçãs e pêras e caprinos em pé (inciso I, "a" a "k"); as transações internas com leite pasteurizado, farinha de mandioca, arroz e feijão, sal de cozinha, fubá de milho, castanha de caju, mel, aves vivas, produtos não comestíveis resultantes de abate (exceto couro) e pescado (inciso II, "a" a "j"); operações com reprodutores e matrizes (inciso VII); importação de reprodutores e matrizes de raça de caprinos (inciso XXXII); operações internas com produtos para produção de biodiesel (inciso LXVII); e saídas internas com insumos agropecuários (inciso CXVIII); dentre outras.

de cálculo no que concerne às saídas internas de alho, efetuadas por produtor rural, constituído ou não como pessoa jurídica, e por cooperativas agropecuárias, de maneira que a carga tributária final seja correspondente a 12% (art. 267, X). A redução se aplica igualmente, na esteira do art. 268, para outros produtos.[180]

Na sequência, o Capítulo VIII versa sobre o "Crédito Presumido". "Ficam concedidos os seguintes créditos presumidos do ICMS para fins de compensação com o tributo devido em operações ou prestações subsequentes e de apuração do imposto a recolher", é a redação do *caput* do art. 269. São várias hipóteses também.[181]

Quanto aos "Demais Benefícios Fiscais", essa matéria é disciplinada no Capítulo IX. As saídas internas de gado bovino, bufalino, suíno, equino, asinino e muar em pé destinados para abate e de produtos comestíveis resultantes do abate desses animais ficam dispensadas do lançamento e do pagamento do imposto, na forma do art. 271. Além disso, o Regulamento dispensa também do lançamento e pagamento relativo ao diferencial de alíquotas as aquisições

180. Os resultantes da industrialização de mandioca (inciso XII), saídas interestaduais de carne e demais produtos comestíveis frescos, resfriados ou congelados de aves, leporídeos, bovinos, bufalinos, suínos, caprinos e ovinos (inciso XIV); operações internas com óleo de soja ou de algodão (inciso XXII); saídas dentro do Estado com farelo de soja (inciso XXVI); com algodão (inciso XXVIII); transações internas com soja e cacau em amêndoas para industrialização (inciso XLIX); com charque (inciso LI); além disso, de produtos para fabricação de laticínios, de vinho, de aguardente de cana-de-açúcar, de sucos de frutas, de chá mate e torrefação e moagem de café (inciso LII); saídas internas de insumos agropecuários (inciso LXIII); e saídas de insumos minerais para produção de adubos (incisos LXIV e LXV).

181. Aos fabricantes de polpas de frutas, sucos, néctares e concentrados de frutas, nas saídas desses produtos, em importância equivalente a 70% do imposto destacado na nota fiscal (inciso XIII). No art. 270 previu-se crédito presumido para os fabricantes de leite de coco, coco ralado e óleo de dendê, cujo crédito é de 80% (inciso VI); para as usinas de açúcar estabelecida no Estado (inciso VII); aos laticínios (inciso VIII); para o criador e produtor de lagosta e camarão (inciso IX); aos produtores de gado bovino criado em confinamento (inciso XIII); aos produtores de leite e seus derivados (inciso XIV); aos produtores de alho (inciso XVIII); e aos produtores de milho (inciso XXII).

de bens do ativo permanente destinadas à indústria de laticínios. Logo, o regime é de isenção.

Já o Capítulo X dispõe sobre a "Suspensão da Incidência do Imposto". O imposto fica "suspenso", conforme o art. 280, nas transações de produtos para o exterior (inciso I); nas saídas com produtos agropecuários para estabelecimento beneficiador (inciso III); e nas saídas interestaduais de equinos de raça para cobertura, treinamento ou participação em torneios (inciso IX).

Seguindo a análise, vem o Capítulo XI, que regulamenta as "Hipóteses de Substituição Tributária por Diferimento" – tema recorrente nesta pesquisa. O lançamento do ICMS fica diferido, em consonância com o art. 286, em inúmeras transações internas com produtos do agro. Em todas as hipóteses, não é permitido o destaque do imposto (§ 1º), sendo que a saída subsequente da mercadoria resultante da industrialização desses produtos encerra o diferimento (§ 2º), *considerando-se lançado o imposto diferido se a saída subsequente da mercadoria ou do produto resultante de sua industrialização for tributada* (§ 3º). Para que a sistemática do diferimento seja aplicável é necessário que o adquirente seja portador de regime especial (art. 287).[182]

182. Nas operações com cooperativas de produtores (inciso I); com aves vivas, gado bovino e bufalino, suíno, equino, asinino e muar em pé, exceto quando destinado ao abate (inciso II); em transações de couros e peles em estado fresco, salmourado ou salgado (inciso III); com leite fresco, pasteurizado ou não (inciso IV); "nas saídas internas de produtos agrícolas e extrativos vegetal, em estado natural, produzidos neste Estado", é a redação ampla do inciso V, que colhe essas relações jurídicas pelo gênero "produtos agrícolas"; saídas internas de pimenta-do-reino, sisal, algodão e látices vegetais, beneficiados (inciso VI); operações com lenha, eucalipto e pinheiro para produção de carvão vegetal (inciso IX); venda de lenha, carvão vegetal, bagaço de cana-de-açúcar, bagaço e casca de coco, eucalipto e pinheiro, com destino a estabelecimento industrial para utilização como combustível (inciso X); com madeira em estado bruto, mesmo descascada ou desbastada, desde que destinada à exportação (inciso XI); com lagostas (inciso XXVI); com melaço e mel destinado à usina ou destilaria (inciso XXVII); com mel, cera, própolis e demais produtos daí resultantes (inciso XXX); pasta e manteiga de cacau, destinados a estabelecimentos produtores de chocolate (inciso XXXV); crustáceo, molusco e rã para estabelecimento beneficiador ou industrial (inciso XXXVI); trigo em grão (inciso

Adiante, o Capítulo XII elenca as situações que envolvem a "Substituição Tributária por Antecipação", atrelando-as ao disposto no Anexo 01. Todas elas envolvem a substituição tributária "para frente", sendo certo que o Anexo 01, assim como os similares dos demais Estados, arrolam os produtos alimentícios na tabela 17.

Finalmente, o RICMS/BA passa a tratar dos casos envolvendo os "Regimes Especiais de Apuração" no Capítulo XV. Na Seção III o Regulamento cuida do "Regime Sumário de Apuração do Imposto", dispondo no art. 318 que, nesses casos, o imposto a recolher resultará da "diferença a mais entre o valor do ICMS relativo à operação ou prestação a tributar e o relativo à operação ou prestação anterior", efetuada com as mesmas mercadorias ou seus insumos, e se aplicará nas "operações realizadas por produtor ou extrator, não constituído como pessoa jurídica". Para esses casos haverá incidência de um crédito fiscal previsto no Anexo 02, calculado "sobre o valor do débito, sendo vedada a utilização de quaisquer outros créditos" (§ 2º). A tabela do Anexo 02 indica os percentuais a serem aplicados, os quais são os seguintes: (i) algodão: 10% na operação interestadual e 7% na interna; (ii) milho: 13% na interestadual e 22,5% na interna; (iii) feijão e arroz em casca: 5% e 9%; (iv) café: 6% para a operação interestadual e 4,5% para a interna; (v) soja: 16,5% na primeira hipótese e 12% na segunda; (vi) e para outros produtos: 5% e 3,5%, respectivamente.

O Regulamento traz ainda previsões específicas para equinos de raça (Capítulo XXV, art. 368), para café cru (Capítulo XXVI, arts. 369 a 372), para trigo e farinha (Capítulo XXVII, arts. 373 a 379), remessas para o exterior (Capítulo

---

XXXIX); óleo de algodão (inciso XL); saídas de eucalipto e pinheiro, com destino à indústria beneficiadora (inciso XLIII); óleo bruto ou degomado derivado de produtos rurais (inciso XLV); madeira certificada proveniente de reflorestamento (inciso XLIX); óleo de soja (inciso L); farelo de soja (inciso LXIV); e saídas internas de óleo degomado, com destino a fabricante de ração animal ou para granjas de avicultura e de suinocultura (inciso LXVIII).

XXXV, arts. 404 e 405, 407 a 409-B e 410 a 414), usina e destilaria (Capítulo XXXIX, art. 432), isso além da "pauta fiscal" (Capítulo XLIX-A), na qual se incluem os produtos do agro, como gado e café (art. 490-A).

O resultado dessa análise, portanto, é o mesmo do percebido nos outros Estados: há um regramento próprio para o agronegócio também na Bahia.

II.2.6. Os pontos comuns, em formato de tabela, que confirmam a existência de padrões normativos envolvendo o ICMS-agro

Logo no início deste texto foi prometido um estudo científico, sistematizado e aprofundado acerca da tributação estadual e municipal que recai sobre o agronegócio, mas com preocupações também no que concerne aos desdobramentos práticos que uma pesquisa empreendida com esse propósito pode acarretar. Por isso mesmo a garimpagem das normas locais que envolvem essa matéria, plasmadas nos respectivos Regulamentos, era algo importantíssimo a ser feito, uma espécie de estudo "experimental" sobre o tema, de maneira a revelar de que forma os Estados eleitos enxergam o ICMS-atividade rural. Ora, a tese defendida precisava sercolocada à prova.

Para que esse objetivo pudesse ser cumprido foi necessário esforço de síntese para que os principais aspectos das cinco legislações analisadas pudessem ser trazidos para cá. Dada a vastidão de preceitos, que passam da casa das centenas, evidentemente que o produto final não teria como ficar resumido a poucas palavras, sendo difícil abreviar a análise sem perder em força probatória que represente bem os fundamentos da pesquisa.

Nada obstante isso, com o encerramento dessa parte da jornada uma conclusão se consolidou: há, inquestionavelmente, um subsistema típico para o ICMS-agronegócio. Para fins ilustrativos, eis os pontos comuns, em formato de tabela, que ratificam a existência de *padrões normativos,* os quais são demonstrados dividindo-se os critérios da regra-matriz de incidência e as categorias desonerativas detectadas, como foi feito ao longo da análise realizada neste tópico do trabalho:

REGRA-MATRIZ DE INCIDÊNCIA DO ICMS-AGRONEGÓCIO

Critério da regra-matriz de incidência tributária do ICMS-agro	**Evidenciação de padrões normativos nas legislações investigadas**
Critério material: realizar operações relativas à circulação de mercadorias envolvendo a atividade rural.	Todas as legislações examinadas dispensam às operações do agro, nos três âmbitos ("antes", "dentro" e "depois da porteira"), regras específicas quanto ao tipo de mercadoria comercializada, seja por "disposições especiais de tributação" nos textos em si dos Regulamentos, seja por seus anexos, cabendo especial menção à sistemática aplicável aos bovinos e aos grãos.
Critério temporal: no momento em que se considera realizada a operação.	Embora se deixe assentado que a ocorrência do fato jurídico tributário se dá no momento da comercialização (denominado de "saída"), o critério temporal dialoga com o que as legislações costumam chamar de "diferimento", supostamente "postergando" o lançamento e o recolhimento do imposto para a etapa posterior da cadeia, salvo se houver venda interestadual, quando o "diferimento" é "interrompido".
Critério espacial: em qualquer local do território do Estado.	O critério espacial é o genérico. Não é demais registrar que alguns Estados trazem preceitos específicos envolvendo o domicílio tributário para permitir a apuração conjunta de fazendas contíguas do mesmo contribuinte (mais de uma unidade produtora).
Sujeito ativo: o Estado onde é realizada a operação.	Por não haver parafiscalidade e por se tratar de classe que forma um conjunto unitário (um único sujeito de direitos), não há observação específica a ser feita aqui.

Critério da regra-matriz de incidência tributária do ICMS-agro	Evidenciação de padrões normativos nas legislações investigadas
Sujeito passivo: a pessoa, física ou jurídica, que realiza a operação.	No que diz respeito ao "antes da porteira", as normas estaduais fixam a sujeição passiva sobre as empresas da cadeia de insumos, ainda que calibrando a tributação a depender se a operação for interna ou interestadual. Quanto ao "dentro da porteira", o produtor é colocado na posição de contribuinte, porém, para a maior parte dos produtos adota-se a regra de "diferimento" (na verdade, genuínas isenções), supostamente transferindo a responsabilidade para o adquirente. Nos Estados de MT, MS e GO, no entanto, *isso só é possível se o produtor "optar" por recolher, em contrapartida, valores aos "fundos do agro"*. Por fim, com relação aos adquirentes ("depois da porteira"), a aquisição de boa parte dos produtos é desonerada, total ou parcialmente (ratificando que na etapa anterior há isenção), e, para que não houvesse incidência com "carga cheia" sobre suas vendas, onerando demasiadamente os preços dos alimentos, são previstas algumas categorias desonerativas, como redução de base de cálculo, crédito presumido ou crédito outorgado.
Base de cálculo: o valor da operação.	Embora essa seja a regra, para os produtos do agro especificamente quase todos os Estados preveem em suas legislações a adoção de "pauta de valores" das mercadorias.
Alíquota: no percentual definido em lei.	Sem prejuízo da adoção das alíquotas tradicionais, alguns Estados aplicam alíquotas reduzidas para as operações internas envolvendo produtos do agro.
Não cumulatividade[183]: sobre o valor do débito apurado em relação à venda, o contribuinte tem direito a abater o valor do imposto incidente na aquisição da mercadoria.	Os Estados costumam estabelecer regras indutoras para que o produtor rural não adote a sistemática de créditos e débitos, conduzindo-o para que ele aceite percentagens fixas (presumidas) de crédito, quando suas operações são tributadas.

183 Embora os aspectos envolvendo a não cumulatividade não componham a estrutura em si da regra-matriz de incidência tributária, com o intuito de facilitar a visualização e também porque o tema é importante seus dados foram lançados nessa tabela.

CATEGORIAS DESONERATIVAS DO ICMS-AGRONEGÓCIO

Modalidade de categoria desonerativa	Evidenciação de padrões normativos nas legislações investigadas
Imunidade[184] (direta e indireta)	Todos os Estados contemplam em suas legislações regras para que as exportações dos produtos do agro do seu território sejam consideradas imunes (exportações diretas). No que toca às chamadas exportações indiretas, envolvendo remessa de mercadorias para formação de lote em recinto alfandegado ou de venda com fim específico de exportação, os Estados costumam designá-las como hipóteses de "suspensão".
Isenção	Vários produtos *in natura* do agro, especialmente os hortifrútis, são isentos, inclusive em virtude de previsão em convênios do CONFAZ. Quanto à venda interna de gado, os Estados usualmente rotulam a operação como "diferimento", deixando que a tributação incida apenas quando do abate e a venda da carne. Trata-se, no entanto, de hipótese inequívoca de isenção, já que a venda do gado poderia, em tese, ser tributada e não há previsão de retenção de tributo pelo adquirente. O mesmo se passa com a venda de grãos (especialmente soja e milho). Alguns produtos locais também são colocados nas faixas de isenção pelos Estados.
Não incidência	Eis outro conceito aplicado sem qualquer critério pelos Estados. Ora está atrelado às hipóteses de imunidade de exportações diretas, ora decorrente de exportações indiretas, por vezes envolvendo casos de isenção ou ainda de operação não realizadora do critério material da hipótese (como a simples remessa para armazenagem). Enfim, não há clareza no emprego de tal signo jurídico.
Suspensão	Também a suspensão é um campo semântico nebuloso. Seu emprego costuma ser usado na disciplina das exportações indiretas e das operações de simples remessa física da mercadoria, nas quais não há venda.
Redução de base de cálculo	A redução da base de cálculo aparece nas duas extremidades da cadeia: no "antes" (segmento de insumos) e no "depois da porteira" (agroindústrias adquirentes e *tradings*). Tributa-se a operação (não para todos produtos), mas se suaviza a carga incidente mediante redução, por percentual fixado por norma local, da grandeza tributável.

184. A despeito de a imunidade não ter sido incluída, pelos fundamentos apresentados, no conceito de categorias desonerativas (em sentido estrito), é importante que esse instituto apareça na tabela, pois os Estados dão regramento díspar à imunidade no âmbito local.

Modalidade de categoria desonerativa	Evidenciação de padrões normativos nas legislações investigadas
Créditos presumido e outorgado	A técnica é similar. Nas operações tributadas se concede um crédito (chamado por alguns Estados de "presumido", por outros de "outorgado"), a fim de que o sujeito passivo possa utilizá-lo, reduzindo o montante final a pagar.

Em síntese, esse é o quadro revelador do modelo típico aplicável ao ICMS sobre a atividade rural por esses Estados.

II.3. A SEGREGAÇÃO DAS ETAPAS DA CADEIA DO AGRONEGÓCIO COMO ESTRATÉGIA INTELECTUAL PARA ORGANIZAR A MATÉRIA: A FASE PRÉ-PRODUTIVA (O "ANTES"), A PRODUTIVA (O "DENTRO") E A PÓS-PRODUTIVA (O "DEPOIS DA PORTEIRA")

Uma vez expostas as considerações gerais acerca do imposto estadual, de maneira a se delinear seus reflexos sobre o agronegócio, e examinada a legislação paradigma dos Estados eleitos, como forma de enriquecer o texto, o próximo passo, de posse de todas as colocações que foram feitas, é partir daqui para frente para a investigação, de forma mais sistematizada, de cada um dos aspectos específicos voltados às operações do segmento econômico objeto deste estudo.

Para que o resultado possa ser profícuo, desvendando o que há de peculiar a ser pensado e explorando aspectos até aqui não refletidos, a melhor estratégia intelectual para organizar a matéria, sem dúvida, é a de segregar as etapas da cadeia do agro focando a fase pré-produtiva (o "antes"), a produtiva (o "dentro") e a pós-produtiva (o "depois da porteira"), como vem sendo feito desde o início. Agora, no entanto, com um olhar ainda mais atento quanto à compreensão sobre como o ICMS atinge cada segmento, em um movimento dialético constante de detecção do regramento previsto e sua avaliação crítica à luz do ordenamento constitucional. Afinal de contas, cada etapa desse setor – como, inclusive, ficou evidenciado no tópico antecedente – recebe da legislação regras próprias, de tal ordem que a análise conjunta, em um único bloco de argumentos, enfraqueceria o potencial expositivo, diminuindo a força sistematizadora que se busca implantar.

Doravante, portanto, serão investigadas, em separado, cada uma dessas fases da cadeia rural, com seus aspectos peculiares.

II.4. O ICMS E OS INSUMOS DO AGRONEGÓCIO (O "ANTES DA PORTEIRA")

A primeira ponta do setor agropecuário congrega as empresas que se dedicam ao fornecimento de insumos aos produtores rurais. Trata-se de um grupo relevantíssimo que jamais poderia ser deixado de lado, pois sem uma fase pré-produtiva não há etapa posterior: não há produção de gado, de leite, de legumes, frutas ou cereais. São contribuintes de ICMS porque são empresas que comercializam tais mercadorias aos produtores, viabilizando a atividade em si. Logo, de que maneira suas operações são tributadas e quais são as especificidades desse segmento é algo que tem muito a contribuir para a compreensão do tema.

II.4.1. A delimitação dessas operações e dos sujeitos envolvidos: maquinários, adubos, sementes e outros insumos necessários à atividade rural

Quando da fixação dos contornos necessários à construção da tese proposta, envolvendo o enlace das operações do agro a partir de uma perspectiva fática, foi demonstrado que o "antes da porteira" abrange tudo o que é necessário à produção rural. Por isso tais agentes econômicos foram subdivididos, pela ordem, em (i) fornecedores de recursos financeiros (bancos, além das revendedoras de insumos nas operações de *barter,* ou seja, de financiamento por compra antecipada, e as *tradings*), (ii) fornecedores de máquinas e implementos agrícolas (tratores, colheitadeiras, caminhões, pás carregadeiras, semeadoras etc.), (iii) fornecedores de insumos agropecuários (corretivos de solo, fertilizantes, sementes, herbicidas, inseticidas, fungicidas etc.), (iv) fornecedores de estrutura para produção (silos, galpões, mangueiros etc.), (v) fornecedores de serviços técnicos (agrônomos, veterinários e zootecnistas) e (vi) fornecedores de transporte.

Evidentemente, até pelo recorte que foi feito e pelo objetivo buscado neste estudo, desse rol o que irá interessar é a análise da tributação dos fornecedores (ii) de máquinas e implementos agrícolas, (iii) de insumos agropecuários e (vi) de transporte. Assim se faz porque as transações do grupo "i" são tipicamente creditícias, a do "iv", embora sejam indispensáveis à estrutura física das fazendas, não estão no contexto do foco da operação dinâmica, e a do grupo "v" contempla prestadores de serviços que estão no cotidiano da atividade prestando assessoria ao produtor, não sendo contribuintes do imposto estadual. Note-se, porém, que todos esses agentes podem ser vistos como fornecedores de "insumos" para a atividade, daí ser possível falar em "insumo em sentido amplo" e "insumo em sentido estrito", em especial no que concerne às operações do grupo "iii".

Para que o raciocínio fique mais claro, basta pensar em uma "terra bruta". Para que o solo esteja pronto para o cultivo de lavoura ou de pastagem, o indivíduo necessita de maquinário para retirar a vegetação daninha, realizar curvas de nível, gradeá-lo, adubá-lo, semeá-lo, enfim, precisará de tratores, arados, grades, aduboradoras, semeadoras, todas as máquinas para que a terra possa ser cultivada.

Depois de cultivada, quando a planta está brotando e se desenvolvendo, necessita aplicar herbicidas, fungicidas e inseticidas, ou seja, mais uma vez os implementos agrícolas são indispensáveis. Por ocasião da colheita, novamente as máquinas literalmente entram em campo (salvo para algumas culturas para as quais a colheita manual ainda é a mais indicada, como o café), valendo destacar que o preço das colheitadeiras de grãos, por exemplo, chega à casa dos milhões de reais cada uma. Uma vez colhida a produção, seu transporte fica a cargo de caminhões. Esse quadro que se desenhou dá conta de que, sem implementos agrícolas, não há atividade rural. Necessita-se de máquina para plantar, para cuidar, para colher e para transportar. E para isso há todo um mercado de grandes empresas que comercializam esses maquinários (operações do grupo "ii"). Perceba-se que *a empresa que vende um trator ou uma colheitadeira não desenvolve a atividade rural em si,* não estando, portanto, debaixo do conceito estrito de "agronegócio" defendido neste estudo, mas está inserida no conceito contextual, pois sua tributação é diferenciada, pensando-se no impacto fiscal sobre o custo da produção da agricultura e da pecuária.

Olhando sob a ótica do solo propriamente dito, devem ser destacadas as operações envolvendo a comercialização de corretivos de solo (como calcário e gesso); de fertilizantes (adubos), os quais podem ser orgânicos (esterco e "cama-de-frango") ou químicos (à base de nitrogênio, fósforo e potássio); de sementes e mudas; e de herbicidas (para combate a ervas daninhas), inseticidas (insetos) e fungicidas (fungos). No caso da exploração da pecuária bovina e da criação de aves e suínos há também o segmento de medicamentos veterinários, de venda de vacinas e de nutrição animal (rações). Também aqui há um mercado de cifras elevadíssimas, explorado, sobretudo, por empresas multinacionais, algo que pode ser enquadrado como "insumos em sentido estrito" (classificados no grupo "iii"). São empresas que não exploram, elas mesmas, a atividade rural, porém, estão imersas no contexto do agronegócio. Por isso sua sistemática tributária merece ser igualmente estudada.

Por fim, para que todos esses bens sejam transportados até às fazendas é necessário o frete, o qual é um custo considerável na transação, daí o motivo por que sua análise também é pertinente.

II.4.2. A tributação de máquinas e implementos agrícolas à luz do Convênio CONFAZ 52/91

Divididos os grupos a serem investigados, o primeiro é o que contempla as empresas que comercializam máquinas e implementos agrícolas. A própria denominação em si pode ser questionada: "máquinas e implementos agrícolas". São signos sinônimos? Toda máquina é um implemento agrícola e vice-versa? Pela positivação que foi dada pelos Estados, ao aglutinar as mercadorias submetidas ao regime diferenciado, a resposta é negativa. Um trator, por exemplo, é claro que é uma máquina, mas um reservatório para transporte de leite, não. O intuito da legislação foi dar o mesmo tratamento jurídico-tributário aos itens que possam ser úteis ao plantio, ao trato da terra, à colheita e ao manejo da atividade rural.

Foi pensando nisso que os Estados resolveram celebrar o Convênio CONFAZ 52, de 26 de setembro de 1991, o qual "concede redução da base de cálculo nas operações com equipamentos industriais e implementos agrícolas". Esse convênio é formado por apenas seis cláusulas, sendo que a primeira dispõe sobre a redução da base de cálculo para máquinas, aparelhos e implementos industriais, ao passo que a cláusula segunda trata da redução da base do ICMS "nas operações com máquinas e implementos agrícolas arrolados no Anexo II".

De acordo com o texto, o escopo dessa categoria desonerativa é fazer com que a carga tributária seja equivalente: (i) nas operações interestaduais, (i.a) a 4,1% nas transações tendo como Estados remetentes os das Regiões Sul e Sudeste (à exceção do Espírito Santo) e destinatários os das Regiões Norte, Nordeste e Centro-Oeste, além do Espírito Santo, (i.b) e de 7,0% nas demais operações interestaduais; (ii) já nas operações internas, que a carga fique em 5,6%. É importante salientar que esses percentuais foram variando conforme o passar do tempo, pois desde sua edição os Estados editaram diversos convênios para reajustar a calibração do peso fiscal. Outro ponto de destaque é que fica dispensado o estorno do crédito do imposto relativo à entrada de mercadoria cuja operação subsequente seja beneficiada pela redução da base de cálculo tratada nesse convênio (cláusula quarta). E para efeitos do ICMS-diferencial de alíquota, o Estado onde se localiza o destinatário deve reduzir a base de cálculo do imposto, "de tal forma que a carga tributária total corresponda aos percentuais estabelecidos nas Cláusulas primeira e segunda para as respectivas operações internas" (cláusula quinta). Logo, acaso uma empresa situada no Estado de São Paulo venda uma máquina agrícola para um destinatário situado em Goiás, o ICMS-diferencial de alíquota será de 1,5% (5,6% - 4,1% = 1,5%).

O Anexo II traz um rol de 25 (vinte e cinco) itens, desdobrados ainda em subitens, submetidos à sistemática das "máquinas e implementos agrícolas" regidos por esse convênio. Entre eles, estão reservatórios, tambores e recipientes (item 01); silos de matéria plástica artificial ou lona plástica (*silo bag*) ou silos de ferro ou aço (que pela classificação proposta anteriormente se enquadram em outro grupo, o da estrutura das fazendas, mas que também estão submetidos ao convênio, nos termos do item 02); ferramentas utilizadas na atividade, como enxadas e foices (item 05); pulverizadores e irrigadores (item 10); arados, grades de disco, semeadoras e adubadoras (item 11); colheitadeiras (item 14); chocadeiras (item 16); tratores (item 19); reboques para usos agrícolas (item 21); e aviões agrícolas a hélice (item

22). As mercadorias inseridas nesse anexo estão contempladas no modelo diferenciado de tributação, a cujo respeito os Estados decidiram instituir a categoria desonerativa "redução de base de cálculo", ou seja, a operação é tributada, porém, com carga menor. E nisso se cumpre o mandamento constitucional de acordo com o qual a política agrícola será planejada levando em conta, entre outros fatores, "os instrumentos fiscais" que possam induzir o fomento da produção (art. 187, I, CF/88).

Quatro questões sobre o Convênio 52/91 merecem considerações adicionais. A primeira delas é a de, embora adote o *nomen iuris* "redução de base de cálculo", referido convênio, a bem de se ver, não reduz propriamente base alguma, mas sim estabelece, de forma fixa, o resultado final da equação que deve advir do critério quantitativo do ICMS-venda de máquinas e implementos agrícolas. Noutras palavras, o sentido técnico de "reduzir" a base de cálculo seria prever que, por ocasião da comercialização dessas mercadorias, o vendedor deveria aplicar sobre o valor da venda realizada (base calculada) 80%, 50%, 30% ou outro percentual qualquer projetado sobre essa grandeza. Se foi realizada a venda de um trator pela importância de R$ 1.000.000,00 (um milhão de reais), a redução da base de cálculo, na acepção semântica esperada da expressão, pressuporia um enunciado prescritivo de acordo com o qual ficaria o vendedor autorizado a aplicar um percentual sobre a base calculada, isto é, o valor efetivo de venda (por exemplo, 50%), sobre o qual, aí sim, incidiria a alíquota prevista na legislação do Estado. Como se viu, porém, não foi essa a técnica adotada no Convênio CONFAZ 52/91. A despeito de a cláusula segunda do texto estabelecer que "fica reduzida a base de cálculo do ICMS nas operações com máquinas e equipamentos agrícolas", a parte final do dispositivo não versa apenas sobre a base de cálculo (um dos elementos do critério quantitativo da regra-matriz), e sim sobre o resultado final da equação (pressupondo a multiplicação da base de cálculo pela alíquota), "de forma que a carga tributária seja equivalente" àqueles percentuais já mencionados (4,1% e 7% para as operações interestaduais e 5,6% para as operações internas). Trata-se, pois, de um modelo fixo de tributação.

O segundo aspecto que merece ser apontado é o de que os caminhões, um tipo de máquina importante no desenvolvimento da atividade rural, não foram inseridos na lista da tributação diferenciada desse convênio. Ou seja, os Estados concederam tratamento distinto às máquinas para o manejo e o plantio da terra, seu cuidado e a colheita, mas não para o transporte.

O terceiro ponto envolve a finalidade empregada pelo destinatário no uso do equipamento adquirido. De acordo com a jurisprudência do Tribunal de Justiça do Estado de São Paulo, na hipótese de aquisição de produtos industriais (Anexo I), exige-se que o comprador seja industrial.[185] Seguindo a mesma linha de raciocínio, o Tribunal de Justiça do Estado de Minas Gerais atrela a aplicação do convênio à classificação do comprador, inclusive quanto à compra de motosserras e roçadeiras, pois "quando ausente demonstração de que os produtos comercializados possuem destinação exclusivamente industrial e agrícola" não pode incidir a normatização do Convênio 52/91, já que "para fins da redução da base de cálculo do ICMS, prevista no regramento mencionado, os produtos não podem ter utilização doméstica".[186] Embora não conste no enunciado do convênio essa exigência de forma explícita, ela, de fato, decorre da interpretação do seu arcabouço, na medida em que as máquinas e implementos que foram disciplinados de modo

185. Apelação cível nº 1027850-34.2018.8.26.0114. 12ª Câmara de Direito Público. Rel. Des. Souza Nery. *DJe* 10.08.2021.

186. Agravo de Instrumento nº 0947598-24.2019.8.13.0000. 2ª Câmara Cível. Rel. Des. Habib Felippe Jabour. *DJe* 27.11.2019.

distinto foram os "agrícolas", sendo esse seu campo de aplicação, que não pode ser deturpado.[187]

Por fim, além dos objetos em si mesmos como um todo, na sua funcionalidade, há precedentes no sentido de que igualmente as partes ou peças que formam essas mercadorias devem receber o mesmo tratamento, desde que voltadas à atividade agropecuária, o que se revela correto no âmbito de uma exegese finalística, afinada com a razão de ser da norma.[188]

II.4.3. A política de desoneração dos insumos agropecuários e suas implicações jurídicas: o Convênio CONFAZ 100/97

O segundo grupo de operações é o dos "insumos agropecuários em sentido estrito", na projeção empregada linhas atrás. Por essa expressão se procura designar o conjunto de mercadorias comercializadas por empresas que se posicionam no "antes da porteira" (isto é, na fase anterior à atividade rural), cujos itens envolvem as rubricas necessárias ao preparo, ao plantio, ao cultivo e à colheita de produtos vegetais, além daqueles que se aplicam à cultura animal. Trata-se de tema decisivo, por envolver a perspectiva dinâmica do agro.

---

187. "De um lado, o Poder Judiciário tem o dever de resguardar o ordenamento jurídico, sobretudo os princípios constitucionais da segurança jurídica e da igualdade, garantindo o gozo do benefício fiscal para aqueles que a legislação tributária previu sua aplicação; e, de outro lado, o Poder Judiciário também deve respeito ao princípio da separação dos poderes, não podendo ir além do que está determinado pela lei, criando benefício fiscal não previsto na legislação tributária, em detrimento dos outros poderes constituídos (...)" (ALHO NETO, João de Souza. *Interpretação e aplicação de benefícios fiscais*. São Paulo: IBDT, 2021, p. 151).

188. Tribunal de Justiça de São Paulo. Embargos infringentes nº 0024792-43.2009.8.26.0506. 12ª Câmara de Direito Público. Rel. Des. Osvaldo de Oliveira. *DJe* 07.05.2014.

Toda vez que o jurista, sobretudo da área tributária, se depara com o verbete "insumo", logo toma todas as precauções quanto a esse signo linguístico, haja vista tanta confusão causada quanto ao seu uso em matéria de PIS/COFINS não cumulativos e do próprio ICMS. O Convênio CONFAZ 100, de 04 de novembro de 1997, "reduz a base de cálculo do ICMS nas saídas dos insumos agropecuários que especifica", no entanto, não se encontra em seu texto dispositivo algum que tenha definido qual a significação que se deva atribuir a esse vocábulo. Nada obstante, nas suas sete cláusulas o que se percebe é que os Estados quiseram dar, verdadeiramente, uma disciplina singular ao ICMS envolvendo a comercialização de mercadorias que são utilizadas para o desenvolvimento da agropecuária, daí ser razoável pressupor que os produtos ali listados foram tidos pelos entes federados como "insumos agropecuários", estruturados em forma tabular, e não forma-de-construção.[189]

Para que esse importante instrumento do ICMS-agro possa ser adequadamente compreendido, a tarefa inicial é a de organizar os insumos catalogados no convênio. A cláusula primeira dispõe sobre as operações interestaduais para as quais se adotou uma redução de base de cálculo do imposto em 60% (portanto, permitindo uma tributação de 40%), enquanto a cláusula segunda contém redução, igualmente para operações interestaduais, mas no patamar de 30% (de maneira que a tributação incida à razão de 70%). Diferentemente do que ocorre com o Convênio CONFAZ 52/91, no Convênio 100/97 os Estados, como se está a ver, dispuseram sobre técnica de genuína redução de base de cálculo, diminuindo o valor da grandeza tributável manifestada no montante da venda (percentual redutor da base de cálculo), em vez de uma tributação com resultado fixo.

---

189. CARVALHO, Paulo de Barros. *Direito tributário:* fundamentos jurídicos da incidência. 10. ed. São Paulo: Saraiva, 2015, p. 145-146.

Pois bem, nessas duas cláusulas do convênio há listas de produtos: a primeira com dezessete incisos, enquanto a segunda com três incisos em vigor (o inciso III foi revogado). Ocorre, porém, que os itens ali colocados não seguem uma ordem lógica e muitos deles estão aglutinados em um mesmo enunciado, a despeito de versarem sobre usos distintos na atividade rural. Com o intuito de facilitar a absorção da matéria, eis a ordem classificatória mais coerente das mercadorias descritas nesse amplo rol, seguindo o viés expositivo defendido antes:

(i) *insumos usados como corretivos de solo* (cláusula primeira/redução de 60%): a) calcário e gesso (inciso IV); b) gipsita britada (inciso XI);

(ii) *insumos usados como adubos* (cláusula primeira/redução de 60%): a) esterco animal (inciso VII); b) enzimas preparadas para decomposição de matéria orgânica animal classificada no NCM/SH 3507.90.4 (inciso X); c) casca de coco triturada (inciso XII); d) vermiculita para uso como condicionador e ativador de solo (inciso XIII); e) condicionadores de solo e substratos para plantas (inciso XVI); f) e torta de filtro da cana-de-açúcar, cascas e serragem de pinus e eucalipto, turfa, torta de oleaginosas, resíduo da indústria de celulose (*dregs* e *grits*), ossos de bovino autoclavado, borra de carnaúba, cinzas e resíduos agroindustriais orgânicos, destinados para uso exclusivo como matéria prima na fabricação de insumos para a agricultura (inciso XVII);

(iii) *insumos usados como sementes e mudas* (cláusula primeira/redução de 60%): a) sementes (genética, básica, certificada de primeira geração – C1, de segunda geração – C2, não certificada de primeira geração – S1 e não certificada de segunda

geração – S2), destinadas à semeadura e atendidas as exigências do MAPA (inciso V); b) mudas de plantas (inciso VIII);

(iv) *insumos usados no desenvolvimento da planta – defensivos agrícolas* (cláusula primeira/redução de 60%): a) inseticidas, fungicidas, formicidas, herbicidas, parasiticidas, germicidas, acaricidas, nematicidas e raticidas (inciso I); b) inoculantes (inciso I); c) desfolhantes, dessecantes, espalhantes, adesivos, estimuladores e inibidores de crescimento (inciso I); d) extrato pirolenhoso decantado, piro alho, silício líquido piro alho e *bio bire plus* (inciso XIV); e) óleo, extrato seco e torta de Nim (inciso XV);

(v) *insumos usados na reprodução de animais e ampliação do plantel* (cláusula primeira/redução de 60%): a) embriões, sêmen congelado ou resfriado, exceto os de bovino[190]; b) ovos férteis; c) aves de um dia, exceto as ornamentais; d) girinos e alevinos (todos previstos no inciso IX);

(vi) *insumos usados no manejo de animais* (cláusula primeira/redução de 60%): vacinas, soros e medicamentos veterinários (inciso I);

(vii) *insumos usados na alimentação de animais* (cláusula primeira/redução de 60%): a) rações para animais, concentrados, suplementos, aditivos, premix ou núcleo (inciso III); b) sal mineralizado e gipsita britada para fabricação de sal mineralizado (incisos VI e XI); c) alho em pó, sorgo, milheto, farinhas (de peixe, de ostra, de carne, de osso, de pena, de sangue e de víscera), calcário calcítico, caroço de algodão, farelos e "tortas" (de

---

190. A comercialização de embriões, sêmen congelado e resfriado de bovinos é isenta, à luz do Convênio CONFAZ 70/92.

algodão, de babaçu, de cacau, de amendoim, de linhaça, de mamona, de milho e de trigo), farelos (de arroz, de girassol, de glúten de milho, de gérmen de milho desengordurado, de quirera de milho, de casca e de semente de uva e de polpa cítrica), glúten de milho, silagens de forrageiras e de produtos vegetais, feno, óleo de aves, resíduos de óleo e de gordura animal ou vegetal, *"destinados à alimentação animal ou ao emprego na fabricação de ração animal"* (inciso VI); d) e bagaço de cana (inciso XVII);

(viii) insumos usados na alimentação de animais à base de soja, canola, milho e aveia (cláusula segunda/ redução de 30%): a) farelos e "tortas" de soja e de canola, cascas e farelos de cascas de soja e de canola (inciso I); b) milho *in natura,* quando destinado a produtor, à cooperativa ou à indústria de ração animal (inciso II); c) e aveia e farelo de aveia (inciso IV).

O rol dos "insumos agropecuários em sentido estrito" é considerável, como se pode perceber. Os Estados, de forma correta, procuraram recobrir toda a cadeia rural do "antes da porteira", elencando os insumos necessários à produção de vegetais e animais e sobre eles estabelecendo uma sistemática fiscal diferente. Os insumos à base de soja, canola, milho (o milho *in natura*) e aveia, utilizados na alimentação de animais, sofrem redução na base de cálculo à ordem de 30%, conforme a cláusula segunda, sendo que para todos os demais a redução é de 60%, nos termos da cláusula primeira. Aqui também se busca tornar concreta a promessa do constituinte de que a atividade seria estimulada mediante instrumentos fiscais.

Apesar disso, há importantes questões a serem refletidas em torno do Convênio 100/97. A primeira observação é a de que esse convênio estava previsto para vigorar até 30 de abril de 1999 (cláusula sétima), entretanto, os próprios Estados sentiram a necessidade de prorrogá-lo sucessivas vezes, sendo certo que, no formato atual, esse instrumento normativo tem vigência programada até 31 de dezembro de 2025, conforme o Convênio 26, de 12.03.2021. É medida legítima, sem a qual haveria oneração demasiada dos insumos do agro, de tal modo que não apenas até essa data, mas até a implantação efetiva do novo modelo advindo da Reforma Tributária o convênio há de estender seus efeitos.

Outro aspecto que deve ser destacado é o de que os Estados ratificaram referido convênio no âmbito nacional mediante o Ato COTEPE 17, de 20 de novembro de 1997, o que torna sua normatização de observância obrigatória por parte dos entes federados, abrindo espaço, em contranota, a que os contribuintes exijam o respeito a suas disposições. É bem verdade que a jurisprudência do Supremo Tribunal Federal tem entendido que "os convênios são autorizações para que o Estado possa implementar um benefício fiscal", motivo pelo qual "efetivar o beneplácito no ordenamento interno é mera faculdade, e não obrigação".[191] Todavia, tendo havido ratificação na seara nacional e tendo os Estados incorporado em suas legislações internas as disposições do Convênio 100/97, a conclusão a que se chega é a de que as mercadorias comercializadas pelas empresas fornecedoras de insumos recebem o tratamento jurídico mencionado acima.

Se assim se passa no que concerne às vendas interestaduais, quanto às vendas internas o caminho não é exatamente esse. Com efeito, a cláusula terceira prescreve que ficam os Estados "autorizados a conceder às operações internas com os produtos relacionados nas cláusulas anteriores, redução da base de cálculo ou isenção do ICMS", observadas as respectivas condições para fruição do benefício. O § 3º, por sua

---

191. RE 630.705-AgR. 1ª Turma. Rel. Min. Dias Toffoli. *DJe* 13.02.2013.

vez, complementa a regra dispondo que "na hipótese de redução de base de cálculo, poderão ser adotados percentuais distintos dos previstos nas cláusulas anteriores". Nesse enunciado, sim, se nota previsão meramente autorizativa, não estando os Estados obrigados a dispensar regime diferenciado aos insumos do agro no âmbito interno. Nada obstante isso, é claro que seria um incontornável paradoxo se os Estados não fixassem dispositivos similares, pois, do contrário, os adquirentes iriam comprar suas mercadorias com carga reduzida de empresas situadas em outros pontos da Federação, em detrimento das empresas locais, que sofreriam a incidência de carga cheia. Não é demais reforçar que, consoante a cláusula quarta, caso o Estado não conceda a isenção ou a redução da base de cálculo em percentual, no mínimo, igual ao praticado pelo Estado de origem, fica assegurado ao adquirente crédito presumido de valor equivalente ao da parcela reduzida. É fundamentalmente por essa razão que a legislação paradigma dos Estados eleitos neste estudo adota ou a isenção, ou, ao menos, redução de base de cálculo.

Mais uma questão relevante: nos termos da cláusula quinta, inciso II, ficam os Estados autorizados a exigir, como condição à fruição das regras do convênio, "que o estabelecimento vendedor deduza do preço da mercadoria o valor correspondente ao imposto dispensado, demonstrando-se expressamente na nota fiscal a respectiva dedução". Não se trata de preceito obrigatório, mas os Estados, querendo, poderão prever em suas normas esse dever, o que, inclusive, já levou o Tribunal de Justiça de Minas Gerais a decidir que o Convênio 100/97 e a legislação mineira condicionam a redução da base de cálculo do ICMS de insumos agropecuários "à dedução do valor equivalente ao imposto dispensado ou reduzido na operação, com a indicação clara do abatimento no campo 'informações complementares' nas notas fiscais".[192] E

192. Agravo de Instrumento nº 2688129-89.2022.8.13.0000. 6ª Câmara Cível. Rel. Des. Júlio Cezar Guttierrez. *DJe* 27.03.2023.

em outro precedente, o mesmo Tribunal decidiu que não basta a simples "indicação de que houve redução da base de cálculo, ou do montante do imposto que deixou de ser recolhido pelo vendedor, sendo necessária a demonstração aritmética do valor dispensado, sob pena de perda do benefício".[193]

Versando sobre a abrangência do convênio, a cláusula primeira, § 5º, prescreve que os comandos aplicáveis às saídas dos produtos destinados à pecuária estendem-se às vendas com destino à apicultura, à aquicultura, à avicultura, cunicultura, ranicultura e sericicultura. Trata-se de equalização relevante, na medida em que coloca toda a cadeia animal debaixo das mesmas regras. Contudo, é curioso perceber que, a despeito do intuito do § 5º de tornar clara a interpretação de que tais disposições abrangem outros animais, seu rol se esqueceu de outras culturas animais de inegável impacto econômico, como a dos suínos, equinos, ovinos e caprinos. Mais uma vez o hermeneuta é chamado a *corrigir as distorções* do texto legislado para deixar assentado que o § 5º, longe de restringir, na verdade ratifica a amplitude do Convênio 100, notadamente porque o signo "pecuária" não se aplica apenas aos bovinos, e mais, porque em diversos trechos do convênio os enunciados remetem-se à figura do "animal", como gênero. Daí o motivo pelo qual a máxima hermenêutica da *golden rule* foi invocada no Capítulo I como um instrumento para solução dos problemas. Seria ilógico ter o legislador, a pretexto de estimular uma atividade ou um setor da economia, ter propositadamente excluído do seu conjunto um elemento que, de forma indiscutível, dele é parte integrante.[194] Portanto, igualmente essas culturas animais estão compreendidas no feixe normativo desse instrumento jurídico.

---

193. Apelação Cível nº 0280265-44.2002.8.13.0342. 8ª Câmara Cível. Rel. Des. Carlos Roberto de Faria. *DJe* 26.04.2016.

194. MACCORMICK, Neil. *Rhetoric and the Rule of Law*. Oxford: Oxford University Press, 2005, p. 121/142.

Três últimas análises a serem feitas: o modelo aplicável ao mercado de sementes, ao da nutrição animal e de fertilizantes. Esses três segmentos são indispensáveis à cadeia do agro, sendo certo que, por isso mesmo, são explorados por grandes conglomerados. Não por outro motivo os Estados dispensaram no Convênio 100/97, a cada um deles, mandamentos ainda mais específicos.

Em relação às sementes, a cláusula primeira, inciso V, prevê redução da base de cálculo nas operações interestaduais envolvendo semente genética, semente básica, semente certificada (de primeira geração – C1 e de segunda geração – C2) e semente não certificada (de primeira geração – S1 e de segunda geração – S2), destinadas à semeadura, desde que produzidas sob controle de entidades certificadoras ou fiscalizadoras, bem como as importadas, atendidas as condições da legislação própria e dos órgãos federais e estaduais, especialmente o MAPA – Ministério da Agricultura, Pecuária e Abastecimento. O § 4º estabelece que o convênio só se aplica se a semente satisfizer os padrões estabelecidos pelo órgão competente do Estado de destino e se tiver por finalidade a semeadura. Já a cláusula terceira, § 1º, dispõe que o benefício se estende à saída interna do campo de produção, desde que o campo de produção seja inscrito no MAPA; o destinatário seja beneficiador de sementes inscrito no mesmo órgão; a produção de cada campo não exceda à quantidade estimada por ocasião da aprovação da inscrição (que deverá ficar à disposição do MAPA pelo prazo de cinco anos, conforme o § 2º); a semente cumpra o padrão previsto; e não tenha outro destino que não seja a semeadura.

Como se vê, há um controle rigoroso do Ministério da Agricultura, Pecuária e Abastecimento no que concerne às sementes, com a preocupação, sobretudo, envolvendo sementes ditas "piratas", vale dizer, que podem provocar doenças nas lavouras, prejudicando a produção nacional.

E muito já se discutiu sobre os OGMs – organismos geneticamente modificados, assunto hoje resolvido cientificamente no âmbito da CTNBio – Comissão Técnica Nacional de Biossegurança. Da perspectiva tributária, o que importa para os Estados é que as sementes cumpram os requisitos dos órgãos competentes, mas não só isso, que não haja um desvirtuamento na comercialização, devendo o produto ser voltado, com fim específico, à semeadura (e não para transformação agroindustrial, por exemplo).

Já quanto à ração animal, os Estados também não descuraram de lhe dar os contornos necessários: as vendas interestaduais de produtos à base de soja, canola, milho e aveia foram submetidas à redução de base de cálculo de 30% (cláusula segunda); os demais, à redução de 60% (cláusula primeira). É importante considerar, porém, que na cláusula segunda a regra recai sobre farelos e "tortas" (ração) de soja e de canola, cascas e farelos de cascas de soja e de canola, sojas desativadas e seus farelos, quando destinados à alimentação animal ou ao emprego na fabricação de ração animal (inciso I). Note-se, pois, que não se trata da comercialização interestadual do grão de soja em si.

O milho recebeu tratamento diferente. O que se submete à tributação maior (isto é, com redução de apenas 30%) é somente o milho *in natura*, destinado ao produtor, à cooperativa de produtores, à indústria de ração animal ou órgão oficial de fomento e desenvolvimento agropecuário (inciso II). É claro que o milho "destinado a produtor" não é o milho para consumo próprio, mas sim o milho adquirido para ser oferecido como alimento aos animais da propriedade rural. A venda interestadual de milho para produtor, cooperativa, indústria de ração animal ou órgão oficial de fomento e desenvolvimento agropecuário está enquadrada na sistemática de redução de 30% (cláusula segunda, inciso II), mas tortas e farelos de milho, de glúten de milho ou de gérmen de milho desengordurado, além da quirera de milho, estão submetidos à regra da redução de 60% (cláusula primeira, inciso VI). Na imensa maioria das vezes o produtor compra o milho já em farelo, logo, com direito à redução de 60% sobre a base de cálculo. No que toca à aveia, aí tanto faz: seja *in natura* ou em farelo, a norma aplicável é a da cláusula segunda, inciso IV (com redução de 30%).

Há mais a ser dito sobre o segmento de nutrição animal. A cláusula primeira, inciso III, preconiza que serão objeto de redução de base de cálculo à ordem de 60% as "rações para animais, concentrados, suplementos, aditivos, premix ou núcleo, fabricados pelas respectivas indústrias" devidamente registradas no MAPA e desde que os produtos também estejam registrados, haja rótulo ou etiqueta identificadora do produto e ele se destine exclusivamente ao uso na pecuária. O § 2º define como ração animal qualquer mistura de ingrediente capaz de suprir as necessidades nutritivas para manutenção, desenvolvimento e produtividade dos animais (inciso I); como concentrado, a mistura de ingredientes que, adicionada a um ou mais elementos, constitua uma ração animal (inciso II); suplemento, o ingrediente ou mistura capaz de suprir a ração ou concentrado em vitaminas, aminoácidos ou minerais (inciso III); aditivo, substâncias e misturas de substâncias ou microorganismos adicionados aos alimentos (inciso IV); e como premix ou núcleo a mistura de aditivos para produtos destinados à alimentação animal ou mistura de um ou mais aditivos com matérias-primas usadas como excipientes que não se destinem à alimentação direta dos animais (inciso V).

Embora envolva questão técnica própria da área da medicina veterinária e da zootecnia, nota-se que os diversos produtos da nutrição animal foram contemplados. E esse é um vetor de estímulo à pecuária brasileira, guardando fidelidade ao querer constitucional. Também se aplica esse regramento à ração animal preparada pelo produtor na transferência a estabelecimento do mesmo titular ou na remessa a outro estabelecimento produtor com o qual o remetente mantenha contrato de produção integrada (§ 3º).

Por fim, faltam os fertilizantes. Vários insumos ou tipos de adubo, como foi demonstrado antes, continuam a receber da cláusula primeira a redução de 60%. Os denominados adubos químicos também tinham um tratamento diferenciado, sobretudo os que têm em sua formação o nitrogênio, fósforo e potássio ("NPK"). A cláusula primeira, inciso II, previa que as vendas interestaduais de ácido nítrico, ácido sulfúrico, ácido fosfórico, fosfato natural bruto e enxofre, vendidos por estabelecimentos extratores, fabricantes ou importadores para estabelecimentos onde fossem industrializados adubos simples ou compostos, fertilizantes e fosfato bi-cálcio destinados à alimentação animal ou a estabelecimento produtor agropecuário (além de remessas para armazenagem ou para outro estabelecimento da mesma empresa, que juridicamente não são fatos tributáveis) teriam uma redução de 60%. A cláusula segunda, inciso III, por sua vez, dispunha que as vendas interestaduais de amônia, ureia, sulfato de amônio, nitrato de amônio, nitrocálcio, MAP (mono-amônio fosfato), DAP (di-amônio fosfato), cloreto de potássio, adubos simples e compostos, fertilizantes e DL-metionina (um insumo bastante relevante para esse mercado), bem como seus análogos, produzidos para uso na agricultura e na pecuária, sofreriam uma redução de 30%.

No entanto, o Convênio CONFAZ 26/21 revogou esses dois dispositivos e inseriu as cláusulas terceira-A e terceira-B no Convênio 100/97. Agora, "fica reduzida a base de cálculo do ICMS", de forma que "a carga tributária seja equivalente à aplicação do percentual de 4% sobre o valor da operação" nas "importações" e nas "saídas internas e interestaduais". Tal qual o Convênio 52/91, nessa parte o Convênio 100/97 não mais reduz a base de cálculo propriamente dita, mas sim adota um modelo de tributação fixa, balizando a carga em 4%.

A alteração, porém, não se resume a isso. Como as cláusulas primeira e segunda versam apenas sobre as operações interestaduais, com o novo texto (cláusulas terceira-A e terceira-B) todas as transações com fertilizantes ficaram padronizadas: a importação, as vendas internas e as vendas interestaduais. Isso suprime dos Estados a possibilidade de conceder isenção ou redução de base de cálculo nas operações internas com fertilizantes especificamente, já que a cláusula terceira, que contempla essa faculdade, faz referência expressa ao disposto nas cláusulas primeira e segunda; logo, não estando mais os fertilizantes no rol das duas primeiras cláusulas, não poderão os Estados dar tratamento distinto às vendas internas desses insumos.

Outra modificação que adveio do Convênio 26/21 assenta-se na circunstância de que se antes alguns produtos necessários à indústria de fertilizantes se submetiam à redução de 60% (ácidos nítrico, sulfúrico e fosfórico, fosfato natural bruto e enxofre) e outros à redução de 30% (amônia, ureia, sulfato de amônio, nitrato de amônio e outros elementos químicos já mencionados), com a atual normatização todos eles passam a receber o mesmo regramento: estarão sujeitos à incidência à ordem de 4% sobre o valor da operação. Trata-se de algo que impacta o setor do agro, sem dúvida, dado que no sistema anterior os Estados costumavam conceder isenções nas vendas internas de fertilizantes.

A cláusula terceira-B foi além disso e estabeleceu que o sistema instituído na cláusula terceira-A fica condicionada à não aplicação às operações de importação "de quaisquer formas de tributação pelo ICMS que resultem em postergação de pagamento do imposto ou em cargas inferiores às previstas", reforçando a ideia de padronização do ordenamento fiscal aplicável aos fertilizantes.

No corpo do Convênio 26/21 sua cláusula terceira prevê um escalonamento das alíquotas incidentes durante os anos de 2022, 2023 e 2024, distribuindo-as conforme o tipo de produto (se envolvem os que antes estavam reduzidos a 60% ou a 30%) e as alíquotas previstas nas legislações de cada Estado (4%, 7% e 12%), na tentativa de calibrar essa unificação de 4% de carga final. E sua cláusula quarta contém uma estranha regra no sentido de que a produção de efeitos do novo convênio relativamente a cada um desses insumos "fica condicionada ao aumento de 35% (trinta e cinco por cento) da produção nacional destinada ao mercado nacional do respectivo segmento econômico até 31 de dezembro de 2025". Se não for alcançado esse patamar, "a carga tributária dos insumos do respectivo segmento retornará ao patamar definido na data de publicação deste convênio", *é* o que prevê o parágrafo único. Trata-se de regra de difícil implantação, pelos seguintes motivos: (i) o Convênio 26/21 está em vigor desde 01 de janeiro de 2022, de tal sorte que "a produção de efeitos" não pode estar atrelada a algo a ser constatado apenas em 31 de dezembro de 2025; (ii) sobremais, não há qualquer baliza clara para se definir os critérios de medição de modo a se aferir se o aumento de 35% da produção nacional foi alcançado ou não.

Uma última consideração sobre o Convênio CONFAZ 26/21, a qual não fica restrita aos fertilizantes: por força desse convênio, o inciso I da cláusula quinta do Convênio 100/97 foi revogado. Na redação anterior o Convênio 100 permitia que os Estados não exigissem a anulação do crédito dos insumos do agro nas hipóteses do art. 21, I e II, da Lei Complementar 87/96, isto é, quando houvesse venda de mercadoria não tributada ou isenta ou quando fosse integrada ou consumida em processo de industrialização, sempre que a venda do produto resultante não fosse tributada ou estivesse isenta do imposto. Dada a revogação do dispositivo, os Estados deverão exigir a anulação dos créditos sempre que o insumo do agro for isento, à luz do texto atual do convênio. Caso venha a ser essa a exegese seguida pelos entes federados – lembrando que tal imposição depende de modificações nas legislações internas – com relação aos fertilizantes, ao menos, os créditos haverão de ser mantidos, na medida em que suas operações, por tudo quanto se viu, passaram a ser tributadas em todas as etapas, ainda que em dosagem diferenciada.

II.4.4. O frete dos insumos do agro e o ICMS

Quando do início deste tópico ficou dito que do rol de agentes econômicos enquadrados na fase do "antes da porteira" cujas operações seriam examinadas estavam os fornecedores de máquinas e implementos agrícolas, as empresas que comercializam insumos agropecuários e os prestadores de serviços de transporte dos insumos do agro. E por ocasião da análise do regime tributário das máquinas e implementos agrícolas definido pelo Convênio CONFAZ 52/91 ficou demonstrado que os caminhões – uma modalidade de equipamento indispensável não só ao futuro escoamento da produção, mas ao próprio desenvolvimento da atividade em si – não foram contemplados na sistemática diferenciada.

Pois bem. É evidente que para que todos os insumos cheguem efetivamente às fazendas – corretivos de solo, adubos, sementes, defensivos etc. – isso só se mostra possível por intermédio de empresas transportadoras que fazem o frete de tais mercadorias até as propriedades rurais. E como é comum nesse tipo de mercado, esses custos são assumidos pelo adquirente – o produtor, mediante cláusula *FOB (free on board)* – e não pelas empresas que fazem a venda desses produtos.

Aqui surge um problema, quando se faz uma reflexão da perspectiva de política legislativa: embora os maquinários necessários à atividade rural e os insumos agropecuários recebam dos Estados um regramento justificadamente diferenciado, viabilizado pela categoria desonerativa redução de base de cálculo, o frete desses "insumos em sentido amplo" não mereceu das entidades federativas o mesmo olhar, na medida em que não há previsão em âmbito nacional envolvendo regra fiscal distinta. Noutras palavras, apesar de a venda de tais mercadorias estar classificada na tributação com carga reduzida, o seu transporte não está, indo na contramão da ordem vinda do patamar superior, a Constituição Federal. O art. 187 da Carta, ao determinar a adoção de instrumentos fiscais que sirvam de fomento à atividade rural, não fica circunscrito aos setores de "comercialização" e de "armazenamento", senão também ao de "transportes". Vai daí que se o transporte desses insumos se submete à incidência fiscal equivalente ao de outra mercadoria qualquer, inclusive as voluptuárias – como objetos de mero adorno – descumpre-se o mandamento constitucional. E nisso a forma com que o tema foi tratado fica sujeito a críticas.

Na verdade, o que há são previsões gerais contidas em convênios do CONFAZ que, como tais, não são específicas para o frete dos insumos do agro, mas que podem ser aproveitadas, igualmente, pelos prestadores de serviços de transporte desses produtos. O Convênio CONFAZ 04, de 02 de abril de 2004, autorizou diversos Estados a "conceder isenção do ICMS à prestação de serviço de transporte intermunicipal de cargas". Esse convênio, de acordo com a cláusula primeira, envolve prestação de serviço destinado a contribuinte do imposto, serviço esse "que tenha início e término no seu território, nos termos estabelecidos em legislação estadual". Por se tratar de convênio autorizativo, os Estados precisam prever em suas leis essa categoria desonerativa.

Outro instrumento que merece menção é o Convênio CONFAZ 106, de 13 de dezembro de 1996, o qual se vale de outra categoria desonerativa: esse convênio "dispõe sobre concessão de crédito presumido nas prestações de serviços de transporte". A teor da cláusula primeira se previu a concessão aos serviços de prestadores de serviço de transporte terrestre (não aéreo, de acordo com a cláusula segunda) crédito de 20% (vinte por cento) do valor do ICMS devido na prestação, o qual será adotado de forma opcional pelo contribuinte, em substituição ao regime normal de tributação. Se seguido esse modelo, a transportadora não poderá aproveitar quaisquer outros créditos e a regra valerá para todos seus estabelecimentos no território nacional. O Estado de Mato Grosso do Sul, por exemplo, trouxe para dentro do seu sistema jurídico essa previsão, disciplinando-a nos seus pormenores (art. 78 do Anexo I do RICMS/MS).

Enfim, o frete dos insumos do agro não recebeu dos Estados uma disciplina específica, como deveria, e nisso se desrespeita o preceito constitucional que assim o estabelece. Nada obstante, há convênios que dão tratamento diferenciado ao serviço de transporte em geral, os quais também são aplicáveis às transportadoras de insumos da atividade rural.

II.4.5. Uma questão específica, mas bastante relevante: o ICMS e os *royalties* cobrados na venda de sementes geneticamente modificadas

Imergir-se no universo da tributação do agro leva a caminhos que exigem um olhar mais dedicado a todas as potencialidades da produção, no que se insere o mercado de sementes geneticamente modificadas. Se na vida cotidiana em geral a tecnologia tornou-se uma realidade, no campo o avanço tecnológico é ainda mais presente. Há anos são feitos estudos por grandes conglomerados econômicos para se descobrir como aumentar a produtividade vegetal e animal. O incremento nos números do agro dos últimos tempos não veio do aumento de novas áreas agrícolas, mas sim da capacidade de se produzir mais no mesmo espaço físico.

Está aí o ganho de escala envolvendo a precocidade do rebanho e o volume de grãos gerados. Se antes um pecuarista levava de 36 (trinta e seis) a 48 (quarenta e oito) meses para que o animal chegasse ao peso de abate, agora essa meta é atingida com 24 (vinte e quatro) meses, às vezes até menos. O mesmo se aplica à agricultura: no passado, o produtor de soja colhia, em média, 40 (quarenta) sacas por hectare, ao passo que hoje colhe 70 (setenta), havendo regiões nas quais os picos já estão próximos às 90 (noventa) sacas. É isso o que explica o salto dessas *commodities*.

Para que esse estágio fosse atingido, porém, muitos recursos foram aplicados para que a nutrição animal trouxesse melhores resultados e para que as sementes fossem mais resistentes às adversidades climáticas e às pragas. No caso dos grãos, sobretudo da soja, empresas multinacionais passaram anos desenvolvendo pesquisas de suas sementes, pelos OGMs – organismos geneticamente modificados. A primeira planta transgênica no Brasil remonta a 1998, desenvolvida por uma determinada marca.[195] De lá para cá, muitos avanços advieram e várias companhias se dedicaram a esse segmento. A EMBRAPA, de igual forma, passou a fazer estudos nessa área e a desenvolver projetos de transgenia. Atualmente, há disponibilidade de sementes geneticamente modificadas para soja, milho, algodão, feijão, cana, algodão e eucalipto. Uma vez desenvolvida a tecnologia e patenteados seus projetos pelos órgãos competentes, sua utilização pressupõe uma contraprestação ao titular da patente. Aqui o debate começa a ganhar contornos tributários.

Com efeito, a Lei 9.279/96 "regula direitos e obrigações relativos à propriedade industrial", entre os quais está a licença para uso da patente (art. 61). No âmbito rural propriamente dito, a Lei 9.456/97 trata da política de "proteção

---

195. Disponível em: https://www.cultivebiotec.com.br.

de cultivares", assim entendida a "variedade de qualquer gênero ou espécie vegetal superior que seja claramente distinguível de outras cultivares conhecidas", vale dizer, são espécies novas, resultantes de programas de melhoramento vegetal, conduzidos por pesquisas públicas ou privadas. Já a Lei 10.711/03 versa sobre o "Sistema Nacional de Sementes e Mudas", prescrevendo as exigências quanto à segurança agrobiológica e criando o RENASEM – Registro Nacional de Sementes e Mudas (art. 7º) e o RNC – Registro Nacional de Cultivares (art. 10). É nesse contexto que se encaixa o pagamento de *royalties* às empresas desenvolvedoras da tecnologia de sementes geneticamente modificadas.

Os fatos se passam assim: a empresa multinacional desenvolve a tecnologia da semente transgênica e obtém a patente no INPI – Instituto Nacional de Propriedade Industrial. O principal objetivo da empresa é se proteger quanto à utilização da biotecnologia por ela conquistada. No entanto, não é apenas a alteração genética que compõe o produto, mas também o denominado germoplasma, isto é, o componente que carrega as características naturais de seleção, o "DNA da semente", como o tamanho e a padronização. Para que a semente desenvolvida pela empresa possa chegar até o produtor, ela firma contratos com agentes multiplicadores de sementes, que ficam responsáveis por plantar os grãos com finalidade de semeadura, colhê-los e replicá-los, assumindo a fase de venda. A partir disso as sementes são destinadas aos distribuidores, os quais as comercializam aos produtores rurais.

A questão envolvida é que essa cadeia econômica requer o pagamento de *royalties* ao desenvolvedor da tecnologia, seja por parte do distribuidor, seja do produtor rural que compra diretamente do multiplicador de sementes, as chamadas "sementeiras". Isso significa que o ato de compra da semente vem carregado do valor do *royalty* embutido no preço. A "sementeira", toda vez que faz a venda ao distribuidor ou ao produtor rural, fica obrigada a repassar a importância dos *royalties* à empresa multinacional, o que, segundo levantamentos realizados, corresponde de 30% a 50% do custo de produção.[196] É inequívoco, portanto, que o *royalty* incide no preço final da semente.

Nem toda semente disponível no mercado é patenteada, mas quase todo produtor usa semente com biotecnologia. E para minimizar as chances de o produtor pretender burlar o sistema, valendo-se da tecnologia sem pagar os *royalties,* as multinacionais entabulam contratos com todos os agentes da cadeia, fiscalizando-os rigorosamente, de maneira a saber quais produtores compraram sementes certificadas. De posse dessas informações, elas estimam a produtividade média em sacas por hectare por região, de modo que sabem que um determinado produtor deve colher, por exemplo, 70 (setenta) sacas de soja por hectare de sua semente certificada. Até essa faixa de produtividade, a companhia concede o que o mercado denomina de "isenção" ou de "crédito de *royalty*", ou seja, estando dentro desse volume o produtor não pagará mais nada, já que o preço pelo uso da tecnologia foi embutido no preço da semente que ele comprou. O que sobejar esse patamar ficará sujeito a uma cobrança adicional de 7,5% do montante comercializado, por se presumir que o produtor obteve esse ganho a mais por "salvar" sementes, vale dizer, por ter comprado sementes patenteadas e replantado com finalidade de reprodução, de modo a gerar novas plantas. Esse controle em torno do "crédito de *royalty*" é realizado pelo estabelecimento onde os grãos são depositados.

Pois bem, expostos, de forma resumida, os aspectos fáticos da operação, surgem dois questionamentos: (i) se deve incidir ou não ICMS sobre os custos de *royalties;* (ii)

196. MOCELLIN, Graciele. *Dedutibilidade dos royalties no setor de sementes.* Disponível em: https://revistacultivar.com.br/artigos/dedutibilidade-dos-royalties-no-setor-de-sementes.

e se deve ou não ser exigido o imposto sobre os valores pagos pelo produtor quanto àquilo que exceder a quantidade estimada de produção ("isenção" ou "crédito de *royalty*").

Com relação ao primeiro ponto, pode-se dizer, sem se ter receio a críticas, que é bastante controverso cravar se o imposto estadual pode ou não ser exigido. Voltando-se para a materialidade definida constitucionalmente, o ICMS tem por núcleo, entre outras hipóteses, "operações relativas à circulação de mercadorias". Olhando sob essa ótica, se a mercadoria vendida é uma semente geneticamente modificada, a qual pressupõe o desenvolvimento de uma tecnologia e, pois, o pagamento de *royalty* ao detentor da patente, seu preço final levaria em consideração esse custo, sendo esse o valor da operação, apto a ser alcançado pelo ICMS.

A Lei Kandir trilha esse rumo, estabelecendo no art. 12, I, que se considera "ocorrido o fato gerador do imposto no momento: I – da saída de mercadoria de estabelecimento de contribuinte", o que é integrado ao art. 13, I, de acordo com o qual "a base de cálculo do imposto é: I – na saída de mercadoria prevista nos incisos I, III e IV do art. 12, o valor da operação". O art. 13, § 1º, II, "a", parece reforçar essa exegese, aduzindo que "integra a base de cálculo do imposto" o valor correspondente a seguros, juros "e demais importâncias pagas, recebidas ou debitadas".

Em que pese o tema ser duvidoso, a solução mais adequada não pode ser essa. E assim se afirma porque a análise jurídica não pode estar restrita ao plano superficial da literalidade, senão que deve aprofundar-se na compreensão das categorias normativas, notadamente no que concerne à dissecação dos negócios jurídicos envolvidos. O pagamento de *royalties* tem reflexos tributários, sem dúvida. Entretanto, como bem demonstrou a Profa. Elidie Palma Bifano, o tratamento fiscal dos *royalties* está defasado, clamando por adaptações legislativas a esse modelo empresarial amplamente presente no cotidiano.[197]

No âmbito federal, não são poucos os debates envolvendo a sistemática de créditos de PIS/COFINS no que toca às sementes e também de IRPJ/CSLL, como exposto por Fábio Pallaretti Calcini.[198] E tanto a política fiscal dos *royalties* é arcaica que o art. 71 da Lei 4.506/64, ao assegurar sua dedutibilidade na apuração do rendimento líquido quando necessária para que o contribuinte possa usar ou fruir o bem ou o direito que produz o rendimento, foi alterado na parte em que se vedava a dedução dos *royalties* pelo uso de patentes de invenção, processos e fórmulas de fabricação ou pelo uso de marcas de indústria ou de comércio, quando pagos pela filial no Brasil de empresa com sede no exterior, assim como dos *royalties* pelo uso de patentes pagos ou creditados a beneficiário domiciliado no exterior (art. 71, parágrafo único, alíneas "e" e "f").

Essas restrições foram revogadas pela Lei 14.596/23, ou seja, tornaram-se apenas em data recente despesas dedutíveis. A Lei 9.249/95, de igual maneira, foi alterada pela Lei 14.689/23, passando a prever que na apuração do IRPJ e da CSLL, para os fins interpretativos do art. 106, I, do CTN, no que diz respeito à apuração do lucro tributável da pessoa jurídica que atua na multiplicação de sementes, os limites

---

197. BIFANO, Elidie Palma. *Desafios do novo ano: é urgente rever o tratamento tributário dos royalties.* Disponível em: https://www.conjur.com.br/2022-jan-05/consultor-tributario-urgente-rever-tratamento-tributario-royalties/.

198. CALCINI, Fábio Pallaretti. *Tributação no agronegócio:* algumas reflexões. Londrina: Thoth, 2023, p. 209. Vide também: OKUMA, Alessandra. Os *royalties* no agronegócio e o impacto tributário. *In:* REBOUÇAS, Rodolfo; CASTRO JR., Paulo Honório de; HORTA, Nereida *et al.* (org.). *Controvérsias tributárias atuais no agronegócio.* São Paulo: Dialética, 2021. v. I, p. 11/28; DRAGO, Florence Cronemberger Haret. Considerações sobre a dedutibilidade da pesquisa e produção de semente geneticamente modificada: *royalties,* sementes transgênicas, percentuais de dedução de IR, dentre outros temas. *In:* FERRARI, Bruna Camargo; DONIAK JR., Jimir; PEIXOTO, Marcelo Magalhães (coord.). *Tributação e contabilidade no agronegócio.* São Paulo: MP, 2023, p. 105/118.

de dedutibilidade previstos no art. 74 da Lei 3.470/58 e no art. 12 da Lei 4.131/62 "não se aplicam aos casos de pagamentos ou de repasses efetuados a pessoa jurídica não ligada", tal qual definido pelo art. 60, § 3º, do Decreto-lei 1.598/77, desde que domiciliada no País, "pela exploração ou pelo uso de tecnologia de transgenia ou de licença de cultivares por terceiros", estando dispensada a exigência de registro dos contratos no INPI.

Diante desse arcabouço normativo, as "sementeiras" que apuram seu imposto pelo lucro real podem deduzir os *royalties* pagos às multinacionais por ocasião da composição do tributo, e mais, sem limitações de percentuais, que anteriormente vigoravam. Ora, isso há de dizer alguma coisa. Se esses pagamentos podem ser deduzidos sem qualquer restrição, é porque não são receita própria, mas sim de terceiros (no caso, das multinacionais). E tais repasses são elevados, como se viu.

A empresa que multiplica sementes, ao usar a biotecnologia, está obrigada a enviar à companhia desenvolvedora da semente geneticamente modificada, por lei e por contrato, o valor dos *royalties* gerados pela patente. Aliás, o art. 22 da Lei 4.506/64 ratifica essa orientação, dispondo que serão classificados como *royalties* os rendimentos de qualquer espécie decorrentes do uso, fruição e exploração de direitos, "tais como: a) direito de colher ou extrair recursos vegetais, inclusive florestais; (...) c) uso ou exploração de invenções, processos e fórmulas de fabricação e de marcas de indústria e comércio". Se é a empresa multinacional que recebe os *royalties* como rendimentos decorrentes do uso, fruição ou exploração de direitos, na outra ponta está a empresa que os paga, a qual fica autorizada a deduzir tais desembolsos de seu lucro tributável, justamente porque são valores que não lhe pertencem, apenas transitam momentaneamente em sua contabilidade.

Chega-se, então, ao aspecto central controvertido: na venda das sementes pelas "sementeiras" ao produtor rural o valor dos *royalties* das multinacionais deve integrar a base de cálculo do ICMS? A resposta é negativa, por tudo o que se expôs. Afinal, essa grandeza não é de direito da empresa multiplicadora de sementes, não podendo, por essa lógica, compor a mensuração do imposto estadual. Admitir que o ICMS possa incidir sobre o "preço cheio" apenas porque é o "preço de venda" é aceitar que o imposto grave não a venda em si da mercadoria, mas a quantia que não lhe pertence e que tem que ser desembolsada pelo vendedor ao industrial pelo registro da patente. Noutras palavras, as "operações relativas à circulação de mercadorias" não podem ser vistas com essa singeleza como mero preço final do produto, sem que sejam separados os elementos que compõem o valor de venda. A Lei Kandir, ao prever laconicamente que as "demais importâncias pagas, recebidas ou debitadas" devem integrar a base de cálculo do ICMS, não pode ser interpretada dessa maneira, sob pena de se alargar a competência deferida pelo constituinte. "Em sentido *lato*, percebe-se que *royalties são os preços pagos pelo usuário ao proprietário de um bem tangível ou intangível, haurido, inserto ou consumido no curso de processo produtivo*", disse o Ministro Edson Fachin.[199] Nessa ordem de ideias, o ICMS não pode incidir sobre o valor dos *royalties* pagos às multinacionais.

Discussões similares sobre a base de cálculo do ICMS já foram levadas a debate no Poder Judiciário. Para ilustrar, vale a pena trazer o caso dos pagamentos realizados aos franqueadores pelos franqueados. O raciocínio é o mesmo. Diante da exigência do Estado do Rio Grande do Sul, o contribuinte resistiu à pretensão, tendo o Tribunal gaúcho decidido que "os *royalties* de franquia representam remuneração pelo uso da marca e de todo o sistema disponibilizado

199. ADIn 4.846. Tribunal Pleno. Rel. Min. Edson Fachin. *DJe* 18.02.2020.

pela franqueadora ao franqueado", de maneira que, como a empresa franqueada é "pessoa jurídica distinta da franqueadora, que industrializa e comercializa os produtos alimentícios aos franqueados", a franqueada que foi autuada "não se beneficia com os *royalties* pagos àquela". E então concluiu o Tribunal no sentido de que "descabe a inclusão dos *royalties* na base de cálculo do ICMS-ST por não fazer parte da operação mercantil, tratando-se de receita de terceiro".[200] O fato de se tratar de receita de terceiro é o ponto-chave para o encaminhamento da solução do problema, na medida em que, embora os *royalties* sejam embutidos no preço final do produto, tais quantias pertencem ao desenvolvedor da tecnologia, e não à "sementeira".[201]

Se o ICMS não pode ser exigido da empresa que multiplica as sementes no que diz respeito aos *royalties* por ela pagos, com muito menos razão poderia sê-lo do produtor rural, quando excede a cota estimada pela companhia multinacional detentora da patente. A exigência de 7,5% sobre o volume comercializado que ultrapassar a quantidade de grãos previamente estimada não significa, evidentemente, que o produtor comprou mais sementes, o que viria a denotar uma grandeza maior do produto para cômputo do ICMS. Basta ver que essa estimativa em determinadas sacas de soja por hectare pode ser infirmada pelo produtor mediante laudo técnico, comprovando que colheu mais do que se previu. Não só isso, eventual embate de caráter cível

---

200. Apelação cível nº 70079291092. Seção Cível. 21ª Câmara Cível. Rel.ª Des.ª Íris Helena Medeiros Nogueira. *DJe* 06.05.2019.

201. "Logo, os *royalties* são valores pagos em razão do uso de uma marca, patente, cultivar etc. por aquele que a usa àquele que é seu proprietário, constituindo-se, indubitavelmente, como um custo da empresa que os paga. A grande questão é que o pagamento de royalties não guarda nenhuma relação de causalidade com a comercialização de mercadorias ou prestação de serviços realizados por quem os paga, sendo autônomo a tais negócios" (GUIMARÃES, Bruno Augusto François. "A correta caracterização do conceito de 'encargos' aptos a comporem a base de cálculo do ICMS-ST e a impossibilidade de sua confusão com *royalties* pagos pelos contribuintes". *Revista Tributária e de Finanças Públicas*, São Paulo: ABDT, nº 142, ano 27, p. 39).

entre o produtor rural e a multinacional acerca do uso de "sementes salvas", isto é, de sementes que o próprio agricultor plantou em suas terras sem conhecimento da empresa, não pode ser transportado para o âmbito fiscal, já que, em ocorrendo isso, o produtor mesmo terá plantado as sementes que utilizou, não havendo aí transferência de propriedade de bem móvel para fins do imposto estadual.

II.5. O ICMS E O PRODUTOR RURAL (O "DENTRO DA PORTEIRA")

Analisados os aspectos que suscitam reflexões na fase pré-produtiva, o passo seguinte já adentra no cerne da cadeia rural, que se situa no "dentro da porteira", ponto de partida e de chegada da razão de ser do agro. Lá no início deste texto se teve a oportunidade de esclarecer que toda a principiologia que inspira a legislação, tanto de índole constitucional, como o da lei, todas as regras, todos os mecanismos diferenciados são nutridos pelas particularidades vivenciadas pelo produtor. Não se trata de privilégio, de uma "benesse", como, por vezes, algumas pessoas pensam e se manifestam, máxime aquelas que não entendem nada da realidade do campo. Quiçá nenhuma profissão dependa tanto de fatores que não estão no controle daquele que a ela se dedica, que escapam às mãos dos que fazem dela sua missão. Nessa *fábrica a céu aberto* as influências climáticas, de produtividade, de variação cambial e os humores externos, entre vários outros, formam a complexa teia econômica do agronegócio. Não só isso, o tipo de utilidade gerada, que é o alimento, igualmente é algo que merece tratamento distinto, dada sua essencialidade. Qualquer atividade econômica lícita é louvável e deve ser respeitada pela sociedade. No entanto, aquelas que produzem bens indispensáveis ao consumo não podem ser colocadas na mesma prateleira das que são frívolas. Certamente, foram essas questões, recuperadas aqui de forma resumida, que inspiraram o constituinte a tornar cláusula colocada na Carta da República o uso de instrumentos fiscais para estimular o fomento agropecuário.[202]

Com o ICMS, que atinge em cheio a comercialização de mercadorias, não poderia ser diferente. Aliás, sob essa perspectiva o enfrentamento da legislação paradigma eleita nesta análise bem revelou o quão amplo é o agro e quão impactante ele se mostra na vida das pessoas, contribuindo de forma decisiva com uma gama enorme de produtos. Se não houvesse um regime singular para o agro, o imposto estadual tornaria bem mais dificultosa a produção de alimentos, repercutindo, sem dúvida, no preço final posto à disposição do consumidor nas gôndolas dos estabelecimentos. Vai daí que um estudo atilado, que possa encarar de que maneira o ICMS repercute na atividade do produtor, é tema não apenas inédito, como de relevo inegável.

II.5.1. Circunscrevendo o objeto de análise: as atividades dos produtores pessoas físicas e das sociedades agropecuárias

Se o foco é estudar o ICMS na fase produtiva ("dentro da porteira"), evidentemente que demarcar quais são as atividades desenvolvidas por esses agentes econômicos se torna um pressuposto. Afinal, o cientista não tem como avançar na sua análise sem que, antes, conheça bem seu objeto. Não dá para falar em tributação incidente sobre a "atividade rural" sem esclarecer o que se deve entender por essa expressão linguística, qual seu desdobramento semântico. A técnica de circunscrever idealmente o objeto do conhecimento, portanto, é um expediente intelectual indispensável ao próprio conhecimento em si.

---

202. CALCINI, Fábio. *Tributação no agronegócio:* algumas reflexões. Londrina: Thoth, 2023, p. 25/30.

Acontece que essa delimitação epistemológica já foi feita no primeiro capítulo. Com efeito, como naquele trecho da obra o intuito era definir as fronteiras do segmento econômico escolhido para, nas próximas etapas, estudar sua tributação, o resultado colhido lá se aplica cá. Em outras palavras, o que se deve compreender por "agronegócio" integra a parte estruturante desta pesquisa, de tal maneira que as mesmas considerações que foram declinadas àquela altura do trabalho servem aqui. Como foi esmiuçadamente demonstrado, considera-se atividade rural *a extração e a exploração vegetal e animal como gênero,* aí abrangida também a transformação dos produtos rurais feita pelo produtor, com equipamentos da própria fazenda e sem utilização de componentes químicos, a exemplo do queijo, de doces e do carvão vegetal. Essa delimitação que se propõe preenche o conceito estrito do agro ("dentro da porteira"), mas há também o conceito contextual, que gravita em seu entorno, compreendendo as operações econômicas que viabilizam a atividade produtiva com insumos (o "antes") e as praticadas pelos destinatários das mercadorias (o "depois da porteira").

O motivo para se relembrar essa passagem da investigação assenta-se no fato de que, sob a feição dinâmica do agro, que contempla a atividade produtiva (e não a estática, voltada para o patrimônio rural), tais ponderações aplicam-se em tudo e por tudo também ao ICMS, por ser o imposto que grava a venda de mercadorias vindas do campo. O que se quer expressar com isso é que estarão potencialmente sujeitos ao ICMS os produtores rurais que promovem a extração e a exploração econômica vegetal e animal. E tanto faz se a atividade é desenvolvida enquanto pessoa física, movida em CPF, ou por uma pessoa jurídica rural, denominada sociedade agropecuária, via CNPJ.[203]

203. A sociedade agropecuária é figura diversa da agroindústria: a sociedade agropecuária nada mais é do que um produtor rural pessoa jurídica, nos moldes do art. 2º da Lei 8.023/90 ("dentro da porteira"), enquanto a agroindústria é a empresa que

O aspecto que importa é o tipo de atividade desenvolvida. Logo, quem gera produção vegetal, como arroz, feijão, soja, milho, milheto, sorgo, batata, alho, tomate, cenoura, alface, algodão, cebola, amendoim, mamão, laranja, limão, uva, maçã, eucalipto, aroeira e todos os demais produtos vegetais; ou quem lida com produção animal, como bovinos, equinos, aves, suínos, peixes, ovinos e caprinos, além dos produtos que deles decorrem, como ovos, leite e mel, estará no contexto do ICMS "dentro da porteira". O que interessa é o tipo de produto gerado, estratégia hermenêutica classificada como "complemento do complemento do verbo" do critério material da regra-matriz de incidência tributária.[204]

II.5.2. A grande diferença entre a atividade rural e as demais atividades para fins de ICMS: inauguração de um novo ciclo da cadeia econômica

Rememoradas essas nuanças que marcam a atividade rural, o pesquisador é chamado a pensar *se há alguma diferença entre essa cadeia econômica e as demais fontes produtoras de riquezas,* em especial para desvendar se o ICMS deve sofrer adaptações ou não com relação a ela.

Este estudo não é um estudo econômico, nem seu autor é versado nesse campo do conhecimento. Apesar disso, mirando sob a lente do direito, é bastante perceptível que os reflexos jurídicos gerados pelas diversas atividades econômicas são heterogêneos. A indústria tem uma realidade diferente da vivida pelo setor da educação privada, por exemplo. Mesmo que a economia seja dividida em grandes grupos, como o da indústria, parece claro que a indústria naval tem anseios e problemas diferentes da indústria

---

adquire e transforma os produtos rurais, na forma do art. 22-A da Lei 8.212/91 ("depois da porteira").

204. LOUBET, Leonardo Furtado. *Tributação federal no agronegócio.* 2. ed. São Paulo: Noeses, 2022, p. 158.

têxtil. Raciocínio equivalente poderia ser desenvolvido, de forma ilustrativa, com relação a cada segmento, inclusive os que estão inseridos no contexto da economia digital.

É justamente esse olhar comparativo que legitima o raciocínio de que o agro tem suas peculiaridades, as quais devem ser devidamente absorvidas pelo sistema jurídico, de maneira a moldar as regras a ele aplicáveis. Ora, o tema tratado é o ICMS. Quais as materialidades possíveis em matéria de ICMS? Pelas razões expostas no início deste capítulo, três: as operações relativas à circulação de mercadorias (venda de mercadorias), a prestação de serviços de transporte interestadual e intermunicipal e a prestação de serviços de comunicação. O produtor rural presta serviços de transporte ou de comunicação? Não, o que significa dizer que essas duas últimas estão descartadas. E venda de mercadorias, a atividade do produtor se subsome a essa categoria? Sim. Logo, está potencialmente sujeito ao imposto. Até aí, não há maiores desafios intelectuais para a compreensão do problema.

O raciocínio, porém, deve avançar para que as ideias aqui defendidas fiquem mais claras. Quando se fala em "mercadoria", pressupõe-se um bem móvel material que possa ser vendido, de um lado, e comprado, de outro, vale dizer, trata-se uma operação típica de compra e venda. Qualquer coisa que esteja no mundo do comércio (no sentido jurídico do termo, *res in commercio*) pode ser classificada como uma mercadoria, suscetível, pois, ao ICMS. Como esclarece Roque Antonio Carrazza, "mercadoria, nos patamares do Direito, é o bem móvel sujeito à mercancia", ou seja, "apenas o bem móvel preordenado à prática de operações mercantis é que assume a qualidade de mercadoria".[205]

A grande questão é a de que praticamente todos que "vendem mercadorias", que são "comerciantes", vendem

205. *ICMS*. 19. ed. São Paulo: Malheiros/JusPodivm, 2022, p. 56-57.

produtos prontos e acabados. *A indústria é o grande pilar do comércio,* pois ela fabrica, em larga escala, os bens que serão revendidos pelos que se dedicam à mercancia, iniciando toda a cadeia. O comerciante apenas revende produtos gerados pela indústria, na sua grande maioria. Não se trata de rebaixar a importância do comércio, de forma alguma. Somente se busca enfatizar o tipo de negócio praticado pelo comerciante, comparando-o ao realizado pelo produtor. Usualmente o comerciante não produz a mercadoria que vende: ele compra de alguém que está colocado na etapa anterior do elo econômico e aí faz a venda ou revenda no mercado atacadista ou varejista. Excepcionalmente, pode-se pensar no artesanato, atividade econômica na qual o agente produz (fabrica) a mercadoria que vende. Sob a perspectiva da expressiva massa do comércio, porém, não é isso o que ocorre. E mesmo assim, deve-se considerar que a profissão de artesão costuma movimentar a economia em pequena escala, sendo um trabalho manual – e muito belo – por intermédio do qual seu executor produz individualmente cada peça a ser vendida.

Pois bem, e o que isso tem que ver com o agronegócio? Tudo. Enquanto no comércio em geral quem inaugura a cadeia econômica é a indústria, *na atividade rural quem dá início a um novo ciclo econômico é alguém que extrai as riquezas da natureza, na maior parte uma pessoa física.* Uma fábrica de veículos, por exemplo, demanda um número enorme de insumos, como energia elétrica, fornecedores de aço, de alumínio, de plástico, borracha, equipamentos eletrônicos, tecidos, lâmpadas etc. Produzido o veículo, esse bem irá fomentar a economia atacadista e varejista, inclusive o segmento de usados. Quem vende um veículo, vende algo que não produziu. Em cada etapa da cadeia o ICMS poderá incidir, mas, de toda forma, quem (re)vende o veículo está inserido no contexto típico do comércio.

Situação diferente se passa com o agro "dentro da porteira". O produtor está no início da cadeia, inaugurando um novo ciclo econômico que irá desde o plantio e a colheita do arroz ou da soja ou mesmo da produção do bezerro, realizadas por ele, até o arroz ensacado, o pote de margarina ou a carne congelada, transformados pelas agroindústrias e postos nos supermercados no âmbito do comércio voltado ao consumidor final. Produtor rural não faz venda para consumidor final. Essa é a questão. Tomando como base a divisão clássica estruturada pela economia em setor primário (atividade extrativa vegetal, animal e mineral), setor secundário (indústria) e setor terciário (comércio e serviços), *o ponto que se traz à reflexão é como compatibilizar um imposto plurifásico, que incide sobre a circulação jurídica de mercadorias e que deve ser não cumulativo, para quem é considerado comerciante, mas é pessoa física e está inserido no setor primário da economia, no início da cadeia.*

Diferentemente do segmento industrial, que depende de muitos insumos, equipamentos e tecnologia, na cadeia primária rural são gerados produtos novos oriundos da natureza, sem que necessariamente haja várias fases de ciclo produtivo, ou mais ainda, sem que o leque de insumos (embora importante) tenha o mesmo tamanho do exigido para o produto industrial pronto e acabado. Na produção de grãos, os insumos do produtor são as máquinas e implementos agrícolas (que não são renovados a cada ano), os corretivos de solo (que só são aplicados quando há recomendação agronômica) e os fertilizantes, as sementes e os defensivos agrícolas, esses sim exigidos a cada safra. No caso da pecuária, em geral os insumos são vacinas, ração animal e gastos com inseminação artificial.

Como, por força de mandamento constitucional, o ICMS tem que ser um imposto não cumulativo, o grande desafio é ajustá-lo à realidade da atividade rural, inclusive no que concerne à sistemática de créditos e débitos, examinando-se especificamente a posição do produtor, que está na primeira etapa do elo econômico. Não só isso, contrapondo-se também o montante do custo do insumo (da vacina) com o do produto gerado (o bezerro, por exemplo). Sem adaptações o ICMS que repercute na fase de "dentro da porteira" tornar-se-ia um tributo extremamente gravoso, contrariando o próprio querer constitucional previsto para essa atividade.

II.5.2.1. Uma das poucas hipóteses em que pessoa física é contribuinte de ICMS

No caminho para tentar desvendar, na sua intimidade, o ICMS-agro, compatibilizando o exercício legítimo da competência constitucional deferida aos Estados com as vicissitudes do setor, a primeira observação a ser feita é a de que se trata de uma das poucas hipóteses em que pessoa física é contribuinte de ICMS. Eis mais um aspecto relevante, que é praticamente ignorado no cotidiano sobre o tema. Em qualquer análise tributária que se pretenda consistente, o estudo da sujeição passiva há de estar presente, de forma inexorável. Na clássica lição de Geraldo Ataliba, "o sujeito passivo designado pelo legislador, no Brasil, só pode ser aquele já constitucionalmente *destinado,* ou alguém que possa transferir-lhe a carga tributária imediata e automaticamente".[206]

Se o ICMS, na faixa aqui investigada, tem por materialidade a realização de uma operação relativa à circulação de mercadorias, então, em contranota, estará colocado na posição sintática de sujeito passivo aquele que realiza essa operação, que faz a venda da mercadoria. Nessa ordem de ideias, será sujeito passivo do ICMS aquele que transmite a propriedade de bem móvel mercantil, de maneira que esse

206. *Hipótese de incidência tributária.* 6. ed. São Paulo: Malheiros, 2002, p. 80 (com destaques no original).

ato jurídico insere o vendedor na classe dos "comerciantes". Acontece que, no mais das vezes, um "comerciante" é uma empresa, uma pessoa jurídica formalmente estabelecida. A Lei Kandir, entretanto, não faz essa distinção, prescrevendo que contribuinte é "qualquer pessoa, física ou jurídica, que realize, com habitualidade ou em volume que caracterize intuito comercial", operações relativas à circulação de mercadoria ou prestações de serviços de transporte interestadual e intermunicipal e de comunicação (art. 4º).

Aqui está a questão posta: tirando as hipóteses de informalidade, nas quais a pessoa física comercializa mercadorias ilegalmente, estando submetida, em potencial, a uma autuação; ou as circunstâncias esporádicas que envolvam importação de mercadorias por pessoas físicas, de ser destinatário de um serviço iniciado ou prestado no exterior ou de aquisição em licitação de mercadorias apreendidas ou abandonadas (previstas no art. 4º, § 1º, da Lei Kandir), para todas as demais resta muito pouco para enquadrar uma pessoa física como contribuinte de ICMS. Qualquer pequeno comerciante que se dirigir a um órgão fazendário para solicitar uma inscrição estadual como pessoa física irá ouvir como resposta que necessita constituir uma pessoa jurídica para que seu pedido seja atendido, ainda que na modalidade de MEI – microempreendedor individual ou outra do gênero. Mesmo no exemplo supracitado do artesão, fatalmente seria isso o que iria acontecer, à míngua de previsão em sentido diverso na legislação específica. Não se pode descartar, é verdade, a possibilidade de reconhecimento formal como contribuinte a uma pessoa física, mas, ainda que isso possa ocorrer, será para quem promove em escala diminuta a venda de mercadorias.

A única hipótese genuína em que há previsão de deferimento para que uma pessoa física seja considerada, licitamente, como contribuinte de ICMS, de forma independente dos valores das mercadorias a serem comercializadas, com direito à inscrição estadual, é a do produtor rural. Foi isso, ao menos, o que o estudo da legislação paradigma dos Estados escolhidos revelou. Toda vez que as normas estaduais preveem a possibilidade de exigência do ICMS sobre pessoa física elas estão atreladas a uma situação de irregularidade, vale dizer, estão voltadas às hipóteses em que alguém comercializa mercadorias sem o conhecimento do Fisco, sem emissão de documentos fiscais e, portanto, de recolhimento dos tributos cabíveis. Salvo essa situação, o que os diplomas locais estabelecem para as pessoas físicas na condição regular de contribuinte de ICMS está reservado apenas ao desenvolvimento da atividade rural.

Pois bem, sendo esse o quadro, os impactos daí advindos para o produtor são patentes. No Brasil, ainda hoje, o desenvolvimento da atividade no regime de pessoa física passa dos 90% (noventa por cento).[207] Noutras palavras, uma parte elevadíssima da produção agropecuária brasileira vem de pessoas físicas. Como, em números arredondados, o agro responde por ¼ (um quarto) do PIB do Brasil; como esse segmento econômico se amolda à materialidade possível do ICMS; e como sua maior parte é desempenhada por pessoas físicas; o resultado dessa equação é a de que os Estados têm como seus contribuintes no que se refere ao ICMS empresas que exploram o comércio de produtos prontos e acabados, vindos da indústria, as próprias indústrias e pessoas naturais, que vendem produtos primários do agro, movimentando verdadeiras *commodities* em cifras elevadíssimas.

Ora, isso há de dizer alguma coisa sobre as políticas legislativas a serem pensadas para o ICMS. *Não dá para chapar o modelo indústria-comércio do imposto estadual para a atividade do campo.* O Brasil tem milhões de produtores

207. Censo agropecuário. Disponível em: https://www.ibge.gov.br/estatisticas/economicas/agricultura-e-pecuaria/21814-2017-censo-agropecuario.html?=&t=resultados.

rurais. Mesmo que o nível de tecnologia nas fazendas tenha melhorado bastante, inclusive quanto ao acesso à internet, é preciso reconhecer que ainda há muito a ser melhorado, pois existe um número importante de propriedades, em especial aquelas situadas em rincões distantes, que não estão estruturadas para o livre trânsito de informações. Por consequência, aspectos como a imposição de uma contabilidade complexa, de controle minucioso de créditos e débitos e até mesmo de emissão de nota fiscal eletrônica merecem a devida atenção por parte do legislador.

Pode-se até arguir que esses são argumentos metajurídicos, que não fazem parte do núcleo duro dogmático das possibilidades legislativas. Da perspectiva exclusivamente técnica, a objeção pode ter sua procedência. Contudo, se fosse adotado o mesmo sistema do ICMS urbano típico dos setores secundário e terciário para o setor rural primário, em especial por este ser composto por pessoas físicas, com certeza a constatação que adviria daí seria a de que o imposto revelar-se-ia muito mais oneroso para esse grupo. E nisso estaria contrariada, uma vez mais, a regra constitucional de que tal atividade deve ser estimulada, e não inviabilizada. O intérprete não pode deixar de lado a realidade sobre a qual a norma jurídica está preordenada a se projetar.[208]

II.5.2.2. Se a legislação não concedesse mecanismos de desoneração haveria uma tributação sobre receita bruta

Um passo adiante no raciocínio desenvolvido no tópico anterior mostra que se não fossem empregados mecanismos de desoneração para o agro, haveria uma tributação sobre a receita bruta dessa atividade, afastando-se da tônica da não cumulatividade, que é da essência do imposto. Muito já se discutiu no passado se o ICMS é um imposto

208. Sobre o tema, vide: BOBBIO, Norberto. *O positivismo jurídico*. Tradução Márcio Pugliesi. São Paulo: Ícone, 1995, p. 223/232.

sobre valor agregado ou se é um imposto que adota técnica diversa, a qual tem por lógica permitir o creditamento do imposto incidente na etapa anterior, obstando o efeito cumulativo.[209] Pela estruturação da Carta Constitucional não há dúvida de que o ICMS é imposto não cumulativo, e não imposto sobre valor agregado. No regime aprovado com a Reforma Tributária se afirmou que a técnica foi alterada, de maneira que passará a ser adotada esta última. Esse problema será discutido no derradeiro capítulo e, ademais, só após a lei regulamentadora que se terá uma visão clara sobre a mudança. De uma forma ou de outra, no entanto, quanto ao ICMS não foi esse o modelo previsto pelo constituinte.

Justamente por isso, se esse imposto foi pensado para incidir ao longo da cadeia econômica, permitindo a cada fase o creditamento do imposto que repercutiu na fase anterior, fica difícil ordenar, à força, que o mesmo modelo seja aplicado de forma estanque sobre o setor primário da economia, formado na sua maior parte por pessoas físicas. O próprio Supremo Tribunal Federal tem entendido que "o princípio constitucional da não cumulatividade é uma garantia do emprego de técnica escritural que evite a sobreposição de incidências".[210] Sendo assim, decorre da própria base fática regulada pelo ordenamento o imperativo para que haja adaptações no ICMS-agro.

Tome-se como parâmetro a alíquota de 17% para as operações internas, prevista pela maioria dos Estados. Se não houvesse ajustes, o ICMS deixaria de ser um imposto

---

209. "O ICM tem uma sistemática fundada numa presunção: a de que o valor das mercadorias vai sendo acrescido desde a fonte de produção até entrega a consumo. Esta presunção funda-se no que normalmente acontece. Mas, na prática, o valor é equivalente a preço e o preço pode não traduzir, em certo momento, o valor acrescido até então. Por outras palavras, o valor acrescido fiscal não corresponde necessariamente ao econômico" (COSTA, Alcides Jorge. *ICM na Constituição e na lei complementar.* São Paulo: Resenha Tributária, 1979, p. 153).

210. RE-AgR. 872.968. 2ª Turma. Rel. Min. Dias Toffoli. *DJe* 07.11.2017.

voltado a medir a expressão econômica da operação por um viés não cumulativo para passar a gravar a receita bruta da transação, nesse patamar de 17% ou muito perto desse número. No fundo, no fundo, seria isso. Olhando para a "entrada", isto é, para as rubricas que envolvem os insumos do agro, o produtor pode creditar-se do imposto incidente sobre as compras realizadas. Dessa forma, a cada tonelada de calcário e de fertilizante, a cada saco de sementes e a cada compra de defensivo agrícola o produtor checa o montante de ICMS que incidiu nessas aquisições. Todavia, vários desses produtos, como visto antes, têm tributação reduzida. Se por ocasião da venda da produção a saca da soja sofresse incidência da alíquota-padrão de 17%, o montante de ICMS que incidiu de forma reduzida na compra de insumos não teria força econômica suficiente para amortizar o imposto incidente sobre a venda, de modo a caracterizar uma incidência não cumulativa plurifásica, até mesmo porque o produto vendido pelo agricultor não é o mesmo que foi comprado. Não se trata de uma revenda de mercadorias, mas sim da criação de um produto novo, típica de quem está em um ciclo econômico inaugural.

Por isso se aduz que *a previsão de técnicas de desoneração para o ICMS-agro na etapa produtiva em si* ("dentro da porteira") *acaba se revelando uma exigência decorrente da própria especificidade do setor*, já que, se não fosse assim, o imposto, que é para ser não cumulativo, dosando a grandeza econômica agregada pelo contribuinte, acabaria por repercutir sobre a base cheia do valor de venda, *desnaturando-se para um imposto sobre receita bruta, aumentando, de forma exponencial, a carga tributária incidente.* Não necessariamente os insumos exigidos para a produção repercutem, de forma proporcional, em valor expressivo em face da mercadoria produzida (o valor do fertilizante para o grão ou da vacina para o bezerro, por exemplo). E mais, sem que esses insumos, necessários à produção, tenham sofrido obrigatoriamente a incidência do imposto. Não foi esse o desenho previsto pelo constituinte para o ICMS. Por esse motivo que os Estados preveem, de forma correta, mecanismos distintos para os produtos do agro, até porque, a se levar no rigor terminológico o princípio da não cumulatividade, não haveria como, de forma adequada, aplicar esse princípio àquele que está no início da cadeia produtiva. Note-se bem, no entanto: dizer que os Estados preconizam, corretamente, mecanismos de desoneração tributária em suas legislações não significa que eles empregam tais modelos do modo adequado da perspectiva técnico-jurídica, como foi demonstrado, mas sim que buscam adequar-se às especificidades do agro, ao definirem o formato do ICMS dentro de seus territórios.

Não é demais lembrar que o produtor rural *tem vários outros custos* para o exercício da atividade, não só da safra colhida, como da safra a plantar, tendo uma margem volátil e muitas vezes apertada ou até negativa, por depender de fatores agrobiológicos. Portanto, seja porque a atividade rural inaugura um novo ciclo econômico, seja porque ela é formada, na sua expressiva maioria, por pessoas físicas, seja por conta dos fatores exógenos inerentes à atividade, há aspectos diferentes dessa atividade que exigem adaptações ao modelo aplicável a ela em matéria de ICMS. Não fosse assim e estaria vilipendiada a norma do art. 187 da Constituição.

II.5.3. O produtor rural e o ICMS

Superada a etapa descrita no tópico precedente, focada em posicionar a matéria no enquadramento devido diante de suas especificidades e à luz do horizonte constitucional, o intuito agora é adentrar no âmbito dos preceitos postos no patamar da lei, sobretudo no que concerne à Lei Complementar 87/96. Esse viés de análise mira a compreensão mais aprofundada sobre como os comandos abstratos da

Lei Kandir podem ser trazidos na condição de instrumentos hábeis à regência da atividade rural, construindo um olhar hermenêutico que possa harmonizar as duas pontas: a do modelo geral neles previstos e a do segmento econômico escolhido nas suas peculiaridades. Como se verá, uni-los, conferindo-lhes um tom consensual, não é tarefa fácil. Esse é o desafio.

II.5.3.1. A Lei Kandir e os cuidados na sua aplicabilidade ao produtor rural, sobretudo quanto à sistemática de créditos nas operações do agro

Dizer que a etapa produtiva rural é desenvolvida nas fazendas e na sua maior parte por pessoas físicas, que extraem recursos da natureza para inaugurar um novo ciclo econômico, significa admitir que há obstáculos inexplorados que precisam ser pensados e sistematizados, na medida em que se está a tratar de um imposto não cumulativo, o qual pressupõe uma operação em cadeia, cuja aplicabilidade para o setor primário, porém, nada tem de simples.

A Constituição não dá pistas de ter pressuposto a possibilidade de incidência do ICMS sobre o produtor rural, mas também não a afasta. Garimpando os enunciados de que se valeu o constituinte, o que se nota é que a Carta da República prescreve um modelo genérico do tributo estadual para todos aqueles que realizarem sua hipótese de incidência e, ao mesmo tempo, dispõe sobre operações e mercadorias específicas que, ao seu ver, mereciam referência explícita.

O material de trabalho do jurista dogmático é o direito posto. É a partir dele que o intérprete deve construir as significações jurídicas possíveis, apontando caminhos, a partir de critérios demonstráveis e sustentáveis, que respeitem a harmonização com o todo. Segregando exclusivamente o art. 155, II e §§ 2º a 5º (com seus respectivos incisos e alíneas), que são os dispositivos que moldam o ICMS no patamar constitucional, a convicção manifestada anteriormente se reforça. Tomando apenas a materialidade que interessa a este tópico (venda de mercadorias), o inciso II contempla a estrutura ampla e vaga de que o ICMS incide sobre "operações relativas à circulação de mercadorias". Não há maiores referências linguísticas sobre o que há de ser entendido por "operações", quem deve realizá-las e quais os sentidos a serem atribuídos aos vocábulos "circulação" e "mercadorias". A construção doutrinária já exibida neste texto, entretanto, proporciona o conforto necessário para se compreender tais preceitos em seu sentido jurídico. Neles o produtor rural não está inserido de forma explícita, mas também não está alheio à sua aplicação em potencial.

Sob o ângulo dos produtores rurais isoladamente considerados, e até de outros contribuintes pessoas físicas, as possibilidades constitucionais param por aí. Todo o restante deles se distancia. Com efeito, nos doze incisos do § 2º não há menção quer expressa ou mesmo implícita ao produtor rural. As alusões às pessoas físicas são circunstanciais, estão endereçadas a situações bem específicas envolvendo apenas importação de bens.

O inciso I se limita a estabelecer a regra da não cumulatividade, no que é complementado pelo inciso II, que veda a apropriação de crédito e impõe sua anulação nas hipóteses de isenção ou não incidência. O inciso III alberga o norte da seletividade em função da essencialidade das mercadorias. Os incisos IV, V e VI estão preocupados com a formatação normativa do ICMS, envolvendo a participação do Senado Federal e dos Estados na calibração das alíquotas. Os incisos VII e VIII, por sua vez, dispõem sobre comércio interestadual, disciplinando como se dará o diferencial de alíquota. O inciso IX estende o campo de incidência tributária, aqui sim pressupondo uma pessoa física como contribuinte, porém, somente nos casos de importação de bens, de forma não habitual, além de admitir a possibilidade de cobrança sobre o valor total da operação, quando mercadorias forem fornecidas com serviços não compreendidos na competência dos Municípios. O inciso X cuida do subconjunto de operações não sujeitas ao imposto, aí englobadas as de exportação (alínea "a"); as que destinem a outros Estados petróleo, inclusive lubrificantes, combustíveis líquidos e gasosos dele derivados, e energia elétrica (alínea "b); o ouro, nas hipóteses definidas no art. 153, § 5º (alínea "c"); e as prestações de serviço de comunicação nas modalidades de radiodifusão sonora e de sons e imagens de recepção livre e gratuita (alínea "d"). O inciso XI afasta a possibilidade de inclusão do IPI na base de cálculo do ICMS, quando a operação for realizada entre contribuintes e cuja transação se submeta aos dois impostos, ao passo que o inciso XII elenca as várias funções da lei complementar (alíneas "a" a "i"). Para encerrar, o § 3º (com a redação da EC 132/23) se ocupa das operações com energia elétrica, serviços de telecomunicações, derivados de petróleo, combustíveis e minerais; o § 4º das transações com lubrificantes, combustíveis derivados do petróleo e gás natural e seus derivados; enquanto o § 5º estabelece que essas regras serão fixadas mediante deliberação dos Estados e do Distrito Federal.

Pois bem, desse extenso conjunto de normas, a pergunta que vem é a seguinte: em qual delas o produtor rural pode ser enquadrado? *Apenas na regra geral do art. 155, II.* A análise minuciosa do art. 155, II e §§ 2º a 5º, revela que a linha adotada pelo constituinte para o ICMS-mercantil pode ser classificada da seguinte maneira: (i) há preceitos que dão os contornos genéricos do imposto (materialidades possíveis, não cumulatividade, anulação de créditos, seletividade, definição de alíquotas interestadual e interna máxima e mínima, imunidade e funções da lei complementar); (ii) há dispositivos que versam sobre operações específicas (importação, exportação, venda interestadual e transações sujeitas ao ICMS e ao IPI); (iii) e há enunciados voltados a mercadorias específicas (ouro, petróleo, lubrificantes, combustíveis líquidos e gasosos, energia elétrica e minerais). Como se está a ver, não há indícios de que a subsunção de um contribuinte habitual pessoa física ao ICMS tenha sido pressuposta. O que há, como salientado, são menções ocasionais a pessoas físicas como contribuintes, mas quando realizam, de forma esporádica, importação de bens. E são "bens", não "mercadorias", já que não se trata de importação com finalidade de revenda, tema que muito foi debatido por ocasião do advento da EC 33/01, sendo que o Supremo Tribunal Federal, ao fim e ao cabo, aceitou essa heresia jurídica.[211] Tirando essa hipótese, os demais enunciados estão preocupados em reger a atividade dos comerciantes pessoas jurídicas, inclusive ao invocarem a figura do "estabelecimento", que aparece duas vezes no texto em vigor, categoria que se aplica às empresas, não às pessoas naturais.

Essa vagueza do texto constitucional dificulta sua compatibilização com o cotidiano de uma atividade desenvolvida maciçamente por pessoas físicas, que estão no setor primário da economia, explorando riquezas da natureza e inaugurando um novo ciclo econômico, com um leque de insumos não tão amplo assim. Por certo, o ICMS não foi pensado, no seu núcleo duro, para ter como matriz econômica geradora de receitas tributárias as operações realizadas "dentro da porteira". Nada obstante, não se pode dizer que o ICMS não possa incidir sobre essas atividades, porque o produtor rural atende aos comandos abstratos do art. 155, II. Está aí a instigante questão.

E é nessa aridez que surgiu a Lei Kandir, a qual, sentindo-se legitimada pelo constituinte, deu passos além na fixação de contornos mais concretos para a colmatação do imposto. Essa lei segue, em linhas gerais, os três desdobramentos supracitados (desenho normativo do ICMS,

211. RE 1.221.330. Tribunal Pleno. Rel. Min. Alexandre de Moraes. *DJe* 17.08.2020.

operações específicas e mercadorias específicas), mas vai adiante, inclui em seu rol enunciados mais minuciosos sobre cada um deles, a exemplo da possibilidade de sua exigência sobre o fornecimento de alimentação e bebidas em bares, restaurantes e estabelecimentos similares, equiparação das remessas para armazém alfandegado às exportações e não incidência sobre encargos setoriais vinculados às operações com energia elétrica. Cuida, também, de vários aspectos de ordem financeira.

Naquilo que se apresenta de forma mais aderente ao produtor rural, a Lei Kandir não chega ao ponto de lhe dar um tratamento específico em apartado – como em um capítulo ou em uma seção, como seria salutar – mas, mesmo assim, acaba por fazer referência à atividade por ele desenvolvida. Por isso que se disse no primeiro capítulo que o agro foi levado em conta pelo legislador complementar, de tal ordem que o estudo dessa matéria torna-se imperativo. É nesse limbo entre a falta de um regramento próprio explícito, de um lado, e de previsões isoladas que confirmam que a atividade rural foi incluída no conjunto normativo, de outro, que o intérprete se equilibra na linha estreita que cruza o desconhecido rumo ao saber.

O art. 2º da Lei Complementar 87/96 não insere, de modo inequívoco, a atividade desenvolvida pelo produtor rural como sujeita ao ICMS. Em que pese isso seja uma verdade, esse dispositivo, esmiuçando o campo de incidência, projeta-se sobre as "operações relativas à circulação de mercadorias" (inciso I), nos moldes genéricos da Constituição. Já as demais hipóteses catalogadas nos incisos II a V e no § 1º não fazem menção, nem mesmo implícita, às transações feitas "dentro da porteira". Diante do texto legislado, a conclusão a que se chega é a de que, pelos mesmos motivos declinados outrora, o art. 2º, I, também não exclui a possibilidade de incidir o ICMS sobre os atos econômicos do produtor. Até aqui, portanto, a subsunção entre as operações de venda de mercadorias do agro realizadas pelos produtores rurais (em especial as pessoas físicas) e os critérios conotativos da regra-matriz do ICMS previstos na Lei Kandir se apoia na circunstância de que tais vendas, examinadas suas peculiaridades fáticas e desde que vertidas em linguagem competente, se ajustam à previsão geral e abstrata do arquétipo desse tributo, por denotarem uma operação relativa à venda de uma mercadoria. Tanto de cima para baixo como de baixo para cima há uma coincidência de critérios estabelecidos, permitindo o encaixe entre os dois planos.

A legislação complementar não se resumiu a isso quanto ao agronegócio, ela trouxe ainda previsões específicas que inserem a atividade rural na sua batuta jurídica. Com efeito, o art. 4º estabeleceu, na parte que aqui importa, que "contribuinte é qualquer pessoa, física ou jurídica, que realize, com habitualidade ou em volume que caracterize intuito comercial, operações de circulação de mercadoria". A colocação de pessoas físicas no rol de sujeitos passivos, se não tomou por base os produtores rurais exclusivamente, com certeza foi motivada por eles para que o texto fosse construído dessa maneira, na medida em que, pelos fundamentos defendidos nas páginas anteriores, entre as pessoas físicas que comercializam mercadorias os produtores rurais assumem posição de destaque, movimentando cifras expressivas. Aqui se encontra um enunciado com dose mais elevada de clareza, ainda que não de forma explícita, apontando no sentido de que a atividade rural não passou ao largo do legislador. O mesmo se diga em relação ao art. 11, § 3º, ao dispor que estabelecimento é o local, público ou privado, edificado ou não, próprio ou de terceiro, onde "pessoas físicas ou jurídicas exerçam suas atividades em caráter temporário ou permanente", bem como onde se encontrem armazenadas mercadorias.

Se isso não bastasse, do corpo da Lei Kandir há dois enunciados que confirmam, para não deixar qualquer dúvida, que a atividade rural foi por ela abrangida, ambos previstos no art. 20: o § 3º, I, e o § 6º, I. O primeiro prescreve ser vedado o crédito relativo à entrada de mercadoria para integração ou consumo em processo de industrialização "ou produção rural", nas hipóteses em que a saída do produto resultante não for tributada ou estiver isenta do imposto, exceto se tratar-se de exportação. Por essa regra percebe-se, de forma contundente, que a "produção rural" foi incluída na disciplina jurídica da lei, logo, a atividade desenvolvida "dentro da porteira" pelo produtor está no raio de alcance do ICMS, ratificando a cláusula genérica do art. 155, II, da Constituição Federal. A outra prevê que operações tributadas, posteriores às saídas de que trata o § 3º, dão ao estabelecimento que as praticar direito a creditar-se do imposto cobrado nas operações anteriores às isentas ou não tributadas, sempre que a saída isenta ou não tributada seja relativa a "produtos agropecuários". Como se está a ver, a despeito de o § 6º estar preordenado a regulamentar as operações dos adquirentes ("depois da porteira"), dado que seu destinatário é aquele que realiza operações tributadas posteriores às saídas da produção rural (tema que será visto adiante), o fato é que esse dispositivo faz alusão explícita aos "produtos agropecuários", vale dizer, às atividades desenvolvidas "dentro da porteira".

Não se questiona, portanto, que a Lei Kandir é aplicável ao produtor rural e que nisso a lei está em conformidade com a autorização do art. 155, II, da Lei Maior. Não se está a tratar de uma previsão inconstitucional, ao arrepio da Carta da República. A questão levantada aqui é outra, é a de que, mesmo que o ICMS possa ser exigido do produtor, *a Lei Complementar 87/96 também não cuidou de criar um modelo que pudesse se amoldar melhor às especificidades do setor*, assim como não o fez o constituinte. Ao deixar em aberto essa lacuna, a Lei Kandir impõe as mesmas dificuldades vistas no altiplano constitucional ao hermeneuta que se dedica às coisas do agro. A esse respeito, aliás, é importante considerar que a Lei Kandir sequer contém previsão autorizativa dada aos Estados para que adotem modelos diferenciados de tributação do produtor, em especial no que concerne às categorias desonerativas tratadas neste trabalho, como redução de base de cálculo, crédito presumido ou crédito outorgado. As únicas mencionadas são a "isenção" e a polissêmica "não incidência" (com sua variável "não tributada"). Essa tarefa, pelo que se viu, ficou a cargo dos convênios firmados pelos Estados no âmbito do CONFAZ.

Postas as considerações cabíveis dessa maneira, o que se conclui é que a Lei Kandir rege a atividade desenvolvida pelo produtor na fase "dentro da porteira", no entanto, por não conter previsão específica que pudesse ser adaptada às peculiaridades do setor, acarreta dificuldades na compatibilização entre um imposto não cumulativo plurifásico criado para incidir ao longo da cadeia econômica que vai da indústria ao comércio varejista e uma atividade extrativista situada no setor primário da economia, explorada na sua maior parte por pessoas físicas, que criam produtos novos a partir das riquezas da natureza, inaugurando um ciclo econômico distinto, sem necessidade de muitos insumos. O maior desafio está justamente na sistemática de créditos e débitos, pois, se não fossem feitas as devidas adaptações, o ICMS tornar-se-ia para o produtor rural um tributo incidente sobre sua receita bruta sem direito a crédito (ou com créditos limitados), aumentando de forma demasiada a carga que repercute sobre sua transação.

Sob essa perspectiva, o grande problema é que, à luz do art. 155, § 2º, II, "a" e "b", da Constituição e dos arts. 20 e 21 da Lei Kandir, a aquisição de mercadorias submetidas à isenção ou "não incidência" não implica crédito para as operações subsequentes e leva à anulação dos créditos relativos às operações anteriores. Ora, *se os insumos do produtor rural forem isentos (ou mesmo que se encaixem no que a legislação chama de "não-tributados") e se, mesmo assim, suas vendas se submeterem à incidência do imposto, é claro que haverá um impacto econômico muito grande na sua operação*, já que o produtor não faz revenda das mesmas mercadorias, que para ele são insumos necessários à produção rural, e mais, porque, nessa hipótese, ele não terá créditos a compensar. Vem daí, fundamentalmente, a necessidade de adaptações do modelo de ICMS aplicável ao produtor rural.

O art. 20, § 3º, I, da Lei Complementar 87/96, longe de se afastar, a bem de se ver confirma essa orientação. Organizando a fraseologia do enunciado, se a venda do produto que for resultante da fase do "dentro da porteira" não for tributada ou estiver isenta, então é vedado o crédito relativo à mercadoria adquirida como insumo para integração ou consumo na produção rural. Essa vedação só não se aplica se a venda for para exportação, isso em virtude de mandamento constitucional do art. 155, § 2º, X, "a", que assegura a manutenção dos créditos nas operações imunes de exportação. Assim, se houver venda interna ou interestadual de produto resultante da atividade rural e se essa venda for isenta, não poderá haver crédito do imposto incidente sobre a compra dos insumos necessários à produção. A hipótese levantada antes, porém, é outra: se os insumos não forem tributados e se a venda do produtor for tributada, aí ou se lhe assegura um modelo diferenciado de tributação, via categorias desonerativas, ou se estará a levar a exigência fiscal de forma contrária a outro preceito constitucional, que é o do art. 187, mencionado antes. Com esses cuidados que a aplicabilidade da Lei Kandir deve ser vista para o produtor rural.

II.5.3.2. Máquinas e implementos agrícolas e o ativo imobilizado

Traçado o panorama cabível para o ICMS que pode vir a ser exigido do agropecuarista, daqui em diante esse raciocínio será desdobrado, a começar pelos insumos que podem gerar crédito. Por ocasião do estudo da etapa do "antes da porteira" teve-se a oportunidade de esmiuçar os grupos de insumos que dizem respeito ao agro, entre eles os classificados como máquinas e implementos agrícolas. Pelo que se viu, por força do Convênio CONFAZ 52/91 os Estados decidiram criar regras de tributação fixa para essas operações, a despeito de rotulá-las como sujeitas à "redução da base de cálculo". No Anexo II há uma lista dessas mercadorias, formada por 25 (vinte e cinco) itens, estendidos em subitens, compreendendo, por exemplo, reservatórios, tambores e recipientes; silos de lona plástica (*silo bag*); ferramentas; pulverizadores e irrigadores; arados, grades de disco, semeadoras e adubadoras; colheitadeiras; tratores; e reboques para usos agrícolas, entre outros. Tais operações não são isentas, pelo contrário, são tributadas, ainda que com uma carga menor. Tratando-se de operação interestadual, a alíquota será de 4,1% nas vendas realizadas por estabelecimentos situados nas Regiões Sul e Sudeste (à exceção do Espírito Santo), se os destinatários estiverem nas regiões Norte, Nordeste e Centro-Oeste, além do Espírito Santo. Nas demais operações interestaduais, a carga final será de 7%. Para as operações internas a regra é a de que a carga final seja de 5,6%.

Pois bem, se na primeira ponta há uma empresa que vende uma máquina ou implemento agrícola, na outra está o produtor, que adquire esse equipamento. E se a operação é tributada, abre-se espaço para que o adquirente possa se valer do crédito de ICMS incidente sobre a transação. Essas as bases gerais do pensamento. Entretanto, há especificidades a serem consideradas.

Em primeiro lugar, o produtor não compra um trator para revendê-lo, vale dizer, sua atividade não é compra e venda de máquinas e implementos agrícolas. Ele pode até, no futuro, vir a vendê-lo para outro produtor (e geralmente é isso o que ocorre, quando há renovação do maquinário da fazenda), mas essa não é sua atividade-fim. Como o produto por ele vendido (por exemplo, soja) não é o mesmo por ele adquirido (no caso citado, um trator), a possibilidade de creditamento do imposto sobre essa compra estará enquadrada, nos termos do art. 20, § 5º, da Lei Kandir, como aquisição de mercadoria destinada ao ativo permanente (hoje conceituada contabilmente como ativo imobilizado). Ou seja, admite-se, em tese, o creditamento, mas a Lei Complementar 87/96 traz uma série de procedimentos a serem observados.

Não é intenção aqui discutir, na sua essência, se o legislador complementar poderia ou não restringir o gozo de tais créditos; esse aspecto do problema já foi tratado, com a devida profundidade, por autores de elevado quilate intelectual.[212] O foco a esta altura do trabalho é partir do texto posto e ver de que maneira ele pode se ajustar ou não ao produtor rural, inclusive no que concerne, aí sim, à compatibilidade desse modelo com a realidade do setor. E nessa toada uma observação crucial é definir o que se deve compreender por bens do ativo imobilizado. No âmbito contábil, ativo imobilizado é considerado o item tangível que é mantido para uso na produção ou fornecimento de mercadorias ou serviços, cuja utilização se espera por mais de um período, compreendendo os bens corpóreos destinados à manutenção das atividades da entidade ou exercidos com essa finalidade, de acordo com o Pronunciamento Técnico nº 27 do Comitê de Pronunciamentos Contábeis (CPC 27). Evidentemente, este é um texto jurídico, e não contábil, mas é inegável que essa regra da contabilidade auxilia na absorção do tema. Olhando para ela, fica evidenciado que máquinas e implementos agrícolas são bens do ativo imobilizado do produtor rural.

---

212. CARRAZZA, Roque Antonio. *ICMS*. 19. ed. São Paulo: Malheiros/JusPodivm, 2022, p. 444; MOREIRA, André Mendes. *A não-cumulatividade dos tributos*. 4. ed. São Paulo: Noeses, 2020, p. 129.

Sendo assim, cabe agora examinar as exigências do art. 20, § 5º, da LC 87/96. Na forma do inciso I, a apropriação fica diferida no tempo, podendo o crédito ser aproveitado somente à razão de 1/48 (um quarenta e oito avos) por mês, cabendo a primeira fração no mês em que houver a compra do equipamento. Portanto, por força dessa previsão da Lei Kandir, se um produtor adquiriu um trator e se nessa compra houve incidência do ICMS, o valor do imposto que incidiu poderá ser creditado pelo produtor para abater do imposto que vier a ser exigido sobre as vendas de seus produtos agropecuários, porém, ele não poderá usar o crédito de uma só vez, terá que fracioná-lo mensalmente ao longo de quatro anos. Esse quociente de 1/48 (um quarenta e oito avos) será proporcionalmente aumentado ou diminuído, *pro rata die*, se o período de apuração for superior ou inferior a um mês (inciso IV), sendo que esse crédito deverá ser lançado em controle contábil próprio (inciso VI).

"Não será admitido o creditamento", porém, em relação "à proporção das operações de saídas ou prestações isentas ou não tributadas sobre o total das operações de saídas ou prestações efetuadas no mesmo período" (inciso II). Para aplicação do percentual do crédito do inciso I e do controle de operações isentas mencionadas no inciso II, o montante do crédito será obtido "multiplicando-se o valor total do respectivo crédito pelo fator igual a 1/48 (um quarenta e oito avos) da relação entre o valor das operações de saídas e prestações tributadas e o total das operações de saídas e prestações do período", equiparando-se às tributadas as saídas com destino ao exterior, tudo seguindo a metodologia do inciso III. Ou seja, o valor total do crédito será multiplicado por 1/48, cujo produto será multiplicado também pelo valor das operações tributadas, sendo certo que toda essa parte da equação será dividida pelo total das vendas (tributadas e não tributadas). E se o produtor vender o bem antes de quatro anos de uso, não poderá mais usar o crédito correspondente ao período remanescente (inciso V). Encerrado o prazo de quatro anos, o crédito que não tiver sido utilizado deverá ser cancelado (inciso VII).

A adoção desse modelo de creditamento de ICMS de bens do ativo imobilizado para o produtor rural mostra-se dificultosa, colocando sua validade à prova. O primeiro aspecto a ser considerado gira em torno da pujança da realidade do agro, a revelar que se trata de atividade *sazonal*. Ora, a pecuária bovina, a silvicultura, a sojicultura, a cafeicultura, a fruticultura e praticamente todas as demais atividades que envolvam a exploração de culturas animais e vegetais demonstram que *esse setor econômico, por imposição da própria natureza, é sazonal,* isto é, há um tempo próprio para o início, o desenvolvimento e a colheita dos frutos vindos do campo. Isso significa dizer que as receitas do produtor rural não são mensais, como as do comércio urbano, e sim que há picos de vendas em determinados períodos do ano, conforme os animais ou os produtos vegetais estejam no tempo certo de venda.

Portanto, impor ao agropecuarista regra no sentido de que ele só pode usar o crédito mês a mês, sob pena de perdê-lo gradualmente, mesmo que não tenha operação tributável nos intervalos de entressafra, é o mesmo que, na prática, negar-lhe o crédito. A única saída plausível para esse problema é autorizar o aproveitamento do crédito de forma acumulada, de tal modo que, quando houver venda tributada, o produtor possa apropriar-se dos créditos mensais somados não utilizados até ali. O fato é, porém, que não há previsão na lei nacional nesse sentido. A despeito disso, trata-se da única interpretação harmônica com o preceito constitucional da não cumulatividade, de sorte que exegese restritiva em sentido contrário resvalará, necessariamente, para o terreno da invalidade. Afinal de contas, se o ICMS incidiu na compra de uma máquina ou de implemento agrícola, o produtor há de ter o direito ao creditamento, usando-o conforme houver operações de vendas tributáveis tão logo chegue o período de safra.[213]

A segunda dificuldade identificada quanto às atividades "dentro da porteira" situa-se na necessidade de aproveitamento proporcional, calculado a partir do total das operações, comparado ao número de operações isentas. Como se sabe, no âmbito do agronegócio há vários produtos que foram colocados nos intervalos de isenção, em respeito à cláusula constitucional de emprego dos instrumentos fiscais como ferramentas estimuladoras do campo. Como pela lógica do art. 20, § 5º, da Lei Kandir as operações isentas devem ser diminuídas do montante a ser apropriado, isso faz com que o produtor não consiga efetivamente valer-se do crédito em toda sua extensão, *se considerado o fato de que há incidência de ICMS na compra do equipamento.* É importante esclarecer que *essas máquinas são de valores elevadíssimos, várias delas passando da casa dos milhões de reais cada.* Não se nega que a ordem constitucional aponta para a solução de que as operações isentas implicam no cancelamento dos créditos anteriores, contudo, essa norma da LC 87/96, na forma em que foi posta, leva a um menoscabo do princípio da não cumulatividade, notadamente para

---

213. O Fisco de São Paulo acolheu, em certo sentido, essa orientação, ao decidir caso que envolvia a postergação do início do prazo para o uso do crédito envolvendo máquina adquirida na fase pré-industrial, cujo pleito era o de que o início dos 48 (quarenta e oito) meses se considerasse a partir do momento em que a indústria entrasse em atividade, justamente quando haveria operações tributadas. Confira-se: "ICMS - Crédito - Aquisição/ Montagem de bem destinado ao ativo imobilizado - Momento da apropriação. I. O crédito do valor do ICMS referente à entrada de bens destinados a integrar o ativo imobilizado deve ter sua primeira fração lançada a partir do momento em que os bens entrarem em operação e iniciarem a produção de mercadorias regularmente tributadas pelo ICMS. II. O crédito do imposto pago pelas partes e peças terá sua apropriação iniciada no momento em que o bem montado entrar em funcionamento para produzir mercadorias regularmente tributadas pelo ICMS. III. O lançamento do crédito deve ser realizado durante 48 (quarenta e oito) meses consecutivos". Resposta à Consulta Tributária nº 15.146/2017, de 05.05.2017. Disponível em: https://legislacao.fazenda.sp.gov.br/Paginas/RC15146_2017.aspx.

o produtor rural, que sofre os efeitos do ICMS sobre o equipamento adquirido.

A derradeira ponderação é motivada pela limitação temporal prevista: o crédito tem que ser aproveitado mensalmente no prazo máximo de 04 (quatro) anos, após isso o crédito é cancelado. Ocorre, no entanto, que as máquinas e implementos agrícolas costumam ter duração bem longa, pois são equipamentos produzidos para serem resistentes aos efeitos do tempo, já que voltados para essa fábrica a céu aberto, que é o agro. Exatamente por conta disso é comum que produtores rurais, mesmo os grandes, tenham em seus acervos maquinários com muito tempo de uso. Se o ICMS incide na aquisição desses equipamentos; se o produtor, no entanto, não consegue usar os créditos da forma que seria a ideal, por ser inerente à sua atividade a sazonalidade; se, além disso, parte considerável dos produtos que vende está classificada na faixa de isenção; e se, por fim, seus equipamentos duram muito mais do que 04 (quatro) anos; o resultado disso tudo é o de que não há meios hábeis para que o imposto que atingiu a compra do seu maquinário seja aproveitado em sua inteireza, mesmo que o bem permaneça no seu acervo por vários anos.

Todas essas normas restritivas da Lei Kandir vieram da Lei Complementar 102/00. Os contribuintes as questionaram, todavia, como quase tudo que vem para abafar as pretensões do cidadão pagador de impostos, tais prescrições foram convalidadas pelo Supremo Tribunal Federal.[214] Não só isso, em julgados mais recentes a Corte afirma ter fixado estranho entendimento de que "tanto a possibilidade quanto a impossibilidade de creditamento do ICMS pago na aquisição de bens destinados ao consumo ou ao ativo fixo do contribuinte do imposto não violam o princípio da não cumulatividade", pois, de acordo com o Supremo, "a

214. RE 457.078-AgR. 1ª Turma. Rel.ª Min.ª Cármen Lúcia. *DJ* 08.05.2009.

possibilidade, ou não, de creditamento nessas hipóteses dependerá da opção do legislador, veiculada através de legislação infraconstitucional".[215]

Em sendo seguido esse raciocínio, que inverte a ordem dos fatores, colocando o legislador infraconstitucional acima do constitucional, a lei poderá reconhecer de imediato os créditos, ou então poderia postergá-los por dez, quinze, vinte ou cinquenta anos, quem sabe ainda determinando que seu aproveitamento se dê não em quarenta e oito meses, mas, quiçá, em trezentos e quarenta e oito meses. Não dá para cravar nada de antemão, porque tudo estaria nas mãos do poderoso legislador complementar. Ao contribuinte, por sua vez, só restaria implorar, esperançosamente, pelo respeito à Constituição, sem que pudesse acionar os mecanismos de controle do Poder Judiciário para buscar a correção de rumos das aberrações jurídicas. Esse é o conteúdo jurídico do princípio da não cumulatividade hoje, segundo o Supremo Tribunal Federal.

II.5.3.3. Os "insumos em sentido estrito" necessários à atividade

Se o foco das atenções a esta altura do trabalho é compreender de que forma o ICMS pode ser aplicado ao produtor rural, sobretudo a partir das disposições da Lei Kandir, e mais, se uma preocupação bastante enfatizada é avaliar de que maneira a sistemática de créditos e débitos pode ser inserida nesse setor, então os "insumos em sentido estrito" necessários à atividade, na acepção semântica delineada antes, não poderiam ficar de fora, é claro.

Por tudo quanto se expôs, nessa categoria se inserem as mercadorias exigidas para a exploração vegetal e animal

215. Trecho do voto do Min. Ricardo Lewandowski no ARE 1.315.086 ED-AgR. Rel. Min. Ricardo Lewandowski. Relator p/ acórdão Min. Gilmar Mendes. *DJe* 04.10.2023.

envolvendo o preparo, o plantio, o cultivo e a colheita de produtos vegetais e o manejo e a alimentação de animais. São os insumos usados (i) como corretivos de solo (calcário, gesso etc.), (ii) como adubos (esterco animal, casca de coco triturada, borras, resíduos orgânicos, adubos químicos à base de NPK e outros), (iii) sementes e mudas, (iv) defensivos agrícolas (entre eles, inseticidas, fungicidas e herbicidas), (v) para reprodução e ampliação do plantel (embriões, sêmens, ovos), (vi) para o manejo (vacinas, medicamentos veterinários), (vii) para a alimentação de animais (rações, concentrados, aditivos, sal mineralizado, farelos e outros) e (viii) os insumos para alimentação animal à base de soja, canola, milho e aveia.

Nos termos do Convênio CONFAZ 100/97, o tratamento tributário dispensado é o seguinte: a) para vendas interestaduais desses últimos produtos elencados (insumos para alimentação animal à base de soja, canola, milho e aveia), há autorização para tributação no patamar de 70% do valor de venda (redução de base de cálculo de 30%); b) para os demais, a incidência pode atingir 40% (redução de 60%); c) para as vendas internas, os Estados podem adotar isenções ou reduções de base de cálculo em patamares diferentes; d) para o caso específico dos fertilizantes químicos, a importação, a venda interestadual e a venda interna sofrerão incidência à ordem de 4%; e) por fim, os Estados não podem mais dispensar a anulação de créditos sobre os insumos quando houver venda de mercadoria do agro isenta ou quando integrada ou consumida em processo de industrialização.

Como se vê, essas mercadorias, geradas na fase econômica do "antes da porteira" e vendidas para o produtor viabilizar sua atividade no "dentro da porteira", compõem o importante rol dos insumos do agro, os quais são tributados, embora com carga fiscal diferente. Sendo o ato jurídico decorrente de uma operação relativa à circulação de mercadoria e tendo incidência tributária, abre-se espaço para análise da tomada de créditos por parte do adquirente.

Pois bem, o primeiro aspecto a ser ponderado é saber se esse tipo de mercadoria pode ou não conferir direito a que o produtor se credite do imposto incidente. As fórmulas adotadas pela Lei Complementar 87/96 para os créditos a serem utilizados não são as mesmas para todos os produtos, daí ser prudente segregá-las e compreendê-las. A técnica assumida pelo legislador complementar não fica imune a críticas da perspectiva de sua validade constitucional, na medida em que o modelo previsto na Constituição Federal frisa, com a devida ênfase, que o ICMS é não cumulativo e que só não dão créditos as operações isentas (no que se insere a "não incidência", pelas razões expostas neste capítulo). Justamente por isso o papel deferido pelo próprio constituinte à lei complementar ficou restrito ao seguinte: "disciplinar o regime de compensação do imposto" (art. 155, § 2º, XII, "c").

Quem disciplina o regime de compensação do imposto não está autorizado a ir além dessa função, em especial para limitar o gozo de direitos inerentes às liberdades individuais, aqui projetados para o campo fiscal. Se o imposto é não cumulativo, qualquer regra que restrinja a não cumulatividade plena descambará para uma barreira ilícita, que não se sustenta diante da norma constitucional. No domínio exegético é razoável presumir que as liberdades devem ser interpretadas de forma ampliativa, ao passo que as restrições, de maneira taxativa, como muito bem exposto por Humberto Ávila.[216] Logo, a LC 87/96, nos trechos que colocam entraves a esse direito, afronta as prescrições que lhe são superiores – mesmo que o Supremo diga o contrário, como se viu.

---

216. *Constituição, liberdade e interpretação*. 2. ed. São Paulo: Malheiros/JusPodivm, 2021, p. 17.

Feitos esses registros necessários, o fato é que a Lei Kandir está aí, vem sendo aplicada pelos Estados e com o respaldo do Judiciário, de sorte que o exame detido de seus comandos é importante para o tema. Tratando das *mercadorias* cuja aquisição pode gerar o creditamento (o foco aqui são as mercadorias, não os serviços), o legislador dividiu-as da seguinte forma: (i) mercadorias prontas adquiridas para revenda que tenham sofrido tributação; (ii) mercadorias prontas adquiridas para revenda que não tenham sofrido tributação; (iii) mercadorias adquiridas para integração ou consumo em processo de industrialização ou produção rural; (iv) mercadorias adquiridas destinadas ao ativo permanente; (v) mercadorias adquiridas para uso ou consumo; (vi) energia elétrica; (vii) e mercadorias alheias à atividade do estabelecimento.

Quanto ao primeiro grupo, não há qualquer empecilho ao crédito, sendo a transação que normalmente ocorre para fins de não cumulatividade. Havendo aquisição de uma mercadoria que tenha sofrido incidência do ICMS, o adquirente se credita do valor do imposto e poderá abatê-lo quando da revenda, diminuindo esse montante do valor a recolher (arts. 19 e 20).

Na segunda classe estão as mercadorias compradas para revenda, mas que são isentas ou "não tributadas", nas palavras do legislador. Nessa hipótese não haverá direito ao creditamento, salvo se a venda for para o exterior (art. 20, § 3º, II).

No terceiro conjunto estão as mercadorias compradas como insumo para integração ou consumo em processo de industrialização ou produção rural (art. 20, § 3º, I). O texto não é bem construído, estabelecendo ser vedado o crédito de mercadoria adquirida "para integração ou consumo em processo de industrialização ou produção rural, quando a saída do produto resultante não for tributada ou estiver isenta do imposto, exceto se tratar-se de saída para o exterior". A redação foi arquitetada pela exceção, ao que se agrega ainda, ao final, a exceção da exceção. De todo modo, dela se estruturam três regras: (iii.1) na compra de insumos para integração ou consumo em processo de industrialização ou produção rural, se a venda do produto resultante for tributada, haverá crédito; (iii.2) na compra desses mesmos insumos e com as mesmas finalidades, se a venda do produto resultante não for tributada, não haverá crédito; (iii.3) e na compra desses insumos e com as mesmas finalidades, se a venda for para exportação, haverá crédito. É fundamental destacar que nessa categoria também estão os chamados *produtos intermediários*, como corretamente decidido pelo Superior Tribunal de Justiça em data recente.[217]

Com relação ao quarto grupo, envolvendo as mercadorias adquiridas destinadas ao ativo permanente, as observações cabíveis foram feitas no subtópico anterior, exigindo a Lei Kandir a observância aos métodos do art. 20, § 5º.

Já as mercadorias adquiridas para uso ou consumo são aquelas que estão alheias ao processo produtivo e mercantil, isto é, não se agregam, sob o ângulo físico, direta ou indiretamente, ao produto final. Tais mercadorias estão voltadas às atividades-meio, compreendendo os

---

217. "PROCESSUAL CIVIL E TRIBUTÁRIO. EMBARGOS DE DIVERGÊNCIA EM AGRAVO EM RECURSO ESPECIAL. EMBARGÁVEL O ACÓRDÃO QUE NÃO TENHA CONHECIDO DO RECURSO, EMBORA TENHA APRECIADO A CONTROVÉRSIA (ART. 1.043, III, DO CPC/2015). ICMS. LEI COMPLEMENTAR N. 87/1996. CREDITAMENTO. AQUISIÇÃO DE MATERIAIS (PRODUTOS INTERMEDIÁRIOS). ITENS ESSENCIAIS AO PROCESSO PRODUTIVO E DESGASTADOS OU CONSUMIDOS GRADATIVAMENTE. CABIMENTO. (...) III – À luz das normas plasmadas nos arts. 20, 21 e 33 da Lei Complementar n. 87/1996, revela-se cabível o creditamento referente à aquisição de materiais (produtos intermediários) empregados no processo produtivo, inclusive os consumidos ou desgastados gradativamente, desde que comprovada a necessidade de sua utilização para a realização do objeto social da empresa – essencialidade em relação à atividade-fim. IV – Tais materiais não se sujeitam à limitação temporal prevista no art. 33, I, do apontado diploma normativo, porquanto a postergação em tela restringe-se aos itens de uso e consumo. V – Embargos de Divergência providos" (EAREsp 1.775.781/SP. 1ª Seção. Rel.ª Min.ª Regina Helena Costa. *DJe* 01.12.2023).

departamentos de apoio administrativo, operacional e comercial, a exemplo de materiais de escritório. De acordo com a absurda protelação de efeitos veiculada sobre a Lei Kandir por sucessivas leis complementares, os créditos da aquisição dessas mercadorias só poderão ser fruídos a partir de 01 de janeiro de 2033 (art. 33, I), algo que foi admitido como compatível com a Carta da República pelo Supremo Tribunal Federal.[218]

No que concerne à energia elétrica, o art. 33, II, da Lei Kandir prescreve que só há direito a crédito na aquisição quando for objeto de saída de energia elétrica; quando consumida no processo de industrialização; quando seu consumo resultar em operações de exportação, na proporção entre essas e as demais vendas; ou também a partir de 01 de janeiro de 2033, para os demais contribuintes. Embora isso não esteja expresso no art. 33 da Lei Kandir, alguns Estados reconhecem aos produtores rurais o direito de se creditar sobre o imposto incidente no consumo de energia elétrica, a partir da equiparação do processo industrial ao rural e também pela referência ao consumo de energia que resulta em venda para o exterior.[219]

No sétimo e derradeiro grupo estão as mercadorias alheias à atividade do estabelecimento (art. 20, §§ 1º e 2º), a exemplo dos veículos de transporte pessoal, sem direito ao crédito.

---

218. Tema 346: "Fixadas as seguintes teses de repercussão geral no Tema 346: (i) Não viola o princípio da não cumulatividade (art. 155, §2º, incisos I e XII, alínea c, da CF/1988) lei complementar que prorroga a compensação de créditos de ICMS relativos a bens adquiridos para uso e consumo no próprio estabelecimento do contribuinte; (ii) Conforme o artigo 150, III, c, da CF/1988, o princípio da anterioridade nonagesimal aplica-se somente para leis que instituem ou majoram tributos, não incidindo relativamente às normas que prorrogam a data de início da compensação de crédito tributário" (RE 601.967. Tribunal Pleno. Rel. Min. Marco Aurélio. Rel. p/ acórdão Min. Alexandre de Moraes. *DJe* 04.09.2020. Vide também: ADIn 2.235. Tribunal Pleno. Rel. Min. André Mendonça. *DJe* 11.12.2023).

219 Vide, por exemplo, o RICMS do Estado do Paraná (art. 38, § 1º, V, do Decreto 7.871/17).

Diante desse quadro, os "insumos em sentido estrito" necessários à atividade rural estão enquadrados no ("iii") terceiro grupo, conferindo ao produtor o direito de creditar-se, observados os vetores prescritivos do art. 20, § 3º, I, da LC 87/96. Para isso, conjugando o Convênio 100/97 e a Lei Kandir, os panoramas possíveis são os seguintes: (iii.1) se o produto vendido pelo produtor for tributado e se o insumo foi tributado (mesmo que com redução de base de cálculo), há direito ao crédito; (iii.2) se o produto vendido pelo produtor não for tributado, não haverá direito ao crédito; (iii.3) e se o produto vendido pelo produtor for exportado e o insumo foi tributado (mesmo que com redução de base de cálculo), há direito ao crédito. Na mesma categoria de "insumos" se enquadram os "produtos intermediários", assim entendidos os que são empregados no processo produtivo, ainda que consumidos ou desgastados gradativamente, desde que ligados à atividade produtiva, como decidido pelo STJ.

II.5.3.4. Combustíveis, lubrificantes e frete e os créditos de ICMS

Um desdobramento claro e direto do que se concluiu no subtópico anterior é o de que a mesma lógica há de ser aplicada aos combustíveis, lubrificantes e frete, insumos tão relevantes para o produtor. Pelo que se viu, a Lei Kandir conferiu à "produção rural" um tratamento jurídico equiparável ao "processo de industrialização", posicionando esses dois eixos econômicos no mesmo enunciado (art. 20, § 3º, I). Embora, *a priori*, isso possa passar despercebido ou ser relegado a um aspecto secundário, na verdade por força dessa regra a produção rural deve ser compreendida como atividade econômica geradora de riquezas novas, fruto de um processo de transformação, tal qual o é a industrialização. Vai daí que os insumos exigidos para essa transformação assumem papel de protagonismo, merecendo do legislador o reconhecimento para que os créditos de ICMS possam ser aproveitados. E uma parcela considerável dos custos da produção rural reside justamente na tríade combustíveis, lubrificantes e frete.

Essa parece ser uma constatação bem evidente, porém, em matéria tributária, muitas vezes mesmo o que é cristalino é colocado à prova pelo Fisco, como se sabe. No que concerne aos combustíveis e lubrificantes, este texto não enveredará pelo complicadíssimo regime que foi criado para tributação dessas mercadorias, com sistemáticas que vão desde os debates sobre tributação na origem ou no destino até os mecanismos para controle de sua comercialização, como o SCANC – Sistema de Captação e Auditoria dos Anexos de Combustíveis. O que importa é examinar a aquisição desses insumos da perspectiva do produtor, checando se é possível ou não a tomada de créditos. A despeito de esses serem insumos indispensáveis à atividade rural, vez por outra os Estados vedam os créditos.

O Estado de Santa Catarina, por exemplo, certa feita já entendeu que a aquisição de combustíveis no contexto rural não dá direito a crédito, por supostamente se tratar de bem para uso ou consumo. Embora examinando caso de uma serraria, afirmou a fiscalização que o óleo diesel consumido no transporte de toras de madeira do campo até a serraria, bem como no manejo dessas mesma toras e de madeira já serrada no pátio da empresa, "somente darão direito ao crédito a partir de 1º de janeiro de 2007 [redação vigente à época], quando entrar em vigor plenamente o regime de créditos financeiros, a teor do disposto no art. 33, I, da Lei Complementar nº 87, de 13 de setembro de 1996".[220]

Já o Estado de São Paulo, quando divulgou o "ABC do produtor rural", por meio do Comunicado CAT nº 064,

---

220. Disponível em: https://legislacao.sef.sc.gov.br/html/consultas/resolu%C3%A7%C3%B5es_normativas.

de 07 de novembro de 2002, reconheceu que "a entrada de combustível confere direito ao crédito, por se tratar de mercadoria diretamente relacionada com o processo de produção rural", no entanto, para o Fisco paulista, "a entrada de lubrificante não dá direito ao crédito do imposto, por se tratar de mercadoria destinada a uso e consumo do estabelecimento".[221]

O Estado do Paraná, corretamente, prescreve na sua legislação que os produtores rurais poderão abater do ICMS a recolher o imposto cobrado "na operação da aquisição de insumos e de mercadorias", entre os quais estão "combustíveis (...) comprovadamente utilizados na atividade agropecuária", além de lubrificantes, óleos, aditivos, fluidos, pneus, câmaras de ar e demais materiais rodantes, peças de reposição "e outros produtos de manutenção da frota própria", inclusive trator, utilizada no transporte de sua produção e dos mesmos insumos para manutenção de tratores, máquinas e equipamentos, de sua propriedade, utilizados na atividade agropecuária (art. 38, *caput* e § 1º, V a VII, do RICMS/PR – Decreto 7.871/17).

A inclinação assumida pelo Estado do Paraná é a mais adequada e por isso mesmo deveria influenciar os outros Estados a seguirem pelo mesmo caminho. Ora, como se demonstrou no trecho envolvendo a atividade rural na fase do "antes da porteira", não há produção agropecuária sem maquinários e implementos agrícolas, o que significa dizer, por decorrência intuitiva, que máquinas agrícolas desprendidas de óleo diesel para que possam ser operadas e de lubrificantes e outros itens para que possam ser mantidas (como fluidos, pneus e outros) não passam de peças estanques, sem utilidade dinâmica, não tendo como contribuir para a atividade. Máquina parada no barracão da fazenda e nada são a mesma coisa para um produtor rural.

221. Disponível em: https://legislacao.fazenda.sp.gov.br/Paginas/ccat642002.aspx.

Se a legislação reconhece que o ICMS cobrado sobre a aquisição de uma colheitadeira ou de um trator pode ser creditado pelo produtor (ainda que classificada como um ativo permanente), o mesmo raciocínio deve ser empregado para o óleo diesel usado para o preparo da terra, o plantio e a colheita, assim como dos lubrificantes e demais rubricas para sua manutenção (como peças mecânicas), por se tratarem de insumos indispensáveis à atividade rural. Os custos com óleo diesel e lubrificantes para as lavouras de soja na safra de verão e de milho para a "safrinha" de inverno são imensos. Negar-se o crédito do imposto ao produtor seria o mesmo que lhe alijar do sistema não cumulativo de ICMS. Nas palavras de Clélio Chiesa, a despeito das tentativas linguísticas do legislador visando contornar a peremptória diretriz da não cumulatividade, tal diretriz no ICMS "tem um conteúdo bem demarcado: nas operações ou prestações em que há incidência de ICMS, há crédito. Tudo o mais são devaneios, desvarios, tentativas insólitas de se buscar o aumento de arrecadação pelos tortuosos caminhos das manobras legislativas".[222]

Se essa já era a exegese adequada do sistema antes, espera-se que, ao menos, a partir do julgamento dos Embargos de Divergência nº 1.775.781/SP citado anteriormente, relatado pela Professora e Ministra Regina Helena Costa, no sentido de que é "cabível o creditamento referente à aquisição de materiais (produtos intermediários) empregados no processo produtivo, inclusive os consumidos ou desgastados

222. Créditos de ICMS: situações polêmicas. *Congresso Nacional de Estudos Tributários.* Direito tributário e os conceitos do direito privado. São Paulo: Noeses, 2010, p. 239. Vide também: OLIVEIRA, André Felix Ricotta. *Manual da não cumulatividade do ICMS:* a regra-matriz do direito ao crédito de ICMS. 2. ed. São Paulo: Noeses, 2023, p. 99; CISOTTO, Liliane Bertelli Imura. O ICMS nas cadeias produtivas do agronegócio: dos créditos de óleo diesel utilizado em bens de terceiros. *In:* CUNHA, Gabriel Hercos da; CISOTTO, Liliane Bertelli Imura; MOUMDJIAN, Rafael Garabed *et al.* (org.). *ICMS e o agronegócio:* livro em homenagem ao Professor Fábio Calcini. Belo Horizonte: Casa do Direito, 2024, p. 224/239.

gradativamente, desde que comprovada a necessidade de sua utilização para a realização do objeto social da empresa", essa postura equivocada dos Estados seja revista.

Por derradeiro, em relação ao frete, os serviços de transporte tomados pelo produtor rural igualmente são passíveis de aproveitamento do crédito quanto ao imposto gerado, nos moldes do art. 20 da Lei Kandir, desde que, evidentemente, o frete guarde relação com a atividade rural desenvolvida.[223]

II.5.3.5. O modelo adotado por diversos Estados para o produtor em matéria de ICMS: o produtor rural como um agente "neutro" na cadeia (nem toma crédito, nem é tributado)

As considerações feitas até aqui procuraram revelar de que forma o ICMS pode ser adaptado à peculiar posição do produtor rural, como alguém que inicia um novo ciclo econômico a partir das riquezas da natureza, no setor primário, cuja atividade é feita, na sua expressiva maioria, por pessoas físicas. Os desafios são muitos, como ficou demonstrado.

Acontece que vários Estados, muito provavelmente até pelas dificuldades de se estruturar um modelo normativo que seja adequado e igualmente por conta dos entraves na fiscalização, optam, a partir de uma política legislativa para o setor, por atribuir ao produtor rural a condição de agente "neutro" na cadeia, isto é, suas vendas não são tributadas, mas, por outro lado, ele também não pode tomar créditos nas suas compras. Como, em virtude do art. 155, § 2º, II, "a" e "b", da Constituição, a isenção ou não incidência, salvo determinação em contrário da legislação, não implicará

223. Os Estados de São Paulo (item 8.11 do Comunicado CAT nº 064/2002) e do Paraná (art. 38, § 1º, V, do RICMS/PR) reconhecem ao produtor o crédito envolvendo o frete de forma expressa.

crédito para compensação com o montante devido nas operações ou prestações seguintes e acarretará a anulação do crédito relativo às operações anteriores, o que fazem os Estados é justamente aplicar esse regramento para quem está no miolo do ciclo (no "dentro da porteira"), de maneira que o produtor não gera crédito para o adquirente ("depois") e as aquisições que faz (vindas do "antes da porteira") ficam com os créditos de ICMS cancelados.

Por exemplo, o RICMS de Mato Grosso adota esse modelo para as operações isentas (Anexo IV), prevendo a mesma sistemática para aquilo que denomina de "diferimento", impondo a "renúncia ao aproveitamento de quaisquer créditos" (Anexo VII). O Estado de Mato Grosso do Sul segue pelo mesmo caminho, prevendo, em determinadas situações, uma opção pelo abatimento de percentagem fixa, a título de crédito relativamente às operações anteriores, ficando vedada a apropriação dos créditos destacados nos documentos fiscais que formalizam a aquisição dos produtos (arts. 61 e 258, c/c Anexo VI do RICMS/MS). Em Goiás a legislação é parecida, incluindo a questão do crédito "por um valor estimado" (art. 51 do RCTE/GO). Em Minas Gerais, de igual modo, há menção à figura do "diferimento", no qual se veda o crédito ao adquirente (art. 136, § 1º, do RICMS/MG).

Lidar com essas regras nem sempre é fácil. Ao longo deste texto foram detalhados os fundamentos jurídicos pelos quais a atividade agropecuária deve ser fomentada, não se tratando de um "favor", de uma "benesse", mas sim do prestígio ao valor constitucional envolvido, que é o da produção de alimentos. *O ponto a ser refletido é o de que, ao ser desonerada a etapa do meio, os "insumos em sentido amplo" que sofrem a incidência de ICMS não podem ser creditados pelos produtores e quando eles vendem seus produtos os adquirentes também não podem tomar crédito sobre suas aquisições.*

Como a desoneração no "dentro da porteira" leva a um duplo efeito de anulação dos créditos na entrada e de não geração de créditos na saída, podem ocorrer dois fenômenos: (i) ou o produtor rural se vê obrigado a receber a incidência do ICMS sobre os insumos que adquire como custo, sem que possa de algum modo valer-se desse crédito; (ii) ou, ainda que indiretamente, os *resíduos tributários de ICMS* na etapa de insumos ("antes") respingam no âmbito dos adquirentes ("depois da porteira").

Pensando-se de forma linear na cadeia completa na qual "A" é o fornecedor do insumo, "B" é o produtor rural e "C" é o adquirente, sendo a venda de "A" para "B" tributada e a venda de "B" para "C" não tributada, "B" (produtor rural) verá o ICMS incidente na primeira transação ser embutido no preço final do insumo por ele adquirido e tentará, de alguma forma, repassar esse custo na venda do produto agropecuário para "C", mesmo que sua operação não seja tributada. Se conseguir, a carga fiscal incidente na venda de "A" para ele, economicamente, será diluída; do contrário, o produtor amargará esse efeito cumulativo do imposto. Note-se que ambas as hipóteses são ruins. Quando "B" é forçado a cancelar os créditos sobre as compras de insumos e repassa esses custos sobre o preço de sua mercadoria, quem acaba por sofrer o impacto é a agroindústria, o adquirente, que realiza a compra por um preço maior do que seria o desejado, e isso fará com que ela tente levar adiante esse trespasse de custo para as etapas subsequentes. A realidade demonstra, entretanto, que *dificilmente "B" consegue repassar custos tributários embutidos para "C"*. Isso porque as empresas adquirentes geralmente são multinacionais ou grandes conglomerados empresariais, que têm o poder, em certo sentido, de controlar os preços das *commodities* agropecuárias. Ou seja, quem define o preço da saca da soja ou do milho ou da arroba do boi não é o produtor, mas o mercado, balizado pelas ofertas dos adquirentes, inclusive a partir da volatilidade internacional e pela variação cambial.

O repasse indireto de ICMS seja em uma ponta, seja em outra, coloca em dúvida a ideia de não cumulatividade plena. O produtor não consegue mitigar o efeito cumulativo, repassando-o ao adquirente. É claro que, para ele, sob o ângulo operacional, fica muito mais fácil não ter que controlar créditos na entrada e débitos na saída. O efeito prático para o produtor é de genuína isenção.[224]

Entretanto, parece claro que ele sofre o impacto da carga fiscal, na medida em que vários insumos são tributados. E como ele tem que anular esses créditos, isso se torna um custo sobre o preço de compra. Antes, o Convênio CONFAZ 100/97, na linha da cláusula final do art. 155, § 2º, II, da CF/88, que autoriza a legislação a prever a manutenção dos créditos, estabelecia que os Estados poderiam "não exigir a anulação do crédito prevista nos incisos I e II do artigo 21 da Lei Complementar nº 87" no que concerne aos insumos quando as vendas das mercadorias fossem isentas ou fossem integradas ou consumidas em processo de industrialização com produtos resultantes igualmente isentos. Agora, no entanto, tal permissão não existe mais, na medida em que o Convênio 26/21 revogou esse dispositivo.

Eis mais um embaraço vivido pelo produtor no que toca à tributação por ele sofrida. A intenção de atribuir-lhe uma neutralidade, ainda que seja louvável e mire sua desoneração, não elimina por completo todos os problemas. Trata-se, portanto, de um mito dizer que para o produtor rural o ICMS é indiferente.

---

224. No Estado de São Paulo a sistemática é diferente, como se vê das alterações do Decreto 68.178/23, inclusive quanto ao sistema denominado "e-CredRural". Sobre o ICMS-rural em São Paulo, vide: MANO FILHO, Ben-Hur Carvalho Cabrera. *Tributação da atividade rural*. São Paulo: Almedina, 2019, p. 137/144.

II.5.3.6. Afinal, na venda do produtor rural há, verdadeiramente, um "diferimento" de ICMS?

Outro equívoco recorrente que é necessário desfazer é o de que as vendas do produtor rural estariam enquadradas como sujeitas ao "diferimento". Desde seu início, este escrito acadêmico vem enfatizando, com letras carregadas, que não há diferimento algum nessas transações, ao menos não sob o ângulo conceitual rigoroso. Só haveria verdadeiro diferimento, na acepção técnico-jurídica do termo, se o adquirente fosse obrigado a reter o tributo devido pelo produtor, em virtude de norma impositiva nesse sentido. Assim, "diferimento" e "substituição tributária para trás" nada mais são do que expressões sinônimas, vistas sob duas perspectivas distintas: a do produtor e a do adquirente, respectivamente.[225]

Todavia, a análise minuciosa da legislação revelou que não é isso o que se passa. Em primeiro lugar, a técnica do diferimento para o ICMS sequer está prevista na plataforma constitucional, havendo referência indireta a ela quando o constituinte outorgou à lei complementar a tarefa de dispor sobre o regime de substituição tributária. Igualmente no Código Tributário Nacional o legislador não cuidou do "diferimento", estando sua possibilidade contemplada apenas no art. 128, o qual tem servido de fundamento para a substituição tributária "para trás". Por fim, na Lei Complementar nº 87/96, que é o alicerce nacional do ICMS, o "diferimento" nem mesmo é mencionado, vácuo esse que já é um bom indicativo dos cuidados que se deve ter quando se esteja a tratar dessa figura. Isso tudo já foi demonstrado, com detalhamento, no primeiro capítulo deste trabalho e no início deste capítulo também. Ora, o silêncio eloquente

225. BRAZ, Jacqueline Mayer da Costa Ude. *Substituição tributária no ICMS:* construção de sentido e aplicação. São Paulo: Noeses, 2020, p. 80; MELLO, Henrique. *Os terceiros na sujeição passiva tributária e o alterlançamento.* São Paulo: Noeses, 2020, p. 174.

da Constituição Federal, do CTN e da Lei Kandir em torno desse signo linguístico há de dizer alguma coisa, induzindo o intérprete a não aceitar, de forma imbele, o tal "diferimento" da forma com que as legislações dos Estados o empregam.

Não é só. Os próprios Estados, embora invoquem à exaustão o "diferimento" nas suas legislações, igualmente não preveem sua cláusula essencial, que é a da retenção do tributo supostamente "diferido". O estudo da legislação paradigma foi muito útil para fazer essa evidenciação, na medida em que os Estados de Mato Grosso, Mato Grosso do Sul e Minas Gerais dão claras pistas de que *adotam o "diferimento" como sinônimo jurídico de uma isenção condicionada*. Mesmo Goiás, ainda que não se valha desse termo específico, faz essa equivalência. Nesse aspecto fica reafirmada a existência de padrões normativos em matéria de tributação no agro, na hipótese aqui examinada no que toca ao modelo de ICMS previsto para o produtor rural ("dentro da porteira").

A única explicação plausível para isso é a seguinte: como o art. 155, § 2º, XII, "g", da Carta da República prescreve que lei complementar deve regular a forma como, mediante deliberação dos Estados e do Distrito Federal, isenções, incentivos e benefícios fiscais de ICMS serão concedidos e revogados; e como a Lei Complementar nº 24/75, que cumpre esse papel, exige a aprovação unânime dos Estados para que as isenções sejam concedidas (art. 2º, § 2º); *cada Estado interessado, para fugir dessas amarras, sobretudo diante da pujança do agro para sua economia local, cria isenções condicionadas sob o rótulo do "diferimento"*, desonerando a etapa produtiva realizada "dentro da porteira" e dispensando o adquirente de reter e recolher o ICMS que seria devido, "pulando" essa etapa e focando a tributação na subsequente, que é a venda dos produtos transformados pelas agroindústrias. As políticas legislativas são definidas por cada Estado e o concerto de vontades sobre os rumos do ICMS entre as entidades federadas deve ser travado institucionalmente na seara do CONFAZ. Só não dá para chamar de "diferimento" esse fenômeno jurídico. Esse é o quadro normativo, visto sob a lâmina rigorosa da ciência.

II.5.3.7. Outras considerações, agora em torno da sujeição passiva: o arrendamento e a parceria rurais e o imposto estadual

Mais um aspecto bastante peculiar envolvendo a atividade do produtor é a dos efeitos do ICMS sobre os contratos agrários de arrendamento e de parceria rurais. Eis um tema pouco falado, mas que tem implicações bastante sérias, se mal compreendido. Apesar de não estar direcionado à questão da não cumulatividade do imposto, sua repercussão é importante porque diz respeito à sujeição passiva e também ao próprio binômio hipótese de incidência/base de cálculo.

Para desvendá-lo, a solução passa, em primeiro lugar, pela absorção dos termos jurídicos que a legislação prevê para essas modalidades de contratos. Conhecendo sua moldura normativa, aí o intérprete estará mais confortável para apontar as soluções possíveis no que toca à incidência ou não de ICMS sobre eles. É inevitável não rememorar, nesse passo, a lição de Gian Antonio Michelli, no sentido de que o direito tributário é um direito de sobreposição, colhendo relações jurídicas disciplinadas por outros setores normativos para, sobre elas, atribuir-lhes seus efeitos fiscais.[226] Exatamente isso o que se passa aqui: para dizer sobre o ICMS nos contratos de arrendamento e de parceria

226. MICHELI, Gian Antonio. *Curso de direito tributário.* Tradução Marco Aurélio Greco e Pedro Luciano Marrey Junior. São Paulo: RT, 1978. *Apud* CARRAZZA, Roque Antonio. *ICMS.* 19. ed. São Paulo: Malheiros/JusPodivm, 2022, p. 58.

rurais é indispensável, antes, saber o que são esses contratos e qual sua disciplina jurídica.[227]

Quem trata dessa distinção é o Estatuto da Terra (Lei 4.504/64) e seu Regulamento (Decreto 59.566/66). *O contrato de arrendamento pode ser visto,* para facilitar o raciocínio, *como um contrato de aluguel do im*óvel rural. O proprietário, isto é, o dono das terras, denominado arrendador ou arrendante, resolve ceder sua posse de maneira onerosa, em uma modalidade equiparável a um aluguel, a um terceiro, chamado de arrendatário. Nos moldes do art. 3º do Decreto 59.566/66:

Arrendamento rural é o contrato agrário pelo qual uma pessoa se obriga a ceder à outra, por tempo determinado ou não, o uso e gozo de imóvel rural, parte ou partes do mesmo, incluindo, ou não, outros bens, benfeitorias e ou facilidades, com o objetivo de nele ser exercida atividade de exploração agrícola, pecuária, agroindustrial, extrativista ou mista, mediante certa retribuição ou aluguel, observados os limites percentuais da lei.

Na parte que aqui importa, "o preço do arrendamento só pode ser ajustado em quantia fixa de dinheiro", porém, seu pagamento pode ser ajustado que se faça em dinheiro ou em quantidade de frutos cujo preço corrente no mercado local, nunca inferior ao preço mínimo oficial, equivalha ao do aluguel, à época da liquidação (art. 18, *caput,* do Decreto 59.566/66). Mais ainda, "é vedado ajustar como preço de arrendamento quantidade fixa de frutos ou produtos, ou seu equivalente em dinheiro" (art. 18, parágrafo único).

227. Para aprofundamento nos contratos de arrendamento e de parceria rurais, vide: QUERUBINI, Albenir; SILVA, José Roberto Reis. Contrato agrário de entressafra agrícola. *In:* QUERUBINI, Albenir; PARRA, Rafaela; CICILIATO, Rodolfo (coord.). *Direito agrário como instrumento do desenvolvimento do agronegócio brasileiro.* Londrina: ESG LAW, 2023, p. 45. E para compreensão das raízes históricas do contrato de parceria pecuária, vide: MACHADO, Paulo Coelho. *Parceria pecuária:* seus contratos e modalidades, inclusive o FICA de Mato Grosso. São Paulo: Saraiva, 1972.

Pelo que se vê, o arrendamento rural é um aluguel da fazenda, sendo de sua essência o preço em quantia fixa de dinheiro. A própria legislação usa a expressão "aluguel". Ainda que o pagamento do preço em dinheiro possa ser convertido em quantidade de frutos, essa conversão é sempre *a posteriori*, vale dizer, a baliza é do valor combinado em dinheiro, e não o contrário. Isso significa que não pode, em um contrato de arrendamento, o proprietário prefixar que receberá "x" sacas de soja por hectare ou "y" arrobas de boi. O preço é predefinido em dinheiro; o seu pagamento poderá ser em dinheiro ou convertido à época do cumprimento da obrigação para o valor dos frutos, com a cotação daquele período.

Ora, diante desse contexto é desde logo intuitivo notar que sobre o recebimento de dinheiro a título de remuneração pelo contrato de arrendamento rural não há incidência de ICMS. Como o imposto estadual pressupõe uma operação relativa à circulação de mercadorias, denotando uma alienação de bens móveis no âmbito mercantil, o ato jurídico pelo qual o arrendatário paga ao arrendador o preço em dinheiro está fora do alcance do ICMS.

A situação não muda de figura se as partes resolverem converter o valor em dinheiro para seu equivalente em frutos. Nessa última hipótese, *o arrendatário não estará a vender uma determinada quantidade da produção agropecuária ao arrendador, mas sim estará apenas a cumprir a cláusula contratual decorrente do aluguel das terras, pagando-lhe o preço combinado em produto.* Quando o arrendador, por sua vez, resolver vender esses frutos no mercado (que podem ser determinadas sacas de soja, de milho, de café ou o equivalente em arrobas de boi, não importa), aí estará sujeito às regras já examinadas envolvendo a fase "dentro da porteira" normalmente. Note-se que o arrendatário, por ser o possuidor que explora a atividade rural, é contribuinte de ICMS em potencial sobre a venda dos seus produtos gerados, sem qualquer distinção. É irrelevante se o sujeito desenvolve a atividade rural sobre terras próprias ou terras arrendadas. Uma vez realizada a hipótese de incidência, o ICMS poderá ser exigido.

O problema, portanto, não está sobre a atividade produtiva em si do arrendatário, nem sobre o pagamento e respectivo recebimento em dinheiro, mas sim na hipótese específica de as partes convencionarem que o preço em dinheiro será convertido em produto. A transmissão dessa parte da produção do arrendatário para o arrendador não se subsome à materialidade típica de ICMS, porém, uma vez recebidos os produtos pelo arrendador, quando ele for vendê-los para terceiros estará sujeito ao regime normal do imposto, cujo perfil específico dependerá do tipo de mercadoria a ser comercializada (animais, grãos, madeira, frutas etc.) e do destinatário (se venda interna, interestadual ou para exportação), conforme dispuser a legislação local, na esteira do que se viu.

No contrato de parceria rural a sistemática jurídica é diferente, embora seus reflexos fiscais estaduais sejam parecidos. Diferentemente do arrendamento, no qual se pactua um *preço fixo pelo aluguel,* pouco importando o sucesso ou o insucesso do arrendatário (isto é, se ele colheu bem ou mal, se o valor da arroba do boi subiu ou desceu e outras hipóteses), *na parceria o proprietário assume parte dos riscos da atividade rural com o possuidor.* Nessa modalidade de contrato a legislação dispõe o seguinte:

> Art. 4º. Parceria rural é o contrato agrário pelo qual uma pessoa se obriga a ceder à outra, por tempo determinado ou não, o uso específico de imóvel rural, de parte ou partes do mesmo, incluindo, ou não, benfeitorias, outros bens e ou facilidades, com o objetivo de nele ser exercida atividade de exploração agrícola, pecuária, agro-industrial, extrativa vegetal ou mista; e ou lhe entrega animais para cria, recria, invernagem, engorda ou extração de matérias primas de origem animal, mediante partilha de riscos do caso fortuito e da força maior do empreendimento rural,

> e dos frutos, produtos ou lucros havidos nas proporções que estipularem, observados os limites percentuais da lei.

Pelo que se infere do enunciado prescritivo, está na raiz do contrato de parceria a "partilha de riscos do caso fortuito e da força maior do empreendimento rural" e "dos frutos, produtos ou lucros havidos nas proporções que estipularem", observados os limites previstos. De um lado, tem-se o parceiro-outorgante, o proprietário da fazenda, que cede a posse; de outro, o parceiro-outorgado, o possuidor, que passará a exercer a atividade rural sobre aquele imóvel.

O art. 96 do Estatuto da Terra elenca as faixas dentro das quais o proprietário pode fixar sua participação, que vão desde 20% (quando concorrer apenas com a terra nua) até 50% (quando entrar com todas as utilidades da fazenda e fornecer os maquinários), para o caso da agricultura, ou até 75%, na hipótese de parceria pecuária. Na forma do art. 96, § 1º, I a III, e §§ 2º e 3º, da referida lei, os riscos a serem partilhados pelo proprietário com o possuidor, isolada ou cumulativamente, podem ser o caso fortuito e força maior do empreendimento rural; os frutos, produtos ou lucros havidos nas proporções que estipularem, observados os limites percentuais preconizados; e as variações de preço dos frutos obtidos na exploração do empreendimento rural, sendo certo que a prefixação, em quantidade ou volume, do montante de participação do proprietário não desnatura o contrato, nem eventual adiantamento, desde que, ao final, seja realizado o ajustamento do percentual a ele cabível, de acordo com a produção alcançada.

Dois aspectos revelam, muito claramente, a diferença entre arrendamento e parceria: (i) no arrendamento o preço é estabelecido em dinheiro, ainda que por ocasião do pagamento possa ser convertido em produto, ao passo que na parceria o adimplemento se dá sempre em produto rural, mesmo que seja possível prefixar a quantidade a ser paga ao proprietário, conquanto que seja feito o ajuste ao final da avença; (ii) e no arrendamento o proprietário não assume nenhum risco no que tange ao desenvolvimento da atividade, de tal sorte que seu aluguel estará sempre garantido, algo que não acontece na parceria, cuja tônica é a partilha de riscos, de maneira que quanto maior a produtividade, maior a participação do proprietário, ou o inverso, quanto menor a produtividade, menores seus lucros.

Pois bem, pelo que se viu, na parceria rural o parceiro-outorgante recebe sua parte decorrente do contrato em produto rural. Tal qual se dá com o arrendamento, a entrega de determinada quantidade de produtos vegetais ou de certo número de animais por parte do possuidor (parceiro-outorgado) ao proprietário (parceiro-outorgante) *não transforma esse negócio jurídico em compra e venda,* não estando sujeito ao ICMS. Na verdade, essa entrega física é apenas o resultado daquilo que já é de direito do proprietário, ou seja, sua participação na parceria rural, não sendo consequência de uma venda do parceiro-outorgado ao parceiro-outorgante. Coisa diferente é o outro ato por meio do qual o parceiro-outorgante, após receber sua parcela na produção, decide alienar as frutas, os grãos, o gado ou o produto rural cultivado para terceiros. Essa sim será uma operação mercantil, submetendo-se ao regramento de ICMS aplicável pelo Estado respectivo para ela, seguindo as mesmas variáveis, isto é, o tipo de mercadoria comercializada e sua destinação. O mesmo se pode dizer do montante cabível ao parceiro-outorgado quando vende sua parte da produção.

Logo, na entrega física da produtividade cabível ao proprietário oriunda de conversão de dinheiro para frutos, no caso de arrendamento, ou da sua participação em frutos no contrato de parceria, não há hipótese de incidência possível para o ICMS. Qualquer investida do Estado nesse sentido será ilegítima. Situação diferente é a operação subsequente, na qual o proprietário (na condição de arrendador ou de parceiro-outorgante) e o possuidor (como arrendatário ou parceiro-outorgado) vendem as produções que lhes cabem a terceiros, no contexto mercantil.[228]

II.5.4. As peculiaridades da cadeia bovina e seus reflexos no ICMS

A meditação serena com foco sobre as questões específicas da tributação no agro vai descortinando outros horizontes, vai abrindo a mente para outros caminhos, os quais empurram o raciocínio a um inevitável desdobramento, com o objetivo de explorar possibilidades ainda mais pontuais. É necessário, evidentemente, guardar respeito a uma das premissas adotadas neste trabalho, no sentido de não se perder no casuísmo exacerbado, porque isso conduziria o discurso para um lugar sem fim. Todavia, é a força da realidade, ela mesma, que exige do estudioso que não deixe a descoberto aspectos cruciais vivenciados por quem se dedica, com afinco, às coisas do campo. Não dá para virar as costas para questões relevantes. E várias delas estão situadas justamente na pecuária bovina, um dos troncos mais sólidos do agronegócio brasileiro.

No Brasil, há mais bovinos do que gente.[229] A pecuária, sozinha, representa quase 7% de todas as riquezas geradas

---

228. Sobre os importantíssimos reflexos envolvendo a distinção entre contratos de arrendamento e de parceria rurais no imposto sobre a renda, vide: LOUBET, Leonardo Furtado. *Tributação federal no agronegócio*. 2. ed. São Paulo: Noeses, 2022, p. 207/230.

229. Rebanho bovino brasileiro alcançou recorde de 234,4 milhões de animais em 2022. Disponível em: https://www.gov.br/agricultura/pt-br/assuntos/noticias/rebanho-bovino-brasileiro-alcancou-recorde-de-234-4-milhoes-de-animais-em-2022#:~:text=O%20rebanho%20bovino%20brasileiro%20alcan%C3%A7ou,Brasileiro%20de%20Geografia%20e%20Estat%C3%ADstica.

em território nacional.[230] Diante desses números, é claro que se trata de uma matriz econômica de destaque, o que atrai os olhos dos Estados para seu potencial arrecadatório, sobretudo naqueles onde a atividade é desenvolvida com maior intensidade. E, de fato, é isso o que acontece, pois as entidades federadas que têm na pecuária uma fonte fiscal importante se preocupam em dispensar-lhe regras de controle mais justas, buscando o incremento das receitas tributárias. Em um trabalho a respeito da tributação estadual incidente sobre o agronegócio não haveria como não investigar o modo como os Estados enxergam o liame entre o ICMS e a pecuária.

II.5.4.1. A materialidade envolvendo o segmento bovino e sua característica marcante: o tipo de atividade, as eras das reses e as fases de cria, recria e engorda

O primeiro aspecto a considerar são os tipos e as fases da pecuária, porque isso influencia no modelo tributário empregado pelos Estados. São diversos os ângulos de análise, porque a pecuária é ampla. Uma divisão inicial passa pela pecuária leiteira e a pecuária de corte. Na pecuária leiteira o objetivo do produtor – como o próprio nome sugere – é a extração do leite e sua transformação nos seus derivados, como o queijo, o iogurte, a manteiga, doces e requeijão. Para que as matrizes possam estar lactantes, é fundamental uma constante renovação do plantel, com geração permanente de bezerros. Além disso, as fêmeas têm um determinado tempo de produtividade, de tal modo que tanto os bezerros machos, como as fêmeas que não podem mais ser aproveitadas são vendidas, no momento oportuno, para o abate. Havendo venda de bovinos, estará ali, à espera, o ICMS, que pode ser exigido em potencial.

---

230. Dia da Pecuária: atividade representa quase 7% do PIB do Brasil. Disponível em: https://globorural.globo.com/pecuaria/noticia/2023/10/dia-da-pecuaria-atividade-representa-quase-7percent-do-pib-do-brasil.ghtml.

Coisa diferente se dá na pecuária de corte. Nessa modalidade o intuito não é a produção de leite, mas sim a criação de animais para futuro abate, voltado ao mercado da carne. Há a pecuária extensiva, na qual o pecuarista cria seus animais de forma solta no pasto, em extensão de terras maiores; e a pecuária intensiva, por intermédio da qual o produtor confina seus animais em espaços menores, geralmente com ganho de peso mais rápido, necessitando, porém, de altíssimos investimentos no que concerne à alimentação animal (ração). Além disso, a cadeia bovina de corte é segmentada na pecuária de cria, recria e de engorda.

A primeira está voltada à geração de bezerros, pressupondo touros e vacas matrizes para o acasalamento (de valores igualmente elevados), de modo que o pecuarista vende os bezerros quando chega a fase da desmama (em torno de 08 a 10 meses). Na fase da recria o produtor compra bezerros desmamados e leva-os até próximo à fase adulta, na condição de garrotes e novilhas, no intervalo dos 14 ou 15 meses de idade. E, por fim, na etapa da engorda faz-se o "acabamento" dos animais, cujo propósito é o ganho de peso, que vai até os 24 meses em diante, culminando na venda do animal pronto para os frigoríficos. Há quem lide só com fêmeas (mais leves, no entanto, com menores custos), outros só com machos (mais pesados, mas que exigem maior suplementação animal). Além disso, há quem se especialize em cada uma dessas eras e há produtores que fazem o ciclo completo (cria, recria e engorda). Tudo depende do conhecimento do pecuarista, do tamanho de sua propriedade, do capital de giro que está disposto a empregar e do tempo que consegue aguardar para ter o retorno financeiro.

Pois bem, mas o que isso tem que ver com um estudo acadêmico tributário? Ora, se a pecuária bovina movimenta cifras que chegam à base dos bilhões de reais; e se o ICMS incide sobre venda de mercadorias, entre elas, os bovinos; conhecer como se passam essas operações é um pressuposto para definir de que maneira o imposto estadual pode repercutir sobre elas. E logo de cara surge uma constatação, a qual assume foros de insuperável: *gado no pasto é fato intributável pelo ICMS*. A conclusão parece óbvia, contudo, mais uma vez, em matéria tributária as obviedades devem ser ditas. O nascimento de bezerros e o desenvolvimento do ciclo completo da atividade não são fatos hábeis a despertar a incidência do ICMS. Enquanto não houver venda de bovinos, o produtor não pode ser chamado a responder pelo imposto estadual.

A questão não fica resumida a isso, porém. Se examinada a pecuária de corte na sua visão mais ampla, *seria possível*, da perspectiva puramente teórica, *que, a cada etapa, a cada venda de bovino nas eras de cria, recria e engorda, o ICMS fosse exigido*. O produtor que produz bezerros e os vende a quem irá fazer a recria realizaria um fato tributável, assim como quem está na etapa intermediária da recria e vende seus animais para outro pecuarista, que irá levar aquelas reses até a etapa final, a da engorda, denotando outro fato tributável. E mais, também a venda do animal gordo para o frigorífico poderia ser tributada. Do início ao fim do ciclo com o animal vivo, seriam três fatos geradores, ao menos, em potencial – sem contar da etapa do frigorífico para frente.

Ocorre que, se essa fosse a técnica prevista, o ICMS poderia ocasionar um efeito cumulativo ao longo da cadeia, prejudicando o preço da carne na última etapa disponibilizada ao consumidor final. Relembre-se que esse mercado é explorado praticamente todo ele por pessoas físicas, muitas residentes em fazendas distantes. Ainda que fosse possível a aplicação do sistema de créditos e débitos do imposto, o ICMS, na prática, iria se tornar um embaraço ao trânsito livre de bovinos, notadamente pelas formalidades contábeis que sua apuração exige. Com o advento da Reforma Tributária essa será uma nova realidade, sem dúvida, no entanto, por ora, *os Estados deliberaram focar a tributação dos bovinos apenas a partir dos frigoríficos.*

Desde o Convênio CONFAZ 35/77 os Estados manifestaram preocupação com a cadeia bovina. Aquele veículo legislativo tinha por intuito consolidar as "disposições relativas ao tratamento tributário de gado e coelho, inclusive da carne e dos produtos comestíveis de sua matança, e, bem assim, dos reprodutores, matrizes e equinos puro-sangue de corrida". Sua cláusula décima primeira continua em vigor, prevendo a isenção na importação de bovinos de raça e as vendas internas desses animais, além das vendas internas e interestaduais de vacas da raça girolando. Também as vendas internas e interestaduais de oócito (óvulo), semên ou embrião congelado ou resfriado de bovino estão isentas, por força da cláusula primeira do Convênio 70/92. Trata-se de norma indutora que tem por claro intento estimular a qualidade genética do rebanho brasileiro. De igual modo, o Convênio 139/92 "autoriza os Estados que menciona a conceder isenção do ICMS nas saídas internas de gado", outro veículo que, somado aos demais, leva a uma política legislativa de desoneração nas etapas da cadeia bovina. O Convênio 153/04, por sua vez, previu redução de base de cálculo para alguns produtos pecuários de ponta, como o novilho precoce.[231]

Portanto, a cadeia bovina tem suas peculiaridades e isso não pode passar ao largo da visão atenta do intérprete que busca sistematizar sua tributação. Não é correto transplantar um modelo pensado para a indústria ou para o comércio urbano sobre agentes que estão na fase primária da economia e que são pessoas físicas. Há adaptações a serem feitas, como se viu.

---

231. A redução de base de cálculo será de até 45% incidente sobre a venda interna com destino ao estabelecimento que irá promover o abate. Para fins da norma, são novilhos precoces os animais que apresentem, no máximo, quatro dentes incisivos permanentes e os primeiros médios da segunda dentição e, a critério de cada unidade federada, peso de carcaça igual ou superior a 225 kg para machos e 180 kg para fêmeas, devendo possuir de 03 mm a 10 mm de gordura na carcaça (cláusula 4ª).

II.5.4.2. A mera remessa de bovinos entre fazendas do mesmo proprietário e a regra de "quebra do diferimento", como forma de se exigir ICMS sobre fato despido de cunho econômico

Lá atrás, no início deste trabalho, foi apontado como elemento indicador de que há um subsistema próprio para o agro, marcado por padrões normativos, o fato de que alguns Estados adotam uma regra teratológica de acordo com a qual, se o pecuarista movimentar fisicamente o rebanho para outra propriedade sua situada em outra unidade da Federação, ser-lhe-á exigido o ICMS, sob a justificativa de "quebra do diferimento". É chegado, pois, o momento de analisar criticamente essa situação.

Mato Grosso, Mato Grosso do Sul e Goiás estabelecem em suas legislações que o gado situado em seus territórios que for levado para outro Estado dará ensejo à exigência de ICMS, pois, nessa hipótese, a cadeia do "diferimento" para os bovinos estaria encerrada, autorizando a cobrança do imposto. É o que prescrevem o art. 4º, II, "b", do RICMS/MT, o art. 4º-B do Decreto 12.056/06 de Mato Grosso do Sul e o art. 6º, XLIII, "a", "2", e CXVI, "b", do Anexo IX do RCTE/GO.

A justificativa dada por essas unidades federativas é a de que alguns pecuaristas, sobretudo os que têm fazendas em São Paulo, adquirem terras em solo mato-grossense, sul-mato-grossense e goiano, ou então firmam contratos de arrendamento ou parceria rurais, para desenvolverem os ciclos da cria e da recria nesses Estados, porém, quando chega a fase da engorda, levam a boiada para suas propriedades rurais em São Paulo, realizando o "acabamento" das reses ali e vendendo os animais para frigoríficos paulistas, que pagam preço melhor. Desse modo, como o ICMS é exigido apenas na etapa final, quem fica com as receitas tributárias desses bovinos é o Estado de São Paulo, e não os do Centro-Oeste, onde os animais foram gerados, resultando em perda de arrecadação. Por esse motivo, as autoridades fiscais entendem que se o gado for levado para além de suas fronteiras estará interrompida a etapa do "diferimento", autorizando a exigência do ICMS, tudo em um indiscutível cenário de "guerra fiscal" entre Estados.[232]

Não se põe em jogo a legítima preocupação dos Estados com perdas arrecadatórias. A grande questão, no entanto, não é essa. O problema é que só haveria verdadeira perda de arrecadação se existisse um fato que fosse possível de ser tributado, mas não o foi; não podem ser computadas cifras de movimentações que não estão inseridas em sua competência tributária. Seria o mesmo que lançar na base de números com potencial arrecadatório operações enquadradas nas faixas de imunidade tributária.

Aqui o caso é de legítima não incidência, na medida em que a mera movimentação física do rebanho de uma propriedade rural para outra, ainda que situada em outra unidade federativa, não é hipótese cabível para o ICMS, por não envolver uma transação de compra e venda. Trata-se de evento despido de cunho econômico, está-se a ver.[233] Aliás, foi justamente a partir de um caso oriundo de Mato Grosso do Sul, envolvendo remessa de bovinos, que o Supremo Tribunal Federal julgou o Tema 1.099, tendo fixado

---

232. CARVALHO, Paulo de Barros. "Guerra fiscal" e o princípio da não cumulatividade no ICMS. *In:* CARVALHO, Paulo de Barros (coord.). *III Congresso do IBET* – Interpretação e Estado de Direito. São Paulo: Noeses, 2006, p. 659/686.

233. LUNARDELLI, Pedro Guilherme Accorsi; CAINZOS, Alexander Silvério. ICMS – transferência de mercadorias: a ADC nº 49, o Convênio nº 178/2023 e os impactos no agronegócio. *In:* CUNHA, Gabriel Hercos da; CISOTTO, Liliane Bertelli Imura; MOUMDJIAN, Rafael Garabed *et al.* (org.). *ICMS e o agronegócio:* livro em homenagem ao Professor Fábio Calcini. Belo Horizonte: Casa do Direito, 2024, p. 347/362. Na mesma obra, vide também: BORGES, Manuel Eduardo Cruvinel Machado; ALMEIDA, Filipe Harzer Gomes. Os impactos sobre o diferimento, isenção e creditamento do ICMS decorrentes das operações interestaduais de transferência entre estabelecimentos. *In:* CUNHA, Gabriel Hercos da; CISOTTO, Liliane Bertelli Imura; MOUMDJIAN, Rafael Garabed *et al.* (org.). *ICMS e o agronegócio:* livro em homenagem ao Professor Fábio Calcini. Belo Horizonte: Casa do Direito, 2024., p. 240/265.

a tese de que "não incide ICMS no deslocamento de bens de um estabelecimento para outro do mesmo contribuinte em estados distintos, visto não haver a transferência da titularidade ou a realização de ato de mercancia".[234]

Portanto, não havendo mudança de propriedade do rebanho, mas mero deslocamento físico, essa operação é insuscetível de ser alcançada pelo ICMS. E qualquer investida fiscal em sentido contrário, além de adentrar em seara na qual não há autorização para exigência de tributo, atingiria também o princípio da livre iniciativa da atividade econômica. Cabe ao particular – pecuarista, agricultor, industrial, comerciante urbano ou prestador de serviço – decidir, no contexto do valor liberdade, quais os caminhos que deseja seguir, desde que lícitos. Não há ilicitude na transferência de bens de sua propriedade de um local para outro. E mais, sequer há que se falar em "quebra do diferimento" se não há operação mercantil.[235]

II.5.4.3. Os mecanismos de controle de que se vale o Fisco Estadual: presunção de omissões de entrada e de saída de gado e os limites para o arbitramento

Há mais uma questão bastante interessante e pontual da cadeia bovina que não pode deixar de ser enfrentada. Trata-se dos mecanismos instituídos pelo Fisco para

234. ARE 1.255.885-RG. Tribunal Pleno. Rel. Min. Dias Toffoli. *DJe* 15.09.2020.

235. "O art. 4º-B do Decreto Estadual n. 12.056/2006, inserido pelo Decreto Estadual n. 15.588/2021, impede a aquisição interna de bovinos sem o prévio recolhimento do ICMS, afastando a possibilidade de escolha pelo diferimento, garantida pelo art. 9º, *caput*, da Lei 1.963/1999 (Fundersul). Trata-se de benefício garantido por lei mas limitado por decreto, o que não é permitido no ordenamento pátrio, especialmente em atenção aos arts. 97 e 99 do CTN e art. 84, IV da Constituição Federal. O dispositivo, ainda, impõe tal limitação especificamente aos contribuintes que já detenham ordem judicial que autorize a saída interestadual (Súmula166 do STJ), o que impõe tratamento desigual e viola o art. 150, II da Constituição Federal" (Tribunal de Justiça de Mato Grosso do Sul. Apelação Cível nº 0815483-58.2022.8.12.0001. 2ª Câmara Cível. Rel. Des. Ary Raghiant Neto. *DJe* 14.04.2023).

controle do tamanho do rebanho dos pecuaristas, checando eventuais omissões de entrada e de saída de gado. Com efeito, à luz da legislação em vigor, quando o pecuarista compra uma rês deve estar embasado na documentação fiscal pertinente (nota fiscal de produtor), lançando-a na sua contabilidade, assim como quando vende um animal deve igualmente emitir o documento apropriado, dando baixa no seu estoque. Os embates surgem quando o pecuarista, infringindo a legislação, compra ou vende gado sem nota, momento em que as autoridades fiscais passam a agir.

Ninguém discute, por óbvio, que qualquer contribuinte, incluindo o produtor rural, deve observar a lei. E se a lei determina que as compras e vendas de bovinos devem estar amparadas nos documentos fiscais cabíveis, quando o sujeito não cumpre esse dever há infração fiscal, abrindo leque para cobrança do tributo com correção monetária e juros, além da aplicação de multa. Mesmo que, ainda hoje, a legislação admita formas mais simplificadas para a contabilidade rural, sobretudo de pessoas físicas, isso não quer dizer que o pecuarista possa estar à margem da lei, na informalidade.

Mas, de que forma o Fisco tem condições de checar se o produtor comprou ou vendeu gado sem nota? Pelo número de vacinas compradas na sua inscrição estadual e aplicadas em seu rebanho. Tendo em vista que um determinado frasco de vacina comporta "x" doses, basta multiplicar o número de frascos adquiridos para saber o tamanho real do rebanho. E como o produtor rural zela para que seus animais não deixem de ser vacinados – em especial no combate à febre aftosa, porque, acaso contaminado seu rebanho, todas as vendas na região ficam suspensas – usualmente o controle pelo número de vacinas tem servido como uma ferramenta eficaz no combate à sonegação. Ademais, a transmissão dos dados dos adquirentes pelas casas veterinárias e o cruzamento de informações com as autoridades sanitárias do Ministério da Agricultura, Pecuária e Abastecimento (MAPA) e dos respectivos órgãos estaduais também têm se revelado um instrumento potente para o combate à evasão, sendo, *a priori*, aceitável, por se tratar de técnica de presunção *hominis*.[236]

No entanto, há limites normativos a serem considerados. O art. 148 do Código Tributário Nacional admite o arbitramento sempre que "sejam omissos ou não mereçam fé as declarações ou os esclarecimentos prestados, ou os documentos expedidos pelo sujeito passivo ou pelo terceiro legalmente obrigado", desde que mediante processo regular e com respeito ao contraditório administrativo e judicial. A base de dados de vacinas é um forte indício do tamanho do rebanho, mas não é a única fonte da verdade a ser construída. Isso porque devem ser considerados os bezerros nascidos na propriedade no cálculo dos animais que passaram a integrar o rebanho, os quais justificam a coluna de "entradas", e também os bovinos que morrem (por doença, por descargas elétricas, por picada de cobra etc., aspectos comuns na realidade da pecuária), no campo "saídas". O eventual desencontro entre o número de vacinas e a contagem física do gado na fazenda não quer dizer, necessariamente, que houve omissão de entrada ou omissão de saída.[237] É claro que é recomendável que o pecuarista contrate um profissional da área veterinária para elaborar um laudo, atestando esses fatos. Na ausência de um elemento de prova consistente que possa justificar o desfalque no rebanho, aí o lançamento estará legitimado.

---

236. FERRAGUT, Maria Rita. *Presunções no direito tributário*. 2. ed. São Paulo: Quartier Latin, 2005, p. 75.

237. O RICMS/MS, corretamente, não ignora essa possibilidade, como se vê do art. 1º, § 4º, V: "a presunção de ocorrência de operações ou prestações sujeitas à incidência do ICMS, ressalvado prova em contrário, pode ser estabelecida em face da comprovação dos seguintes fatos: (...) V – declaração de nascimento ou de morte de animais em quantidade inferior ou superior, respectivamente, à resultante da aplicação dos índices admitidos na legislação".

II.5.4.4. A mensuração do ICMS na cadeia bovina: as pautas fiscais dos Estados e o cômputo do valor da operação na venda dos animais para os frigoríficos ("peso vivo" e "peso de carcaça")

Prosseguindo no caminho para conhecer melhor as particularidades da pecuária e seus reflexos para o ICMS, é o caso agora de trazer considerações importantes sobre a mensuração do imposto, mais especificamente no que concerne à base de cálculo. Essa questão deve ser levantada porque pecuaristas e frigoríficos costumam firmar modalidades distintas de contratos quanto ao preço a ser pago, as quais, por decorrência lógica, podem trazer impactos diferentes no cômputo do tributo. Se a base de cálculo do ICMS é o "valor da operação", identificar o valor da operação na pecuária é pré-requisito para que o critério quantitativo da exação possa ser adequadamente medido nesse segmento.

O primeiro ponto a ser compreendido diz respeito à unidade de medida a ser considerada. Embora o animal seja pesado em quilos (kg), o valor a ser pago por cada animal é transformado em arrobas (@). No Brasil, por convenção, pactuou-se que cada arroba corresponde a 15 (quinze) quilos. Esse cálculo é relevante, na medida em que o preço do gado brasileiro é divulgado pelo mercado em arrobas, normalmente a partir dos dados divulgados pelo CEPEA/ESALQ – Centro de Estudos Avançados em Economia Aplicada da Escola Superior de Agricultura Luiz de Queiroz, vinculado à USP de Piracicaba, SP. Esse instituto divulga, diariamente, a média ponderada de preços por arroba, praticamente balizando os preços em todo o território nacional.

A esta altura pode-se pensar: isso tem algo que ver com o direito tributário? *Sim, na medida em que os Fiscos Estaduais,* sobretudo os dos Estados produtores, *tomam por base pautas fiscais para mensurar o valor do gado em suas fiscalizações para fins de cobrança de ICMS.* Por exemplo, o Estado de Goiás faz isso, por força da Instrução Normativa 002/19-SIF, de 14 de junho de 2019, a qual é constantemente atualizada. Essas pautas discriminam os animais por raça (nelore, brangus etc.), por sexo (macho ou fêmea), por era (até 12 meses, de 13 a 24 meses, de 25 a 36 meses e acima de 36 meses) e por finalidade (se para recria ou abate). Vai daí que os preços divulgados pelos institutos privados (por exemplo, o CEPEA/USP) acabam por influenciar na apuração da base calculada do imposto em fiscalizações concretas.

Entretanto, parece desnecessário relembrar que essas pautas são preços-parâmetro, não necessariamente espelhando o real valor da operação praticada entre um determinado pecuarista e um dado frigorífico. Evidentemente, em virtude do princípio da estrita legalidade, há de ser respeitado o preço real de venda para eventual exigência de ICMS. O preço efetivo de venda pode variar de região para região, se o período é de estiagem ou de cheias, se há muita ou pouca oferta de gado, entre outros fatores. Daí os cuidados com as denominadas pautas fiscais.

E aqui entra em jogo o outro aspecto mencionado, que é o de modalidades distintas de contratos. Nesse mercado há duas possibilidades de negociação: a venda do gado pelo "peso vivo" ou pelo "peso de carcaça". Na primeira modalidade, o animal é pesado na fazenda e o frigorífico paga ao proprietário o valor convencionado em quilos, pouco importando se aquele animal produzirá bastante carne ou não. É um preço fechado. Porém, não é o formato mais usado. Geralmente, os pecuaristas optam pelo contrato de "peso de carcaça", no qual o animal é abatido e é desconsiderado o peso do sangue, sebo, couro, patas, cabeça, entranhas e outros, sobrando apenas a carne e o osso, que é denominado de "peso de carcaça" (ou "peso líquido"), isto é, o que será aproveitado como carne. É isso o que será pago ao produtor, o resto fica com o frigorífico. Em média, cada animal tem 50% de "peso de carcaça", mas pecuaristas que investem em tecnologia de ponta e proteicos animais podem atingir 55% de rendimento, aumentando seu retorno financeiro. Por outro lado, pode ocorrer o contrário, de um animal render 45% ou 48% de peso líquido.

Nesse contexto, as pautas fiscais dos Estados, ainda que possam servir de norte para se checar o preço médio da arroba, orientando a fiscalização, não podem ser vistas como instrumentos estanques de preenchimento automático da base de cálculo do ICMS na pecuária.

II.5.4.5. O confinamento de gado e o ICMS

Para fechar a parte da cadeia bovina e o ICMS, uma derradeira operação que deve ser comentada – e bastante comum nesse meio – é a do confinamento de gado, conhecida como "boitel" (ou seja, "hotel bovino"). Em obra sobre a tributação federal que incide sobre o agro tivemos a oportunidade de esclarecer o seguinte sobre essa modalidade jurídica:

De uma forma resumida, o produtor que faz a fase da engorda do animal, por ocasião da etapa final de sua produção, necessita que o gado ganhe peso, a fim de atingir os padrões mínimos de comercialização fixados pelos frigoríficos e também para obter maior retorno financeiro. (...) Ou seja, quanto menor tempo o gado estiver na fazenda, maior a rentabilidade do produtor.

Foi por conta disso que nos últimos anos empresas vêm se dedicando a essa atividade, algo que vem crescendo bastante no mercado rural. É a empresa de confinamento que se encarrega de adquirir, em larga escala, todos os insumos necessários ao acabamento do animal, notadamente rações. Além disso, ela disponibiliza toda a estrutura e equipe para manejar as reses, com cochos, bebedouros, áreas de descanso, classificação dos bovinos e controle de pesagem. (...) Trata-se de uma espécie de 'terceirização' da engorda, através de práticas intensivas. Esse processo gira em torno de 90 (noventa) dias.[238]

Como se vê, nesse tipo de negócio o pecuarista entrega seu rebanho a uma empresa, a fim de que ela forneça todos os insumos para que o animal ganhe peso. Para isso, são três formas de contrato, em geral, que podem ser firmados: (i) ou o produtor paga uma diária fixa por cabeça, com valor definido ("custo diária-boi"), não tendo a empresa de confinamento qualquer participação nos resultados que advierem; (ii) ou a empresa paga ao produtor o preço da arroba do boi gordo, projetando-o sobre o peso do boi magro quando entrou no estabelecimento, de sorte que o produtor ganha no preço da arroba, mas não no ganho de peso; (iii) ou as partes decidem dividir os ganhos em arrobas obtidas durante a fase do confinamento, de maneira que, quanto maior o peso que o rebanho alcançar, melhor será para os dois lados.

Na primeira transação, por se tratar de um preço fixo, a atividade desenvolvida pelo confinamento está mais equiparável a uma prestação de serviço do que a qualquer outra figura contratual. Essa modalidade será analisada adiante, mas, isso parece claro para os fins deste capítulo, ela não está submetida ao ICMS, já que não há transferência de gado do produtor para o confinamento. No segundo e no terceiro formatos contratuais, no entanto, há partilha dos resultados entre o pecuarista e a empresa de confinamento. O animal é pesado quando entra no estabelecimento e por ocasião de sua saída para o frigorífico. A partir dos ganhos gerados, o confinamento fica com uma participação. Note-se, portanto, que esse debate interessa sob o ângulo do confinamento, e não do pecuarista, já que o produtor era dono de todo o rebanho e continuará sendo de uma

238. LOUBET, Leonardo Furtado. *Tributação federal no agronegócio*. 2. ed. São Paulo: Noeses, 2022, p. 74-75.

parte dele, a qual será regularmente vendida para o abate ao frigorífico. O que importa focar é como fica a parcela de gado concedida ao confinamento.

Para formalizar essa relação jurídica é cabível o contrato de parceria pecuária, previsto no art. 96, § 1º, do Estatuto da Terra, que o define como o instrumento pelo qual o parceiro-outorgante "lhe entrega [ao parceiro-outorgado] animais para cria, recria, invernagem, engorda ou extração de matérias-primas de origem animal", mediante partilha dos riscos da atividade. Assim, uma vez atingidos os resultados buscados, o parceiro-outorgante (o pecuarista) e o parceiro-outorgado (a empresa que faz o confinamento bovino) irão dividir os lucros, os quais serão calculados em arrobas e transformados em animais vivos, em virtude da divisão dos frutos. Assim, parte do gado será atribuída à empresa de confinamento e ela poderá realizar a venda ao frigorífico normalmente, como produtora, podendo haver exigência de ICMS ou não sobre essa operação a depender do que dispuser a legislação local. Não, porém, sobre a partilha em si dos animais, por não haver venda de bovinos entre os contratantes.

II.5.5. A produção de grãos e o ICMS

Em um estudo de tributação setorial que se pretenda completo, analítico, cuidadoso, que tenha a força de sistematizar a tributação estadual e municipal que recai sobre o agronegócio, não dedicar um trecho para o exame individualizado do segmento de grãos seria uma falha. É claro que esta pesquisa não pode ter a pretensão de chegar a um nível muito minucioso de detalhamento, porque isso poderia ser visto como um abandono dos fundamentos do sistema, deixando de ostentar, nessa medida, o caráter acadêmico que deve ter. Essa é uma advertência importante, sem dúvida. Nada obstante, a pujança da realidade grita para ser ouvida, reivindica que suas particularidades sejam refletidas, pois o Fisco tem se mostrado atento a ela. É impossível que um setor de tanto destaque econômico não mereça a instigação de seus problemas tributários específicos. Ignorar esse fato é perpetuar esse estado de coisas em que o vazio impera.

Se houve um nicho do mercado que experimentou um crescimento vertiginoso nas duas últimas décadas foi a agricultura, de forma particular a agricultura de grãos. A dupla soja e milho representa 89% da produção anual de grãos e 85% da área semeada.[239] O Brasil é o maior produtor e exportador de soja do mundo. Essa oleaginosa serve não só para produção de óleo, de diversos tipos de farinha (na alimentação humana, incluindo produtos de confeitaria e de alimentação infantil) e de farelo (na ração animal), como também para produção de biodiesel, de sabões, sabonetes, pomadas, cremes, adesivos, revestimentos, fibras, papel, plástico, tintas, borracha, pneus e solventes.[240] Seu uso é amplo. Já o milho serve para produção de cervejas, farinhas, biscoitos, etanol, silagens e rações para suínos, aves, peixes e bovinos e mais de 150 (cento e cinquenta) produtos industrializados.[241] Se há demanda por soja e milho, é porque esses produtos se tornaram indispensáveis para a vida moderna. E quem os planta é o agricultor, na fase "dentro da porteira".

---

239. Safa cheia acelera PIB do agronegócio após dois anos de problemas climáticos. Disponível em: https://www1.folha.uol.com.br/mercado/2023/06/safra-cheia-acelera-pib-do-agronegocio-apos-dois-anos-de-problemasclimaticos.shtml#:~:text=O%20bom%20desempenho%20da%20soja,dobro%20da%20m%C3%A9dia%20do%20pa%C3%ADs.

240. A fascinante profusão de usos da soja: insumos para a indústria. Disponível em: https://revistacultivar.com.br/artigos/a-fascinante-profusao-de-usos-da-soja:-insumos-para-a-industria.

241. Derivados do milho são usados em mais de 150 diferentes produtos industriais. Disponível em: https://www.esalq.usp.br/visaoagricola/sites/default/files/VA_13_Industrializacao-artigo4.pdf.

Investigar como é essa cadeia econômica e qual é seu envolvimento com o ICMS é tarefa que também tem muito a contribuir para o progresso científico. Esse tem sido o fio condutor deste trabalho, desde o início: explorar questões ainda não tratadas, com repercussão no cotidiano das pessoas, mas com um viés teórico sólido.

II.5.5.1. A colheita, a remessa para armazenagem e o momento da venda: os critérios material e temporal e suas projeções sobre essa atividade

Para que a operação com grãos desenvolvida pelo agricultor possa ser bem compreendida é necessário regressar páginas atrás, quando foi explicada a engrenagem que vai desde a aquisição de máquinas e implementos agrícolas, até chegar nos "insumos em sentido estrito". Quando faz o preparo da terra com corretivos de solo e fertilizantes, cultiva as sementes a partir de padrões selecionados e acompanha a germinação da planta, aplicando os defensivos agrícolas, o produtor tem uma determinada expectativa de produtividade. No entanto, do começo ao fim do ciclo vários fatores podem afetá-la, em especial os que envolvem o clima (pouca chuva na fase da germinação ou muita chuva na fase da colheita) e as pragas (fungos, insetos e ervas daninhas), que podem prejudicar o desenvolvimento dos vegetais. Até o momento da efetiva colheita, o agricultor, embora consiga estimar, não tem condições de saber, com exatidão, quantas sacas de soja ou de milho irá obter por hectare, até mesmo porque de um talhão para outro a produtividade pode variar.

Somente quando as colheitadeiras literalmente entram em campo e fazem a extração dos grãos, despejando-os em caminhões, que os descarregam nos silos, o agricultor passa a efetivamente saber a quantidade gerada (que é calculada em sacas de 60 kg). Quando o grão é colhido na fazenda, *não se sabe ao certo ainda quanto de mercadoria foi produzida*. Essa é mais uma das diferenças do agro para as demais atividades: mesmo que os grãos sejam considerados mercadorias, suscetíveis ao ICMS, esses bens provêm da natureza, variando conforme as condições agrobiológicas, o que, por sua vez, traz reflexos tributários, indiscutivelmente. Apenas no momento em que o produtor dá entrada nos grãos nos armazéns, mediante processo de classificação e pesagem da soja ou do milho, tem a informação – e, na outra ponta, o Fisco também – sobre o volume de mercadorias comercializáveis. É na armazenagem que essa mensuração é feita, tornando o que antes era fluido, vago, uma mera estimativa, em um dado palpável, concreto, balizador do tributo a ser exigido.

Acontece que a colheita dos grãos na propriedade rural e a simples remessa para armazenagem *ainda não configuram uma operação tributável envolvendo o ICMS*. Com efeito, o produtor que não tem sistema de armazenagem própria na sua fazenda muitas vezes remete os grãos para uma empresa, a qual fica responsável pelo depósito daqueles frutos, até que ele decida o momento de fazer a venda. Não é automático o mecanismo de colheita, entrega e venda, já que o produtor pode avaliar por aguardar melhores condições de preço, dada sua oscilação constante, realizando a venda de sua produção algum tempo depois. Na primeira etapa, há emissão de uma nota de simples remessa para armazenagem; na outra, quando o produtor decide vender os grãos, aí sim há emissão de nota de venda com preço fixado. Isso significa que apenas quando o contrato de armazenagem decorrente da entrega física dos grãos for substituído por um contrato de compra e venda de soja ou milho que haverá transferência de propriedade dessas mercadorias, sendo nesse exato instante que atuarão os critérios material e temporal da regra-matriz de incidência do ICMS-agro.

II.5.5.2. O critério quantitativo do tributo e os grãos: classificação em avariados e impurezas e os descontos de recepção, limpeza, secagem, armazenagem e de "quebra técnica"

Delineados os aspectos que guardam relação com a materialidade em si e o critério temporal, há outros pontos, também relevantes, que giram em torno diretamente do critério quantitativo do ICMS sobre os grãos. São esses que costumam gerar mais embates entre Fisco e contribuintes.

Como salientado no subtópico anterior, quando o grão é colhido na lavoura não dá para saber ainda o total produzido. Somente quando a soja ou o milho são descarregados nos armazéns que ocorre a pesagem, quantificando o total das mercadorias geradas por um determinado agricultor. O problema é que o adquirente não considera o "total bruto" recebido do produtor, pois promove a classificação necessária para que o grão seja padronizado no formato exigido pela indústria ("soja-indústria" ou "milho-indústria"). Essa classificação é feita a partir de determinadas faixas percentuais envolvendo os grãos avariados e as impurezas. Uma vez classificados, o produtor se sujeita ainda a "descontos" de recepção, limpeza, secagem, armazenagem e de "quebra técnica". Pelo que se vê, assim como ocorre com o gado, nem tudo o que o agricultor produz é pago a ele. Logo, podem ocorrer distorções entre o montante bruto colhido em sacas e o valor líquido do preço em reais. E é claro que essa praxe do mercado deve ser considerada para fins de ICMS.

Há lei para isso. A Lei Federal 9.972/00 instituiu a "classificação de produtos vegetais, subprodutos e resíduos de valor econômico", de forma obrigatória. O Decreto 6.268/07 regulamentou essa lei, estabelecendo que o processo de classificação será feito por amostras das cargas, credenciando o MAPA para expedir as normas técnicas necessárias para o estabelecimento de padrões classificatórios. Para a soja-indústria, a Instrução Normativa 11/07 do MAPA prevê uma margem aceitável de até 1% de impurezas, 8% de avariados (grãos queimados, ardidos, mofados, fermentados, germinados, danificados, imaturos e chochos) e de até 14% de umidade dos grãos. Ultrapassadas essas margens, o produtor sofrerá descontos sobre as cargas.

Feita a classificação de seu produto, o armazém ainda cobra por seus serviços – o que nesse meio ficou conhecido como "descontos" – exigindo contrapartidas pela recepção, limpeza, secagem e a armazenagem propriamente dita. Essa é a remuneração do armazém, cobrada por saca. O intuito é tornar o lote de grãos padronizável, de modo a se viabilizar sua comercialização direto para a indústria ou para o padrão exportação. Também há lei sobre isso, a Lei Federal 9.973/00 (editada logo após a lei supracitada, a Lei 9.972), que "dispõe sobre o sistema de armazenagem dos produtos agropecuários" e a qual garante ao estabelecimento depositário o direito de retenção sobre os produtos para garantia do pagamento de "armazenagem e demais despesas tarifárias", bem como de "comissões, custos de cobrança e outros encargos, relativos a operação com mercadorias depositadas" (art. 9º, I e III). O Decreto 3.855/01 regulamenta essa lei e a Instrução Normativa 29/11 do MAPA a complementa. São cobrados do produtor preços na entrada e preços quinzenais pela armazenagem, logo, quanto mais tempo o produto ficar armazenado, menor o retorno financeiro para ele. Tais quantias não são pagas pelo agricultor em dinheiro, e sim são descontadas em sacas de soja ou milho.

Como se isso não bastasse, há ainda a polêmica "quebra técnica". O grão, quando entra no armazém, entra com determinado peso, com uma dada característica física. Todavia, quando esse produto fica depositado no armazém, ainda mais a granel (esparramado no silo, e não ensacado), ele começa a "perder peso", isto é, começa a perder umidade por um fenômeno natural, sobre o qual não há ingerência humana, diminuindo seu potencial produtivo. Atualmente, a CONAB – Companhia Nacional de Abastecimento admite como percentual máximo de "quebra técnica" diária 0,005 calculado pelo quilo da mercadoria.[242] Portanto, esse também será um fator descontado do produtor quando da liquidação de seus grãos por ocasião da venda, a depender do tempo de armazenagem.[243]

Nesse contexto, é fundamental perceber que *entre a produção bruta colhida na lavoura e os grãos efetivamente comercializados pelo produtor não há uma necessária correspondência para mensuração do ICMS.* Os descontos de classificação (avariados e impurezas) e de armazenagem (recepção, limpeza, secagem, armazenagem propriamente dita e de "quebra técnica") modificam o volume total das mercadorias passíveis de comercialização, reduzindo, pois, a real quantidade de sacas vendidas. Como bem lecionava o saudoso Prof. Aires Fernandino Barreto, "base de cálculo é a definição legal da unidade de medida, constitutiva do padrão de referência a ser observado na quantificação

---

242. Norma da Organização da CONAB (NOC). Análise de perdas nos estoques em Armazéns Próprios 30.512. Disponível em:
https://www.conab.gov.br/images/arquivos/normativos/30000_sistema_de_operacoes/30.512_analise_de_perdas_nos_estoques_em_armazens_5_10_2022_2_versao.pdf.

243. Sobre a "quebra técnica" e outras perdas no processo, vide: CALCINI, Fábio Pallaretti. *Tributação no agronegócio:* algumas reflexões. Londrina: Thoth, 2023, p. 344; SOUZA, Pedro Guilherme Gonçalves. Intributabilidade das quebras técnicas e de transporte: reflexões sobre o ICMS no ciclo de comercialização de grãos. *In:* REBOUÇAS, Rodolfo; CASTRO JR., Paulo Honório de; HORTA, Nereida *et al.* (org.). *Controvérsias tributárias atuais no agronegócio.* São Paulo: Dialética, 2021, v. II, p. 198/222; OKUMA, Alessandra. A cobrança do ICMS sobre quebra e retenção técnica de grãos na exportação. *In:* CARVALHO, Paulo de Barros (coord.); SOUZA, Priscila de (org.). *XX Congresso Nacional de Estudos Tributários* – Direito tributário: fundamentos jurídicos da incidência. São Paulo: Noeses, 2023, p. 1/16; SALUSSE, Eduardo Perez. ICMS e perdas nos processos de produção e de comercialização. *In:* TORRES, Heleno Taveira; DONIAK JR., Jimir (coord.). *Agronegócio, tributação e questões internacionais.* São Paulo: Quartier Latin, 2019, p. 355/372.

financeira dos fatos tributários".[244] Eis o motivo para que essa baliza seja respeitada.

II.5.5.3. O contrato de compra e venda de safra futura, o "washout" e o ICMS

O segmento de grãos desenvolveu-se de forma acentuada nos últimos tempos em virtude da consolidação das exportações de soja e de milho. O Brasil sempre foi um país de destaque quando se fala em *commodities* agrícolas. É inegável, porém, que foi a partir do "despertar" econômico da China que as exportações nacionais deram um salto, dada a constante demanda daquele mercado. Acontece que esse longo elo que vai da lavoura do produtor brasileiro até o prato do consumidor chinês pressupõe uma série de etapas, muitas delas operadas por empresas multinacionais. As *tradings* contam com a soja e o milho produzidos aqui para beneficiá-los, transformá-los e exportá-los, de modo a suprir a procura lá fora. Por esse motivo, elas não podem ficar totalmente expostas à volatilidade de tudo o que envolve esses cereais, buscando mecanismos para reduzir riscos.

Uma das ferramentas para isso é o contrato de compra e venda de safra futura. Trata-se de instrumento concebido em meados da década de 90, o qual teve por principal objetivo "amarrar" a produção brasileira às exportações. Não foi fácil, entretanto, implementar essa modalidade contratual à cultura do agricultor brasileiro. E mesmo o Poder Judiciário, no início, não via com bons olhos seu formato. Em linhas gerais, o que esse tipo contratual estabelece é que uma determinada empresa manifesta, desde logo, seu interesse jurídico em comprar a produção de um dado agricultor, mesmo que as sementes sequer tenham sido plantadas ainda (algo que ficou conhecido como "soja verde"). Como o produtor cultiva suas terras todos os anos

---

244. *Curso de direito tributário municipal.* São Paulo: Saraiva, 2009, p. 156.

– em vários Estados, sobretudo do Centro-Oeste, plantando soja na lavoura de verão e milho na safra de inverno, a "safrinha" – a multinacional já sabe a produtividade média gerada naquela propriedade em sacas por hectare, podendo projetar, a partir desses dados, quantas sacas serão produzidas. E então as partes estabelecem, desde logo, no momento da assinatura do contrato, quanto a empresa irá pagar por saca (prefixação dos preços), podendo, inclusive, adiantar uma parte do pagamento. Com isso, a compra fica "travada" segundo o que as partes convencionaram em quantidade de sacas e com relação ao preço. Da assinatura do contrato (na época do plantio) até a colheita dos grãos e efetiva entrega nos armazéns da *trading* o tempo médio é de quatro a seis meses.

O problema que ocorria era o seguinte: muitas vezes, as partes pactuavam o preço que seria pago pela saca (por exemplo, R$ 100,00), porém, quando do cumprimento do contrato, que pressupunha a entrega do produto, o preço poderia ter oscilado para cima (por hipótese, R$ 130,00), de maneira que o produtor se negava a entregar os grãos para a empresa adquirente, decidindo vendê-los a outras empresas, que lhe pagariam o preço atual. Com uma diferença tão elevada (no exemplo citado, de 30%), os produtores ajuizavam ações, alegando a teoria da imprevisão, e o Judiciário, à época, chegou a dar guarida a essas pretensões. Já faz algum tempo, no entanto, que a jurisprudência se consolidou no sentido de que o produtor é obrigado a cumprir o contrato, porque a variação do preço das *commodities* não pode ser vista como algo imprevisível.[245]

Para acabar com esse problema (ou, pelo menos, para reduzi-lo), as *tradings* passaram a prever em seus contratos – e é aqui que estão os desdobramentos tributários da questão – que se o agricultor não entregar sua produção à

245. REsp 936.741/GO. 4ª Turma. Rel. Min. Antônio Carlos Ferreira. *DJe* 08.03.2012.

empresa adquirente, em cumprimento ao que foi combinado, será aplicável a cláusula de *washout*. Por essa expressão se deve entendê-la como a cláusula de caráter indenizatório que autoriza a compradora, na hipótese de descumprimento do contrato pelo vendedor, a adquirir os grãos no mercado no preço corrente, de modo a honrar seu contrato com o comprador estrangeiro, cobrando do produtor inadimplente os valores que desembolsou para essa operação. Ou seja, como o contrato de compra e venda de safra futura não foi cumprido pelo produtor, a *trading* compra a soja ou o milho de outros produtores ou de outras empresas com o preço vigente naquela data, de modo a realizar a exportação, e exige do produtor que não entregou os grãos o pagamento da diferença entre o preço prefixado e o preço atual, a título de indenização.

Ora, diante desse cenário parece claro que não incide o ICMS sobre contratos de compra e venda de safra futura nos quais foi aplicada a cláusula de *washout*. Ainda que o produtor tenha recebido um adiantamento em dinheiro de grãos que ele vendeu de forma antecipada à empresa adquirente, esse contrato, com o inadimplemento, não se aperfeiçoou, não tendo havido efetiva transferência de propriedade de bens móveis. Não só isso, a circunstância de a compradora buscar a indenização cabível junto ao outrora vendedor só reforça que a avença, embora firmada inicialmente com caráter mercantil, assume desdobramentos eminentemente civis, de cunho ressarcitório. Portanto, deve ser afastada a ideia de se exigir o ICMS sobre um contrato de compra e venda que não se concretizou.[246]

---

246. Para maiores referências sobre a cláusula de *washout*, vide: YGESCA, Camilla; RIBEIRO, Karina Perissinoto; REIS, Marcus. Os contratos de financiamento, a cláusula *washout* e o perigo do rompimento da cadeia do agronegócio global. *In:* QUERUBINI, Albenir; PARRA, Rafaela; CICILIATO, Rodolfo (coord.). *Direito agrário como instrumento do desenvolvimento do agronegócio brasileiro*. Londrina: ESG LAW, 2023, p. 235/273. E para os desdobramentos fiscais federais, vide: SOUZA, Pedro Guilherme Gonçalves. A cláusula de *washout* no comércio de grãos e a

II.5.6. O ICMS e a "floresta em pé"

Um último tema que vale a pena ser mencionado sob a ótica do "dentro da porteira" é o seguinte: incide ICMS sobre "floresta em pé"? A pergunta pode soar descabida, mas o que está por trás dela tem causado controvérsia. Como o intuito da pesquisa é encarar os tópicos tormentosos, não se acovardando quando com eles se deparar, esse assunto justifica sua seleção para o catálogo das hipóteses investigadas, integrantes do subdomínio da tributação incidente no agronegócio.

Em primeiro lugar, a expressão "floresta em pé" é usada apenas para fins retóricos, porque toda floresta, por óbvio, pressupõe árvore plantada. Como é assim que os Estados e a jurisprudência vêm se manifestando, a locução foi mantida.

Basicamente, são três possibilidades fáticas. Pode ocorrer de o produtor rural decidir plantar árvores em sua propriedade com o intuito de exploração econômica, promovendo no futuro o corte e vendendo a madeira. Nesse cenário, a árvore plantada, até ali, evidentemente não é uma mercadoria, porque nessa etapa ela nada mais é do que uma planta, uma vegetação, que se agrega fisicamente ao solo. E, nos termos do art. 79 do Código Civil, "são bens imóveis o solo e tudo quanto se lhe incorporar natural ou artificialmente". Ou seja, *se* e *quando* o produtor decidir fazer a derrubada, transformando árvore em madeira, aí sim, ao vender esse produto vegetal, essa é uma operação mercantil equiparável à venda da soja, do algodão, do arroz ou de frutas, existindo elementos suficientes para que seja enquadrada ao ICMS. A previsão de "diferimento" pela legislação local para essa venda é algo que não interfere nesse trecho do raciocínio.

---

não incidência do PIS e da Cofins – Uma análise jurisprudencial. *Revista Direito Tributário Atual*, São Paulo: IBDT, nº 52, ano 40, p. 283/302, 3º quadrimestre 2022.

A situação fática, no entanto, pode ser outra. O produtor pode legitimamente dispor da posse de suas terras, seja por meio de um contrato de arrendamento (que pressupõe um pagamento fixo e em dinheiro, similar a um aluguel, insuscetível, pois, ao ICMS, pelos motivos já expostos), seja via contrato de parceria rural (o que significa que o produtor receberá, em frutos, sua participação nos resultados, quando a madeira for vendida). Também aqui o critério-chave é a efetiva transformação do bem imóvel (floresta plantada) em bem móvel (madeira apta a ser comercializada). Havendo venda de madeira, não há motivos para o afastamento prévio do ICMS, por denotar uma venda de bem móvel comercializável.

A grande questão está na terceira possibilidade. O ciclo da madeira é bem longo, girando de cinco (no caso do eucalipto) até mais de quinze anos (para as madeiras consideradas nobres). Não só, também demanda investimentos elevadíssimos para o plantio e o manejo, exigindo trato permanente com produtos para combate de pragas, com podas e com assistência técnica. Muitas vezes o produtor ou não tem dinheiro para plantar e cuidar da floresta, ou não quer esperar por resultados futuros distantes.

Por esses fatores, pode ocorrer de o proprietário firmar um contrato com a empresa interessada no plantio, a qual explorará essa atividade, exigindo uma contrapartida imediata pela cessão das terras. Mas, não apenas isso. Há casos também nos quais o produtor fez o plantio, porém, ou não tem *know how* adequado, ou não tem recursos suficientes para dar o devido tratamento à floresta, entabulando negócio jurídico para que uma empresa assuma o empreendimento.

É aqui que entra o problema. As autoridades fiscais têm entendido que, conquanto árvore plantada seja bem imóvel, existiria nessa última hipótese uma "venda" de "floresta em pé", a qual seria juridicamente classificada como "bem móvel por antecipação". Valendo-se de classificação do direito privado, as autoridades fiscais têm entendido que seria possível cobrar ICMS nessa operação. Por exemplo, o Estado de Minas Gerais, ao se manifestar no sentido de que "as operações envolvendo árvores destinadas ao corte (mata em pé) encontram-se inseridas no âmbito de incidência do ICMS, tendo em vista tratar-se de bens móveis por antecipação, do que decorre a sua caracterização como mercadoria".[247] Há outros Estados que vêm seguindo essa exegese também. E tamanha é a relevância do tema que o CONFAZ editou o Convênio 226/19 tratando especificamente do ICMS exigido por Minas Gerais sobre essas operações.

A classificação doutrinária desenvolvida no âmbito do Direito Civil, embora tenha sua valia para explicar aquele subsistema, não pode ser simplesmente transportada para a seara fiscal sem os devidos cuidados, ainda mais se o intuito é o de ampliar as bases tributáveis, com lastro em ficções ou presunções não admitidas no exercício da tributação. Essa análise acerca do enquadramento de florestas plantadas como bens móveis ou imóveis será abordada quando do estudo da incidência ou não de ITBI sobre elas, de maneira que os fundamentos jurídicos serão desenvolvidos naquele espaço. Entretanto, apenas que não se deixe o tema em aberto, não se pode admitir a exigência de ICMS nessa operação.

O art. 43, I, do Código Civil de 1916 previa, de forma taxativa, que são bens imóveis o solo com os seus acessórios e adjacências naturais, compreendendo a superfície, "as árvores e frutos pendentes", o espaço aéreo e o subsolo.

247. Consulta de Contribuinte nº 002/2019. PTA nº 45.000012503-61. J. 28.01.2019. Disponível em: https://www6.fazenda.mg.gov.br/sifweb/MontaPaginaPesquisa?pesqBanco=ok&login=false&caminho=/usr/sef/sifweb/www2/empresas/legislacao_tributaria/consultas_contribuintes/cc002_2019.html&searchWord=mata%20AND%20p%C3%A9*&tipoPesquisa=todasPalavras#ancora.

Mesmo que o art. 79 do Código atual não faça remissão explícita às árvores, parece claro que como são bens imóveis não somente os considerados imóveis por natureza (o solo), mas também "tudo quanto se lhe incorporar natural ou artificialmente" (imóvel por acessão física), é nessa categoria jurídica que se subsome a floresta. De igual modo, o art. 1.248, V, prescreve que a acessão pode se dar "por plantações ou construções". Ou seja, a partir desse arcabouço normativo as árvores, a floresta "em pé" é bem imóvel, não podendo sofrer incidência de ICMS.

Há outro aspecto bastante relevante a ser considerado. O art. 1.369 do Código Civil, disciplinando o "direito de superfície", preconiza que o proprietário "pode conceder a outrem *o direito* de construir ou de *plantar* em seu terreno", por tempo determinado, mediante escritura pública registrada em Cartório. Eis a confirmação de que, na hipótese, há um contrato para exploração do direito de superfície, o qual pode ser gratuito ou oneroso (art. 1.370). O proprietário não está "vendendo" árvores para o usufrutuário, até mesmo porque ou o bem é imóvel e está atrelado às terras, ou então é bem móvel, cuja conceituação legal é a seguinte: "são móveis os bens suscetíveis de movimento próprio, ou de remoção por força alheia, sem alteração da substância ou da destinação econômico-social" (art. 82, CC). Como árvore não tem movimento próprio, nem há como removê-la por força alheia sem alteração da substância ou de sua destinação, é o que basta para afastar a figura de "bem móvel por antecipação" para fins de ICMS.

Na única vez em que enfrentou essa matéria, o Superior Tribunal de Justiça decidiu que "a venda de árvores em pé, como modalidade da atividade de gestão de ativos florestais, *não é fato gerador de ICMS* e gravá-la consistiria em tributar etapa preparatória de possível operação mercantil, em prejuízo da legalidade tributária".[248] No mesmo sentido são os pronunciamentos recentes do Tribunal de Justiça de Minas Gerais.[249]

A conclusão de que descabe o ICMS é reforçada quando são feitas reflexões sobre os critérios em si mesmos da regra-matriz do imposto, projetados sobre a operação: qual é a operação *relativa à circulação jurídica* de uma *mercadoria* existente? Nenhuma. Qual seu critério temporal, que, segundo defendem as próprias autoridades fiscais, depende de uma "saída"? Não há, sendo certo que a efetiva comercialização da madeira pode levar anos. O que dizer do critério espacial, vale dizer, o local de onde há "saída"? Como é bem imóvel, não há "saída" alguma. E a base de cálculo, como apurá-la? Sem saber *se* haverá madeira a ser transformada, *quando* isso ocorrerá, *qual* a quantidade de metros cúbicos produzidos e, fundamentalmente, *quanto* custará o preço da madeira, fica inviabilizada a mensuração econômica da transação. Essas razões demonstram que não se pode admitir ICMS sobre "floresta em pé".[250]

---

248. REsp 1.158.403/ES. 2ª Turma. Rel.ª Min.ª Eliana Calmon. *DJe* 22.09.2010 (sem destaques no original).

249. "EMENTA: APELAÇÃO CÍVEL – EMBARGOS À EXECUÇÃO FISCAL – VENDA DE FLORESTA EM PÉ – NÃO CARACTERIZAÇÃO COMO MERCADORIA – NÃO INCIDÊNCIA DE ICMS – FATO GERADOR DO ICMS REALIZADO PELO ADQUIRENTE – ÔNUS DA SUCUMBÊNCIA – INVERSÃO – ISENÇÃO DA FAZENDA PÚBLICA QUANTO AO PAGAMENTO DE CUSTAS PROCESSUAIS – IMPOSIÇÃO LEGAL RECURSO PROVIDO. (...) Se o alienante da floresta não praticou os atos de colher, baldear e transportar o material lenhoso, mas apenas de vender as árvores em pé, ou seja, a própria floresta ainda plantada (ativo imobilizado), não pode ser considerado contribuinte do ICMS. (...) Se o fato gerador do ICMS foi realizado pelo adquirente da floresta, o local onde se encontra a 'floresta em pé' é considerado estabelecimento deste, ainda que em caráter temporário, nos termos do art. 58 do RICMS/2002. (...)" (Apelação Cível nº 1.0000.22.099211-9/004. 19ª Câmara Cível. Rel. Des. Leite Praça. *DJe* 02.05.2024). O Convênio CONFAZ nº 19/2020 autorizou Minas Gerais a conceder remissão e anistia sobre tais créditos.

250. CASTRO JR., Paulo Honório. O controle das ficções jurídicas no direito tributário: um estudo a partir da venda de floresta plantada. CARDOSO, Alessandro Mendes; TEIXEIRA, Alexandre Alkmin; MASSARA, Luiz Henrique Nery *et al.* (org.). *Processo administrativo tributário*. Belo Horizonte: D'Plácido, 2018, p. 303/347.

II.6. O ICMS E OS DESTINATÁRIOS DOS PRODUTOS RURAIS (O "DEPOIS DA PORTEIRA")

Analisadas de forma aprofundada as partes estruturantes do ICMS no primeiro trecho deste capítulo, checada a legislação paradigma dos Estados eleitos, segregadas as etapas do segmento econômico objeto deste estudo como estratégia intelectual para compreendê-lo, vistas as peculiaridades do setor de insumos e examinados os desdobramentos aplicáveis ao produtor rural, só resta agora voltar as atenções para a última etapa da cadeia, que diz respeito aos destinatários desses produtos, e fechar este bloco do texto com os "fundos do agro".

O conjunto formado pelos agentes que atuam na fase do "depois da porteira" é igualmente crucial para o funcionamento de toda essa engrenagem, que é o agronegócio brasileiro. São empresas, boa parte delas multinacionais, que se dedicam à aquisição, ao armazenamento, ao beneficiamento, à transformação, à comercialização e ao transporte dessas mercadorias. Sem os adquirentes, os gêneros alimentícios não expressariam sua relevância, porque a alimentação humana ou animal seria impossível sem essas empresas. Na complexa cadeia do agro não existe setor que seja mais importante que outro, pelo contrário, todos estão interligados, desempenhando uma função indispensável. Não há alimentos sem o setor de insumos, assim como também não há sem o produtor rural. Mas, não há tampouco sem os adquirentes, que industrializam esses produtos para que possam chegar às mãos do consumidor final. O fornecimento de arroz, de feijão, de massas, de legumes, de verduras, de frutas e de carnes se viabiliza porque empresas compram a produção gerada nas fazendas e fazem o beneficiamento, a limpeza, a transformação, o acondicionamento, a armazenagem, a distribuição, a comercialização e o transporte desses e de vários outros itens alimentícios. É a etapa final do processo, tão relevante quanto as demais.

Parece claro que compreender bem esse braço do segmento econômico rural é condição para se concluir a visão do todo. E sob a perspectiva específica do ICMS, é sobre essa etapa da cadeia que o legislador carrega sua força normativa, calibrando a incidência fiscal a partir da venda do produto pelos adquirentes, no grupo do "depois da porteira". Há aspectos que são próprios desse setor, o que só reaviva o interesse no desenvolvimento desta pesquisa.

II.6.1. Os agentes econômicos que integram esse conjunto, segundo uma ordem classificatória: armazéns gerais, cooperativas, cerealistas, as agroindústrias em geral (esmagadoras de grãos, frigoríficos, laticínios, usinas sucroalcooleiras e indústrias de celulose), as "*tradings*" e as transportadoras

Embora todos os componentes que integram essa classe de agentes econômicos estejam unidos por um elemento comum – o fato de que estão posicionados na etapa pós-produtiva, isto é, na fase do "depois da porteira" – nem todos desempenham as mesmas atividades, evidenciando a heterogeneidade desse conjunto. Há quem se dedique ao mero armazenamento, outros cuidam da compra para simples revenda, existem os que fazem o beneficiamento, outros ainda promovem a transformação desses produtos e há aqueles que focam no transporte. Cada um com um objetivo, com uma finalidade, e potencialmente submetido a um regramento jurídico próprio.

Quem é treinado pelo raciocínio típico do Constructivismo Lógico-Semântico logo é instigado a arrumar as coisas, a dividir, a separar, a classificar os objetos de estudo segundo critérios coerentes de padronização. Esse olhar fatiado para o mundo tem um potencial poderoso de explicação, na medida em que permite travar contato com os fatos e as categorias jurídicas de forma mais aprofundada, conhecendo-os na sua intimidade, com a junção, na sequência, das partes ao todo.[251] Trazendo esse modo de enxergar o direito para cá, as operações que marcam o "depois da porteira" igualmente podem ser organizadas com esse viés de análise, aglutinando o que é igual ou parecido e separando o que é diferente.

Pois bem, a partir do momento em que o agropecuarista concluiu sua produção, a roda passa a girar por atuação das empresas que estão na fase pós-produtiva. A soja, o milho, o algodão, a laranja, a cana, o eucalipto, os bovinos, as aves, os suínos e todos os outros produtos do campo ultrapassam as fronteiras da fazenda com destino a uma dessas empresas. Olhando sob o prisma do produtor, ou ele vende seus produtos, ou ele os estoca, quando possível, aguardando melhores condições do mercado. Se ele remete sua produção para armazenagem é porque há, na outra ponta, uma empresa que faz o armazenamento de sua produção agrícola, algo aplicável mais aos cereais (como o arroz, o milho, o trigo e o sorgo) e às leguminosas (como a soja e o feijão), porque produtos agrícolas perecíveis (como legumes, verduras e frutas) ou produtos de origem animal não têm como ser estocados, no sentido de armazenagem do termo. Já se ele vende seus produtos, isso significa que o adquirente irá fazer revenda direta ou irá beneficiá-los, transformá-los, industrializá-los para depois vendê-los.

Diante desse cenário é possível classificar os agentes econômicos do "depois da porteira" conforme o tipo de atividade desenvolvida. A primeiras delas é a da armazenagem. Nessa operação, porém, *não há materialidade do ICMS*, porque o armazenamento de produtos de terceiros

251. "A base do Constructivismo Lógico-Semântico, como o próprio nome enseja, não é a desintegração de uma opinião, mas a construção de uma posição, fundada em premissas solidificadas num referencial filosófico, onde o modelo dogmático mostra-se presente do começo ao fim" (CARVALHO, Aurora Tomazini. *Curso de teoria geral do direito:* o Constructivismo Lógico-Semântico. 5. ed. São Paulo: Noeses, 2016, p. 104).

configura hipótese de incidência de ISS, algo a ser visto em outro capítulo. Em princípio, portanto, essa modalidade não deveria estar aqui. No entanto, a inclusão dos armazéns gerais neste tópico do trabalho se justifica por dois motivos: (i) porque a armazenagem propriamente dita, embora não envolva uma compra e venda, é desenvolvida por empresas que estão na cadeia do "depois da porteira", de tal modo que a menção a ela propicia uma compreensão melhor desse setor; (ii) e porque, fundamentalmente, várias empresas que fazem o armazenamento *também* se dedicam à compra e venda de grãos, de tal modo que comumente elas fazem duas transações, a primeira de guarda da produção do agricultor e a outra, quando o produtor decide fazer a venda, de aquisição e ulterior revenda dos produtos.

Em ocorrendo essa última hipótese, ou seja, quando o armazém geral tem em seu contrato social como uma de suas atividades não só a guarda de produto de terceiros, mas também a aquisição dos grãos armazenados; e quando há efetiva compra de uma determinada carga de um dado produtor; aí o armazém geral passa a ser enquadrado juridicamente como um adquirente de produtos agrícolas, de tal modo que, quando for revender esses grãos para outras empresas, realizará a hipótese de incidência do ICMS, podendo ser tributado normalmente.

As cooperativas agropecuárias (não as de insumos agrícolas) fazem algo similar aos armazéns gerais. Com efeito, o cooperado pode ter por objetivo apenas usar a estrutura de armazenagem da cooperativa da qual faz parte, nela depositando sua produção agrícola até que avalie ser o momento de venda, pagando os custos de armazenagem para isso. Os valores recebidos pela cooperativa a esse título são inalcançáveis pelo ICMS, por não indicarem compra e venda de mercadorias. Quando o agricultor resolver fazer a venda da produção já armazenada na cooperativa, ele poderá negociá-la tanto com a própria cooperativa onde o produto está depositado, celebrando novo negócio jurídico, como comercializá-la para terceiros. Se a cooperativa comprar essa produção e for revendê-la para outras empresas, aí assumirá a posição de comerciante.

Da perspectiva da relação entre o cooperado e a cooperativa, entretanto, não custa lembrar que "é da essência das cooperativas, não só a partir de suas influências históricas, como decorrência do próprio sistema jurídico, a união de pessoas em torno de um objetivo comum", logo, a cooperativa nada mais é do que "uma união de pessoas, constituída formalmente sob a roupagem de sociedade, de cunho econômico, porém sem fins lucrativos, criada para o fim de auxiliar os associados, atingindo, assim, o objetivo comum que os reúne".[252] E entre outras características, a ausência do intuito de lucro é um traço marcante, muito embora haja uma atividade econômica envolvida. Os arts. 3º e 4º da Lei 5.764/71 confirmam essa vertente. Em síntese, na operação de mera armazenagem realizada pela cooperativa em prol de seu cooperado não há incidência de ICMS por não ser hipótese tributável por esse imposto e também por ser típico ato cooperativo (arts. 79 e 111 da Lei 5.764/71). Se comprada a produção, aí a ulterior revenda pela cooperativa será tributada pelo ICMS de acordo com o que dispuser a legislação do respectivo Estado.

As cerealistas, por sua vez, são empresas que se dedicam, exclusivamente, à compra de produção agrícola, sobretudo de grãos, para revenda. Não fazem prestação de serviços de armazenagem, embora armazenem os produtos por elas adquiridos. É importante esclarecer que o "grão verde" produzido no campo não é o mesmo que será comercializado para a indústria. Há etapas típicas de beneficiamento, compreendendo o recebimento, limpeza,

---

252. LOUBET, Leonardo Furtado. *Tributação federal no agronegócio*. 2. ed. São Paulo: Noeses, 2022, p. 254-255.

classificação, secagem e padronização dos grãos. O grão "padrão indústria" que sai da cerealista é muito diferente do "grão bruto" colhido na lavoura. Essa discussão é particularmente relevante no âmbito do crédito presumido de PIS/COFINS previsto na Lei 10.925/04. O Superior Tribunal de Justiça, contrariando a pretensão dos contribuintes, entendeu que essas atividades são próprias de cerealistas, e não de agroindústrias, negando-lhes os créditos.[253] No que tange ao ICMS, contudo, esse debate não entra em jogo, pois, havendo comercialização de mercadorias, o imposto estadual poderá ser exigido.

Seguindo uma ordem lógica para exposição da matéria, na sequência vêm as agroindústrias em geral, entre elas, as esmagadoras de grãos, os frigoríficos, os laticínios, as usinas sucroalcooleiras e as indústrias de celulose, isso sem se esquecer das agroindústrias de frutas e de algodão e as de geração de etanol a partir do milho, também de porte econômico relevantíssimo. Essas empresas compram a produção rural *in natura* e realizam a transformação no produto acabado. A soja adquirida pela agroindústria é esmagada e transformada em óleo e em todos seus outros derivados já mencionados, girando cifras muito expressivas. O gado em pé, por sua vez, é comprado pelos frigoríficos,

253. "TRIBUTÁRIO. MANDADO DE SEGURANÇA. CRÉDITO PRESUMIDO DE PIS E COFINS. BENEFICIAMENTO DE CEREAIS. ÓBICE DA SÚMULA 7 DO STJ SUPERADO. INAPLICABILIDADE DO ART. 8º DA LEI 10.925/2004. RECURSO ESPECIAL DA FAZENDA NACIONAL PROVIDO E PREJUDICADO O RECURSO DA CONTRIBUINTE. (...) 2. O benefício fiscal instituído pelo art. 8º da Lei 10.925/2004 (crédito presumido de PIS/COFINS) aplica-se somente às sociedades que realizam processo de industrialização com emprego de grãos de soja, trigo, milho e outros, adquiridos de pessoa física ou recebidos de cooperado pessoa física, transformando-os em produtos diversos, tais como, óleo de soja, farinha de trigo, massas, biscoitos, etc. (...). 3. Na espécie, o Tribunal de origem consignou, expressamente, que o grão adquirido pela impetrante para futura exportação passava apenas pelas etapas de recebimento, beneficiamento, limpeza, padronização, secagem, armazenamento e expedição, não havendo que se falar, portanto, em processo de industrialização para fins de enquadramento da contribuinte como empresa agroindustrial. (...)" (REsp 1.747.670/RS. 1ª Turma. Rel. Min. Paulo Sérgio Domingues. *DJe* 18.12.2023).

abatido e transformado não só na carne pronta para o consumo, como também em todos seus subprodutos. O mesmo se diga do gigante mercado de aves e suínos. O laticínio compra o leite dos produtores e o transforma em toda a gama da cadeia láctea, como queijos, requeijões, manteigas, pastas e doces. As usinas sucroalcooleiras têm na cana plantada pelo agricultor o insumo indispensável para produção de açúcar e de combustível. Já a indústria de celulose compra a madeira do silvicultor, notadamente eucalipto, para transformá-la em papel e outros bens. Ora, todas essas empresas, ainda que adquiram produtos rurais diferentes, têm em comum o fato de que são agroindústrias, vale dizer, compram mercadorias *in natura* para transformá-las e vendê-las. Ao fazê-lo, se tornam contribuintes de ICMS.

Se o enfoque desta altura do trabalho recai sobre os adquirentes, evidentemente que as *trading companies* não poderiam faltar. Essas empresas são pessoas jurídicas que exploram o comércio internacional, comprando produtos de um determinado País para vendê-los em outro. No caso do agro, elas compram as denominadas *commodities* agropecuárias, sendo certo que por meio delas os números da balança comercial brasileira se tornam positivos. O Decreto-lei 1.248/72 "dispõe sobre o tratamento tributário das operações de compra de mercadorias no mercado interno, para o fim específico de exportação", estabelecendo os procedimentos necessários para constituição dessas empresas. Na parte que importa, sob a ótica dos grãos, por exemplo, suas operações seriam equiparáveis às realizadas pelas cerealistas, na medida em que compram a soja e o milho do produtor, fazem o beneficiamento para que os grãos estejam conforme o padrão exportação, e aí os vendem aos adquirentes situados em território estrangeiro. Portanto, suas vendas estariam submetidas à incidência de ICMS não fosse a norma constitucional que fixa a imunidade tributária para as exportações.

Por fim, também integram esse vasto conjunto as transportadoras, que se encaixam no ICMS não na condição de compra e venda de mercadorias, mas sim de prestação de serviços de transporte interestadual e intermunicipal. Sem o escoamento da produção agropecuária a cadeia não se completa. E o frete é um custo importante nessa equação.

Como se vê, o leque das empresas situadas na etapa do "depois da porteira" é bastante amplo e é de fundamental importância para o setor como um todo.

II.6.2. Uma observação preliminar: diferentemente do que se passa no âmbito federal, o conceito de agroindústria não é o determinante para o ICMS

A exposição detalhada do rol de destinatários dos produtos rurais permite uma constatação logo de início quando se examina sua tributação, que é a seguinte: o conceito de agroindústria não é o determinante para o ICMS, embora o seja para os tributos federais. São vários os agentes econômicos que pertencem a essa classe, mas nem todos fazem a transformação dos produtos adquiridos, própria da agroindústria.

Quando se está a tratar das contribuições previdenciárias, por exemplo, o art. 22-A da Lei 8.212/91 prescreve que "a contribuição devida pela agroindústria, definida, para os efeitos desta Lei, como sendo o produtor rural pessoa jurídica cuja atividade econômica seja a industrialização de produção própria ou de produção própria e adquirida de terceiros", incide sobre o valor da receita bruta proveniente da comercialização da produção no patamar de 2,5% para a Seguridade Social e de 0,1% a título de SAT/RAT, em vez de ter por base de cálculo a folha de salários. Essa regra não se aplica à prestação de serviços a terceiros (§ 2º), nem às cooperativas e às agroindústrias de piscicultura, carcinicultura, suinocultura e avicultura (§ 4º) ou à atividade de florestamento e reflorestamento como fonte de matéria-prima para industrialização própria mediante a utilização de processo industrial que modifique a natureza química da madeira ou a transforme em pasta celulósica (§ 6º). Pelo que se infere desse dispositivo, é relevante o conceito de agroindústria para a definição do regime aplicável das contribuições previdenciárias. Para o crédito presumido de PIS/COFINS da Lei 10.925/04 também, como se viu.

No ICMS não é assim. Há contribuintes de ICMS que são agroindústrias e há outras empresas situadas no "depois da porteira" que não são, mas que igualmente são contribuintes. Eis um ponto relevante a ser considerado na análise.

II.6.3. A regra que desconsidera o produtor rural no meio da cadeia prevista no art. 20, § 6º, I, da Lei Kandir (do "antes" direto para o "depois da porteira") e sua difícil operacionalidade

Demarcados quem são os sujeitos destinatários das regras de ICMS voltadas à fase do "depois da porteira", uma primeira questão que surge é a da geração de créditos na aquisição dos produtos rurais por esses agentes no que toca à maneira de se interpretar o comando do art. 20, § 6º, I, da Lei Kandir. Afinal de contas, havendo isenção na venda (ou aquilo que o legislador chama de operações "não tributadas") não há crédito na compra. Como vários produtos do agro na etapa do "dentro da porteira" são submetidos à isenção, sua comercialização, em princípio, não geraria crédito aos adquirentes. Porém, o legislador complementar houve por bem criar uma exceção para a atividade rural, fatalmente considerando suas peculiaridades. Essa exceção está no referido art. 20, § 6º, I.

De acordo com o texto, "operações tributadas, posteriores a saídas de que trata o § 3º, dão ao estabelecimento que as praticar direito a creditar-se do imposto cobrado nas operações anteriores às isentas ou não tributadas sempre que a saída isenta ou não tributada seja relativa a: I – produtos agropecuários; II – quando autorizado em lei estadual, outras mercadorias". Eis a confirmação no direito positivo, em tudo e por tudo, *de que o próprio legislador considera que há um "antes", um "dentro" e um "depois da porteira"*. O enunciado do art. 20, § 6º, I, da Lei Kandir nada mais é do que o desdobramento da cadeia completa do agronegócio, regulando o comportamento do adquirente ("depois"), a partir das mercadorias comercializadas pelo produtor ("dentro"), com direito aos créditos gerados pelas vendas de insumos ("antes da porteira"). Buscou-se com isso atenuar o efeito cumulativo indireto, para que o produto final gerado para a alimentação humana ou animal não fosse contaminado por esses resíduos de ICMS, saltando do "antes" direto para o "depois da porteira", desconsiderando o produtor rural ao meio.

Se essa foi a intenção, a prática está longe de ser implementada, porém. É que essa norma é de difícil operacionalidade. Ela pressupõe vários requisitos, cujo atendimento é penoso. Não se trata de ineficácia no plano puramente normativo; afinal, trata-se de preceito autoaplicável, isto é, que não depende de anuência ou não dos Estados. O inciso I, que versa sobre os "produtos agropecuários", não está atrelado a qualquer regulamentação ulterior pelos Estados para que pudesse ser gozado pelos adquirentes. O que depende de autorização em lei estadual é a hipótese do inciso II, que se remete a "outras mercadorias". Ocorre que, a despeito de o art. 20, § 6º, I, não estar condicionado ao que vier a prever lei estadual, ainda assim o texto normativo tem seus desafios para ser adequadamente compreendido e eficazmente aplicado.

A regra só tem cabimento se houver "operações tributadas", as quais devem ser "posteriores a saídas de que trata o § 3º". Isso significa dizer que a operação do adquirente deve ser uma operação tributada. Se ela estiver desonerada, aí nem se cogita de incidência do referido § 6º. É condição necessária, mas não suficiente. Essa operação tem que ser "posterior" à mencionada no § 3º, a qual, por sua vez, trata da aquisição de insumos empregados na produção rural, quando a saída do produto resultante não for tributada ou estiver isenta, ficando vedado o crédito, salvo se a venda for para o exterior. Por fim, o § 6º estabelece que o estabelecimento (ou seja, a empresa na etapa do "depois da porteira") tem direito a "creditar-se do imposto cobrado nas operações anteriores às isentas ou não tributadas", isto é, sobre os insumos, "sempre que a saída isenta ou não tributada seja relativa a produtos agropecuários".

Conjugando os dois preceitos dos §§ 3º e 6º, o resultado é o seguinte: *o produtor que compra insumo tributado não pode creditar-se se sua venda é isenta, a não ser que seja destinada ao exterior, ao passo que o adquirente de sua mercadoria no âmbito interno pode se creditar do imposto sobre o insumo do produtor.* É isso. Mesmo assim, é confuso.

Uma dificuldade que logo surge é a de que a própria Constituição Federal e a Lei Kandir determinam que, havendo isenção na saída, os créditos sejam estornados na entrada. Ora, como compatibilizar tais comandos com o art. 20, §§ 3º e 6º, da LC 87/96?

Ademais, o produtor rural não faz simples revenda de mercadorias, muito pelo contrário, ele produz riquezas da natureza, inaugurando um novo ciclo econômico. Não se trata, pois, de uma operação multifásica com a mesma mercadoria, na qual "A" vende uma mercadoria para "B", que a revende para "C", que igualmente a revende para "D". A desoneração de uma dessas etapas, sobretudo as situadas no meio, já deu muita discussão, especialmente no IPI. O Supremo Tribunal Federal foi chamado a decidir se o fato de o legislador "pular" uma dessas fases, tributando-as normalmente menos em relação a uma, que fica classificada como isenta ou submetida à alíquota 0%, dava ou não crédito ao adquirente. Contrariando sua própria jurisprudência anterior, o Tribunal entendeu que não há direito a crédito.[254]

Esse problema estrutural poderia ser resolvido de outra forma para o IPI e serve para demonstrar os percalços do ordenamento tributário brasileiro. Ele ilustra bem quão complicada é a aplicabilidade da regra em comento, pois se em uma operação em cadeia envolvendo empresas consistente *na revenda de mercadorias* já não é nada fácil tornar concreta a não cumulatividade, quanto mais em se tratando de um agente que cria um *produto novo*, animal ou vegetal, usualmente uma pessoa física, a qual está posicionada no setor primário da economia e cujos insumos inerentes à atividade produtiva são de vários fornecedores.

Para ficar mais claro o raciocínio: o produtor não compra e vende trator ou colheitadeira, menos ainda um saco de sal ou uma tonelada de adubo. Entre seus insumos, o produto por ele gerado e a aquisição pelo adquirente não há uma relação direta. *Que insumos do produtor darão crédito aos adquirentes?* A empresa multinacional que compra soja isenta do produtor pessoa física poderá se creditar do ICMS que eventualmente tenha incidido sobre a compra de seu trator? Ou quem sabe do adubo? Dos defensivos agrícolas? Com o intuito de dificultar mais ainda e em tom provocativo, se o produtor sofreu incidência de "X" de ICMS sobre o calcário e o gesso usados como corretivos de solo, por hipótese, e se ele vendeu uma parte de sua produção para a empresa "A" e outra parte para a empresa "B",

254. "Recurso extraordinário. 1. Repercussão geral. 2. Tributário. Aquisição de insumos isentos, não tributados ou sujeitos à alíquota zero. 3. Creditamento de IPI. Impossibilidade. 4. Os princípios da não cumulatividade e da seletividade, previstos no art. 153, § 3º, I e II, da Constituição Federal, não asseguram direito de crédito presumido de IPI para o contribuinte adquirente de insumos não tributados ou sujeitos à alíquota zero. Precedentes. 5. Recurso não provido. Reafirmação da jurisprudência" (RE nº 398.365/RS. Rel. Min. Gilmar Mendes. *DJe* 22.09.2015).

como elas poderiam fazer a apropriação desses créditos? De forma proporcional? Como controlar isso?

Volte-se ao teor do enunciado: as operações tributadas posteriores às saídas do § 3º dão ao estabelecimento que as praticar direito a creditar-se "do imposto cobrado nas operações anteriores". Ora, mas qual imposto e quais operações anteriores? Se a saída isenta ou não tributada for relativa a "produtos agropecuários", há de se entender que as "operações anteriores" sobre as quais incidiu o "imposto" são as compras de todos os insumos pelo produtor que se sujeitaram ao ICMS. A resposta perante o direito positivo é esta, é a única forma adequada de interpretar o preceito, porém, o silêncio do enunciado quanto à sua extensão e ao modo de sua aplicação torna-o inoperante.

Há outro aspecto a ser refletido, que envolve as informações contábeis. Quando o produtor vende uma carga de soja ou um caminhão de bois, sua nota fiscal registra apenas os dados do vendedor, do adquirente e do produto vendido. Lá não há qualquer referência, direta ou indireta, acerca dos insumos agropecuários que foram necessários para que aquele produto fosse gerado. Vai daí que para o adquirente poder, de algum modo, usufruir daquilo que lhe promete o art. 20, § 6º, I, da LC 87/96, ele teria que solicitar o acesso a toda a contabilidade do produtor para que pudesse, a partir daí, identificar os insumos tributados que contribuíram para aquela carga de soja ou caminhão de bois. É evidente que sujeito passivo algum iria concordar em abrir sua contabilidade para estranhos, pelos registros envolvidos, protegidos pelo sigilo fiscal. Mas, por hipótese, mesmo que o produtor concordasse com isso, ainda assim a empresa adquirente da soja ou o frigorífico que comprou os bois não teria elementos seguros para fazer essa imputação entre a compra do produto rural e a compra do insumo pelo produtor.

Apenas uma consideração adicional de ordem prática: não fossem suficientes todas as dificuldades aqui apontadas, evidentemente que ninguém abriria sua contabilidade para ceder crédito a outrem de forma gratuita. Daí a barreira a mais no implemento de tal comando.

Por esses motivos que a regra do art. 20, § 6º, I, na prática, tem sido letra morta no cotidiano da tributação do agronegócio.

II.6.4. Os créditos de ICMS sobre mercadorias do ativo imobilizado e sobre material de uso e consumo, o regime das exportações e o olhar do Supremo

Quando se examina a cadeia dos adquirentes há uma questão bastante importante que deve ser considerada, que é a do direito ao creditamento de ICMS sobre mercadorias do ativo imobilizado e sobre material de uso e consumo nas hipóteses em que a empresa faz exportação dos produtos rurais. Nem todo adquirente atua no segmento de exportação, pelo que se demonstrou, mas para aqueles que comercializam as *commodities* do agro com o mercado externo (as *tradings*) essa discussão ganha relevância.

Por ocasião da análise da atividade econômica desenvolvida "dentro da porteira" foram feitas as considerações pertinentes no que diz respeito à invalidade das restrições impostas pela Lei Kandir envolvendo as máquinas e equipamentos adquiridos com finalidade produtiva, classificados pela lei como ativo permanente (hoje designado ativo imobilizado pela contabilidade). O regramento previsto no art. 20, § 5º, acaba por inviabilizar, na sua plenitude, a lógica da não cumulatividade, sobretudo para o produtor rural.

Como a lei não distingue nessa parte a condição jurídica do contribuinte que compra essas mercadorias, o resultado é o de que as críticas desenvolvidas naquele trecho do trabalho servem, de igual modo, para demonstrar o descabimento dessa norma também para os adquirentes ("depois da porteira"). O mesmo se diga quanto aos materiais de uso e consumo. Tais mercadorias são aquelas que não estão vinculadas ao processo produtivo em si, não se agregando, fisicamente, ao produto final, porém, nem por isso são dispensáveis, estando ligadas à atividade-meio necessária à organização empresarial.

O legislador, de forma descarada, afirma garantir um direito com uma mão, mas retira sua aplicabilidade com a outra, na medida em que o crédito sobre essas rubricas já foi postergado por 06 (seis) vezes e até hoje ainda não foi implementado. Aliás, na prática, *esse direito jamais será fruído pelos contribuintes*, pois a última alteração na lei previu que os créditos sobre materiais de uso e consumo só estão autorizados a partir de 01 de janeiro de 2033, data em que o ICMS já estará extinto pela Reforma Tributária (art. 129 do ADCT). Uma postergação sucedida da outra, o que só cria falsas esperanças aos contribuintes. A não cumulatividade sempre foi tratada como se fosse uma mera recomendação, essa é a verdade. Nada de efetivo conseguiram usufruir os contribuintes das promessas constitucionais a esse respeito. E isso apesar das contundentes críticas da doutrina, que sempre buscou ver implementado esse mandamento constitucional em toda sua extensão.[255] O desalento maior é notar que *esse jogo de faz de conta* foi respaldado pelo Supremo Tribunal Federal.[256]

---

255. MOREIRA, André Mendes. A neutralidade vertical e o direito de deduzir o ICMS incidente na aquisição de bens intermediários. *In:* CARVALHO, Paulo de Barros (coord.); SOUZA, Priscila de (org.). *XVI Congresso Nacional de Estudos Tributários* – Constructivismo Lógico-Semântico e os diálogos entre teoria e prática. São Paulo: Noeses, 2019, p. 59/86.

256. O Ministro Gilmar Mendes deixa claro que, na sua visão, tudo estaria nas mãos do Poder Legislativo, não podendo o Judiciário interferir: "É compreensível a impaciência frente a essa escolha do Parlamento, que tem adiado o instante de consumação do benefício. Porém, o tempo do Direito e da legislação, ao ponderar aquilo que seria fundamental para toda a comunidade, nem sempre coincide com o ritmo

Feita essa frustrante constatação em caráter de desabafo, para os exportadores, ao menos, essa solução que nada soluciona não pode ser aplicável. É que o regime jurídico que se lhes aplica é outro, é diferente, e isso deve ser cumprido. Trata-se de algo que provém de mandamento explícito da Constituição e da Lei Kandir. O art. 155, § 2º, X, "a", da Carta da República estabelece que o ICMS não incidirá sobre operações que destinem mercadorias para o exterior, "assegurada a manutenção e o aproveitamento do montante do imposto cobrado nas operações e prestações anteriores". A imunidade tributária contemplada nesse dispositivo não se limitou a tolher a possibilidade de instituição do tributo estadual sobre a exportação, senão também que garantiu a "manutenção" e o "aproveitamento" do montante do imposto "cobrado nas operações" que lhe antecederam.

Seguiu pela mesma vereda a Lei Complementar 87/96 em diversas passagens, apartando a situação dos exportadores dos demais. O art. 20, § 3º, ao vedar o crédito na entrada se a saída for isenta ou não tributada, de forma clara excepciona a "saída para o exterior", de tal modo que sejam os insumos integrados ou consumidos em processo de industrialização ou produção rural, seja a mercadoria pronta adquirida para comercialização são passíveis de creditamento sempre que o destino for o exterior. Igualmente o § 5º, III, previu que no cálculo do crédito sobre o ativo imobilizado há de ser feita a relação entre o valor das operações tributadas e o total das operações, "equiparando-se às tributadas (...) as saídas e prestações com destino ao exterior". Não foge dessa tônica o art. 33, II, "c", ao assegurar o crédito sobre energia elétrica consumida "em operação de saída ou prestação para o exterior".

---

e as necessidades urgentes dos negócios, cujos objetivos, por mais importantes que sejam, ponderam interesses tópicos e localizados" (Trecho do voto proferido no RE 704.815 – Tema 633. Tribunal Pleno. Rel. Min. Dias Toffoli. Redator do acórdão Min. Gilmar Mendes. *DJe* 12.12.2023).

Do arcabouço constitucional e legal se nota que o legislador, de forma correta, dispensou um tratamento explícito às operações de exportação. Se as restrições amargadas pelos demais contribuintes não se sustentam diante da exegese adequada do sistema jurídico, com certeza no que toca aos exportadores elas nem sequer poderiam ser cogitadas, na medida em que há preceitos explícitos conferindo a esses agentes econômicos os créditos de ICMS.

Não vem sendo esse, porém, o olhar do Supremo para essa questão. No Tema 475, julgado no RE 754.917, cujo objetivo era definir a "extensão da imunidade relativa ao ICMS para a comercialização de embalagens fabricadas para produtos destinados à exportação", a Corte decidiu que "a imunidade a que se refere o art. 155, § 2º, X, 'a', da CF não alcança operações ou prestações anteriores à operação de exportação". Colhe-se da ementa que "nas operações de exportação, é clara a orientação quanto à impossibilidade de, a pretexto de se extrair da regra imunitória o máximo de efetividade, se adotar uma interpretação ampliativa, de modo a se abarcarem fatos, situações ou objetos *a priori não abrangidos pela expressão literal do enunciado normativo"*.[257] A partir dessa lógica, os insumos das etapas anteriores que possibilitam a exportação da mercadoria não são imunes.

Já no RE 704.815, que envolveu o Tema 633, discutiu-se o "direito ao creditamento, após a Emenda Constitucional 42/2003", do ICMS decorrente da aquisição de bens de uso e de consumo empregados na elaboração de produtos destinados à exportação, independentemente de regulamentação infraconstitucional. Nesse caso específico o voto do Min. Dias Toffoli foi favorável à pretensão dos contribuintes, mas prevaleceu o posicionamento do Min. Gilmar Mendes, com

---

257. RE 754.917 (Tema 475). Tribunal Pleno. Rel. Min. Dias Toffoli. *DJe* 06.10.2020.

a seguinte tese: "a imunidade a que se refere o art. 155, § 2º, X, 'a', da CF/88 não alcança, nas operações de exportação, o aproveitamento de créditos de ICMS decorrentes de aquisições de bens destinados ao uso e consumo da empresa, que depende de lei complementar para sua efetivação".[258]

Estava pendente de julgamento o RE 662.976, atrelado ao Tema 619, que tinha o propósito de dirimir o "aproveitamento, nas operações de exportação, de créditos de ICMS decorrentes de aquisições de bens destinados ao ativo fixo da empresa", sob a relatoria do Min. Dias Toffoli. O julgamento chegou a ser iniciado para ser decidido em conjunto com o Tema 633 (bens de uso e consumo), mas o Min. Roberto Barroso pediu destaque, porque o regime dos bens do ativo imobilizado (ativo permanente na redação da Lei Kandir e ativo fixo no texto do tema) tem previsão contemplada no art. 20 da LC 87/96, não sendo equiparável às mercadorias destinadas ao uso e consumo. Apesar da manifesta distinção, prevaleceu, ao final, o entendimento de que a matéria que iria ser decidida no Tema 619 já estava abarcada pelo Tema 633. Com isso, o Tema 619 foi cancelado e a pretensão do contribuinte foi rechaçada.

Como se está a ver nesses parágrafos e nas páginas anteriores, o Supremo Tribunal Federal tem adotado uma interpretação bastante restritiva quanto aos créditos de ICMS. Não importa, pois se antes o que inspirava a doutrina era apontar os erros do legislador, de uns tempos a esta parte seu foco teve de ser ajustado para demonstrar os tropeços do aplicador da lei. A Corte já deu mostras de que haverá muito trabalho para a doutrina à frente.

---

258. RE 704.815 (Tema 633). Tribunal Pleno. Rel. Min. Dias Toffoli. Redator do acórdão Min. Gilmar Mendes. *DJe* 12.12.2023.

II.6.5. As políticas legislativas de ICMS definidas pelo CONFAZ e pelos Estados para as operações dos adquirentes envolvendo os principais produtos do agro: uso de categorias desonerativas e calibração da carga fiscal

Percorrido esse longo caminho, *chega-se, finalmente, ao cerne em si da incidência do ICMS sobre o agronegócio*. Por tudo o que foi explicado, o ordenamento jurídico, de forma correta, tenta tornar regra pujante a cláusula constitucional de que devem ser utilizados os *"instrumentos fiscais"* para fomentar essa atividade, ainda que não o faça inteiramente da maneira adequada. Longe de ser uma benesse, algo injustificável, um "favor", a dosagem da carga fiscal sobre esse setor foi não apenas uma preocupação do constituinte, mas deve ser um alerta permanente para todos os agentes que lidam com a tributação. Imaginar que possa o legislador aplicar ao agro a mesma lógica da indústria é desprezar a ordem natural das coisas, é desconsiderar que esse segmento tem peculiaridades que hão de ser respeitadas. Mesmo a Reforma Tributária, cujo projeto inicial tinha por premissa adotar uma métrica estanque e única para todos, sem exceção, teve de se curvar à necessidade de diferenciação da atividade rural – embora haja vários defeitos no texto aprovado, como se provará no último capítulo.

A segregação da cadeia em "antes", "dentro" e "depois da porteira" revelou-se bastante útil para a compreensão do setor como um todo e para o fatiamento das faixas de incidência de cada etapa. No âmbito dos "insumos em sentido amplo" foi possível demonstrar que as máquinas e os implementos agrícolas, os corretivos de solo, os fertilizantes, as sementes, os defensivos e o frete são tributados, a despeito de alguns deles terem redução de carga por intermédio das categorias desonerativas. Na fase produtiva ("dentro"), ficou evidenciado que a tônica da legislação é a de isentar quase todos os produtos em transações internas (sob a capa do polissêmico "diferimento") e a de exigir o imposto quanto a alguns outros nessas mesmas operações realizadas dentro do Estado, determinando, porém, o pagamento de ICMS sempre que o produtor fizer uma operação interestadual. Resta, pois, checar de que forma o imposto estadual recai sobre os destinatários dos produtos rurais.

Foi especialmente na ponta final ("depois da porteira"), sobretudo com relação aos produtos transformados pelas agroindústrias, que o sistema fez repercutir o ICMS-agro. Como os fornecedores dos seus produtos (os produtores rurais), no entanto, são tributados apenas em algumas operações, *o legislador se viu obrigado a calibrar a carga fiscal das vendas dos adquirentes, valendo-se, mais uma vez, das categorias desonerativas,* já que eles normalmente não têm muitos créditos regulares de ICMS sobre as aquisições. Para atingir esse objetivo, foram os seguintes os critérios adotados pelo CONFAZ e pelos Estados: (i) o destino da venda, se interna ou interestadual; (ii) o tipo de operação praticada, se de mera revenda de produto *in natura* ou se de produto transformado; (iii) e a mercadoria em si envolvida, se soja, milho, carne bovina, carne suína, leite, algodão, madeira ou outra, enfim, para cada produto, a depender da matriz econômica local, o Estado fixa uma política de incentivo.

A primeira grande divisão que deve ser feita gira em torno das operações internas e interestaduais. O estudo analítico da legislação adotada como paradigma nesta pesquisa revelou que não há uma padronização praticada pelos Estados quanto a isso, mas, na maior parte dos produtos, prestigiam-se as transações internas com isenções, ao passo que as vendas para outras unidades federativas são tributadas. E quando não há isenção na venda interna o percentual de redução de carga é maior do que o interestadual. Ora, isso tem uma explicação: como dos 05 (cinco) Estados examinados, 03 (três) estão no Centro-Oeste, tendo como carro-chefe de suas economias o agronegócio, se a venda interna fosse tributada tal qual a interestadual estar-se-ia privilegiando a produção do agro de outros Estados, pois, em havendo tributação equivalente sobre ambas, para a pessoa que compra o produto não iria fazer diferença se a origem é local ou de outra região. A base econômica influencia nas políticas legislativas adotadas pelos entes federados para o ICMS exigível dos agentes "depois da porteira". Por conta disso, os Estados normalmente desoneram por completo as vendas internas, tributando apenas as interestaduais, ainda que de forma parcial, com aplicação das categorias desonerativas.

O Estado de Mato Grosso, por exemplo, isenta as operações internas com arroz, feijão, leite pasteurizado e gado reprodutor (art. 17 e Anexo IV do RICMS/MT). As operações internas e interestaduais com hortifrutigranjeiros em estado natural, peixes, carne de jacaré e embriões e sêmens de animais bovinos, suínos, ovinos e caprinos também. No entanto, as vendas para outros Estados de carne e demais produtos comestíveis, mercadorias com produtos resultantes da cana-de-açúcar e a madeira e seus subprodutos são tributadas (Anexos V e VI). No caso específico da carne, tanto a operação interna, quanto a interestadual são tributadas, mas na interna há redução da base de cálculo para defini-la a 16,667%, enquanto na interestadual a redução é menor, é fixada em 58,33% (arts. 3º e 3º-A do Anexo V).

Em Mato Grosso do Sul não é diferente: as vendas internas de leite, de mudas, de produtos vegetais destinados à produção de biodiesel, de reprodutores e matrizes, de sêmen e embriões são isentas (Anexo I do RICMS/MS), mas as saídas interestaduais de suínos, por exemplo, são tributadas (art. 79-C do Anexo I), além de operações interestaduais feitas por contribuintes não detentores de regimes especiais, cujo pagamento deverá ser "por mercadoria, à vista de cada operação" (art. 75 do Regulamento).

Em Goiás, as saídas internas de hortifrutícolas em estado natural; de ovos; de bovinos com finalidade de cria, recria e engorda; de produção própria destinada à industrialização de amendoim, arroz, aveia, cacau, café, cana-de-açúcar, canola, gergelim, leite em estadual natural, milho, soja e trigo; de leite para industrialização; de mel; e de produto vegetal destinado à produção de biodiesel, entre outras, são isentas (art. 6º do Anexo IX do RCTE/GO). As vendas interestaduais de frigoríficos participantes de programa estadual de geração de empregos, de óleo vegetal comestível, de algodão em pluma e de arroz industrializado são tributadas, ainda que com crédito outorgado (art. 11 do Anexo IX).

Em Minas Gerais a lógica não é diferente, na medida em que as vendas dentro do Estado de mudas, ovos, cebola, reprodutores, matrizes, leite, produtos destinados ao biodiesel, farinha de mandioca e feijão são isentas (Anexo X do RICMS/MG). As operações interestaduais de carnes e demais produtos comestíveis frescos, resfriados, congelados, salgados, secos ou temperados resultantes de abate de aves e gado bovino, bufalino, caprino, ovino e suíno, por sua vez, são tributadas, ainda que com percentuais de redução, assim como acontece com as vendas para outros Estados de mudas de plantas e de ovos (Anexo II).

Por fim, a Bahia isenta as operações internas com leite pasteurizado, farinha de mandioca, arroz e feijão, sal de cozinha, fubá de milho, castanha de caju, mel e aves vivas (art. 265, II, do RICMS/BA), mas tributa as vendas interestaduais da indústria da mandioca (art. 268, XII), de carne e demais produtos (art. 268, XIV) e da indústria do coco (art. 270, VI), por exemplo.

Outro aspecto levado em conta diz respeito ao tipo de operação praticada. Como se viu no início da análise, os agentes econômicos dessa cadeia, de acordo com uma ordem classificatória, compreendem os armazéns gerais, as cooperativas, as cerealistas, as agroindústrias em geral (esmagadoras de grãos, frigoríficos, laticínios, usinas sucroalcooleiras e indústrias de celulose, entre outras), as *tradings* e as transportadoras. Pois bem, tirando os armazéns gerais, que não se submetem ao imposto, para todos os outros contribuintes os Estados definem suas regras tomando por parâmetro a potencialidade arrecadatória da operação envolvida, se produto *in natura* ou industrializado, e a partir daí calibram a carga fiscal desejada, lançando mão das categorias desonerativas para tanto. A preferência é enfatizada sobre as agroindústrias em geral, na medida em que, por realizarem a transformação das *commodities* geradas pelos produtores, os produtos resultantes das agroindústrias têm maior valor agregado, de maneira que a grandeza tributável pelo ICMS será maior. Não dá para comparar a cana-de-açúcar *in natura* com o açúcar ou o etanol, o grão de soja com o óleo ou o gado com a carne embalada. É evidente que o produto transformado tem maior potencial de arrecadação. E por isso mesmo os Estados buscam atrair esses investimentos para seus territórios, valendo-se de políticas fiscais desonerativas.

Em Mato Grosso, os frigoríficos, como já salientado, têm redução de base de cálculo na venda da carne de bovinos, aves, bufalinos, caprinos, ovinos e suínos, sendo fixada em 16,667% para as vendas internas e em 58,33% para as interestaduais (arts. 3º e 3º-A do Anexo V do RICMS/MT). Além disso, têm um crédito presumido de 62,14% sobre o imposto devido nas operações interestaduais (art. 6º do Anexo VI). Também na agroindústria da mandioca há redução de base de cálculo, definida em 58,824% nas saídas internas e em 41,666% nas interestaduais (art. 5º do Anexo V). As usinas sucroalcooleiras têm crédito presumido nas vendas para outros Estados de 41,67% do valor do imposto gerado e a indústria da madeira de 25% (Anexo VI).

Em Mato Grosso do Sul há concessão de crédito presumido para a indústria de erva-mate (art. 71), da mandioca (art. 73) e para os suínos (art. 79-C do Anexo I do RICMS/MS). Não só, há crédito outorgado para a cadeia do açúcar (Decreto 9.745/99) e créditos presumidos para a carne (Decreto 12.056/06), o couro (Decreto 11.796/05), laticínios (Decreto 6.996/93), óleo de soja (Decreto 9.113/98) e o trigo (Decreto 10.298/01).

No Estado de Goiás, há crédito outorgado para frigoríficos, para a indústria de óleo vegetal comestível, para as agroindústrias de avicultura e de suinocultura, para o arroz industrializado, para a indústria sucroalcooleira, para as esmagadoras de soja e para o segmento do café torrado ou moído industrializado (art. 11 do Anexo IX do RCTE/GO).

Em Minas Gerais, há crédito presumido para a agroindústria de pescado e os frigoríficos de aves e de gado bovino, bufalino, caprino, ovino e suíno (Anexo IV do RICMS/MG). Já a agroindústria do algodão tem crédito presumido de 41,66%. É de 70% do valor do imposto incidente o crédito presumido da indústria de transformação de polpas, doces, geleias, conservas e sucos.

Em território baiano o Regulamento prevê redução de base de cálculo para a agroindústria da mandioca, para os frigoríficos, para o óleo de soja ou de algodão, o farelo de soja, laticínios, aguardente de cana-de-açúcar, de suco de frutas, chá mate e torrefação e moagem de café (art. 268 do RICMS/BA). Sobremais, há crédito presumido para a indústria de sucos em polpa, sucos, néctares e concentrados de frutas (correspondente a 70% do valor do imposto), para a agroindústria de leite de coco, coco ralado e óleo de dendê (crédito de 80%), usina sucroalcooleira e laticínios (arts. 269 e 270).

Como se vê, pela compreensão panorâmica do agronegócio, os Estados concentram a tributação na fase do "depois da porteira" (adquirentes) e aplicam as categorias desonerativas para calibrar a incidência fiscal sobre as agroindústrias. No mais das vezes, concedem redução de base de cálculo, de maneira que a grandeza tributável seja diminuída, e um crédito presumido após a apuração do imposto, para que o valor a recolher seja menor. Isso se justifica porque, como salientado, *os produtos que vêm da fase "dentro da porteira" normalmente são desonerados,* seja por isenção expressa, seja por aquilo que as próprias leis locais chamam de "diferimento", sem incidência fiscal. Ora, como o produto adquirido não é tributado, *se a venda da agroindústria fosse onerada com carga cheia haveria, por certo, uma distorção,* uma afronta ao mandamento constitucional, *na medida em que se estaria a tributar a receita bruta das agroindústrias sem qualquer tipo de crédito,* prejudicando a aplicabilidade da norma e elevando a tributação dos alimentos.

Andando de mãos dadas com esse aspecto está o último, que envolve o tipo de produto comercializado. Aqui se nota uma considerável margem de discricionariedade empregada pelos Estados na definição de suas políticas fiscais. Conforme o produto seja relevante ou não para sua base econômica o Estado lhe concede um tratamento diferenciado. Só isso para explicar o porquê em Mato Grosso, Mato Grosso do Sul e Goiás há várias regras dispensadas à soja, ao milho e ao gado, em Minas Gerais ao leite, ao queijo e ao café e na Bahia ao coco, ao cacau e ao dendê. De fato, na Bahia há tratamento diferenciado para os fabricantes de óleo de dendê, o que não teria muito sentido em Mato Grosso do Sul, por exemplo. Esse também é um critério usado pelos Estados para distribuir a incidência tributária ao longo da cadeia do agronegócio.

Enfim, está na etapa dos adquirentes, sobretudo das agroindústrias, a fase mais relevante da repercussão do ICMS sobre o agro. Mesmo que o CONFAZ e os Estados prevejam, de forma justificada, a adoção de categorias desonerativas sobre esses agentes econômicos, ainda assim os números são expressivos, na medida em que as cifras movimentadas por elas na comercialização de suas mercadorias são impactantes.[259] Não custa registrar, por fim, que na ausência de norma específica quer de isenção, quer de redução de base de cálculo ou de crédito presumido, o silêncio legislativo resultará na tributação em bases normais, com a adoção das mesmas alíquotas previstas para os demais contribuintes (normalmente, 7% ou 12% nas vendas interestaduais e 17% nas vendas internas).

II.6.6. As exportações das "*tradings*" e o ICMS

O crescimento vertiginoso experimentado pelo agronegócio deve-se não só ao avanço tecnológico das máquinas agrícolas, dos fertilizantes, das sementes e dos defensivos, mas também – e com bastante ênfase – pelo aumento constante das exportações das *commodities* brasileiras, como já se demonstrou. Esse papel é desempenhado pelas *trading companies*, empresas que se dedicam ao comércio internacional, comprando a produção interna para vendê-la no exterior. As exportações podem ser tanto diretas, isto é, quando as *tradings* fazem a aquisição diretamente do produtor e fazem a exportação, quanto indiretas, quando compram de empresas que compraram dos produtores (geralmente cerealistas), operação que recebe o mesmo efeito jurídico da primeira.

Dado que as exportações são imunes ao ICMS, não teria sentido abrir um tópico específico para tratar disso neste trabalho; no máximo, uma mera menção no sentido de que as exportações são desoneradas seria suficiente. Não é

259. Agro corresponde a 23,65% da arrecadação tributária do país, diz estudo. Vide: https://exame.com/agro/agro-corresponde-a-2365-da-arrecadacao-tributaria-do-pais-diz-estudo/. Embora não leve em conta apenas a arrecadação de ICMS, mas de todos os tributos, a imprensa dá conta, como se vê dessa notícia, de que o agro contribui de forma significativa para a arrecadação tributária do país, com números próximos a ¼ das receitas fiscais, na casa dos R$ 790 bilhões. Desmistifica-se, assim, a impressão bastante equivocada que se tem de que o agronegócio seria subtributado.

assim, contudo, que vem ocorrendo na prática. Daí a preocupação com esse tema.

II.6.6.1. Em primeiro lugar: tem sentido falar em ICMS sobre exportação?

Dada a existência de regra explícita contemplando uma imunidade incondicionada nas exportações de todos os produtos brasileiros encravada no art. 155, § 2º, X, "a", da Carta da República, é inevitável indagar: tem sentido falar em ICMS sobre exportação?

Infelizmente, sim. Ao menos, no âmbito do agro. São várias as autuações de ICMS lavradas sob o pressuposto de não se estar provada a exportação, o que tem levado os Estados a exigir o imposto como se de transação interna se tratasse. As unidades federativas com vocação eminentemente exportadora, como Mato Grosso e Mato Grosso do Sul, por exemplo, que têm no agronegócio a base de sua economia, sentindo-se prejudicadas com a perda de arrecadação, têm se voltado contra as empresas que realizam essas operações, em especial aquelas que são locais e que vendem grãos às *tradings* com intuito de remessa para o exterior (exportação indireta). Como boa parte da produção é exportada; como as exportações brasileiras são desoneradas de ICMS; como a União não cumpre seu papel em ressarcir os Estados exportadores; e como, por essa razão, os Estados veem diminuídos os patamares arrecadatórios; a saída encontrada no cotidiano fiscal foi a de tributar tais remessas, forçando ao máximo um desenquadramento da operação. No fundo, é isso o que acontece. Tendo em vista que as exportações nesses e em outros Estados só podem ser realizadas via "regimes especiais", tais instrumentos têm servido essencialmente apenas para *procurar uma brecha* de modo a dizer que não houve prova minuciosa da exportação e que, portanto, o ICMS é devido, simples assim. Isso para não dizer de outros subterfúgios criados, como a instituição de "fundos", que serão vistos adiante (o FUNDERSUL em MS, o FETHAB em MT, o FUNDEINFRA em GO etc.).

Esse é o cenário vivido. Coloca-se o contribuinte na linha de fogo entre a política desonerativa das exportações instituída pelo Estado brasileiro e os problemas de caixa dos Estados-membros. Se a União não ressarce os entes estaduais, então o contribuinte, que é a ponta mais fraca dessa equação, paga a conta. E dessa forma a organicidade do sistema vai se esvaindo, vai se perdendo, dois mundos absolutamente distintos se formam: aquele previsto na Constituição e nas leis da República e outro, bem diferente, experimentado no dia a dia das relações fiscais.

Evidentemente, ninguém nega – e nem se defende o contrário neste texto – que a União é a primeira a desrespeitar a legislação, ao não fazer o ressarcimento tempestivo e adequado dos valores que deixam de ser arrecadados. E ninguém nega também que há pretensos "contribuintes" que, em vez de realizarem a exportação, criam ardis para desviar grãos para o mercado interno sem recolhimento de tributos. Isso é fraude e deve ser combatido. Todavia, nem por isso se legitima a adoção pelos Estados exportadores de um sistema arbitrário para todos os agentes do agronegócio, cuja lógica é a seguinte: ou se paga o ICMS primeiro e depois, quando comprovada a exportação, faz-se, em tese, o ressarcimento do valor, ou então se adere ao regime especial, que tem exigências que ultrapassam a mera fiscalização.[260]

---

260. Sobre esse preocupante cenário e os desdobramentos mais aprofundados das questões tratadas neste tópico, vide: LOUBET, Leonardo Furtado. Regime especial de exportação de *commodities* agrícolas para fins de controle do ICMS e suas inconsistências normativas: práticas abusivas em MS e MT e que ameaçam se espalhar Brasil afora. *In:* TORRES, Heleno Taveira; DONIAK JR., Jimir (coord.). *Agronegócio, tributação e questões internacionais.* São Paulo: Quartier Latin, 2021, v. II, p. 453/481.

II.6.6.2. A desoneração dos produtos primários desde a Lei Kandir e o advento da imunidade tributária pela EC 42/03

O primeiro e evidente óbice à prática adotada pelos Estados nessa matéria situa-se no patamar superior da Constituição Federal. Isso se explica porque todos devem deferência à Carta da República, inclusive os Estados-membros – a despeito de existir uma preocupação legítima de combate à sonegação. Ora, *as exportações brasileiras são desoneradas por uma política nacional de Estado,* alinhada com princípios internacionais segundo os quais as mercadorias devem ser exportadas, não os tributos. Foi o próprio constituinte que entendeu por bem conceder verdadeiras imunidades tributárias em matéria de exportação, seja de contribuições (PIS/COFINS), seja de impostos (como no IPI e no ICMS).

O mencionado art. 155, § 2º, X, "a", da Constituição prescreve que o ICMS "não incidirá sobre" (expressão corriqueiramente usada pelo legislador constituinte para identificar as hipóteses de imunidade) "operações que destinem mercadorias para o exterior". Essa disciplina jurídica veio desde a EC 42/03, pois antes a imunidade se restringia à exportação de produtos industrializados, excluídos os semielaborados definidos em lei complementar. Isso significa que hoje em dia não tem mais sentido todo debate que se formou na década de 90 sobre o que era produto semielaborado ou não, menos ainda a extensão da imunidade tributária. A Lei Kandir, que é anterior à EC 42/03, já previa, de fato, que o ICMS "não incide sobre" operações que destinem mercadorias ao exterior, "inclusive produtos primários e produtos industrializados semi-elaborados, ou serviços". Porém, o "não incide sobre" da Lei Kandir tem contornos jurídicos diferentes do "não incidirá sobre" da Constituição, com o texto da EC 42/03.

Se o legislador infraconstitucional, quando emprega a expressão "não incide sobre", pode, no máximo, conceder uma isenção ou explicitar uma situação de não incidência em sentido amplo, a força normativa do "não incidirá sobre" do constituinte é outra, tecnicamente outra, muito diferente quanto aos seus efeitos jurídicos. É que a imunidade constitucional é uma norma que delimita, sobranceiramente, o próprio exercício da competência tributária. Tratando-se de imunidade, não é dado ao ente federado pretender tributar pessoas ou situações que foram colocadas pelo constituinte à margem da tributação. Afinal de contas, a imunidade implica uma delimitação constitucional no campo de competência tributária, de modo a proibir os entes federados de instituir tributos sobre certas materialidades ou de sujeitar determinadas pessoas. "Dizer que dada operação é imune à tributação significa, em razão última, afirmar que não há competência tributária para nem sequer instituir tributo que incida sobre o fato jurídico previsto", nas palavras do Min. Joaquim Barbosa.[261]

Portanto, é equivocado dizer, como amiúde se faz, que o direito ao não pagamento de ICMS na exportação decorre da Lei Kandir. Isso não é correto, desde a edição da EC 42/03. Se antes até se poderia cogitar de um direito atribuível ao Fisco de enquadrar a hipótese como uma isenção, o que lhe conferiria a possibilidade de estabelecer requisitos a serem cumpridos pelo contribuinte para que não fosse exigido o ICMS, cuidando-se de imunidade o panorama muda.

A partir da inserção no Texto Constitucional de uma hipótese de imunidade tributária, os Estados-membros devem respeitar esse comando normativo, abstendo-se de exigir o ICMS na exportação. *O único fato jurídico que pode justificar a cobrança do ICMS é a prova da não exportação,* nenhum outro. Vai daí que não é tolerável criar-se um mecanismo em que *presumivelmente* a mercadoria não

---

261. RE-Ag. Rg. nº 434.826/MG. 2ª Turma. Rel. Min. Cezar Peluso. Rel. p/ acórdão Min. Celso de Mello. *DJe* 12.12.2013.

se considera exportada, como ocorre com o regime especial de exportação, menos ainda uma regra de *solve et repete*, isto é, paga-se o ICMS na frente e, se ficar provado que houve exportação, devolve-se o dinheiro (sem se adentrar na burocracia para a restituição).

A legislação de Mato Grosso do Sul, tomada aqui para fins ilustrativos, é bem clara nesse sentido: "a falta do regime especial de que trata este Decreto *sujeita o estabelecimento remetente ao recolhimento do ICMS* no momento da saída das mercadorias" (art. 7º do Decreto Estadual nº 11.803/05), sendo certo que deverá ser aplicada a alíquota interestadual (inciso I), "o *comprovante do recolhimento* deve acompanhar o documento fiscal acobertador da operação" (inciso II) e, comprovada posteriormente a exportação, o estabelecimento "pode requerer" a restituição do respectivo valor (inciso III).

Tudo isso ganha muito mais força ainda quando se constata que a norma do art. 155, § 2º, X, "a", da CF é claramente a de uma *imunidade incondicionada,* o que significa dizer que o constituinte não lhe adscreveu uma cláusula *"nos termos da lei"* ou algo do gênero, não se podendo exigir o cumprimento de requisitos que a Constituição não exige.[262]

II.6.6.3. O desdobramento direto desse raciocínio: há uma imunidade incondicionada na exportação, o que torna as barreiras criadas pelos Estados ilegítimas, pois fiscalizar é diferente de atravancar

Não se coloca em jogo o legítimo interesse dos Estados produtores em fiscalizar as exportações dos produtos oriundos dos seus territórios, combatendo práticas fraudulentas de desvios das *commodities* para o mercado interno,

262. SCAFF, Fernando Facury; BEVILACQUA, Lucas. Imunidades tributárias do agroexportador via *tradings companies*. *Agronegócio, tributação e questões internacionais.* São Paulo: Quartier Latin, 2021, v. II, p. 115/126.

burlando a regra imunizante. Todavia, há algo que necessita ficar suficientemente enfatizado: fiscalizar é diferente de atravancar.

Nesse ponto é importante trazer as premissas decorrentes do Código Tributário Nacional, que veicula genuínas normas gerais em matéria tributária. A referência deste trecho do trabalho gira em torno dos *limites das obrigações acessórias*. O art. 113 do CTN, ao dividir as obrigações tributárias em principal e acessória (abstraindo-se aqui das críticas doutrinárias a esse respeito), estabelece que a obrigação acessória decorre da legislação tributária e tem por objeto as prestações, positivas ou negativas, nela previstas no interesse da arrecadação ou da fiscalização dos tributos. A missão da obrigação acessória é inequívoca: são deveres instrumentais exigidos dos contribuintes para que haja a adequada fiscalização sobre a ocorrência ou não do fato gerador de tributos.

À luz do sobranceiro princípio da segurança jurídica e também do livre exercício da atividade econômica, os limites para criação em abstrato das obrigações acessórias pressupõem conferir-lhes uma racionalidade mínima. Noutras palavras, no contexto da racionalização, deve haver uma pertinência temática no dever criado a pretexto do "interesse da arrecadação e da fiscalização de tributos" (art. 113, § 2º, do CTN), de modo a que haja um mecanismo de controle no exercício dessa competência.

Ninguém desconhece que a previsão de deveres demasiadamente onerosos aos contribuintes, em especial às empresas, tornou-se uma realidade, fazendo com que elas sejam obrigadas a criar verdadeiros "departamentos fiscais" apenas para dar conta do número expressivo de informações a prestar ao Fisco. Nesse particular, a vinculação mínima que deve haver entre o dever instrumental instituído e o tributo fiscalizado já foi matéria discutida nos Tribunais Superiores, ocasião em que se decidiu que "a despeito do reconhecimento da independência da nominada obrigação tributária acessória, essa obrigação só pode ser exigida pelo Fisco para instrumentalizar ou viabilizar a cobrança de um tributo, ou seja, deve existir um mínimo de correlação entre as duas espécies de obrigações".[263]

No caso dos regimes especiais de exportação de *commodities* do agronegócio não é difícil concluir que os Estados buscam não apenas a fiscalização em si das operações dos exportadores, mas sim a de criar um sistema que acarrete entraves e que gere arrecadação de ICMS. Pelas regras locais, ou as empresas aderem ao regime especial (os quais têm exigências inconstitucionais, como se mostrará em seguida), ou então pagam o ICMS antecipadamente, com a promessa de restituição no futuro, pelo que se viu. É nesse ponto que as pretensas obrigações acessórias corporificadas nesses tais regimes especiais de exportação revelam-se verdadeiras obrigações principais, com inegável finalidade arrecadatória, o que a legislação nacional não permite.

Mais uma vez fica confirmada nesta investigação científica uma das premissas fincadas logo no primeiro capítulo: ao tratar do agro, o legislador, sobretudo o estadual, vale-se de um jogo de palavras para distorcer conceitos, para criar situações que sejam mais favoráveis ao Poder Público, maleabilizando os contornos de significação dos vocábulos do direito como se fossem zonas cinzentas, pontos cegos do sistema. A impressão que se tem é a de que o político julga que a Constituição é uma carta vazia de conteúdo, que seus mandamentos são tão incertos que, ao interpretá-los, caberia ao legislador local dar a concretude que o constituinte não deu. E isso não pode ser assim.[264]

---

263. REsp 1.096.712-MG. 1ª Turma. Rel. Min. Denise Arruda. *DJe* 06.05.2009. Sobre o tema, vide: TAKANO, Caio Augusto. *Deveres instrumentais dos contribuintes:* fundamentos e limites. São Paulo: Quartier Latin, 2017, *passim*.

264. ÁVILA, Humberto. *Teoria da indeterminação no direito:* entre a indeterminação aparente e a determinação latente. São Paulo: Malheiros/JusPodivm, 2022, p. 123.

A legislação sul-mato-grossense, colhida, mais uma vez, como elemento de comparação para fins epistemológicos, não se sentiu acovardada ao prescrever o seguinte: o tal regime especial seria uma "permissão para a realização" das exportações (art. 3º do Decreto Estadual nº 11.803/05), de maneira que os que venham a obtê-lo "ficam dispensados do pagamento do imposto antes diferido" no que concerne às mercadorias remetidas para exportação, "cuja entrada tenha decorrido de operações alcançadas pelo diferimento do lançamento e pagamento do imposto" (art. 4º-A).

Eis o "diferimento", *verdadeiro coringa legislativo,* aparecendo de novo. Quando não sabe de que modo tratar o fenômeno normativo ou quando quer colocar o contribuinte de joelhos, dependente do poderoso Estado-fisco, a lei rotula seu enquadramento como um "diferimento" e acredita que está tudo certo, que a coisa está resolvida. Havendo o propalado "diferimento", o Estado pode concedê-lo ou não, a julgar pelo fenótipo do postulante. Algo como um *direito tributário discricionário,* não é demais repetir a expressão.

Para desmontar esse falacioso quadro, basta ir à raiz do problema: por qual fundamento jurídico o ICMS não pode ser exigido na exportação? Em virtude de cláusula constitucional. E previsão constitucional que desonera a exportação é mero "diferimento" ou autêntica "imunidade"? Trata-se de imunidade. Dizer que uma dada operação é imune tem que efeitos jurídicos? O Estado não tem competência para instituir e exigir tributos sobre ela, o máximo que pode fazer é exercer a fiscalização para checar se a situação de fato, realmente, se enquadra à previsão constitucional. O enunciado segundo o qual o ICMS "não incide sobre operações que destinem mercadorias para o exterior" comporta algum elemento textual ambíguo, vago ou de genericidade? De forma alguma, sua construção aponta para uma mensagem bem segura de ser compreendida. Portanto, é correto dizer que há "diferimento" na exportação? Não, não é, pois se o Estado não detém competência para instituir tributo sobre a exportação, não pode "diferir" ou "postergar" algo para o qual nunca esteve autorizado, quantia que jamais esteve ao seu alcance.

Com isso, a suposta rocha sobre a qual se apoia o pernicioso regime especial de exportação mostra-se, a bem de se ver, mera argila instável, que não tem solidez suficiente para sustentar aquilo que anuncia. Para isso que serve a ciência jurídica atual: para dizer o que é certo e o que é errado, clara e duramente, corrigindo os rumos da caótica tributação brasileira. Ao menos, é isso o que acredita o autor deste estudo.

II.6.6.4. Os limites normativos dos "regimes especiais de exportação"

Delineado o preocupante panorama empregado nos Estados cuja matriz econômica é a de exportação de *commodities,* a esta altura da pesquisa serão destrinchados os fundamentos específicos reveladores das inconsistências que contaminam esses modelos normativos.

Essa lógica de se dificultar as exportações dos produtos do agro, cobrando o ICMS sem autorização constitucional, surgiu, pela ordem, em Mato Grosso do Sul e Mato Grosso, em 1997. Não ficou restrita a esses Estados, porém, *pois Tocantins, Goiás, Piauí e Pará,* por exemplo, passaram a condicionar as exportações também à adesão a regimes especiais, cada um com suas regras – o que só evidencia o preocupante cenário que se espraia pelo Brasil.

Em Mato Grosso do Sul, o já citado Decreto 11.803, de 23 de fevereiro de 2005, é o instrumento que rege a matéria atualmente. As exportações ficam, em boa dose, ao alvedrio do Secretário de Fazenda. Só pode haver operação com fim específico de exportação, remessa para formação de lote em recinto alfandegário ou exportação direta se o Secretário de

Fazenda "deferir" o regime especial, cujo objeto é "permitir" a realização dessas operações e seu controle até sua efetiva exportação. Do contrário, paga-se ICMS. Para tanto, deve ser feito um requerimento em nome do estabelecimento com a descrição das operações que serão realizadas, acompanhado dos documentos arrolados no decreto. Além disso, o estabelecimento *deve oferecer uma garantia real ou fidejussória ao Estado* para poder exportar (art. 4º, I, "c"). Por fim, e o mais absurdo, *deve se comprometer a realizar operações tributadas com esses produtos* (operações internas) – denominada "regra de equivalência" – segundo os parâmetros definidos em ato do Poder Executivo (art. 4º, I, "d").

No Estado de Mato Grosso o que se passou não foi diferente. O Decreto 1.262, de 17 de novembro de 2017, além das operações em si exigidas no âmbito do regime especial para esses produtos (art. 1º, *caput* e § 3º), ainda prevê sua aplicabilidade para os destinatários situados fora do território mato-grossense (art. 1º, § 2º). Ou seja, não só quem remete a mercadoria, mas também quem a recebe em outro Estado é obrigado a se submeter ao regime especial, devendo o adquirente exportador requerer sua inscrição no Cadastro de Contribuintes daquele Estado (art. 3º, § 7º, I). Ademais, é condição para a exportação em Mato Grosso que *o sujeito faça a "opção" pelo recolhimento do FETHAB* (art. 3º, § 5º-A), *sob pena de ser obrigado a pagar o ICMS.* Na ausência de regime especial tanto do estabelecimento remetente, quanto do adquirente situado fora do território estadual, o ICMS será cobrado e deverá ser recolhido a cada saída, havendo solidariedade entre remetente e adquirente quanto ao crédito.

Pois bem. A análise dos dois modelos instituídos por esses Estados – que serve também, com suas adaptações, para os adotados em outras unidades federativas – passa pelos pontos comuns de invalidade que ambos apresentam e pelas inconsistências adicionais de cada um separadamente. São 05 (cinco) os aspectos problemáticos conjuntos que os marcam: (i) o descabimento de criação de um dever por mero decreto; (ii) a ausência de fundamento para se criar um "regime especial" sobre uma operação regular, ainda mais para apenas um segmento; (iii) as obrigações acessórias não podem ser instrumentos de arrecadação, nem devem aplicar regras de presunções desarrazoadas; (iv) não se justifica mais a pretensa distinção entre "exportação direta" e "exportação indireta" após o pronunciamento do Supremo Tribunal Federal sobre a matéria; (v) e quem define os procedimentos e documentos comprobatórios da exportação é a legislação federal, não a estadual. Adicionalmente, (vi) a "regra de equivalência" de Mato Grosso do Sul é flagrantemente inconstitucional por interferir na livre iniciativa da atividade econômica e (vii) em Mato Grosso a vinculação, no regime especial, de que o exportador tem que recolher o FETHAB leva a uma incidência de ICMS na exportação mal disfarçada.

O primeiro ponto é a violação ao primado da legalidade. Ora, soa desnecessário, porque comezinho, dizer que ninguém será obrigado a fazer ou a deixar de fazer alguma coisa, senão em virtude de lei, e que em matéria tributária todas as obrigações só podem ser disciplinadas por lei em sentido material e formal. Somente lei, fruto de anuência do Parlamento na condição de representante legítimo do povo, pode instituir deveres a serem observados pelos cidadãos. O decreto deve, necessariamente, apoiar-se na lei que cria a conduta permitida, proibida ou obrigatória, cabendo-lhe apenas regulamentá-la. Mesmo em se tratando de delegação legislativa para que o Poder Executivo discipline com mais detalhes a matéria tratada, alguns condicionantes merecem ser respeitados. Assim se afirma, com as ressalvas cabíveis, pois, no entendimento do Supremo, "é possível dizer que há respeito ao princípio da legalidade quando uma lei disciplina os elementos essenciais e determinantes para o reconhecimento da obrigação tributária e deixa um espaço de complementação para o regulamento", cujo intercâmbio normativo exige "diálogo com o regulamento", que deve se dar "em termos de subordinação, desenvolvimento e complementariedade".[265]

Os dois decretos – o mato-grossense e o sul-mato-grossense – extrapolaram os limites das respectivas leis que se propuseram a regulamentar. A própria referência pelos respectivos Fiscos aos decretos (e não às leis) que introduziram nos sistemas normativos locais os "regimes especiais de exportação" é uma prova disso. O cumprimento de todas as condições, as penalidades previstas e a exigência de comportamentos que extrapolam a fiscalização da exportação denunciam a incompatibilidade desse modelo sob o prisma formal.

O segundo ângulo de análise envolve a falta de fundamento para se criar um "regime especial" sobre uma operação comum, sobretudo se ela incide apenas sobre os exportadores do agro. Como registra Pedro Guilherme Gonçalves de Souza, os regimes especiais, em matéria de ICMS, só são cabíveis para as atribuições que estão dentro da competência legislativa do Estado.[266]

Eis os problemas identificados: a) se o "regime especial" pressupõe a adoção por parte do Fisco de regras diferentes para determinados contribuintes, diante das peculiaridades específicas e devidamente justificadas, a exportação, que é uma operação comum, corriqueira, pode justificar a imposição de um "regime especial" não para algum ou alguns contribuintes, mas para todos os exportadores? b) se a exportação dos produtos do agro está enquadrada debaixo de um "regime especial", qual seria então o "regime

---

265. ADIn 2.304. Rel. Min. Dias Toffoli. *DJe* 03.05.2018.

266. *Regimes especiais tributários:* legitimação e condicionantes de segurança jurídica e de governança na perspectiva constitucional. São Paulo: Quartier Latin, 2018, p. 143.

normal" de exportação? c) por qual razão apenas para os produtos do agro se exige um "regime especial de exportação", e não para todos os produtos exportados? Como se vê, essa técnica fiscal não tem respaldo na ordem jurídica. Não se olvide que *as exportações devem ser incentivadas*, e não o contrário, com a criação de embaraços.[267]

O terceiro estágio de investigação leva à constatação de que deveres instrumentais ("obrigações acessórias") não podem ser instrumentos de arrecadação, nem delas podem resultar regras de presunção que se mostram desarrazoadas. No subtópico anterior já foi demonstrado que esses "regimes especiais" invertem toda a lógica do sistema para configurar-se como inequívocas ferramentas de arrecadação. Longe de ser mero aparato fiscalizatório, essa imposição feita às empresas exigem coisas absurdas, como pagamento antecipado de ICMS se não se "optar" pela adesão; previsão de que somente empresas que estejam no Estado há determinado tempo, ou que tenham capacidade de armazenamento em patamares mínimos fixados pelo decreto, ou ainda que desembolsem uma quantia em dinheiro a título de garantia fidejussória, enfim, só essas poderão valer-se do regime especial, o que muitas vezes afugenta novos investimentos; isso para não dizer da obrigatoriedade de se vender no mercado interno a mesma quantidade exportada (justamente para que haja ICMS), em Mato Grosso do Sul, ou de se pagar o FETHAB na exportação, em Mato Grosso, genuíno ICMS sobre exportações naquela unidade da federação. Como dizer que os "regimes especiais" desses Estados são meras obrigações acessórias?

267. Sobre essa matéria, vide: BEVILACQUA, Lucas. *Incentivos fiscais às exportações:* desoneração da tributação indireta na cadeia exportadora e concorrência fiscal internacional. Rio de Janeiro: Lumen Juris, 2018; LUNA, André. *Benefício fiscal:* teoria normativa geral e prática das concessões do ICMS. Rio de Janeiro: Lumen Juris, 2021; MORETI, Daniel. *Regime especial de controle e fiscalização de tributos e a livre-concorrência.* São Paulo: Noeses, 2017.

Há algo bem pior, que daria uma tese à parte: a aplicação desenfreada de presunções nesse tema. Com efeito, o descumprimento dos regimes especiais "sujeita o remetente ao pagamento do imposto" (art. 14 do Decreto 11.803/05 de Mato Grosso do Sul). Ou seja, pelas legislações locais, o contribuinte que não cumprir *minuciosamente* o iter documental exigido pelo Estado terá como consequência a exigência do ICMS com juros, multa e correção monetária, como se a mercadoria não tivesse sido exportada, e mais, sem que o Estado tenha que mover uma palha para comprovar que ela foi vendida no mercado interno ou interestadual.

São comuns casos nos quais a empresa local que faz a exportação indireta cumpre todos os requisitos, emite todos os documentos de forma correta. Todavia, como a cadeia é longa, pode ocorrer de algum intermediário errar um código, uma data ou uma informação. É o que basta para os Estados voltarem-se contra a pessoa jurídica situada no seu território para lhe exigir o imposto, sob a justificativa de que a exportação não foi suficientemente comprovada. E isso mesmo que o Estado não faça uma prova sequer do desvio da mercadoria, hipótese em que se poderia admitir a cobrança do ICMS. Reside aí a presunção não autorizada.

Como bem observam Misabel Derzi e André Mendes Moreira, as presunções no direito tributário tendem a desconsiderar elementos essenciais da materialidade, na medida em que as circunstâncias presumidas "nem sempre coincidem com os das operações efetivamente realizadas pelos contribuintes do imposto", por isso mesmo as presunções apresentam "elevado potencial para distorcer o fato gerador", de modo que esse instrumento, embora possa ser admitido se respeitados determinados parâmetros, "tende à inconstitucionalidade, quer ocorra no plano legal ou no plano regulamentar".[268] O Poder Judiciário, quando provocado, tem afastado essas pretensões fiscais.[269]

Outro aspecto que evidencia o descabimento da técnica utilizada é que não mais se justifica a distinção entre "exportação direta" e "exportação indireta", sempre invocada pelos Estados, dado o pronunciamento do Supremo Tribunal Federal sobre o tema. Os Fiscos estaduais sempre alegam que não exigem o ICMS sobre as exportações, mas sim fazem o controle sobre remessas com fim específico de exportação ou para armazéns alfandegados, o que estaria dentro de sua competência, de modo que, quando não respeitado o procedimento, o imposto é exigido.

Acontece que as denominadas *exportações indiretas* recebem da legislação o mesmo tratamento jurídico das exportações diretas. Se o sujeito realiza uma operação de exportação direta, vendendo a soja, o milho ou a carne para um adquirente no exterior (situado normalmente no mercado chinês), ele não pode sofrer embaraços para realizar a transação, especialmente a pretexto de "controle de ICMS". Que o Estado pode fiscalizar a operação, isso ninguém duvida. O que não se pode admitir é a *compulsoriedade* na adesão a um "regime especial". O mesmo se diga quanto à operação destinada a uma empresa comercial exportadora, inclusive *trading*, a um armazém alfandegado ou entreposto aduaneiro, ou a remessas destinadas à formação de lote

---

268. Presunções e ficções na tributação: limites entre a substituição tributária progressiva e as pautas fiscais. *In:* PARISI, Fernanda Drummond; TORRES, Heleno Taveira; MELO, José Eduardo Soares de (coord.). *Estudos de direito tributário em homenagem ao Professor Roque Antonio Carrazza.* São Paulo: Malheiros, 2014, p. 294-295.

269. "Ao demonstrar que as mercadorias objeto das notas fiscais foram efetivamente exportadas, afasta-se a incidência do ICMS sobre elas, pois o apelado cumpriu seu ônus probatório e, consequentemente, preencheu os requisitos para ser incluído no regime especial previsto no Decreto n.º 11.803/05, de modo a atender o principal objetivo desta norma (evitar a aplicação de favor fiscal em referência às operações de compra/venda realizadas apenas no âmbito interno)" (Tribunal de Justiça de Mato Grosso do Sul. Apelação nº 0802049-15.2017.8.12.0021. 1ª Câmara Cível. Rel. Des. Marcelo Câmara Rasslan. *DJe* 23.08.2018).

em porto de embarque para o fim específico de exportação. Compete, *privativamente*, à União legislar sobre comércio exterior (art. 22, VIII, da CF/88) e, nesse sentido, foi recepcionado o Decreto-lei 1.248/72, que “dispõe sobre o tratamento tributário das operações de compra de mercadorias no mercado interno, para o fim específico de exportação”, citado anteriormente.

De acordo com esse veículo legislativo, as operações decorrentes de compra de mercadorias no mercado interno, quando realizadas por empresa comercial exportadora, para o fim específico de exportação, terão o tratamento tributário previsto no referido decreto-lei (art. 3º). Essa ordem de ideias ficou reforçada a partir da decisão do Supremo no caso paradigma envolvendo o FUNRURAL-exportação. O Supremo Tribunal Federal, em boa hora, veio a colocar as coisas no seu devido trilho, afirmando que a imunidade tributária “está a indicar que imune não é o contribuinte, ‘mas sim o bem quando exportado’, portanto, irrelevante se promovida exportação direta ou indireta”, tendo fixado tese no sentido de que a imunidade “alcança as receitas decorrentes de operações indiretas de exportação caracterizadas por haver participação de sociedade exportadora intermediária”.[270] Desse modo, toda a retórica criada pelos Estados nessa matéria caiu.

O quinto e derradeiro óbice aplicável a ambos os instrumentos é o seguinte: cabe à legislação federal, e só a ela, definir os procedimentos e documentos comprobatórios da exportação. Afinal, quem disciplina os trâmites do comércio exterior, tanto em matéria de importação, quanto de exportação, é apenas a União, que recebeu da Carta Constitucional competência para legislar privativamente sobre essa matéria. E no desempenho dessas funções sempre assumiram seu protagonismo o Ministério ligado ao comércio exterior

270. RE 759.244. Rel. Min. Edson Fachin. *DJe* 25.03.2020.

e a Secretaria da Receita Federal do Brasil. É a legislação federal e são esses órgãos que disciplinam os procedimentos para exportação, especialmente via SISCOMEX – Sistema Integrado de Comércio Exterior. Há uma série de documentos que formalizam e que provam a exportação.

Várias etapas, todas elas, repita-se, disciplinadas, *exclusivamente*, por normas federais. Todavia, os Estados exportadores esforçam-se com seus "regimes especiais de exportação" para criar dificuldades na análise desses documentos, usualmente procurando algum espaço – essa é a verdade – para dizer que não há prova cabal da exportação, de modo a que, com isso, seja cobrado o ICMS, com multa e juros. Uma data lançada de forma equivocada, uma informação incorreta, um número que não bata, e pronto: lavram-se autos de infração cobrando ICMS sobre soja e milho exportados.[271]

Essa conduta dos Fiscos estaduais revela uma evidente postura sancionatória no trato desse tema. Parte-se da deliberada premissa de que a documentação tem que ser passada por um crivo rigoroso, até que se encontre uma informação inconsistente, por secundária que seja, para que se possa justificar a autuação. Com isso, simplesmente todos os documentos que instruem a operação são ignorados, em especial a nota fiscal de venda do contribuinte que comercializou os grãos com finalidade de exportação. Trata-se a operação como *presumivelmente* operação interna, apoiada apenas em qualquer inconsistência da cadeia de documentos que forma a exportação, e o que é pior, sem que a alegada venda interna seja minimamente comprovada pelo Fisco. O encadeamento rigoroso, a ordem sucessiva minuciosa da documentação, nos seus mínimos detalhes

---

271. Foram várias as autuações no passado envolvendo, por exemplo, o tal "campo 13" do memorando de exportação, que só admitia o lançamento de uma unidade da federação (UF), o que fazia com que os memorandos tivessem que ser complementados com informações adicionais.

(mas mínimos mesmo), colocaria o Fisco, segundo as autoridades administrativas, na posição cômoda de dizer: "essa mercadoria não foi exportada". E ponto final.

Ocorre que usualmente não há o mínimo de elementos, um indício sequer, para se suspeitar de venda interna. E o que se revela mais absurdo é que, na maioria das vezes, *quem é autuado não é a empresa exportadora ou a empresa responsável pelo erro* (por exemplo, o transportador ferroviário até o porto), mas sim *as empresas que venderam os grãos, situadas no Estado de origem*. É isso que acontece. De uma forma arbitrária, os respectivos Fiscos voltam-se não contra as empresas adquirentes, que são as responsáveis pela exportação, e sim contra as empresas locais, pois elas, diferentemente das outras situadas em outro Estado, não têm como escapar das mãos do Fisco. Esse quadro não pode ser aceito[272].

Concluída a análise conjunta que contamina esses veículos legislativos, cabe agora falar, de forma sucinta, sobre as inconsistências individuais de cada um. Sobre os exportadores de Mato Grosso do Sul, como foi esclarecido antes, gravita a denominada "regra de equivalência". De acordo

---

272. Em caso similar, o STJ já decidiu o seguinte: "TRIBUTÁRIO. ICMS. OPERAÇÃO INTERESTADUAL. DIFERENCIAL DE ALÍQUOTA. TREDESTINAÇÃO DA MERCADORIA. RESPONSABILIZAÇÃO DO VENDEDOR. BOA-FÉ. VERIFICAÇÃO. NECESSIDADE. 1. A empresa vendedora de boa-fé que, mediante a apresentação da documentação fiscal pertinente e a demonstração de ter adotado as cautelas de praxe, evidencie a regularidade da operação interestadual realizada com o adquirente, afastando, assim, a caracterização de conduta culposa, não pode ser objetivamente responsabilizada pelo pagamento do diferencial de alíquota de ICMS em razão de a mercadoria não ter chegado ao destino declarado na nota fiscal, não sendo dela exigível a fiscalização de seu itinerário. 2. A despeito da regularidade da documentação, se o fisco comprovar que a empresa vendedora intencionalmente participou de eventual ato infracional (fraude) para burlar a fiscalização, concorrendo para a tredestinação da mercadoria (mediante simulação da operação, por exemplo), poderá ela, naturalmente, ser responsabilizada pelo pagamento dos tributos que deixaram de ser oportunamente recolhidos. 3. Hipótese em que o acórdão estadual, por entender que a responsabilização da empresa vendedora independeria de sua boa-fé, deve ser cassado, para que, em novo julgamento da apelação, decida a questão à luz da existência ou não desse elemento subjetivo. 4. Embargos de divergência providos" (EREsp 1.657.359/SP. 1ª Seção. Rel. Min. Gurgel de Faria. *DJe* 19.03.2018).

com o art. 4º, I, "d", as empresas interessadas devem "firmar, no caso de soja em grão ou milho, o compromisso de recolher ICMS equivalente, no mínimo, ao valor apurado sobre as bases e critérios previstos em ato do Poder Executivo". É isso mesmo: só se pode exportar em Mato Grosso do Sul via regime especial, em cujo contexto há de haver o "compromisso" de recolher ICMS equivalente, no mínimo, ao "valor apurado" sobre as bases e critérios fixados pela Secretaria de Fazenda. A redação anterior prefixava o montante de soja e milho que tinha que ser comercializado (para a soja era de 85% do total exportado se fosse industrial ou cooperativa e de 50% se fosse estabelecimento comercial, enquanto no milho era de "quantidade equivalente à exportada"). Agora, essa regra se tornou maleável. Até onde se tem conhecimento, isso só existe em Mato Grosso do Sul: parte da produção exportada tem que ser comercializada no mercado interno, pois deve ser assumido o compromisso de "recolher ICMS". É assim ou não há regime especial.

Ora, a inconstitucionalidade dessa regra é flagrante, é manifesta, não resistindo a um sopro de racionalidade. O Estado, como não recebe da União o ressarcimento das exportações previsto na Lei Kandir, resolveu, à sua maneira, circundar o problema, interferindo na atividade das empresas, que só podem exportar parte dos produtos comercializados. Sobre agredir o princípio da legalidade, tal regra significa indiscutível afronta a uma plêiade de princípios constitucionais, de que são exemplos os princípios do direito à propriedade, da livre iniciativa do exercício de atividade econômica e do não confisco. É claro que o Estado não pode decidir o que podem e o que não podem fazer as empresas no desenvolvimento legítimo e lícito de suas atividades comerciais, menos ainda como pressuposto para reconhecimento de outro direito constitucionalmente assegurado, que é o direito à imunidade tributária nas exportações. De tão absurdo, chega a ser desnecessário aprofundar-se nesse terreno. Impor a realização de operações tributadas como condição para fruição de imunidades tributárias é arbítrio.[273]

Mato Grosso não se fez de rogado. Se seu vizinho criou (mais) uma arbitrariedade, Mato Grosso não ficou para trás e, de igual modo, seguiu pela mesma vereda, exigindo dos seus contribuintes também uma condição adicional insustentável para o deferimento do regime especial de exportação (e, pois, para fruição da imunidade): trata-se da compulsoriedade de recolhimento do FETHAB, nos termos do art. 3º, §§ 5º-A a 5º-D, do Decreto 1.262/17. Incumbe ao interessado na obtenção do regime especial juntar ao pedido o *"termo de opção"* pela efetivação das contribuições exigidas. Não só isso, a interrupção dos pagamentos implica suspensão do credenciamento concedido, "ficando o contribuinte obrigado à efetivação do recolhimento do ICMS a cada operação".

Os desatinos do legislador brasileiro não encontram limites. Não é o caso ainda de explicar as razões pelas quais o FETHAB e todos seus fundos penduricalhos são inconstitucionais, pois isso será feito logo adiante. Todos eles, porém, são exigidos sob a justificativa (que não é verdadeira) de que são "facultativos". Trata-se de uma pseudofacultatividade. Na exportação, porém, o Estado não se preocupou em sequer disfarçar a alegada voluntariedade, estabelecendo, diretamente, que o regime especial de exportação fica condicionado ao recolhimento do FETHAB, sob pena de *"imediata suspensão do credenciamento concedido"*. Se a empresa tem como objeto social a exportação de produtos, e se para exportar grãos em Mato Grosso é necessário o regime especial de exportação, o qual exige o pagamento ao "fundo", não é preciso muito esforço para concluir que,

273. MASSARA, Luiz Henrique Nery. A imunidade do ICMS nas exportações do agronegócio. A inconstitucionalidade do regime especial de "controle e fiscalização" do Estado de Mato Grosso do Sul. Novas perspectivas. *In:* MASSARA, Luiz Henrique Nery; CAMPOS, Marcelo Hugo de Oliveira; CASTRO JR., Paulo Honório de (coord.). *A tributação no agronegócio.* Belo Horizonte: Casa do Direito, 2020, p. 61/97.

para os exportadores, não há opção alguma. Daí a inconstitucionalidade adicional do regramento mato-grossense.[274]

II.6.6.5. A operação em si e os créditos de ICMS: a remessa para formação de lote e o carregamento dos navios com destino ao exterior

Demonstradas todas as agruras por que passam os exportadores, para fechar a análise cabem algumas breves palavras sobre a operação em si e os créditos de ICMS. Para que os grãos, sobretudo soja e milho, possam sair das lavouras do interior do Brasil e chegar ao consumidor chinês há um longo caminho, como já foi enfatizado. Há várias etapas nessa cadeia, tanto sob a ótica da exportação direta, quanto da indireta. Quando chegam nas imediações dos portos, os grãos adquiridos são organizados nos recintos aduaneiros, que são locais alfandegados, com especial finalidade de formação de lote. Como a capacidade de transporte dos navios é imensa, e como o custo-dia de um navio é muito caro, os operadores logísticos formam os lotes de grãos a granel, de modo que, atracando a embarcação no porto, o navio possa partir o mais rápido possível.

Compreender como se dá a operação é importante não apenas para fins de comprovação da efetiva exportação perante o Estado de origem, como também por conta dos créditos de ICMS. O art. 3º da Lei Complementar 87/96 estabeleceu que o ICMS "não incide sobre", entre outras

274. Sobre o tema, vide: LOUBET, Leonardo Furtado; REBOUÇAS, Daniele Yukie Fukui. O FETHAB e sua inexigibilidade nas exportações. *In:* REBOUÇAS, Daniele Yukie Fukui; GONÇALVES, Christiano; TAVARES, Vitor *et al.* (coord.). *Quarta com tributo:* 2ª coletânea de artigos da Comissão de Estudos Tributários e Defesa do Contribuinte da OAB/MT. Rio de Janeiro: Lumen Juris, 2022, p. 205/224; CALCINI, Fábio Pallaretti; PRATA, Gabriel Magalhães Borges. Violações à imunidade do ICMS sobre exportações de produtos agropecuários: alguns aspectos práticos. *In:* CUNHA, Gabriel Hercos da; CISOTTO, Liliane Bertelli Imura; MOUMDJIAN, Rafael Garabed *et al.* (org.). *ICMS e o agronegócio:* livro em homenagem ao Professor Fábio Calcini. Belo Horizonte: Casa do Direito, 2024, p. 101/120.

hipóteses, "operações e prestações que destinem ao exterior mercadorias" (inciso II). Já se demonstrou em subtópico anterior que o regime tributário das exportações brasileiras de *commodities* é o das imunidades, não mais de isenções. Na parte que importa, porém, o fato é que igualmente a Lei Kandir reconheceu que o ICMS é inexigível, e mais, no parágrafo único do art. 3º previu a seguinte regra: "equipara-se às operações de que trata o inciso II" a saída de mercadoria realizada com o fim específico de exportação para o exterior, destinada a: I – empresa comercial exportadora, inclusive *tradings* ou outro estabelecimento da mesma empresa; II – armazém alfandegado ou entreposto aduaneiro. Pelo que se vê, as remessas para *tradings* e para armazéns alfandegados ou entrepostos aduaneiros estão inseridas no contexto da exportação, dela fazendo parte integrante. Aliás, nesse ponto a insistência das legislações estaduais, de tratar as remessas para formação de lote como simples hipótese de "suspensão", fica derruída, na medida em que a legislação complementar atribui às exportações diretas e indiretas a mesma abrangência.

Pois bem, quando disciplinou a sistemática dos créditos, o art. 25, § 1º, da Lei Kandir previu que os saldos credores acumulados por estabelecimentos que realizem as operações "de que tratam o inciso II do art. 3º e seu parágrafo único" podem ser, na proporção das saídas representativas do total de saídas realizadas pelo estabelecimento, "I – imputados pelo sujeito passivo a qualquer estabelecimento seu no Estado; II – havendo saldo remanescente, transferidos pelo sujeito passivo a outros contribuintes do mesmo Estado, mediante a emissão pela autoridade competente de documento que reconheça o crédito".

É com base nessa previsão da LC 87/96 que os exportadores sempre reivindicaram perante os Estados o documento firmado pela autoridade competente que reconheça o crédito para que possam transferir saldos credores a outros contribuintes, evidentemente que no bojo de uma negociação privada, mediante retorno financeiro. Os Estados, no entanto, comumente se negam, afirmando que essa providência dependeria de lei estadual específica. Ocorre que a hipótese de lei estadual específica está tratada em outro enunciado, o art. 25, § 2º, que se remete aos "demais casos de saldos credores acumulados", esses sim atrelados à edição de lei estadual, a qual poderá permitir a imputação a outro estabelecimento no Estado do mesmo contribuinte ou a transferência a outro contribuinte também situado em seu território. São hipóteses distintas, como é intuitivo concluir, na medida em que a possibilidade de transferência de créditos de ICMS por exportadores não depende da aquiescência do Estado. É esse, inclusive, o entendimento exarado pelo Superior Tribunal de Justiça a esse respeito.[275]

275. "TRIBUTÁRIO. ICMS. LC 87/96. TRANSFERÊNCIA A TERCEIROS DE CRÉDITOS ACUMULADOS EM DECORRÊNCIA DE OPERAÇÕES DE EXPORTAÇÃO. ART. 25, § 1º, DA LC 87/96. NORMA DE EFICÁCIA PLENA. DESNECESSIDADE DE EDIÇÃO DE LEI ESTADUAL REGULAMENTADORA. INVIABILIDADE DE VEDAÇÃO À TRANSFERÊNCIA. 1. A jurisprudência do Superior Tribunal de Justiça entende que, conforme o disposto no art. 25 da Lei Complementar n. 87/96, há duas hipóteses de transferência de crédito acumulado de ICMS a contribuintes do mesmo Estado: (a) nos termos do § 1º, os créditos oriundos de operações e prestações que destinem ao exterior mercadorias, inclusive produtos primários e produtos industrializados semielaborados, ou serviços; e (b) nos termos do § 2º, os demais casos de saldos credores acumulados, a serem definidos pelo legislador estadual. 2. A primeira hipótese prescinde de lei estadual regulamentadora, pois se trata de norma de eficácia plena. (...) Precedentes. 3. Ante a autoaplicabilidade do § 1º do art. 25 da Lei Complementar n. 87/96, e, sendo os créditos oriundos de operações disciplinadas no art. 3º, inciso II, do mesmo normativo, 'não é dado ao legislador estadual qualquer vedação ao aproveitamento dos créditos do ICMS, sob pena de infringir o princípio da não cumulatividade, quando este aproveitamento se fizer em benefício de qualquer outro estabelecimento seu, no mesmo Estado, ou de terceiras pessoas, observando-se para tanto a origem no art. 3º.' (RMS 13544/PA, Rel. Min. Eliana Calmon, Segunda Turma, julgado em 19.11.2002, *DJ* 2.6.2003, p. 229). Recurso especial provido" (REsp 1.252.683/MA. 2ª Turma. Rel. Min. Humberto Martins. *DJe* 29.06.2011).

II.6.7. As transportadoras e o ICMS

O derradeiro grupo de agentes econômicos que se encaixam na fase dos destinatários dos produtos do agro é o das transportadoras. Examinando seu enquadramento de forma rigorosa, logo se vê que as empresas que prestam serviços de transporte na fase do "depois da porteira" não são, propriamente, "destinatárias" desses produtos, porque elas não são adquirentes, isto é, não compram grãos, frutas, hortícolas, madeira ou carne. Elas, na verdade, realizam o frete dessas mercadorias desde a ponta dos adquirentes (cerealistas, agroindústrias em geral e *tradings*) às etapas do comércio urbano em si, vale dizer, para a revenda com destino aos atacadistas e varejistas até o consumidor final, ou então com finalidade de exportação.

Nada obstante, o frete é um custo bastante alto para o agro e também está sujeito ao ICMS, motivo pelo qual o exame das regras que dizem respeito a essa prestação de serviços não poderia ser deixado de fora. Aliás, o frete é inerente a toda a cadeia, tanto na indústria de "insumos em sentido amplo", levando máquinas, implementos agrícolas, corretivos de solo, fertilizantes e defensivos até as fazendas, quanto no escoamento da produção, com carregamentos de soja, milho, arroz, algodão, cana, bovinos, suínos e aves das propriedades rurais até os adquirentes, além da fase que vai dos adquirentes em diante. A incidência do ICMS na modalidade prestação de serviços de transporte interestadual e intermunicipal ao longo de todo esse segmento econômico vista pela perspectiva macro ajuda a desfazer a noção equivocada de que o agronegócio contribuiria pouco em termos de arrecadação do imposto estadual. Os números apontam em sentido contrário.[276] Portanto, dado que o

---

276. Contratação de frete no agronegócio cresceu 21% no quarto trimestre de 2023. Disponível em: https://globorural.globo.com/especiais/caminhos-da-safra/noticia/2024/01/contratacao-de-frete-no-agronegocio-cresceu-21-pontos-percentuais-no-quarto-

ICMS tem essa como uma das materialidades possíveis, o raciocínio não estaria completo sem o ICMS-frete.

II.6.7.1. O ICMS-frete e os modais rodoviário, ferroviário e marítimo

A logística é um dos fatores econômicos mais relevantes para o agro. Para que os insumos possam chegar aos imóveis rurais (muitas vezes longínquos) e para que a produção agropecuária possa ser escoada das fazendas, tudo depende do transporte. O grande problema, porém, é que a infraestrutura brasileira é ruim, como se sabe. Com estradas mal conservadas, evidentemente que o frete sai mais caro, porque o transportador tem que embutir no preço o custo de manutenção e reparos da frota. A falta de capacidade adequada para armazenagem é outro aspecto que explica os valores elevados: como não há armazéns que possam suportar as colheitas, os produtos têm que ser vendidos nos picos logo após as safras, sob pena de perecerem, e isso ocasiona uma demanda concentrada por frete em determinados períodos do ano. Um desdobramento direto disso são as constantes filas de caminhões à beira dos armazéns, dos entrepostos aduaneiros e dos portos, aguardando para descarregarem. Caminhão parado é dinheiro desperdiçado. Outro ponto a se considerar é o geográfico, pois a produção do Centro-Oeste, dos Estados do Norte (sobretudo Rondônia, Pará e Tocantins) e do Nordeste (no Maranhão, no Piauí e no oeste baiano, em especial nos Municípios de São Desidério, Barreiras e Luís Eduardo Magalhães) está situada longe das grandes agroindústrias e do mercado consumidor, concentrado no eixo Sul-Sudeste. E quanto mais longe, mais caro o frete.

---

trimestre-de-2023.ghtml. E ainda: Agro responde por quase R$ 1 em cada R$ 5 pagos por frete no Brasil, aponta estudo. Disponível em: https://exame.com/agro/agro-responde-por-quase-r-1-em-cada-r-5-pagos-por-frete-no-brasil-aponta-estudo/.

Essas considerações, que podem ser vistas como de ordem econômica e, portanto, metajurídicas, se bem refletidas indicam que elas trazem reflexos para o cotidiano tributário do ICMS. Ora, se o imposto incide sobre prestação de serviços de transporte interestadual e intermunicipal e se para a produção do campo chegar aonde precisa é necessário cruzar o País, formam-se diversas incidências de ICMS-frete, na medida em que normalmente o transporte não é feito por um único prestador, havendo várias subcontratações ao longo da cadeia produtiva. Tanto o transporte realizado por cláusula CIF (*cost, insurance and freight* – custo, seguro e frete), no qual o vendedor se encarrega pelo custo do frete, quanto pela modalidade FOB (*free on board* – livre a bordo), em que o comprador se responsabiliza pelo transporte, ambas contratações movimentam a economia e geram divisas em termos de ICMS. No agro, o mais usual é o transporte FOB, porém, tais custos acabam sendo repassados ao produtor.

O fato é que o ICMS-transportes pressupõe um controle rigoroso de informações, com todos os NCMs (nomenclatura comum do Mercosul), CSTs (código de situação tributária), descrição do contratante, do destino, do produto, seu peso, valor e informações complementares inseridas nas notas fiscais. A par disso são gerados os CT-es (conhecimentos de transporte eletrônico) e os MDF-es (manifestos eletrônicos de documentos fiscais), os quais têm que espelhar as informações lançadas na comercialização das mercadorias. Não são poucos os casos em que divergências nos dados acarretam autuações fiscais. A *prova do fato jurídico tributário* depende, muitas vezes, desse encadeamento correto e entrelaçado de vários documentos expedidos por diversos atores da cadeia, o que nem sempre é fácil, tendo em vista o volume gigantesco de mercadorias movimentadas.

No caso específico do agro há um aspecto que agrega mais complexidade a esse setor. O problema envolve as hipóteses em que os modais rodoviário, ferroviário e marítimo atuam em conjunto. Para que a produção saia das fazendas não tem jeito, é só por caminhão. Entretanto, nem sempre a conclusão do frete se dá por transporte rodoviário. Existem os chamados transbordos ferroviários, que são empresas que disponibilizam estruturas amplas de recebimento de produtos agropecuários, sobretudo grãos. A soja e o milho produzidos em diversos Estados do Brasil são transportados por caminhões até essas localidades e aí os grãos são concentrados em grandes armazéns. Um polo bastante importante de transbordo fica no oeste do Paraná. Reunidas as cargas de diversas regiões (e, portanto, de diversos contribuintes), os grãos são carregados em vagões de trens, que, por sua vez, os levam até o porto de Paranaguá (PR) ou então de São Francisco do Sul (SC), lá ocorrendo o carregamento nos navios, rumo ao exterior.

Não é difícil imaginar a complexidade envolvida na integração do frete rodoviário para o ferroviário e deste para o marítimo. A carga a granel de um determinado contribuinte é transportada por caminhões, a qual se mistura às cargas de outras empresas nos trens, que, por seu turno, se agrega em volume maior ainda nos porões dos navios. Especificamente no que concerne às exportações, é fundamental a correta organização dos documentos eletrônicos, com seus respectivos dados, pois, se a exportação é imune ao ICMS, é preciso considerar que um navio tem capacidade para transportar dezenas de vagões de trens e cada vagão de trem carrega a carga correspondente a vários caminhões. A prova de que a carga vendida com finalidade de exportação por um contribuinte específico e que foi transportada por caminhão foi descarregada no terminal de transbordo ferroviário, tendo ali se misturado com cargas de outras empresas em trens, e ainda em volume maior nos navios, não é algo simples, porque a logística é cheia de detalhes. Uma eventual inconsistência de um código ou de um número de um desses agentes da cadeia, no entanto, não pode ser suficiente para afastar a imunidade sempre que houver outros meios de prova, em especial quando os demais elementos probatórios confirmam a exportação realizada.

O fato é que, salvo na hipótese de exportação, que é imune, há diversas incidências de ICMS-frete ao longo da cadeia do agro, desde o "antes", passando pelo "dentro" até chegar no "depois da porteira", com as peculiaridades aqui apontadas. Vai daí que deve ser aplicada a sistemática regular de créditos, de um lado, e débitos, de outro, em respeito à não cumulatividade, pois não há um regramento específico diferenciado para o transporte dos produtos do agro na fase que vai dos adquirentes em diante.

II.6.7.2. A imunidade na exportação deve abranger também o transporte

Quando da análise do regime jurídico aplicável às *tradings* foi demonstrado que o ICMS não pode ser exigido sobre as exportações, haja vista que a Constituição prevê uma imunidade para elas. E no subtópico anterior foram realçados os desafios na integração logística dos modais rodoviário, ferroviário e marítimo. Diante desse cenário, é o caso agora de expor os motivos pelos quais também o transporte deve estar abrangido pela imunidade na exportação.

O art. 155, § 2º, X, "a", da Carta da República não se limitou a prever a imunidade sobre a venda de mercadorias em si para o exterior; muito pelo contrário, do texto se percebe que o alcance da imunidade contempla as "operações que destinem" mercadorias para o exterior. Não é preciso um raciocínio muito alongado para perceber que não há como a exportação se concretizar sem o frete, sem o transporte das mercadorias até os pontos aduaneiros. O comando constitucional não recaiu sobre a "venda" dos produtos brasileiros para adquirentes no estrangeiro, mas sobre todas as "operações" que tenham por objetivo "destinar" mercadorias para o comprador internacional, no que se inclui o transporte. Essa tônica legislativa reafirma o compromisso assumido pela Nação de não tributar as exportações, tornando os produtos pátrios competitivos lá fora.

A despeito da clareza que o enunciado induz, não trazendo consigo ambiguidade, vagueza ou genericidade que pudessem torná-lo obscuro, igualmente aqui a vida dos contribuintes não tem sido fácil. Ao menos, quando buscam seus direitos perante o Supremo Tribunal Federal. No ano de 2015, o Supremo julgou um recurso, no qual afirmou que "a imunidade tributária prevista no artigo 155, § 2º, X, *a*, da Constituição Federal é benefício restrito às operações de exportação de produtos industrializados, não abrangendo o serviço utilizado no transporte interestadual ou intermunicipal dos referidos bens".[277] Embora à época já estivesse em vigor a EC 42/03, houve uma interpretação bastante restritiva sobre o tema.

A despeito dessa orientação, o Superior Tribunal de Justiça, com fundamento no art. 3º, II, da Lei Kandir, classifica que há uma isenção no transporte intermunicipal e interestadual de mercadorias com destino ao exterior, motivo pelo qual o ICMS não pode ser cobrado. O STJ já decidiu que "a isenção prevista no art. 3º, II, da LC 87/1996" não é exclusiva das operações que destinam mercadorias diretamente ao exterior, "alcançando outras que integram todo o processo de exportação, inclusive as parciais, como o transporte interestadual".[278]

Posteriormente a esse julgado do Superior Tribunal de Justiça, o Supremo Tribunal Federal examinou o Tema 475, já citado anteriormente, fixando o entendimento de que "a imunidade a que se refere o art. 155, § 2º, X, a, da

277. RE 602.399-ED. 1ª Turma. Rel. Min. Roberto Barroso. *DJe* 01.04.2016.

278. AgInt no AREsp n. 578.962/SC. 1ª Turma. Rel. Min. Napoleão Nunes Maia Filho. *DJe* de 27.06.2019.

CF não alcança operações ou prestações anteriores à operação de exportação".[279] É preciso considerar, no entanto, que o objeto do Tema 475 era a "extensão da imunidade relativa ao ICMS para a comercialização de embalagens fabricadas para produtos destinados à exportação". Como se vê, o transporte de produtos do agro com destino ao exterior não tem ligação alguma com as embalagens fabricadas para produtos destinados ao estrangeiro.

Foi com esse cuidado que o Superior Tribunal de Justiça, em 28 de abril de 2021 (portanto, após o Tema 475/STF), editou a Súmula 649, fiando-se na Lei Kandir, cujo teor é o seguinte: "não incide ICMS sobre o serviço de transporte interestadual de mercadorias destinadas ao exterior". Embora o verbete se refira apenas ao transporte interestadual, é evidente que o frete intermunicipal também está abrangido, por decorrer do mesmo núcleo material do imposto. E em data mais recente, pós-Súmula 649/STJ, o Supremo posicionou-se no sentido de que, para a Corte, esse é um tema de índole infraconstitucional, não sendo aplicável o Tema 475, respeitando a orientação do Superior Tribunal de Justiça.[280]

Esse é o cenário jurisprudencial sobre a matéria. No âmbito doutrinário, vale a pena mencionar as lições do Prof. José Eduardo Soares de Melo, para quem o ICMS é inexigível em virtude de uma "não incidência" (em sentido amplo), haja vista que a competência deferida aos Estados foi a de tributar a prestação de serviços de transporte interestadual e intermunicipal, e não o internacional, que começa já em território nacional.[281]

---

279. RE 754.917. Tribunal Pleno. Rel. Min. Dias Toffoli. *DJe* 06.10.2020.

280. RE 1.432.589-AgR. Rel. Min. Luiz Fux. Rel. p/ acórdão Min. Alexandre de Moraes. *DJe* 10.11.2023.

281. *ICMS:* teoria e prática. 16. ed. Belo Horizonte: Forum, 2023, p. 459. Sobre o tema, vide também: OLIVEIRA, André Felix Ricotta. O ICMS sobre o transporte de carga intermunicipal e/ou interestadual até o porto para exportação e a posição do STF. *In:* CARVALHO, Paulo de Barros (coord.); SOUZA, Priscila de (org.). *XV*

Para os fins deste estudo, das três hipóteses possíveis (imunidade, isenção ou não incidência, por se tratar de transporte internacional), a posição que se defende é a de que há uma imunidade, calcada no trecho do enunciado imunizante que se refere às "operações que *destinem* mercadorias ao exterior". De todo modo, pela atual conjuntura dos Tribunais, o ICMS sobre os fretes dos produtos do agro voltados à exportação está afastado.

II.7. OS "FUNDOS" ESTADUAIS E O AGRONEGÓCIO

Uma pesquisa que se propõe a examinar, de forma minuciosa, toda a tributação estadual que impacta o agronegócio seria falha se não se predispusesse a encarar o tema dos "fundos do agro", instituídos sorrateiramente por vários Estados onde a produção agropecuária é intensa. Uma pretensa "contribuição" de caráter não tributário, porque seria voluntária, brotou discretamente em 1999, em Mato Grosso do Sul. A partir daí – vendo, com grande interesse, que a fórmula dava certo – outros Estados passaram a copiá-la, e também tiveram essas cobranças respaldadas. Como não houve freio que pudesse interromper os desatinos dos entes federados, alargaram-nas consideravelmente, a ponto de hoje "contribuições" supostamente "facultativas" incidirem *não só sobre a comercialização de produtos rurais*, mas também sobre a *exportação*, a *importação*, *energia elétrica*, *gás natural*, *diesel*, *minérios* e até mesmo pelo simples fato de caminhões *transitarem* nos seus territórios.

Essa questão é tão relevante para os Estados que o empenho que demonstraram por ocasião dos debates da Reforma Tributária chegou ao ponto de *o texto aprovado ter feito expressa menção aos "fundos do agro"*, na tentativa de

---

Congresso Nacional de Estudos Tributários – 30 anos da Constituição Federal e o sistema tributário brasileiro. São Paulo: Noeses, 2018, p. 1/20.

convalidá-los. Esse fato, porém, não enterrou a discussão, diferentemente do que se possa imaginar; pelo contrário, só robusteceu o impulso para o debate.

II.7.1. Colocação do problema: algo de muito grave se espraiou Brasil afora e a ciência deve estar atenta para denunciar duramente isso

Já foi dito antes neste texto que os "fundos do agro" são ainda pouco conhecidos da comunidade acadêmica e, talvez por isso mesmo, não tenham merecido a devida atenção dos juristas. Porque supostamente dizem respeito apenas a quem é do setor ou nele atua, imagina-se que essa seria uma discussão isolada, pertencente a esse nicho específico, a qual não deveria causar maiores preocupações a quem está de fora. Ocorre que esse é um modo bastante equivocado de olhar o fenômeno. Os "fundos do agro", embora, *a priori,* tenham nascido para gravar a atividade rural, nos últimos tempos se alastraram de tal modo que hoje afetam os exportadores e importadores, os que comercializam combustíveis, quem opera no setor de gás natural, as concessionárias de energia elétrica, as empresas que fazem transporte e até o segmento de minérios.

Eles são "fundos do agro", mas não apenas "do agro". O quadro é grave e deve ser duramente denunciado pela ciência. No seu âmago, os questionamentos que esses "fundos" levantam são os seguintes: *seria o Sistema Tributário Nacional uma "opção" conferida aos Estados,* ou seja, se os Estados quiserem arrecadar recursos pela via dos tributos eles observam os ditames constitucionais previstos no seu arcabouço, mas se assim não o desejarem eles têm outros mecanismos de arrecadação postos à disposição? Podem trilhar o caminho fácil de usar o tributo apenas como instrumento de ameaça, cobrando "contribuições voluntárias" destinadas a "fundos" sobre as mesmas materialidades do

ICMS, em vez do ICMS em si? A prevalecer esse raciocínio, o que impediria os Estados de estender essa lógica à indústria e ao comércio em geral, aplicando essa técnica para outros setores da economia?

Como se vê, essas instigantes figuras jurídicas, ainda que toquem mais diretamente o universo do agro, põem em jogo a higidez do próprio sistema como um todo. Bem por isso, atreve-se a dizer que há duas questões de tributação no agronegócio que são um desafio intelectual que transbordam seus limites, as quais deveriam despertar o interesse de todos, indistintamente, que fazem da tributação o foco de sua vida profissional e científica: (i) a primeira envolve os "fundos" aqui mencionados, que levam a reflexões aprofundadas sobre o "conceito de tributo", não só como uma atitude teórica, mas igualmente porque há desdobramentos práticos envolvidos, como se verá; (ii) e a outra está na análise de "validade, vigência e eficácia", com todas suas complexas derivações, que o julgamento do FUNRURAL trouxe no RE 718.874 (tema 669), em especial no voto do Min. Gilmar Mendes.[282] Esse último assunto, porém, não diz respeito ao eixo de análise desta obra. Fica o registro, de todo modo.

Pois bem. Em 11 de junho de 1999, o Estado de Mato Grosso do Sul, por meio da Lei 1.963, criou o "FUNDERSUL – Fundo de Desenvolvimento do Sistema Rodoviário do Estado de Mato Grosso do Sul". A ideia concebida foi a de que como o produtor rural, na prática, não pagava ICMS quando vendia seus produtos para os frigoríficos, as cerealistas, as *tradings* e as agroindústrias em geral, em virtude daquilo que o Estado mesmo chama de "diferimento" – que se revela uma inequívoca isenção, pelo que já se demonstrou – o legislador atrelou uma condição para que

282. RE 718.874. Tribunal Pleno. Rel. Min. Edson Fachin. Rel. p/ acórdão Min. Alexandre de Moraes. *DJe* 03.10.2017.

ele continuasse a não recolher o imposto: da lei em diante, como "condição" ao gozo do "diferimento", o produtor deveria recolher uma "contribuição", que seria uma "opção", a um "fundo" estadual. A frase está carregada de aspas porque, ao longo do raciocínio desenvolvido, tentar-se-á provar que nada daquilo que a lei aparenta é verdadeiro. Eis, uma vez mais, o estudo sério calcado na teoria da linguagem, com as ferramentas do Constructivismo Lógico-Semântico, pronto para desnudar aquilo que o político tenta obscurecer com um jogo de palavras. A demarcação mais precisa dos signos linguísticos não é outra senão uma imposição cotidiana de quem quer bem compreender o ordenamento jurídico.

Inaugurou-se, há 25 (vinte e cinco) anos, um *mecanismo paralelo* de arrecadação, o qual *usa o sistema tributário para não arrecadar tributos* e que continua a vigorar até hoje. Não só isso, que pretende postergar seus abusos até 31 de dezembro de 2043 (art. 136, IV, do ADCT, com a redação dada pela EC 132/23). A tentativa de "constitucionalização" desses fundos dá bem o tom do debate. Como se fosse um passe de mágica, o criativo legislador estadual sul-mato-grossense batizou a figura de "contribuição" e apôs a ela um pretenso caráter "facultativo". Foi o que bastou para que, marotamente, conseguisse escapar das amarras do Sistema Tributário Nacional, e o que é pior, com o respaldo do Supremo Tribunal Federal, quando provocado logo após a instituição de tão canhestra figura. Como já era de se esperar, esse fenômeno se proliferou. Em outro estudo tivemos a oportunidade de esclarecer o seguinte:

> Fosse esse um problema local, isso já seria grave. Mas, não, o FUNDERSUL criou seus filhotes. Outros Estados, sentindo-se encorajados, rumaram pelo mesmo caminho e também criaram os seus 'FUNDERSUL's', cada um com um nome diferente, cada um com uma destinação diferente, uns mais agressivos, outros menos, mas todos tendo por base a lógica escamoteada de 'dar com uma mão' (no caso, o diferimento do ICMS), para 'tirar com

> a outra' (o pagamento de uma contrapartida a um fundo, como o FUNDERSUL).[283]

Foi nesse vácuo de controle de validade, nesse espaço vazio deixado pelos Tribunais, que, pela ordem, Mato Grosso (FETHAB), Tocantins (FET), Maranhão (FDI e depois TFTG), Goiás (FUNDEINFRA) e Piauí (FDI-PI) criaram também, nos seus respectivos territórios, "contribuições" semelhantes (no caso da TFTG, é "taxa" mesmo, que incide, absurdamente, sobre a mera circulação física de caminhões nas estradas maranhenses). A preocupação que o Ministro Moreira Alves manifestou em 1999 quando do julgamento do *leading case* envolvendo o FUNDERSUL acabou por se concretizar. Sua Excelência, que ficou vencido naquela assentada, fez o seguinte alerta: "pelo menos em face do princípio da razoabilidade, tenho seriíssimas dúvidas a respeito dessa prática, que poderá alastrar-se pelo Brasil com relação a todos os tipos de técnica tributária para aumentar a arrecadação".[284] O Ministro não foi ouvido. E o resultado é que hoje há um sistema à margem do sistema sendo praticado em vários Estados da Federação.

Todos esses "fundos estaduais" apresentam em comum as seguintes características: (i) são intitulados de "contribuição" (salvo a TFTG); (ii) são vinculados a um "fundo"; (iii) são exigidos como condição à fruição de incentivo, benefício ou diferimento fiscais; (iv) incidem sobre atividades do agronegócio (alguns deles sobre outras mercadorias também, inclusive na exportação); (v) são geridos por conselhos diretivos, compostos por diversos órgãos, na

---

283. As flagrantes inconstitucionalidades do FUNDERSUL e do FETHAB: o Supremo precisa pôr um freio nesses mecanismos paralelos de arrecadação. *In:* CARVALHO, Paulo de Barros (coord.); SOUZA, Priscila de (org.). *XVII Congresso Nacional de Estudos Tributários:* texto e contexto no direito tributário. São Paulo: Noeses, 2020, p. 832/833.

284. ADIn 2056-MC. Tribunal Pleno. Rel. Min. Néri da Silveira. J. 02.12.1999. *DJ* 03.10.2003.

tentativa de legitimá-los; (vi) e nem sempre são repartidos com Municípios, burlando o mecanismo de repasses do ICMS. *O que muda, em sua essência, é a destinação dos recursos:* recomposição de estradas, construção de moradia, apoio a famílias carentes, entre outras. Todas, como se vê, *finalidades próprias a serem custeadas por tributos,* notadamente impostos.

Esse tipo de expediente é um acinte à ordem jurídica brasileira, uma manobra esperta para circundar o "incômodo" Sistema Constitucional Tributário em vigor no Brasil, o que está a merecer da ciência uma postura crítica e do Poder Judiciário, em especial do Supremo Tribunal Federal, uma resposta dura, que até agora só veio com relação ao FET de Tocantins, mesmo assim com considerável atraso. Ainda não houve um exame *a fundo* desses *fundos.*

II.7.2. Forma de abordagem dos "fundos": seu estudo conjunto, enaltecendo as inconstitucionalidades comuns a todos eles no âmbito normativo ainda em vigor (que nesses pontos não foram alterados pela Reforma Tributária, nem a Reforma convalidou os "fundos" anteriores a ela)

O fio condutor de todos esses "fundos", até por razões históricas, está encadeado um ao outro. Quando Mato Grosso do Sul criou o FUNDERSUL, em 1999, o Supremo Tribunal Federal, naquele mesmo ano, examinou o pleito de medida liminar contra essa figura até então nova, tendo decidido que não se tratava de tributo e que, portanto, não necessitava respeitar os princípios constitucionais aplicáveis à tributação. Com essa porta aberta, os demais Estados foram copiando o mesmo modelo e aos poucos estendendo suas materialidades e aumentando suas cargas de incidência.

Dado que todos eles apresentam os mesmos problemas, seria contraproducente repetir aquilo que já se falou em um item do trabalho no item subsequente. Por conta disso, a estratégia de abordagem a ser feita nas próximas páginas será essa: seguir-se-á a ordem cronológica do nascedouro desses fundos, a começar pelo sul-mato-grossense, *de modo que as considerações críticas feitas ao FUNDERSUL valerão para os demais, restando aos outros apenas as ponderações específicas que apresentarem.* Não dá para falar aqui sobre tudo o que esses "fundos" ostentam de inconstitucionais, porque isso daria uma tese à parte, um estudo individualizado apenas para tratar dos "fundos do agro". Nesta pesquisa, na qual se busca sistematizar a tributação estadual incidente sobre o agronegócio, amolda-se melhor aos seus propósitos o estudo conjunto, evidenciando as inconstitucionalidades comuns a todos eles e deixando para destacar as invalidades específicas de cada um quando o tema o merecer.[285]

Outro recorte a ser empreendido é o de que a investigação, até pela base temática da tese, preocupar-se-á com os problemas que dizem respeito ao agronegócio, não fazendo ponderações sobre outras materialidades que esses "fundos" oneram, embora relevantíssimas, como energia elétrica, combustíveis, minérios e gás natural. Basta ver que em Mato Grosso do Sul até pouco tempo havia uma lei específica a prever um FUNDERSUL-combustíveis, a Lei 1.962/99, que foi revogada pela Lei 6.172, de 20 de dezembro de 2023; que em Mato Grosso o FETHAB continua a incidir, nos termos da Lei 7.263/00, sobre gás natural, inclusive na importação

285. Alguns dos argumentos desenvolvidos neste trecho do estudo estão submetidos à apreciação do Supremo Tribunal Federal em ações diretas de inconstitucionalidade nas quais este autor e os competentes advogados Drs. Pedro Guilherme Gonçalves de Souza, Marcelo Guaritá Borges Bento, Manuel Eduardo Cruvinel Machado Borges e Rodolfo Gil Moura Rebouças atuam em nome de partido político. São elas: ADIns 7367 (FETHAB), 7387 (FUNDEINFRA), 7406 (FDI), 7407 (TFTG) e 7437 (FET). Além dessas, vale menção a outras ADIns, manejadas por outras entidades: 6365 (FET – APROSOJA), 6382 (FDI – APROSOJA), 6420 (FETHAB-exportação – ABIEC), 7363 (FUNDEINFRA – CNI), 7366 (FUNDEINFRA – APROSOJA) e 7382 (FET – CNI).

(art. 7º-E), energia elétrica (art. 7º-H) e óleo diesel (art. 12); e que em Tocantins e em Goiás o FET e o FUNDEINFRA, respectivamente, são cobrados sobre minérios (Lei 23.617/19 de Tocantins e Leis 21.670 e 21.671/22 de Goiás).

Uma derradeira observação no que concerne à forma de abordagem desses "fundos" é a de que *eles serão examinados conforme a ordem jurídica em vigor,* a qual, quanto aos pontos levantados, *não foi alterada pela Reforma Tributária,* sendo certo também que *a Reforma não convalidou os "fundos" anteriores a ela,* que continuam inconstitucionais e assim podem e devem ser declarados. Para facilitar a absorção do tema, nesta parte do texto serão demonstrados os fundamentos indicadores da invalidade de tais exações, *deixando-se a análise específica do art. 136 do ADCT, inserido pela EC 132/23, para o último capítulo,* ocasião em que serão enfrentados os reflexos da Reforma Tributária para o agro sob a perspectiva global, inclusive, pois, a pretensa "constitucionalização" desses "fundos". Como lá se verá, o próprio art. 136 não é compatível com o núcleo duro da Constituição, além do que seus enunciados não têm o alcance de respaldar as "contribuições voluntárias" criadas pelos Estados antes de seu advento.

II.7.3. O pioneiro FUNDERSUL, de Mato Grosso do Sul, e suas inconsistências

O contexto histórico muitas vezes ajuda a explicar os problemas vividos nos tempos atuais. Porém, o tempo, que é soberano, também cuida de deixar algumas coisas nos mistérios do passado. E quanto mais longo é o período, mais difícil ainda fica reconstruir o ontem, o que se passou. O que motivou determinadas atitudes, qual era o contexto dos fatos, tudo isso se perde, ficam apenas vestígios de outra época.

Com o FUNDERSUL é exatamente isso o que se passa. Ninguém sabe ao certo quem o inventou, de onde ele foi inspirado, sequer em que contexto político, social e econômico foi aprovado. Perdeu-se a identificação sobre as raízes desse fundo. O único aspecto que o motivou, e que subsiste até hoje, é a lógica de que o produtor rural teria de contribuir mais com os cofres públicos, mesmo que não mediante tributos propriamente ditos. O Estado conceder-lhe-ia um "favor", quando lhe defere o "diferimento", de tal modo que seria justo que assumisse uma contrapartida a título de "contribuição", de forma "voluntária". Como não recolhe o ICMS nas operações internas nas vendas de seus produtos, o agropecuarista é chamado a participar desse grande pacto que o FUNDERSUL representaria. Se não desejar "contribuir" (no sentido voluntário da expressão, segundo a retórica do Estado), não tem problema, seu "diferimento" será cortado e ele passa a pagar o ICMS – na verdade, um arremedo de ICMS, como será visto.

Como afirmamos em outro estudo, "se há um ponto sobre esses fundos que ninguém pode negar, esse aspecto é o de sua engenhosidade jurídica".[286] Foi o FUNDERSUL que criou tudo isso, muito tempo atrás. E, bem ou mal, deu certo. A lei que o criou foi de uma iniciativa criativa digna de registro, *pois procurou mascarar seu caráter compulsório com uma retórica de facultatividade*, o que acabou sendo aceito pelo Supremo Tribunal Federal. E, com isso, independentemente das correntes ideológicas dos diversos governos estaduais que se sucederam, o FUNDERSUL foi se consolidando, foi se cristalizando, de modo que, hoje, foi incorporado pelo produtor rural como algo sem volta. Tamanha foi sua maliciosa prosperidade que outros Estados foram pelo mesmo caminho.

---

286. As flagrantes inconstitucionalidades do FUNDERSUL e do FETHAB: o Supremo precisa pôr um freio nesses mecanismos paralelos de arrecadação. *In:* CARVALHO, Paulo de Barros (coord.); SOUZA, Priscila de (org.). *XVII Congresso Nacional de Estudos Tributários:* texto e contexto no direito tributário. São Paulo: Noeses, 2020, p. 840.

Isso não pode ser assim. Não cabe transigir com a solidez do Sistema Tributário Nacional. Admitir que um "fundo" possa driblar todo o rígido desenho de competências impositivas é aceitar que cobrar tributos seria apenas uma faculdade dos entes tributantes, tendo em vista que, se julgarem que as amarras são muito apertadas, eles poderiam lançar mão de outras fórmulas arrecadatórias, como as "contribuições" supostamente "voluntárias" aos "fundos". Neste estudo acadêmico far-se-á um esforço sincero para que a revolta intelectual com esse estado de coisas possa ser traduzida em palavras fáceis de serem compreendidas e com potencial argumentativo suficiente para levar ao convencimento da procedência do raciocínio. Como leciona o Prof. Paulo de Barros Carvalho, "o interessado pode circunscrever porções de normas e montá-las como subsistema, limitando a atividade intelectual a certos núcleos semânticos que melhor satisfaçam a suas preocupações de pesquisa".[287] É exatamente nessa linha que o pensamento está assentado.

II.7.3.1. A origem tímida e aparentemente bem-intencionada do FUNDERSUL

O FUNDERSUL nasceu tímido e alegadamente cheio de boas intenções, pois o que se buscava com sua cobrança era apenas arrecadar valores para que as estradas vicinais, as vias que atendem as fazendas dos produtores, pudessem ser consertadas, pudessem ser cascalhadas, que as pontes fossem renovadas. Era uma "contribuição", como sinônimo de "colaboração", que se pedia aos produtores, para que eles próprios pudessem se beneficiar da contrapartida do fundo, com a melhoria das estradas de chão. Como condicionante para continuar não pagando o ICMS na venda de gado, soja e milho em razão do "diferimento", o Estado

287. *Derivação e positivação no direito tributário*. São Paulo: Noeses, 2011, v. I, p. XIX.

passou a exigir do produtor um valor de FUNDERSUL, revertido em seu próprio favor. Esse foi o espírito de sua criação, aparentemente inocente, o qual, no entanto, foi totalmente deturpado ao longo dos anos.

A prova cabal do que se afirma é a seguinte: "o FUNDERSUL terá vigência de dois anos, podendo ser prorrogado por igual período, por iniciativa da Assembleia Legislativa". É isso o que estabelecia o art. 21 da Lei Estadual 1.963/99. Claramente, portanto, esse fundo era para ser provisório, muito provavelmente para custear uma despesa momentânea, passageira, sem que tivesse intenção de perpetuar-se. Infelizmente, porém, no Brasil a cultura que prevalece é a de que o passageiro torna-se permanente. Basta lembrar da CPMF, cuja sigla indicava tratar-se de uma contribuição "provisória" sobre movimentações financeiras, mas logo o "p" foi transmudado em "permanente". O FUNDERSUL acabou seguindo pela mesma linha, pois o art. 21 da lei originária de 1999, que fixava um limite temporal para sua vigência, depois, no ano de 2002, foi revogado pela Lei 2.598 e com isso assumiu um caráter duradouro. E agora a Reforma Tributária quer levar esses "fundos" até 2043. É um absurdo.

Esse brevíssimo contexto histórico já dá bem a nota do problema. De lá para cá, muita coisa mudou. A Lei Estadual 1.963/99 passou por diversas alterações. E, com isso, o pressuposto inicial do FUNDERSUL foi aos poucos sendo modificado, sendo corrompido, a tal ponto de ser legítimo dizer que o FUNDERSUL de hoje não é mais o mesmo se comparado com o FUNDERSUL de ontem. Tomem-se como exemplos a ampliação dos produtos submetidos ao fundo, o aumento exponencial de sua carga econômica incidente e o uso que dele é feito, o qual é bancado apenas por produtores rurais, mas que serve, a título de ilustração, para *custear despesas com asfalto nas cidades* – o que, evidentemente, beneficia a todos, produtores e não produtores, mas só o produtor que paga.

II.7.3.2. A tese do Estado para defendê-lo e a ADIn 2.056: formação de um precedente no qual as questões não foram avaliadas com a profundidade que se exigia

Quando o FUNDERSUL foi instituído, logo os produtores se rebelaram, julgando-o injusto, motivo por que decidiram questioná-lo judicialmente. Em virtude disso, a CNA – Confederação Nacional da Agricultura e Pecuária do Brasil ajuizou no dia 25 de agosto de 1999 uma ação direta de inconstitucionalidade (ADIn), com pedido de medida cautelar, perante o Supremo Tribunal Federal, com o intuito de suspender, de imediato, os efeitos da Lei Estadual nº 1.963 (a qual é de 11 de junho de 1999, ou seja, praticamente dois meses após sua edição). Embasou a medida judicial um substancioso parecer do Prof. Roque Antonio Carrazza.

Na referida ação a CNA sustentava que o FUNDERSUL era inconstitucional pelos seguintes fundamentos: (i) a "contribuição" criada envolvia um tributo, fora dos limites autorizados pela Constituição Federal; (ii) o FUNDERSUL era verdadeiro imposto, pois, uma vez que foi criado por lei, ele não decorria de manifestação de vontade do produtor, mas sim de forma obrigatória por força de lei, enquadrando-se, portanto, como tributo; (iii) a Constituição proíbe a vinculação das receitas de impostos (que servem para custear as despesas gerais do Estado) a uma finalidade específica (como a melhoria de estradas); (iv) e haveria violação aos princípios constitucionais tributários, entre eles o da não cumulatividade, da igualdade, da anterioridade e da vedação à bitributação.

Quando examinou o pedido de liminar, o Supremo Tribunal Federal acabou entendendo que o FUNDERSUL não poderia ser enquadrado como tributo, *porque ele não seria obrigatório*, já que, se não quisesse, o produtor teria condição de não contribuir para esse "fundo", bastando que pagasse o ICMS. E foi por conta disso que o STF, em 02 de dezembro de 1999, por maioria, negou o pedido de liminar, contra os votos dos Ministros Moreira Alves e Marco Aurélio. Eis a ementa:

> Ação direta de inconstitucionalidade. Medida liminar. Artigos 9º a 11 e 22, da Lei nº 1.963, de 1º de junho de 1999, do Estado do Mato Grosso do Sul. Criação do Fundo de Desenvolvimento do Sistema Rodoviário do Estado do Mato Grosso do Sul – FUNDERSUL e disposição sobre o diferimento do ICMS de produtos agropecuários. 2. Sustentação de inconstitucionalidade da exação criada. 3. Contribuição prevista nos arts. 9 a 11 da Lei sul-mato-grossense não possui natureza jurídica de imposto, nem de tributo. Diferimento condicionado, admitido no âmbito da competência legislativa do Estado. 4. Inexistência de plausibilidade jurídica do pedido inicial. Cautelar indeferida.[288]

Como se vê, em questão de seis meses a lei foi publicada, a ação foi proposta e houve julgamento da liminar para indeferi-la. E depois de indeferida a liminar no Plenário, o julgamento de mérito já se anunciava complicado. Tanto assim que o Supremo se limitou a reproduzir os mesmos fundamentos, vencido novamente o Ministro Marco Aurélio (que ficou sozinho na corrente minoritária, pois o Ministro Moreira Alves já havia se aposentado):

> Ação Direta de Inconstitucionalidade. Artigos 9º a 11 e 22 da Lei n. 1.963, de 1999, do Estado do Mato Grosso do Sul. 2. Criação do Fundo de Desenvolvimento do Sistema Rodoviário do Estado de Mato Grosso do Sul – FUNDERSUL. Diferimento do ICMS em operações internas com produtos agropecuários. 3. A contribuição criada pela lei estadual não possui natureza tributária, pois está despida do elemento essencial da compulsoriedade. Assim, não se submete aos limites constitucionais ao poder de tributar. 4. O diferimento, pelo qual se transfere o

288. ADIn 2.056-MC. Tribunal Pleno. Rel. Min. Néri da Silveira. J. 02.12.1999. *DJ* 03.10.2003.

> momento do recolhimento do tributo cujo fato gerador já ocorreu, não pode ser confundido com a isenção ou com a imunidade e, dessa forma, pode ser disciplinado por lei estadual sem a prévia celebração de convênio. 5. Precedentes. 6. Ação que se julga improcedente.[289]

Lendo o inteiro teor dos votos dos Ministros, o que se percebe é que o Supremo Tribunal Federal acabou focando o debate somente na questão de que a tal "contribuição" não era tributo porque estaria despida "do elemento essencial da compulsoriedade"; vários outros aspectos, todavia, deixaram de ser abordados. No voto do Ministro Gilmar Mendes, que foi o Relator do julgamento de mérito, Sua Excelência acabou transcrevendo trechos do parecer da Procuradoria-Geral da República, o qual considerou que "somente estarão obrigados a contribuir (...) os produtores rurais que pretenderem obter o benefício do diferimento do ICMS nas operações internas com produtos agropecuários". Pelo raciocínio desenvolvido pela PGR, que foi acolhido pela Corte, como a literalidade da lei apontava para a faculdade da "contribuição", então essa seria "uma prestação não obrigatória", deixando a cargo dos produtores rurais a escolha se contribuiriam ou não, motivo pelo qual não lhe seria aplicável a natureza jurídica de tributo.

Ou seja, o Supremo deteve sua análise apenas sob o ângulo formal da compulsoriedade ou não do FUNDERSUL, sem examinar se há meios, por exemplo, para o produtor efetivamente "optar" por recolher o ICMS de forma adequada, com a sistemática de créditos, de um lado, e de débitos, de outro. O Tribunal Superior sequer adentrou na questão se há verdadeiro diferimento de ICMS na cadeia produtiva, premissa que sustentou o FUNDERSUL no julgamento.

289. ADIn 2.056. Tribunal Pleno. Rel. Min. Gilmar Mendes. *DJe* 17.08.2007.

A impressão que se tem é que um tema tão relevante como esse foi, de fato, examinado de forma aligeirada, a ponto de o respeitável Ministro Sepúlveda Pertence ter dito no seu voto sobre o pedido de liminar que o produtor rural faria uma "doação" ao fundo, o que soa hoje bastante descabido. Houve um enfoque puramente abstrato do tema e restrito a esse ponto da causa, não tendo sido enfrentada, especialmente, *a possibilidade de criação de um fundo estadual como gestor dos recursos arrecadados*, e mais, *a possibilidade de uma cobrança com essa destinação específica*, temas eminentemente de ordem financeira e que levam também à conclusão da inconstitucionalidade do "fundo".

II.7.3.3. Uma "contribuição" a um "fundo" que incide sobre as mesmas hipóteses do ICMS, sobre os mesmos contribuintes de ICMS e sobre a mesma base de cálculo do ICMS, mas que, surpreendentemente, não é um adicional de ICMS, de acordo com o Estado e com o Supremo

O Supremo Tribunal Federal validou um *ornitorrinco jurídico*, dizendo que é possível que o Estado exija uma quantia em dinheiro, que não decorra de ato ilícito, instituída em lei, que incida sobre materialidades típicas de ICMS, com bases de cálculo próprias de ICMS, de contribuintes de ICMS, mas que, surpreendentemente, não seria ICMS. Falou-se o que o FUNDERSUL supostamente não é, sem se esclarecer o que ele verdadeiramente é. E o pior, passados 25 (vinte e cinco) anos, esse continua sendo o precedente sacado de pronto sempre que se queira discutir qualquer um desses "fundos" Brasil afora.

De acordo com o Estado, o FUNDERSUL é uma "contribuição" criada a partir de fatos geradores típicos de impostos, que incide sobre a cadeia produtiva rural, mas sob a justificativa de não ser compulsória, sendo carreada para um "fundo" previsto para custear despesas também típicas de impostos. Para tornar a exposição mais clara, é fundamental transcrever a Lei Estadual nº 1.963/99 nas partes que importam ao estudo:

> CAPÍTULO I
>
> DO FUNDO
>
> Art. 1º Fica criado o Fundo de Desenvolvimento do Sistema Rodoviário do Estado de Mato Grosso do Sul (FUNDERSUL), destinado, exclusivamente, para:
>
> I – aquisição e manutenção de equipamentos rodoviários, inclusive de combustíveis e de lubrificantes destinados, exclusivamente, ao atendimento da Agência Estadual de Gestão de Empreendimentos (AGESUL);
>
> I-A – aquisição, locação e manutenção de veículos automotores para prestar apoio operacional e de fiscalização, e de equipamentos rodoviários destinados, exclusivamente, ao atendimento da AGESUL;
>
> II – projetos, licenças ambientais, construção, manutenção, recuperação e melhoramento asfáltico de rodovias estaduais e de vias públicas urbanas, inclusive para drenagem, bueiros, pontes, obras e serviços complementares, bem como estudo de viabilidade técnica, econômica e ambiental;
>
> III – contribuição do Estado, por meio de repasse de recursos ou de bens, em decorrência da celebração de convênios com a União, com os Municípios ou com Consórcios, cuja finalidade seja a construção, manutenção, operacionalização, recuperação ou o melhoramento de rodovias e de vias municipais e urbanas localizadas em Mato Grosso do Sul.
>
> Parágrafo único. O FUNDERSUL será vinculado à Secretaria de Estado de Infraestrutura, que lhe prestará suporte técnico e material. (...)
>
> Art. 4º Constituem receitas do FUNDERSUL:
>
> I – a arrecadação decorrente da aplicação do disposto nos capítulos II e III desta Lei; (...)
>
> CAPÍTULO II
>
> DO DIFERIMENTO DO ICMS NAS OPERAÇÕES INTERNAS COM PRODUTOS AGROPECUÁRIOS E EXTRATIVOS
>
> Art. 9º O diferimento do lançamento e o pagamento do ICMS nas operações internas com produtos agropecuários e com extrativos

vegetais, de que tratam os arts. 12 e 47, incisos I e III e §§ 1º e 2º, da Lei Estadual nº 1.810, de 22 de dezembro de 1997 (*Código Tributário Estadual* - CTE), ficam condicionados a que os produtores remetentes das mercadorias contribuam para a construção, manutenção, recuperação e para o melhoramento asfáltico de rodovias estaduais e de vias públicas urbanas.

(...)

§ 2º Nos casos em que o contribuinte ou o responsável pela contribuição de que trata este artigo esteja dispensado do pagamento do imposto antes diferido a que ela se vincule, em hipóteses em que o encerramento do diferimento dá-se por ocasião da ocorrência de operações alcançadas pela isenção, imunidade ou não incidência, com regra de manutenção de crédito do imposto, o Poder Executivo pode dispensar, também, o pagamento da contribuição. (...)

Art. 10. Na hipótese de não adesão à faculdade referida no art. 9º desta Lei, os produtores devem pagar o ICMS no ato das saídas de mercadorias de seus estabelecimentos (CTE, art. 12, § 4º), aplicando-se ao caso as alíquotas fixadas na Lei nº 1.810, de 1997, para as operações internas (CTE, art. 41, inciso III, alínea "a"), sem qualquer redução.

Parágrafo único. O pagamento do imposto a que se refere este artigo deve ser realizado no momento da saída das mercadorias dos estabelecimentos produtores, observadas as demais normas legais e as prescrições regulamentares.

Art. 11. A fim de uniformizar as contribuições e dividi-las, proporcionalmente, segundo a movimentação de produtos pelos contribuintes no território do Estado, deve ser observada a tabela anexa a esta Lei.

(...)

CAPÍTULO IV

DISPOSIÇÕES GERAIS

Art. 14. Os recursos auferidos nos termos do disposto nesta Lei, devem:

I – ser destinados diretamente ao Fundo de Desenvolvimento do Sistema Rodoviário do Estado de Mato Grosso do Sul - FUNDERSUL, que manterá conta corrente bancária vinculada, para suas movimentações;

II – ser utilizados, exclusivamente, na:

a) aquisição e manutenção de equipamentos rodoviários, inclusive de combustíveis e de lubrificantes destinados, exclusivamente, ao atendimento da Agência Estadual de Gestão de Empreendimentos (AGESUL);

a.1) aquisição, locação e manutenção de veículos automotores para prestar apoio operacional e de fiscalização, e de equipamentos rodoviários, destinados, exclusivamente, ao atendimento da AGESUL;

b) construção, manutenção, recuperação e melhoramento de rodovias estaduais e de vias públicas urbanas, inclusive de bueiros, pontes e de obras complementares;

c) contribuição do Estado decorrente da celebração de convênios com a União, com os Municípios ou com Consórcios, cuja finalidade seja a construção, manutenção, operacionalização, recuperação ou o melhoramento de rodovias e de vias públicas municipais e urbanas localizadas em Mato Grosso do Sul;

d) construção, manutenção e melhoramento asfáltico de vias públicas urbanas.

e) aquisição e locação de equipamentos de tecnologia e de informática, programas de informática e georreferenciamento, inclusive com sistema de posicionamento cinemático em tempo real, para o desenvolvimento e a operacionalização de serviços e de projetos de rodovias estaduais e de vias públicas urbanas;

f) contratação de empresa especializada em serviços técnicos de engenharia e de arquitetura a ser credenciada para a elaboração, a análise e o orçamento de projeto, assim como para a supervisão e o acompanhamento da obra ou do serviço de engenharia;

g) aquisição, custeio e pagamentos de taxas relacionadas a projetos e licenças ambientais utilizados na construção, na manutenção, na recuperação e no melhoramento asfáltico de rodovias estaduais e de vias públicas urbanas, inclusive para drenagem, bueiros, pontes, obras e serviços complementares e para estudo de viabilidade técnica, econômica e ambiental. (...)

Art. 15. A fiscalização relativa ao diferimento do imposto e ao crédito presumido do imposto deve ser feita pela Secretaria de Estado de Fazenda. (...)

CAPÍTULO V

DISPOSIÇÕES FINAIS

Art. 20. O regulamento pode dispor que as empresas recebedoras de produtos agrícolas ou de extrativos vegetais substituam os produtores na responsabilidade pelo recolhimento da contribuição disciplinada nesta Lei.

§ 1º Na hipótese do caput deste artigo, o regulamento pode estabelecer que:

I – empresas recebedoras de produtos agrícolas ou de extrativos vegetais possam, voluntariamente, nos limites estabelecidos pelo Secretário de Estado de Fazenda, realizar depósitos em conta de entidade que tenha por objetivo atividades tendentes à defesa sanitária animal ou vegetal, ou de fundo por ela instituído para essa finalidade, e que apresente plano de aplicação dos respectivos recursos, aprovado por conselho instituído por ato do Poder Executivo, observado o disposto no § 4º deste artigo;

II – a opção pelo produtor pela aplicação do diferimento do lançamento e pelo pagamento do imposto, mediante o pagamento da contribuição disciplinada nesta Lei, implica a sua concordância com a realização do depósito voluntário a que se refere o inciso I deste parágrafo. (...)

TABELA ANEXA À LEI Nº 1.963, DE 11 DE JUNHO DE 1999.

(Art. 11)

PRODUTOS	UNIDADE	VALOR (EM PERCENTUAL DO VALOR DA UFERMS)[290]
I – PECUÁRIOS:		
a) gado bovino e bufalino:		
1. machos:		
1.1 até 4 meses	Cabeça	Isento
1.2. acima de 4 meses e até 12 meses	Cabeça	40%
1.3. acima de 12 meses e até 24 meses	Cabeça	65%
1.4. acima de 24 meses	Cabeça	79%
2. fêmeas:		
2.1. até 4 meses	Cabeça	Isento
2.2. acima de 4 meses e até 12 meses	Cabeça	30%
2.3. acima de 12 meses e até 24 meses	Cabeça	50%
2.4. acima de 24 meses	Cabeça	69%
b) gado equino e asinino (burros, jumentos e mulos)	Cabeça	46%

290. A UFERMS em setembro de 2024 foi fixada em R$ 49,49 (Resolução SEFAZ/MS nº 3.401/24).

PRODUTOS	UNIDADE	VALOR (EM PERCENTUAL DO VALOR DA UFERMS)[290]
II – AGRÍCOLAS:		
a) milho	Tonelada	26%
b) arroz	Tonelada	43,2%
c) soja	Tonelada	52%
d) algodão	Tonelada	153,9%
e) cana-de-açúcar	Tonelada	4,3%
f) demais produtos	Tonelada	25,65%
III – EXTRATIVOS:		
a) Madeira em tora, inclusive de eucalipto	m^3	3,9% para 2019 5,4% a partir de 2020

A transcrição foi longa, mas necessária. Não dá para se ter uma noção exata sobre o mecanismo pernicioso de que se vale o FUNDERSUL sem tomar contato com o texto normativo. O jogo de palavras, embora bem construído, afina essa "contribuição", de forma escancarada, com o ICMS. *Olhando-o por dentro, em um enfoque intranormativo, não há nada, praticamente nada que distinga o FUNDERSUL do ICMS.* Da perspectiva dos pressupostos demarcadores de sua incidência é possível estruturar suas respectivas regras-matrizes, revelando a identidade entre uma e outra figura jurídica:

ICMS	FUNDERSUL
Critério material: realizar operações relativas à circulação de mercadorias com produtos do agronegócio, como soja, milho, bovinos, algodão, madeira e outros	**Critério material:** realizar operações relativas à circulação de mercadorias com produtos do agronegócio, como soja, milho, bovinos, algodão, madeira e outros

ICMS	FUNDERSUL
Critério espacial: qualquer ponto do território do Estado de Mato Grosso do Sul	**Critério espacial:** qualquer ponto do território do Estado de Mato Grosso do Sul
Critério temporal: no momento da realização da operação mercantil	**Critério temporal:** no momento da realização da operação mercantil
Sujeito ativo: Estado de Mato Grosso do Sul	**Sujeito ativo:** Estado de Mato Grosso do Sul
Sujeito passivo: aquele que realizou a operação mercantil	**Sujeito passivo:** aquele que realizou a operação mercantil
Base de cálculo: valor da mercadoria comercializada	**Base de cálculo:** tonelada de grãos, cabeça de gado ou metro cúbico de madeira
Alíquota: X% (definido conforme as alíquotas nacionais)	**Alíquota:** X% sobre a UFERMS (Unidade de Referência Fiscal do Estado de Mato Grosso do Sul)

Eis a potência do instrumento poderoso que é a regra-matriz de incidência tributária. Quando o intérprete parece estar em um beco sem saída, a teoria forte logo aparece para lhe socorrer. A colocação, quadro a quadro, dos respectivos critérios das regras-matrizes revelam que, com uma sutil diferenciação na fórmula de cálculo, o FUNDERSUL e o ICMS apresentam as mesmas bases de incidência. O que diferencia um do outro, segundo a legislação, seria apenas um aspecto exterior à cobrança (a alegada facultatividade), *mas, na sua essência, examinando-se a tal "contribuição" por dentro, a constatação clara é a de que o FUNDERSUL não passa de um valor substitutivo de ICMS.*

II.7.3.4. A falácia da "voluntariedade" do pagamento dessa "contribuição": mais uma vez, a indeterminação da linguagem entra em campo – e é necessário dissipá-la

O FUNDERSUL foi estruturado apoiado na lógica de que seria uma "contribuição", no sentido voluntário do termo, já que não se trataria de algo obrigatório, mas facultativo. No entanto, isso não passa de um engodo, de um jogo de palavras. *Desmontar a pretensa facultatividade é a chave, portanto, para retirar o alicerce sobre o qual se sustenta,* jogando-o na vala das invalidades normativas.

O embasamento teórico indicado no primeiro capítulo exerce papel de predominância para que esse resultado seja alcançado, demonstrando que a indeterminação da linguagem do direito não é uma folha de papel que possa ser dobrada como bem quiser o Poder Público, moldando-a a seus interesses; afinal, há meios para que a indeterminação – que é inerente ao código comunicacional como um todo – seja reduzida, tornando os vocábulos empregados pelo sistema jurídico determináveis, com campos de aplicação mais precisos, a partir de seus arranjos estruturais sintáticos e semântico-pragmáticos.[291] Se as competências tributárias não são maleáveis, por certo que o legislador infraconstitucional não pode esconder-se atrás de incertezas semânticas para concretizar seus propósitos contrários às diretrizes do ordenamento. E cabe à ciência fornecer as ferramentas para que esse controle seja exercido.

Seguindo de olhos fechados o que o Estado diz, chega-se a um cenário paradoxal. Se o FUNDERSUL é facultativo, isso significa que o produtor, ingenuamente, paga-o porque quer, porque, de fato, deseja "contribuir" (na acepção de "colaborar") com os bolsos do Governo. Mas, e se ele não quiser? Se não quiser, então perderá o "diferimento" e passará a pagar o ICMS. *Aí estaria a faculdade: o produtor teria uma "escolha", ou se submete ao FUNDERSUL ou recolhe o ICMS.*

Estevão Horvath e Hendrick Pinheiro, partindo do embasamento teórico de que, no FUNDERSUL, existiria uma sanção premial, defenderam a legitimidade da figura inventada pelo legislador sul-mato-grossense, na medida em

---

291. CHIASSONI, Pierluigi. *Tecnica dell'interpretazione giuridica.* Bologna: Il Mulino, 2007, p. 52.

que se estaria a estimular uma determinada conduta. Eis o parágrafo que sintetiza o pensamento dos autores:

> Através do panorama apresentado, é clara a função encorajadora da norma do Diferimento Condicionado do ICMS em relação ao comportamento de contribuir para o Fundersul. Como defendido no item anterior, este comportamento modalizado, que vincula os produtores rurais que realizam operações internas com produtos agropecuários, está modalizado como permitido, sendo franqueada pelo sistema jurídico a liberdade para seguir o comportamento positivo (fazer) ou negativo (não-fazer), sendo ambas situações lícitas. A presença desta sanção premial, representada pelo Diferimento Condicionado, neste caso, visa estimular o comportamento positivo, desequilibrando a dualidade do comportamento "permitido" em relação a conduta de contribuir ao Fundersul.[292]

Ocorre que não há verdadeira escolha a ser exercida livremente pelo produtor rural. A lógica simplista revela-se enganadora porque a segunda alternativa não se mostra minimamente realizável, empurrando o cidadão a permanecer na primeira. De começo, *porque não há "diferimento" algum na cadeia do agro nas vendas internas do produtor ("dentro") para os adquirentes ("depois da porteira");* o que há, a bem de se ver, é uma *isenção.* Isso já foi demonstrado de forma articulada em trechos anteriores deste trabalho e será reforçado no próximo tópico. O que propõe o Estado ao produtor, de forma franca e direta, é apenas isso: sua isenção, a partir do FUNDERSUL, deixa de ser uma isenção propriamente dita, passando a transação a ser parcialmente onerada, com um "pedágio", um naco do valor que deixaria de ser recolhido. É como se o Estado abocanhasse

---

292. PINHEIRO, Hendrick; HORVATH, Estevão. O diferimento condicionado do ICMS no Mato Grosso do Sul como sanção premial. *Revista Quaestio Iuris,* Rio de Janeiro, v. 15, n. 03, p. 1376, 2022. Em posição crítica sobre as sanções premiais, embora não abordando o FUNDERSUL, vide: QUARESMA NETO, Leônidas Barbosa; OSAKI, Marcos Pereira; SUKAR, Rayane Gomes Dornelas Alcoforado. A ilegalidade da sanção premial embutida na obrigação principal tributária. *Revista de direito tributário atual,* São Paulo: IBDT, nº 47, ano 39, p. 346/362, 1º quadr. 2021.

uma fatia daquilo que desonerou, mas não mediante uma categoria desonerativa equivalente a uma redução de base de cálculo ou de redução de alíquota, mas sim *recebendo um valor "por fora" do sistema tributário, que é canalizado para um "fundo" local, com muito menos transparência e controle das verbas públicas, aplicando-o a certas finalidades já predefinidas pelo constituinte como típicas de impostos,* e por isso mesmo questionáveis, para dizer o mínimo.

Os enunciados dos arts. 9º e 10 da Lei Estadual nº 1.963/99 devem ser submetidos ao crivo da análise científica rigorosa para que possam revelar seu verdadeiro sentido e alcance. O "diferimento do lançamento e o pagamento do ICMS" nas operações internas com produtos agropecuários e extrativos vegetais "ficam condicionados" a que os produtores remetentes dessas mercadorias "contribuam" para a construção, manutenção, recuperação e melhoramento asfáltico de rodovias estaduais e vias públicas urbanas, por meio do FUNDERSUL. Na hipótese de "não adesão à faculdade" prevista no art. 9º, aí "os produtores devem pagar o ICMS no ato das saídas de mercadorias de seus estabelecimentos", e mais, "aplicando-se ao caso as alíquotas fixadas" no Código Tributário Estadual "sem qualquer redução". O pagamento do ICMS "deve ser realizado no momento da saída das mercadorias" das propriedades rurais. Em complemento a isso tudo o art. 20 prescreve que o regulamento pode dispor que "empresas recebedoras de produtos agrícolas ou de extrativos vegetais substituam os produtores na responsabilidade pelo recolhimento da contribuição".

A triagem cuidadosa da legislação estadual demonstra que, embora o político local rotule as vendas internas como "diferimento do lançamento e pagamento do ICMS", *não há diferimento, porque nada é diferido;* pelo contrário, o tributo não é postergado para a etapa posterior, tratando-se, na verdade, de uma isenção colocada debaixo do signo "diferimento". Essa isenção fica "condicionada" a que o produtor "contribua" para o melhoramento rodoviário rural e urbano. Como se trata de uma condição imposta pela lei, vê-se que ela não decorre de ato voluntário do indivíduo. Ou seja, *o que antes era isento, passa a ser parcialmente onerado,* via FUNDERSUL. A regulamentação infralegal, por sua vez, veicula a obrigatoriedade para que as empresas adquirentes "substituam" os produtores na "responsabilidade pelo recolhimento" da contribuição. Vale dizer, como esse peso recai sobre as costas dos adquirentes, essa foi a manobra encontrada pelo Estado para que todos "contribuam" para o FUNDERSUL. Mas, se ainda assim o produtor "não aderir à faculdade" derecolhê-lo, nessa hipótese ele deverá pagar o ICMS a cada saída de gado, de soja, de milho ou de outros produtos agrícolas de sua fazenda, "sem qualquer redução", devendo o pagamento "ser realizado no momento das saídas" dos caminhões da propriedade rural.

Reside exatamente nesse ponto a falácia da "facultatividade" do FUNDERSUL. A artimanha é astuta. Quando vende, por exemplo, uma carga de bovinos machos acima de 24 (vinte e quatro) meses, ou o pecuarista sul-mato-grossense "concorda" em pagar 79% da UFERMS por cabeça (algo próximo a R$ 40,00 por cada animal, nos parâmetros vigentes para a data mencionada atrás), com o desconto do valor pelo frigorífico sobre o preço de venda, ou recolhe o ICMS "carga cheia", sem qualquer redução, com alíquota de 17% (que pode passar de dez vezes o valor do FUNDERSUL), como condição para o embarque do gado na fazenda e regular transporte com a prova da quitação prévia do imposto, a fim de que o estabelecimento adquirente possa receber os animais. Ora, que "opção" é essa, se ambas desembocarão no mesmo resultado de recolhimento de um valor em dinheiro aos cofres públicos, havendo diferença apenas com relação ao montante recolhido?

Esse ângulo de análise dá margem a outra indagação: se o FUNDERSUL é custeado por uma "contribuição", qual o verdadeiro regime jurídico, nesse contexto, dessa tal "contribuição"? Ou seja, *se ela não é tributária, é de que natureza?* Nesses 25 (vinte e cinco) anos, isso nunca foi respondido por ninguém, nem pelo Estado de Mato Grosso do Sul, nem pelo Supremo Tribunal Federal.

A resposta passa por mais uma pergunta: a que título o Poder Público recebe quantias em dinheiro das pessoas? Os entendidos em Direito Financeiro lecionam que ou são receitas originárias ou receitas derivadas. As receitas originárias são aquelas que decorrem da venda de bens públicos, do uso de bens públicos, de recursos de empresas estatais, de exploração de riquezas públicas e outras similares. Por outro lado, receitas derivadas são as que envolvem arrecadação de tributos e de penalidades.[293] O FUNDERSUL não se encaixa em nenhuma outra dessas modalidades, senão como receita derivada de tributos. E não há que se falar em um *tertium genus,* porque a Constituição não autoriza a arrecadação de recursos em outras hipóteses que não as nela previstas, e mais, porque os Estados não detêm competência para criar uma terceira espécie financeira, à míngua de previsão constitucional.

O Ministro Sepúlveda Pertence, quando proferiu seu voto na medida liminar na ADIn 2.056, chegou a dizer, tal qual mencionado antes, que o FUNDERSUL representaria uma "doação" feita pelos produtores para o Estado. Nas palavras de Sua Excelência, a lei local, "rompendo com o sistema anterior de diferimento incondicionado, (...) subordinou a utilização da técnica do diferimento, nas operações com produtos agropecuários, a que o contribuinte faça doação ao Fundo". Ora, não se trata de doação, a toda

293. BALEEIRO, Aliomar. *Direito tributário brasileiro.* 11. ed. Atual. Misabel Abreu Machado Derzi. Rio de Janeiro: Forense, 2001, p. 6.

evidência, na medida em que o desembolso feito pelo produtor não decorre de uma genuína liberalidade, de um ato voluntário e gracioso no qual dá aos cofres públicos determinada soma em dinheiro, sem querer nada em troca. O emparedamento com que o Estado lhe trata *lhe obriga* ou a pagar o FUNDERSUL, ou o ICMS. Portanto, de "doação" não se cuida.

É preciso afastar, pois, a *ambiguidade* que o signo linguístico "contribuição" possa conotar: não se trata de uma "contribuição" no sentido voluntário do termo, como uma "colaboração". Só lhe resta, pois, os contornos significativos próprios de uma modalidade tributária. E também a *vagueza* a que o termo possa dar margem deve ser aclarada: a "contribuição" a que se refere a lei está íntima e diretamente ligada a uma contrapartida para o gozo de uma nova categoria desonerativa, não mais uma isenção no rigor do termo, *mas uma tributação reduzida posta em patamares fixos,* como algo próprio do direito tributário, sendo compulsório seu recolhimento, sob pena de incidência do ICMS "carga cheia". Desse modo, não se trata de algo externo, alheio ao sistema tributário, *porque decorre objetivamente de uma oneração parcial de uma operação outrora desonerada.* Em poucas palavras: as vendas internas dos produtos do agro, com essa "contribuição", passaram a ser parcialmente tributadas, mediante um adicional de ICMS batizado com o nome de FUNDERSUL. É o bom e velho estado de coisas de dar com uma mão, para tirar com a outra. O *nomen iuris* não é critério de relevo para se fixar o enquadramento jurídico da figura estudada.

Para ilustrar ainda mais o raciocínio tomem-se como exemplos o imposto sobre a renda e o IPTU. A legislação federal atual concede uma isenção aos portadores de doença grave. Do grande rol de contribuintes do imposto sobre a renda, a classe específica dos que integram o subconjunto de portadores de doença grave estão isentos. Agora imagine-se que uma lei posterior adviesse e estabelecesse o seguinte: doravante, para que continuem tendo direito à isenção de IRPF, os portadores de doença grave terão que recolher "x" a um "fundo" federal, de forma facultativa. Se não desejarem "contribuir" com o "fundo", passarão a pagar o IRPF. A situação descrita aqui envolve a mesma coisa. Outro exemplo seria a hipótese de o legislador municipal, dando nova disciplina aos imóveis isentos, passasse a cobrar dos proprietários uma importância para um "fundo" municipal, em contrapartida à isenção, sob pena de cobrança do imposto respectivo. Entre as situações hipotéticas do IRPF e do IPTU e a concreta envolvendo o ICMS não há diferença alguma: nos três casos, a "opção" é apenas pagar um valor menor ou "cheio" do tributo respectivo.

A esta altura, pode surgir mais um questionamento: mas por qual razão o produtor não "opta" por recolher o ICMS, esquivando-se, com isso, do FUNDERSUL? Ora, porque se não seguir a cartilha do Estado, sendo subserviente à norma indutora de "contribuir" com o "fundo", a legislação lhe direciona para o túnel penoso de ter que pagar o ICMS com alíquota cheia, sem qualquer redução, e sem direito a qualquer mecanismo diferenciado de apuração, seja no que toca ao valor, seja com relação à periodicidade dos recolhimentos. Noutras palavras, impor ao agropecuarista que pare a operação de escoamento de grãos das fazendas nos picos de safra ou de embarque de bois para cuidar dos aspectos burocráticos de emissão de nota fiscal eletrônica, geração da guia do tributo, seu recolhimento e impressão dos comprovantes para que os motoristas dos caminhões possam carregar consigo os respectivos boletos, e o que é pior, em imóveis rurais onde o sinal de *internet* muitas vezes é precário ou até inexistente, é o mesmo que inviabilizar a operação como um todo, tornando muito mais atrativo, por uma manobra institucional do Poder Público, que o produtor deixe de lado isso tudo e resolva "anuir" com a retenção do FUNDERSUL.

Não só esse aspecto de ordem prática pesa na hora da decisão. Também o fato de que o ICMS, por mandamento constitucional, é um imposto não cumulativo, mas isso não é respeitado. Com efeito, na regra de recolhimento prévio a cada venda fica inviabilizada qualquer apuração que tome por parâmetro créditos, de um lado, e o débito, de outro. Suprimir do contribuinte o direito à apuração mensal ou até quinzenal *significa transformar o ICMS em um imposto sobre "receita bruta"*, algo que, como foi exposto páginas atrás, não é condizente com seu perfil constitucional. Se sobre o valor cheio da nota de venda o produtor tiver que pagar o ICMS, é evidente que uma parcela importante de seu retorno financeiro ficará comprometida. E a circunstância de eventual pagamento excedente ficar na sua contabilidade como crédito a compensar na próxima venda não resolve o problema, porque as vendas no agro são sazonais, atingindo de forma impactante seu fluxo de caixa.

Igualmente deve ser lembrado que a tributação diferenciada que deve ser empregada sobre esse setor não é uma "benesse", um "favor", como amiúde os entes federados teimam em compreendê-la. Pelo contrário, trata-se de algo que vem de mandamento constitucional, levando em conta que esse mercado é formado, na sua expressiva maioria, por pessoas físicas que se enquadram no setor primário da economia, gerando riquezas da natureza e inaugurando um novo ciclo econômico, cujos insumos muitas vezes ou são totalmente desonerados (também por motivos justificáveis), ou são onerados com menor intensidade.

De posse dessas informações a equação fica bem mais fácil de ser montada: cobrar "carga cheia" sobre a venda porque o produtor não quis "optar" por recolher o FUNDERSUL é exigir-lhe um arremedo de ICMS, um imposto sobre sua receita bruta, sem que os créditos na entrada sejam compatíveis para fazer frente aos débitos na saída, desconsiderando as adaptações que devem ser respeitadas para esse segmento. Nessa ordem de ideias nem mesmo pode ser chamada de "ICMS" a segunda "opção" dada ao contribuinte. O exemplo da venda de boi gordo supracitado é eloquente nessa demonstração, já que ao pecuarista só resta "optar" em pagar menos ou mais de algo parecido com o ICMS, mas algum valor ele terá que recolher.

O quadro narrado é peculiar e preocupante. O FUNDERSUL acaba fazendo as vezes de um adicional de ICMS, mas, muito além disso, ele é contaminado com sintomas a mais de invalidade. Embora, em termos numéricos, seja um valor menor que o ICMS que seria cobrado, ele recai sobre bases fixas, isto é, não se concede ao produtor "créditos de FUNDERSUL". O Prof. Heleno Taveira Torres, embora tenha escrito sobre o FETHAB, deixa bastante claro o quão graves são esses "fundos", que tiveram sua gênese no FUNDERSUL:

> Tem-se, na prática, um sistema que permite 'substituir' o ICMS, cuja receita destina-se ao orçamento geral, por uma contribuição ao FETHAB e demais fundos, unicamente para obter três propósitos de manejo do patrimônio público: (i) tredestinação das receitas orçamentárias para finalidades ditadas pelos interesses eleitoreiros do governante; (ii) redução dos controles orçamentários impostos pela Lei de Responsabilidade Fiscal – LRF; e (iii) antecipação da arrecadação (no caso do diferimento) ou redução dos efeitos das normas isentivas, de regimes especiais ou de imunidade às exportações, com aumento artificial da arrecadação do ICMS a título de FETHAB.

É estarrecedora a falta de aderência constitucional do FETHAB e dos fundos equivalentes.[294]

---

294. TORRES, Heleno Taveira. Os incentivos fiscais do ICMS não podem se converter em adicionais de impostos: o caso do FETHAB. *In:* MASSARA, Luiz Henrique Nery; CAMPOS, Marcelo Hugo de Oliveira; CASTRO JR., Paulo Honório de (coord.). *A tributação no agronegócio*. Belo Horizonte: Casa do Direito, 2020, p. 667. Vide também: DONIAK JR., Jimir. Contribuições e fundos estaduais como a fraude à Constituição e às normas de ICMS. *In:* CUNHA, Gabriel Hercos da; CISOTTO, Liliane Bertelli Imura; MOUMDJIAN, Rafael Garabed *et al.* (org.). *ICMS e o*

Não há, portanto, uma sistemática não cumulativa, o que só reafirma que esse ICMS disfarçado, que é inconstitucional por si só, padece também dessa enfermidade. Além disso, seu valor é definido por um percentual arbitrado pela lei sobre a cabeça de gado, a tonelada de grãos e demais produtos agrícolas ou o metro cúbico da madeira, mas o parâmetro adotado é o da UFERMS (unidade fiscal de referência de Mato Grosso do Sul), *cujo valor é definido mês a mês por reles resolução do Secretário de Fazenda.* Ou seja, o valor pago pelo produtor rural varia conforme ato infralegal do titular da pasta, em absoluto descompasso com o princípio da legalidade.

Um último argumento, para não deixar qualquer margem a dúvidas: tanto o FUNDERSUL é um adicional de ICMS que a legislação não só determina que haja retenção dos valores pelos adquirentes, uma espécie de substituição tributária, como também o art. 15 vincula sua fiscalização à Secretaria de Fazenda. Se não tivesse natureza de tributo, por que motivo o órgão fiscalizador de tributos iria monitorar essa "contribuição"?

Como se vê, não é verdade que o FUNDERSUL seja uma "opção", uma "faculdade". Sua voluntariedade fica restrita à literalidade dos signos linguísticos adotados pela lei, sob o prisma puramente formal. A análise de sua essência revela que a lógica que lhe é aplicável é bem diferente de uma simples "colaboração" desembolsada pelo produtor. Somente uma leitura rasa e descompromissada com a realidade pode levar a esse entendimento. Não há faculdade alguma e já passou da hora de se compreender bem isso.

---

agronegócio: livro em homenagem ao Professor Fábio Calcini. Belo Horizonte: Casa do Direito, 2024, p. 199/223.

II.7.3.5. Não há "diferimento" algum que possa sustentar o FUNDERSUL: usa-se o ICMS para não se arrecadar o ICMS

Um desdobramento direto e objetivo de tudo o que se expôs no item anterior é o de que não há genuíno "diferimento" que possa sustentar o FUNDERSUL, desestruturando sua retórica. No julgamento de mérito da ADIn 2.056, o Supremo manifestou sua exegese no sentido de que "o diferimento, pelo qual se transfere o momento do recolhimento do tributo cujo fato gerador já ocorreu, não pode ser confundido com a isenção ou com a imunidade (...)". Se no diferimento se "transfere" o momento do "recolhimento" do tributo cujo fato gerador "já ocorreu", se essa é a compreensão a ser dada, então, quanto às vendas internas de produtos agropecuários em Mato Grosso do Sul, não há diferimento algum.

Como demonstrado de forma mais detalhada em trechos anteriores desta obra, se o diferimento é a postergação do tributo devido, é condição inerente a essa categoria jurídica que haja retenção do tributo pelo adquirente. O verdadeiro diferimento implica uma "substituição tributária para trás", vale dizer, é o mesmo fenômeno, visto por duas perspectivas distintas. Se não houver esse mecanismo, não há que se falar em tributo "postergado", "diferido", mas apenas em um tributo incidente sobre a operação própria do adquirente, quando faz a venda de seus produtos. Afinal, que "recolhimento" de tributo "devido" fica "postergado" se não há previsão de retenção? Nenhum.[295]

295. "No diferimento, a análise da não cumulatividade passa pelo exame do regime de substituição tributária, cuja essência está na semântica da palavra substituição" (ALCOFORADO, Antônio Machado Guedes. A não cumulatividade do ICMS nas operações com diferimento (substituição tributária para trás). *XIV Congresso Nacional de Estudos Tributários* – racionalização do Sistema Tributário. São Paulo: Noeses, 2017, p. 1141).

Fixada essa premissa, o acoplamento à conclusão daí advinda fica menos dificultoso. A legislação de Mato Grosso do Sul prevê retenção de ICMS pelo adquirente quando compra produtos rurais de agropecuaristas dentro do Estado? Não, não prevê. Isso foi demonstrado por ocasião do exame da legislação adotada como paradigma, quando se constatou, inclusive com enfoque específico sobre esse ponto, que o RICMS/MS não contém essa previsão. Portanto, o que existe é isenção nas vendas internas, a qual, com o FUNDERSUL, passou a ser parcialmente onerada. Uma coisa é certa: não há "diferimento" que possa manter o FUNDERSUL em pé.

Daí por que o intérprete fica encorajado a dizer que *o Estado usa o ICMS como instrumento de ameaça para não arrecadar o próprio ICMS,* a fim de que consiga, com isso, obter os recursos que quer, via FUNDERSUL. O aspecto ameaçador adotado é manifesto. Sem FUNDERSUL, a cada caminhão deve ser recolhida uma guia prévia de ICMS sobre o "valor bruto" da mercadoria. É isso o que estipulou o Estado.

Todavia, só há verdadeiro ICMS quando se viabiliza o sistema de apuração de créditos e débitos, de modo a permitir o encontro de contas, a fim de se atingir o valor final a recolher. Sem créditos não há ICMS legítimo. A apuração carga a carga torna o ICMS um imposto cumulativo, porque a vedação ao recolhimento mensal e à apuração por conta gráfica faz com que o ICMS incida sobre grandezas indevidas, resultando em um valor a pagar infinitamente maior do que o que seria, em verdade, devido. Como o Estado impõe essa prática, vedando o sistema de créditos e débitos, a operação fica desestruturada economicamente. E é por isso que o produtor rural é obrigado a "optar" pelo FUNDERSUL.

O aspecto que deve ser considerado é o de que o Estado é obrigado a assegurar a não cumulatividade em matéria de ICMS e para isso ele tem de adotar os mecanismos legislativos adequados. Não é o contribuinte que está em uma cilada, mas o Estado, porque ou ele reconhece o crédito e faz acontecer a não cumulatividade, ou ele descumpre a Constituição.

II.7.3.6. O absoluto descompasso entre as hipóteses de incidência elencadas no FUNDERSUL e a destinação dos recursos

Não bastassem todos esses fundamentos, os quais são reveladores das inconsistências desse "fundo", há outros, igualmente relevantes, que levam ao mesmo desfecho. A questão agora enfatizada é a seguinte: há um absoluto descompasso entre as hipóteses de incidência dessa "contribuição" e a destinação dos recursos atualmente prevista.

A tabela da Lei 1.963/99 indica que quem comercializa bovinos, soja, milho, arroz, algodão, cana-de-açúcar, "demais produtos agrícolas" e madeira dentro do território do Estado está obrigado a se submeter ao FUNDERSUL. Contudo, quando se olha para a canalização desses recursos, onde eles são aplicados, descobre-se que sua utilização não guarda relação direta alguma com o fato de o agropecuarista vender produtos rurais, tendo sido totalmente deturpada a ideia inicial de que a "contribuição" seria revertida em seu próprio favor. Confira-se o comparativo entre os motivos para arrecadação e sua aplicação:

Hipótese de incidência do FUNDERSUL (Tabela da Lei 1.963/99)	**Destinação do FUNDERSUL (art. 14, II, da Lei 1.963/99)**
Realizar operações relativas à circulação de mercadorias dentro do Estado com bovinos, soja, milho, arroz, algodão, cana-de-açúcar, "demais produtos agrícolas" e madeira	a) aquisição e manutenção de equipamentos rodoviários, inclusive de combustíveis e de lubrificantes destinados à AGESUL; a.1) aquisição, locação e manutenção de veículos automotores e de equipamentos rodoviários; b) construção, manutenção, recuperação e melhoramento de rodovias estaduais e de vias públicas urbanas, inclusive de bueiros, pontes e de obras complementares; c) contribuição do Estado decorrente da celebração de convênios com a União, com os Municípios ou com Consórcios, cuja finalidade seja a construção, manutenção, operacionalização, recuperação ou o melhoramento de rodovias e de vias públicas municipais e urbanas; d) construção, manutenção e melhoramento asfáltico de vias públicas urbanas; e) aquisição e locação de equipamentos de tecnologia e de informática, programas de informática e georreferenciamento, para os serviços e projetos de rodovias estaduais e de vias públicas urbanas; f) contratação de empresa de engenharia e de arquitetura para a elaboração, a análise e o orçamento de projeto, assim como para a supervisão e o acompanhamento da obra ou do serviço de engenharia; g) aquisição, custeio e pagamentos de taxas relacionadas a projetos e licenças ambientais utilizados na construção, na manutenção, na recuperação e no melhoramento asfáltico de rodovias estaduais e de vias públicas urbanas e para estudo de viabilidade técnica, econômica e ambiental.

O quadro fala por si só. O produtor rural sul-mato-grossense custeia a compra, locação e manutenção de veículos e equipamentos rodoviários, de combustíveis e lubrificantes do órgão responsável pela fiscalização de todas as obras rodoviárias estaduais e municipais, inclusive o asfalto urbano, bueiros e pontes (portanto, não apenas de estradas de fazendas); ele que banca também a parte do Estado firmada em convênios que envolvam rodovias e vias públicas; e é ele responsável por pagar aquisição e locação de equipamentos e programas de informática e até empresas de engenharia e arquitetura para elaboração dos projetos, sem se esquecer das taxas relacionadas aos projetos e licenças ambientais.

Há algo de muito sério acontecendo. Com a instituição de um "fundo" o Estado labora em um sistema paralelo, custeando com o dinheiro do produtor rural despesas que deveriam ser arcadas pelos impostos – e cujos recursos deveriam ser repartidos com os Municípios. As normas financeiras encravadas na Constituição não permitem esse tipo de prática. Criou-se um adicional de ICMS "carimbado". Não há como esconder a indignação com tudo o que está se passando. Se o ordenamento constitucional não tivesse força bastante para barrar essas práticas, a Constituição seria um mero punhado de recomendações.

II.7.3.7. Proibição de criação de "fundo" para custeio de verbas típicas do orçamento: pujança da EC 109/21

Mesmo que se admitisse que o FUNDERSUL *foi* constitucional algum dia, ao menos desde a edição da EC 109/21 ele teria perdido seu fundamento de validade. Em virtude dessa alteração constitucional, o art. 167, XIV, passou a prescrever, de forma expressa, a vedação à "criação de fundo público, quando seus objetivos puderem ser alcançados mediante a vinculação de receitas orçamentárias específicas ou mediante a execução direta por programação orçamentária e financeira de órgão ou entidade da administração pública".

O preceito não dá margem a ambiguidades, vaguezas ou genericidades: é proibido criar fundo público para custear despesa que possa ser assumida por vinculação de receitas orçamentárias específicas ou execução direta por programação orçamentária e financeira. Ou seja, mesmo que não se ignore que o Supremo Tribunal Federal, em 1999 (no julgamento da liminar) e em 2007 (no exame de mérito), tenha decidido que o FUNDERSUL não era tributo, ao menos desde o advento da EC 109/21 essa *ratio* da decisão não pode mais ser aplicada, porque, independentemente se o FUNDERSUL é ou não tributo, não pode existir um "fundo" que esteja preordenado a gerir recursos que podem e devem ser custeados pelas previsões orçamentárias. E esse é um argumento que ainda não foi analisado pelo Supremo nesse embate envolvendo os "fundos do agro".

No caso do FUNDERSUL, despesas como compra, locação e manutenção de veículos e equipamentos rodoviários, de combustíveis e lubrificantes; a construção e o melhoramento de obras rodoviárias estaduais e municipais, inclusive o asfalto urbano, bueiros e pontes; convênios que envolvam rodovias e vias públicas; aquisição e locação de equipamentos e programas de informática; e contratação de empresas de engenharia e arquitetura para elaboração dos projetos; tudo isso, é claro, insere-se nas receitas orçamentárias correntes. Não são despesas extraordinárias, logo, estão dentro da programação e execução orçamentária e financeira do Estado.

Portanto, a inovação constitucional, que foi a de tolher a criação desenfreada de "fundos", repercute no exame de validade do FUNDERSUL, encaminhando-o para a conclusão de que, embora sempre tenha sido inconstitucional, da EC 109/21 em diante não há mais o que discutir quanto à contrariedade que representa à Carta da República.[296]

II.7.3.8. Inaplicabilidade do Convênio CONFAZ 42/16 aos "fundos do agro"

Para encerrar a análise da "contribuição" de Mato Grosso do Sul, não é demais dizer que o Convênio CONFAZ 42/16 é inaplicável quando estão sob escrutínio os "fundos do agro". De acordo com sua ementa, esse ato normativo "autoriza os Estados e o Distrito Federal a criar condição para a fruição de incentivos e benefícios no âmbito do ICMS ou reduzir o seu montante". Os Estados e o Distrito Federal estariam autorizados, relativamente a incentivos e benefícios fiscais, financeiro-fiscais ou financeiros, incluindo os de regimes especiais, que resultem em redução do valor do ICMS a ser pago, a condicionar sua fruição a que as empresas beneficiárias depositem em um fundo estadual o montante equivalente, no mínimo, a 10% (dez por cento) do respectivo incentivo ou benefício; ou reduzir seu montante, no mínimo, em 10% (dez por cento) do respectivo incentivo ou benefício (cláusula primeira).

Referido convênio, por si só, é incompatível com a Constituição. Do rol de competências que lhes foram deferidas pelo art. 155 da Carta Magna, não foi outorgada aos Estados, nem ao CONFAZ como órgão representativo, a atribuição de "criar condição para fruição de incentivos e benefícios fiscais", muito menos ainda para que os contribuintes "depositem em fundo" valores que deixaram de ser recolhidos. O art. 155, § 2º, XII, "g", do Texto Constitucional confere à lei complementar a prerrogativa de regular a forma como, mediante deliberação dos Estados e

296. Sobre a Constituição Financeira, vide: TORRES, Heleno Taveira. Constituição Financeira e o federalismo cooperativo brasileiro. *In:* SCAFF, Fernando Facury; TORRES, Heleno Taveira; DERZI, Misabel de Abreu Machado *et al.* (coord.). *Federalismo (s)em juízo.* São Paulo: Noeses, 2019, p. 287/332.

do Distrito Federal, isenções, incentivos e benefícios fiscais serão concedidos e revogados, sendo certo que nem nesse, nem em outro dispositivo constitucional, menos ainda na Lei Complementar 24/75, se autorizou essa espécie de condicionante a pagar para que os contribuintes possam fruir de incentivos e benefícios fiscais criados por lei. E mais, em trecho algum da Constituição se deu esse poder ao CONFAZ para criar ou convalidar "fundos estaduais".

Esse já é um motivo independente para não se queira infirmar tudo o que foi exposto até aqui na evidenciação da invalidade do FUNDERSUL. Mesmo que isso não fosse suficiente, o próprio teor da EC 109/21 coloca abaixo qualquer tentativa de se manter esse "fundo", já que convênio do CONFAZ não se sobrepõe a uma emenda constitucional.

Mais ainda, mesmo que referido convênio pudesse permanecer hígido, ele em si mesmo é inaplicável aos "fundos do agro" porque os tais "fundos" previstos no ato normativo dizem respeito a "fundo de desenvolvimento econômico e/ou de equilíbrio fiscal, destinado ao desenvolvimento econômico e/ou à manutenção do equilíbrio das finanças públicas estaduais e distrital" (cláusula segunda).

Não é o caso do FUNDERSUL, nem dos demais "fundos" que serão examinados adiante. Os questionáveis fundos do Convênio 42/16 são instrumentos para o ingresso livre de recursos na conta do Tesouro de Estados que estão em situação de calamidade financeira, sem prévia vinculação de sua destinação. Os recursos dos "fundos do agro" têm outra finalidade, não tiveram por fundamento um estado de dificuldade financeira, mas sim uma contrapartida deliberada com objetivo de onerar o produtor, usando os recursos para algumas despesas específicas. Mesmo a alternativa das cláusulas primeira, § 3º, e segunda, parágrafo único, isto é, depósito ou destinação dos recursos em ações e serviços públicos de saúde; manutenção e desenvolvimento do ensino; realização de atividades da administração tributária; desenvolvimento econômico; ou manutenção do equilíbrio das finanças públicas também não guardam relação alguma com os "fundos do agro", como se está a ver. Por isso a conclusão permanece a mesma: o FUNDERSUL é inconstitucional e nisso o Convênio CONFAZ 42/16 em nada lhe socorre.

II.7.4. O FETHAB, de Mato Grosso, e o patamar absurdo que atingiu

Por ocasião do exame do "fundo" sul-mato-grossense ficou demonstrado que, no ano seguinte à criação do FUNDERSUL, o Estado de Mato Grosso sentiu-se motivado a criar o seu "fundo" também, máxime diante do caminho livre que deixou o Supremo Tribunal Federal nessa matéria. Foi com essa sórdida inspiração que foi aprovada a Lei 7.263, de 27 de março de 2000, cuja ementa inicial era a de que a lei estava a criar o "Fundo de Transporte e Habitação – FETHAB, estabelece condições para o diferimento do ICMS em operações internas com os produtos agropecuários que elenca, fixa obrigações para os contribuintes substitutos nas operações com combustíveis e dá outras providências".

Pelo que se pode intuir da própria ementa da lei, o FETHAB já nasceu um passo além do FUNDERSUL na violação escancarada ao ordenamento jurídico, pois, desde o início, previa incidência sobre combustíveis no mesmo corpo do texto legislativo que dispunha sobre o condicionamento para o "diferimento" de ICMS nos produtos do agro. Mato Grosso do Sul adotou uma estratégia diferente, *disfarçou* o FUNDERSUL-combustíveis em outra lei, para não chamar tanto atenção. No caso do FETHAB, estabeleceu-se a alegada "faculdade do contribuinte" para o agro, mas para os combustíveis, desde a origem, a expressão empregada foi que os contribuintes "devem reter" uma quantia por litro do produto fornecido. Outra diferença foi a seguinte: como o Supremo negou a liminar para sustar o FUNDERSUL em dezembro de 1999, Mato Grosso, em março de 2000, criou o FETHAB sem qualquer condicionante de tempo, ou seja, não atrelou a manutenção do "fundo" a um determinado período predefinido de vigência, como ocorrera com o FUNDERSUL, que era para vigorar por apenas dois anos. Hoje em dia, apenas o FETHAB-adicional tem demarcação de tempo fixada, cujo encerramento está previsto para 31 de dezembro de 2026 (art. 7º-D-1, § 3º). Nada indica que não será novamente prorrogado, porém.

Ao longo dos anos, a legislação do FETHAB tornou-se o que no jargão jurídico se denomina de "colcha de retalhos". Já foram mais de 40 (quarenta) leis que alteraram desde a ementa até as disposições finais. Criou-se o modelo denominado "FETHAB I", "FETHAB II" e tantos outros, a ponto de tornar-se um desafio compreender, de forma adequada, o que exatamente estabelece essa legislação, na sua lógica completa. É só mais uma prova do que já se defendeu neste trabalho antes, que o caos linguístico, com desorganizações sintáticas e obscuridades semânticas que desaguam em dificuldades pragmáticas, quase sempre interessa ao Poder Público.

A verdade é que o Estado de Mato Grosso já não sobrevive mais sem o FETHAB. Sem peias, o Estado ampliou demasiadamente as bases de incidência, gravando com um "fundo" supostamente facultativo e alegadamente para o custeio de transporte e habitação as transações com *soja, milho, algodão, madeira, feijão, gado em pé, carne, gás natural, energia elétrica e óleo diesel, não só nas operações internas, como nas interestaduais, de exportação ou importação.* Basta ver que Mato Grosso trabalhou duramente para que, no âmbito da "Reforma Tributária sobre o Consumo", esse adicional de ICMS com o nome de "fundo" fosse mantido. E foi, como se vê do art. 136 do ADCT. As pistas deixadas no novo enunciado constitucional não deixam dúvidas sobre quem foi o autor que lhe encomendou: só Mato Grosso adota o signo linguístico "habitação" para os "fundos", justamente o verbete usado no referido art. 136. Tudo, atualmente, gira em torno do FETHAB no âmbito estadual. Os números são impressionantes.

II.7.4.1. O Estado de Mato Grosso "perdeu a mão" com o FETHAB, que chega à casa dos bilhões de reais

O patamar que o FETHAB atingiu é absurdo porque o Estado de Mato Grosso "perdeu a mão" tanto em amplitude, quanto em profundidade. O leque de incidências é vasto e sua calibragem é pesada. Trata-se de uma fonte de receita que chega à casa dos bilhões de reais. Conforme dados divulgados pela Secretaria de Estado de Fazenda, o FETHAB arrecadou em 2023 *mais de R$ 3,5 bilhões.*[297] É muito dinheiro vindo de uma "contribuição facultativa".

A ordem clara das coisas revela a qualquer um que queira refletir sobre esse preocupante cenário que o Estado deu um jeito de contornar o Sistema Tributário Nacional, com todos seus princípios, regras e garantias, para fazer acontecer dentro de seu território um mecanismo paralelo de arrecadação. Mato Grosso já não se preocupa mais com a questão de somenos, que é a de se saber se esse "fundo" é constitucional ou não, se poderia ou não fazer o que faz; o que importa para o Poder Público é que a criação desse modelo tem praticamente 25 (vinte e cinco) anos e vem cumprindo com folga seu papel de abastecer os cofres públicos. Tributa-se a comercialização de produtos do agro, de energia elétrica, de gás natural e de combustíveis via FETHAB, como se simplesmente não existisse o ICMS. Tributa-se a exportação de grãos, gado e carne, como se não houvesse imunidade. E nada muda, o quadro continua

297. Boletim da Receita Estadual. Disponível em: https://www5.sefaz.mt.gov.br/receita-publica.

o mesmo. O mínimo que se pode esperar da Ciência é também cumprir bem seu papel: denunciar, firmemente, que isso está errado. Quiçá, depois de muita insistência, um dia as coisas voltem para o trilho correto.

II.7.4.2. Os problemas estruturais do FETHAB, idênticos aos do seu irmão gêmeo FUNDERSUL

O FETHAB diferencia-se do FUNDERSUL em alguns aspectos, mas, na sua essência, o fio condutor de ambos é idêntico, até mesmo porque o primeiro foi cópia do segundo. Justamente por isso, há vários aspectos que os tornam irmãos gêmeos.

Em primeiro lugar, o fato de repercutir sobre as mesmas hipóteses, os mesmos contribuintes e a mesma base de cálculo do ICMS, com sua regra-matriz revelando ter a mesma estrutura da do imposto estadual, *isso torna o FETHAB, inquestionavelmente, um adicional de ICMS*. Ademais, é uma falácia dizer que haveria alguma "facultatividade" no pagamento dessa "contribuição", na medida em que o produtor não tem alternativa senão se sujeitar ao FETHAB. Em solo mato-grossense há uma pequena diferença que não existe no seu vizinho do Sul, indicadora de que seu suposto caráter voluntário foi mal camuflado. Para se ter o "diferimento" sobre os produtos do agro, o Estado exige que o agropecuarista seja detentor de um "regime especial" (art. 132, § 2º, do RICMS/MT). E como o trecho da análise da legislação paradigma demonstrou, o regime especial só sai se o produtor assinar um "termo". Ocorre que, ao assiná-lo, o documento já vem com uma cláusula antecipadamente preparada pelo Fisco, à moda de um "contrato de adesão", na qual ele concorda com a "*opção* pelo recolhimento da contribuição ao Fundo de Transporte e Habitação – FETHAB" e com os fundos correlatos (§ 3º). A inadimplência do FETHAB "implica a imediata suspensão da aplicação do regime especial" (§ 9º-B). Em poucas palavras: sem FETHAB, não há regime especial; sem regime especial, não há "diferimento"; e sem "diferimento", cobra-se o ICMS "carga cheia". É um engodo criado pelo Estado, está-se a ver.

Mais uma característica que tornam iguais FETHAB e FUNDERSUL é a de que não há genuíno "diferimento" algum, por tudo quanto já se expôs. Trata-se de verdadeira isenção, embora o ente federativo não queira reconhecer isso. De igual modo, a "outra opção" dada pelo Estado ao produtor que não quiser "aderir" ao FETHAB é inviável, tornando-o compulsório, na medida em que se coloca para os rebeldes um ICMS deturpado, desrespeitador das características inerentes à atividade rural, a ponto de ser legítimo cravar que a "opção" por seguir o caminho do ICMS oferecido como alternativa seria uma pena de morte à viabilidade econômica da produção. Com o FETHAB, despreza-se a não cumulatividade. O FETHAB também tem suas cargas ajustadas por ato infralegal do Secretário (enquanto em Mato Grosso do Sul é a UFERMS, em Mato Grosso é a UPF – Unidade de Padrão Fiscal), em franca violação ao primado da legalidade. Por fim, a EC 109/21, que proíbe a instituição de "fundo" para custeio de verbas típicas do orçamento, se aplica ao FETHAB para levá-lo à inconstitucionalidade, sendo certo que o Convênio CONFAZ 42/16 é inaplicável a ele.

Em síntese, como FETHAB e FUNDERSUL são idênticos em vários pontos, *tudo o que foi dito para o FUNDERSUL é aplicável também ao FETHAB,* o que significa que o "fundo" mato-grossense, como não poderia deixar de ser, também é inconstitucional.[298]

---

298. Sobre o tema, vide: SOUZA, Pedro Guilherme Gonçalves. *La Mano de Dios:* o FETHAB e a Suprema jurisprudência. *In:* TORRES, Heleno Taveira; DONIAK JR., Jimir (coord.). *Agronegócio, tributação e questões internacionais.* São Paulo: Quartier Latin, 2021. v. II, p. 175/198; MIURA, Artur Mitsuo; TOMASCHITZ, Alexandre; VALLE, Maurício Dalri Timm. O fundo estadual de transporte e habitação (FETHAB) do Estado de Mato Grosso. *Revista de Direito Tributário Atual,* São Paulo: IBDT, nº 51, ano 40, p. 58/77, 2º quadr. 2022.

O FETHAB, porém, tem suas diferenças. E suas diferenças são assustadoras em termos de zombaria com o ordenamento constitucional. Enquanto o FUNDERSUL, a despeito de o fazer de forma inválida, contenta-se em exigir a tal "contribuição" sobre produtos pecuários, agrícolas e extrativos vegetais, Mato Grosso vai muito além disso, cobra o FETHAB sobre esses produtos, mas também sobre a carne (produto transformado), o gás natural, a energia elétrica e o diesel. O FUNDERSUL incide apenas sobre operações internas e, nas realizadas por frigoríficos, sobre as interestaduais, mas o FETHAB incide sobre vendas internas, interestaduais, de exportação (de gado, de carne, de soja, milho, feijão, algodão, madeira e gás natural) e de importação (de gás natural). Enquanto o "fundo" sul-mato-grossense adota a locução mais suave "fica condicionado" (o que, nem por isso, o valida), o mato-grossense também emprega a expressão "fica condicionado" para os produtos do agro, mas deixa essa ideia de lado quando trata das operações com gás natural, prescrevendo que a empresa "efetuará contribuição à conta do FETHAB" (art. 7º-E); que os contribuintes "ficam obrigados a recolher", quando se refere à energia elétrica (art. 7º-H); e que os comerciantes de óleo diesel "devem reter" a quantia de FETHAB (art. 12).

Se esses "fundos" são inconstitucionais quando vestem o disfarce para tentar se passar por facultativos, com muito mais razão ainda eles o são quando os comandos normativos não deixam dúvida acerca de sua compulsoriedade. Pelo recorte temático da pesquisa, no entanto, essas incidências não serão examinadas, porque aqui interessam apenas as que dizem respeito ao agronegócio. Nada obstante, algo parece muito claro: invocar o *leading case* do FUNDERSUL para dizer que pode existir uma "contribuição" estadual textualmente obrigatória sobre gás natural, energia elétrica e combustíveis é partir para o descalabro no trato das questões tributárias.

II.7.4.3. A primeira invalidade específica do FETHAB: o descabimento da incidência sobre exportações, pois na exportação não há, minimamente, qualquer opção conferida pela lei

O primeiro aspecto diferenciador do FETHAB é a incidência desse adicional de ICMS sobre as exportações dos produtos mato-grossenses. Ora, se para o ICMS o constituinte previu uma imunidade ampla e incondicionada no art. 155, § 2º, X, "a", não há como o Estado-membro driblar essa cláusula constitucional, dizendo que, no seu território, a imunidade não se aplica, usando, para isso, um ICMS dissimulado. A imunidade nas exportações é uma política do Estado brasileiro, enquanto Nação, de tal sorte que é contrária à Constituição regra local que busca circundá-la.

Poder-se-ia dizer, no entanto, que o FETHAB não é compulsório e que, por isso mesmo, não é tributo. Não sendo tributo, a ele não poderia ser oposta a imunidade tributária. Ainda que se queira admitir que haveria alguma vagueza na fraseologia do texto normativo em torno da expressão segundo a qual o FETHAB seria uma "faculdade do contribuinte" (art. 8º, I, da Lei 7.263/00), nas exportações esse debate nem entra em jogo. No regramento das vendas para o exterior, *a lei não previu opção alguma*, tornando-o manifestamente compulsório.

Com efeito, mesmo que o FETHAB fosse voluntário para as operações internas e interestaduais (coisa que não é), qual facultatividade haveria no seu recolhimento para o exportador? Qual operação substitutiva (daí a suposta facultatividade) haveria nas exportações, a fim de descaracterizar o FETHAB como compulsório na remessa para o exterior? O art. 8º da Lei 7.263/00 usa o vocábulo "condição" três vezes – o que é uma clara pista da força cogente da norma. A primeira aparição está no inciso II, estabelecendo o legislador que o "pagamento" (expressão adotada no *caput*) ao fundo é "condição adicional" para fruição do diferimento do ICMS para as operações internas; depois no inciso III a lei volta a prescrever que esse pagamento é "condição" para manutenção de regime especial para apuração e recolhimento mensal do ICMS nas operações interestaduais "e para remessa da mercadoria para exportação com suspensão ou não incidência do imposto"; e, por fim, no § 1º a lei previu que a "opção" pelo recolhimento é "condição" para obtenção dos regimes especiais mencionados no inciso III.

Ora, basta escrutinar os preceitos da lei para se notar, sem maiores dificuldades, que o legislador estadual criou, sim, um modelo compulsório, ao estabelecer diversas "condições" para o contribuinte. O *caput* do referido art. 8º dispôs que o "pagamento" do FETHAB e dos demais fundos correlatos é, "cumulativamente", "condição" para fruição do diferimento do ICMS nas operações internas, para manutenção do regime especial para apuração e recolhimento mensal do ICMS nas operações interestaduais e para manutenção do regime especial para remessa de mercadoria para exportação com suspensão ou não incidência do imposto. Em texto em coautoria nos posicionamos da seguinte maneira sobre a questão:

> Olhando pela via inversa, o sujeito que não pagar o FETHAB estará obrigado a pagar o ICMS a cada operação interna, não podendo usufruir das regras do diferimento; não poderá apurar e recolher mensalmente o ICMS nas operações interestaduais, tendo que recolher o tributo carga a carga; e não poderá exportar suas mercadorias com suspensão ou não-incidência do ICMS, tendo que se submeter à incidência tributária na remessa de produtos para o exterior.[299]

---

299. LOUBET, Leonardo Furtado; REBOUÇAS, Daniele Yukie Fukui. O FETHAB e sua inexigibilidade nas exportações. *In:* REBOUÇAS, Daniele Yukie Fukui; GONÇALVES, Christiano; TAVARES, Vitor *et al.* (coord.). *Quarta com tributo:* 2ª coletânea de artigos da Comissão de Estudos Tributários e Defesa do Contribuinte da OAB/MT. Rio de Janeiro: Lumen Juris, 2022, p. 210-211.

Que "facultatividade" é essa? Que "opção" tem o contribuinte, especificamente na exportação? Se o pagamento do FETHAB é uma condição para obtenção e manutenção do regime especial de exportação, *e se sem regime especial de exportação o contribuinte mato-grossense não pode exportar,* que saída lhe resta, senão se submeter ao FETHAB? No FETHAB-exportação não há escolha alguma: ou o sujeito o recolhe, ou simplesmente não exporta. Há *uma* flagrante contradição entre termos no § 1º, acomodando em um mesmo enunciado o vocábulo "opção" (cuja acepção semântica conota a possibilidade de escolha) e o verbete "condição" (cuja lógica é de obrigatoriedade).

Nesse contexto, só restaria demonstrar que, para exportar, as empresas necessitam do tal regime especial de exportação. Afinal, a única hipótese que legitimaria o FETHAB-exportação seria a dispensa de regime especial para exportar. Acontece, entretanto, que isso já foi demonstrado páginas atrás. O Decreto 1.262/17 disciplina o modelo de exportações em Mato Grosso, impondo que haja prévio regime especial. Na ausência de regime especial tanto do estabelecimento remetente, quanto do adquirente situado fora do território estadual, haverá cobrança de ICMS (art. 10).

Eis a prova, tirada do direito positivo do próprio Estado, de que sem regime especial não se exporta em Mato Grosso, já que a lógica do *solve et repete,* sobre ser absurda, não tem respaldo na Constituição, sobretudo porque a hipótese está debaixo de uma imunidade tributária, e não de uma "suspensão", "não incidência" ou qualquer outra firula linguística que o Estado acredite poder manejar no seu ordenamento interno para descumprir a Constituição – daí ser indispensável enfrentar e demarcar os conceitos normativos, para combater abusos. Na medida em que o art. 3º, § 5º-A, do Decreto 1.262/17 prescreve que a concessão do credenciamento fica *condicionada* à "formalização da opção pelo recolhimento da contribuição ao Fundo de

Transporte e Habitação – FETHAB", além dos demais fundos similares, a pergunta que sobra é a seguinte: o que dizer mais?

Enfim, é manifesto que o FETHAB incide sobre as exportações, tornando-o, igualmente por esse fundamento, inconstitucional. Eis mais um motivo pelo qual o precedente do FUNDERSUL não pode, nem mesmo em tese, ser trazido à discussão para se buscar validar o FETHAB-exportação. Na ADIn 2.056 o Supremo não debateu esse aspecto do problema, porque, lá, nas premissas do acórdão, haveria uma "escolha" (ainda que isso não seja correto). No FETHAB-exportação, contudo, não há escolha alguma.[300]

II.7.4.4. A segunda invalidade específica: custeio de entidades privadas, via "fundos paralelos" ao FETHAB

Outro aspecto que chama bastante atenção para o peculiar estado de coisas que se instalou em Mato Grosso é o custeio de entidades privadas, via "fundos paralelos" ao FETHAB, que se proliferaram.

Não há nada absurdo que não possa causar mais espanto. Sob esse prisma o Estado conseguiu se superar. Quando instituído o FETHAB, não foram previstos esses fundos paralelos, destinados a entidades privadas. Todavia, dando claras mostras de que tudo decorreu de um concerto de vontades entre agentes, ao longo dos anos foi criado um fundo para soja (FACS – Fundo de Apoio à Cultura da

---

300. "O jogo criado pelo Estado de Mato Grosso é tautológico, fazendo com que o contribuinte, necessariamente, ande em círculos: não se exporta sem regime especial de exportação e sem recolhimento de FETHAB. A 'opção' que tem o exportador dos produtos mato-grossenses é essa. Caso não queira, ficará obrigado ao recolhimento do ICMS na exportação. Daí a prova de que o FETHAB-exportação é compulsório" (LOUBET, Leonardo Furtado; REBOUÇAS, Daniele Yukie Fukui. O FETHAB e sua inexigibilidade nas exportações. *In:* REBOUÇAS, Daniele Yukie Fukui; GONÇALVES, Christiano; TAVARES, Vitor *et al.* (coord.). *Quarta com tributo:* 2ª coletânea de artigos da Comissão de Estudos Tributários e Defesa do Contribuinte da OAB/MT. Rio de Janeiro: Lumen Juris, 2022, p. 216).

Soja), outro para o gado (FABOV – Fundo de Apoio à Bovinocultura de Corte), um para a pecuária de corte (INPECMT – Instituto da Pecuária de Corte Mato-Grossense), para a madeira (FAMAD – Fundo de Apoio à Madeira), mais um para a madeira (IMAD – Instituto da Madeira do Estado de Mato Grosso), outro para o agronegócio em geral (IAGRO – Instituto Mato-Grossense do Agronegócio), mais um para o feijão (IMAFIR/MT – Instituto Mato-Grossense do Feijão, Pulses, Grãos Especiais e Irrigação) e um último para o algodão (IMAMT – Instituto Mato-Grossense do Algodão). *Todos esses "fundos paralelos" estão contemplados na Lei 7.263/00*. Alguns deles, claramente, funcionam como "adicionais de FETHAB", como o IAGRO, o IMAT/MT, o IMAD e o INPEC. Os demais, pelo contexto da lei, recebem repasses dos recursos do FETHAB.

Este é um texto acadêmico, que prima pela análise técnico-científica e isenta do que o ordenamento jurídico brasileiro permite. Por isso mesmo, não cabe aqui adentrar em costuras político-associativas do porquê entidades que representam o agro recebem recursos dos produtores de carona com o Poder Executivo Estadual. E é focando sob o prisma exclusivamente da técnica que se está autorizado a dizer que esse mecanismo não é compatível com o sistema jurídico em vigor.

Entidades privadas podem cobrar suas contribuições associativas, de caráter privado, mediante concordância do associado. O signo "contribuição" é ambíguo – eis, uma vez mais, a importância da compreensão do viés linguístico do direito – que designa um tributo e um pagamento voluntário, a depender do contexto das características envolvidas. Prever que o valor de contribuições associativas sirva como adicional de um tributo disfarçado, que seja incluído nas guias de pagamento de um tributo disfarçado para recolhimento conjunto contra a vontade do produtor ou que seja repassado a entidades privadas após a arrecadação desse tributo disfarçado são apenas modos diferentes de se adotar uma prática indevida. Tanto assim que o Tribunal de Justiça de Mato Grosso reputou essa sistemática inconstitucional.[301]

II.7.4.5. As gravíssimas afrontas de ordem financeira do FETHAB: um "fundo" que não é transparente e que é destinado ao Poder Legislativo, ao Poder Judiciário, ao Tribunal de Contas, ao Ministério Público e à Defensoria Pública Estaduais, fruto de um arranjo institucional assombroso

O FETHAB atinge seu ápice de desdém com a ordem jurídica nacional quando se olha para a destinação dos recursos arrecadados. Trata-se de uma afronta gravíssima sob a perspectiva financeira, pois se trata de um "fundo" que não é transparente, e o que é pior, muito pior, que é destinado ao Poder Legislativo, ao Poder Judiciário, ao Tribunal de Contas, ao Ministério Público e à Defensoria Pública Estaduais, fruto de um arranjo institucional assombroso, de uma perniciosidade nunca vista antes.

Não é o autor deste texto que "acha" que esses recursos vão para os Poderes constituídos, é a própria lei que assim o estabelece a olhos vistos, para ninguém duvidar. O art. 15, § 18, da Lei 7.263/00 prescreve que as *vinculações institucionais para repasse* "aos Poderes, Órgãos Autônomos e Defensoria Pública Estadual serão de no mínimo 10% (dez por cento) do montante total, dividido da seguinte maneira: I – 20% para a Assembleia Legislativa; II – 45% para o Poder Judiciário; III – 18% para a Procuradoria-Geral de Justiça; IV – 15% para o Tribunal de Contas; V – 2% para a Defensoria Pública Estadual".

301. ADIn nº 1000857-80.2022.8.11.0000. Órgão Especial. Rel. Des. Marcos Machado. *DJe*. 06.04.2023.

É estarrecedor. Cada um fica com um pedaço, um benefício inconstitucional compartilhado. Cada um recebe uma fatia, todos são acomodados, ninguém reclama e deixa tudo do jeito que está. Como pode um inquestionável mecanismo paralelo de arrecadação como esse ir parar no orçamento da Assembleia, do Tribunal de Justiça, do Ministério Público, do Tribunal de Contas e da Defensoria Pública? Esses órgãos, que devem zelar pela coisa pública e pelo respeito ao Estado de Direito, agora são sustentados por "contribuições" tidas por "voluntárias", que, segundo se alega, não são tributos? O que nasceu inconstitucional para custear obras e serviços de transporte e habitação foi absolutamente deturpado com o passar dos anos, atingindo o *status* hoje de uma inconstitucionalidade à elevada potência.

II.7.5. O FET, de Tocantins, segue pela mesma vereda, mas, de forma correta, foi rechaçado pelo Supremo em data recente – e isso tem que afetar os demais "fundos"

Na sequência acerca do exame dos "fundos do agro" vem o FET – Fundo Estadual de Transporte, veiculado por Tocantins. Como Mato Grosso do Sul e Mato Grosso instituíram seus "fundos" e não foram barrados, vendo suas receitas ser incrementadas exponencialmente, é claro que isso seria um estímulo para que outras unidades federativas seguissem pelo mesmo caminho. Dito e feito: Tocantins, por meio da Lei 3.617, de 18 de dezembro de 2019, com as alterações das Leis 3.796/21 e 4.029/22, criou o FET, gravando as operações realizadas por produtores rurais. Após o pronunciamento do Supremo sobre a matéria, a Lei 4.303, de 21 de dezembro de 2023, também modificou a Lei 3.617, tentando equipará-lo ao FUNDEINFRA de Goiás, como será visto logo adiante.

Assim como se deu na análise do FETHAB, igualmente no que concerne ao FET é desnecessário repetir todos seus vícios, naquilo que é idêntico ou similar ao FUNDERSUL, além de repetir os problemas específicos do FETHAB. O FET aproxima-se desses outros "fundos", na medida em que, de acordo com a Lei 3.617/19, (i) faz as vezes de um adicional de ICMS; (ii) onera produtos de origem vegetal, animal e mineral; (iii) viola a não cumulatividade, porquanto não prevê um mecanismo de creditamentos; (iv) agride a imunidade tributária, por incidir sobre as exportações; (v) sua fiscalização fica a cargo da Secretaria de Fazenda, deixando bem evidente que o próprio Estado o enxerga como uma receita tributária; (vi) a decisão pela efetiva destinação dos recursos, isto é, em qual obra serão aplicados, é de um conselho, cuja composição não respeita a lógica de representatividade popular democrática; (vii) tem seus recursos voltados para finalidades típicas que deveriam ser custeadas por impostos, como obras e serviços de infraestrutura agropecuária, nos modais de transporte, recuperação, manutenção, conservação, pavimentação e implantação de rodovias estaduais, bem como aquisição de máquinas e equipamentos rodoviários, inclusive a título de contrapartida em convênios; (viii) por esse motivo, representa vinculação prévia de receitas de impostos a órgão, fundo ou despesa, atitude vedada pelo art. 167, IV, da Constituição; (ix) além de encontrar proibição explícita no art. 167, XIV, incluído pela EC 109/21. Em síntese, também o FET representa uma burla ao sistema, revelando-se um mecanismo paralelo de arrecadação – invalidamente criado, por óbvio.[302]

Se essas são as semelhanças, as dessemelhanças tornam muito mais simples a demonstração de sua inconstitucionalidade. Em primeiro lugar, porque, na forma com que a lei foi editada, *todos os produtos vegetais, animais e*

302. Sobre o tema, vide: OKUMA, Alessandra. Os fundos estaduais de Goiás, Tocantins e Maranhão. *In:* CUNHA, Gabriel Hercos da; CISOTTO, Liliane Bertelli Imura; MOUMDJIAN, Rafael Garabed *et al.* (org.). *ICMS e o agronegócio:* livro em homenagem ao Professor Fábio Calcini. Belo Horizonte: Casa do Direito, 2024, p. 9/20.

minerais ficam submetidos ao FET, não importando se são de agricultura familiar, se são explorados para mera subsistência ou se decorrem da comercialização de ouro, que recebeu da Constituição um tratamento bem específico no art. 155. Mais ainda, tais produtos "poderão ser revistos por ato expedido pelo Secretário de Estado de Fazenda" (art. 7º, § 5º). O desrespeito ao princípio da legalidade é flagrante.

A segunda diferença – e essa é a que coloca o FET em uma cena tributária inequívoca – é a de que *o FET, pela própria lei que o criou, é obrigatório*. No FET não se tentou disfarçar, camuflar a tal "contribuição" como singelamente voluntária, como uma "opção" para quem quisesse continuar tendo o "diferimento", como fizeram FUNDERSUL e FETHAB. O legislador local, voluntariamente ou não, o tratou, às claras, como compulsório. Ora, ao fazê-lo, a toda evidência que o clausulou como um tributo. Com efeito, o art. 7º da Lei 3.617/19, com as alterações da Lei 4.029/22, estabelece o seguinte:

> Art. 7º. Os contribuintes que promoverem operações de saídas, ainda que não tributadas, inclusive com destino à exportação ou equiparadas à exportação, previstas no parágrafo único do art. 3º da Lei Complementar Federal nº 87, de 13 de setembro de 1996, de produtos de origem vegetal, mineral ou animal, deverão recolher à conta do FET o percentual de 1,2% sobre o valor da operação destacada no documento fiscal.

O texto fala por si só. Os contribuintes que promoverem "operações de saídas, ainda que não tributadas, (...) deverão recolher à conta do FET o percentual de 1,2% sobre o valor da operação" destacada no documento fiscal. Diferentemente do FUNDERSUL e do FETHAB, *no FET o modal deôntico explícito foi o obrigatório,* não havendo alternativa, uma "opção" para os que não quiserem contribuir com o FET. A compulsoriedade, portanto, é inerente à sua sistemática. A lei que estabeleceu, de forma peremptória, que o FET é um mandamento, não uma faculdade. Nesse aspecto o Estado de Tocantins sequer teve a preocupação de esconder a real natureza desse "fundo" debaixo de um condicionante ao gozo de benefícios fiscais. O art. 7º, § 4º, afasta qualquer dúvida que pudesse remanescer, ao dispor que "o recolhimento do percentual de que trata este artigo deve ser realizado independentemente da retenção e recolhimento do ICMS, devido em cada operação".

A corroborar a compulsoriedade do FET, há um fator a mais: enquanto a sanção pelo não recolhimento do FUNDERSUL e do FETHAB é o afastamento do "diferimento", com a imposição de um ICMS "carga cheia", no FET a consequência pelo descumprimento da norma é a multa pecuniária mesmo, típica de um dever legal. O art. 8º, *caput,* da lei comete à Secretaria de Fazenda a função de administrar, fiscalizar e arrecadar o FET "e eventual aplicação de penalidade", previsão complementada pelo § 1º, segundo a qual "a omissão de recolhimento do percentual de que trata o *caput* do art. 7º desta Lei ao FET constitui infração e sujeita o contribuinte ou responsável ao pagamento de multa de 10% e juros de mora, calculados na conformidade da legislação tributária". Inclusive o descumprimento de obrigações acessórias configura infração punível com multa (§ 2º).

É inócuo continuar procurando alguma voluntariedade na submissão ao FET. O produtor rural tocantinense não é "convidado" a contribuir com esse "fundo", ele é obrigado. Se não o fizer, sujeitar-se-á à aplicação de penalidades pecuniárias, e não apenas à perda de um regramento diferenciado. Não há qualquer enunciado, uma pista que seja, que caracterize o FET como facultativo. Por isso mesmo o equivocado *leading case* do FUNDERSUL é absolutamente inaplicável a ele.

Não só sob essa dimensão o FET é inconstitucional, senão em outra, igualmente grave: ao passo que o ICMS incide sobre *circulação jurídica* de mercadorias, *o FET incide sobre mera circulação física.* A construção da base redacional do art. 7º da Lei 3.617/19 conduz ao raciocínio de que o FET será devido por parte dos contribuintes que promoverem operações de saídas, "ainda que não tributadas", inclusive com destino à exportação ou equiparadas à exportação. O advérbio "inclusive", que é advérbio de inclusão, não é mero desdobramento da locução "ainda que não tributadas". Pelo texto todas as operações de saídas, até as não tributadas, no que se incluem as de exportação (mas não apenas elas), estão ao alcance do FET. Não se previu, pois, nenhuma ressalva no que concerne à demarcação clara de que o FET não será exigido sobre a simples circulação física de mercadorias. E nisso há afronta ao princípio da capacidade contributiva, ao preceito do art. 155, II, e, por consequência, ao Tema 1.099[303] e à ADC – Ação Declaratória de Constitucionalidade nº 49[304], ambos pronunciamentos do Supremo Tribunal Federal.

A última diferença entre o FET e os demais fundos até aqui analisados é a de que, não bastasse o inadimplemento da "contribuição" levar a desdobramentos pecuniários, com aplicação de multas, a falta de pagamento acarreta igualmente uma sanção política. A Portaria SEFAZ nº 193, de 20 de fevereiro de 2020, no pretenso exercício do que lhe delegou o art. 8º da Lei 3.617/19, estabelece no art. 11, § 7º, que o produtor autorizado a emitir nota fiscal avulsa eletrônica "deverá gerar o DARE do FET". Se não o fizer, o § 8º do mesmo dispositivo traz a consequência: "o produtor rural, pessoa física, que não cumprir o disposto no parágrafo anterior, ficará sujeito à suspensão e/ou revogação da autorização de emissão da Nota Fiscal Avulsa Eletrônica – NFA-e, através do Portal do Contribuinte". Como se está

303. Tema 1.099: "Não incide ICMS no deslocamento de bens de um estabelecimento para outro do mesmo contribuinte localizados em estados distintos, visto não haver a transferência da titularidade ou a realização de ato de mercancia".

304. ADC 49. Tribunal Pleno. Rel. Min. Edson Fachin. *DJe* 04.05.2021.

a ver, trata-se de inegável sanção política, providência proibida pelo Supremo no Tema 31.[305]

Por esses e outros fundamentos que a Corte Suprema, ao examinar a ADIn 6.365, decidiu o seguinte:

> AÇÃO DIRETA DE INCONSTITUCIONALIDADE. ARTIGOS 6º, VI, 7º (REDAÇÃO ORIGINAL E AQUELA DADA PELA LEI ESTADUAL 4.029/2022) E 8º DA LEI 3.617/2019 DO ESTADO DO TOCANTINS. CONTRIBUIÇÃO AO FUNDO ESTADUAL DO TRANSPORTE – FET INCIDENTE SOBRE O VALOR DAS OPERAÇÕES COM PRODUTOS DE ORIGEM VEGETAL, MINERAL OU ANIMAL, INCLUSIVE OS DESTINADOS À EXPORTAÇÃO. LEGITIMIDADE ATIVA *AD CAUSAM*. ENTIDADE REPRESENTATIVA DOS PRODUTORES DE SOJA. PERTINÊNCIA TEMÁTICA. EXAÇÃO QUE CARACTERIZA ADICIONAL DO ICMS COM RECEITA VINCULADA. USURPAÇÃO DA COMPETÊNCIA DO SENADO FEDERAL PARA ESTABELECER AS ALÍQUOTAS DO ICMS APLICÁVEIS ÀS OPERAÇÕES INTERESTADUAIS (ARTIGO 155, § 2º, IV, DA CRFB/1988). IMPOSSIBILIDADE DE VINCULAÇÃO DA RECEITA DE IMPOSTO SEM AUTORIZAÇÃO CONSTITUCIONAL (ARTIGO 167, IV, DA CRFB/1988). OFENSA À IMUNIDADE TRIBUTÁRIA DAS OPERAÇÕES QUE DESTINAM MERCADORIAS AO EXTERIOR (ARTIGO 155, § 2º, X, "A", DA CRFB/1988). AÇÃO DIRETA DE INCONSTITUCIONALIDADE CONHECIDA E JULGADO PROCEDENTE O PEDIDO.
>
> (...)
>
> 3. O artigo 7º da Lei 3.617/2019 do Estado do Tocantins determina o recolhimento ao Fundo Estadual do Transporte – FET de percentual incidente sobre o valor destacado no documento fiscal relativo a operações de saída de produtos de origem vegetal, mineral ou animal ocorridas em seu território, inclusive com destino à exportação ou equiparadas. O § 5º do referido artigo 7º permite a revisão dos produtos submetidos à exação por ato do Secretário de Estado da Fazenda.
>
> 4. A exação não caracteriza preço público, vez que exigida em face de fato gerador (operação de saída de mercadoria) que não

305. Tema 31: "É inconstitucional o uso de meio indireto coercitivo para pagamento de tributo – 'sanção política' – tal qual ocorre com a exigência, pela Administração Tributária, de fiança, garantia real ou fidejussória como condição para impressão de notas fiscais de contribuintes com débitos tributários".

denota relação negocial entre o Estado e o particular, nem tampouco voluntariedade na submissão à exigência, pois a cobrança independe da utilização de qualquer bem ou serviço público. A base de cálculo eleita (valor destacado na nota fiscal) não guarda relação com eventuais custos de manutenção das rodovias estaduais porventura utilizadas para o escoamento da produção rural. Destarte, a exação consubstancia tributo, porquanto compulsória, estando sujeita às limitações constitucionais ao poder de tributar.

(...)

6. *In casu*, o recolhimento criado pelo Estado do Tocantins apresenta características de imposto, pois incide sobre situação reveladora de riqueza relacionada exclusivamente aos contribuintes, não vinculada a qualquer atividade estatal. Ademais, por possuir fato gerador (operações de saída de produtos de origem vegetal) e base de cálculo (valor destacado no documento fiscal) idênticos aos do ICMS, forçoso concluir que se trata de adicional de alíquota do ICMS com receita vinculada, à semelhança dos adicionais do ICMS destinados aos fundos estaduais de combate à pobreza, porém, *in casu*, sem amparo constitucional.

7. O artigo 155, § 2º, IV, da Constituição Federal preceitua que 'resolução do Senado Federal, de iniciativa do Presidente da República ou de um terço dos Senadores, aprovada pela maioria absoluta de seus membros, estabelecerá as alíquotas aplicáveis às operações e prestações, interestaduais e de exportação'. Desse modo, não podem os Estados-membros criar adicionais sobre as alíquotas interestaduais do ICMS.

8. O artigo 167, IV, da Constituição Federal veda a vinculação da receita de impostos a órgão, fundo ou despesa, salvo nas hipóteses expressamente previstas na Constituição. As exceções à vedação, exaustivamente listadas em normas constitucionais, devem ser interpretadas literalmente, a fim de que possa se viabilizar uma exegese harmonizadora dos dispositivos da Constituição. Assim, qualquer vinculação de parcela da receita de impostos sem amparo no texto constitucional é, pois, inconstitucional. Precedentes: (...)

9. O adicional do ICMS em questão incide inclusive sobre operações de saída de mercadorias com destino à exportação ou equiparadas à exportação, em manifesta afronta ao disposto no artigo 155, § 2º, X, 'a', da Constituição Federal, que estabelece imunidade em relação ao ICMS para as operações que destinem mercadorias ao exterior.

> 10. Ação direta de inconstitucionalidade julgada procedente para declarar a inconstitucionalidade do inciso VI do artigo 6º e dos artigos 7º e 8º da Lei 3.617/2019 do Estado do Tocantins.[306]

Esse precedente deveria e tem que servir como paradigma para análise de todos esses "fundos" que recaem sobre o agro. Todos eles, explícita ou implicitamente, apresentam os mesmos problemas detectados pelo Ministro Luiz Fux indicados no FET. Basta examiná-los com detença para perceber isso.

Depois de iniciado o julgamento, no entanto, Tocantins, antevendo que sairia derrotado na causa, deu-se pressa em modificar sua legislação, aprovando a Lei 4.303, a qual é de 21 de dezembro de 2023 (já sob a égide da Reforma Tributária, pois a EC 132 é de 20 de dezembro de 2023), "copiando", na prática, a redação do FUNDEINFRA de Goiás, buscando apagar os vestígios de compulsoriedade. Por conta disso, alegou em embargos de declaração que o julgamento deveria ser declarado como prejudicado. Os embargos foram desprovidos, sob o fundamento de que lei nova não pode ser apreciada em embargos declaratórios. Enfim, se o intuito foi equiparar o "fundo" tocantinense ao goiano, a estratégia não pode trazer frutos, porque também o FUNDEINFRA tem problemas. Essa verdadeira novela há de trazer ainda alguns novos e preocupantes capítulos no futuro.

II.7.6. O FDI, do Maranhão, também é uma arapuca jurídica: cobrança de uma "contribuição" apenas pelo fato de caminhões circularem por seu território

O Estado do Maranhão vem se tornando um importante polo de produção de grãos nos últimos anos, especialmente na parte sul de seu território. Até aí, esse é um

306. ADIn 6.365. Tribunal Pleno. Rel. Min. Luiz Fux. *DJe* 22.02.2024.

aspecto positivo, digno de ser comemorado, levando riquezas e empregos para a região. O ponto negativo é o de que esse Estado resolveu imitar os demais no que toca às práticas inconstitucionais, prejudicando a livre circulação econômica por cobranças indevidas.

Em 25 de maio de 2005, o Estado do Maranhão promulgou a Lei 8.246, a qual criou o "FDI – Fundo Estadual de Desenvolvimento Industrial". Até aí, não havia relação com o agro. Entretanto, por força da Lei 11.184/19 esse "fundo" foi rebatizado para "Fundo Estadual de Desenvolvimento Industrial e de Infraestrutura" (mas, ainda continua conhecido como "FDI"). Adiante, outra lei alterou o arcabouço estadual, a Lei 11.222/20. O fato é que a Lei 8.246/05, com as modificações das Leis 11.184/19 e 11.222/20, criou uma "contribuição" sobre o valor da tonelada *produzida* ou *meramente armazenada* ou *simplesmente transportada* de soja, milho, milheto e sorgo, passando a exigir o pagamento a esse "fundo" como condição para a fruição de tratamentos diferenciados no âmbito de ICMS, englobando a aplicação de diferimento, concessão de redução de base de cálculo, crédito presumido, crédito outorgado e de regime especial para cumprimento de obrigações fiscais, abarcando operações internas, interestaduais e de exportações. O valor da contribuição é de 1,8% sobre o valor da tonelada.

Mantendo fidelidade às premissas lançadas para análise desses "fundos", o que importa aqui é mostrar o que há de diferente no FDI. Quanto às similitudes, elas são equivalentes às do FUNDERSUL e do FETHAB, na medida em que incidem sobre os produtos do agro nas operações internas, interestaduais e de exportação, à razão de 1,8% do valor da tonelada, tudo sob a justificativa de que seria "facultativa". Trata-se, sem dúvida, de um adicional de ICMS, com todas as consequências já descritas antes. No que diz respeito aos aspectos diferenciadores, 05 (cinco) pontos podem ser destacados: (i) a violação ao princípio da igualdade; (ii) a sujeição passiva, que é do adquirente, e não do produtor, desmontando a ideia de "facultatividade"; (iii) a incidência sobre fatos despidos de cunho econômico, como a mera armazenagem e a simples circulação física envolvendo o transporte; (iv) o "efeito cascata" previsto na legislação; (v) e a absoluta ausência de legitimidade à luz das finalidades previstas no texto normativo.

Com relação à igualdade, é de se indagar: por qual razão o Estado sentiu-se motivado a cobrar essa "contribuição" apenas sobre os produtos do agro e especificamente sobre soja, milho, milheto e sorgo? O que justifica que o Estado imponha esse ônus somente à classe dos produtores rurais e, no particular, à subclasse daqueles que plantam soja, milho, milheto e sorgo? Se o FDI é o "Fundo Estadual de Desenvolvimento Industrial e de Infraestrutura", por que motivo esses agricultores devem ser os únicos a custear o desenvolvimento industrial e a infraestrutura do Estado?

Cuidando desse complexo tema, o Prof. Celso Antônio Bandeira de Mello, em obra pequena na extensão, mas grandiosa no seu conteúdo, teve a felicidade de demonstrar que o princípio isonômico supõe a desigualação entre os desiguais segundo um fator de discrímen compatível com o objetivo buscado. Entre o fator discriminador da lei e sua finalidade há de haver uma correlação lógica.[307] No FDI não há uma correlação lógica entre as causas instituidoras da "contribuição" e os fins que a justificariam.

A segunda questão importantíssima a ser considerada – e essa atinge em cheio o alicerce sobre o qual se pretende apoiar o FDI – é a de que, diferentemente do que se passa no FUNDERSUL e no FETHAB, *no FDI a sujeição passiva é do adquirente, e não do produtor,* motivo pelo qual, para o produtor rural, não há "facultatividade" alguma que lhe

307. *Conteúdo jurídico do princípio da igualdade.* 3. ed. São Paulo: Malheiros, 1997, p. 37.

é posta à mesa. Essa particularidade do problema é a peça-chave para demonstrar que o FDI não é opcional, sendo genuíno tributo, e por isso mesmo merece ser explicada com mais detença. Os destinatários das regras da Lei 8.246/05 não são os produtores rurais, e sim os adquirentes, porque os produtores não aparecem nos preceitos da lei como destinatários diretos e imediatos de seus comandos.

O art. 3º, VI, da Lei 8.246 dispõe que o FDI terá como fonte de recursos "contribuição de 1,8% (um vírgula oito por cento) sobre o valor da tonelada de soja, milho, milheto e sorgo produzidos ou transportados no Estado do Maranhão", no que é complementado pelo parágrafo único, o qual preconiza que "a contribuição a que se refere o inciso VI deste artigo também se aplica sobre o valor da tonelada de soja, milho, milheto e sorgo armazenada no Estado do Maranhão". São três fatos possíveis de serem alcançados: a produção, a armazenagem ou o transporte desses produtos.

Ocorre que o produtor rural não faz o "transporte", nem "armazena" grãos. Quem se dedica às atividades de transporte e armazenagem são empresas que prestam esse tipo de serviço. Logo, o produtor não é o sujeito de direitos responsável por cumprir esses comandos da lei, de tal sorte que tais hipóteses estão preordenadas a colher as empresas transportadoras e armazenadoras, e não o agricultor.

E quanto à "produção"? O legislador foi criativo para *amarrar* os agentes econômicos do agro maranhense, dispondo no art. 3º-A que a tal "contribuição não compulsória" fica instituída como produto decorrente da arrecadação "e vinculada à fruição de tratamentos diferenciados por contribuintes" de ICMS. Nesse rol não estão apenas os produtores, mas qualquer contribuinte de ICMS que postule algum tratamento diferenciado. O § 1º desse dispositivo elenca como tratamento diferenciado (i) o diferimento; (ii) a concessão de redução de base de cálculo, crédito presumido ou crédito outorgado; (iii) e a concessão de regime tributário para o cumprimento de obrigações, *"todos vinculados ao ICMS"*. Ora, debaixo do leque daquilo que a lei denominou de "tratamentos diferenciados", o legislador, de forma ardil, incluiu o diferimento (esse sim aplicável ao produtor rural em alguma medida, com todas as ressalvas conceituais tratadas neste texto), mas também outras regras que podem ter por destinatárias igualmente as empresas adquirentes ou responsáveis pela comercialização, e não o agricultor propriamente dito, como a redução de base de cálculo, o crédito presumido, o crédito outorgado e o regime diferenciado para o cumprimento de obrigações fiscais.

Por isso que não há uma "opção" para o produtor rural: as empresas adquirentes, porque necessitam desses tratamentos diferenciados, comprometem-se a recolher o FDI, não deixando para o agricultor "faculdade" alguma. E a certeza disso se evidencia pelo art. 3º-A, § 2º: o recolhimento da contribuição pelas empresas comerciais, exportadoras ou não, "ocorrerá até o dia 20 (vinte) do mês subsequente ao da saída da soja, milho, milheto ou sorgo do estabelecimento, nas operações internas, nas interestaduais ou de exportação, bem como nas operações equiparadas à exportação". *É preciso enfatizar novamente: o recolhimento do FDI será "pelas empresas comerciais"*, o que deverá ocorrer até o dia 20 (vinte) do mês subsequente "ao da saída" dos grãos. Vai daí que quem é sujeito passivo do FDI é a empresa adquirente, e não o produtor. Pela lógica da lei, quando a empresa "dá saída" de soja, milho, milheto ou sorgo de seu estabelecimento, ela tem que recolher a "contribuição voluntária" no mês seguinte.

E não tem como o produtor "deixar de contribuir voluntariamente" à razão de 1,8% sobre o valor da nota, na medida em que, em virtude do jogo de palavras camuflado pela lei, a empresa adquirente, isso é claro, para manter o seu próprio tratamento diferenciado irá sempre fazer o recolhimento do FDI, não havendo para o agricultor "opção" alguma. Nos termos do art. 3º-A, § 3º, a fruição dos tratamentos diferenciados do § 1º (inclusive aqueles aplicáveis aos adquirentes) fica condicionada a que as empresas contribuam para o FDI. O art. 3º-B, por sua vez, prescreve que o recolhimento do FDI *"é, cumulativamente"*, uma pretensa "faculdade" do contribuinte (inciso I), mas também *"condição"* para usufruir o tratamento diferenciado do art. 3º-A, § 1º (inciso II), e mais, uma *"condição"* para manutenção do regime especial para apuração e recolhimento mensal do ICMS nas operações interestaduais e de exportação e de saídas com o fim específico de exportação, incluídas as remessas destinadas à formação de lote (inciso III). Como quem necessita desses regimes especiais são as empresas, e não os agricultores, não há muita dificuldade em se demonstrar que os verdadeiros sujeitos passivos do FDI são os adquirentes, e não o produtor.

O resultado disso tudo é que ao produtor não resta alternativa para se objetar ao recolhimento do FDI, porque, na hipótese de seu não recolhimento, quem perde é a empresa adquirente. Não se lhe confere poder algum de decisão. Daí o cenário falacioso. Por isso mesmo as empresas adquirentes transformaram o FDI em custo no Estado do Maranhão, o qual é embutido no preço dos produtos – na verdade, diminuindo em 1,8% o legítimo valor a que teria direito o produtor na venda em razão desse "fundo". A facultatividade fica apenas no papel.

O terceiro aspecto diferenciador (e negativo) do FDI – que nesse ponto se aproxima do FET – é sua incidência sobre fatos despidos de cunho econômico, sobre a mera circulação física. Pelo que se viu, *o Estado do Maranhão exige o pagamento de uma "contribuição" pelo simples fato de caminhões circularem por seu território, e não sobre serviços de transporte contratados dentro de suas fronteiras*. A situação, realmente, é inusitada. Se uma empresa (como uma *trading)* resolve escoar a produção adquirida no Centro-Oeste pelo chamado "arco Norte", ou seja, por intermédio dos portos situados nos Estados do Pará, Maranhão e Piauí, acaso os caminhões adentrem em solo maranhense, na dicção da lei, já estarão sujeitos a serem parados nas barreiras fiscais, com a imposição de recolhimento do FDI. Isso mesmo que o serviço tenha sido contratado nos Estados de Mato Grosso e Goiás, por exemplo. Nessa dimensão o FDI assume um tom típico de *verdadeiro pedágio,* pois, para circular nas rodovias maranhenses, os transportadores se veem obrigados a pagar a "contribuição não compulsória" ao FDI. Mas, que facultatividade há para eles?

O penúltimo ponto a ser considerado é o "efeito cascata" que o FDI traz para os produtos locais do agro. Como a incidência se dá sobre a "produção", a "armazenagem" e o "transporte", a cada um desses atos exige-se 1,8% sobre o valor da tonelada. Desdobrando esse raciocínio, o que pode ocorrer é o seguinte: (i) o produtor colhe a soja, o milho, o milheto ou o sorgo, decidindo remeter sua produção para um armazém-geral de onde os grãos serão comercializados; (ii) a remessa de grãos para armazenagem pressupõe um serviço de frete, o qual, por envolver o transporte desses produtos, estará sujeito à incidência do FDI (1ª incidência); (iii) chegando os grãos no estabelecimento, a empresa armazenadora, porque realiza a armazenagem de grãos, estará obrigada também ao pagamento do FDI (2ª incidência); (iv) quando o produtor fizer a venda, haverá um retorno simbólico dos grãos para ele, de modo a que possa ser formalizada a operação ao estabelecimento adquirente, com entrega direta do armazém ao comprador (remessa por conta e ordem), e para que isso ocorra novamente será necessário um serviço de frete, sujeito à incidência do FDI (3ª incidência); (v) entrando o produto no estabelecimento adquirente, a empresa pagará o valor ao produtor e terá que recolher o FDI até o 20º dia do mês subsequente (4ª incidência); (vi) como muitas empresas não adquirem grãos para uso próprio, mas sim para nova comercialização no mercado interno, no mercado interestadual ou para exportação, quando ela der destino à produção será necessário, uma vez mais, novo serviço de frete, o qual também estará submetido ao FDI (5ª incidência).

Esse é só um quadro resumido do que geralmente ocorre, mas a dinâmica da operação pode se desdobrar em tantas outras, como a venda de uma empresa para outra no mercado interno, para só então haver comercialização interestadual ou para o exterior, o que atrairia novas incidências. O sistema criado não tem lógica, porque a legislação não prevê uma única incidência do "fundo" ao longo da cadeia econômica, ou, ao menos, "créditos de FDI" em cada etapa. Muito pelo contrário, à luz da Lei 8.246/05, o FDI tem *repercussão cumulativa* sobre os produtos rurais do Estado do Maranhão, atingindo-os em cheio, porque não há agro sem produção, transporte e armazenamento. Isso gera um preço "inflado", recheado de cobranças pretensamente voluntárias, prejudicando a competitividade dos agentes econômicos, bem como o consumidor final. *Não é verdade, portanto, que no FDI seriam devidos "somente" 1,8% do valor da tonelada.* A repercussão em cadeia quatro, cinco ou até mais vezes demonstra a gravidade do problema aqui colocado.

Por fim, igualmente as finalidades previstas como causas justificadoras desse "fundo" não são legítimas. O tal "fundo" foi criado tendo por finalidade "proporcionar recursos" em prol do desenvolvimento das atividades industriais, o que se faz, de acordo com a lei, por meio da manutenção, operacionalização, fiscalização e contratação de serviços básicos de infraestrutura de áreas e distritos industriais (art. 1º). Para cumprir tais objetivos, a lei previu – as expressões a seguir são expressões da lei – que o fundo se destina a "atividades governamentais" das mais variadas, entre elas, o "planejamento" de áreas industriais existentes ou a implantar; o "diagnóstico" dos distritos industriais existentes; a implantação de polo minero-metalúrgico; o "mapeamento" socioeconômico das "potencialidades" regionais; a ampliação do parque industrial atual; os "estudos" de identificação de "oportunidades" de investimentos; a contratação de serviços de "cadastramento" físico-jurídico de áreas de interesse; a regularização de áreas; a "organização de banco de dados" para investidores potenciais; a implantação de polo naval e cerâmico; e os "investimentos e custeio" da infraestrutura rodoviária estadual (art. 2º). E para custear tais "atividades governamentais", a lei dispôs que servirão, entre outras, dotações orçamentárias, doações, venda de imóveis estatais e, claro, a propalada *"contribuição não compulsória"* (art. 3º).

Diante desse contexto, é de se questionar, com franqueza: que legitimidade tem um "fundo" arrecadatório supostamente criado para o fomento de atividades industriais cujo montante serve para custear *"planejamento"*, *"diagnóstico"*, *"mapeamento"* de *"potencialidades"*, *"estudos"* para identificação de *"oportunidades"*, contratação de serviços de *"cadastramento"*, *"organização de banco de dados"* e outros subterfúgios linguísticos arraigados de vagueza? São fatos manifestamente despidos de vinculação aos fundamentos para a genuína instituição de um fundo. E mais, nada justifica a cobrança de uma "contribuição" sobre o agro para canalizar recursos para esse tipo de despesa. Os Estados verdadeiramente acreditam que esses "fundos" servem para qualquer coisa. É revoltante.

II.7.7. A "taxa do agro" denominada TFTG, igualmente instituída pelo Maranhão

A prova inquestionável de que os Estados "perderam a mão" com esses "fundos" – empregando novamente expressão já utilizada neste texto – pode ser confirmada pela postura que o Maranhão adotou. Não bastasse esse ente federativo ter alterado a Lei 8.246/05 para criar uma "contribuição" com o nome de "FDI" destinada a um "fundo" que incide sobre a produção, o armazenamento e o *transporte* de *soja, milho, milheto e sorgo* à razão de 1,8% sobre cada tonelada, em 2022 o Estado decide criar uma "taxa" intitulada de "TFTG" – aqui nominalmente é "taxa" mesmo, enquanto espécie tributária típica – igualmente destinada a um "fundo" cujo objetivo é fiscalizar o *transporte* de *soja, milho, milheto e sorgo,* à razão de 1% sobre o valor de cada tonelada. Lá, a "contribuição" é denominada "FDI" e voltada ao "Fundo Estadual de Desenvolvimento Industrial e de Infraestrutura"; cá, a "taxa" é chamada de "TFTG – taxa de fiscalização de transporte de grãos" e sua arrecadação é canalizada para o "FEPRO – Fundo Estadual para Rodovias do Estado do Maranhão". Como não há menção quer expressa, quer implícita de que a segunda tenha revogado a primeira, *ambas convivem no ordenamento jurídico estadual,* em um quadro de sobreposição de inconstitucionalidades, já que o transporte de grãos fica submetido a essa dupla (e inválida) incidência. O art. 34, § 2º, da lei instituidora da TFTG reforça essa exegese, prevendo que "o pagamento da taxa não dispensa o remetente da mercadoria da observância das demais disposições estabelecidas na legislação tributária estadual".

É essa "taxa" que se pretende examinar agora. Ela decorre da Lei 11.876, de 23 de dezembro de 2022, que nos arts. 31 a 41 criou a TFTG e o FEPRO, tendo sido regulamentada pelo Decreto 38.214, de 31 de março de 2023. Eis os trechos da lei, naquilo que há de mais importante:

> Art. 31. Fica instituída a Taxa de Fiscalização de Transporte de Grãos – TFTG, que tem como fato gerador o exercício do poder de polícia referente à fiscalização de transporte de soja, milho, milheto e sorgo em grãos no território maranhense.
>
> Parágrafo único. O poder de polícia de que trata o *caput* deste artigo será exercido pelas Secretarias de Estado da Fazenda e de Infraestrutura em articulação com a Polícia Rodoviária Estadual.

Art. 32. O contribuinte da TFTG é a pessoa, física ou jurídica, que realize saída interna, interestadual ou com destino a exportação, de soja, milho, milheto e sorgo em grãos no Estado do Maranhão.

Art. 33. Considera-se ocorrido o fato gerador da taxa no momento do início da prestação do serviço de transporte dos grãos referidos no art. 31 desta Lei.

Art. 34. O valor da TFTG corresponderá ao percentual de 1% (um por cento) sobre o valor da tonelada de grãos transportados no Estado.

§ 1º Para fins de determinação do valor da TFTG a ser recolhida, será considerada a quantidade indicada no documento fiscal relativo ao transporte dos grãos.

§ 2º O pagamento da taxa não dispensa o remetente da mercadoria da observância das demais disposições estabelecidas na legislação tributária estadual.

§ 3º O recolhimento da taxa deve ser realizado independentemente da retenção e recolhimento do ICMS, devido em cada operação, quando for o caso.

Art. 35. Ao contribuinte que deixar de efetuar o recolhimento da taxa ou descumprir obrigações acessórias, aplicam-se as mesmas penalidades previstas por igual infração relativamente ao ICMS, nos termos da Lei nº 7.799/2002 e do Regulamento do ICMS/2003.

Art. 36. Fica instituído o Fundo Estadual para Rodovias do Estado do Maranhão – FEPRO, vinculado à Secretaria de Estado de Infraestrutura.

Parágrafo único. O FEPRO tem por objetivo financiar o planejamento, a construção, a ampliação, a recuperação e a manutenção de rodovias estaduais.

(...)

Art. 40. Constituem fontes de receitas do FEPRO:

(...)

XI – Taxa de Fiscalização de Transporte de Grãos – TFTG; (...).

É sabido que, infelizmente, o regime jurídico das taxas foi sendo enfraquecido ao longo dos anos por parte dos entes públicos, e isso com o aval do Supremo Tribunal

Federal. Hoje em dia para tudo se *escolhe* preço público e, mesmo quando remanescem as taxas, elas são instituídas sem um efetivo exercício do poder de polícia e ausente qualquer critério de divisibilidade e especificidade. Mas, ainda existem as normas que dão os contornos necessários às taxas no Brasil. A Carta da República e o Código Tributário Nacional vinculam, de maneira decisiva, o que pode e o que não pode em matéria de taxa. Voltando os olhos para a lei maranhense, sente-se autorizado a dizer até que tal diploma legislativo pode ser usado como exemplo em aula de graduação em Direito sobre o que não se pode fazer quando se está a tratar de taxa.

O primeiro aspecto a ser considerado é o próprio *bis in idem*. Nas palavras da Ministra Eliana Calmon, "ocorre *bis in idem* quando sobre a mesma base de cálculo há dupla incidência da norma tributária".[308] Esse fenômeno indesejado se passa quando o mesmo ente tributante exige mais de uma vez tributo sobre a mesma grandeza, sem autorização constitucional. O exame do sistema jurídico maranhense permite identificar que sobre o valor da tonelada de soja, milho, milheto e sorgo *são cobrados dois genuínos adicionais de ICMS:* um com o nome de "contribuição" ao "FDI" à base de 1,8% e outro com o batismo de "taxa" ao "FEPRO" à razão de 1%. Trata-se de algo extremamente prejudicial, onerando o custo do transporte – e, por consequência, da produtividade como um todo – dos grãos oriundos do Maranhão, ao arrepio da ordem constitucional. O *bis in idem* fica configurado a despeito da retórica do Estado, no sentido de que a "contribuição" ao FDI não teria natureza tributária, pois, por tudo quanto demonstrado no subtópico anterior, esse é apenas um discurso falacioso.

O segundo e mais relevante aspecto de análise passa pelo absoluto descabimento de uma taxa para a moldura

308. REsp 1.050.054/SP. 2ª Turma. Rel.ª Min.ª Eliana Calmon. *DJe* 07.11.2008.

que se quis implantar. O fato gerador invocado pela lei para a TFTG seria o "exercício do poder de polícia referente à fiscalização do transporte" desses produtos pelas Secretarias de Estado da Fazenda e de Infraestrutura, "em articulação com a Polícia Rodoviária Estadual". Ora, basta o enfoque ao art. 31 da Lei 11.876/22 para que várias conclusões sejam tiradas, todas reveladoras da fragilidade da taxa instituída.

A criação de uma taxa com essa finalidade pressupõe que o exercício do poder de polícia possa ser efetivamente exercido. Quando questionaram essa exação no âmbito do Tribunal de Justiça local, os contribuintes demonstraram que as rodovias municipais correspondem a 83% da malha rodoviária do Estado, 7% são rodovias federais e apenas 10% estaduais, de tal sorte que o Executivo Estadual sequer teria atribuição para fiscalizar os caminhões na maior parte dos trechos.[309] Note-se, no entanto, que o art. 31 não se limita à fiscalização do transporte por via terrestre, deixando em aberto, em tese, o transporte por outros meios, como o aéreo e o aquático. E nem mesmo os locais específicos onde seriam realizadas as tais fiscalizações constam do texto. Vai daí que não há competência administrativa deferida ao Poder Executivo Estadual para fazer o que pretende, sendo aplicável, por analogia, o Tema 217 do Supremo Tribunal Federal, segundo o qual "é constitucional taxa de renovação de funcionamento e localização municipal, desde que efetivo o exercício do poder de polícia, demonstrado pela existência de órgão e estrutura competentes para o respectivo exercício".[310] Pois bem, *a contrario sensu*, não havendo nem mesmo competência para o exercício do poder de polícia, está afastado o cabimento da taxa.

---

309. Produtores do MA obtêm anulação de cobrança de taxa de transporte de grãos. Disponível em: https://www.conjur.com.br/2023-out-09/tj-ma-derruba-cobranca-taxa-transporte-soja-milho/. Pedido de Suspensão de Liminar nº 0808143-86.2023.8.10.0000. Órgão Especial. Rel. Des. Paulo Sérgio Pereira Velten.

310. RE 588.322 (Tema 217). Tribunal Pleno. Rel. Min. Gilmar Mendes. *DJe* 03.09.2010.

Mais um desdobramento acerca do perfil constitucional das taxas é o de que, evidentemente, o exercício do poder de polícia manifestado no ato fiscalizatório deve ser, de algum modo, individualmente destacado, causando um especial custo ao órgão fiscalizador, aproximando-se nessa medida dos critérios de especificidade e divisibilidade. Embora pela dicção constitucional apenas as taxas decorrentes de prestação de serviços públicos devam ser específicas e divisíveis, é claro que a outra modalidade de taxa só se justifica *"em razão"* do exercício do poder de polícia, de tal maneira que a atividade fiscalizatória há de recair sobre um contribuinte individualmente considerado, e não sobre a coletividade como um todo. Imaginar o contrário seria deixar uma larga porta aberta para que os entes federados, a pretexto de taxa pelo exercício do poder de polícia, cobrassem tributos sob a perspectiva genérica da sociedade ou de grupos indistintos de pessoas.

Nas palavras de Leandro Paulsen, "daí a outorga de competência para a instituição de tributo que atribua o custeio de tais atividades específicas e divisíveis às pessoas às quais dizem respeito, conforme o custo individual do serviço que lhes foi prestado ou fiscalização a que foram submetidas, com inspiração na ideia de justiça comutativa".[311] No caso da TFTG, esse critério não está demonstrado, já que sua verdadeira materialidade, ainda que escondida por detrás dos signos vagos da lei, *pressupõe o mero "uso" das rodovias maranhenses,* que serve a todos, e não apenas a alguns, não havendo aí autorização constitucional para cobrança de taxa.

Outra questão relevante nesse mesmo viés de análise é a absoluta ausência do indispensável caráter sinalagmático que a taxa há de ostentar. A TFTG não tem qualquer indicador de ter natureza contraprestacional, muito

311. *Curso de direito tributário completo.* 15. ed. São Paulo: Saraiva, 2024, p. 43-44.

pelo contrário, ela serve para "financiar o planejamento, a construção, a ampliação e a manutenção de rodovias estaduais". Ora, não é preciso muito esforço para perceber que recursos para custear rodovias estaduais devem vir de impostos, não de taxas. A teor da lei, é inexistente a função retributiva entre o especial custo causado pelo contribuinte e a cobrança da taxa dele exigida para cobrir esse custo. Não há um tributo vinculado a uma atividade estatal específica, muito pelo contrário, em vez da taxa servir para fazer frente às despesas necessárias para os atos administrativos fiscalizatórios de transportadores de grãos, os recursos são canalizados para finalidade bem distinta, que é a de destiná-lo a um "fundo" que irá se encarregar das políticas públicas para construção, expansão e melhoramento de estradas.

Consequência disso tudo é o terceiro ponto do raciocínio: tanto é descabida a taxa, que sua base de cálculo é típica de ICMS, *não tendo relação alguma com o custo da atividade estatal.* Com efeito, entre o fato descrito no critério material da hipótese de incidência e a base de cálculo escolhida pelo legislador como apta a medir a grandeza tributável não há liame de coincidência. De acordo com o Prof. Paulo de Barros Carvalho, a base de cálculo tem a relevante função de "confirmar, infirmar ou afirmar o critério material expresso na composição do suposto normativo".[312] A função comparativa da base de cálculo da TFTG, porém, logo de pronto denuncia sua inconsistência.

É exatamente essa a situação que se infere aqui: para exercer a fiscalização do transporte de grãos, ardilosamente se adotou como parâmetro *o valor* desses produtos agrícolas. Ora, o que uma coisa tem que ver com outra? Por acaso se a soja custar mais ou menos o custo do Estado com a fiscalização irá variar também? É claro que não. Daí

312. *Curso de direito tributário*. 33. ed. São Paulo: Noeses, 2023, p. 366.

a apropriação indevida de materialidades e grandezas inerentes ao ICMS, extrapolando o regime jurídico das taxas.

Nesse particular a Súmula Vinculante 29 auxilia na compreensão do tema, ao prescrever que "é constitucional a adoção, no cálculo do valor de taxa, de um ou mais elementos da base de cálculo própria de determinado imposto, desde que não haja integral identidade entre uma base e outra". Na TFTG há "integral identidade entre uma base e outra", pois a taxa incide sobre o valor da tonelada da soja, do milho, do milheto e do sorgo, mas o valor desses produtos é a base de cálculo do ICMS-agro, motivo por que a vedação do verbete sumular incide em cheio sobre a taxa maranhense. É curioso perceber, a esse propósito, que o art. 35 da Lei 11.876/22 previu que ao contribuinte que deixar de pagar a TFTG ou suas obrigações acessórias "aplicam-se as mesmas penalidades previstas por igual infração relativamente ao ICMS". Portanto, a conclusão inequívoca é a de que *a TFTG é um adicional de ICMS mal disfarçado*.

O penúltimo fundamento para desmontar essa taxa é a afronta ao primado da igualdade. De todas as pessoas que "usam" as rodovias maranhenses, o Estado entendeu que apenas os que produzem soja, milho, milheto e sorgo devem pagar para custear sua manutenção, construção e expansão. A lei lança como pressuposto da taxa o exercício do poder de polícia envolvendo a fiscalização do transporte desses grãos, cobrando-a sobre o valor da tonelada, mas não traz consigo *qual seria o critério de discrímen legitimador* para se "taxar" apenas os produtos do agro. Noutras palavras, por que motivo especificamente somente os produtores de soja, milho, milheto e sorgo devem custear a infraestrutura rodoviária do Maranhão? Por acaso só eles transitam por essas rodovias? Ou eles geram "mais desgaste" às rodovias, dando embasamento para um tratamento mais oneroso para esse segmento? Se uma tonelada de soja "pesa" a mesma coisa que uma tonelada de veículos, de eletrodomésticos ou de qualquer outro produto transportado pelas rodovias, por que somente os produtores rurais devem arcar com essa taxa? Não há, como se vê, respaldo constitucional a ela sob a perspectiva isonômica.[313]

O último e não menos relevante empecilho a essa taxa é sua pretensão de incidir sobre as exportações. Tendo em vista que o art. 32 da lei prescreve que contribuinte é a pessoa, física ou jurídica, "que realize saída interna, interestadual ou com destino à exportação" de soja, milho, milheto e sorgo em grãos no Estado do Maranhão, fica demonstrado que, para o Estado, seria possível exigir uma taxa sobre a exportação de grãos. Todavia, cabe, privativamente, à União dispor sobre o comércio exterior, de tal maneira que taxa estadual alguma pode embaraçar o livre trânsito de mercadorias para o exterior. Não apenas isso, na medida em que a base de cálculo eleita pelo Maranhão foi o valor dos produtos agrícolas, esse aspecto transforma a taxa em incontornável adicional de ICMS; sucede, porém, que as vendas ao exterior são imunes ao ICMS, de tal sorte que a taxa, ao ir de encontro a essa previsão constitucional (e não ao encontro, como se espera das normas subalternas), acaba por contrariar explicitamente a Carta da República.

II.7.8. O Estado de Goiás não quis ficar de fora: o FUNDEINFRA, que incide sobre os produtos goianos

Tamanha foi a onda que varreu os Estados com vocação para o agro envolvendo esses "fundos" nos últimos anos que Goiás, outro celeiro do agronegócio, sentindo-se politicamente pressionado, não quis ficar de fora. Em 06 de dezembro de 2022, Goiás publicou as Leis 21.670 e

---

313. "Todos os cidadãos têm o direito a tratamento idêntico pela lei, exceto quando presente uma correlação lógica entre a distinção que a norma opera e o fator de discrímen, em consonância com os critérios albergados pela Constituição Federal" (ADPF 334. Tribunal Pleno. Rel. Min. Alexandre de Moraes. *DJe* 26.05.2023).

21.671, cujos preceitos modificaram substancialmente o ordenamento local para acomodar o "FUNDEINFRA – Fundo Estadual de Infraestrutura", que passou a onerar seus produtos rurais. Um dos últimos a incorporar no seu ordenamento um "fundo do agro", Goiás seguiu, em linhas gerais, as mesmas invalidades cometidas pelos outros Estados, no entanto, foi além em alguns outros aspectos, que devem ser enfrentados.

A primeira consideração a ser feita é a de que as alterações legislativas realizadas não são fáceis de ser compreendidas. Como é comum ocorrer quando o ente tributante tem o nítido propósito de criar instabilidade para, dela se valendo, levar adiante seu intento de exigir tributos, Goiás coseu um emaranhado normativo, recheado de expressões ambíguas e vagas, e mais, fazendo remissões a outros diplomas legislativos, tudo para construir um horizonte sombrio, deixando os contribuintes sem clareza na absorção dos novos preceitos. O Estado previu o FUNDEINFRA em uma lei (a Lei 21.670, já modificada pela Lei 21.792, de 16.02.2023), em outra (a Lei 21.671) enxertou substituições em mais três veículos legislativos (a Lei 11.651/91 – Código Tributário Estadual, e as Leis 13.194/97 e 13.453/99) e via decreto (o Decreto 10.187, de 30.12.2022) modificou o RCTE – Regulamento do Código Tributário do Estado (Decreto 4.852/97) para estabelecer os vínculos entre o FUNDEINFRA e as exigências de ICMS, tudo isso além de calibrar as cargas fiscais da nova "contribuição" estadual.

As mudanças foram muitas. De uma forma resumida, compilando leis e decreto, elas compreenderam o seguinte: (i) foi criado um "fundo", denominado de "FUNDEINFRA", para gerir os recursos "oriundos da produção agrícola, pecuária e mineral" e implantar "políticas e ações administrativas de infraestrutura", a serem conduzidas por um Conselho Gestor, compreendendo a infraestrutura da "agropecuária, dos modais de transporte, recuperação, manutenção, conservação, pavimentação e implantação de rodovias, sinalização, artes especiais, pontes, bueiros, edificação e operacionalização de aeródromos"; (ii) entre outras fontes, esse "fundo" terá como receita uma "contribuição"; (iii) essa "contribuição" fica estabelecida como "condição" para: (iii.1) "fruição de benefício ou incentivo fiscal"; (iii.2) "comprovação da efetiva exportação" daqueles que "optarem" por "regime especial" de controle das exportações; (iii.3) condição também para que "o imposto devido por substituição tributária pelas operações anteriores" possa ser recolhido pelo contribuinte credenciado por ocasião da saída subsequente ou apurado junto com o devido pela operação de saída própria, resultando "um só débito por período"; (iv) a imunidade nas exportações diretas e indiretas de milho, soja, carne (fresca, resfriada, congelada, salgada, temperada ou salmorada e miúdo comestível resultante do abate de gado bovino ou bufalino), amianto, ferroliga, minério de cobre e seus concentrados e ouro (incluindo o ouro platinado) "fica condicionada" à comprovação da efetiva remessa para o exterior, o que ocorrerá da seguinte forma: (iv.1) ou o exportador promove "o pagamento do ICMS" a cada saída, recebendo a restituição "após" a exportação; (iv.2) ou, "em substituição" a esse modelo, adere a um "regime especial", no qual tem que "optar pelo pagamento de contribuição para fundo destinado a investimento em infraestrutura"; (v) o imposto devido na operação "subsequente" fica "dispensado", mas "desde que" o substituto industrial (agroindústria) que adquire cana-de-açúcar, milho e soja ou o substituto comercial que adquire esses mesmos produtos agropecuários contribuam para o "fundo"; (vi) só será admitida a substituição acaso "o substituto tributário contribua para o fundo"; (vii) doravante, a isenção tributária dos produtos do agro (amendoim, arroz, aveia, cacau, café, cana-de-açúcar, canola, girassol, milho, soja, leite para industrialização, animais para abate, madeira e produtos não comestíveis decorrentes do abate de animais, como couro) "fica condicionada ao pagamento de contribuição para o fundo"; (viii) a regra de "diferimento" de soja e milho fica "condicionada a que o substituto tributário contribua para o FUNDEINFRA", ficando dispensado o pagamento das operações anteriores, mas "desde que tenha sido feito o pagamento da contribuição"; (ix) especificamente a isenção na comercialização de cana-de-açúcar, milho, soja e de animais de origem bovina e bufalina para abate "fica condicionada ao pagamento pelo destinatário da contribuição"; (x) as alíquotas, instituídas por decreto, são de 1,2% para a cana-de-açúcar, 1,1% para o milho, 1,65% para a soja, 0,5% para a carne, 0,5% para o gado bovino e bufalino e 1,65% para os minérios.

O rol de questões relevantes, está-se a ver, é bem considerável. Para facilitar a análise, o primeiro recorte no raciocínio é o de que a exigência do FUNDEINFRA sobre minérios, inclusive na exportação (amianto, ferroliga, minério de cobre e seus concentrados e ouro, incluindo o ouro platinado), não será examinada, por conta do eixo temático desta obra. Parece evidente, porém, que o FUNDEINFRA sobre esses produtos é de uma inconstitucionalidade flagrante, seja por imiscuir-se em campo próprio do ICMS, seja à luz da regra explícita do art. 155, § 3º (já na redação da Reforma Tributária), que *proíbe* a incidência de outro tributo sobre minérios que não sejam o ICMS e agora o imposto seletivo (IS).

Limitando-se, portanto, às reflexões que o FUNDEINFRA acarreta sobre o agro, convém realçar primeiro suas semelhanças com os outros "fundos" para depois enfatizar suas diferenças. Com relação aos pontos de contato, o FUNDEINFRA é o inconstitucional "fundo" goiano para infraestrutura estadual, assim como o FUNDERSUL, o FETHAB, o FET e o FDI (além da TFTG, que é taxa), pelo qual se exige uma "contribuição" para custear recursos que serão geridos por um comitê ou um conselho, compreendendo, sobretudo, os dispêndios com estradas (em Goiás, com aeroportos também), *algo que deveria ser bancado pelas receitas gerais de impostos*. Ademais, a ausência de liame entre o pressuposto da cobrança e a aplicação dos recursos é manifesta, pois entre a comercialização de soja, milho ou gado pelo produtor e a despesa que o Estado tem com conserto de rodovias e aeroportos não há implicação que lhe dê sustento.

Como se isso não bastasse, a propalada "contribuição" apropria-se de materialidades e bases de cálculo típicas do ICMS, mas incide na cadeia sem que sejam concedidos créditos quer de ICMS, quer de FUNDEINFRA, afrontando a noção de não cumulatividade. Mais ainda, arvora-se em gravar a comercialização não só de produtos rurais, mas também de outros, como o minério (a exemplo de Tocantins com o FET).

E o principal, sua "facultatividade" fica apenas no papel, na medida em que os textos normativos, como os trechos destacados demonstram, empregam repetidas vezes as expressões *"condição"* e *"fica condicionada"*, de modo bastante enfático, indicando que dos enunciados prescritivos em vigor não decorre genuína "opção" ou liberalidade deferida aos contribuintes para participarem do FUNDEINFRA ou não. Revelando seu viés de verdadeiro tributo, são exigidas contrapartidas compulsórias atreladas às categorias desonerativas previstas no sistema jurídico estadual, mas não só no que concerne ao "diferimento" (a exemplo do que se dá no FUNDERSUL, no FETHAB e no FDI) e na imunidade (como no FETHAB, no FET, no FDI e na TFTG), senão também na seara da isenção e da substituição tributárias, algo inovador, se comparado com as demais "contribuições voluntárias" estaduais.

O elenco das semelhanças do FUNDEINFRA com os outros "fundos" permite agora explorar mais detalhadamente suas diferenças. São quatro, basicamente, os aspectos que merecem ser realçados: (i) os impactos que a "contribuição" goiana traz para as exportações; (ii) as especificidades envolvendo a substituição tributária, inclusive quanto ao "diferimento"; (iii) a exigência do FUNDEINFRA, de forma escancarada, sobre as hipóteses de isenção propriamente ditas; (iv) e as alíquotas fixadas.

Sobre as exportações, a análise atenta da legislação dá conta de que, em Goiás, de uma só vez foi instituído um regime especial de exportação e uma "contribuição" como condição para que o exportador possa aderir a esse regime. Em páginas anteriores deste estudo foram demonstradas, de forma minuciosa, as razões pelas quais os Estados não podem criar esses regimes especiais, como fizeram Mato Grosso do Sul e Mato Grosso, máxime se tais práticas criam empecilhos ao livre trânsito de mercadorias com destino ao exterior. Não podem porque isso representa violação à competência da União Federal para dispor sobre o comércio exterior. Afinal de contas, fiscalizar é diferente de atravancar. E não podem, muito menos, criar condicionantes para que os produtos gerados em seus territórios sejam exportados, em especial ao se exigir uma contrapartida financeira para a regular exportação, via "fundos", dado que as exportações foram imunizadas pela Constituição Federal.

Pois bem, e o que fez o Estado de Goiás? Incidiu justamente nessa dupla vedação. De uma só tacada, foram criados o regime especial de exportação e uma "contribuição" como condicionante para que a empresa exportadora possa "aderir" a esse regime. Com efeito, o art. 5º, I, "b", da Lei 21.670/22 prevê que uma "contribuição", a qual, nas palavras da lei, é "exigida no âmbito do ICMS como condição para: (...) b) o contribuinte que optar por regime especial" que vise ao controle das saídas de produtos destinados ao exterior ou com o fim específico de exportação e à comprovação da efetiva exportação.

O art. 1º da Lei 21.671/22, por sua vez, ao acrescer o art. 38-A ao CTE/GO, não teve vergonha alguma para dispor que *"a não incidência"* a que se refere a legislação (na verdade, uma imunidade) "fica condicionada à comprovação da efetiva exportação", de modo que para o controle das operações destinadas ao exterior e a comprovação da efetiva exportação o Regulamento pode "exigir o pagamento do ICMS" relativo a cada operação ou prestação no momento da saída da mercadoria do estabelecimento remetente por meio de documento de arrecadação distinto, ficando garantida a restituição do valor do imposto pago "após" a comprovação da exportação; ou então, "em substituição" a esse modelo, instituir regime especial ao contribuinte que "optar pelo pagamento de contribuição para fundo destinado a investimento em infraestrutura". Se o contribuinte, rebeldemente, não quiser "optar" pelo regime especial, ser-lhe-á exigido o ICMS por meio de aplicação da alíquota interna (mais gravosa) sobre o valor constante de pauta elaborada pelo Fisco. Mas, se o contribuinte, obedientemente, "optar" pelo regime especial, aí ele fica dispensado desse pagamento antecipado, desde que contribua para o fundo (art. 50, § 1º, II, "b", do RCTE/GO, com as alterações da Lei 21.671/22).

O destaque desses trechos não deixa dúvida alguma para a atitude arbitrária assumida por Goiás. Nesses momentos que a solidez do embasamento teórico tem que se manifestar. O Estado deixa evidenciada sua equivocada exegese no sentido de que, nas exportações, mesmo admitindo que seja uma imunidade, ele poderia "exigir o pagamento do ICMS", fazendo a restituição "após" a prova da exportação. Ora, mas a imunidade tributária expressa uma hipótese de *incompetência* tributária dos entes federados. Havendo um fato que se subsome, que se encaixa a uma norma de caráter imunizante, *nem mesmo em tese* a pessoa política de direito constitucional interno pode instituir e muito menos cobrar tributos. Não se trata de um "favor" que o Estado defere se quiser, negando-o se for do seu desagrado.

O ente federativo só pode exigir o ICMS porque a Constituição lhe autorizou; logo, é a Constituição, e não o Estado-membro, que define o que pode e o que não pode em matéria tributária. A tônica empregada de se aplicar a regra do *solve et repete* de forma consciente, proposital, coletando ICMS declaradamente sobre exportações (e não apenas por um equívoco) é algo que grita por si só, a revelar a inteira inconstitucionalidade dessa previsão.[314]

Não é apenas isso. O encurralar do Estado contra o contribuinte, colocando sobre sua cabeça a "opção" de pagar o ICMS na frente ao exportar, para receber a restituição sabe-se lá como e quando (já que a legislação não traz esclarecimentos sobre isso), ou então de "optar" por um regime especial no qual é condição essencial para adesão o pagamento de uma "contribuição" a um "fundo", é prática também afrontosa à Carta da República, porque aqui se está a exigir um valor sobre atos e bases de cálculo indissociáveis ao ICMS, porém, não há ICMS na exportação.

Pelo que se pode ver, não há "facultatividade" alguma, denunciando a agressão feita por Goiás contra os produtores e os exportadores de *commodities* do agronegócio. Ora, cobrar ICMS com "carga cheia" e com o nome de ICMS como condição para se autorizar a exportação ou exigir um ICMS menor, mas incidente sobre um naco do valor da operação, com o nome de FUNDEINFRA, igualmente como condição para se deferir a venda ao exterior, revela que "opção" para o exportador? Nenhuma.

O segundo aspecto importante diz respeito às regras para substituição tributária adotadas pelo Estado, aí incluídas as concernentes ao "diferimento". De acordo com a normatização local em vigor, o pagamento da tal "contribuição"

---

314. CASTRO JR., Paulo Honório. A inconstitucionalidade do FUNDEINFRA. *In:* FERRARI, Bruna Camargo; DONIAK JR., Jimir; PEIXOTO, Marcelo Magalhães (coord.). *Tributação e contabilidade no agronegócio*. São Paulo: MP Editora, 2023, p. 215/240.

é uma condição para que o imposto devido por substituição tributária pelas operações anteriores possa ser pago pelo contribuinte por ocasião da saída subsequente ou apurado junto com o imposto devido por operação própria, culminando em "um só débito por período". Além disso, a técnica daquilo que o Estado rotula de "diferimento" para a soja e o milho (as grandes commodities de Goiás) passa a ficar condicionada a que "o substituto tributário" (e não o produtor, o substituído) "contribua para o FUNDEINFRA", de tal sorte que fica dispensado o pagamento do ICMS nas operações anteriores "desde que tenha sido feito o pagamento da contribuição".

Está aqui, fundamentalmente aqui, a sagacidade maldosa e inovadora criada por Goiás. Em vez de jogar sobre os ombros do produtor rural, que é a ponta mais fraca da operação, o ônus de ter que "escolher" se continuará havendo ou não "diferimento" na cadeia, *a legislação goiana elege a agroindústria como contribuinte do FUNDEINFRA*. Cabe ao substituto tributário, isto é, ao adquirente, o dever de contribuir para o "fundo", havendo ênfase no sentido de que só será dispensado o ICMS nas operações antecedentes se houver o *"pagamento da contribuição"*.

Eis mais uma prova, entre tantas, de tudo o que vem sendo dito desde o início nesta investigação científica. Os Estados manobram a linguagem do direito para interesses não propriamente republicanos, veiculando deveres para fins arrecadatórios alheios aos contornos da Constituição. Para que esse objetivo seja cumprido, valem-se de um instrumento muito poderoso: a linguagem. Promovem enlaces linguísticos, com tônus normativo, de signos vagos e ambíguos justamente para criar uma equação na qual o resultado final sempre será aquele buscado. Tárek Moysés Moussallem observa, com razão, que a linguagem "é saturada de vícios, a ponto de, não raramente, em determinadas circunstâncias, aniquilar o processo comunicacional".[315] Se isso já é perigoso quando realizado de forma involuntária, pior ainda quando a confusão é criada propositalmente pelo emissor da mensagem.

Como passa a ser do adquirente o dever jurídico de recolher o FUNDEINFRA, Goiás transformou a "contribuição" ao "fundo" *um custo computado no preço da mercadoria.* A agroindústria não vai deixar de pagar o FUNDEINFRA, pois para ela interessa manter a cadeia desonerada, neutra, com menos burocracia, apenas exigindo do produtor a nota de venda. E para ela é relativamente fácil inserir no preço a pagar pelos produtos agropecuários a "contribuição" que ela terá que recolher, fazendo um "desconto econômico" do FUNDEINFRA no valor da saca de grão ou da arroba do boi. Aliás, isso não só para a agroindústria (substituto industrial), como também para as cerealistas (substituto comercial). Desmonta-se por completo o imaginado cenário de "facultatividade", de "opção" que teria o produtor a fazer, escolhendo se paga ICMS ou FUNDEINFRA. *O produtor rural não é o destinatário da norma do FUNDEINFRA.* E nem sequer há que se falar em genuíno "diferimento", por tudo que já se falou, estando escondida aí, debaixo dessa expressão, uma hipótese de inequívoca isenção.

O terceiro ponto a ser refletido, que é um desdobramento do anterior, é o de que Goiás inovou também, de maneira explícita, ao condicionar *o gozo de isenções tributárias* ao pagamento de uma "contribuição" pseudofacultativa. A lógica é a de que a "fruição de benefício ou incentivo fiscal" está condicionada ao pagamento do FUNDEINFRA. Para não deixar espaço para discussão, o legislador previu no art. 3º da Lei 21.671/22, ao alterar o art. 2º da Lei 13.453/99, que a isenção dos produtos do agro fica condicionada ao FUNDEINFRA. Portanto, na comercialização de

315. *Fontes do direito tributário.* 2. ed. São Paulo: Noeses, 2006, p. 32.

amendoim, arroz, aveia, cacau, café, cana-de-açúcar, canola, girassol, milho, soja, leite para industrialização, animais para abate, madeira e produtos não comestíveis decorrentes do abate de animais, como couro, o ICMS só não será exigido, estando nominalmente mantida a isenção, se houver pagamento de FUNDEINFRA. Mais um engodo. Independentemente da natureza jurídica do FUNDEINFRA (se tributo ou não), fica claro que, desde as alterações da lei, *uma parte da isenção ficou corrompida por um pagamento pecuniário,* deixando de ser, logicamente, uma isenção. E como o FUNDEINFRA é indiscutível adicional de ICMS, o resultado é o de que, em Goiás, para esses produtos não há mais legítima isenção.

A atitude do Estado, de confessar que cobra tributo como "condição" para fruição de isenções, é a grande diferença teórica do FUNDEINFRA para os demais "fundos", sendo também o maior ponto de preocupação. No *leading case* do FUNDERSUL o Supremo não se deu conta de que estava a avalizar uma prática perigosa, que poderia se alastrar. E se alastrou, não só para os diversos rincões do País, como também nas diferentes categorias tributárias (imunidade, substituição tributária, isenção, "diferimento"). Levando-se às últimas consequências esse engenho, nada impediria uma hipótese já levantada antes, que amanhã ou depois uma isenção de IPTU passasse a ser condicionada ao pagamento de uma "contribuição" a um "fundo municipal" e uma isenção de IR igualmente estivesse atrelada ao recolhimento de uma "contribuição" para um "fundo federal". Tudo sob o pálio de que, se o indivíduo não quiser "contribuir", sua isenção fica cassada, passando a recolher o tributo regularmente. É um jogo de palavras em que sempre quem sai perdendo é o contribuinte.

Por derradeiro, é importante falar das alíquotas do FUNDEINFRA. A calibragem das cargas é diferente conforme o tipo de produto (mesmo problema identificado no

FUNDERSUL e no FETHAB), *como se a atividade agropecuária desenvolvida "dentro da porteira" (soja, milho, cana ou gado) influenciasse em alguma coisa* nos gastos do Poder Executivo com infraestrutura. Uma tonelada de soja pesa o mesmo tanto que uma tonelada de areia ou de algodão. Em que exatamente o valor da *commodity* altera a política pública de infraestrutura? Além disso, enquanto FUNDERSUL e FETHAB adotam percentuais predefinidos pela lei, mas cuja quantificação efetiva varia por unidade de medida local (UFERMS em Mato Grosso do Sul e UPF/MT em Mato Grosso), e FET, FDI e TFTG seguem o modelo fixo de tributação (1,2% no FET, 1,8% no FDI e 1% na TFTG), em Goiás o FUNDEINFRA não estabelece que o valor irá depender de uma unidade de medida variável por ato do Secretário de Fazenda, mas também não previu as alíquotas na lei, pelo contrário, *os percentuais ficaram estabelecidos em mero decreto,* tudo a indicar que, seguindo essa lógica, o Governador pode mudar do dia para noite as cargas incidentes, em manifesta afronta à legalidade. Eis mais uma infeliz inovação do FUNDEINFRA.

II.7.9. O caçula FDI-Piauí

Apenas dois dias após Goiás criar o FUNDEINFRA, o Estado do Piauí, que vem crescendo ano a ano na produção de grãos, quis criar seu "fundo" também. Não é à toa, aliás, que Piauí faz parte do bloco agrícola denominado de "MATOPIBA", formado por Maranhão, Tocantins, Piauí e Bahia, onde a geração de riquezas vindas do campo vem aumentando exponencialmente, proporcionando emprego, desenvolvimento e receitas a esses Estados. Se esse é um lado positivo, parece que, toda vez que o agro mostra sua pujança, a força política interfere para de alguma forma se aproveitar do seu empuxo, cobrando sua parcela sobre a iniciativa privada. Não haveria problemas se tudo fosse feito dentro das margens da Constituição. Porém, está claro que não é exatamente isso o que acontece quando se está a tratar desses "fundos do agro".

No dia 08 de dezembro de 2022, Piauí aprovou a Lei Complementar nº 269. Esse veículo legislativo altera várias outras leis. Na parte que interessa, o art. 2º modifica a Lei 4.257/89 para inserir um art. 4º-A, criando condicionantes à exportação dos produtos piauienses, e um art. 6º-B, autorizando o Poder Executivo a condicionar a fruição de benefícios e incentivos fiscais. Nos arts. 8º a 15 referida lei cria o FDI/PI – Fundo de Desenvolvimento da Infraestrutura Logística do Estado do Piauí, o qual é destinado a financiar o planejamento, estudos, execução, acompanhamento e avaliação de obras e serviços de infraestrutura logística em território piauiense.

Aí está o "FDI/PI". Para diferenciá-lo do FDI criado pelo vizinho Maranhão, o legislador local adotou a mesma sigla (FDI), mas, em vez de chamá-lo de "Fundo Estadual de Desenvolvimento Industrial e de Infraestrutura" (como no Maranhão), designou-o de "Fundo de Desenvolvimento da Infraestrutura Logística", agregando a referência ao Estado do Piauí. Contudo, embora o *nomen iuris* seja similar ao "fundo" do Maranhão, *o FDI/PI, na prática, é uma cópia do FUNDEINFRA de Goiás.* A única coisa que o assemelha ao FDI do Maranhão é o fato de que *o FDI/PI incide apenas sobre soja, milho, milheto e sorgo.*

A LC 269/22 do Piauí – editada, repita-se, dois dias após o FUNDEINFRA – tem texto bastante similar à Lei 21.670/22 de Goiás, estabelecendo que uma "contribuição" poderá ser cobrada como condição ao deferimento de um regime especial de exportação, sob pena de cobrança de "carga cheia" e antecipada de ICMS, e para o gozo de benefício ou incentivo fiscal. De acordo com o Decreto 21.869, de 06 de março de 2023, o pagamento do FDI/PI é condição para o regime especial de exportação de soja, milho, milheto e sorgo (art. 2º). Não havendo adesão ao regime especial, será exigido o ICMS na exportação desses produtos (art. 1º). O FDI/PI é devido também "na hipótese de fruição do regime especial de que tratam os arts. 106 a 112 do Anexo VII" do seu Regulamento de ICMS (art. 2º-A do Decreto 21.869/23). Esses dispositivos preveem regimes especiais de tributação nas operações internas e interestaduais com soja, milho, milheto e sorgo realizadas por produtores que fazem o cultivo desses produtos; ou por atacadistas de grãos. O Regulamento piauiense prevê aos estabelecimentos situados no Estado um crédito presumido "de modo que a carga tributária seja equivalente ao percentual de 2% (dois por cento) sobre o valor total das saídas tributadas". Desde a Lei Complementar nº 269/22, portanto, haverá a incidência de 2% de ICMS e mais um valor de FDI/PI. A alíquota do FDI/PI (fixada em decreto, como no FUNDEINFRA) é de 1,65% (art. 3º, *caput*, do Decreto 21.869/23), mas, para os exercícios de 2023 e 2024, ficou reduzida para 1% (art. 3º, § 4º, do referido decreto).

É desnecessário repetir toda a argumentação desenvolvida para expor o porquê o FDI/PI incide nas mesmas inconstitucionalidades de todos os demais. Por ser uma sistemática aderente à lógica dos "fundos" que lhe antecederam, a "contribuição" piauiense fica contaminada pelos mesmos problemas, logo, igualmente não tem respaldo na Carta da República.

II.7.10. Em conclusão: os "fundos do agro" são um preocupante mecanismo paralelo de arrecadação à margem do Sistema Tributário Nacional (o que é demonstrável em formato de tabela)

Ao se chegar a esse ponto, após o longo percurso percorrido, a conclusão brota de maneira intuitiva. Os Estados fazem o que bem entendem com esses "fundos", haja vista a porta aberta que deixou o Supremo nessa matéria. Há 25 (vinte e cinco) anos uma "contribuição" tímida e despretensiosa nasceu sem muito alarde em Mato Grosso do Sul, o Judiciário não lhe deu a atenção devida e aí o resultado é o alarmante quadro vivido hoje. Não dá para não relembrar da advertência feita pelo Ministro Moreira Alves no julgamento do FUNDERSUL, já citadas antes, quando se posicionou contrariamente ao "fundo" sul-mato-grossense: "pelo menos em face do princípio da razoabilidade, tenho seriíssimas dúvidas a respeito dessa prática, que poderá alastrar-se pelo Brasil com relação a todos os tipos de técnica tributária para aumentar a arrecadação". Como previra o Ministro, *essa técnica alastrou-se por vários Estados onde o agro é a força propulsora da economia local* e os abusos cometidos são de deixar qualquer estudioso que leve a sério as coisas do direito boquiaberto. Não há garantias de que o cenário não vá piorar.[316]

A verdade é que esses "fundos" são todos inconstitucionais e consistem em um preocupante mecanismo paralelo de arrecadação à margem do Sistema Tributário Nacional. Com pequenas variações entre eles, os aspectos elencados a seguir, em formato de tabela, permitem uma boa visualização acerca de suas inconsistências:

316. Rondônia tem uma "contribuição" similar, mas que incide apenas sobre os frigoríficos. Houve uma tentativa de transformar o "FITHA" (o fundo rondoniense) em um "fundo" como os aqui examinados, mas essa iniciativa foi baldada (Rondônia dá um passo atrás em projeto que cria imposto para o agro. Disponível em: https://globorural.globo.com/politica/noticia/2023/10/rondonia-da-um-passo-atras-em-projeto-que-cria-imposto-para-o-agro.ghtml). Também no Paraná o Poder Executivo cogitou instituir seu "fundo", porém, lá igualmente houve um recuo nesse intento (Após pressão, PL de taxação do agro é retirada da pauta. Disponível em: https://www.agrimidia.com.br/agronegocio/apos-pressao-pl-de-taxacao-do-agro-e-retirada-da-pauta/).

Tabela comparativa dos "fundos" estaduais

Tipo de operação (materialidade)	– **interna:** FUNDERSUL, FETHAB, FET, FDI, TFTG, FUNDEINFRA e FDI/PI – **interestadual:** FETHAB, FET, FDI, TFTG, FUNDEINFRA e FDI/PI – **exportação:** FETHAB, FET, FDI, TFTG, FUNDEINFRA e FDI/PI – **importação:** FETHAB
Produtos abrangidos (complemento da materialidade)	– **rurais *in natura*:** **a)** FUNDERSUL: gado (bovino, bufalino, equino e asinino), produtos agrícolas (soja, milho, arroz, algodão, cana-de-açúcar e "demais produtos") e madeira **b)** FETHAB: gado (não há especificação da subespécie), produtos agrícolas (soja, milho, algodão e feijão) e madeira **c)** FET: qualquer produto "de origem" animal ou vegetal **d)** FDI: soja, milho, milheto e sorgo **e)** TFTG: soja, milho, milheto e sorgo **f)** FUNDEINFRA: gado (bovino ou bufalino) e produtos agrícolas (soja, milho e cana-de-açúcar) **g)** FDI/PI: soja, milho, milheto e sorgo – **agroindústria (carne bovina ou bufalina):** FETHAB e FUNDEINFRA – gás natural: FETHAB – **energia elétrica:** FETHAB – **óleo diesel:** FETHAB – **minérios:** FET e FUNDEINFRA

Pressuposto	**– suposta "facultatividade" para o gozo de "diferimento"** (na verdade, uma isenção condicionada, que deixa de ser isenção para ser parcialmente tributada): FUNDERSUL, FETHAB, FDI, FUNDEINFRA e FDI/PI **– condição vinculante para o gozo de isenção propriamente dita:** FUNDEINFRA **– condição vinculante para o gozo de regime especial envolvendo comércio interno ou interestadual pelo adquirente:** FETHAB, FDI, FUNDEINFRA e FDI/PI **– condição vinculante para o gozo de regime especial de exportação (sem o qual não se pode realizar a exportação):** FETHAB e FDI **– condição vinculante para o gozo de regime especial de exportação (sem o qual se deve pagar o ICMS antecipadamente):** FUNDEINFRA e FDI/PI **– condição vinculante pelo simples fato de promover "operações de saídas, ainda que não tributadas":** FET[317] **– condição vinculante para transportar produtos em rodovias:** FDI e TFTG **– condição vinculante para armazenar produtos:** FDI
Consequência em caso de "não adesão"	**– pagamento de ICMS "carga cheia", com aplicação da alíquota mais elevada (alíquota interna), a cada saída de caminhão e sem direito a crédito:** FUNDERSUL, FETHAB, FDI, FUNDEINFRA e FDI/PI **– afastamento da isenção:** FUNDEINFRA **– afastamento do regime especial envolvendo comércio interno ou interestadual pelo adquirente:** FETHAB, FDI, FUNDEINFRA e FDI/PI

317. Na redação das Leis nºs. 3.671/19, 3.796/21 e 4.029/22, antes das modificações da Lei 4.303, de 21.12.2023.

	– afastamento do regime especial de exportação, impedindo a exportação: FETHAB e FDI **– cobrança do ICMS "carga cheia", com aplicação da alíquota mais elevada (alíquota interna), a cada saída de caminhão com destino à exportação:** FUNDEINFRA e FDI/PI **– aplicação de penalidades típicas de ICMS** (cobrança do valor da "contribuição", com correção monetária, juros e multa): FETHAB, FET, FDI e TFTG
Sujeito passivo	**– produtor rural:** FUNDERSUL, FETHAB, FET, FDI e TFTG **– adquirente que faz venda no mercado interno:** FETHAB, FDI, FUNDEINFRA e FDI/PI **– adquirente que faz venda interestadual:** FETHAB, FDI, FUNDEINFRA e FDI/PI **– adquirente que faz venda para o exterior:** FETHAB, FDI, FUNDEINFRA e FDI/PI **– importador:** FETHAB
Base de cálculo	– gado, por cabeça: FUNDERSUL e FETHAB – tonelada do produto agrícola: FUNDERSUL e FETHAB – metro cúbico da madeira: FUNDERSUL e FETHAB – quilo da carne: FETHAB – metro cúbico do gás natural: FETHAB – quilowatt-hora: FETHAB – litro do óleo diesel: FETHAB – valor da operação: FET, FDI, TFTG, FUNDEINFRA e FDI/PI

Alíquotas[318]	a) FUNDERSUL (cálculo sobre o valor da UFER-MS): – gado bovino e bufalino: de 30% a 79% – gado equino e asinino: 46% – produtos agrícolas: cana-de-açúcar (4,3%), "demais produtos" (25,65%), milho (26%), arroz (43,2%), soja (52%) e algodão (153,9%) – madeira: 5,4% **b)** FETHAB (cálculo sobre o valor da UPF/MT): – gado (não há especificação da subespécie): 11,5% + 11,5% de adicional + 1,26% INPEC = 24,26% – soja: 10% + 10% de adicional + 1,15% IAGRO = 21,15% – milho: 6% de adicional – algodão: 45% + 30% de adicional + 10% IMA/MT = 85% – feijão: 1,5% + 3,30% IMAFIR = 4,8% (feijão *vigna – caupi*) ou 2,87% + 6,70% = 9,57% (feijão *phaseolus – carioca*) – madeira: 10% + 3,71% IMAD = 13,71% – carne (bovina ou bufalina): 0,03% (por quilo) – gás natural: 0,5% (por metro cúbico) – energia elétrica: 0,004% (por quilowatt-hora) – óleo diesel: R$ 0,21 (por litro) **c)** FET: 1,2% **d)** FDI: 1,8%

318. Como disse o Ministro Moreira Alves, quando votou contra o FUNDERSUL por ocasião do pedido de liminar na ADIn 2.056/MS, "a tabela diz que cada cabeça de boi paga 46% do valor de uma Unidade Fiscal. Agora, uma tonelada de milho, paga 19%, sendo que uma tonelada de algodão, *que pesa a mesma coisa*, paga 114%. Obviamente, não há explicação" (sem destaques no original).

	e) TFTG: 1% **f)** FUNDEINFRA: – gado bovino e bufalino: 0,5% – produtos agrícolas: soja (1,65%), milho (1,1%) e cana-de-açúcar (1,2%) – carne (bovina ou bufalina): 0,5% – minérios: 1,65% **g)** FDI/PI: 1% (em 2023 e 2024) e 1,65% (para os anos subsequentes)
Destinação dos recursos	**a)** gastos com construção, manutenção, recuperação, melhoramento de rodovias estaduais, compra e manutenção de máquinas, aquisição de combustíveis e lubrificantes: FUNDERSUL, FETHAB, FET, FDI, TFTG, FUNDEINFRA e FDI/PI **b)** os mesmos gastos com vias públicas urbanas: FUNDERSUL **c)** contrapartida do Estado decorrente de celebração de convênios: FUNDERSUL e FET **d)** gastos indiretos (estudos, programas de tecnologia, projetos, mapeamento, planejamento, diagnóstico, cadastramento, prestadores de serviços): FUNDERSUL, FDI, FUNDEINFRA e FDI/PI **e)** outros gastos típicos de impostos, como habitação, saneamento, mobilidade urbana, projetos de empresa pública, financiamento da agricultura familiar, assistência social, defesa sanitária animal e vegetal e "despesas obrigatórias e essenciais" (presumivelmente, portanto, despesas constitucionalmente previstas, como saúde e educação): FETHAB **f)** repasse aos Municípios, à Assembleia Legislativa, ao Tribunal de Justiça, ao Tribunal de Contas, ao Ministério Público e à Defensoria Pública: FETHAB **g)** manutenção de aeroportos: FUNDEINFRA

Não deixa de ser curioso notar que o FUNDERSUL, que foi o pioneiro, acabou ficando o mais comedido desses "fundos" todos (o que, nem por isso, o torna constitucional). Já passou da hora de a doutrina especializada e do Poder Judiciário perceberem a ameaça que esses "fundos" representam à higidez, à sobrevivência do Sistema Tributário Nacional enquanto conjunto normativo que vincula, de forma decisiva, os entes tributantes no Brasil.

CAPÍTULO III
O IMPOSTO SOBRE TRANSMISSÃO CAUSA *MORTIS* E DOAÇÃO (ITCMD) E O AGRONEGÓCIO

III.1. O PANORAMA DE FUNDO DO ITCMD, JUSTIFICADOR DA ANÁLISE

Examinados, com detença, cada um dos múltiplos e marcantes aspectos do ICMS que repercute sobre o agronegócio, o passo subsequente para que a pesquisa possa ir ganhando seus contornos de abrangência é adentrar no ITCMD, mas sempre tendo em mira o objeto demarcado no início.[319] O universo do agro é amplo, seus horizontes são largos, podendo ser estudados sob diversas perspectivas. Há, sem sombra de dúvidas, uma feição dinâmica a ser considerada, a qual compreende as relações econômicas instauradas no contexto rural. Elas são desmembradas no "antes", no "dentro" e no "depois da porteira" e têm seus respectivos reflexos tributários perante os Estados,

319. Para os fins deste capítulo, padroniza-se como referência a sigla "ITCMD", embora alguns Estados o mencionem como "ITCD", "ITC" ou "ITD" (como a Bahia).

em matéria de ICMS, e a União, quanto ao IR, à CSLL, ao IPI, ao PIS/COFINS, ao FUNRURAL e ao SENAR. Mas, as possibilidades investigativas não se esgotam por aí. Existe também um ângulo estático cuja análise o agro permite construir. Aliás, que "permite construir" não, na verdade, que o agro exige que seja identificado e devidamente desenvolvido, dada sua relevância. Esse ângulo estático é o da *tributação do patrimônio rural.*

É inegável que nas últimas duas décadas houve uma valorização bastante acentuada das terras produtivas. Com a demanda cada vez mais crescente, impulsionada pelo despertar do mercado chinês no final do século passado, o Brasil consolidou-se internacionalmente como o grande celeiro do mundo, tornando-se o principal fornecedor de alimentos de diversos países. Claro que há produção agropecuária em outras partes do globo, porém, só o Brasil reúne, em vastas faixas de extensão, as condições geográficas, climáticas e topográficas ideais para geração permanente de produtos vegetais e animais, sem maiores problemas de calendário. Esses fatores, associados aos ganhos que a tecnologia no campo proporcionou, fizeram com que os produtores nacionais fossem cada vez mais exigidos para suprir as necessidades externas – e eles deram conta da missão. Como a tendência é que essa curva ascendente continue por muitos anos, é natural imaginar que os preços das terras prossigam na mesma lógica, a ponto de se estar autorizado a dizer que quem é produtor rural hoje, provavelmente continuará sendo adiante; e quem não é, dificilmente o será no futuro, porque os valores envolvidos tornarão os imóveis rurais inacessíveis para quem está fora desse mercado.

Essas ponderações podem soar para os que têm ouvido apressado como metajurídicas, como alheias ao direito, estando mais conectadas a uma reflexão econômica do fenômeno. Nada, no entanto, é isolado. As coisas se interligam, os fatos influenciam uns aos outros em esferas diferentes, até alcançar o dado jurídico, inclusive o fiscal. É que havendo um patrimônio composto por um ativo imobilizado de elevadíssimo valor não há motivos, salvo condições excepcionais, para que seu titular o aliene, ainda mais se esse ativo tem condições de gerar com habitualidade riquezas que justifiquem sua manutenção. No agronegócio, é exatamente isso o que acontece: os imóveis rurais, que em si mesmos representam altas cifras, valorizam-se a cada ano, a cada safra, a cada ciclo, e mais, têm capacidade de produzir frutos de modo rentável – desde que as terras sejam adequadamente trabalhadas, é claro. Não é só esse aspecto que diferencia o agro das demais atividades, porém. O outro, mais peculiar ainda, é que os proprietários dessas fazendas, na sua expressiva maioria, são pessoas físicas, de maneira que há uma tendência de se preservar o patrimônio no âmbito familiar, passando de mãos em mãos, de geração em geração, entre filhos, netos e até bisnetos. Afinal, uma fazenda formada não se vende – é isso o que a tradição rural ensina.[320]

Essas notas típicas do agro são sugestivas da relevância que o ITCMD tem para essas pessoas. Existem fazendas que estão na mesma família há quarenta, cinquenta, oitenta anos. E isso deve ser visto como motivo de orgulho, porque não é nada fácil manter uma atividade produtiva por tanto tempo, nem criar uma cultura familiar de gestão desse patrimônio entre seus membros. Quantas empresas urbanas duram mais que vinte ou trinta anos? Quando duram, geralmente seu controle acionário mudou de grupo, não havendo pertinência para elas, justamente por isso, pensar no imposto que incide sobre herança e doações. Para o agro é o contrário: o patrimônio pertence a pessoas físicas e a intenção de patriarcas e matriarcas, que o construíram à custa de muito esforço e por décadas, é que a fazenda seja encarada como um legado deixado pelos fundadores,

---

320. BIFF, Mariely. *Caminhos da sucessão: insights* sobre os principais desafios da sucessão familiar no agronegócio. São Paulo: Brilho Coletivo, 2023, p. 14/20.

o qual deve ser continuado por intermédio de seus descendentes. É nesse ponto que o ITCMD passa a ser um foco de atenção para o produtor rural, pois, havendo transmissão patrimonial por herança ou por doação, os bens transmitidos ficam submetidos ao imposto, atingindo números expressivos a recolher.

Por essa razão, um efeito natural e esperado do aumento do preço das terras era o de que também o Fisco começasse a enxergar o ITCMD-fazendas como uma fonte importante de arrecadação. A consequência dessa mudança de postura dos Estados, assumindo um viés mais rigoroso na fiscalização e na cobrança do tributo, foi a do aumento do contencioso respectivo, sobretudo porque não há balizas claras que possam nortear, de forma previsível, o exercício dessa competência. Não há literatura sobre o ITCMD voltada a essa faixa de incidência, preocupada com suas especificidades. Pelo contrário, nota-se um enorme vácuo científico nessa matéria. Aliás, o ITCMD como um todo está a reclamar maiores estudos.[321] Diante desse cenário, nesta análise não se poderia ignorar o quão impactante o imposto sobre herança e doações pode ser na transmissão do patrimônio rural, de tal maneira que o intuito deste capítulo é preencher esse preocupante espaço em aberto. Com isso, contribui-se para o engrandecimento teórico da ciência e, por corolário, para os desafios práticos envolvidos nas lides forenses, que desembocarão na formação dos precedentes.

III.2. OS MARCOS NORMATIVOS DO ITCMD

No início deste texto ficou suficientemente esclarecido que esta é uma pesquisa de tributação setorial, cujo cerne é delimitar um determinado segmento econômico,

321. Para desfazer esse estado de coisas, vale a pena mencionar a obra de: CURY, Fábio Lemos. *ITCMD:* regime geral e o papel da lei complementar. São Paulo: Noeses, 2022, *passim*.

identificado como relevante, e investigar os tributos que recaem sobre ele. Não se quer discorrer sobre os tributos propriamente ditos, de forma solta e ampla, mas sim estabelecer os elementos de conexão com a atividade econômica escolhida. Foi por esse motivo que a forma de abordagem indicada para cada tributo passa pela enunciação das premissas normativas gerais no início dos capítulos, fazendo-se a interligação, desde logo, com as vicissitudes que o agronegócio está a sugerir. Por isso mesmo tal estratégia servirá igualmente aqui.

Pois bem, rememoradas essas premissas, a questão a ser refletida é a seguinte: em que medida o ITCMD é pertinente ao estudo? Ora, olhando sob a perspectiva estática da tributação do agronegócio, que grava o patrimônio rural, ou a materialidade tributária incide sobre "ser proprietário" ou sobre algum fato relacionado a "transmitir" a propriedade. A circunstância de alguém ser proprietário de um imóvel, alcançando a projeção estática e permanente de maior grau, pode assumir um duplo interesse para o agro. Ela importa pela via do ITR – imposto sobre propriedade territorial rural, que, por ser federal, não faz parte desta investigação (sendo certo que, ainda que sua fiscalização e arrecadação tenham sido "municipalizadas", continua sendo de competência da União[322]); ou pelo IPTU – imposto sobre propriedade predial e territorial urbana, de competência municipal, valendo destacar que nos imóveis urbanos também podem ser desenvolvidas atividades rurais, por isso mesmo o IPTU foi incluído no rol dos tributos a serem examinados mais à frente.

Não é só o fato de alguém "ser proprietário" de um imóvel, no entanto, que guarda pertinência com a investigação. Igualmente a "transmissão" do direito de propriedade é

---

322. Sobre o ITR, inclusive quanto aos problemas trazidos com a "municipalização" da fiscalização, vide: LOUBET, Leonardo Furtado. *Tributação federal no agronegócio*. 2. ed. São Paulo: Noeses, 2022, p. 518/554.

algo a ser avaliado. Sua transmissão pode se dar pela morte, por doação, por alienação ou por ato societário. Decorrendo de herança ou por doação, a competência é estadual pelo ITCMD – imposto sobre transmissão *causa mortis* e doação. Sendo a transferência do patrimônio por alienação ou por ato societário, aí se deve mirá-la sob o ângulo do ITBI – imposto sobre transmissão onerosa de bens imóveis, cuja competência é dos Municípios. O critério disjuntor entre ITCMD e ITBI, portanto, é a causa jurídica que leva à transmissão patrimonial: se por herança ou por ato de liberalidade, cabe o imposto estadual, ao passo que o imposto municipal pressupõe ato oneroso. Além disso, enquanto o ITBI fica circunscrito (como o próprio nome indica) à transmissão apenas de bens *imóveis* e seus direitos, no ITCMD a materialidade é mais ampla, ela repercute sobre a transmissão de *quaisquer* bens ou direitos.

É isso o que prescreve o art. 155, I, da Constituição da República: compete aos Estados e ao Distrito Federal instituir imposto sobre "transmissão causa mortis e doação, de quaisquer bens ou direitos". Desde a edição do texto originário em 1988, o ITCMD passou por três emendas constitucionais: a 03/93, a 126/22 e, mais recentemente, também foi objeto da 132/23. As modificações que dizem respeito à Reforma Tributária serão vistas de forma mais detalhada no último capítulo, juntamente com as demais alterações promovidas pela EC 132/23. Naquilo que importa para os fins deste capítulo, já na redação atual, o art. 155, § 1°, I, prevê que, relativamente a bens imóveis e respectivos direitos, o ITCMD compete ao Estado da situação do bem, ao passo que, de acordo com o inciso II, no que tange a bens móveis, títulos e créditos, cabe ao Estado onde era domiciliado o *de cujus*, ou tiver domicílio o doador. Além disso, o inciso III estabelece que incumbe à lei complementar regular a competência para sua instituição se o doador tiver domicílio ou residência no exterior ou se o *de cujus* possuía bens, era residente, domiciliado ou teve seu inventário processado no exterior. Outras balizas relevantes são as dos incisos IV e VI: o ITCMD terá suas alíquotas máximas fixadas pelo Senado Federal, podendo ser progressivas em razão do valor do quinhão, legado ou doação. Quanto às imunidades, o imposto não incide sobre as doações destinadas, no âmbito do Poder Executivo da União, a projetos socioambientais ou destinados a mitigar os efeitos das mudanças climáticas e às instituições federais de ensino. E também não sobre as transmissões e as doações para as instituições sem fins lucrativos com finalidade de relevância pública e social de que cuida o inciso VII.

Diante desse contexto, o que vai realmente importar ao agro como marcos normativos úteis à pesquisa são a delimitação da materialidade, a forma de apuração do imposto e seu critério quantitativo (base de cálculo e alíquota).

III.2.1. O ITCMD-herança e o ITCMD-doações

O trato sobre qualquer tributo pressupõe investigar as normas que fixam sua competência, os pressupostos fáticos que o autorizam, quem são os sujeitos da relação e os elementos que viabilizam sua mensuração. Todos são aspectos importantes e indissociáveis, não há dúvida. Iniciar, no entanto, pelo critério material, que representa linguisticamente qual é a conduta em si apta a fazer instaurar seu vínculo jurídico, é sempre um bom começo, pois, sem que se saiba primeiro qual é a circunstância fática que justifica a exigência do tributo, não há muito sentido abordar sua fórmula de cálculo, por exemplo.

A Constituição demarca essa competência no já referido art. 155, I, cujo verbete é importante que seja reavivado para os propósitos do que se quer demonstrar: o ITCMD incide sobre a "transmissão causa mortis e doação, de quaisquer bens ou direitos". Como se vê, são dois tributos aglutinados em um mesmo enunciado. Tanto a transmissão por herança, como a por ato de liberalidade estão abrangidas debaixo desse imposto. Não custa registrar que o "e" mencionado no dispositivo é o "e" disjuntor excludente, mais próximo ao "ou", diferente do disjuntor includente que tem sentido de "e/ou", porque, afinal de contas, ou os bens são transmitidos pela morte, ou pela doação, não havendo logicamente como ocorrer as duas coisas ao mesmo tempo.[323] Assim, ou é pela morte, ou pela doação que se está diante de uma hipótese de incidência do ITCMD. A esse propósito, não é demais abominar o pleonasmo recorrente, por isso mesmo absolutamente errado, que aparece em peças processuais, em decisões judiciais e até em aulas, palestras e escritos doutrinários, ao se afirmar que o ITCMD incide quando alguém faz "doação em vida". Ora, se alguém fez uma doação, é evidente que foi "em vida", porque depois de morto ninguém faz mais nada, inclusive doação. É "doação" e ponto final.

Feito esse registro, é interessante perceber, voltando ao raciocínio desenvolvido no Capítulo I, como a linguagem se manifesta no contexto comunicacional. As mensagens são construídas a partir das palavras, dos signos linguísticos, e esses podem ser ambíguos ou vagos. Há palavras com um maior grau de abstração, é verdade, que requerem um esforço interpretativo elaborado para evidenciar seu significado mais condizente com a mensagem; há outras, no entanto, cujo campo de significação é mais certo, mais determinado, não reclamando grandes desafios para seu delineamento semântico.

O ITCMD está nesse segundo grupo. Não é fácil definir o que vem a ser "renda", "faturamento", "receita", "operações", "mercadorias", "serviços" e tantos outros vocábulos empregados pelo constituinte ao se referir à competência

323. Sobre os disjuntores includente e excludente, vide: ECHAVE, Delia Teresa; URQUIJO, María Eugenia;GUIBOURG, Ricardo A. *Lógica, proposición y norma*. 7. reimp. Buenos Aires: Astrea, 2008, p. 52/56.

tributária. Porém, a transmissão pela "morte" ou por "doação", com certeza, está em um rol bem mais claro de fatos jurídicos de consequências fiscais. Pode-se discutir a data da morte, as circunstâncias da morte, a causa da morte ou até se a morte ocorreu ou não (no caso dos ausentes), mas não o que seja a "morte" em si mesma. Uma vez constituído juridicamente o evento morte, no entanto, não sobra mais espaço para questionamentos. O mesmo se pode dizer da doação, embora com menor grau de determinação se comparada à morte: havendo ato inequívoco de liberalidade, estará constituída a doação. As questões nebulosas estão no exercício da posse permanente de um bem – por exemplo, de um carro que o pai entrega para uso do filho – sem que tenha sido formalizada a doação, podendo existir mero comodato. De todo modo, se houver transferência da propriedade por doação, o imposto é exigível.

Por isso que o ITCMD pode ser enquadrado na classe de tributos cuja competência tributária foi fixada a partir de signos linguísticos de maior determinação, porque de maior concretude. Não dá para comparar a "morte" e a "doação" com o que vem a ser, exemplificativamente, "renda líquida". São grupos distintos de signos linguísticos. Como esclarece José Souto Maior Borges, "é, no fundamental, uma questão de organização do conhecimento, na área jurídico-tributária, optar pelo paradigma sistemático. Não é esse, porém, um problema ontológico (ou, se se prefira, deontológico), mas epistemológico".[324] Organizar e classificar as categorias linguísticas envolvidas na competência tributária tem exatamente esse objetivo, de tornar mais nítido o roteiro da mente.

Na primeira faixa de incidência o constituinte previu para o ITCMD como uma das hipóteses possíveis a

324. Um ensaio interdisciplinar em direito tributário: superação da dogmática. *Revista Dialética de Direito Tributário*, São Paulo: Dialética, nº 211, p. 114, abr. 2013.

transmissão *causa mortis*. Não deixa de chamar atenção a técnica adotada. No texto normativo de maior relevância do país, o legislador constitucional empregou uma expressão em latim – e mais, na literalidade do enunciado da Carta da República disponível no repositório legislativo oficial, sem destaque entre aspas ou em itálico, como se fosse expressão incorporada ao vernáculo. Trata-se de algo desnecessário e que deveria ter sido evitado, até mesmo porque "a língua portuguesa é o idioma oficial da República Federativa do Brasil" (art. 13, CF/88). Evidentemente que o direito romano e o latim influenciaram bastante o ordenamento brasileiro, mas daí a se criar uma competência tributária valendo-se de uma locução em outra língua há uma distância considerável – e por isso mesmo o enunciado fica suscetível a críticas. De uma forma ou de outra, havendo transmissão de bens em razão da morte o Estado fica autorizado a exigir uma quantia em dinheiro, projetada sobre o acervo. Como o próprio ordenamento dispõe de regras para saber quem são os herdeiros, quais seus direitos e quais as formalidades a serem cumpridas, isso aproxima o ITCMD do Direito das Sucessões. É na legislação privada que estão estabelecidas as normas sobre a abertura do processo sucessório, a tramitação do inventário, a figura do espólio, o rol dos herdeiros necessários, o cálculo das cotas sobre a herança, o pagamento das dívidas, a prestação de contas e o esboço da partilha a ser homologada pelo juiz. Para fins fiscais, o que vai interessar ao Estado é a mensuração do patrimônio – por isso que a materialidade em si do ITCMD-heranças não é um problema.

De igual sorte, a doação também é disciplinada pelo Direito Civil. Questões sobre quem pode doar, doação com ou sem encargos e doação a herdeiros necessários – algo tão comum no agro, quando pais doam terras a filhos – são regidas pelo Código Civil, inclusive no que concerne à parte disponível que ascendentes podem doar para descendentes.

A grande dificuldade pensando no ITCMD-doações está na prova de sua ocorrência ou não por parte do Fisco.

Quando o patrimônio envolvido diz respeito a bens imóveis, não há maiores desafios, porque a transmissão de imóveis, pela legislação civil, faz-se pelo registro do título translativo no Cartório de Imóveis. Assim, só se transfere a propriedade de um imóvel por esse procedimento, seja resultante do encerramento do inventário, pelo formal de partilha assinado pelo juiz (no caso da transmissão pela morte), seja se o doador comparece ao Serviço Registral para, por ato de liberalidade, fazer a doação, o que leva à modificação de titularidade do bem.

Para os móveis, porém, isso fica mais difícil. De acordo com o Código Civil, a transferência do direito de propriedade de bens móveis se dá pela tradição, que nada mais é do que o ato inequívoco do transmitente de alienar ou doar o bem ao adquirente ou donatário. É praticamente impossível o Estado realizar uma fiscalização de ofício para exigir o ITCMD sobre doações de bens móveis. As variáveis fáticas são gigantes e extremamente incertas para se definir se houve ou não doação de um bem móvel, sobretudo quando os atos praticados se dão no contexto familiar. Na prática, o ITCMD-doações de móveis só existe se a pessoa interessada, por conta própria, prestar a informação respectiva e recolher o tributo – o que é feito geralmente para justificar uma futura construção de patrimônio do donatário perante o Fisco Federal ou com intuito de servir de garantia bancária.

Aliás, a respeito do potencial conflito entre o imposto sobre a renda e o ITCMD envolvendo doações, não há ainda um posicionamento claro do Supremo Tribunal Federal. Como a doação significa um acréscimo patrimonial para quem a recebe (o donatário), já que seu acervo de bens é aumentado, não são poucos os casos em que a União pretende exigir o imposto sobre a renda. O Supremo tem decisões pelo afastamento, mas outras pela possibilidade.[325] Dado que o constituinte definiu os eventos "morte" ou "doação" como suscetíveis ao ITCMD, é apenas o imposto estadual, e não o federal, que deve incidir, sob pena de bitributação. Mas, por envolver o IR, isso escapa ao cerne desta pesquisa.

Uma questão a mais que vale a pena ser mencionada sobre a materialidade recai sobre o pronome indefinido "*quaisquer*". O imposto pode incidir sobre a transmissão decorrente da herança ou pela doação de "*quaisquer*" bens ou direitos. O complemento da materialidade é bem amplo, é lasso, conotando todos bens ou direitos que venham a ser transmitidos em virtude desses fatos, independentemente de sua natureza. Todavia, está-se a tratar de direito tributário, o que significa dizer que somente aquilo que tem relevância econômica há de ser considerado. Bens ou direitos de valor diminuto ou meramente simbólicos não podem fazer parte do rol a ser avaliado, como utensílios domésticos ou móveis usados. Não tem sentido movimentar a máquina estatal para isso. Até existe previsão na lei para os inusuais codicilos, que são manifestações de última vontade nas quais a pessoa deixa determinados bens de pequeno valor para um determinado herdeiro e declara os procedimentos envolvendo seu funeral. Contudo, não se cuida de algo relevante economicamente, por isso que, em sentido rigoroso, a expressão "*quaisquer bens ou direitos*" deve estar mais afinada com o sentido de quaisquer bens ou direitos mensuráveis, que tenham relevância econômica. O mesmo raciocínio se aplica à doação.

Por fim, falando em materialidade, automaticamente surge a ideia de sujeição passiva sob o prisma do destinatário constitucional do tributo. Quando o constituinte repartiu as competências tributárias, conferindo-lhes seus

325. Pelo afastamento do IR, vide: ARE 1.387.761-AgR. 1ª Turma. Rel. Min. Roberto Barroso. *DJe* 01.03.2023. Pelo cabimento, vide: RE 1.437.588-AgR. 1ª Turma. Rel. Min. Luiz Fux. *DJe* 31.08.2023.

respectivos regimes jurídicos, direta ou implicitamente pressupôs suas hipóteses de incidência possíveis, suas bases de cálculo possíveis e seus sujeitos passivos possíveis, como já foi mencionado neste texto.[326] Em relação ao ITCMD-herança, evidentemente que o morto não pode ser sujeito passivo, de tal sorte que o ordenamento prevê como contribuinte o espólio ou, eventualmente, seus herdeiros. Quanto ao ITCMD-doações, aí qualquer um dos sujeitos envolvidos pode ser eleito pela lei como obrigado, tanto quem doa (o doador), por manifestar capacidade econômica suficiente para transmitir um bem de forma voluntária, como quem o recebe (o donatário), igualmente por ver seu patrimônio acrescido em virtude da doação, sendo cabível o raciocínio de que dedique uma parcela do valor do bem recebido como contrapartida fiscal. Basta ver que o art. 42 do CTN, embora editado quando havia outra sistemática para o "Imposto sobre a Transmissão de Bens Imóveis e de Direitos a eles Relativos", à época de competência dos Estados de forma unificada, estabelece que contribuinte do imposto é qualquer das partes envolvidas na operação tributada, como dispuser a lei. Fazendo essa escolha, em geral as leis estaduais atribuem esse ônus ao donatário.

III.2.2. Os lançamentos por declaração e por homologação, tão causadores de embates no ITCMD

O principal foco de controvérsias no ITCMD está na mensuração do patrimônio. Se há morte, só se transfere formalmente o acervo mediante prévio pagamento do ITCMD; e se houve doação, o ato, da perspectiva solene, igualmente pressupõe o recolhimento do imposto. Não há

326. CARRAZZA, Roque Antonio. *Curso de direito constitucional tributário*. 34. ed. São Paulo: Malheiros/JusPodivm, 2023, p. 371/372; GONÇALVES, José Artur Lima. *Imposto sobre a renda:* pressupostos constitucionais. São Paulo: Malheiros, 2002, p. 187.

maiores divergências no critério material, na previsão fática autorizadora do tributo; a questão mais relevante está na definição do valor dos bens.

Está longe de ser um procedimento fácil estabelecer-se o "valor" de algo. O direito tributário se vê, com frequência, às voltas desse problema. Qual o valor da renda obtida, o valor da receita, da mercadoria, do serviço, do imóvel rural, do imóvel urbano, entre tantas outras hipóteses? Essas perguntas são frequentes para quem está acostumado com as controvérsias fiscais. Sendo o tributo uma exigência estatal que repercute sobre a manifestação econômica do indivíduo, é natural concluir que dosar, com exatidão, o valor envolvido é um pressuposto inarredável para o correto exercício da tributação. No papel, tudo é muito simples de dizer; o desafio, na prática, é encontrar um valor de consenso.

Quem sabe uma das explicações para esse cenário conflituoso esteja na forma de constituição do crédito tributário. E assim se afirma porque há Estados que adotam para o ITCMD a modalidade de lançamento por declaração ou misto de que trata o art. 147 do Código Tributário Nacional, que é aquele em que o contribuinte presta informações ao Fisco, mas é o Fisco que avalia as informações, apura o valor e lança o tributo, cabendo ao contribuinte pagar ou impugnar a exigência; e há Estados que fixam para o ITCMD o lançamento por homologação ou autolançamento previsto no art. 150 do CTN, ou seja, a modalidade em que o contribuinte que levanta as informações, que calcula o valor do tributo, que o declara e paga, ficando ao Fisco apenas, se concordar, a tarefa de deixar transcorrer o prazo decadencial, ou então lavrar o lançamento de ofício do art. 142 para cobrar a diferença que entende inadimplida.

Parece pouca coisa, pode-se imaginar ser algo secundário, mas não é. Quando o ITCMD é apurado pelo lançamento por declaração, o contribuinte reúne os documentos e os envia ao setor competente do Fisco, que irá avaliá-los e então dar valor a cada bem a ser transmitido, expedindo a guia na sequência (o lançamento). Desde aquele momento o contribuinte passa a ter conhecimento da visão do Estado sobre seu caso. Discordando, ele pode, desde logo, fazer a impugnação administrativa ou, se assim não desejar ou se seu pleito administrativo for negado, conduzir o caso para discussão judicial. No lançamento por homologação, contudo, o contribuinte muitas vezes fica na incerteza, ele apura e declara os valores que acredita que seus bens têm, recolhendo o ITCMD nessas balizas, mas aí, em data posterior, o Fisco pode dissentir e fazer o lançamento do que julga devido como complemento, em um cenário de bastante insegurança jurídica.

Poder-se-ia contrapor que praticamente todos os tributos brasileiros, nos tempos atuais, estão submetidos ao lançamento por homologação, de modo que esse não seria um problema específico do ITCMD. Isso é verdade, mas uma coisa é fazer o autolançamento do IR, do IPI, do ICMS ou do ISS, quando o contribuinte, bem ou mal, tem em mãos elementos mais concretos sobre os valores de suas operações, a partir de notas fiscais por ele expedidas, por exemplo; situação totalmente diversa é o contribuinte ter que avaliar um bem que não foi vendido e realizar uma *autoavaliação por estimativa*, algo que ocorre com mais intensidade no ITCMD e menos no ITR (porque os Municípios têm suas pautas mínimas de valores disponibilizadas, embora haja muito abuso nesse segmento) e no IPVA (porque existe a denominada Tabela FIPE, que, com razoável acerto, estima os valores dos veículos ano a ano). No ITBI, por sua vez, há um valor do negócio jurídico, sendo certo que, sem o recolhimento prévio do imposto pela pauta do Município, a escritura não é lavrada. De todos esses tributos, é no ITCMD que esse limbo é mais acentuado.

A esta altura é importante fazer breve incursão nas legislações dos Estados eleitos como paradigmas para esta pesquisa. Mato Grosso estabelece no art. 18, § 1º, do Decreto 2.125/03 (RITCMD/MT) que o lançamento será por declaração. Em Mato Grosso do Sul o art. 128 do Código Tributário Estadual (Lei 1.810/97) também submete o ITCMD à mesma modalidade de lançamento. Goiás, por seu turno, coloca o imposto na regra do lançamento por homologação, segundo o art. 384-A do Decreto 4.852/97 (RCTE/GO). O Estado de Minas Gerais igualmente preconiza no art. 31, III, do Decreto 43.981/05 (RITCMD/MG) que cabe ao contribuinte antecipar o pagamento do tributo, ou seja, trata-se de lançamento por homologação. Na Bahia o lançamento é por declaração (art. 28 do Decreto 2.487/89 – RITD).

Não há uniformidade legislativa nessa matéria, está-se a ver. Cada Estado adota uma fórmula de constituição do ITCMD, e o pior, cada local adota uma pauta de valores, sem que haja a transparência necessária nesse quesito. É um grande desafio organizar, com assomos de racionalidade, esse tema, apontando as diretrizes a serem seguidas.

III.2.3. A mensuração do patrimônio pelos Fiscos Estaduais, as pautas de valores e os limites às presunções em matéria tributária

Aqui está o maior problema do ITCMD. Não havendo questionamentos mais aprofundados sob o ângulo da materialidade propriamente dita do imposto, nem de seus sujeitos passivos, sua grande dificuldade diz respeito à base de cálculo – quer dizer, à base calculada, na terminologia do Prof. Aires Fernandino Barreto, enquanto base de cálculo *in concreto*.[327]

Se o cerne da materialidade é a *transmissão* de quaisquer bens ou direitos em virtude da morte ou de doação, a base de cálculo só pode ser o *valor da transmissão*. Quando

---

327. *Curso de direito tributário municipal*. São Paulo: Saraiva, 2009, p. 154/156.

há uma transmissão onerosa, é legítimo adotar como critério mensurador o valor do negócio jurídico envolvido; todavia, quando há uma transmissão não desejada, decorrente da morte, ou uma transmissão por ato de liberalidade, cujo escopo é a transmissão graciosa em si, fruto da doação, e não pelo valor envolvido, abre-se uma larga e perigosa faixa para discricionariedade no que concerne à definição do valor do bem transmitido. E nesse aspecto a fórmula para constituição do crédito tributário, se pelo lançamento por declaração (art. 147) ou por homologação (art. 150), resolve apenas parte do problema, na medida em que, seja por um caminho, seja por outro, o Fisco irá arbitrar o valor dos bens com base em pautas – se bem que no lançamento por declaração, ao menos, o contribuinte fica sabendo *antes* qual é o valor de seus bens aos olhos do Fisco, ao passo que no lançamento por homologação essa informação é revelada somente *depois*.

Não é fácil encontrar critérios seguros que possam nortear, de maneira transparente, o agir do Fisco, em respeito aos direitos dos contribuintes. O art. 38 do Código Tributário Nacional prescreve que "a base de cálculo do imposto é o valor venal dos bens ou direitos transmitidos". Mais uma vez é o Prof. Aires Barreto, insuperável nessa temática, que esclarece o que há de ser entendido como "valor venal". Nas palavras do eminente jurista, trata-se de matéria eminentemente complexa, que dá margem para diversas perspectivas, mas que pode ser sintetizada assim:

> A base dimensível do tributo é, exclusivamente, o valor venal.
>
> Para o exame da sua determinação, mister se faz examinar o próprio conteúdo do vocábulo 'valor'. Em si, o valor de um bem resulta de elementos a ele referidos, como a utilidade, a raridade, o desejo. (...) Evidencia-se que a maior ou menor intensidade da presença, no bem considerado, dos elementos formadores do valor, é que determinará a dimensão deste.

Raridade, utilidade e desejo de obtenção são, todavia, expressões abstratas, cuja valoração, por sua vez, decorre de elementos subjetivos. Daí por que se tem recorrido para mensurar as coisas à capacidade de troca respectiva. (...)

Embora existam vários conceitos de valor, podemos admitir, para os nossos objetivos, que valor é a qualidade das coisas que expressa sua equivalência em outras coisas ou em dinheiro.

Fixadas essas ideias, podemos traduzir *valor venal,* também denominado *valor de mercado,* como *o valor de venda* de determinado bem. *Valor venal do imóvel é,* em decorrência, *o valor de venda dos imóveis.* (...)

É possível conceituar valor venal como o valor normal que qualquer bem comercial obtém no mercado. A seu turno, valor venal do imóvel nada mais é do que espécie desse gênero, e, como tal, não foge às regras que ditam a apuração dos demais valores venais. Estes, quaisquer que sejam, são sempre decorrentes das forças econômicas que caracterizam a lei da oferta e da procura; todavia, ademais disso, são valores altamente influenciados por fatores psicológicos ou subjetivos. Por isso, é temerário afirmar que na sua busca se venha a encontrar alguma coisa mais precisa do que um "valor provável de venda".

Diferença não há quando o que se busca é a obtenção do valor venal de imóveis. A dificuldade até se acentua, pelo fato de os imóveis serem bens infungíveis e, portanto, impossíveis de serem substituídos por outros, da mesma espécie, quantidade e qualidade. Essa característica dos imóveis torna mais difícil a comparação – única forma razoável de aquilatar o valor das coisas. (...)

Infere-se, destarte, que valor venal do imóvel – em identificando "aquele que o imóvel alcançará para compra-e-venda à vista, segundo as condições usuais do mercado de imóveis" – implicará a estimativa do que seja esse valor alcançável. É determinação teórica, provável, do acontecimento compra e venda.

(...) Todavia, os imóveis não estão, todos, ou sequer a maioria, à venda. Daí por que, genericamente, o valor venal do imóvel nada mais será que um valor provável que se obterá, em transação à vista, em mercado estável e estando o comprador e vendedor bem informados sobre a sua utilidade. Valor venal é, pois, o "valor provável" que o imóvel atingirá, diante de transação à vista e de mercado imobiliário estável.

A fixação dessa estimativa carece, portanto, de avaliação de cada imóvel, não sendo possível, dessa forma, estabelecer,

> previamente, em lei, o *quantum* do imposto. A determinação numérica do valor venal só poderá ser realizada *a posteriori*.[328]

As palavras de Aires Fernandino Barreto expressam bem a dificuldade do tema. Embora não empregue esse termo, o que o jurisconsulto eternizou é que *"valor venal" é um conceito imbricado em vagueza.* Trata-se de uma "estimativa", de um "valor provável", um "valor oficial", "presumido", decorrente de uma "avaliação fiscal" do patrimônio. E para isso são fixados parâmetros abstratos, indicadores genéricos que possam levar, em tese, à realidade mais próxima possível do valor dos bens. Partindo-se do pressuposto de que o Fisco não tem condições técnicas ou de estrutura para promover, caso a caso, item por item, a avaliação individual e *in loco* de cada bem do acervo a ser transmitido, joga-se a tributação para o modelo de pautas, de tabelas.

Eis mais uma prova de que o direito é linguagem e a linguagem, como conjunto formado por signos, é indeterminada, embora determinável, vez que formada por palavras, as quais muitas vezes são ambíguas e quase sempre são vagas, cabendo um esforço de elucidação delimitadora de sua amplitude de significação. "Valor venal" é expressão que padece de vagueza, não havendo critérios prévios e unívocos que possam construir, com exatidão, quais valências preenchem denotativamente ou não sua dimensão semântica. Se o contribuinte mesmo chamar três avaliadores para que possam dizer qual o valor de um determinado imóvel que lhe pertence, também eles, muito provavelmente, darão três cifras diferentes, não havendo como se cravar, com precisão aritmética, um único "valor" a lhe ser atribuído. E mais, com certeza se esse imóvel for colocado à venda haverá um "valor" que o vendedor deseja receber, outro "valor" que o comprador se dispõe a pagar e um

---

328. *Curso de direito tributário municipal.* São Paulo: Saraiva, 2009, p. 206/209 (com destaques no original).

"valor" final e efetivo da tratativa, resultante da negociação entre eles. Mas, essa equação poderia ser radicalmente modificada se o pretendente fosse um vizinho do imóvel considerado ou uma grande incorporadora, que, por estratégia de mercado, necessita que seu empreendimento seja construído ali especificamente. Afinal, qual era o "valor real" do imóvel? Como se vê, as variáveis são bem subjetivas, não servindo como resposta pronta a que atrela a mensuração do bem ao seu "valor de mercado", porque essa também é uma expressão vaga, maleável, volátil.

Por esses motivos que o Fisco costuma adotar pautas de valores para avaliar imóveis. A grande questão é que essas pautas se espraiaram de tal modo que se impregnaram para todo tipo de hipótese, sem critérios coerentes e transparentes, e o que é pior, muitas vezes com caráter absoluto e imodificável, *tornando a tributação sobre o patrimônio um grande mar de presunções, particularmente nas transações do agro.* É nessa ferida que se quer tocar. Achar uma solução não é simples, há de se reconhecer. Mas, o estado de coisas atual também não está certo. Entre ficar com a covardia passiva da omissão ou ousar buscar um caminho, mesmo que o norte apontado venha a ser criticado, ressoa mais útil a coragem intelectual, nem que seja para provocar novas reflexões a quem se predispuser a pensar sobre o tema e, aí sim, trazer uma solução mais sólida, que possa servir de ponto de equilíbrio, fincando-a nos fundamentos do ordenamento jurídico.

III.2.3.1. O alicerce do raciocínio: a "construção" jurídica da "verdade"

O fio a governar o pensamento daqui em diante é promover o elo entre questões filosóficas das mais arraigadas, a exemplo dos contornos acerca da "verdade", e as dificuldades práticas vividas pelos indivíduos que exploram o agronegócio. Afinal de contas, qualquer segmento social, econômico ou jurídico – qualquer um – pode ser estudado a fundo com preocupação científica, com categorias consistentes. A tributação do agronegócio também, inclusive aquela que atinge o patrimônio rural. E como se tentará demonstrar, é preocupante o cenário experimentado por esse setor, porque a tributação incidente vem se dando, em boa medida, por presunções estanques, por arbitramentos via pautas fiscais insuperáveis.[329]

Não são poucas as operações envolvendo a atividade rural nas quais se nota que o legislador adotou presunções das mais variadas. As tais "pautas de valores" tornaram-se uma realidade para quem se dedica ao agro. Há pauta de valor de terras para fins de imposto sobre a renda na modalidade de ganho de capital incidente sobre venda de imóveis rurais (IR-GC); de imposto sobre a propriedade territorial rural (ITR); de imposto sobre transmissão onerosa de bens imóveis (ITBI); e do próprio imposto sobre transmissão *causa mortis* e doações (ITCMD) – isso sem se esquecer das "pautas de valores" dos produtos do agronegócio no âmbito do ICMS, já criticadas antes. Ou seja, há "pauta" de tudo quanto é jeito. A uma mesma fazenda, por incrível que possa parecer, *podem ser atribuídos quatro "valores" diferentes* (um federal de IR, outro federal, com a participação do município, de ITR, outro estadual via ITCMD e o derradeiro, de competência municipal, de ITBI). *E aí, qual é a "verdade" do valor do imóvel?*

O cenário é preocupante e, sinceramente, pouco refletido. Não se pode comungar com decisões administrativas e judiciais que ficam presas à superficialidade das obviedades

329. Sobre as pautas nos tributos do agro em geral, vide: LOUBET, Leonardo Furtado. A teoria das provas e o agronegócio: entre o "descobrimento" da "verdade" e a tributação ilegítima via presunção por pautas fiscais. *In:* CARVALHO, Paulo de Barros (coord.); SOUZA, Priscila de (org.). *XIX Congresso Nacional de Estudos Tributários:* as conquistas comunicacionais no direito tributário atual. São Paulo: Noeses, 2022, p. 927/958. No referido texto algumas ideias embrionárias sobre o tema foram desenvolvidas pelo autor, as quais foram aprofundadas agora nesta tese.

e à legitimação de abusos. É papel da doutrina identificar esses entraves e elaborar respostas, afinal, as relações jurídicas do campo têm suas peculiaridades. Parece claro que um mesmo objeto não pode ter quatro "verdades" distintas, mesmo que cada tributo siga um roteiro de materialidades e de bases de cálculo com diferenciações. Este trecho do trabalho revela que, embora essa seja uma questão que diz respeito a um tema prático, os desafios do cotidiano só podem ser resolvidos adequadamente com uma boa dose de ciência. Toda vez que uma dúvida prática aponta no sentido da abstração científica, isso é um bom sinal, é sinal de que o caminho percorrido tende a ser o correto.

Pois bem, é inegável que determinados temas jurídicos são difíceis de ser confrontados e exigem do intérprete uma tomada de posição firme. Um deles diz respeito justamente à visão tradicional, e que está fortemente encravada no pensamento dos juristas, acerca da "verdade". No senso comum das pessoas a verdade é uma só. A verdade não requer maiores explicações, porque a verdade é aquilo que "aconteceu". Então, se algo "aconteceu", esse algo é "verdadeiro"; se "não aconteceu", é falso. Simples assim. Tudo, portanto, seria facilmente resolvido por singelos processos de comparação entre "o que se diz" e o que "acontece" ou "aconteceu". Na base desse raciocínio está pressuposto que a "verdade" seria um mecanismo mental que se instala "por correspondência", vale dizer, por correspondência entre a afirmação e a "realidade".[330]

A chamada "verdade por correspondência" em si mesma não está equivocada. Ela explica e soluciona várias

330. "Verdade é o que nos parece certo" (LOBATO, Monteiro. *Obras completas de Monteiro Lobato* – Serões de Dona Benta e História das Invenções. São Paulo: Brasiliense, 1957, p. 176. *Apud:* SILVEIRA, Marcelo Pimentel da. *Literatura e ciência:* Monteiro Lobato e o ensino de química. Tese (Doutorado) – USP. São Paulo: USP, 2013, p. 123. Disponível em: https://www.teses.usp.br/teses/disponiveis/81/81132/tde-01122014-153625/publico/Marcelo_Pimentel_da_Silveira.pdf).

situações da vida. Se alguém afirma "aquela maçã é vermelha", basta comparar a maçã indicada com a cor vermelha para concluir se a afirmação é verdadeira ou não. Mas, *a verdade é que a "verdade por correspondência" não resolve todos os problemas.* Para desmontar esse raciocínio, basta pensar que a maçã pode ter partes que são amarelas e isso já seria o suficiente para dizer que não é necessariamente verdadeira a assertiva. Ou então confrontar a proposição com a visão de mundo de uma pessoa daltônica, que não consegue distinguir o vermelho do amarelo ou verde. Sentenciar que "aquela maçã é vermelha" é algo impossível para uma pessoa com essa alteração visual. O mesmo se pode dizer quando se transporta o objeto "maçã vermelha" para a espécie "maçã verde".

Os exemplos podem ser multiplicados aos montes. É "verdade" que existiram dinossauros no planeta Terra? O máximo que o ser humano viu foram restos de ossos. Dá então para traçar a "verdade por correspondência" entre a afirmação de que "existiram dinossauros no planeta Terra" e um punhado de ossos? O mundo é muito mais complexo do que a mera percepção que o homem tem pelos seus sentidos (visão, audição, tato, paladar e olfato). Por vezes são necessários processos mais elaborados para compreensão do entorno. Nada obstante, há um consenso entre as pessoas nos tempos atuais, a partir de *evidências* científicas, de que existiram dinossauros por aqui milhões de anos atrás. Isso leva o signo "verdade" para outro plano, não mais da "verdade por correspondência", mas da "verdade por consenso"[331]. Se o signo "evidências" tem força semântica suficiente para se encaixar à "verdade" já é outra história.

331. Além da "verdade por correspondência" e da "verdade por consenso", outras formas de compreensão do fenômeno da "verdade" poderiam ser destacadas. Fabiana Del Padre Tomé aborda cinco acepções possíveis: (i) a verdade por correspondência; (ii) o fenomenalismo; (iii) a verdade por coerência (iv) a verdade por consenso; (v) e a verdade pragmática (*A prova no direito tributário.* 4. ed. São Paulo: Noeses, 2016, p. 21/27).

Todavia, a verdade por consenso, por paradoxal que seja, é maleável, é cambiante, não é algo imutável – e nisso se afasta a projeção da "verdade" como algo de essência. Quem apontasse até alguns anos atrás "Plutão é um planeta do sistema solar" em uma avaliação de "verdadeiro" ou "falso", assinalando a alternativa "verdadeiro", obteria pontos em uma prova. Contudo, desde o ano de 2006 não é mais "verdadeiro" que Plutão é um planeta, tendo esse corpo celeste perdido tal *status* a partir de novos consensos científicos.[332] O que dizer então da "verdade" que existia antes? Isso sem considerar que a "verdade", daqui uns anos, pode ser outra, pois há movimentos para que Plutão seja um planeta de novo[333].

O estabelecimento da "verdade", portanto, não é um ato simples. Pode até ser em algumas circunstâncias rotineiras da vida, mas nem sempre. Transportando essas ideias para o direito, a revisão criminal por exame de DNA, a ação rescisória do art. 966 do CPC ou a revisão do lançamento quando deva ser apreciado fato não conhecido ou não provado por ocasião do lançamento anterior (art. 149, VIII, CTN) indicam que o próprio direito positivo admite que a "verdade" pode não ser assim "tão verdadeira". A "verdade" é um estado ideal de coisas, que depende de uma "construção". Quando se pensa em matéria jurídica, isso é importantíssimo. *A forma pela qual a "verdade jurídica" é "construída" é o ponto chave a ser objeto de reflexões,* porque é por meio desse mecanismo que o universo aparentemente distante das normas gerais e abstratas (base de cálculo) tem condições de se projetar para o mundo rente à vida das normas individuais e concretas (base calculada). É

---

332. Sistema solar. Disponível em: https://mundoeducacao.uol.com.br/geografia/sistema-solar.htm.

333. "Plutão é um planeta", afirma diretor da Nasa. Disponível em: https://revistagalileu.globo.com/Ciencia/noticia/2019/08/plutao-e-um-planeta-afirma-diretor-da-nasa.html.

dessa forma que o direito consegue reconstituir o passado para fazer valer suas regras no presente.

Ora, mas o que essas considerações um tanto quanto remotas têm que ver com o tema em análise? Qual o liame existente entre a abordagem filosófica da "verdade" e a tributação do patrimônio rural? Apenas um incauto não perceberia essa relação. Se o intuito é avaliar como a lei e o Fisco, em atos de aplicação, chegam à "verdade" dos valores dos bens da atividade rural, partindo não da "verdade do valor" singular do patrimônio envolvido ou da riqueza manifestada, mas sim de presunções, de pautas, de grandezas arbitradas, em síntese, de uma "verdade" prévia e abstratamente preparada, a correlação fica evidente. Definir o "valor" de um imóvel rural, sem dúvida, é complexo. Agora, presumir valores para tudo, criando suas próprias "verdades" e não aceitando a pujança do fato jurídico concreto, é desconsiderar a manifestação individualizada da capacidade contributiva respectiva.

O Código Tributário Nacional, influenciado pela teoria da "verdade por correspondência", toma como premissa que a verdade seria "descoberta", ao estabelecer no art. 142 que o lançamento seria um "procedimento" administrativo "tendente a verificar a ocorrência do fato gerador da obrigação correspondente". Não é isso, entrementes, o que realmente ocorre.

Para dar conta desse problema, deve ser chamada ao centro do palco uma distinção de inegável relevo: trata-se da diferença entre evento e fato, já conhecida de muitos. Aquilo que se denomina de "evento" é a ocorrência do mundo fenomênico em si, é o que se passa na instantaneidade da vida. As experiências empíricas todas se vão com o tempo e ficam no passado. O que é agora, em fração de segundos não é mais. O tempo passa e os eventos se esvaem. Diferentemente do evento, porém, o "fato" é o que permite – em uma figura de linguagem – a perpetuação do evento, é o que garante sua perenidade no presente. Noutras palavras, o "fato" é a descrição linguística do evento. Ou, se se preferir, o "fato" é a versão em linguagem do evento. Trata-se de uma estrutura linguística que descreve, que relata, que "conta" como se passou o evento. Daí ser possível distinguir duas realidades, que não se confundem: a da ocorrência em si, o evento, pertencente ao mundo fenomênico e que se perde; e a do relato em linguagem do evento, isto é, o fato, que faz parte do mundo da linguagem e que subsiste[334].

Por meio do fato, que é o relato em linguagem, a descrição do evento se coloca em condições de ser objeto de comunicação entre seres humanos. É pela linguagem que as coisas do mundo são percebidas e comunicadas. A linguagem, sob essa ótica, é o elemento constituidor dos fatos, os quais, por sua vez, exprimem linguisticamente as ocorrências empíricas dos eventos. Paulo de Barros Carvalho, potencializando para o campo jurídico a filosofia de Vilém Flusser, pondera o seguinte:

> É justamente na dicotomia entre o *acontecer* e o *ocorrer* que o filósofo tcheco separa tudo quanto nos é perceptível tão somente pela intuição sensível, que simplesmente ocorre e se esvai; daquilo que, por meio da linguagem, pode ser percebido e então compreendido pelo homem, isto é, ordenado em condições de tempo e espaço como realidade. Dizendo de outro modo, segundo o mesmo Flusser, a realidade é o tudo o que acontecer e somente acontece aquilo que é registrado pela linguagem. Assim também o passar do evento a fato, da realidade social à realidade jurídica. *Acontece* o fato jurídico quando o evento *ocorrido* for relatado em linguagem pelo sujeito competente para firmá-lo na linguagem jurídica.[335]

Eis a constatação de que questões concretas, para que possam ser bem resolvidas, reclamam, muitas vezes,

---

334. CARVALHO, Paulo de Barros. *Curso de direito tributário*. 33. ed. São Paulo: Saraiva, 2023, p. 390/395.

335. *Direito tributário, linguagem e método*. 7. ed. São Paulo: Noeses, 2018, p. 158-159 (com destaques no original).

reflexões mais atiladas, próprias do raciocínio filosófico. Afinal de contas, a controvérsia diz respeito sobre qual a "verdade" do "valor" do patrimônio rural – e saber como se chega a essa "verdade" é o aspecto decisivo. Daí por que o relevante a investigar é a forma de "construção" da "verdade jurídica".[336] O que é "verdadeiro" ou "falso" para o direito depende do alicerce nas provas. *As provas é que dão o respaldo necessário para que as verdades jurídicas sejam construídas*. Reconstituir o passado, onde moram os eventos, depende sempre de provas, o que significa dizer que só pode haver "fatos jurídicos" (relatos em linguagem de ocorrências relevantes para o direito) se houver lastro em provas. E isso se dá por meio da linguagem competente, que é exatamente a linguagem das provas.[337]

Como já afirmamos antes em trabalho acadêmico conjunto, existe uma relação íntima entre "as provas e a sustentabilidade das normas jurídicas introduzidas no sistema por atos de aplicação. A prova, nesse contexto, é o respaldo necessário à inserção de novas normas na cadeia do processo de positivação, sobretudo à produção de normas individuais e concretas".[338] Nas palavras de Fabiana Del Padre Tomé, "prova é a linguagem escolhida pelo direito que vai não apenas dizer que um evento ocorreu, mas atuar na

---

336. Como bem observa Fabiana Del Padre Tomé, "todos falam em nome da verdade, mas não há como saber, mediante procedimentos experimentais, quem está realmente dizendo a verdade". *A prova no direito tributário.* 4. ed. São Paulo: Noeses, 2016, p. 22. Ou, como diz Dardo Scavino, "um enunciado é verdadeiro, em princípio, quando se encontra conforme uma interpretação estabelecida, aceita, instituída dentro de uma comunidade de pertinência" (*A filosofia atual:* pensar sem certezas. São Paulo: Noeses, 2014, p. 25).

337. SANTI, Eurico Marcos Diniz. Introdução: norma, evento, fato, relação jurídica, fontes e validade no direito. *In:* SANTI, Eurico Marcos Diniz de (coord.). *Curso de especialização em direito tributário:* estudos em homenagem a Paulo de Barros Carvalho. Rio de Janeiro: Forense, 2005, p. 15.

338. LOUBET, Leonardo Furtado; McNAUGHTON, Charles William. A prova na percussão tributária. *In:* SALOMÃO, Marcelo Viana; PAULA JR., Aldo de (org.). *Processo administrativo tributário:* federal e estadual. São Paulo: MP Editora, 2005, p. 265.

própria construção do fato jurídico".[339] Ou ainda, na bela passagem de Maria Rita Ferragut, apoiada em Antonio Dellepiane, "a tarefa daquele que prova confunde-se com a de um historiador. Provar é, sob essa perspectiva, reconstruir o passado".[340] É essa reconstrução do passado, é a "prova" do "valor" envolvido para saber de sua "verdade jurídica" que interessa ao estudo.

III.2.3.2. Verdade, ficções e presunções no Direito Tributário: breves considerações

Quando se afirma que o processo de construção da verdade jurídica há de estar respaldado em provas consistentes não se ignora que o próprio ordenamento positivo admite, *em algumas circunstâncias específicas,* a criação de verdades jurídicas um pouco diferentes, que ou não coincidem necessariamente com a realidade, ou se satisfazem pela presença de um fato indiciário, do qual normalmente resulta outro. Ou seja, é possível construir a "verdade jurídica" mediante mecanismos criados pela própria lei, ou por técnicas indiretas de aferição. Tais expedientes são previstos e regulados pelo próprio direito e podem ser divididos em dois grandes grupos: o das ficções e o das presunções. Isso não significa, no entanto, que tais expedientes sejam uma porta aberta para se construir a verdade jurídica que se quiser. Há limites para isso.

Ficções jurídicas são regras de direito material que, propositadamente, "criam uma verdade legal contrária à verdade natural, fenomênica. Alteram a representação da realidade ao criar uma verdade jurídica que não lhe corresponde, e produzem efeitos jurídicos prescindido da

---

339. A prova no processo administrativo fiscal. *In:* SANTI, Eurico Marcos Diniz de (coord.). *Curso de especialização em direito tributário:* estudos em homenagem a Paulo de Barros Carvalho. Rio de Janeiro: Forense, 2005, p. 565.

340. *Presunções no direito tributário.* 2. ed. São Paulo: Quartier Latin, 2005, p. 48.

existência empírica dos fatos típicos que originalmente ensejariam tais efeitos".[341] São "criações" do próprio direito, que não existem na realidade ou cujo pressuposto lógico não necessita ser demonstrado.

Dois exemplos: as pessoas jurídicas e a maioridade. As "pessoas jurídicas", como o próprio nome indica, não existem no mundo fenomênico, são verdadeiras criações da ordem jurídica. A reunião de duas ou mais pessoas (aliás, hoje em dia a "reunião" de uma pessoa só, com o perdão da frase contraditória com sentido provocativo) em torno de um objetivo comum é reconhecida pelo direito como uma entidade autônoma, distinta das pessoas naturais em si envolvidas. A pessoa jurídica pode assumir a feição de sociedade empresária, sociedade simples, de fundação, de associação ou outra qualquer. Mas ela, da perspectiva fenomênica, não existe. O mesmo pode ser dito quanto à maioridade. "Presume-se" – o emprego da palavra é sempre esse – que uma pessoa maior de dezoito anos tem plena capacidade para os atos da vida civil. Saber, porém, se uma pessoa específica de dezoito anos tem maturidade suficiente para assumir seus atos ou não é algo irrelevante, posto que essa é a régua de corte adotada pela lei. Pode-se invocar um terceiro exemplo: o espólio, que faticamente não existe.

Como se vê, as ficções não são propriamente tema inerente às provas, ao menos não no sentido que usualmente se emprega ao termo. O objeto da ficção jurídica não é dar margem para discussões fáticas, mas sim servir como instrumento para que os propósitos do legislador sejam atingidos. Quanto ao problema aqui examinado – das pautas fiscais – parece claro que o aspecto discutido não é uma ficção jurídica, porque as margens presumidas não são algo criado artificialmente pela ordem jurídica de forma totalmente

341. FERRAGUT, Maria Rita. *Presunções no direito tributário.* 2. ed. São Paulo: Quartier Latin, 2005, p. 156.

alheia a um pé na realidade, pelo contrário, seu embasamento *pressupõe* a realidade que elas querem expressar.

Sobram, então, as presunções. Quanto a elas, a análise pode ser subdividida em duas classes: (i) as presunções *hominis;* (ii) e as presunções legais, sendo que essas últimas podem ser subdivididas em (ii.a) presunções legais absolutas e (ii.b) presunções legais relativas.

A denominada presunção *hominis* é a presunção simples ou comum, a qual consiste na relação por regras de experiência e por suporte probatório entre dois fatos: o fato provado e o fato que presumivelmente ocorreu. Trata-se de técnica de produção probatória, a qual tem que ser aquilatada pelo julgador, no sentido de confirmar se está realmente provado o fato indiciário e se há padrões seguros para se estabelecer o liame entre o fato indiciário e o fato que se quer provar. A situação aqui tratada não diz respeito à presunção *hominis*, na medida em que não se está a falar de uma presunção por regras de experiência ou por um fato não provado. Ao revés, o tema está diretamente ligado à transmissão do patrimônio, que é incontroversa, diante de seu valor presumido.

A presunção legal, por sua vez, divide-se em presunção legal absoluta e relativa. A presunção legal absoluta é aquela que não contempla prova em contrário. Ora, basta notar o que se diz sobre essa presunção para se afirmar que "presunção absoluta" é uma contradição entre termos, pois, se não é possível provar o contrário, então não há que se falar mais em "presunção", mas em "verdade jurídica". De todo modo, um exemplo típico é o lucro presumido para fins de IRPJ: uma vez aceita a margem de lucro presumida pela legislação, não se adentra em debates probatórios para saber se o lucro auferido foi verdadeiramente aquele ou não. Adota-se – aqui sim – uma "pauta", uma margem, a qual, porém, é uma opção do contribuinte. Já na presunção relativa a estrutura relacional descrita na presunção *hominis* é a mesma, mas o vínculo entre o fato "A" e o fato "B" não se dá apenas a partir da iniciativa probatória das partes e da interpretação do acervo probatório pelo julgador, mas sim decorre da própria lei. É o legislador que estabelece o liame entre um fato e outro, de tal sorte que, havendo prova do fato indiciário, por decorrência legal entender-se-á por ocorrido o outro fato. O exemplo é o art. 42 da Lei 9.430/96, que presume como omissão de receita para fins de imposto sobre a renda os depósitos bancários sem origem comprovada. Mas, nessa hipótese, admite-se prova em contrário.

Perante esse contexto, a adoção das pautas aqui questionadas as enquadram como presunções legais relativas, ou seja, como valores presumidos que comportam prova em contrário. O problema é a forma desenfreada de adoção dessas pautas, o que coloca o contribuinte em manifesta posição desfavorável, já que boa parte dos tributos a que está submetido o produtor rural acaba seguindo essa técnica de presunção, inclusive o ITCMD, ficando sempre o produtor obrigado a produzir prova em contrário.

III.2.3.3. Lançamento, "ônus" da prova e condições à prova do valor informado

A tributação do agronegócio está sendo levada a cabo, de forma assustadora, com base em presunções das mais variadas ordens. Quanto à exigência de impostos sobre os imóveis rurais, isso ocorre não sobre o fato jurídico tributário em si, mas sim em relação aos valores de pauta fixados pelos entes federados. Se isso, isoladamente, já é preocupante, o cenário transborda qualquer limite do tolerável quando se constata o seguinte: não têm sido poucas as circunstâncias nas quais as pautas são elaboradas sem critérios coerentes e sem transparência, e ainda por cima seu valor, longe de ser mera "presunção", passa a ser aplicado como verdade jurídica indiscutível.

Esse é o quadro. As perguntas que têm que ser feitas, duramente, são as seguintes: afinal, a pauta é uma baliza, um guia a ser seguido pelo Fisco ou se trata de tabela imutável, que se sobrepõe a qualquer outro debate? E quando o contribuinte impugna o valor de pauta, embasando suas razões em contraprovas, baseadas em laudos, nas quais as características do imóvel especificamente considerado são levadas em conta, basta ao Estado dizer, laconicamente, que o contribuinte não derrubou os critérios genéricos da pauta, encerrando a análise dessa maneira, ou é o contrário, cabe-lhe infirmar detidamente o valor apontado pelo contribuinte, explicando o motivo pelo qual o valor individual do imóvel é inservível? O arbitramento se legitima nessas hipóteses? O Fisco tem mero "ônus" da prova?

Como se pode perceber, as perguntas são muitas. Com frequência, o Fisco assume uma cômoda posição – e bem cômoda mesmo – no sentido de apenas enclausurar-se no valor de pauta, não se abrindo a qualquer outro ângulo de possibilidades. Há uma clara distorção sob o prisma da proporcionalidade.[342] O que interessa pensar é se a legislação contempla essa forma de constituir a "verdade do valor" de um imóvel.

A solução do problema não passa pela ideia de "ônus da prova", como amiúde se sustenta. De acordo com essa corrente, se o contribuinte questionar a formação da pauta ou alegar que seu imóvel não se encaixa aos seus parâmetros genéricos, é um ônus que lhe cabe comprovar as afirmações, ficando assegurado ao Fisco o silêncio de não produzir elemento probatório algum para embasar seu ato administrativo. Ora, isso é inverter por completo a ordem das coisas e os escalões do sistema. Pode o Fisco, sim, pedir esclarecimentos e documentos ao contribuinte; o que não se pode aceitar é a descabida transferência

342. Sobre a aplicação da proporcionalidade aos deveres instrumentais, vide: HORVATH, Estevão. Deveres instrumentais e seus limites. *III Congresso Nacional de Estudos Tributários* – Interpretação e Estado de Direito. São Paulo: Noeses, 2006, p. 222.

de responsabilidades do agente público para o particular, exigindo do indivíduo que ele – e não o Fisco – faça as investigações cabíveis e levante todos os elementos de prova necessários à convicção do servidor público, inclusive no que toca à análise dos fundamentos pelos quais os critérios da pauta são inaplicáveis ao caso concreto.

Nem o contribuinte tem um "ônus" de prova, nem o próprio Fisco. É incorreto tecnicamente dizer que o Fisco tem um "ônus" probatório, porque o Poder Público não tem um mero "ônus", ao menos não na acepção que usualmente se emprega essa palavra. *Trata-se, isso sim, de um dever.* A ideia de "ônus" probatório é fortemente influenciada pela rica teoria do Processo Civil, mas sua aplicabilidade à constituição do lançamento tributário deve ser vista *cum grano salis*. Admitir que a autoridade administrativa, em relação à prova do que afirma, tenha um mero "ônus" significa aceitar que se trata de algo instruído pelo modal da Lógica Jurídica de ser meramente permitido (P) – de tal modo que o agente fiscal observaria ou não essa conduta conforme lhe aprouvesse.

Não se trata de mero ônus, mas sim de genuíno dever. A prova no procedimento fiscalizatório deve ser regida pelo modal obrigatório ("O", e não permitido "P"), porque é somente pela prova que o fato constituído pelo lançamento se torna sustentável. Ora, o lançamento é vinculado e obrigatório, ensejando, inclusive, responsabilidade funcional da autoridade administrativa caso não seja adequadamente formalizado (art. 142, § único, CTN). Assim, não basta constituí-lo: a autoridade deve produzi-lo de forma zelosa e em conformidade com a lei. Todo o procedimento inerente à consecução do lançamento tem de ser, obrigatoriamente, constituído em consonância com as normas aplicáveis.

Como esclarece Souto Maior Borges, "o Fisco, entretanto, tem o dever – não o ônus – de verificar a ocorrência da situação jurídica tributária conforme ela se desdobra no mundo fáctico, com independência das chamadas provas pré-constituídas ou presunções de qualquer gênero".[343] Se a atividade de lançamento é obrigatória e esta depende da produção de provas que o sustente, a conclusão a que se chega é a de que não há como se afastar a máxima de que a própria prova é um dever imputado à autoridade administrativa.[344] Eis o motivo por que não se pode aceitar essa canhestra situação atual, em que o Fisco se esconde atrás de presunções para não aferir o valor do patrimônio, no âmbito da base calculada, mesmo quando devidamente provocado e com justificativas plausíveis pelo contribuinte. É a fuga para não ter que fazer o trabalho que o lançamento dá.

III.2.3.4. A rigidez constitucional, a praticabilidade tributária, as pautas fiscais e sua adoção de forma abusiva

Desde os escritos de Geraldo Ataliba ainda na década de 60 ninguém mais põe em dúvida que há todo um *Sistema Constitucional Tributário* em vigor no Brasil.[345] Com efeito, é da Constituição que são hauridas as normas estruturantes da tributação brasileira, pois é lá que estão seus princípios e regras de maior envergadura. Não bastasse ter distribuído analiticamente as competências tributárias entre os entes federados, o constituinte foi além, ele ainda conferiu um regime jurídico próprio a cada uma das espécies

343. *Lançamento tributário*. 2. ed. São Paulo: Malheiros, 1999, p. 121-122.

344. "Na própria configuração oficial do lançamento, a lei institui a necessidade de que o ato jurídico administrativo seja devidamente fundamentado, o que significa dizer que o fisco tem que oferecer prova concludente de que o evento ocorreu na estrita conformidade da previsão genérica da hipótese normativa. (...) O pressuposto de fato da incidência há que ser relatado de maneira transparente e cristalina, revestido com os meios de prova admissíveis nesse setor do direito, para que possa prevalecer, surtindo os efeitos de estilo, quais sejam, os de constituir o vínculo obrigacional, atrelando o particular ao Fisco, em termos da satisfação do objeto prestacional" (CARVALHO, Paulo de Barros. A prova no procedimento administrativo tributário. *Revista Dialética de Direito Tributário,* São Paulo: Dialética, nº 34, p. 107-108, jul. 1998).

345. *Sistema constitucional tributário*. São Paulo: RT, 1968, *passim*.

tributárias.[346] Trata-se de característica própria brasileira, que produz não um efeito de engessamento, mas de perenidade, de constância, de segurança jurídica ao cidadão.

Ora, dois desses princípios são justamente os da estrita legalidade e da tipicidade tributárias. Por influxo desses comandos a exigência de tributos deve guardar estrita observância à moldura constitucional delineada, e mais, os fatos tidos como denotadores de efeitos fiscais devem se enquadrar, à perfeição, à previsão abstrata contida na legislação. *Não se tributa por analogia, por equiparação e, pois, por mera presunção.* Ou há um fato relatado em linguagem que se amolda àquilo que a lei prevê, ou então não há tributação legítima.

Pois bem, acontece que a adoção desenfreada de pautas fiscais acaba por colocar em xeque essa fala. Com efeito, se a lei e as autoridades fiscais passam rotineiramente a exigir tributos sem uma averiguação individual e específica acerca das circunstâncias concretas envolvidas, seja no que tange à ocorrência descrita na hipótese, seja, como se passa no agro, no que toca ao seu valor previsto no consequente, tudo vira um "faz de contas", porque a ideia de tipicidade é jogada pelo ralo. Afinal, se se presume a ocorrência do fato típico e se se presume o valor envolvido, não há rigidez constitucional nem tipicidade tributária alguma, já que tudo ficará a cargo da maleabilidade que o legislador – e o que é pior, que o aplicador – quiser lhe emprestar, diminuindo a calibração, quando lhe convém, ou (o que é mais usual, é claro) alargando-a para colher mais fatos tributáveis e maiores bases de cálculo.

Isso tudo é feito debaixo de uma expressão – que se tornou moda – denominada "praticabilidade tributária". Nos dizeres de Misabel de Abreu Machado Derzi,

346. CARRAZZA, Roque Antonio. *Curso de direito constitucional tributário.* 34. ed. São Paulo: Malheiros /JusPodivm, 2023, p. 465/467.

"praticabilidade é o nome que se dá a todos os meios e técnicas utilizáveis com o objetivo de tornar simples e viável a execução das leis".[347] Há quem, inclusive, alce essa técnica ao degrau de princípio constitucional, com o que neste texto não se concorda. Aquilo que a tal "praticabilidade tributária" busca assegurar não é em si mesmo um desvalor: o que se apregoa é que devem ser buscados meios que assegurem a eficiência arrecadatória, de tal maneira que o Estado tenha condições de fazer frente às despesas públicas. Vai daí que mecanismos padronizados de controle fiscal seriam ferramentas para se implantar essa ideia, aí incluídas as pautas fiscais.

A bandeira defendida em torno da praticabilidade não está incorreta, até mesmo porque o princípio da eficiência administrativa é um vetor constitucional. O problema é que, a pretexto de assegurar um coeficiente de arrecadação, não pode o Estado valer-se de pautas para todas as situações, atropelando os direitos dos contribuintes (também assegurados constitucionalmente) e transferindo a eles, a cada operação, o fardo tributário de produzir prova em sentido contrário à presunção estatal. Se essa for a regra do jogo, daqui a pouco estará autorizada a União a "presumir" um "X" a título de imposto sobre a renda contra todos os contribuintes, incumbindo-lhes provar o contrário, o mesmo podendo fazer o Município a título de ISS cobrado dos prestadores de serviço.[348]

---

347. *Direito tributário, direito penal e tipo*. 2. ed. São Paulo: RT, 2007, p. 138-139.

348. "Tampouco se podem admitir 'pautas fiscais' nos impostos cujas bases de cálculo são determinadas pelo mercado. Não pode a Administração, por mais que argumente com 'preços médios' e 'pesquisas de mercado', prefixar em 100 mil reais o preço de um automóvel que, de fato, foi vendido por 80 mil reais. Se há subfaturamento, cumpre-lhe provar o dolo do contribuinte e apená-lo" (COÊLHO, Sacha Calmon Navarro. *Curso de direito tributário brasileiro*. 18. ed. Rio de Janeiro: Forense, 2022, p. 169). Vide também: CARRAZZA, Roque Antonio. Legalidade, praticabilidade e eficácia dos decretos, regulamentos e instruções normativas, em matéria tributária. *V Congresso Nacional de Estudos Tributários* – Direito tributário, linguagem e método. São Paulo: Noeses, 2008, p. 873/899.

A forma de apuração dos tributos não pode ser feita dessa maneira. A "pauta" de valores envolvendo o valor venal do IPTU ou mesmo o valor venal de IPVA é bem mais aceitável. Mas, note-se bem, nessas hipóteses é a própria materialidade desses tributos que comporta esse tipo de mecanismo, porque o Município controla a ocupação urbana, tendo condições de averiguar onde há asfalto, luz, água encanada, esgoto, e, portanto, tendo elementos para mensurar os valores da planta genérica. No que concerne ao IPVA, o mercado de veículos usados é consolidado no dia a dia da população, que sabe onde consultar quanto vale um veículo posto à venda, de tal sorte que o Estado pode se valer dessa tabela para mensurar a quantia a ser exigida. No caso do *"valor venal"* de fazendas para fins de ITCMD, todavia, as pautas de valores assumem outro *status* jurídico, dado que são presunções eminentemente relativas, meros guias a dar um parâmetro ao corpo fiscal, inclusive porque os critérios para composição dos dados são bem mais cambiantes e incertos se comparados aos do IPTU e IPVA.

Por isso que a "praticabilidade tributária" não pode ser vista como uma barreira a blindar, de forma apriorística, toda e qualquer discussão envolvendo a validade das pautas fiscais. O equilíbrio entre o respeito aos interesses fiscais do Estado, de um lado, e dos direitos dos contribuintes, de outro, é difícil, mas é a meta a ser buscada sempre nessa seara. De todo modo, não há autorização constitucional para tributação exacerbadamente presumida de ITCMD, como vem ocorrendo atualmente.

III.2.3.5. Os critérios indispensáveis para legitimação dos atos estatais nessa temática: transparência nas informações, coerência nos dados selecionados e abertura verdadeira para que as razões do contribuinte e sua contraprova sejam sopesadas

O fecho do raciocínio deságua em um grande dilema: as pautas fiscais em matéria de ITCMD são inconstitucionais, não podendo ser usadas sob hipótese alguma para fins de lançamento, ou elas são necessariamente válidas e, portanto, não cabe ao contribuinte insurgir-se contra seu teor? A solução que aqui se propõe para que a tributação seja corretamente exercida é: nem uma coisa, nem outra. Ou seja, a técnica de elaboração de uma pauta de valores para balizar a mensuração do ITCMD não é, por si só, inconstitucional, afrontosa ao direito dos contribuintes, o que não significa dizer, por outro lado, que o sujeito passivo fica impossibilitado de questionar as informações genéricas da pauta ou sua aplicação ao seu patrimônio individualmente considerado.

A legislação, realmente, estabelece que a base de cálculo do imposto é o valor venal. Se o próprio CTN, nesse aspecto exercendo o papel de introduzir normas gerais em matéria tributária, prescreve que a exação há de tomar como parâmetro o "valor venal", então é porque, por decorrência lógica, cabe ao Fisco estipular um valor presumido, um valor estimado, um valor médio dos bens que serão avaliados. Dado que o valor venal induz a um cálculo aproximado, a elaboração da pauta de valores, de plantas genéricas ou de tabelas, em si mesmas consideradas, não é o cerne da questão, pelo contrário, sua existência é até pressuposta em certo sentido pelo Código Tributário Nacional.

Para construí-las, alguns elementos usualmente são levados em conta. Quando se cuida de imóvel urbano, olha-se para a localização do bem (se no "centro", em "bairro nobre" ou na "periferia" – sem se desprezar a vagueza dessas expressões também), as utilidades públicas disponibilizadas nos seus arredores (iluminação, asfalto, rede de coleta de água e esgoto, transporte público etc.) e o uso (se residencial ou comercial), entre outros. Além desses, parte-se para critérios específicos do imóvel avaliado, como a quantidade de pisos (se térreo, sobrado ou de dois ou mais andares), o tipo de material empregado na construção (madeira, alvenaria, mármore etc.), a área construída (em metros quadrados) e as benfeitorias (piscina, churrasqueira, quantidade de cômodosetc.). Diante dessas fórmulas, chega-se ao valor aproximado do imóvel transmitido.

O problema não está na pauta de valores em si, enquanto técnica de presunção. O desafio está na *mensuração de cada um dos itens* que a compõem e *no peso que se atribui* a cada um deles para o resultado final. Com efeito, a legislação não chega ao ponto de exigir que seja feita uma avaliação individualizada e *in loco* dos bens do contribuinte – embora isso não fique descartado. O que se prevê é que a quantificação tome por base o "valor venal". A conjunção dessas duas palavras encerra a mensagem de que, por essência, no ITCMD e nos tributos que seguem a mesma lógica projeta-se um valor estimado dos bens, um valor que presumivelmente mais se aproxima do valor médio de mercado. Ora, se o cálculo parte de uma presunção, isso significa que, também por essência, há de se admitir a contestação, o questionamento dos critérios eleitos como metodologia. Para isso, só há um remédio: *a transparência,* a publicidade reveladora dos caminhos que o Estado adota para chegar à expressão numérica concreta. Não é suficiente *o que* fazer; é fundamental também o *como fazer:*

> Há normas, então, que regulam *como* o agente estatal deve desenvolver a atividade de cobrar tributos e de impor sanções por conta das infrações à legislação tributária. Tais proposições diretivas devem orientar de tal forma o comportamento da autoridade administrativa, que possa saber *o que* cobrar e *como cobrar.*
>
> *Saber o que cobrar* implica uma aplicação das normas que instituem tributos, ou normas de comportamento, na concepção de Bobbio. (...)
>
> Mas há, também, o *saber como.* O *saber como* é o que permite ao ser humano executar certos atos. (...)
>
> Em suma, no *saber como* o aplicador do direito orienta-se no sentido de identificar o *procedimento* que deve ser adotado para

> atingir determinado fim. (...) O que se pretende é distinguir *o que* foi feito do *como* foi feito. (...)
>
> Distinguir o procedimento do produto é fundamental, pois a legalidade do ato administrativo deve ser analisada tanto pelo prisma do produto (o enunciado pronto) como do processo, ou seja, a própria enunciação da norma individual e concreta. Em outras palavras, nem só as normas que disciplinam *o que* cobrar condicionam a atividade administrativa, mas também aquelas que regulam *o como* cobrar. O enunciado do artigo 142 do CTN, em linhas gerais, determina *como* deve ser feito o lançamento.
>
> (...) Note-se que, nos termos do artigo 142, § único, do CTN, a *atividade* – e não apenas o produto – do lançamento é plenamente vinculada, ou seja, o *como* passa a ter importância.
>
> Destarte, se a autoridade administrativa é obrigada a lavrar o lançamento, então se conclui que o contribuinte tem o direito de saber: (i) *como* a autoridade administrativa verificou a ocorrência do fato gerador; (ii) *como* determinou a matéria tributável; (iii) *como* calculou o montante do tributo devido; (iv) e *como* identificou o sujeito passivo. (...)
>
> Negar tal assertiva seria o mesmo que admitir que: (i) o administrado não tem o direito de saber qual o procedimento adotado pela Fazenda (ou seja, infirmar o princípio da publicidade); (ii) não há direito à ampla defesa (na medida em que o contribuinte poderá se defender apenas do *que*, mas não do *como*); (iii) o procedimento administrativo está isento de controle de legalidade (isso ao se imaginar que o controle só pode ser feito a partir da objetivação em linguagem competente do procedimento).[349]

Os critérios eleitos pelo Estado para estruturar a pauta de valores devem ser coerentes, devem ser condizentes com o que influencia na calibração do valor. Ademais, para cada critério aplica-se um peso na fórmula de cálculo, de tal ordem que também os pesos respectivos hão de ser racionais. E tudo isso, evidentemente, deve ser transparente, vale dizer, não só a pauta em si, como, de igual modo, os parâmetros que a formaram devem estar à disposição

---

349. LOUBET, Leonardo Furtado; McNAUGHTON, Charles William. A prova na percussão tributária. *In:* SALOMÃO, Marcelo Viana; PAULA JR., Aldo de (org.). *Processo administrativo tributário:* federal e estadual. São Paulo: MP Editora, 2005, p. 282/285 (com destaques no original).

dos contribuintes. É somente dessa maneira que a pauta pode ser admitida. O Estado deve *provar* que construiu o valor venal segundo parâmetros claros, coerentes e transparentes, tornando-os acessíveis ao obrigado. Não só isso, tais critérios, bem como seus respectivos valores e pesos, devem ser constantemente revisados pelo Estado, evitando-se distorções.

Se não for assim, há abuso, há tributação por arbítrio, não por arbitramento. Afinal de contas, nas presunções "toma-se como sendo a verdade de todos os casos aquilo que é a verdade da generalidade dos casos iguais, em virtude de uma lei de frequência ou de resultados conhecidos, ou em decorrência da previsão lógica do desfecho".[350] A presunção relativa, no entanto, não torna redondo o quadrado, estando sempre suscetível à demonstração de sua inaplicabilidade ao caso concreto. Tais considerações são ainda mais fortes quando se fala em pauta de valores no âmbito do ITCMD: *os fatos geradores desses tributos (herança e doações) não estão no universo de transações concretas economicamente,* de operações nas quais há um valor determinado ou facilmente determinável envolvido. Trata-se de transmissão de bens por um evento indesejado (a morte) ou, mesmo que desejado (a doação), despido de cunho monetário, sendo ato de mera benevolência. Por esse fundamento específico, as pautas, que em si mesmas são passíveis de questionamentos, no ITCMD devem ser mais relativizadas ainda, sendo instrumento de trabalho da fiscalização, sim; mas, jamais um documento inquebrável, que se sobrepõe, de forma sobranceira, em qualquer situação.

Por isso mesmo que a salvaguarda do art. 148 do CTN, no sentido de que o procedimento de arbitramento sempre deve estar aberto à contestação por parte do sujeito passivo,

---

350. CANTO, Gilberto de Ulhôa. Presunções no direito tributário. *In:* MARTINS, Ives Gandra da Silva (coord.). *Caderno de Pesquisas Tributárias:* presunções no direito tributário. São Paulo: Resenha Tributária, 1984. p. 3.

é a genuína garantia conferida ao cidadão para solucionar esse impasse. Deve-lhe ser assegurado o direito de mostrar que a presunção da pauta, a fórmula genérica de valores, está incorreta, porque seus critérios não são claros, coerentes ou transparentes, ou então que não se aplica rigorosamente ao seu patrimônio, porque, por exemplo, seu imóvel urbano, embora bem localizado, tem construção antiga; porque seu veículo tem quilometragem bem maior que a presumida; ou porque suas terras, ainda que localizadas em região de alto valor, estão degradadas ou não são formadas. Ou seja, há de ser feita uma checagem rigorosa se entre a base de cálculo estimada e a base calculada *in concreto* há correspondência, há coincidência de elementos identificadores.

E o exame detido da impugnação, com suas respectivas contraprovas produzidas pelo contribuinte, não pode estar apoiado no pressuposto de que a presunção fiscal é autossuficiente, é bastante em si mesma; muito pelo contrário, no balanço dos *standards* de provas o elemento probatório constituído pelo obrigado deve merecer a mesma possibilidade de influência na formação do convencimento. É esse o meio adequado para que o patrimônio dos contribuintes seja verdadeiramente mensurado pelo Estado.[351]

III.2.4. A fixação das alíquotas e a progressividade no ITCMD

Para encerrar, é claro que não se poderia deixar de fazer menção às alíquotas do imposto e sua incidência de forma progressiva. Toda vez que se pensa no peso econômico de um tributo, sua dosagem, manifestada pela alíquota, há de ser checada. Como o ITCMD é uma exação que recai sobre o valor do patrimônio das pessoas por ato não oneroso

351. QUEIROZ E SILVA, Jules Michelet Pereira. Standards *de prova no direito tributário*. São Paulo: IBDT, 2022, p. 214/232.

– seja pela herança, seja pela doação – o manejo das alíquotas é algo que requer muito cuidado.

Provavelmente com essa preocupação que o constituinte previu no art. 155, § 1º, IV, que o imposto sobre transmissão *causa mortis* e doação "terá suas alíquotas máximas fixadas pelo Senado Federal". A responsabilidade conferida ao Senado nessa matéria faz todo sentido, pois, na condição de Casa representativa dos Estados, é nos debates travados no Senado Federal que o consenso institucional dos Estados se materializa. Ademais, a ideia de se estabelecer um teto, um padrão máximo de alíquotas, revela o intuito de se evitar que os contribuintes brasileiros fossem tributados, em termos percentuais, em condições absolutamente desiguais por cada ente federativo a partir de fatos jurídicos equivalentes, algo que poderia fomentar todo tipo de artimanha para se burlar as transações ocorridas, ou mais, um outro foco de guerra fiscal, pensando-se em planejamento sucessório.

Cumprindo esse mister, a Resolução 09/92 do Senado Federal padronizou como teto aplicável em todo Brasil o patamar de 8% de ITCMD (art. 1º). Note-se que os 8% não são a alíquota de ITCMD obrigatória em todos os Estados; esse é o máximo até onde os Estados podem chegar, conforme suas respectivas legislações. E é curioso perceber que essa resolução sempre previu a possibilidade de tributação progressiva (art. 2º). Contudo, há duas observações a serem feitas a esse respeito: (i) em primeiro lugar, esse ato normativo, quando admitiu a progressividade, referiu-se ao "quinhão" que cada "herdeiro" receber, de tal modo que, intuitivamente, deferiu essa técnica tributária apenas na hipótese de herança, e não sobre doações; (ii) justamente por conta disso, a progressividade só pode se projetar sobre o quinhão herdado, e não sobre o valor total do patrimônio deixado.

Voltando à análise das legislações paradigmas dos Estados escolhidos neste estudo (que, nesse aspecto, contrariam a norma superior definida pelo Senado), em Mato Grosso as alíquotas variam de 2% a 8%, a depender do valor envolvido e se a transmissão se deu pela herança ou por doação (art. 25 do RITCMD/MT). As alíquotas são fixas em Mato Grosso do Sul no que concerne ao percentual, mas diferem conforme a causa da transmissão: é de 3% na doação e de 6% na herança (art. 129 do CTE/MS). Goiás adota sistemática na qual é irrelevante se a transmissão foi por *causa mortis* ou por doação, mas prevê alíquotas variáveis de 2% a 8%, de acordo com a base calculada (art. 379 do RCTE/GO). Já em Minas Gerais a alíquota é fixa de 5% (art. 22 do RITCMD/MG). Por fim, na Bahia os percentuais são de 3,5% na doação e de 4% a 8% na transmissão pela herança (art. 9º da Lei 4.826/89).

III.3. O ITCMD E O AGRONEGÓCIO

As colocações que foram feitas até aqui já dão bem o tom – ao menos, é isso o que se imagina que tenha ficado demonstrado – das particularidades que o ITCMD apresenta, quando refletido sob a perspectiva do agronegócio. Como foi salientado no início, esse imposto está a merecer aprofundamentos teóricos, porque suas projeções, mormente no que toca às técnicas para mensuração do patrimônio, são bastante significativas e ainda há aspectos dúbios que somente reflexões maduras poderão solidificar com o tempo. E quando se constata que a tributação sobre o patrimônio vem sofrendo importantes transformações nos últimos anos – por exemplo, com o aumento exponencial do ITR, por meio de sua "municipalização", com as teses fixadas em matéria de IPTU no que concerne à atualização da planta genérica de valores e com os recentes julgados que envolvem o ITBI, seja para, segundo se diz, permitir sua incidência sobre integralização de capital com bens imóveis a partir de precedente do STF, seja quanto à base de cálculo aceita pelo STJ – não é difícil projetar que, muito provavelmente, também no ITCMD haverão de vir novidades, nem sempre respeitadoras dos direitos dos contribuintes. Aliás, o fato de ter sido incluído no texto da EC 132/23, que alegadamente versaria somente a respeito da "Reforma sobre o Consumo", um dispositivo constitucionalizando a progressividade do ITCMD é um sinal, para dizer o mínimo, de que igualmente esse tributo deve passar por mudanças em breve.

Mas, o que importa agora é pensar apenas em ITCMD e agro. A tradição, a cultura ainda maciça entre os produtores rurais é a da exploração no modelo de pessoas físicas, permanecendo o patrimônio em nome dos fundadores até a morte. Com o falecimento, todo o acervo rural – composto de fazendas, colheitadeiras, tratores, galpões, mangueiros, cercas, plantações, gado etc. – é submetido à avaliação pelo Fisco Estadual, gera-se um imposto elevadíssimo, o valor (impugnado ou não) é pago e então se faz a partilha entre os herdeiros. Isso para os Estados nos quais o lançamento é por declaração. Nos demais, realiza-se o lançamento por homologação, paga-se o imposto pela estimativa do contribuinte e espera-se, com angústia, o decurso do prazo decadencial de cinco anos. Em alguns casos, patriarcas e matriarcas são convencidos a fazer a doação dos bens aos seus descendentes, o que faz sentido naqueles locais onde a alíquota do ITCMD-doações é menor que a do ITCMD-herança. Para não perderem o controle da operação, no entanto, fazem a doação com reserva de usufruto.

Esse imposto, portanto, sempre está às voltas do produtor rural como um elemento de preocupação, dado que no mais das vezes o patrimônio imobilizado é de valor acentuado, mas nem sempre há dinheiro disponível ("caixa") para que se arque com o montante a recolher. Como se verá, há aspectos específicos a serem considerados nesse segmento econômico, os quais costumam gerar conflitos entre contribuintes e Estados.

III.3.1. A doação com reserva de usufruto vitalício, uma operação corriqueira no agro quando se divide o patrimônio rural

O primeiro ponto que deve ser considerado é a doação com reserva de usufruto vitalício. Trata-se de uma operação bastante comum no âmbito do agronegócio, a qual, embora não seja uma exclusividade sua, tem enorme relevância para esse setor. Daí a importância de se investigar de que maneira o ITCMD produz efeitos sobre ela.

De acordo com o art. 1.228 do Código Civil, a propriedade reúne os atributos de usar, gozar e dispor da coisa, e o direito de reavê-la do poder de quem quer que injustamente a possua ou detenha. Todavia, justamente por congregar todos esses poderes, o proprietário pode transferir a outrem, por doação, apenas o domínio, reservando em seu favor o usufruto. Na forma do art. 1.390, esse clássico instituto significa a possibilidade de usar coisa alheia. Para ser mais técnico, "é o direito de usar e fruir o bem de outra pessoa", de tal modo que "o usufruto pode ser definido como direito de desfrutar um bem alheio como se dele se fosse proprietário, com a obrigação, porém, de lhe conservar a substância".[352] Quando isso ocorre, o destinatário (o donatário) recebe a nua-propriedade, vale dizer, o direito de propriedade em si, mas não os direitos próprios da posse, que envolvem o uso e gozo. Esses direitos (de uso e gozo) ficam com o usufrutuário (o doador). Segrega-se o direito de propriedade, que passa ao nu-proprietário (o donatário), e o direito de posse, que permanece com o usufrutuário (o doador).

352. GOMES, Orlando. *Direitos reais*. 8. ed. Rio de Janeiro: Forense, 1983, p. 270.

Mas, por que motivo o produtor rural doa o patrimônio a seus descendentes com reserva de usufruto vitalício? Ora, para que continue à frente da exploração da atividade, recebendo os rendimentos da agropecuária, até o fim de sua vida. Trata-se de algo realizado com duplo intuito: resolver a divisão do patrimônio entre os filhos, notadamente quando há fazenda no acervo, transferindo-lhes, desde logo, o direito de propriedade das terras (nua-propriedade); e garantir a posse perene ao doador, por força do usufruto, com todos os direitos de uso e gozo oriundos do imóvel transmitido. Assim, a futura partilha que seria feita após a morte, com a possibilidade de conflito entre herdeiros, fica decidida, desde logo, pela divisão promovida pelos ascendentes, donos dos bens. Não são incomuns litígios em inventários entre irmãos acerca dos bens individualizados cabíveis a cada um. As discussões se arrastam por anos, levando à dilapidação do patrimônio como um todo, enquanto um herdeiro quer dinheiro, outro prefere apartamento, outro ainda uma casa. Se no monte existe fazenda então, aí os conflitos se acirram mais ainda. É que um imóvel rural não é uma porção uniforme de terras, o que significa dizer que há invernadas ou talhões mais produtivos, em detrimento de outros. Em uma parte da fazenda estão as benfeitorias fixas (sede, galpões, armazéns, currais etc.), na outra as terras mais férteis e em outros trechos as áreas ambientais que não são passíveis de exploração agrícola ou para pecuária (áreas de reserva legal ou áreas de preservação permanente). O mesmo se diga quando há mais de uma fazenda deixada: como uma fazenda é melhor que a outra, é presumível que haja controvérsia futura.

Antevendo potenciais disputas, são frequentes as situações em que patriarcas e matriarcas, usando sua influência sobre seus filhos, decidam dividir os bens e doá-los individualmente a seus descendentes, muitas vezes forçando um consenso, que acaba sendo aceito por todos. Porém, para que possam garantir sua subsistência ou mesmo para que possam legitimamente continuar a gozar do patrimônio construído até a morte, fazem a doação da nua-propriedade, isto é, apenas do domínio em si, mantendo em seu favor a posse, ou seja, o usufruto, extraindo da terra os rendimentos da agricultura, da pecuária ou da silvicultura, de forma vitalícia. Com o falecimento dos fundadores o usufruto é automaticamente desfeito e a propriedade plena é consolidada nas mãos dos herdeiros, que, agora sim, passarão a explorar individualmente os bens que lhes foram atribuídos.

Pois bem, o que isso tem que ver com o ITCMD? Como há doação, há fato gerador do imposto estadual. Até aí, isso é óbvio. A transferência do patrimônio perante o Cartório de Imóveis só estará viabilizada com o pagamento da exação. O aspecto relevante, no entanto, não é esse, não está na materialidade em si. O que importa considerar é que, na sua mensuração, *o critério quantitativo, necessariamente, deve espelhar esse fracionamento entre nua-propriedade e usufruto*. Com efeito, uma coisa é a doação pura e simples de um imóvel do doador ao donatário. Nesse caso, a potencialidade econômica expressa que o donatário poderá obter, desde logo, todos os rendimentos que o imóvel doado permitir, seja pelo desenvolvimento próprio da atividade rural, seja por contrato de parceria, seja em virtude de um arrendamento ou mesmo pela alienação da fazenda. Seu direito é pleno, de tal ordem que o "valor venal da transmissão" há de apontar para um determinado vulto econômico. Situação diferente é o recebimento, por doação com cláusula de usufruto vitalício, apenas da nua-propriedade, hipótese em que o donatário deterá apenas o domínio, mas não a possibilidade de auferir riquezas pelo uso da terra, nas suas mais variadas formas (exploração própria, por parceira agropecuária ou por arrendamento rural). As situações não são comparáveis, por isso que, nesse segundo caso, a base calculada forçosamente deve ser menor que a primeira hipótese.

A legislação de Mato Grosso do Sul, exemplificativamente, prevê essa circunstância diferenciadora, conferindo-lhe tratamento próprio. Por presunção legal, o art. 127, VI, do Código Tributário Estadual prescreve que, na instituição do usufruto, por ato não oneroso, a base de cálculo será de 1/3 (um terço) do valor venal do bem fixado por avaliação administrativa.

Essa formulação decorre do próprio plano constitucional, se bem interpretado. Quando o art. 155, I, estabelece que o ITCMD tem por pressuposto a transmissão *causa mortis* e doação de quaisquer bens *"ou direitos"* e quando o § 1º, I, reforça essa convicção ao dispor, relativamente a bens imóveis *"e respectivos direitos"*, que o imposto compete ao Estado da situação do bem, é intuitivo concluir que a Constituição admitiu a transmissão completa do bem imóvel, ou de um ou mais dos seus direitos. Embora sob o ângulo rigoroso a locução "bens e direitos" não seja das mais adequadas – já que todo "bem" pressupõe um "direito sobre o bem", de modo que seria um "direito ao direito", estando na situação limítrofe de um pleonasmo normativo – a mensagem normativa dá espaço para construção de um sentido mais preciso, para que a transmissão de um dos direitos sobre o bem imóvel também possa ser alcançada pelo imposto, desde que respeitadas, é claro, as causas jurídicas da transmissão (pela herança ou doação).

Logo, para os Estados que não contemplam essa previsão é perfeitamente possível defender, porque isso decorre do próprio ato jurídico em si à luz da legislação civil, a necessidade de se aplicar critérios diferentes no cômputo do tributo, sob pena de enriquecimento sem causa por parte do Estado, levando a tributação, pois, para o patamar confiscatório. É claro que isso não é fácil, porque pressupõe que o Poder Judiciário reconheça a exasperação fiscal, quando o ente federado dá tratamento igual a bases fáticas distintas. Nada obstante, como a base de cálculo representa a manifestação econômica da hipótese de incidência, se as modalidades dos atos jurídicos de transmissão do patrimônio por doação são diferentes, a mensuração também deve ser diferente. Se não for assim haverá inegável violação ao primado da igualdade tributária.[353]

III.3.2. O descabimento do ITCMD-doações nos divórcios quando há separação de fazendas com tamanhos diferentes

Outra situação bastante comum – e descabida – envolvendo o ITCMD exigido sobre o patrimônio rural diz respeito às circunstâncias em que produtores rurais se divorciam, resultando da separação a atribuição a cada um de fazendas com tamanhos diferentes. Nesses casos, com frequência as autoridades fiscais entendem que seria devido o imposto, porque o ex-cônjuge que ficou com uma extensão de terras menor teria "doado" ao outro a diferença a mais recebida. Por exemplo, se na constância do casamento o patrimônio era formado por duas fazendas, uma de 1.000 hectares e outra de 800 hectares, e se na divisão a ex-consorte ficar com o imóvel maior e o ex-marido com o menor, isso significa que ele teria doado a ela 100 hectares, já que, pela matemática, ambos deveriam ficar com 900 hectares. Segundo essa lógica, sobre os 100 hectares de diferença poderia ser lançado o ITCMD-doações.[354]

Esse raciocínio não tem o menor cabimento. Em primeiro lugar, porque a base de cálculo do imposto não se mede pelo tamanho dos imóveis, mas sim por seu valor. Não

---

353. ÁVILA, Humberto. *Teoria da igualdade tributária*. 4. ed. São Paulo: Malheiros, 2021, p. 168.

354. Súmula 116/STF: "Em desquite ou inventário, é legítima a cobrança do chamado imposto de reposição, quando houver desigualdade nos valores partilhados". É nesse sentido também, por exemplo, o RITCMD/MT (art. 2º, § 1º, I) e o RCTE/GO (art. 372, § 2º, II).

importa a quantidade de bens que ficará para cada um ou mesmo sua metragem. O único critério genuíno que pode ser admitido é o seu valor venal. Tratando-se de fazendas, é praticamente impossível que um imóvel rural valha exatamente o mesmo que outro. Sejam vizinhos ou não, estejam na mesma região ou em localidades distintas, não há como uma fazenda ter o mesmo valor que outra, na medida em que, normalmente, os tamanhos são diferentes, as benfeitorias existentes são diferentes, a análise de solo indica que as terras têm potencial produtivo diferente, o acesso é diferente, a distância da cidade é diferente, enfim, mesmo que possam existir aspectos similares, eles não resultarão em um número milimetricamente igual. Portanto, se o patrimônio era constituído por dois imóveis rurais, uma casa, um apartamento, dois carros, gado, dinheiro etc., o que vai importar é a mensuração, como um todo, de quanto que vai ficar para cada um, calculado em reais.

Porém, mesmo que a divisão do patrimônio entre ex-marido e ex-mulher não seja igual, ainda assim não se pode falar que um doou bens ao outro. Isso é absurdo, mesmo respeitando quem pensa diferente. A interpretação da distribuição de competências tributárias promovida pelo legislador constituinte não pode levar ao alargamento ou mesmo à deturpação das categorias inerentes à legislação civil, porque isso seria o mesmo que infirmar, por completo, a ideia de tipicidade e de rigidez do Sistema Tributário Nacional. Nas palavras do eminente Prof. Paulo Ayres Barreto, "as referências terminológicas, postas no plano constitucional, conquanto não mereçam o atributo da univocidade, configuram efetivos parâmetros a serem observados na definição de onde se inicia e, fundamentalmente, onde se encerra o espaço para a instituição de tributos por parte de cada ente tributante".[355]

---

355. Conceitos constitucionais e competência tributária. *In:* SANTOS, Nélida Cristina dos (coord.). *Temas de direito tributário:* estudos em homenagem a Eduardo Bot-

Interpretar o ordenamento fiscal de forma diferente é não só deixar de reconhecer sua característica marcante, de ser *direito de sobreposição,* não lhe sendo dado, por isso mesmo, deturpar conceitos privados, cuja sustentáculo vem também do art. 110 do Código Tributário Nacional; como, de igual modo, deixar em aberto, sem proteção, os direitos e garantias fundamentais. A flexibilização das competências impositivas tornou-se algo constante nos últimos tempos, inclusive com o respaldo do Supremo Tribunal Federal. Espera-se que esse seja só um infeliz desvio momentâneo, que ficará suplantado na régua da história do Tribunal, como poeira deixada para trás.

"Doação" é instituto jurídico, é categoria normativa própria tratada pelo Direito Civil. Esse vocábulo dá a marcação significativa certa de envolver um ato pelo qual alguém, por benevolência ou por liberalidade, resolve agir positivamente em favor de alguém, *por vontade própria.* É da essência do ato a intenção, a manifestação inequívoca de vontade de *querer* doar. Tanto assim que, acaso constatado qualquer vício de consentimento, a doação pode ser anulada. A doutrina clássica sempre fez as distinções necessárias, apontando que "doação, na linguagem vulgar, é um têrmo genérico, por meio do qual se designam todos os modos de dispor a título gratuito, ou seja, por mera liberalidade", todavia, no sentido jurídico "já não é assim", porque "a doação traduz um ato de liberalidade, para valer e ter eficácia ainda em vida do doador".[356]

Ora, isso não guarda relação alguma com o ambiente que está por trás de um divórcio. Se há duas fazendas, se uma é menor que a outra e se um dos ex-cônjuges se vê

tallo. São Paulo: Saraiva, 2013, p. 336.

356. CARVALHO SANTOS, João Manuel de. *Código Civil brasileiro interpretado, principalmente do ponto de vista prático por J. M. de Carvalho Santos.* Direito das Obrigações (arts. 1.122-1.187). 10. ed. Rio de Janeiro: Freitas Bastos, 1980. v. XVI, p. 301.

na contingência de aceitar ficar com o imóvel menor *para encerrar um litígio judicial*, parece claro que seu ato está longe, mas muito longe de ser algo praticado por vontade própria, por benevolência, pela intenção de doar. Na verdade, isso é verdadeira *renúncia* com um objetivo apenas, que é a de pôr fim à disputa. Quem concorda em sair como a parte prejudicada em um acordo, o faz *contra sua vontade*. Sua anuência à transação tem por pano de fundo somente colocar um ponto final no processo, nem que para isso tenha que ser a parte perdedora na divisão patrimonial. Daí a equiparar essa renúncia a uma doação há uma distância colossal. Renúncia e doação, nesses termos, são antônimos, e não vocábulos equivalentes, que venham a conter a mesma projeção de sentido. Vicente Ráo já alertava que, enquanto os atos onerosos pressupõem atribuição patrimonial que visa a uma contraprestação suscetível de avaliação econômica, "são atos a título gratuito aqueles nos quais essa contraprestação não existe, nem é visada pelos agentes", de maneira que "nos atos de liberalidade há uma atribuição patrimonial sem correspectivo".[357]

Portanto, o desfecho de processos de divórcio com separação de imóveis rurais entre os ex-cônjuges com tamanhos ou valores diferentes não configura hipótese de incidência possível ao ITCMD-doações.

III.3.3. Sobre a "verdade" do valor do patrimônio rural: o grande problema do ITCMD-agro está na avaliação dos bens

Algumas páginas atrás a sensível questão envolvendo o método adequado para mensuração do patrimônio pelos Estados foi encarada, ocasião em que foram demonstradas

357. *Ato jurídico:* noção, pressupostos, elementos essenciais e acidentais, problema do conflito entre os elementos volitivos e a declaração. 3. ed. São Paulo: Saraiva, 1981, p. 68-69.

as dificuldades teóricas e os desafios práticos que esse tema apresenta. Pode parecer repetitivo, mas a frase há de ser redita: não é fácil, realmente, apontar, com convicção, a base de cálculo do ITCMD. Afirmar que seu critério quantitativo envolve o "valor venal" dos bens é simplesmente reproduzir obviedades. O aspecto controvertido não é esse. A barreira a ser superada é afirmar, de forma clara, *como que se chega ao valor venal,* de maneira a se controlar a validade dos atos estatais. Isso sim é o ponto diferenciador.

Se a matéria, por si só, já é difícil, quando ela é projetada para o agronegócio então o cenário se eleva em nível de exigência intelectual. Qual é o "valor venal" de uma fazenda? Como se chega a essa grandeza? O que se deve levar em conta? Os Estados mensuram o valor das terras por presunções, por pautas fiscais, mas essas pautas estão corretas? Elas podem ser impugnadas? Acaso a resposta seja positiva, com que tipo de argumentação jurídica, ou seja, o que deve ser checado?

As indagações fazem sentido, na medida em que há uma prática disseminada de tudo se tributar por pautas e de forma insuscetível a questionamentos, o que é notado especialmente no universo do agronegócio. Um mesmo objeto, um mesmo bem corpóreo, um mesmo imóvel rural é "pautado" pelos entes fiscais com valores absolutamente díspares, como se estivesse inserido em dimensões diferentes, cada uma apontando para uma "verdade" sobre sua aferição econômica. E como foi salientado, essa padronização no cálculo dos tributos, em relação ao agro, não tem maiores reflexos na "verdade" propriamente dita do fato jurídico tributário, vale dizer, na ocorrência ou não do fato gerador, mas sim na "verdade" da base de cálculo adotada pelo Fisco, no valor presumido dos bens.

Esse é um ponto que chama a atenção, porque os embates dos contribuintes, na sua maior parte, estão voltados contra a adoção de ficções e presunções no que concerne à realização da hipótese de incidência tributária, e não quanto à sua mensuração. Refletindo-se acerca dos problemas vivenciados na atividade rural, porém, não há maiores dúvidas sobre a prova do fato típico previsto na hipótese da norma geral e abstrata, sobretudo no ITCMD (se houve ou não transmissão pela herança ou pela doação); as divergências envolvem os valores previamente adotados pelo Fisco na base de cálculo como mensuradores da expressão econômica envolvida. Em poucas palavras: a disputa não está no aspecto dinâmico da "verdade" do fato jurídico tributário, mas sim no viés estático (e, em tese, menos dificultoso de ser dirimido) da "verdade" da base de cálculo, no que toca ao valor da transmissão.

Exatamente por isso causa espanto a forma pacata e sem enfrentamentos mais consistentes com que os contribuintes têm admitido essa técnica largamente adotada pelo Fisco. Quando o objeto de discussão é se há elementos probatórios suficientes para se constituir o fato jurídico tributário, até se admitem posições vacilantes, que vão da confirmação ou não de prova bastante para se lavrar o lançamento; agora, se o problema é apenas a valoração em si do patrimônio, aí o cenário muda de figura, não se podendo aceitar, como se vem tolerando, presunções de toda ordem, que não raro ignoram confessadamente a situação específica da grandeza econômica concreta.

Se no IR-ganho de capital e no ITR, que têm como baliza o SIPT (sistema integrado de preços de terras), já há sérios problemas, os casos envolvendo o ITCMD tornam-se mais obscuros ainda. Bem ou mal, o SIPT contém os valores de pauta divulgados pelos Municípios. No âmbito do ITCMD, usualmente o Estado não tem pauta pública alguma que possa tornar transparente o processo de apuração da base de cálculo. Na prática, se o produtor falece, seus herdeiros são surpreendidos com uma importância a pagar de imposto, cujo levantamento de dados para avaliação do valor da propriedade se mostra uma incógnita, quase uma adivinhação de quanto o Estado irá tomar como base de cálculo no lançamento prévio por declaração ou no ato lavrado posteriormente, no regime de lançamento por homologação. Ou mesmo quando o produtor, pensando em planejamento sucessório, decide doar as terras a seus descendentes, submetendo-se à fixação de um valor do imóvel que beira muito mais um palpite do que uma apuração técnica de mensuração.

Nos subitens que se seguem o foco será a análise da *forma para se definir o valor venal do imóvel rural*. A ciência tem que estar com seus olhos bem abertos para denunciar, em situações práticas e concretas, os desvios do exercício da competência tributária, apontando as diretrizes a serem necessariamente observadas.

III.3.3.1. O que compõe o acervo a ser avaliado?

Duas premissas que decorrem diretamente do sistema jurídico foram enaltecidas em passagens anteriores: o imposto incide sobre a transmissão de *"quaisquer"* bens e direitos e sua base de cálculo é o *"valor venal"*. Assim, a rigor tudo, absolutamente tudo, estaria sob a juridicidade do ITCMD. A despeito do emprego desse pronome indefinido no enunciado prescritivo, de coloração exacerbadamente abrangente e de significação acentuadamente vaga, a exegese que mais se afina com a matéria tratada – que é tributária – leva à conclusão de ser indispensável reconstruir o sentido do texto para pressupor como implícito o complemento *"de relevância econômica"*. Bens usados, inservíveis, de valor diminuto, não podem estar no rol do patrimônio a ser avaliado. Apenas o que pode impactar no cômputo do imposto há de ser levado em conta.

É bem verdade, há de se reconhecer, que também a expressão sugerida – *"de relevância econômica"* – padece de vagueza, pois definir o que é relevante e o que não é igualmente leva a uma flexibilização na régua de valores até certo ponto subjetiva, à míngua de critérios predefinidos. A objeção é pertinente, contudo, mesmo assim, a advertência deve ser mantida, a fim de que não se olvide que, na mensuração, devem ser selecionados somente os bens que ostentem importância econômica. Já quanto ao *"valor venal"*, o conceito está a indicar a necessidade, atribuída aos agentes do Fisco, para que promovam a avaliação pelo valor médio dos bens transmitidos, valor esse projetado a partir do preço que receberiam, se postos à venda no mercado. É claro que "valor médio" e "projetado" não deixam de ser também locuções marcadas pela vagueza. Nessas horas que são notados os desafios que a linguagem impõe na comunicação humana. No direito, que é formado pela linguagem, não haveria como ser diferente.

Demarcado esse roteiro, vem, então, a pergunta: o que compõe o acervo a ser avaliado? Para começar a formular uma resposta, há de se lembrar que o objeto deste estudo é o agronegócio, de maneira que, evidentemente, os bens aqui mencionados são os que integram o patrimônio rural. Os itens que formam o patrimônio do produtor que não dizem respeito à atividade rural – como uma casa na cidade, um apartamento na praia, ações em bolsa etc. – não importam ao estudo. O enfoque é "dentro da porteira", para que, recortando idealmente esse objeto sob uma perspectiva estática, tal qual uma fotografia tirada, o intérprete passe a refletir sobre as rubricas que poderão influenciar na base de cálculo do ITCMD. Ou seja, quaisquer bens economicamente relevantes reunidos no patrimônio rural.

Uma primeira estratégia de abordagem é separar os móveis do imóvel. Abstraindo-se momentaneamente da terra em si, uma fazenda é formada por várias benfeitorias, algumas *sobre,* outras *sob* o solo, além de maquinários, implementos agrícolas e os frutos da atividade rural propriamente dita. Pode-se pensar na sede da propriedade, nas casas dos funcionários, nos galpões, nos armazéns e nas lagoas construídas, por exemplo. Mas, esses elementos, por se agregarem de forma definitiva ao solo, hão de ser vistos como componentes do acervo imobiliário rural. Avançando o raciocínio, é legítimo considerar que nas fazendas há também, em geral, mangueiros (currais), cercas internas (divisórias de invernadas) e externas da propriedade (que a delimitam das fazendas vizinhas), sistemas de abastecimento de água e de energia, cochos e bebedouros para animais, tanques de reserva de combustível, assim como outras benfeitorias físicas *sobre* o solo que o imóvel rural pode ter. Não só, existem ainda os tratores, as colheitadeiras, as semeadoras, os pulverizadores, os caminhões, as ferramentas e similares, objetos que fazem parte do cotidiano rural. Os animais, de igual modo, compõem o patrimônio e são passíveis de mensuração econômica, como cavalos, bovinos, suínos, aves, ovinos e caprinos.

Esses e outros bens devem estar registrados na contabilidade do produtor, porque são inerentes à exploração econômica do campo. Como o agropecuarista é obrigado a manter o controle dessas informações no âmbito do imposto sobre a renda mediante sua declaração anual e também via "livro-caixa" – lembrando que para os que faturam acima de R$ 4.800.000,00 anuais sua escrituração deve ser digital – não há empecilho a que o Fisco Estadual tome como parâmetro a listagem desses bens a partir do que é informado ao Fisco Federal, respeitadas as condições previstas no art. 37, XXII, da Constituição, sem prejuízo de outros atos fiscalizatórios necessários para que o Estado circunscreva o patrimônio rural móvel.

Aí surge o problema da mensuração, com todas suas dificuldades. Uma vez definidos os bens considerados para fins de transmissão, eles devem ser subdivididos entre (i) benfeitorias físicas *sobre* o solo (mangueiros, cercas, sistemas de água e de energia, cochos, bebedouros etc.); (ii) as máquinas, implementos agrícolas e demais utensílios; (iii) e os animais.

Quanto às benfeitorias, um curral instalado em uma fazenda há cinco ou dez anos até pode ser desmontado e vendido a terceiro, mas, no máximo, será comprado como madeira usada, e não para reconstrução do mangueiro em outra propriedade. O mesmo raciocínio se aplica às cercas: seus postes, palanques e mourões só terão utilidade como madeira, ao passo que o arame enferrujado será descartado. As estruturas de captação e distribuição de água e energia e os cochos e bebedouros para animais, do mesmo modo, até podem ser revendidos, apesar disso, seria bastante difícil definir um "valor de mercado" para esses bens, assim como tanques usados de reserva de combustível, por falta de dados comparáveis. Contabilmente tais materiais podem ser classificados como bens do ativo imobilizado, porque não são adquiridos e instalados para futura revenda, mas sim para o funcionamento da atividade rural. Por esse motivo, o "valor venal" de tais bens deve tomar por base o valor contábil registrado, aplicados os fatores de depreciação admitidos pela contabilidade, dado que, com o passar do tempo, seu valor diminui.

No que toca aos tratores, colheitadeiras e demais máquinas e implementos agrícolas, até há alguns parâmetros de mercado divulgados, mas apenas como referência. A denominada "Tabela FIPE", que é elaborada pela Fundação Instituto de Pesquisas Econômicas, organização ligada à FEA/USP – Faculdade de Economia, Administração e Contabilidade, disponibiliza uma relação de preços estimados especificamente de tratores e colheitadeiras, entretanto, como a entidade mesmo adverte, essa tabela "expressa preços médios anunciados pelos vendedores no mercado nacional, servindo apenas como um parâmetro para negociações ou avaliações", sendo certo que "os preços efetivamente praticados variam em função da região, intensidade de utilização, conservação, acessórios ou qualquer outro fator que possa influenciar as condições de oferta e procura".[358] Diante desse cenário, e também porque os preços das outras máquinas e dos implementos agrícolas não são medidos por esse instituto, para se evitar um cálculo absolutamente aleatório o correto é o Fisco valer-se do valor contábil, com os fatores de depreciação, para construir o "valor venal" aplicável a essa classe de bens.

Para fechar o leque dos bens móveis relevantes à luz da base de cálculo do ITCMD, claro que os animais não poderiam faltar. Os equinos, bovinos, suínos, aves, ovinos e caprinos são os animais que costumam estar envolvidos na exploração da atividade rural, encorpando o patrimônio do produtor. Logo, eles também, em princípio, podem ser acrescidos ao critério quantitativo do imposto. Agora, note-se bem: os animais relevantes economicamente na fórmula do ITCMD são aqueles de algum modo inseridos no contexto da atividade agropecuária, e não os animais domésticos da fazenda. Uma coisa é o produtor ter uma criação de porcos para fins comerciais, outra, totalmente diferente, é manter um, dois ou três animais para consumo próprio. O mesmo se diga quanto às galinhas, ovelhas e cabras. Ter um haras, dedicando-se profissionalmente à venda de cavalos de raça, é diferente de possuir um ou dois equinos na propriedade para auxiliar no manejo do gado. Por tais razões que esses animais, se revelarem alguma importância no caso concreto – o que só a situação específica poderá dizer – devem, de igual maneira, ser computados por seu eventual valor contábil, quando existente. É óbvio que se a atividade rural do produtor indicar que os animais não servem para fins domésticos, e sim com intuito

358. Tabela FIPE. Disponível em: https://tpt.fipe.org.br/TabelaMA.aspx.

comercial, aí, validamente, o Fisco pode se servir dos últimos valores de venda como critério de arbitramento.

O único grupo diferente é o da pecuária bovina. Trata-se de mercado estruturado, com divulgação diária dos preços médios da arroba aplicados por região, tarefa a cargo do CEPEA/ESALQ – Centro de Estudos Avançados em Economia Aplicada do Departamento de Economia, Administração e Sociologia da Escola Superior de Agricultura Luiz de Queiroz, da USP.[359] O CEPEA está para o gado assim como a FIPE está para o segmento de veículos. Havendo base de dados conhecida e de credibilidade acerca do preço do gado, o cálculo do ITCMD poderá ser apurado a partir dela, salvo se ficar demonstrado que, na região específica onde o gado está apascentado, os preços estão abaixo, algo demonstrável pelos valores das leiloeiras nas imediações. Não é demais registrar que a transmissão por morte ou por doação de todo o rebanho aos descendentes costuma impactar bastante na importância a pagar de tributo.

Esgotada essa parte, sobra considerar o que deve ser computado com relação às terras, bem como os critérios para sua mensuração. Esse é o grande mote de divergências, até por ser o que há de mais valioso no patrimônio. Poder-se-ia pensar, de modo aligeirado: ora, tirando os bens móveis da propriedade rural, resta apenas o imóvel em si, o solo, para ser apreciado. A questão, todavia, não é tão simples como parece.

Em primeiro lugar, porque os imóveis dividem-se em bens imóveis por natureza (o solo) ou por acessão física (as construções). Em uma fazenda há várias benfeitorias erguidas *sobre* o solo e que nele se agregam de forma permanente, como mencionado linhas atrás. A sede da propriedade, as casas de funcionários, os barracões, os galpões, os armazéns, eventuais estruturas para produção de ração

359. CEPEA/ESALQ. Disponível em: https://www.cepea.esalq.usp.br/br.

animal, enfim, diversos bens que são considerados imóveis por acessão física. Se para uma casa construída na cidade o Município tem condições de arbitrar sua importância a partir da planta genérica de valores do IPTU, o Estado não tem as mesmas ferramentas para mensurá-la se edificada no campo. Evidente que na zona rural não estão presentes os melhoramentos construídos ou mantidos pelo Poder Público. E mais, as casas levantadas no imóvel rural (a sede e as de funcionários) não têm como ser comercializadas sem a venda da fazenda em si, ainda que parcialmente. Daí a dificuldade de se firmar um "valor venal" de uma casa que não tem valor de mercado por ela mesma, de forma isolada. Não há parâmetros seguros, confiáveis, para se estabelecer um valor venal de uma casa situada em um imóvel rural maior, até mesmo porque a sede e as casas dos funcionários são consideradas apenas benfeitorias da fazenda como um todo, mas não são seu principal ativo. A mesmíssima lógica se aplica aos galpões, barracões, armazéns e outras estruturas fixas construídas. Como elas não são removíveis, não têm valor de mercado independente, autônomo, sendo apenas itens (embora importantes) do conjunto de benfeitorias da propriedade rural. E é por isso que, igualmente aqui, a única fórmula aceitável para se chegar ao valor venal de tais bens é o valor contábil, com as depreciações aceitas pela contabilidade.

A questão se resume a isso? Não. É insuficiente excluir do enredo as construções, imaginando que o solo possa ser facilmente quantificável. Aqui entra um outro problema: o solo de propriedades produtivas não é de "terra bruta", de terra nua; muito pelo contrário, o maior atrativo de uma fazenda está justamente nas benfeitorias *sob* o solo. É o que está debaixo da terra, e que não se vê, que irá dizer sobre o valor de uma fazenda. O dado jurídico dessa constatação é o seguinte: *enquanto no ITR a base de cálculo satisfaz-se com o valor da terra nua, no ITCMD a base é mais ampla, adota-se o valor venal da terra como um todo, não se limitando à terra nua.*

São grandezas diferentes. Pode-se traçar um paralelo entre um conjunto menor e um conjunto maior. Enquanto para se chegar à terra nua devem ser decotados todos os elementos resultantes da ação humana, como a terra preparada e a vegetação plantada, remanescendo apenas o solo e a vegetação nativa, no valor de mercado da terra é o oposto, esses aspectos são incluídos, denotando algo de maior vulto em termos monetários. Quanto maior o tempo de exploração da terra, melhor ela fica, pois, ano a ano, o produtor, sobretudo o agricultor, faz seu preparo com corretivos de solo (calcário, gesso etc.), aplica os fertilizantes recomendados por engenheiros agrônomos (adubo), faz rotação de cultura para melhorar os índices técnicos de nutrientes, entre outros métodos. E isso tem um custo, tem uma mensuração econômica. Não se afirma, nessa ordem de ideias, que a base de cálculo do ITCMD deva ficar circunscrita à terra nua. Isso significa que deveria o Estado aferir quanto o produtor gastou nas benfeitorias *sob* o solo para computá-las no cálculo da transmissão por herança ou por doação? Nessa ótica específica não, na medida em que são justamente as benfeitorias agregadas ao solo que irão balizar os preços estimados das terras, inclusive no que concerne à classificação entre área de lavoura ou de pecuária e área altamente produtiva ou de baixa produtividade. Calcular o valor das benfeitorias literalmente enterradas e o preço atual das terras seria, portanto, *bis in idem*.

O derradeiro aspecto é tomar partido se as plantações artificiais (isto é, não as matas e pastagens nativas) podem ser levadas em consideração como materialidade alcançável pelo ITCMD. Relembre-se que, na dicção constitucional, o imposto estadual atinge *"quaisquer"* bens ou direitos, ao que se agrega, por racionalidade, o complemento *"de relevância econômica"*. Uma lavoura plantada de soja, de milho ou de algodão (que tem um ciclo de vida curto), as pastagens da pecuária (que têm ciclo médio de duração, não necessitando ser renovadas a cada ano) ou plantação de árvores frutíferas ou com intuito de futura comercialização da madeira (que tem um ciclo longo) revelam manifesto potencial econômico, podendo, sob a perspectiva teórica, integrar a base de cálculo da exação.

O debate para se saber se essas rubricas são ou não "bem imóvel" não tem pertinência para o ITCMD, somente para o ITBI. O imposto estadual, embora tenha causas jurídicas mais restritas de incidência (herança ou doação), tem o complemento do critério material mais vasto ("quaisquer" bens ou direitos), de tal ordem que, aos olhos do Fisco Estadual, pouco importa se floresta, pastagem ou lavoura são consideradas bens imóveis ou não. Havendo mudança de titularidade desse patrimônio do falecido para seus herdeiros ou do doador para o donatário é o que basta para que o imposto possa gravar essa expressão econômica.

Em que pese isso seja verdadeiro, não se pode negligenciar na atenção que se deve ter para fins do valor a ser considerado. No caso das pastagens, seu valor já está implícito no enquadramento da terra como própria para o desenvolvimento da pecuária, razão pela qual, igualmente aqui, levantar quanto foi gasto com a pastagem e aplicar, ao mesmo tempo, o fator comparativo com terra de pecuária é duplicar a base de cálculo, motivo por que esse procedimento é incorreto. Já no que envolve floresta plantada ou mesmo lavoura ainda não colhida, a solução é diferente. Dizer que as terras da propriedade estão classificadas como terras agricultáveis não supre, nem afasta o fato de existir uma lavoura a ser colhida, cujos frutos têm valor autônomo. Não por outro motivo o art. 95 do Código Civil estabelece que, "apesar de ainda não separados do bem principal, os frutos e produtos podem ser objeto de negócio jurídico". Portanto, não há duplicidade nesse caso. Para se calcular o valor do patrimônio transmitido, basta avaliar qual é o valor da saca da *commodity* no momento do fato jurídico tributário, projetando-o sobre a média da produtividade estimada a partir dos dados dos anos anteriores e das quantidades colhidas na região – admitindo-se prova em contrário, evidentemente. E em relação à floresta, se ela tiver por finalidade a futura comercialização da madeira – o que pode ser checado pela espécie de árvore plantada, bem como pelas licenças ambientais expedidas – igualmente nada impediria que esse ativo ingressasse no cômputo da base de cálculo. Se for para fins de reflorestamento ou de preservação ambiental, aí não, porque não haverá um elemento apartado e adicional que já não seja considerado no cálculo do valor da terra em si, inclusive pela vedação imposta pela legislação ambiental para futura supressão vegetal. O desafio na hipótese de floresta plantada para comercialização da madeira é dosar quantos metros cúbicos que se espera que serão obtidos, e mais, o valor por metro cúbico a ser considerado, na medida em que, entre a data da transmissão e a futura comercialização, poderão se passar muitos anos, a depender do ponto de corte. Nessa circunstância bastante peculiar o sobreaviso com as presunções deve ser maior ainda, dando maior peso à contraprova técnica do contribuinte. Afinal, não dá para presumir nem se, de fato, a madeira será vendida, nem o preço que terá daí a alguns anos. O que se está a defender é apenas que não há motivos para se afastar de plano a possibilidade de avaliação da floresta plantada com intuito de corte da base de cálculo do ITCMD. Por essas e outras razões que os Estados costumam tomar por parâmetro de presunção, diretamente, a apuração levantada no âmbito do ITR envolvendo "silvicultura" por hectares, desconsiderando o valor do ativo florestal em si mesmo.

III.3.3.2. Qual é a "verdade" do valor das terras: o valor contábil no IR, o VTN para fins de ITR, o valor de pauta do Município para ITBI, o valor venal de tabela do próprio Estado para o ITCMD ou o valor de mercado?

Para que o patrimônio rural seja adequadamente avaliado, é necessário fracioná-lo, decotá-lo, porque cada bem da atividade se insere em um contexto diferente, segue uma lógica de mensuração, como se viu. O objetivo agora é aprofundar as reflexões sobre os critérios valorativos das terras propriamente ditas. De acordo com o raciocínio desenvolvido, o que está *sobre* o solo, como as construções, não pode influenciar no cálculo do valor da terra por hectare. Ainda que essas benfeitorias possam vir a compor a base de cálculo do imposto, elas devem ser dosadas pelo seu valor contábil, de forma segregada. Já quanto às plantações existentes no momento da transmissão, que, por óbvio, também estão *sobre* o solo, as de curto ciclo, como lavouras maduras próximas à colheita, podem ser consideradas, mas não as pastagens voltadas à pecuária, de ciclo médio de vida, na medida em que fazem parte da própria classificação a ser feita para a área. As florestas plantadas para fins de exploração da madeira, por todas as dificuldades apontadas, igualmente indicam ser o mais correto lançá-las como critério de enquadramento no tipo de atividade desenvolvida (silvicultura). Pelo mesmo motivo, as florestas destinadas ao reflorestamento (preservação do meio ambiente). E no que concerne às benfeitorias empregadas *sob* o solo, como são elas que contribuem, de forma decisiva, como fator para categorizar as terras nas suas respectivas finalidades, tomá-las em conta e, ao mesmo tempo, calcular o quanto vale o hectare da fazenda seria incidir em duplicidade, em *bis in idem*, por isso não podem ser avaliadas isoladamente.

Todas essas ponderações servem para governar o pensamento, fixando as premissas a serem observadas. No entanto, *elas não respondem o cerne do enigma:* mesmo excluindo todas essas rubricas, ainda assim, como é possível dizer o quanto vale uma terra? Dar um "valor" a algo é uma atitude extremamente subjetiva, recheada de aspectos não controláveis, nos quais entram em jogo a necessidade de um, a possibilidade do outro, os atributos da coisa considerada, sua utilidade, seu estado, a capacidade de dar retorno financeiro e em quanto tempo, sua localização, seu tamanho, sua situação jurídica, sua finalidade, o contexto econômico global e local e até os sentimentos das partes envolvidas. Por certo, a Economia e as Ciências Contábeis teriam muito mais condições do que o Direito de apontar caminhos para se chegar ao "valor" de um objeto qualquer, até mesmo com teoremas matemáticos.

O problema é que a Constituição incorporou ao ordenamento nacional – e com razão, há de se reconhecer – que as transmissões de bens pela herança ou por doação são fatos-signos presuntivos de riqueza, como acontece em outros países, podendo ser tributadas. Ao fazê-lo, o constituinte implicitamente considerou que a única base de cálculo possível é o valor dos bens transmitidos. Porém, parece bem claro que uma situação é mensurar bens transmitidos por ato oneroso, no qual há um preço a pagar negociado entre as partes; outra, totalmente diferente, é calcular o valor de bens que não estão no mercado, bens na acepção mais estática imaginável, pressupondo, necessariamente, *uma valoração presumida*. Ou seja, o ITCMD traz para dentro do sistema jurídico a dificuldade de se chegar a um "valor" de algo em perspectiva, em tese, sem que o direito positivo esteja vocacionado para essa função.

"Valor" é palavra fortemente marcada pela vagueza, aliás, só mais uma, entre tantas que estão sendo enfrentadas neste texto. O fato é que, sendo introduzida para a ordem jurídica em vigor, essa unidade linguística, encravada no suporte físico dos enunciados prescritivos, passa a comportar interpretações, construções de seus sentidos possíveis. *E o Direito* (no plano metalinguístico, enquanto ciência) *tem que dar conta dos problemas causados pelo direito* (na seara da linguagem-objeto, na condição de direito legislado, de ordem positiva de condutas). O "valor" passa a ser categoria jurídica a ser demarcada, explicada e organizada pelo estudo orientado pelo viés científico. Sem esse alicerce teórico, tudo se perde na imensidão de possibilidades, de forma solta, posta maleavelmente ao sabor fiscal, de interesses meramente arrecadatórios.

O "valor" a ser delineado na base de cálculo do ITCMD que incide sobre as terras é, sem dúvida, o "valor econômico". Mais uma vez uma leitura apressada pode passar a impressão de que essa é uma assertiva óbvia. Não é. Uma propriedade rural pode ter um "valor geológico", um "valor arqueológico", um "valor ambiental", um "valor hídrico", um "valor paisagístico" e mesmo um "valor sentimental" para a família. Mesmo que possa existir um "valor" sob outros ângulos, a preocupação de quem se dedica à compreensão da engrenagem tributária é isolar os critérios que sejam relevantes economicamente. Esse é o primeiro passo.

Na sequência, "valor", enquanto signo jurídico orientado a buscar uma mensuração econômica, passa a ser gênero, que comporta suas respectivas espécies. As espécies, por sua vez, *necessariamente hão de estar registradas em linguagem jurídica*, devem pertencer ao sistema, seja no plano das normas gerais e abstratas, ou no âmbito das individuais e concretas. É aqui que o raciocínio começa a ganhar o tônus exigido. Ora, olhando para um determinado imóvel rural, formam-se sobre ele, concreta ou potencialmente, *cinco realidades, cinco "verdades", entrecruzadas nas três esferas de competência tributária (federal, estadual e municipal):* (i) a do valor contábil declarado no imposto sobre a renda, que registra o valor pago pelo falecido ou pelo doador quando da aquisição da fazenda; (ii) o valor recolhido de ITR, ano a ano, no qual o Município (onde há convênio, o que é a maior parte dos casos onde o agro é forte) atualiza a pauta de valores da terra nua; (iii) há, ainda, um valor de pauta que o Município considera por região rural de seu território para fins de ITBI, quando o imóvel é posto à venda; (iv) também existe o valor venal de tabela do próprio Estado para o ITCMD, embora essas tabelas não tenham transparência; (v) e, por fim, pode-se cogitar de um valor de mercado, que seria o preço efetivamente pago em uma transação de venda. Qual o "valor" (gênero) do imóvel rural, o "valor contábil" de IR, o "valor da terra nua" de ITR, o "valor venal" de ITBI, o "valor venal" de ITCMD ou o "valor de mercado" (espécies)?

A resposta pronta, que está na ponta da língua, é que para o ITCMD deve ser o "valor venal" do Estado, seguindo o que prescreve o CTN. A questão que se está propondo aqui, insista-se, não é essa. Que a base de cálculo do ITCMD é o valor venal isso decorre da própria literalidade da legislação. O aspecto controvertido é *como construir o "valor venal" de terras rurais* (base de cálculo) e *como aplicá-lo em uma dada ocorrência concreta* (base calculada). Perceba-se que todos os "valores" apontados anteriormente dimensionam uma perspectiva do fenômeno econômico. Mas, o único dado certo, palpável, formalizado em linguagem individual e concreta é o custo de aquisição da fazenda, registrado na contabilidade e estampado em escritura pública. Claro que esse valor pode estar defasado, se o imóvel foi adquirido há muitos anos, mas pode ser o contrário também. Os três do meio – o valor de pauta do ITR, o valor de pauta do ITBI e o valor de pauta do ITCMD – como o próprio nome indica, são meras pautas, tabelas, estimativas, valores presumidos. E o último, o "valor de mercado", nada obstante a vagueza impregnada nesse termo, sequer ainda é figura jurídica a ser considerada.

Só haverá um "valor de mercado" se o proponente colocar um preço de venda (o que não ocorre na transmissão *causa mortis* ou por doação), se houver uma venda efetiva, se o Estado fizer uma avaliação do imóvel individualmente considerado a "valor de mercado" ou se o próprio contribuinte pedir uma avaliação nessa modalidade para questionar o ITCMD arbitrado pelo Estado, mensurando, item a item, as características em si do imóvel. "Valor de mercado" é valor de algo específico ou pertencente a um grupo com razoáveis parâmetros de homogeneidade, como os bens fungíveis ou mesmo imóveis similares. Em poucas palavras, o "valor de mercado" no ITCMD só poderá ser considerado se ingressar para o domínio do direito, pela linguagem das provas. Não é um marcador concreto, efetivo, tratando-se apenas de algo latente, em potencial. Pode vir a influenciar o debate adiante, mas não adrede.

Dizer do "valor venal" de um bem imóvel que não foi comercializado aproxima o ITCMD do ITR e do IPTU. Se a hipótese de incidência do ITR é ser proprietário de imóvel rural, a transmissão por herança ou por doação da mesmíssima propriedade, que dá ensejo ao ITCMD, deve dialogar com a mensuração realizada no imposto territorial. É bem verdade, e isso não se ignora, que a base de cálculo do ITR grava apenas a terra nua, ao passo que o ITCMD projeta-se, nesse particular, para a terra produtiva (terra nua e todos os insumos aplicados para sua produtividade).

Valendo-se, mais uma vez, da analogia da Teoria das Classes entre conjunto menor e conjunto maior, a terra nua (conjunto menor) é um subconjunto da terra produtiva (conjunto maior). Se o imóvel fosse urbano, o paralelo com o IPTU seria mais próximo ainda, por envolver a totalidade do imóvel (lote e construção), a qual é tributada pelo IPTU e pelo ITCMD, permitindo aproximações de bases de cálculo. Uma grande diferença do ITCMD-imóvel rural e o ITCMD-imóvel urbano é que, no IPTU, o Município tem mais informações para estimar o valor aproximado de mercado, pois os cadastros imobiliários, municiados pelos alvarás de construção, fornecem os dados necessários para se saber qual é a localização do imóvel, as modalidades de benfeitorias públicas existentes ao seu redor, o tipo de construção, quantos metros quadrados de área do terreno e da edificação, a quantidade de cômodos, entre outros. Por isso que Ricardo Lacaz Martins afirma que "a base de cálculo do imposto sobre a transmissão imobiliária a qualquer título [ITCMD], a exemplo do disciplinado quanto ao Imposto sobre a Propriedade Territorial Urbana (IPTU), é o valor venal dos bens ou direitos transmitidos".[360]

No ITR, isso não acontece, ao menos não por enquanto. Quando vier a ser efetivamente implantado o CAR – cadastro ambiental rural, que mapeia com riqueza de detalhes os imóveis do campo, quem sabe essa ferramenta passe a ser útil para o ITCMD-fazendas também. O ponto controvertido, está-se a ver, é a fixação do "valor venal" das terras, a qual, na prática, vem sendo estabelecida por pautas não transparentes e despidas de critérios seguros.

III.3.3.3. Aplicação dos critérios defendidos para construção do valor venal de imóveis rurais no âmbito do ITCMD: pertinência dos elementos abstratos formadores da base de cálculo e ajustes para subsunção da base calculada

É chegado o momento de apontar uma diretriz, de defender uma solução. As dificuldades estão aí e já foram exploradas. Algum modo para equacioná-las, no entanto, há de emergir. A resposta passa pelo seguinte: deve-se dividir a análise entre o plano geral e abstrato da pauta que forma o "valor venal" de terras (a base de cálculo presumida) e o exame na perspectiva individual e concreta da aplicação do valor presumido ao imóvel rural transmitido por herança

---

360. *Tributação das heranças e doações*. São Paulo: IBDT, 2021, p. 249.

ou doação (a base calculada). Só assim as coisas podem ser ajeitadas de uma forma racional.[361]

A primeira e indiscutível premissa é a de que a pauta que servirá para o arbitramento do valor deve ser pública, deve ser transparente. Ora, não dá para aceitar – como, por incrível que possa parecer, por vezes ocorre – que a autoridade fiscal lance o imposto sob a justificativa de que as terras foram mensuradas conforme o "valor de pauta" do Estado, mas que o contribuinte não tenha acesso a esse documento. Se o valor foi "presumido", ele foi presumido com lastro em alguma coisa, em uma tabela, planilha, lista, mapa ou algo que o valha. Ter conhecimento, ter acesso ao elemento probatório por intermédio do qual o Fisco promove o acoplamento entre a base *in abstrato* e a base *in concreto* é o mínimo que se deve assegurar em termos de Estado Democrático de Direito, de legalidade, de publicidade, de ampla defesa. Sem pauta disponível ao obrigado o lançamento é inválido e ponto final.

O desdobramento dessa assertiva vai além. Não é suficiente que o Estado mostre ao cidadão seu valor de pauta; é exigível muito mais, é necessário demonstrar que caminhos, que informações, que dados, que critérios foram percorridos para se chegar a uma estimativa de valor. Seria um jogo de palavras, um arremedo de ampla defesa a autoridade administrativa simplesmente exibir uma tabela,

---

361. "A partir desses insumos doutrinários, conclui-se que a presunção se caracteriza por sua aproximação com a realidade, permitindo a superação da verdade presumida caso seja comprovada a dissonância com o dado fenomenicamente verificado. Ressalta-se que a padronização mediante presunções não pode adotar critérios outros senão aqueles que permitam afirmar um fato como provável, isto é, que tragam mais certeza sobre a materialização do fato presumido do que incerteza. Do contrário estar-se-á diante de uma ficção, cujo compromisso com a realidade se mostra irrelevante para sua validade" (DERZI, Misabel Abreu Machado; MOREIRA, André Mendes;. Presunções e ficções na tributação: limites entre a substituição tributária progressiva e as pautas fiscais. *In:* PARISI, Fernanda Drummond; TORRES, Heleno Taveira; MELO, José Eduardo Soares de (coord.). *Estudos de direito tributário em homenagem ao Professor Roque Antonio Carrazza.* São Paulo: Malheiros, 2014, p. 298-299).

laconicamente, sem que estejam devidamente documentados os elementos que levaram à construção daqueles números. O ato administrativo é orientado pelos princípios da legalidade e da publicidade, não sendo apenas o produto vinculado a tais vetores constitucionais, mas também o processo. Somente dessa forma se viabilizam as ferramentas de controle de validade do agir estatal, proporcionando que se conheça e que se confira se os métodos previstos são pertinentes ou não. Deve ficar demonstrado que o valor venal da pauta foi elaborado diante de parâmetros transparentes e coerentes. E por isso mesmo as pautas devem ser constantemente revisadas e atualizadas.

Há formas para se construir a "verdade jurídica" e, por certo, não é negando as informações ao administrado uma delas. À luz da ordem jurídico-constitucional brasileira, não se pode aceitar, sem qualquer peia, que os entes tributantes se valham de pautas às escondidas ou mesmo obscuras, subjetivas e distorcidas. A apuração da base de cálculo de um tributo deve seguir valências de transparência. Daí o motivo pelo qual se pode decretar, sem pestanejar, que essas pautas ficam sujeitas a controle de sua validade.

Tendo em vista as consequências gravosas que uma pauta mal construída pode acarretar, é condição indispensável que seus critérios sejam claros e estejam sobre alicerces sólidos; afinal, se os desdobramentos do fato presumido e da grandeza estimada são aqueles nela previstos, evidentemente que a forma pela qual a pauta em si se apresenta torna-se algo relevante. Jordi Ferrer-Beltrán bem enfatiza esse aspecto:

> O sistema jurídico estabelece em suas normas substantivas uma série de consequências jurídicas para o caso de ocorrerem certos suportes fáticos. As regras sobre a prova e a atividade probatória servem para determinar em cada caso se esses suportes fáticos se produziram ou não. Por isso, de forma independente em relação às razões que possuam para aceitar a premissa fática, essa

> se inclui no raciocínio *como se fosse verdadeira*, isso é, como se o suporte fático tivesse ocorrido.[362]

O terceiro ângulo de análise –o mais relevante – diz respeito *aos critérios escolhidos* em si mesmos. Se o objetivo é estabelecer um valor presumido do preço das terras, uma média estimada do valor de mercado, só se pode admitir a seleção de elementos mensuradores que sejam compatíveis com a finalidade buscada, inclusive quanto a eventuais fórmulas envolvendo o peso a ser dado a cada item para se chegar ao resultado final do valor conjecturado.

Tratando-se de terras, o primeiro fator a ser considerado é o da *(i) localização*. Evidentemente que a localização influencia no preço de uma fazenda, e isso por diversos motivos. Há regiões que são mais propícias ao agronegócio, outras menos e outras ainda em que a atividade é inviável. As condições de clima, de altitude, de relevo, de tipo de solo e análogas são fortemente indutoras na formação do preço. Não fosse assim e os três Estados do Centro-Oeste, o norte do Paraná, o interior de São Paulo, o triângulo mineiro e o oeste baiano não teriam as terras mais valiosas do país. A localização influencia também pela distância das grandes e médias cidades e pelo acesso ao bem. Claro que uma propriedade rural situada em um ponto em que se percorre pouca estrada de chão é muito diferente de outra encravada no meio do Pantanal, onde, em vários meses do ano, só se chega de barco ou avião. Aliás, exatamente por isso não basta ao Estado dividir seu território em regiões para pautar o valor das terras, sendo exigível também que o classifique em *microrregiões*.

O segundo elemento relevante é o *(ii) tamanho* da propriedade. Não dá para fazer uma operação aritmética

362. *Prova e verdade no direito*. Tradução Vitor de Paula Ramos. 2. ed. São Paulo: JusPodivm, 2024, p. 157.

simples de se calcular o valor por hectare e multiplicá-lo pela respectiva quantidade de hectares, porque imóveis menores, por hectare, podem ter valor mais alto que as áreas maiores, também em hectares. E isso tem uma explicação: o custo de produção por hectare tende a ser diluído quando a extensão de terras é maior. Por isso que, também no ITCMD, as propriedades rurais comparáveis devem ter tamanhos similares, por exemplo, até 200 hectares, entre 200 e 400, de 400 a 600, de 600 a 1.000, entre 1.000 e 2.000 ha. e assim por diante.

A terceira variável é *(iii) o estágio das terras,* vale dizer, se a fazenda é *formada ou não.* As realidades envolvidas são absolutamente distintas entre imóveis rurais formados e os que não são. Uma fazenda formada, isto é, aquela que já está produzindo, que não demanda abertura de novas áreas para pastagens ou para lavoura, é uma fábrica em operação. Uma que não é, que vai demandar altíssimos investimentos para supressão vegetal, adubação e manejo do solo e o tempo necessário para que as terras atinjam o ponto ideal de produtividade, é uma indústria a ser montada. Eis mais um ponto bastante importante, pois é incorreto *elaborar a pauta de valores tomando como premissa* única *o preço de terras formadas,* e não em formação.

O quarto critério é o seguinte: *(iv) o tipo de atividade desenvolvida.* Esse também é crucial na análise. As terras onde são exploradas lavouras, como soja e milho, têm valor muito mais elevado que as de pecuária. A diferença é gritante mesmo. Ora, se terras destinadas à lavoura são mais caras que as voltadas à pecuária, cabe ao Fisco, ao estruturar a pauta, necessariamente fazer essa distinção também, sob pena de se tributar para mais ou para menos o imóvel considerado no caso concreto. Não por outro motivo no âmbito do ITR a pauta de valores classifica as terras em (iv.a) lavoura – aptidão boa, (iv.b) lavoura – aptidão regular, (iv.c) lavoura – aptidão restrita, (iv.d) pastagem plantada, (iv.e) silvicultura ou pastagem natural e (iv.f) preservação da fauna e da flora. Terra vermelha é diferente de solo arenoso. Normalmente, os locais de lavoura têm qualidade de solo melhor que os da pecuária. Se não fizer essa discriminação, o Estado estará a tratar contribuintes que manifestam capacidade contributiva distinta sob a mesma régua.

Por fim, as *(v) restrições ambientais*, como um quinto critério, devem ser sopesadas. O produtor não pode explorar a totalidade de sua fazenda, pois há imposições feitas pela legislação ambiental que limitam o uso da terra. As mais relevantes são as áreas de reserva legal (ARLs), que variam entre 20% (no Cerrado) a até 80% do total da fazenda (no meridiano amazônico), e as áreas de preservação permanente (APPs), que envolvem nascentes de rios, cursos d'água, matas ciliares, encostas de morros e outras. Parece inequívoco que não dá para se partir de uma "pauta", um valor genérico de terras, que desconsidera essas importantes variáveis.

Esses são os critérios que o Fisco pode adotar como parâmetros para estruturar sua base de dados. Ainda que possam existir variáveis além dessas ou até subcritérios, esses apontados resumem bem o que usualmente costuma repercutir no preço, sendo elementos coerentes com o propósito buscado. Mas, a base de cálculo do ITCMD não é o "valor" venal, isto é, um "valor" estimado? Como a localização, o tamanho, o estágio das terras, o tipo de atividade desenvolvida e as restrições ambientais podem indicar um "valor", para se permitir construir um valor de pauta, que expresse o valor médio presumido de mercado? É aqui que está o núcleo da questão: *o Fisco, para desenvolver a pauta, faz uma pesquisa de preços, mas, diante de todas as considerações que foram feitas, só podem servir para compor a média imóveis rurais que tenham características similares e as características relevantes são as apontadas.*

Essa é a solução proposta, a diretriz a ser seguida para se resolver o problema das pautas do ITCMD-fazendas. Não basta a pauta ser pública, nem que sejam documentados os procedimentos que foram seguidos para sua elaboração. *Os critérios selecionados devem ser pertinentes e as pesquisas de mercado para composição da média devem espelhar a comparação de propriedades similares.* Se na pauta o Fisco não dividir a pesquisa de preços entre localização das propriedades avaliadas (inclusive pelas microrregiões do seu território), o tamanho, o estágio das terras, o tipo de atividade e as restrições ambientais existentes não se terá um "valor médio", um valor presumido legítimo para se aplicar na mensuração do imóvel rural considerado no caso concreto. Mais ainda, de nada adianta dividir os critérios apenas no papel, se as propriedades efetivamente consideradas como preço-parâmetro não foram pesquisadas de acordo com essa classificação. Guardadas as devidas proporções, seria o mesmo que deixar de dividir os veículos conforme a marca, o modelo e o ano de fabricação ou mesmo aplicar o valor de um veículo importado a um carro popular para o IPVA.

No ITR, que também sempre foi um problema, ao menos houve um avanço importante, ainda que de ordem infralegal. A Instrução Normativa 1.877/19 da Secretaria da Receita Federal do Brasil passou a estabelecer que o SIPT – sistema integrado de preços de terras, cujo levantamento é feito pelos Municípios conveniados a fiscalizá-lo, deverá reunir informações "compostas pelos valores obtidos mediante levantamento técnico realizado por profissional legalmente habilitado", vinculado ao CONFEA/CREA, "que se responsabilizará tecnicamente pelo trabalho" (art. 5º). Esse levantamento técnico pressupõe um "conjunto de atividades de coleta, seleção e processamento de dados, realizado segundo metodologia científica", o qual deve "resultar em valoração massiva e homogênea para a porção territorial das aptidões agrícolas existentes na área territorial do município ou do Distrito Federal" (art. 5º, § 1º, II).

Pelo que se pode ver, a pauta de ITR – ainda que continue a ter vários problemas, como a elevação abusiva dos preços, tema que não vem ao caso neste trabalho – proporciona um ambiente mais seguro e mais claro de quantificação, por ser formada a partir de coleta técnica de dados por um profissional da área, que se responsabiliza pelo levantamento. Ou seja, pelo laudo dá para saber se o valor informado está correto ou não. Todavia, os Estados, com frequência, não aceitam o SIPT para fins do ITCMD exigido sobre fazendas. O argumento é o de que no SIPT são apurados apenas os valores de terra nua, e não de terra produtiva, e mais, que o Estado tem seus próprios critérios de avaliação para obter as médias de preços, por exemplo em *sites* especializados e via informações prestadas por Cartórios.

Pois bem, como são feitas essas médias? Quantas propriedades foram analisadas? Em qual região? Quais as características dos imóveis rurais considerados? Quando e por quanto tempo foi feita a investigação? Em quais *sites* houve pesquisa? E os Cartórios? A toda evidência os *"valores pesquisados"* devem ter relação com *comparáveis fidedignas,* isto é, com imóveis de características próximas. A mesma lógica prevista no ato infralegal para o ITR – no sentido de que o levantamento deve ser resultado de uma "valoração massiva e homogênea para a porção territorial das aptidões agrícolas existentes na área territorial do município" – há de prevalecer também para o ITCMD, sob pena de o valor presumido não representar valor presumido algum. Afinal, se o "valor venal" do imposto busca aquilatar o *valor médio de mercado* do imóvel, é claro que só se terá um valor médio comparando-se imóveis similares, e não totalmente diferentes.

A esse propósito, é bastante comum o Estado aduzir que o ITCMD tem legislação própria, que sua base de cálculo não é igual à do ITR e que sua competência é exclusiva estadual, de modo que o ITR não teria utilidade ao debate. Ninguém questiona essas exortações: de fato, o ITCMD é de competência estadual, tem legislação própria e sua base não é igual à do imposto federal. Entretanto, como a base de cálculo do ITR é o *valor venal da terra nua* e a base de cálculo do ITCMD, nessa faixa de incidência, é o *valor venal da terra produtiva*, pressupondo uma soma da terra nua e das benfeitorias *sob* o solo, isso significa que, mesmo que a grandeza do imposto estadual não seja terra nua, o Estado deve levá-la em conta para avaliar a propriedade rural. A pauta do ITR, nesse sentido, tem o importante papel de servir como elemento de comparação com o ITCMD. Esses dados devem convergir, não podendo estar inteiramente dissociados um do outro.

Todas as questões colocadas acima, e que são perfeitamente impugnáveis pelo contribuinte, dizem respeito à base de cálculo, à estimativa de valores fixada pelo Estado. Mas, há, ainda, a perspectiva da *base calculada*, ou seja, a aplicação desses critérios abstratos à situação do imóvel rural especificamente considerado.

Havendo uma mera presunção relativa do valor do imóvel a partir de uma "pauta", é possível ao contribuinte demonstrar que a base genérica de valores não tem condições de ser subsumida ao seu caso, da forma estanque como capitulada? Sim, isso é perfeitamente possível e deve sempre estar salvaguardado. Ainda que a base de cálculo prevista na lei seja o "valor venal", é justamente por ser o valor venal uma presunção, um valor médio esperado, que há de se assegurar ao cidadão o direito de demonstrar, pelos meios cabíveis, que seu imóvel não se enquadra àquelas grandezas. Como já foi dito, *uma fazenda não é uma porção homogênea de terras*. Ora, se isso vale para *uma mesma* fazenda, com muito mais razão se estende para compará-la (ou para desigualá-la) a *outros* imóveis rurais tomados como parâmetro.

Como esclarece Fabiana Del Padre Tomé, "somente as presunções relativas podem ser validamente utilizadas no direito tributário, desde que, evidentemente, sejam compatíveis com os pilares do ordenamento pátrio, possibilitando o exercício da ampla defesa, com todos os meios e recursos a ela inerentes, o que inclui a produção probatória objetivando desconstituir o fato presumido".[363] Portanto, sempre se deve deixar aberta a possibilidade de comparação entre a base de cálculo presumida e a base calculada *in concreto*, de maneira a se evidenciar que entre uma e outra não há coincidência de critérios de identificação.

Todos os elementos abstratos que formam a base presumida das terras – a localização, o tamanho, o estágio das terras, o tipo de atividade desenvolvida e as restrições ambientais – podem não ser exatamente aplicáveis ao imóvel a ser avaliado, segundo aquele padrão. Por exemplo, se o Estado, ao elaborar a pauta, tomou como parâmetro fazendas com mais de 70% de formação da área aproveitável, mas se o imóvel específico não atinge nem 30% de área formada, é intuito perceber que o "valor de mercado estimado genérico" não serve para cobrir o "valor de mercado estimado específico" daquela propriedade. Relembre-se que valor de mercado só haverá em uma transação concreta, sem prejuízo da vagueza do termo. Nada obstante, o intuito é reforçar o desvio do padrão projetado. A mesma lógica pode ser usada para cada um dos itens abstratos.

Vale uma especial menção às áreas inutilizáveis. O art. 10, § 1º, II, "c", da Lei 9.393/96, que instituiu o ITR, prescreve que as áreas "comprovadamente imprestáveis para qualquer exploração agrícola, pecuária, granjeira, aquícola

363. *A prova no direito tributário*. 4. ed. São Paulo: Noeses, 2016, p. 179.

ou florestal", além das áreas de interesse ecológico, devem ser excluídas da área tributável. O raciocínio é por analogia, mas inteiramente cabível aqui. Se uma fazenda tem muita pedra, muita areia ou mesmo vastas extensões cobertas por varjões, por áreas alagadas, é notório que o preço a ser pago por ela em uma eventual transação será menor do que outra propriedade na qual esses problemas não são notados. Daí a razão pela qual a base calculada deve sempre ficar suscetível a ajustes. Se o valor venal apura o "valor médio" estimado das terras, *o que pressupõe um "valor máximo" e um "valor mínimo"*, o sujeito tem que ter o direito de mostrar que *o valor de sua propriedade está abaixo da "média", mas acima do "mínimo"*.[364]

Por essas e outras razões que os contribuintes, muitas vezes, se veem obrigados a partir para a impugnação judicial dos valores, a fim de que, aí sim por um avaliador judicial ou mesmo um perito, sejam levadas em conta as peculiaridades do imóvel para se chegar ao seu valor de mercado estimado individualmente. Esse caminho acaba se mostrando necessário para que um terceiro isento, não envolvido na relação, presentado pelo Estado-juiz, possa definir o valor aplicável, exercendo o controle de legalidade do ato administrativo. As pautas fiscais, inseridas que estão no contexto das presunções, devem ter aplicação restrita no ordenamento.[365]

---

364. Nesse sentido: DOMINGO, Luiz Roberto. O ITR e o lançamento de ofício com base no SIPT. *In:* CARVALHO, Paulo de Barros (coord.). *Direito tributário e os novos horizontes do processo.* São Paulo: Noeses, 2015, p. 817/832.

365. Para aprofundamento sobre os limites das pautas fiscais, vide: ÁVILA, Humberto. Presunções e pautas fiscais à eficiência administrativa. *Grandes questões atuais do direito tributário.* São Paulo: Dialética, 2005, p. 277/288; FERRRAGUT, Maria Rita. Presunções: meio de prova do fato gerador?. *In:* FERRAGUT, Maria Rita; SANTI, Eurico Marcos Diniz de; NEDER, Marcos Vinícius (coord.). *A prova no processo tributário.* São Paulo: Dialética, 2010. p. 111/138; MARTINS, Ives Gandra da Silva. Presunções e fraude. Os princípios da tipicidade cerrada e da estrita legalidade em face das presunções em matéria tributária. *Revista de Direito Tributário,* São Paulo: RT, nº 32, 1985, p. 101/116; OLIVEIRA, Ricardo Mariz. Presunções. Indícios. Ficções. *Direito tributário*

III.3.3.4. Problemas comuns ao ITCMD-herança e ao ITCMD-doações envolvendo as chamadas "holdings" rurais

A mensuração da base de cálculo do ITCMD-agro, por tudo quanto se viu, está longe de ser algo banal, simples, de fácil solução. Apesar disso, sempre que o intérprete se predispõe, para valer, a refletir a fundo sobre o sistema jurídico, com serenidade e compromisso, as respostas aparecem. Há, no entanto, uma outra página dessa história que deve ser devidamente escrutinada: trata-se da valoração dos bens das *empresas rurais*.

Com efeito, não fossem suficientes as dificuldades para se vencer as barreiras sobre o "valor venal" do patrimônio rural, sobretudo no que diz respeito às terras de uma fazenda, quando o patrimônio está concentrado não na pessoa física do produtor, mas sim em uma empresa familiar, o cenário de complexidades não diminui. E os embates entre contribuintes e Fisco também não. Palmilhar os problemas, tracejar possibilidades e propor soluções é mais uma das missões a que se submete este estudo.

Basicamente, o cenário é o seguinte: cresceram nos últimos anos os números de casos em que produtores rurais, que tradicionalmente sempre mantiveram seus imóveis em seus próprios nomes, explorando as atividades no regime de pessoa física, decidiram, justamente por conta dos tributos que incidem sobre a sucessão, criar empresas familiares, de modo a congregar, em uma única unidade econômica, os membros da família. A fazenda e a atividade

---

contemporâneo: estudos em homenagem a Geraldo Ataliba. São Paulo: Malheiros, 2011, p. 668/693; SCHOUERI, Luís Eduardo. Presunções simples e indícios no procedimento administrativo fiscal. *In:* ROCHA, Valdir de Oliveira (coord.). *Processo administrativo fiscal*. São Paulo: Dialética, 1997, p. 79/88; TORRES, Heleno Taveira. Provas e presunções em matéria tributária e sua aplicabilidade nos casos de simulação. *In:* TORRES, Heleno Taveira Torres; QUEIROZ, Mary Elbe (coord.). *Desconsideração da personalidade jurídica em matéria tributária*. São Paulo: Quartier Latin, 2005, p. 359/384.

rural são transferidas para a pessoa jurídica. Assim, com o falecimento dos fundadores, a operação continua em nome da empresa, tendo como sócios os herdeiros.[366]

Entretanto, para que a transação seja viável, em algumas circunstâncias há doações de cotas da sociedade, em outras é a morte dos sócios majoritários que leva à transmissão desses direitos às gerações mais novas. E ambos os fatos jurídicos, como se sabe, são suscetíveis ao ITCMD. Quando o Fisco se depara com tais ocorrências, percebendo que o principal patrimônio da empresa é a fazenda, há uma tendência de se adotar como base de cálculo o valor da fazenda, e não o valor das cotas da empresa. É essa a questão posta, que merece ser analisada.

III.3.3.4.1. Na realidade, essas empresas não são "holdings"

O primeiro esclarecimento que necessita ser realizado é o de que, em geral, essas empresas não são verdadeiras *"holdings"*. Tornou-se muito frequente nesse setor a difusão da ideia de que as tais *"holdings" rurais* seriam a solução para todos os problemas, que elas teriam o efeito de "blindar" o produtor contra investidas do Fisco e até de credores. Oferecida como uma solução milagrosa por profissionais de duvidosa conduta ética, quase que como uma campanha publicitária, vários agricultores e pecuaristas criaram pessoas jurídicas tendo como sócios o casal, que a partir daí subscrevem e integralizam o capital social da empresa com a fazenda da família, de modo que o patrimônio passa para a pessoa jurídica e a atividade também.

366. LONGO, José Henrique. Criação de *holding* e proteção patrimonial. *In:* SOUZA, Priscila de (org.). *IX Congresso Nacional de Estudos Tributários* – Sistema Tributário Nacional e a estabilidade da Federação brasileira. São Paulo: Noeses, 2012, p. 585/612; MIGIYAMA; Tatiana Midori. Planejamento tributário e sucessório em empresas familiares no agronegócio. *In:* TORRES, Heleno Taveira; DONIAK JR., Jimir (coord.). *Agronegócio, tributação e questões internacionais.* São Paulo: Quartier Latin, 2021. v. II, p. 153/173.

O planejamento sucessório, inclusive com seu viés tributário, é perfeitamente legítimo, legal e lícito. Não há nada no ordenamento jurídico que impeça uma pessoa de criar uma empresa, de fazer a integralização do capital social com dinheiro, bens móveis ou imóveis e que seus negócios sejam concentrados em uma pessoa jurídica. Trata-se de uma estratégia pertinente e cabível, a depender, no entanto, das necessidades e dos anseios dos membros da família. Não se trata de aspecto que deva ser sopesado apenas sob o ângulo de eventual economia lícita de tributos na sucessão, porque há desdobramentos familiares, cíveis, societários, contratuais, sucessórios, organizacionais, contábeis e fiscais propriamente ditos que devem ser ponderados. Entre um relacionamento de família e um vínculo de sócio há diferenças.

O intuito deste tópico é apenas observar que, a bem de se ver, dessa operação não resulta uma "*holding*", mas uma empresa agropecuária, ou seja, uma *pessoa jurídica rural*, uma entidade operacional, normalmente constituída no modelo de sociedade limitada. O art. 2º, § 3º, da Lei das S/As (Lei 6.404/76) estabelece que "a companhia pode ter por objeto participar de outras sociedades; ainda que não prevista no estatuto, a participação é facultada como meio de realizar o objeto social, ou para beneficiar-se de incentivos fiscais". A partir desse comando que se fala em *holding* de participação, *holding* imobiliária e *holding* patrimonial.

Com relação às empresas agropecuárias não é isso o que acontece, vale dizer, não se trata de uma companhia de participações, que é sócia de outras empresas. Isso pode até ocorrer nos grandes conglomerados do agro, mas não é o usual. Normalmente o que se nota é um casal de idade avançada, que é dono de uma fazenda, o qual constitui uma empresa familiar e passa o imóvel rural para a pessoa jurídica, conduzindo a partir de então as atividades em nome da empresa. A transmissão das cotas da sociedade agropecuária para os filhos via doação ou por ocasião da morte é o foco de investigação seguinte.[367]

III.3.3.4.2. A avaliação das cotas pelo patrimônio líquido e suas implicações

Como quase tudo que envolve o ITCMD, o ponto que costuma suscitar dúvidas, fomentando as divergências, está na mensuração do patrimônio da empresa rural, vale dizer, qual a base de cálculo a ser aplicada. Quando os bens pertencem aos produtores pessoas físicas, na hipótese de eventual doação ou mesmo de transmissão em virtude da morte, o imóvel rural, suas benfeitorias e demais bens que compõem a operação devem passar por um processo segregado de análise.

A quantificação das (i) benfeitorias físicas *sobre* o solo (mangueiros, cercas, etc.); (ii) das máquinas, implementos agrícolas e demais utensílios (tratores, colheitadeiras etc.); (iii) dos animais (equinos, bovinos, suínos etc.) ; (iv) das construções (sede, casas de funcionários, armazéns etc.); (v) das benfeitorias *sob* o solo (corretivos de solo, fertilizantes etc.); (vi) das plantações (lavouras de soja, de milho etc.); (vii) e das terras produtivas em si não pode ser realizada de qualquer maneira, sem um método coerente, pressupondo um exame meticuloso sobre o adequado valor venal dessas grandezas, para o que a informação contábil é bastante relevante. Advindo a transmissão patrimonial por herança ou por doação, a dificultosa tarefa do Fisco é levantar o valor desses bens para promover o lançamento. Não se trata de algo simples, por todo o exposto.

---

367. Depois de aberta a pessoa jurídica rural e realizada a transferência do imóvel para ela, alguns produtores voltam a explorar a atividade em seus próprios nomes, enquanto pessoas físicas, via contratos de comodato, de arrendamento ou de parceria rurais. E isso pode ter reflexos no imposto sobre a renda. No entanto, essa análise extrapola o objeto desta pesquisa.

Acontece que quando todos esses bens são transferidos para uma empresa, é a empresa, e não mais os fundadores, que passa a ser dona do acervo. Os sócios, fazendo a integralização do capital social com bens, trocam terras e os demais itens envolvidos por cotas. Por essa criação do direito, típica de uma ficção jurídica, a pessoa física entrega seu patrimônio para uma entidade e, em contrapartida, recebe um pedaço, uma fatia maior ou menor dela, a depender de sua participação na companhia. A cota social, portanto, representa o direito que alguém tem sobre uma empresa. Por isso mesmo, esse direito é mensurável, é quantificável, podendo ser definido em termos econômicos.

É nesse aspecto que começam os entraves. O valor do capital social, que, em princípio, deveria espelhar o valor dos bens integralizados, não passa de uma autoavaliação feita pelos sócios, muitas vezes até sem maiores compromissos. Quando se abre uma empresa, é muito comum que se lance uma quantia meramente estimada como formadora do capital social, até mesmo porque sua importância não passa pelo crivo prévio de nenhum órgão, nem fiscal, nem no âmbito da Junta Comercial. Ademais, com o passar do tempo o valor do capital social fica defasado.[368]

Por esse motivo, quando há transmissão das cotas por falecimento ou por doação não se pode opor ao Fisco a assertiva de que o valor do ITCMD deveria tomar por base, exclusivamente, a porcentagem do capital social transmitido. Ou seja, o critério mensurador do ITCMD das cotas não é o valor do capital social descrito nos atos constitutivos da empresa.

---

368. "A base de cálculo do ITCMD incidente sobre a transmissão *causa mortis* de cotas sociais de pessoa jurídica é o valor de mercado das cotas sociais, e não o valor que lhes for atribuído no contrato social da empresa" (Tribunal de Justiça de Mato Grosso do Sul. Agravo de instrumento nº 1400473-30.2019.8.12.0000. 3ª Câmara Cível. Rel. Des. Odemilson Roberto Castro Fassa. *DJe* 25.02.2019).

Se não é o valor do capital social, então qual é? Mais uma vez, volta-se ao cenário nebuloso e incerto de se definir o que significa juridicamente *"valor venal" de cotas de uma empresa.* Afirmar que o valor venal é o valor estimado, valor aproximado ao de mercado, não resolve a questão. É impressionante como o direito prega armadilhas aos seus operadores. Mas, isso não é culpa do sistema jurídico, é algo natural, decorrente das complexidades da linguagem. Demarcar a dimensão semântica desse termo leva à constatação de que, no ITCMD, não se está vendendo uma empresa ou sequer participações em uma empresa, de maneira que não há um "valor de mercado" claramente a ser considerado. Muito pelo contrário, essas empresas do agro aqui tratadas são familiares e o intuito é exatamente que não sejam abertas a terceiro, não havendo, portanto, um elemento de conexão com agentes externos. O raciocínio, nesse sentido, fica circular, tautológico, porque, a rigor, não há "valor de mercado" de uma empresa que não está no mercado.

Poder-se-ia afirmar que, mesmo que a empresa não esteja à venda, é possível avaliá-la, atribuir-lhe um preço próximo ao que por ela se obteria, se alienada. Todavia, há vários métodos para se pôr valor a uma companhia, concorrendo para isso diversos aspectos de ordem financeira, econômica, jurídica e contábil. Se as ações transmitidas aos herdeiros ou aos donatários fossem negociadas na Bolsa de Valores, evidentemente que esse problema não existiria, porque bastaria checar a cotação na data do falecimento. No entanto, as empresas agropecuárias familiares com roupagem de sociedades com cotas de responsabilidade limitada não têm ações negociadas em mercado aberto, ao revés, têm cotas que permanecem com os familiares, o que dificulta sobremaneira a solução. Para se quantificar uma empresa, fala-se em valor contábil, valor patrimonial, valor de mercado, fluxo de caixa descontado, comparação por múltiplos e outros que transbordam o universo jurídico, conduzindo o debate para meandros muito específicos de outras áreas do conhecimento. É bem verdade que o art. 4º, § 4º, da Lei 6.404/76 remete-se a tais fórmulas. Nada obstante, ninguém há de negar que são categorias a serem trabalhadas por técnicos no assunto, exigindo informações mais aprofundadas sobre cada uma delas, excedendo o objeto de análise deste texto.

Com essas palavras, o que se quer deixar bem claro é o seguinte: dizer que a base de cálculo do ITCMD nessa modalidade é o "valor venal" das cotas sociais, que, por sua vez, deve corresponder ao "valor de mercado estimado", é só repetir mais uma de tantas obviedades, porque esse tipo de frase não dá uma solução para o imbróglio. E o que é pior, a lei não traz, como deveria, balizas normativas que pudessem nortear o contribuinte, que fixassem qual é o critério a ser adotado. Há um vácuo legal sobre os indicadores a serem aplicados quando se esteja a tratar de transmissão de bens móveis, títulos e créditos.

No Estado de São Paulo muito se debateu, em virtude de previsão na lei local, sobre esse tema. É que a legislação paulista tem uma regra de acordo com a qual, nos casos em que a ação, quota, participação ou qualquer título representativo do capital social não for objeto de negociação ou não tiver sido negociado nos últimos 180 (cento e oitenta) dias, "admitir-se-á o respectivo valor patrimonial" (art. 14, § 3º, da Lei Estadual nº 10.705/00). Em situações nas quais o Fisco quis modificar esse conceito para fazer a avaliação individual dos bens da empresa, e não apenas do valor das cotas, o Tribunal de Justiça de São Paulo decidiu que "a base de cálculo do ITCMD, na transmissão de quotas de sociedade limitada, por meio de doação, na hipótese de não comercialização na bolsa de valores, tal como no caso dos autos, corresponde ao respectivo valor patrimonial contábil".[369]

369. Remessa necessária cível nº 1026739-07.2020.8.26.0482. 5ª Câmara de Direito Público. Rel. Des. Francisco Bianco. *DJe* 01.10.2021.

Realmente, se é incorreto avaliar o valor das cotas pelo capital social, também não é certo fazer a mensuração direta pelo valor dos bens, e não das cotas. Com o falecimento ou com a doação, não há transferência do patrimônio da empresa para o beneficiário, mas apenas a mudança de titularidade da cota. Assim, é descabido o Fisco arbitrar o valor tomando como parâmetro a valoração de cada bem individualmente da empresa. Havendo uma pessoa jurídica, a base de cálculo não pode ser uma mera soma da expressão econômica de cada item do seu patrimônio.

Uma empresa tem ativo e passivo, tem direitos e obrigações. Quem recebe uma cota, recebe uma participação em uma empresa, e não um pedaço de terra, um punhado de gado ou mesmo uma quantia de máquinas agrícolas. Isso significa que, indiscutivelmente, *o passivo, as obrigações a serem pagas pela empresa* devem servir de fator de diminuição para se chegar ao valor das cotas. Vale dizer, a base de cálculo do ITCMD-cotas não pode ser o "valor bruto" dos bens, devendo ser descontadas as obrigações. É justamente por isso que o valor da cota deve ser calculado pelo *patrimônio líquido* da entidade. Toma-se, de um lado, o conjunto de bens e direitos da empresa e, de outro, subtraem-se suas obrigações, sendo o resultado o valor do patrimônio líquido. Essa é a grandeza que a cota social expressa.

Ainda assim, há uma derradeira questão. Se para se chegar ao valor da cota há de ser admitida a dedução das dívidas atuais da empresa, ou seja, levando a análise para um exame da situação patrimonial da pessoa jurídica no momento da transmissão, então, por coerência, também seus ativos, em princípio, devem refletir o valor contemporâneo a essa data, e não o valor histórico, o valor contábil de quando foram adquiridos os bens. Afinal de contas, o patrimônio líquido não é o valor defasado do ativo em contraposição ao valor atual do passivo. O tal "valor de mercado presumido" da cota tem que representar o *status* da empresa no tempo da transmissão, tanto de seus passivos, quanto de seus ativos. E nisso o valor individual dos bens no momento da transmissão acaba por influenciar, direta ou indiretamente, no cálculo do valor venal da cota. Repita-se: não se pode tributar sobre o valor dos bens da empresa, como o valor da fazenda, mas parece claro que essa importância acaba por repercutir na mensuração da cota em si mesma.

O Fisco pode fazer a avaliação dos bens para poder abater o passivo, chegando ao valor da cota. Entretanto, no caso do patrimônio rural especificamente, por todas as questões que já foram colocadas nos subtópicos precedentes, boa parte dos bens, em virtude de suas características, terá que ser avaliada pelo valor contábil, assim como se não houvesse empresa, como se fosse em um caso envolvendo pessoa física, e mais, a mensuração dos preços das terras deve respeitar todos os critérios defendidos anteriormente, em especial no que tange aos pressupostos para elaboração da pauta de valores e aos ajustes da base calculada.

III.3.3.4.3. É dado ao Fisco fazer o "valuation" das cotas para fins de ITCMD a partir da expectativa de rentabilidade futura?

O procedimento de avaliação das cotas das impropriamente denominadas "*holdings*" rurais não é fácil, assim como nada tem de simples a mensuração para o ITCMD em geral. Agora, isso não significa que a fiscalização possa valer-se de metodologias subjetivas, largas, cambiantes para se chegar ao valor dos bens transmitidos, inclusive com relação às cotas de sociedades agropecuárias. Nem mesmo quanto ao "*valuation*" de seu valor presumindo uma rentabilidade futura.

O complemento da materialidade do ITCMD denota que o imposto pode onerar a transmissão de "quaisquer bens e direitos", é verdade. Como uma cota de uma empresa é um direito, e como ela representa para seu titular uma participação perene em uma atividade econômica, poder-se-ia pensar que não só o valor presente, mas também a expectativa de retorno financeiro nos anos subsequentes poderia ser computada. Ou seja, a cota recebida autorizaria fazer-se uma projeção de resultados para frente, integrando a base de cálculo do ITCMD. Por exemplo, o Estado de Goiás procede dessa forma (art. 377-B, II e § 2º, do RCTE/GO).

Esse pensamento, porém, é equivocado. O retrato da base de cálculo deve refletir a posição patrimonial da companhia no momento da transmissão, não eventuais e incertos retornos que ela venha a dar a seus sócios no futuro. No caso do agronegócio isso é mais evidente porque os preços oscilam, há intempéries climáticas, variação cambial, frustrações de safra e uma série de outros aspectos que não estão nas mãos do produtor rural pessoa física ou jurídica. Presumir números para os próximos anos olhando para o passado é transigir demais com os mecanismos de presunção, que devem ser vistos como exceção em matéria tributária. Ademais, se não há safra plantada, se não há bezerro nascido ainda não dá para saber qual será o custo de produção e, por isso mesmo, qual será o retorno que a atividade gerará. Desse modo, seria incorreta e contrária ao ordenamento a investida do Fisco de calcular o valor venal da cota com base nessa estratégia.

III.3.3.4.4. A avaliação das cotas e a (im)possibilidade de novo lançamento

Da mesma forma, uma vez feito o lançamento – por declaração ou por homologação – a autoridade fazendária não pode, tempos depois, pretender modificar o valor de avaliação da cota, realizando novo lançamento, sob a justificativa de que os valores das terras subiram. Tanto em uma, como em outra modalidade, uma vez tendo se manifestado o Fisco a respeito da quantificação do patrimônio não lhe é dado modificar a situação jurídica alegando ter se arrependido, ter se equivocado, mesmo por alteração fática ulterior. O lançamento só pode ser revisto nas apertadas hipóteses do art. 149 do Código Tributário Nacional, como a comprovação de falsidade ou omissão de informações, fraude, simulação ou quando se deva apreciar fato não conhecido por ocasião do lançamento anterior.

Se o contribuinte prestou todas as informações e esclarecimentos, não tendo sonegado nenhum documento, o lançamento posterior, de forma complementar, não está autorizado. O ITCMD pressupõe que o agente público faça uma avaliação do patrimônio da pessoa, antes (quando do lançamento por declaração) ou depois (na hipótese de lançamento por homologação). Feita essa triagem e tendo sido disponibilizada toda a documentação, não se pode admitir novo lançamento.

III.3.3.4.5. A doação em dinheiro, a aquisição de cotas pelos herdeiros e o ITCMD

Para se evitar todos esses problemas de cálculo das cotas, uma operação cada vez mais comum é a doação em dinheiro de pais para filhos, em especial filhos que ainda não têm uma atividade remunerada própria, para que, havendo interesse na sua inserção na sociedade, eles comprem de fato e de direito parte das cotas dos pais, passando a integrar o quadro societário.

Assim, gradualmente a sucessão patrimonial vai se concretizando, de maneira que os filhos passem a ter futuros dividendos da empresa rural. E para que haja transparência e licitude, a doação em dinheiro dos pais para filhos é regularmente declarada e levada à tributação via ITCMD. A doação em dinheiro poderia servir para que os filhos o utilizassem da forma que quisessem, para uma viagem, para comprar um carro, para estudar, para iniciar um negócio próprio ou, no caso, para comprar uma parte da participação societária da empresa já existente da família. O valor de compra tem que ser compatível com o valor estimado da empresa e com a participação adquirida. Nos anos seguintes, com os dividendos acumulados, os filhos, em sendo esse o desejo da família, vão aumentando suas cotas. Tais atos societários, de ingresso e aumento de participação na empresa, são legítimos e não se sujeitam ao ITCMD, por não envolverem transmissão por herança ou por doação.

CAPÍTULO IV

O IMPOSTO SOBRE TRANSMISSÃO ONEROSA DE BENS IMÓVEIS (ITBI) E O AGRONEGÓCIO

IV.1. OS ASPECTOS CONSTITUCIONAIS DO ITBI E UMA ADVERTÊNCIA NECESSÁRIA

Fazer um estudo sério sobre a tributação no agronegócio significa tomar consciência de que todos os caminhos devem ser explorados, que cada um dos seus meandros seja visitado, que a riqueza de possibilidades, o tanto quanto as forças do intérprete permitir, seja esgotada. É o descer às minúcias e regressar à completude do sistema, compreendendo-o como um todo organizado, que torna esse processo dialético pujante, inovador, pronto para oferecer novas perspectivas ao pensamento. A ciência avança quando parte para o universo que lhe cerca buscando descortinar outros horizontes, fenômenos ainda não devidamente captados ou percebidos, deixando a mesmice e os temas já refletidos por grandes mentes para atracar em cais desconhecidos, em plataformas a serem erguidas no ancoradouro desvendado.

Essas palavras têm por propósito forte chamar a atenção de que também o ITBI exigido sobre transações com imóveis rurais é um ilustre desconhecido. Tal qual se dá com o ITCMD, igualmente o ITBI, em termos de categorias gerais, está a merecer mergulhos mais profundos, reflexões mais sólidas. É curioso perceber como a praxe jurídica acaba se inclinando para tributos que trazem impactos diários ou mensais para os contribuintes, negligenciando os demais. Todos os meses há milhões de fatos jurídicos tributários que dão ensejo ao IRPF, ao IRPJ, à CSLL, ao IPI, ao PIS, à COFINS, ao ICMS, ao ISS e às contribuições previdenciárias. Na dinamicidade dos negócios, esses tributos gravitam como arquétipos abstratos potencialmente suscetíveis a produzir seus efeitos, o que acaba se tornando concreto sempre que tais ocorrências são convertidas na linguagem jurídica própria por atos de aplicação, sejam os promovidos pelo Fisco, sejam os realizados pelos contribuintes, que são a maior parte nos tempos atuais, dada a proliferação do modelo de autolançamento forçado pela lei. E então é esperado presumir que nesses focos dinâmicos das relações sociais repousem as maiores dúvidas, as controvérsias mais frequentes, de tal modo que todas as energias fiquem concentradas nos tributos que dizem respeito a essa manifestação do tecido econômico.

Entretanto, nem por isso os impostos que oneram o patrimônio, sob um prisma estático, deixam de ter sua relevância. Afinal, embora numericamente em bases bem menores de episódios, todos os dias há fatos jurídicos relatados nas mais diversas localidades do país registrando transferências patrimoniais imobiliárias. Se o ITR e o IPTU são impostos exigidos sobre o direito de propriedade em si e uma vez ao ano, o ITCMD e o ITBI capturam os atos que a qualquer tempo levam à mudança de titularidade, seja por herança ou por doação de bens móveis ou imóveis via imposto estadual, seja por ato oneroso especificamente de bens imóveis pelo imposto municipal. Na medida em que esses dois tributos, cada um ao seu modo, foram catalogados no rol de competências tributárias e repercutem sobre o patrimônio das pessoas, parece claro que a dedicação a ambos é não só uma forma de checagem da licitude das práticas estatais, como também um desdobramento do exercício legítimo de cidadania.

Essa rota, todavia, ainda não está adequadamente pavimentada. Mesmo que o ITCMD e o ITBI não apresentem as mesmas complexidades comparáveis à apuração do lucro real para fins de IRPJ/CSLL ou da sistemática não cumulativa de PIS/COFINS, não há como fechar os olhos para o inequívoco cenário de que há aberturas a serem tapadas, espaços a serem preenchidos. E tais fendas têm conduzido a tributação para um caminho exacerbadamente elástico, obscuro, apoiado somente em presunções, em estimativas, quase que em meras premonições. A análise empreendida sobre o ITCMD mostra bem que há muito a ser melhorado, que há desafios a serem superados para que se atinja um sistema mais calibrado, mais impessoal e, portanto, mais previsível e menos casuístico.

No ITBI, como se verá, não é diferente. Embora cada tributo tenha rosto próprio, a aproximação entre o ITCMD e o ITBI permite traçar um paralelo interessante e proveitoso acerca dos problemas comuns que os contaminam. Vai daí que – e é essa a advertência necessária a ser feita na introdução deste capítulo – todas as fragilidades apontadas para o ITCMD, evidenciadas por fundamentos filosóficos e jurídicos, a partir dos quais foram construídas as diretrizes defendidas como de observância peremptória, ficam valendo, desde logo, igualmente para o ITBI. Os dois tributos não são irmãos gêmeos, é verdade, mas são parentes próximos, tanto assim que o lastro infraconstitucional de ambos está nos arts. 35 a 42 do Código Tributário Nacional, ao tempo em que a formatação da competência era diferente. A derivação do imposto estadual e do municipal desse mesmo núcleo normativo só vem a reforçar a fecundidade de se pensar em um, promovendo-se a comparação com o outro. Tendo em vista os vários aspectos que os assemelham, as críticas endereçadas às características que tornam similares o ITCMD ao ITBI ficam projetadas com a mesma firmeza para cá, sem necessidade de se repetir tudo o que foi dito. E isso viabiliza o prosseguimento do estudo de uma forma mais direta, enaltecendo apenas o que há de diferente no tributo a ser examinado daqui em diante.

É essa a estratégia de abordagem desta parte do trabalho, a qual se mostra útil e harmônica com as finalidades do texto. Para se alcançar o resultado almejado, não há outro jeito, deve-se partir do próprio delineamento feito pelo constituinte para esse imposto.

IV.1.1. A materialidade e a sujeição passiva no ITBI

A demarcação da metodologia eleita para aproximar-se do ITBI permite que se parta diretamente para os contornos definidos pela Constituição da República sobre essa exação, explorando aquilo de inerente que há de ser considerado. Mantendo coerência com a promessa feita no início da pesquisa, primeiro o intuito é organizar as bases gerais desse imposto, passando, de forma sintética, pelos critérios normativos de sua respectiva regra-matriz, bem como pelos dispositivos que versam sobre as hipóteses de imunidade tributária. Após, o objetivo é averiguar de que maneira é possível realizar o encaixe desse conjunto de preceitos fiscais às peculiaridades das transações com fazendas, propondo-se, inclusive, as adaptações que se mostram indispensáveis no manejo dessa faixa de incidência, ao modo de um *standard* a ser respeitado.

Essa tarefa deve ser iniciada pelo núcleo capitulado pelo constituinte como apto a fazer irradiar consequências obrigacionais de índole tributária. E como a materialidade reflete na posição sintática da sujeição passiva, a identificação da ação humana prevista como geradora do tributo acaba por indicar o contribuinte possível a ser atingido. Ou seja, se o cerne do pressuposto fático é a transmissão onerosa de um bem imóvel, de seus direitos reais e a cessão de direitos de sua aquisição, é dentro desse recorte de fatos jurídicos que o enfoque deve recair, de maneira a se aquilatar quais são as possibilidades envolvidas e suas limitações. A forma de se calcular o tributo e as normas imunizantes ficam para os próximos subtópicos.

Pois bem, quando se olha para o ITBI se nota que a Constituição brasileira foi bem sucinta no trato da matéria. Limitando-se a poucos enunciados prescritivos, o constituinte outorgou aos Municípios a possibilidade de gravar as mutações patrimoniais com imóveis, desde que suas causas jurídicas sejam onerosas. Nenhum corpo legislativo deve ser extenso, deve prever hipóteses em excesso, sob pena de causar mais confusão do que solução; entretanto, a deficiência no adequado detalhamento regulamentar, muitas vezes, pode ocasionar dúvidas e incertezas tão acentuadas quanto as que surgem pelo regramento detalhista demais. O equilíbrio não é fácil, há de se reconhecer. A opção do constituinte no que concerne ao ITBI foi no primeiro sentido, dispensando laconicamente apenas três dispositivos a ele: o art. 156, II, e os incisos I e II do § 2º.

Naquilo que importa a esta parte da pesquisa, o art. 156, II, previu que compete aos Municípios instituir imposto sobre "transmissão 'inter vivos', a qualquer título, por ato oneroso, de bens imóveis, por natureza ou acessão física, e de direitos reais sobre imóveis, exceto os de garantia, bem como cessão de direitos a sua aquisição". O art. 156, § 2º, I, traz regra de imunidade, que será comentada adiante, e o inciso II estabelece que o imposto "compete ao Município da situação do bem". Sobre esse último verbete, parece claro que se o tributo diz respeito às transações com bens imóveis, os quais, evidentemente, são considerados na sua condição física estática, a alienação de um imóvel situado dentro das fronteiras de determinado Município dará ensejo a que este ente federado exija o valor devido. Nesse particular, salvo melhor juízo, é impossível ocorrer um conflito de competência, porque esses bens estão registrados nos Cartórios de Registro de Imóveis a partir de levantamentos topográficos e que tomam em conta o território de cada Município, não podendo existir registro de um imóvel em mais de um Município. Assim, ou o imóvel pertence a um Município, ou a outro. As duas únicas hipóteses que poderiam ser cogitadas seriam a de uma disputa entre Municípios sobre a exata circunscrição de seu território ou então algum erro mesmo do Serviço Registral.

Uma reflexão mais rigorosa sobre a técnica redacional empregada no art. 156, II, conduz o estudioso, necessariamente, a um juízo crítico a seu respeito. Em primeiro lugar, tal qual ocorreu no ITCMD, por lançar mão de uma expressão em latim. Conforme o preceito da Carta da República, o ITBI é cabível na transmissão "inter vivos". Enquanto no repositório eletrônico oficial do Planalto a expressão causa mortis aparece assim mesmo no art. 155, I, sem itálico e sem aspas, a locução "inter vivos" surge destacada entre aspas, mas sem itálico. Nem mesmo um padrão nesse quesito foi observado. Para os fins deste texto, adota-se o destaque com aspas e itálico. Independentemente dessa falta de sistematização, a verdade é que as mesmas observações que foram lançadas para o ITCMD sobre o uso de língua estrangeira no diploma legislativo mais relevante da Nação servem para o ITBI também. Se a finalidade era realçar que o imposto só tem cabimento por atos de transmissão entre vivos, então bastaria dizer isso.

Outra formulação crítica envolve a ordem das palavras e a concentração, em um único enunciado, de hipóteses distintas. Logo após – na literalidade do preceito

– "transmissão 'inter vivos'" o legislador inseriu, entre vírgulas, a oração "a qualquer título". Uma leitura aligeirada poderia levar ao equívoco de que a transmissão de bens imóveis entre vivos, a qualquer título, seria hipótese de incidência possível para o ITBI, no que se incluiriam as doações. Todavia, seguido do "a qualquer título" vem o mandamento "por ato oneroso". Ora, isso mostra que a locução "a qualquer título" é aposto em relação à expressão "por ato oneroso", vale dizer, ela auxilia na explicação da amplitude dos atos onerosos a serem considerados.

Seria muito melhor, bem mais claro, se o enunciado fosse construído assim: compete aos Municípios instituir imposto sobre "transmissão entre vivos de bens imóveis por ato oneroso, a qualquer título". Também o fato de o constituinte ter aglutinado no inciso II as três dimensões do tributo dificulta a compreensão da mensagem. Cairia de forma mais ajustada à técnica redacional se o inciso II fosse desmembrado em três alíneas, estabelecendo-se que o imposto incide sobre a transmissão entre vivos por ato oneroso, a qualquer título: a) de bens imóveis, por natureza ou acessão física; b) de direitos reais sobre imóveis, exceto os de garantia; c) e que, além da transmissão, contempla também a cessão de direitos relativos à aquisição de bens imóveis.[370]

A derradeira ponderação recai sobre os signos linguísticos em si. Saber o que são "ato oneroso", "bens imóveis, por natureza ou acessão física", "direitos reais sobre imóveis", "direitos reais de garantia sobre imóveis" e "cessão de direitos de aquisição" depende das categorias normativas trabalhadas pelo Direito Civil. Portanto, não dá para assimilar com destreza o ITBI sem esse enlace com a legislação privada. Não por outro motivo, com bastante sabedoria, o

370. Sobre as ambiguidades e vaguezas do enunciado constitucional que fixa a competência, vide: MACEDO; José Alberto Oliveira. *ITBI:* aspectos constitucionais e infraconstitucionais. São Paulo: Quartier Latin, 2010, p. 171/208.

Prof. Paulo de Barros Carvalho adverte que o direito é uno e indecomponível, sendo classificado em "ramos" apenas para fins didáticos, não se podendo desprezar sua junção como um todo sistêmico.[371]

O Código Civil não chega a definir o que há de ser entendido por "ato oneroso", mas há dezenas de preceitos fazendo menção a esse termo. Por exemplo, no art. 295, no qual a lei dispõe que "na cessão por título oneroso, o cedente, ainda que não se responsabilize, fica responsável ao cessionário pela existência do crédito ao tempo em que lhe cedeu; a mesma responsabilidade lhe cabe nas cessões por título gratuito, se tiver procedido de má-fé". Ou ainda, a regra do art. 392, em que o legislador, no trecho que interessa, fixou que "nos contratos onerosos, responde cada uma das partes por culpa, salvo as exceções previstas em lei". E mais, o art. 447, ao determinar que "nos contratos onerosos, o alienante responde pela evicção". Como se vê, a ideia de onerosidade indica que nesse tipo de negócio jurídico há um retorno econômico a uma das partes (não necessariamente financeiro), há um valor estabelecido.

O ato oneroso pode ser contraposto aos atos gratuitos, benevolentes, graciosos, de mera liberalidade. A manifestação mais eloquente está no art. 538 do Código Civil, segundo a qual "considera-se doação o contrato em que uma pessoa, por liberalidade, transfere do seu patrimônio bens ou vantagens para o de outra". Como se vê, nos atos voluntários não há uma contrapartida a ser satisfeita, pois o ato decorre de uma intenção unilateral de se dispor de um bem sem exigir nada em troca. Nas palavras de Serpa Lopes, "na doação, ao lado de um sacrifício sem a contraprestação de outro sacrifício, prepondera o elemento subjetivo do

---

371. CARVALHO, Paulo de Barros. *Curso de direito tributário*. 33. ed. São Paulo: Noeses, 2023, p. 17.

animus donandi, que não se encontra em outras manifestações de atos a título gratuito".[372]

Logo, só há de se cogitar de ITBI se o ato de transmissão do bem for oneroso, e não gratuito, vale dizer, se o alienante receber algum benefício econômico do adquirente. Não é qualquer bem, no entanto, que pode ser atingido pelo imposto, mas apenas os bens imóveis, por natureza ou por acessão física. Na forma do art. 79 do Código Civil, "são bens imóveis o solo e tudo quanto se lhe incorporar natural ou artificialmente". Desse modo, bem imóvel pela lei civil é não só o solo, as terras, mas também o que se agrega a elas naturalmente ou pela mão do homem, como ilhas, aluvião, avulsão, construções e edificações. Nesse particular o ITBI faz lembrar do ITR e do IPTU, tributos em que esses conceitos se mostram relevantes. Todavia, no quadro estático de alguém ser proprietário de imóvel rural só pode ser considerado o imóvel por natureza (o solo), enquanto no IPTU projetam-se o imóvel por natureza (o solo) e por acessão física (as construções). A tributação de bens imóveis rurais não só por natureza, mas também *por acessão física* só cabe no ITCMD (se a transmissão for por herança ou por doação) ou no ITBI (se por ato oneroso).

Por fim, devem ser sopesados os direitos reais sobre imóveis, aí incluídos para fins de análise os direitos reais de garantia. O art. 1.225 do Código Civil estabelece que são direitos reais, de um modo geral: (i) a propriedade; (ii) a superfície; (iii) as servidões; (iv) o usufruto; (v) o uso; (vi) a habitação; (vii) o direito do promitente comprador do imóvel; (viii) o penhor; (ix) a hipoteca; (x) a anticrese; (xi) a concessão de uso especial para fins de moradia; (xii) a concessão de direito real de uso; (xiii) a laje; (xiv) e os direitos oriundos da imissão provisória na posse, quando concedida à União,

372. *Curso de direito civil* (fontes das obrigações: contratos). 4. ed. Rio de Janeiro: Freitas Bastos, 1964. v. III, p. 384 (com destaques no original).

aos Estados, ao Distrito Federal, aos Municípios ou às suas entidades delegadas e a respectiva cessão e promessa de cessão. Evidentemente, deve ser observado o eixo temático deste estudo, que, nessa parte, é examinar o ITBI incidente sobre imóveis rurais. Como a materialidade alcança não apenas a transmissão de bens imóveis, mas de direitos reais sobre imóveis (exceto os de garantia) e a cessão de direitos de aquisição, são somente os direitos reais que repercutem sobre os imóveis os que interessam.

Maria Helena Diniz leciona que os direitos reais se dividem entre direitos reais sobre coisa própria *(jus in re propria)*, sendo esse o caso da propriedade, e direitos reais sobre coisa alheia *(jus in re aliena)*. Esses, por sua vez, podem ser subdivididos entre direitos reais limitados de gozo ou fruição (enfiteuse, servidões prediais, usufruto, uso, habitação, superfície, concessão de uso especial para fins de moradia e concessão de direito real de uso), direitos reais de garantia (penhor, anticrese, hipoteca e alienação fiduciária em garantia) e direito real de aquisição (compromisso ou promessa irretratável de venda).[373]

Nos direitos reais sobre coisas alheias que recaem sobre o gozo ou fruição, como a servidão, o usufruto, o uso e a habitação, não há domínio útil. E assim acontece porque o que é transferido é o direito de usar e gozar ou então somente usar coisa alheia. Não se cogita de qualquer direito de disposição sobre a coisa, de tal sorte que, sob a ótica da transmissão do direito de propriedade, é incabível o ITBI, podendo ser admitido apenas na modalidade cessão de direitos.[374] Já em relação aos direitos reais de garantia, como o penhor (que só pode ser constituído sobre bens móveis), a anticrese, a hipoteca e alienação fiduciária

---

373. *Curso de direito civil brasileiro*. 30. ed. São Paulo: Saraiva, 2015, v. IV, p. 403-404.

374. MACEDO; José Alberto Oliveira. *ITBI:* aspectos constitucionais e infraconstitucionais. São Paulo: Quartier Latin, 2010, p. 196/198.

em garantia, esses não foram incluídos como passíveis de incidência pelo art. 156, II, da Constituição. O proprietário do bem dá a coisa em garantia de uma dívida, também não havendo disposição sobre a coisa por parte do credor. Em favor do credor é constituída somente uma garantia, e não uma transferência propriamente dita. Portanto, apenas a transferência dos direitos reais de aquisição pode ser vista como hipótese de incidência possível para o ITBI.

Já no que concerne à sujeição passiva, semelhantemente ao ITCMD, o art. 42 do Código Tributário Nacional dá espaço para colher tanto o transmitente, que manifesta capacidade contributiva ao receber o preço, quanto o adquirente, o qual paga pela aquisição da propriedade. No mais das vezes, as legislações municipais elegem o adquirente como contribuinte.

IV.1.2. O critério quantitativo do ITBI: o modo como a base é calculada

O próximo passo na estruturação do arcabouço do ITBI para os fins propostos neste trabalho é passar para o critério quantitativo. E quando se percebe que sua base de cálculo é a mesma prevista para o ITCMD, ou seja, o "valor venal" do bem transmitido – até por ambos encontrarem apoio no art. 38 do Código Tributário Nacional – todas as dúvidas e inquietações manifestadas por ocasião da análise do imposto estadual insinuam reaparecer na investigação do tributo municipal. Parece ser desnecessário recordar aqui tudo o que envolve a "verdade" sobre a mensuração de um imóvel. As ideias desenvolvidas nos trechos anteriores desta investigação bem revelam as dificuldades para se definir o valor de algo, máxime de um imóvel rural.

Há, no entanto, uma diferença importante que deve ser considerada: é que no ITCMD a transmissão se dá ou por uma ocorrência não desejada (a morte), ou por um ato de benevolência (a doação). Nessas circunstâncias, pode-se dizer que o bem transmitido está fora do comércio, não na definição clássica do Direito Civil, como bens inalienáveis por sua natureza (como direitos personalíssimos) ou por imposição legal (patrimônio histórico e cultural), mas sim com outra conotação, como um patrimônio em relação ao qual as partes envolvidas não pretenderam aliená-lo e, portanto, não lhe fixaram o preço. No ITBI é o contrário, na medida em que o alienante promove a transferência por ato oneroso, o que significa dizer que há um valor por ele previamente estipulado como contrapartida à alienação. Ora, esse aspecto, que é crucial, leva o pensamento para outro rumo.

Com efeito, o núcleo da materialidade constitucional do ITBI é a *transmissão* do imóvel *por ato oneroso*. Se essa é a conduta humana catalogada como sujeita ao tributo, sua base de cálculo só pode ser o *valor da transmissão onerosa*. Nesse sentido, a projeção semântica da expressão "valor venal" prevista no CTN pode se ajustar ao "valor da transação onerosa" prevista implicitamente pelo constituinte. Das várias acepções possíveis de "valor venal", em especial aquela que se expressa pelo "valor estimado de mercado", uma transação concreta, com um preço definido pelas partes, preenche adequadamente esse conceito, não sendo desarrazoado admitir que o imposto deva repercutir sobre o preço fixado entre as partes pela transmissão. Ou seja, a exegese deve partir da Constituição para o Código Tributário Nacional, e não no sentido contrário.

A questão controversa, mais uma vez, situa-se nas tais "pautas fiscais". É que, não raro, em vez de aceitar o preço pago pela transmissão do imóvel, o ente tributante exige o tributo sobre bases presumidas de valores, cobrando o imposto projetado em valores estimados dos imóveis. Em poucas palavras: quando o preço informado pelas partes é superior ao valor de pauta, o Fisco o acolhe; todavia, se o preço combinado ficar abaixo da presunção, o Município, sem qualquer elemento de prova, lança o tributo no valor em abstrato, e não na importância concreta. Ao julgar a controvérsia no sistema de recursos repetitivos (Tema 1.113), o Superior Tribunal de Justiça, em acórdão no qual oficiou como Relator o Ministro Gurgel de Faria, decidiu o seguinte:

> TRIBUTÁRIO. RECURSO ESPECIAL REPRESENTATIVO DE CONTROVÉRSIA. IMPOSTO SOBRE TRANSMISSÃO DE BENS IMÓVEIS (ITBI). BASE DE CÁLCULO. VINCULAÇÃO COM IMPOSTO PREDIAL E TERRITORIAL URBANO (IPTU). INEXISTÊNCIA. VALOR VENAL DECLARADO PELO CONTRIBUINTE. PRESUNÇÃO DE VERACIDADE. REVISÃO PELO FISCO. INSTAURAÇÃO DE PROCESSO ADMINISTRATIVO. POSSIBILIDADE. PRÉVIO VALOR DE REFERÊNCIA. ADOÇÃO. INVIABILIDADE.
>
> 1. A jurisprudência pacífica desta Corte Superior é no sentido de que, embora o Código Tributário Nacional estabeleça como base de cálculo do Imposto Predial e Territorial Urbano (IPTU) e do Imposto sobre Transmissão de Bens Imóveis (ITBI) o "valor venal", a apuração desse elemento quantitativo faz-se de formas diversas, notadamente em razão da distinção existente entre os fatos geradores e a modalidade de lançamento desses impostos.
>
> 2. Os arts. 35 e 38 do CTN dispõem, respectivamente, que o fato gerador do ITBI é a transmissão da propriedade ou de direitos reais imobiliários ou a cessão de direitos relativos a tais transmissões e que a base de cálculo do tributo é o "valor venal dos bens ou direitos transmitidos", que corresponde ao valor considerado para as negociações de imóveis em condições normais de mercado.
>
> 3. A possibilidade de dimensionar o valor dos imóveis no mercado, segundo critérios, por exemplo, de localização e tamanho (metragem), não impede que a avaliação de mercado específica de cada imóvel transacionado oscile dentro do parâmetro médio, a depender, por exemplo, da existência de outras circunstâncias igualmente relevantes e legítimas para a determinação do real valor da coisa, como a existência de benfeitorias, o estado de conservação e os interesses pessoais do vendedor e do comprador no ajuste do preço.

4. O ITBI comporta apenas duas modalidades de lançamento originário: por declaração, se a norma local exigir prévio exame das informações do contribuinte pela Administração para a constituição do crédito tributário, ou por homologação, se a legislação municipal disciplinar que caberá ao contribuinte apurar o valor do imposto e efetuar o seu pagamento antecipado sem prévio exame do ente tributante.

5. Os lançamentos por declaração ou por homologação se justificam pelas várias circunstâncias que podem interferir no específico valor de mercado de cada imóvel transacionado, circunstâncias cujo conhecimento integral somente os negociantes têm ou deveriam ter para melhor avaliar o real valor do bem quando da realização do negócio, sendo essa a principal razão da impossibilidade prática da realização do lançamento originário de ofício, ainda que autorizado pelo legislador local, pois o fisco não tem como possuir, previamente, o conhecimento de todas as variáveis determinantes para a composição do valor do imóvel transmitido.

6. Em face do princípio da boa-fé objetiva, o valor da transação declarado pelo contribuinte presume-se condizente com o valor médio de mercado do bem imóvel transacionado, presunção que somente pode ser afastada pelo fisco se esse valor se mostrar, de pronto, incompatível com a realidade, estando, nessa hipótese, justificada a instauração do procedimento próprio para o arbitramento da base de cálculo, em que deve ser assegurado ao contribuinte o contraditório necessário para apresentação das peculiaridades que amparariam o *quantum* informado (art. 148 do CTN).

7. A prévia adoção de um valor de referência pela Administração configura indevido lançamento de ofício do ITBI por mera estimativa e subverte o procedimento instituído no art. 148 do CTN, pois representa arbitramento da base de cálculo sem prévio juízo quanto à fidedignidade da declaração do sujeito passivo.

8. Para o fim preconizado no art. 1.039 do CPC/2015, firmam-se as seguintes teses: a) a base de cálculo do ITBI é o valor do imóvel transmitido em condições normais de mercado, não estando vinculada à base de cálculo do IPTU, que nem sequer pode ser utilizada como piso de tributação; b) o valor da transação declarado pelo contribuinte goza da presunção de que é condizente com o valor de mercado, que somente pode ser afastada pelo fisco mediante a regular instauração de processo administrativo próprio (art. 148 do CTN); c) o Município não pode arbitrar previamente a base de cálculo do ITBI com respaldo em valor de referência por ele estabelecido unilateralmente.

9. Recurso especial parcialmente provido.[375]

A exegese manifestada pelo Tribunal Superior, em linhas gerais, resolve de forma adequada a matéria, ainda que inaugure novas providências a serem tomadas por parte das autoridades fiscais. Nas palavras de Fernando Facury Scaff, "está correta a lógica exposta, que parte da concepção de que uma coisa é o valor da *transação*, outra é o valor do *bem*".[376]

De fato, há de se observar que, no ITBI, o critério material é transmitir (verbo) bem imóvel por ato oneroso (complemento). Na medida em que existe um preço definido pelas partes, não pode o Fisco presumir, via prova negativa (também conhecida como "prova diabólica"), que o valor do negócio não foi aquele, instando o contribuinte a provar qual seria o preço *que não aquele* constante do documento firmado entre as partes, em um silogismo inaceitável. Isso tudo fica muito robustecido dado que, no ITBI, geralmente o lançamento é por declaração (art. 147 do CTN), de maneira que cabe ao contribuinte exibir os documentos comprobatórios da operação e ao Fisco promover o lançamento. Se o contribuinte cumpre sua parte, não pode o Fisco – *salvo fundadas suspeitas de que o valor real praticado pelos envolvidos não foi aquele, o que deve ser provado pelo agente público* – deixar de cumprir a sua. Daí por que Ricardo Mariz de Oliveira, com razão, esclarece que "se o negócio for realizado por preço diverso do mercado, mas determinado em razão das peculiaridades objetivas e pessoais referidas pelo próprio acórdão, esta deve prevalecer como base de cálculo do ITBI".[377]

---

375. REsp 1.937.821. 1ª Seção. Rel. Min. Gurgel de Faria. *DJe* 03.03.2022.

376. O debate sobre o valor venal como base de cálculo do ITBI e do IPTU (com destaques no original). Disponível em: https://www.conjur.com.br/2022-dez-12/justica-tributaria-valor-venal-base-calculo-itbi-iptu/.

377. Base de cálculo do IPTU e do ITBI (e do ITCMD). Base de cálculo do IPTU e do ITBI (e do ITCMD). *Revista de Direito Tributário Atual*, São Paulo: IBDT, nº 50, ano 40, p. 559, 1º quadr. 2022.

Para encerrar, cabem breves palavras sobre as alíquotas. Diferentemente do ITCMD (que tem alíquotas definidas no âmbito nacional por ato normativo do Senado), no ITBI não há esses parâmetros, sendo cada Município, em princípio, livre para calibrar a carga fiscal. Na maioria dos entes municipais as alíquotas giram entre 2% e 3% do valor da operação.

IV.1.3. Contornos da imunidade tributária no ITBI

Outra questão importante a ser considerada no ITBI diz respeito à imunidade prevista pelo constituinte para determinadas operações. Na forma do art. 156, § 2º, I, da Carta da República, o imposto *"não incide"* – é essa a mensagem clara do constituinte – "sobre a transmissão de bens ou direitos incorporados ao patrimônio de pessoa jurídica em realização de capital, nem sobre a transmissão de bens ou direitos decorrente de fusão, incorporação, cisão ou extinção de pessoa jurídica, salvo se, nesses casos, a atividade preponderante do adquirente for a compra e venda desses bens ou direitos, locação de bens imóveis ou arrendamento mercantil".

Até o mês de agosto de 2020, essa imunidade não suscitava maiores discussões. Pelo teor do dispositivo, se alguém tivesse um imóvel e fizesse a transmissão desse bem para o patrimônio de uma pessoa jurídica "em realização de capital", ou ainda se houvesse transmissão do imóvel em virtude de fusão, incorporação, cisão ou extinção de pessoa jurídica, não poderia o Município exigir o ITBI, por força da imunidade. Tratava-se, pois, de uma hipótese de *incompetência tributária*, estando fora do campo legislativo e administrativo municipal – ao menos, era isso o que se acreditava. A única ressalva feita pelo constituinte para não aplicação da imunidade era a de que, acaso a atividade preponderante do adquirente fosse compra e venda, locação de imóveis ou arrendamento mercantil, aí o Município poderia prever o imposto.

Entretanto, o Supremo, em plenário virtual, ao julgar o Tema 796, decidiu que "a imunidade em relação ao ITBI, prevista no inciso I do § 2º do art. 156 da Constituição Federal, não alcança o valor dos bens que exceder o limite do capital social a ser integralizado".[378] A partir desse julgado, os Municípios passaram a entender que a Corte Suprema teria avalizado a exegese no sentido de que até o valor contábil do bem há de ser respeitada a imunidade; todavia, sobre a diferença entre o valor contábil e o valor de mercado, haveria base de cálculo legítima que comportaria a incidência do tributo.

Essa operação é bastante relevante para o agro, pois, como já demonstrado no capítulo anterior, cada vez mais empresas rurais vêm sendo constituídas. E geralmente o capital social é integralizado com a própria fazenda da família. Diante desse quadro, o estudo dessa imunidade merece ser aprofundado, o que será feito em subtópico próprio mais adiante.

IV.2. O ITBI E O AGRONEGÓCIO

É chegado o momento de averiguar de que maneira os contornos gerais do ITBI lançam-se sobre as transações envolvendo os imóveis rurais e quais são as adaptações que o próprio sistema jurídico exige. Como salientado antes, é preciso reconhecer que o ITBI em si mesmo está a demandar análises mais rebuscadas, observações mais refinadas, sobretudo pelo inegável efeito que o Direito Civil provoca na definição propriamente dita de sua materialidade, de seu critério temporal e de sua base de cálculo.

378. RE 796.376. Tribunal Pleno. Rel. Min. Marco Aurélio. Rel. p/ acórdão Min. Alexandre de Moraes. DJe 25.08.2020.

Compreender melhor qual a extensão de atos jurídicos suscetíveis ao imposto, quando eles se consideram ocorridos e quais grandezas podem ser computadas é algo que diz de perto com a intimidade mesma do tributo, recomendando esses aprofundamentos.

Ora, se há incertezas no ITBI exigido sobre imóveis urbanos, o que falar do imposto cobrado sobre fazendas? Uma eventual diferença no cálculo do valor do tributo na negociação de uma casa ou de um apartamento pode vir a ser relevante em algumas circunstâncias, mas, em geral, não causa maiores impactos. Isso porque há balizas aproximadas para se chegar à mensuração a ser feita sobre os imóveis urbanos, seja pelos dados cadastrais da Prefeitura, seja porque os dados comparativos de imóveis similares à venda são mais numerosos.

Entretanto, como as transações com fazendas movimentam importâncias bastante expressivas e como cada propriedade rural tem suas individualidades a serem consideradas, *o ITBI assume um protagonismo para o agronegócio que talvez não tenha para o segmento urbano*, não só pelos valores em si, como também porque dizer o que pode e o que não pode entrar na fórmula de cálculo e quais são os critérios válidos para quantificação são tarefas imprescindíveis, mas ainda obscuras, tudo a reforçar a convicção de que se tributa em um ambiente de limbo jurídico. Investigar, com afinco, os desdobramentos cabíveis no que concerne ao ITBI genuinamente exigível na comercialização de imóveis rurais mostra-se não só uma providência útil para o cotidiano rural, como, de igual modo, a fixação de mais uma diretriz teórica, lapidada pela ciência, a ser respeitada pelas entidades tributantes.

IV.2.1. Fixação do critério material: "transmissão onerosa" de "bem imóvel rural"

Já foi falado, mais de uma vez, que os vetores prescritos pelo constituinte sobre a tributação de imóveis acabam por se entrelaçar, não a ponto de causar conflitos de competência, mas, ao menos, para que um tributo auxilie na demarcação do outro. A tributação da propriedade de imóveis estaticamente considerada leva ao aparte da seguinte forma: se imóvel rural, o imposto é federal (ainda que exista a possibilidade de fiscalização municipal), via ITR, e seu critério quantitativo só pode recolher o valor da terra nua (imóvel por natureza), o que é feito pelo lançamento por homologação; se o imóvel é urbano, o tributo é municipal, por meio do IPTU, podendo repercutir sobre o solo (imóvel por natureza) e sobre as construções (imóvel por acessão física), por intermédio de lançamento de ofício. Trata-se de um fator de divisão entre duas possibilidades apenas, que deve tomar por parâmetro somente o dado físico da localização do imóvel – a despeito do entendimento diverso do STJ.[379] Na hipótese de transmissão da propriedade, independentemente se o imóvel é urbano ou rural, se houver transmissão por herança ou por doação abre-se caminho para o ITCMD sobre quaisquer bens, de competência estadual e cujo lançamento pode ser por declaração ou homologação, enquanto se a transmissão for onerosa de bens imóveis especificamente tem espaço o ITBI, a cargo dos Municípios, constituído por lançamento por declaração.

Pois bem, mas qual a pertinência dessas lembranças? Essa mistura normativa indica algumas variáveis a serem ponderadas: (i) a causa jurídica do tributo (propriedade, transmissão por herança ou por doação ou transmissão por ato oneroso); (ii) a extensão da materialidade (apenas terra

379. Nesse sentido: LOUBET, Leonardo Furtado. *Tributação federal no agronegócio*. 2. ed. São Paulo: Noeses, 2022, p. 467/476.

nua, solo e construções ou quaisquer bens); (iii) e a forma de apuração (pelo Fisco previamente, ou seja, via lançamento de ofício; pelo Fisco quando provocado pelo contribuinte, isto é, pelo lançamento por declaração; ou pelo contribuinte com a possibilidade de atuação pelo Fisco posteriormente, no lançamento por homologação). Tudo isso entra em jogo e viabiliza que o raciocínio possa ser estruturado promovendo essas comparações, de tal sorte que, respeitados os marcos normativos de cada tributo, as linhas diretivas levantadas para um possam servir de ferramenta potente para controle de validade do outro.

No caso do ITBI, os verbos que conotam a realização da hipótese de incidência são "transmitir" e "ceder". Só a transmissão ou a cessão podem, inicialmente, dar ensejo ao imposto, e não "ser", "doar" ou "emprestar". O complemento verbal de "transmitir" é "entre vivos bens imóveis, por natureza ou acessão física, através de ato oneroso, a qualquer título". Como se vê, não é a transmissão de qualquer bem, mas somente de bens imóveis, aí sim estando explicitado pela Constituição suas duas categorias, a saber, imóvel por natureza ou por acessão física. Não só isso, também "transmitir" (verbo) "direitos reais sobre imóveis, exceto os de garantia" (complemento) está acomodado na faixa possível de incidência. A terceira modalidade é "ceder" (verbo) "os direitos à aquisição de bens imóveis" (complemento), viabilizando a futura transferência da propriedade.[380]

Olhando apenas para os caracteres que envolvem a materialidade que aqui se propõe a analisar, os quais irão se projetar na base de cálculo, o que desponta como relevante são a "transmissão onerosa" e o delineamento do que comporta a expressão "bem imóvel rural". E ao regressar nos elementos de comparação do ITR, do ITCMD e do

380. BARRETO, Aires Fernandino. *Curso de direito tributário municipal*. São Paulo: Saraiva, 2009, p. 281.

IPTU, o ITBI-fazendas aproxima-se do ITR, porque incide sobre imóveis rurais, mas dele se distancia pelo fato de que neste o critério material e a base de cálculo gravam apenas a propriedade *territorial* rural, projetada sobre o valor da terra nua, enquanto naquele é o imóvel rural como um todo (inclusive, pois, o imóvel por acessão física).

Outra diferença importante é que no ITR, nas localidades onde a fiscalização é exercida pelos Municípios (o que ocorre na maior parte onde o agro é pujante), esses entes federados preparam pautas de valores para o SIPT (sistema integrado de preços de terras), mas é o contribuinte que constitui o crédito tributário, via lançamento por homologação. Já em relação ao IPTU as similitudes estão na circunstância de que ambos são impostos municipais, também incidem tanto sobre o imóvel por natureza (solo), quanto por acessão física (edificações) e para os dois o CTN prevê o "valor venal" como base de cálculo.

No entanto, no IPTU o imposto é lançado de ofício por plantas genéricas de valores, sendo certo que no ITBI deve-se tomar como parâmetro o valor da transação, o qual é submetido ao Município pelo lançamento por declaração, a despeito de os Municípios sempre insistirem nas suas pautas, as quais não coincidem com as do IPTU, porque são pautas de imóveis rurais.

Quanto ao ITCMD, apesar do complemento do verbo ser mais restrito ("transmitir" e "por herança ou por doação"), diferentemente do ITBI, que envolve a transmissão entre vivos por qualquer ato oneroso, o *complemento do complemento do verbo* no ITCMD é bem mais amplo, compreendendo *"quaisquer bens ou direitos"*, o que se instrumentaliza pelo lançamento por declaração ou por homologação, ao passo que no ITBI o que deve ser enfocado é apenas o bem imóvel, via lançamento por declaração.

Esse percurso mostra que, para o aprofundamento do ITBI-fazendas, devem ser devidamente esquadrinhados esses conceitos: (i) "transmissão onerosa, a qualquer título"; (ii) "bens imóveis rurais, por natureza ou acessão física"; (iii) "direitos reais sobre imóveis rurais, exceto os de garantia"; (iv) e "cessão de direitos à aquisição de imóveis rurais".

IV.2.1.1. A transmissão do direito de propriedade e a transmissão de outros direitos: um tema em aberto no Supremo Tribunal Federal

Por ocasião da exposição dos atributos gerais do ITBI, crê-se que ficou satisfatoriamente demonstrado que o cerne, o núcleo da hipótese de incidência é a transmissão onerosa. Por ato oneroso há de se entender o negócio jurídico por intermédio do qual o alienante recebe uma contrapartida econômica do adquirente. Contrapondo-se esse conceito ao de ato de liberalidade, fica mais fácil perceber que, quando há liberalidade, há uma transferência gratuita, graciosa, por isso mesmo não onerosa, vale dizer, sem que o adquirente tenha que pagar ou de alguma forma oferecer uma vantagem econômica ao alienante. No ato oneroso, no entanto, é da sua essência que se trate de ato bilateral, que haja a transferência desde que exista um retorno avaliável economicamente ao transmitente.

Essa onerosidade não está atrelada apenas a um pagamento em dinheiro, ou mesmo a um contrato de compra e venda somente. A notação marcada pelo pronome indefinido lançado no enunciado constitucional – transmissão onerosa a "*qualquer*" título – induz à conclusão de que não é importante a modalidade de ato oneroso, e sim apenas que seja uma transferência ocasionada por um ato oneroso. Portanto, o contrato de compra e venda preenche esse termo, mas não só ele, uma dação em pagamento ou uma cessão de crédito onerosa também. Não se está a dizer que a assinatura de um contrato é "fato gerador" do imposto.

Até aqui, o que importa é registrar o há de ser entendido por "ato oneroso a qualquer título".

Havendo um ato jurídico por intermédio do qual haja transmissão onerosa de bem imóvel rural é o que basta para se pensar no ITBI. E é nesse espaço que o tema ganha em relevância: a transmissão de um imóvel, segundo o Código Civil, só se dá pelo registro do título translativo perante o Cartório de Registro de Imóveis (art. 1.245). Ora, se não há transferência de propriedade no Cartório, não haveria que se cogitar de ITBI. Vale dizer, a *"transmissão"* entre vivos por ato oneroso, a qualquer título, *"de bens imóveis"* só se instrumentaliza, só ocorre com a mudança de titularidade na matrícula; antes disso, não há transmissão e, portanto, o imposto estaria afastado. É somente dessa forma solene que há transmissão do direito de propriedade, aí incluídas as fazendas.

Justamente por essa razão, o Supremo Tribunal Federal chegou a julgar o Tema 1.124, cuja ementa é a seguinte: "incidência do imposto de transmissão de bens imóveis (ITBI) na cessão de direitos de compra e venda, ausente a transferência de propriedade pelo registro imobiliário". E então a Corte proferiu a seguinte decisão:

> RECURSO EXTRAORDINÁRIO COM AGRAVO. TRIBUTÁRIO. MANDADO DE SEGURANÇA. IMPOSTO SOBRE TRANSMISSÃO DE BENS IMÓVEIS – ITBI. FATO GERADOR. COBRANÇA DO TRIBUTO SOBRE CESSÃO DE DIREITOS. IMPOSSIBILIDADE. EXIGÊNCIA DA TRANSFERÊNCIA EFETIVA DA PROPRIEDADE IMOBILIÁRIA MEDIANTE REGISTRO EM CARTÓRIO. PRECEDENTES. MULTIPLICIDADE DE RECURSOS EXTRAORDINÁRIOS. ENTENDIMENTO CONSOLIDADO NA JURISPRUDÊNCIA DO SUPREMO TRIBUNAL FEDERAL. CONTROVÉRSIA CONSTITUCIONAL DOTADA DE REPERCUSSÃO GERAL. REAFIRMAÇÃO DA JURISPRUDÊNCIA DO SUPREMO TRIBUNAL FEDERAL. AGRAVO CONHECIDO. RECURSO EXTRAORDINÁRIO DESPROVIDO.[381]

381. ARE 1.294.969-RG. Tribunal Pleno. Rel. Min. Presidente. *DJe* 19.02.2021.

Houve interposição de um primeiro recurso de embargos de declaração pelo ente municipal, o qual foi desprovido. Aportou, porém, um segundo recurso, e o Supremo o proveu, "para se reconhecer a existência de matéria constitucional no Tema nº 1.124 e de sua repercussão geral, sem, no entanto, se reafirmar jurisprudência". Seguindo o voto divergente do Ministro Dias Toffoli, o Tribunal, por maioria, concordou que a terceira faixa de incidência do ITBI – a cessão de direitos relativos à aquisição – merece ser enfrentada, estando o tema em aberto. Eis o que afirmou Sua Excelência:

> Há, nesse dispositivo constitucional, três hipóteses para a cobrança da exação, as duas primeiras relacionadas com a palavra transmissão e a última – na qual se enquadraria o presente feito – com o verbete cessão. Afora isso, nos julgados mais recentes da Corte, não houve debate aprofundado sobre aquela última hipótese de incidência, sendo certo que os precedentes utilizados como jurisprudência no acórdão ora embargado trataram de hipótese diversa, concernente à primeira parte do inciso II daquele artigo, qual seja, transmissão de bens imóveis.
>
> (...)
>
> Outrossim, considero que a tese fixada ('O fato gerador do imposto sobre transmissão *inter vivos* de bens imóveis (ITBI) somente ocorre com a efetiva transferência da propriedade imobiliária, que se dá mediante o registro', grifo nosso) não abrange a hipótese discutida nos autos, que versa sobre cessão de direitos. Por fim, ressalto que, mesmo na hipótese da primeira parte do inciso II do art. 156 da Constituição Federal, não há precedente firmado em sede de repercussão geral, o que evidencia a necessidade de o Tribunal Pleno se debruçar, com profundidade, a respeito do exato alcance das diversas situações a que se refere o mencionado dispositivo, mormente quanto à relevante discussão a respeito da cobrança do ITBI sobre cessão de direitos relativos à aquisição de imóvel.
>
> (...)
>
> Como se vê, o próprio histórico é expresso no sentido de que a terceira hipótese de incidência do ITBI prevista no atual art. 156, inciso II, da Constituição Cidadã, isso é, aquela que se refere à 'cessão de direitos a sua aquisição', é juridicamente distinta da

> hipótese de transmissão de propriedade imobiliária. O Tribunal Pleno, contudo, fixou a tese de que '[o] fato gerador do imposto sobre transmissão *inter vivos* de bens imóveis (ITBI) somente ocorre com a efetiva transferência da propriedade imobiliária, que se dá mediante o registro'. O ITBI, repito, não tem por fato gerador apenas a transferência da propriedade imobiliária. Há outras hipóteses, como a da cessão de direitos a sua aquisição.[382]

A ressalva é pertinente. A materialidade prevista no âmbito constitucional não abrange apenas a "transmissão onerosa de bens imóveis", mas abarca também a "transmissão de direitos reais sobre imóveis, exceto os de garantia" e a "cessão de direitos a sua aquisição". Se fosse somente a transmissão de bens imóveis, a hipótese de incidência seria considerada ocorrida apenas quando houvesse alteração do direito de propriedade do imóvel rural, mediante ato solene no Cartório de Registro de Imóveis. Todavia, a transmissão de direitos reais e a cessão de direitos aquisitivos igualmente foram possibilidades contempladas no preceito constitucional. A intenção clara foi a de coibir sucessivas alienações por atos particulares sem pagamento do imposto, postergando o registro da mudança de titularidade na matrícula. Apesar disso, o controle desses atos pelo ente estatal é deveras complicado para fins de se cobrar o tributo.

Por exemplo, nas promessas irretratáveis de compra e venda, o promitente-comprador tem a expectativa de direitos de que será proprietário do imóvel, tão logo cumpra sua parte na negociação. Basta ver que o art. 1.225, VII, do Código Civil classifica "o direito do promitente comprador do imóvel" como um direito real. Contudo, a transmissão efetiva da propriedade só se dará mediante o registro em Cartório do título respectivo, ou então de sentença judicial oriunda de adjudicação compulsória. Vale lembrar o comando do art. 1.227 do Código: "Os direitos reais sobre

382. ARE 1.294.969-ED-ED. Tribunal Pleno. Rel. Min. Luiz Fux. Rel. p/ acórdão Min. Dias Toffoli. *DJe* 16.09.2022.

imóveis constituídos, ou transmitidos por atos entre vivos, só se adquirem com o registro no Cartório de Registro de Imóveis dos referidos títulos (arts. 1.245 a 1.247), salvo os casos expressos neste Código".

Definir, portanto, de que forma a cessão de direitos aquisitivos ou de direitos reais pode ser fato jurídico tributário é bastante difícil, até mesmo porque somente a transferência dos direitos reais ou a cessão dos direitos de aquisição que podem ser alcançadas pelo imposto, e não a promessa de cessão, como usualmente se passa nos contratos particulares.

IV.2.1.2. O momento da transmissão: o contrato particular, a escritura pública e sua averbação à margem da matrícula

Uma consequência direta do raciocínio desenvolvido no subtópico anterior é a fixação do critério temporal do ITBI incidente sobre fazendas. A simples assinatura de um contrato particular não tem o condão, não tem força suficiente para levar à transmissão da propriedade. Nos negócios envolvendo imóveis rurais isso se dá, especialmente, pelo fato de que o mais comum é que o pagamento seja desmembrado em parcelas anuais – até mesmo porque, se for para pagamento à vista, aí as partes firmam a transação diretamente no Cartório, com a quitação do preço mediante a lavratura da escritura a ser levada a registro na matrícula. Portanto, mesmo que o Fisco tome conhecimento do contrato particular, não é essa a prova bastante para se dizer que ocorreu o fato jurídico tributário do ITBI-imóveis rurais.

Por outro lado, acaso lavrada a escritura pública que servirá como título a ser levado no Cartório de Registro de Imóveis, aí sim estará presente uma hipótese realizável do ITBI. Com efeito, mesmo que a escritura pública de transmissão dos direitos de propriedade lavrada no Tabelionato de Notas não configure, para fins solenes, a transmissão do direito de propriedade em si – o que só ocorre com seu registro à margem da matrícula no Cartório de Imóveis – a escritura firmada pelas partes configura em tudo e por tudo a transmissão do direito real de aquisição para o promitente-comprador, que, com esse documento em mãos, bastará levá-lo ao Registro de Imóveis para que sejam realizados os trâmites necessários a fim de que a mudança de titularidade ocorra. Não há ilegalidade alguma, pois, na exigência do ITBI por ocasião da escritura pública. Se a materialidade do ITBI fosse restrita à transmissão do direito de propriedade de bem imóvel, aí sim não se poderia exigir o imposto nessa etapa.

Já quanto ao registro da escritura na matrícula, nessa hipótese não há o que discutir, é o momento de transferência formal do direito de propriedade de um imóvel, de maneira que o ITBI pode e deve ser cobrado nessa hipótese. Apenas uma ressalva: não em duplicidade, ou seja, se o ITBI já foi recolhido na lavratura da escritura, não cabe novo pagamento quando do registro na matrícula.

IV.2.1.3. O georreferenciamento do imóvel rural e a inexigibilidade de uma complementação de ITBI a cobrar

Mais um desdobramento relevante na análise do critério material do ITBI voltado à projeção que onera os imóveis rurais gira em torno do georreferenciamento. Desde a Lei 10.267/01, o sistema normativo passou a exigir que as propriedades rurais fossem submetidas ao processo vinculado ao Sistema Geodésico Brasileiro, para fins de identificação de suas coordenadas precisas de localização, através de imagens de satélites. O objetivo foi instituir um grandioso conjunto de dados, de maneira a evitar sobreposição de áreas, a identificar imóveis que descumprem as exigências ambientais e também os que não atendem sua função social, viabilizando a reforma agrária. Tratou-se de política pública revolucionária, sendo certo que, até sua efetiva implantação, houve um transcurso longo de tempo. Nada obstante, é seguro afirmar que hoje praticamente todas as propriedades rurais brasileiras estão georreferenciadas.[383]

Pois bem, e qual a relação desse fenômeno com a tributação? Ora, como mencionado em outro trecho deste estudo, os fatos se conectam, se inter-relacionam, vão se imbricando até aparecerem nos debates fiscais. Na medida em que os imóveis rurais passaram pelo georreferenciamento, milhares de propriedades tiveram seus registros imobiliários modificados, porque os levantamentos topográficos a campo promovidos no passado não coincidiram com as imagens de satélites, as quais são vinculadas a marcadores tecnológicos mais precisos, que demonstram qual é e onde fica exatamente a propriedade rural. Com isso, não foram poucos os casos em que se constatou ou uma *falta* ou um *excesso* de área, quando confrontados os dados com as informações da matrícula. Ou seja, ou a fazenda era menor do que se imaginava, ou maior do que projetada antes.

Nas situações em que as imagens dão conta de que a fazenda é maior do que o que se pressupunha, vários Municípios se posicionaram no sentido de que seria cabível uma complementação de ITBI, seja olhando para a aquisição feita pelo proprietário constante na matrícula no momento em que o georreferenciamento foi concluído, seja, o que foi mais comum, quando a transmissão da propriedade no Cartório estava condicionada à conclusão do geo. De acordo com as autoridades fiscais, se o imóvel é maior do que as partes previam, o ITBI haveria de ser maior também.

A tese, todavia, não tem sustentação. Em primeiro lugar, é curioso perceber que Município algum cogitou restituir o ITBI, nos casos em que o geo mostrou que o tamanho

383. CHIAVARI, Joana; LOPES, Cristina Leme. Sistema registral brasileiro e os diferentes cadastros rurais. *In:* PARRA, Rafaela Aiex (org.). *Direito aplicado ao agronegócio:* uma abordagem multidisciplinar. Londrina: Thoth, 2018, p. 205/227.

da fazenda era menor, em comparação com os números da matrícula. Independentemente disso, mesmo que o georreferenciamento conclua que o imóvel é maior, levando a uma retificação das informações na matrícula, nem por isso há de se cogitar da incidência do imposto. E assim se afirma porque o núcleo da hipótese de incidência é a *transmissão* onerosa de bens imóveis, vale dizer, o negócio jurídico firmado entre as partes pelo qual o alienante transfere o bem ao adquirente, mediante uma contrapartida. Uma vez celebrado o contrato, eventual retificação dos dados cadastrais por força de processo tecnológico *não configura um novo negócio jurídico,* de tal maneira que, justamente por esse motivo, não há que se falar em novo ITBI. Trata-se de uma adequação formal à situação fática existente. É nesse sentido, inclusive, o entendimento do Tribunal de Justiça de Minas Gerais.[384]

A única hipótese em que se poderia cogitar de eventual complemento de ITBI é aquela em que as próprias partes previram que, acaso o geo viesse a indicar que haveria um excesso de área, o comprador ficaria obrigado a complementar o preço, via cláusula *ad mensuram,* e não *ad corpus.* Não é demais lembrar o que essas cláusulas significam. A *ad mensuram* pressupõe que as partes tenham negociado uma exata extensão de terras. Já na *ad corpus,* o intuito é o de "vender e comprar coisa certa e discriminada, na forma

---

384. "RECURSO ADMINISTRATIVO – AVERBAÇÃO DE GEORREFERENCIAMENTO – ÁREA REAL SUPERIOR À CONSTANTE NA MATRÍCULA – INSTAURAÇÃO DE PRÉVIO PROCEDIMENTO DE RETIFICAÇÃO DE ÁREA – DESNECESSIDADE – INCIDÊNCIA DE ITBI SOBRE A ÁREA ACRESCIDA – AUSÊNCIA DE FATO GERADOR DO IMPOSTO – ADEQUAÇÃO DA ÁREA DO IMÓVEL À SITUAÇÃO FÁTICA – PROVIMENTO DO RECURSO ADMINISTRATIVO. (...) Não incide ITBI sobre a área de imóvel rural que exceda àquela constante em sua matrícula, apurada em georreferenciamento, desde que intramuros, por não configurar transmissão de propriedade, por ato oneroso, *inter vivos*" (Recurso Administrativo nº 1211459-34.2018.8.13.0000 – nº 1.0000.18.121145-9/00. Rel. Des. Wilson Benevides. *DJe* 02.08.2019).

que existe objetivamente, sem que a circunstância de ter uma outra extensão constitua motivo de maior relevo".[385]

Ou seja, como o imposto tem que incidir sobre o valor do negócio, se o preço foi alterado, aí, por coerência, a base de cálculo também se altera. Mas apenas nessa hipótese específica.

IV.2.1.4. As benfeitorias da fazenda, sua inclusão ou não no conceito de "imóvel rural" e a peculiar situação das florestas plantadas

Para fechar essa parte da investigação, a derradeira análise diz respeito ao que pode ser incluído na classe da hipótese de incidência do ITBI. São vários conceitos que gravitam sobre esse imposto: "transmissão entre vivos", "ato oneroso a qualquer título", "direitos reais" e "cessão de direitos aquisitivos". Todos eles, no entanto, estão conectados a um tipo de objeto: *os bens imóveis, por natureza ou acessão física.*

Transportando essas ideias para a realidade rural, mais uma vez o intérprete é levado a pensar sobre tudo o que normalmente existe em uma fazenda. Esse raciocínio foi desenvolvido no capítulo anterior, quando do exame do ITCMD, tendo lá ficado demonstrado que o acervo nesse segmento econômico compreende (i) as benfeitorias físicas *sobre* o solo (mangueiros, cercas, etc.); (ii) as máquinas, implementos agrícolas e demais utensílios (tratores, colheitadeiras etc.); (iii) os animais (equinos, bovinos, suínos etc.) ; (iv) as construções (sede, casas de funcionários, armazéns etc.); (v) as benfeitorias *sob* o solo (corretivos de solo, fertilizantes etc.); (vi) as plantações (lavouras de soja, de milho etc.); (vii) e as terras produtivas propriamente ditas.

---

385. RODRIGUES, Sílvio. *Direito Civil.* Dos contratos e das declarações unilaterais de vontade. 28. ed. São Paulo: Saraiva, 2002, v. 3. p. 164-165.

Não é chegada a hora ainda de se passar à quantificação cabível no ITBI. O intuito aqui é apenas deixar demarcado quais desses bens podem ser alcançados pelo tributo, em uma negociação concreta. Afinal, existem transações nas quais as partes firmam o negócio mediante "porteira fechada", isto é, com tudo o que existe na propriedade no momento da celebração da compra (embora essas operações sejam mais incomuns); ou então o ajuste recai apenas sobre as terras e suas benfeitorias fixas.

De cara, podem ser descartados (ii) as máquinas, implementos agrícolas e demais utensílios e (iii) os animais. Como esses são bens móveis, eles estão fora da hipótese de incidência possível do ITBI. Ou seja, mesmo que incluídos na transação, não poderão ser inseridos como suscetíveis ao imposto municipal. Já quanto aos demais, a resposta demanda a exploração do direito posto, em especial no âmbito da legislação privada, que cuida dessas categorias normativas. O supracitado art. 79 do Código Civil prescreve que "são bens imóveis o solo e tudo quanto se lhe incorporar natural ou artificialmente", no que é complementado pelo art. 81, I, de acordo com o qual "não perdem o caráter de imóveis: I – as edificações que, separadas do solo, mas conservando a sua unidade, forem removidas para outro local". O art. 1.248, por sua vez, ao tratar da "aquisição por acessão", considera em seu rol a acessão "por plantações ou construções". Como leciona Carvalho Santos, "acessão é o modo originário de adquirir em virtude do qual fica pertencendo ao proprietário tudo quanto se une ou incorpora ao seu bem", razão pela qual "a acessão pressupõe, assim, uma coisa principal, já da propriedade de alguém, e uma coisa acessória, que veio unir-se ou aderir àquela, embora não tivesse dono ou já fôsse de outrem".[386]

386.CARVALHO SANTOS, João Manuel de. *Código Civil brasileiro interpretado, principalmente do ponto de vista prático por J. M. de Carvalho Santos.* Direito das sucessões (arts. 485-553). 10. ed. Rio de Janeiro: Freitas Bastos, 1984. v. VII, p. 356.

Diante desse cenário, em princípio o que forma o conjunto patrimonial caracterizado como bens imóveis por natureza ou acessão física são (i) as benfeitorias físicas agregadas *sobre* o solo, como currais e cercas, (iv) as construções, a exemplo da sede da fazenda, do conjunto de casas de funcionários e os armazéns, (v) as benfeitorias lançadas *sob* o solo, como corretivos de solo e fertilizantes, (vi) as plantações, como lavouras e florestas plantadas, (vii) e as terras em si mesmas. Apenas estruturas removíveis, desmontáveis, não podem ser consideradas.

Surge, então, a peculiar situação envolvendo as florestas plantadas com finalidade de corte futuro, como um ativo florestal. Noutras palavras, se alguém vende uma fazenda e se sobre ela há árvores plantadas com finalidade de futura extração da madeira, é possível considerar esse bem como um imóvel para fins de ITBI? A resposta é positiva. Se a materialidade constitucional alberga não só o imóvel por natureza, mas também por acessão física, tudo aquilo que está incorporado ao solo está dentro da competência do Município. Não há diferença entre a sede da fazenda, as casas de funcionários, barracões, armazéns, galpões, currais e a floresta plantada.

Poder-se-ia dizer que todos os demais bens são construções fixas, que não serão em momento algum retiradas, diferentemente das árvores com finalidade de corte. A despeito disso, o fato é que a floresta é tratada pelo ordenamento jurídico como um bem imóvel, de maneira que, na alienação da fazenda, pode ser classificada como tal pelo Fisco. Trata-se de um bem imóvel por acessão física, porque está incorporado ao solo. Se fosse bem móvel, aí se poderia cogitar de ICMS, o que não é correto. O art. 43, I, do Código Civil de 1916, inclusive, estabelecia que se consideravam bens imóveis o solo com os seus acessórios e adjacências naturais, "compreendendo as árvores e frutos pendentes", o espaço aéreo e o subsolo. Não só isso, o art.

1.248, V, do Código em vigor prevê, de forma expressa, as "plantações" como acessão. E dado que são bens imóveis o solo "e tudo quanto se lhe incorporar natural ou artificialmente" (art. 79), a floresta plantada se enquadra no conceito de bem imóvel, podendo, portanto, ser quantificada para fins de ITBI. Há entendimento jurisprudencial no sentido de que as florestas seriam *bens móveis por antecipação*, não se submetendo ao ITBI, mas se sujeitando, por outro lado, ao ICMS.[387] Pelas razões já expostas na análise do imposto estadual, não é essa a interpretação defendida nesta obra.

A única possibilidade para que no ITBI não sejam computadas as florestas plantadas é se o alienante comprovar que a floresta não lhe pertence. Com efeito, a questão não está no enquadramento das árvores como bens móveis ou imóveis; são bens imóveis, até porque os móveis são aqueles "suscetíveis de movimento próprio, ou de remoção por força alheia, sem alteração da substância ou da destinação econômico-social" (art. 82, CC), daí seu afastamento do regime jurídico dos bens móveis. A dimensão do problema é outra: deve-se fazer a necessária distinção entre o imóvel rural e sua exploração econômica. Se o produtor plantou a floresta e se, antes do ponto de corte, ele decide fazer a venda da fazenda, parece possível ao Fisco Municipal considerar todos os bens imóveis ali existentes, não só o solo, como os imóveis por acessão física, como as florestas plantadas com intuito econômico.

Contudo, se o produtor cedeu a posse das terras a outrem, seja por um contrato de arrendamento, de parceria rural ou mesmo de exploração do direito de superfície, nos moldes disciplinados pelo art. 1.369 do Código Civil, as

---

387. "ITBI. Base de cálculo. Ativos Florestais. Bem móvel destacável e distinto do imóvel objeto da alienação a ser tributado. Bens móveis por antecipação. Não inclusão na base de cálculo do valor do imposto. Recurso não provido" (Tribunal de Justiça de São Paulo. Apelação nº 0000964-29.2012.8.26.0145. 15ª Câmara de Direito Público. Rel. Des. Fortes Muniz. J. 05.04.2016).

árvores ali plantadas não são de sua propriedade, o que significa dizer que não poderão ser computadas no ITBI. Com efeito, "o proprietário pode conceder a outrem o direito de construir ou de plantar em seu terreno, por tempo determinado, mediante escritura pública devidamente registrada no Cartório de Registro de Imóveis", é o que estabelece a lei acerca da superfície. Esse contrato pode ser gratuito ou oneroso, sendo certo que, em caso de alienação do imóvel, o superficiário tem direito de preferência (art. 1.373, CC).

Ora, parece claro que, nessa hipótese, o superficiário não vai "comprar" a floresta que já é de sua propriedade, mas apenas a terra nua e os demais bens que guarnecem o imóvel rural. Mesmo que o superficiário não exerça o direito de preferência, o futuro adquirente terá que respeitar o contrato, reconhecendo que a floresta pertence a quem a plantou, e não ao alienante. Nessa circunstância específica o ITBI não poderá ser cobrado na operação sobre a floresta plantada.

IV.2.2. A grandeza tributável para fins de ITBI sobre o imóvel rural

Ainda que os aspectos que dialogam com o critério material do ITBI-fazendas sejam relevantes (e eles, de fato, o são), sem dúvida é sobre a base de cálculo que se encontram os maiores desafios. Dizer qual é o "valor" de um imóvel é uma tarefa espinhosa, sujeita a uma perigosa elasticidade, que pode dar margem para abusos pelo Fisco, de um lado, ou mesmo para atos ilícitos cometidos por maus contribuintes, de outro. Com relação aos imóveis urbanos – isso já foi salientado em outro trecho deste texto – o Município, ao menos, tem parâmetros, tem maiores informações cadastrais para calibrar a tributação. Quanto aos rurais, porém, tudo parece se encaminhar para um túnel escuro, cuja saída só depende do cidadão curvar-se à poderosa caneta do Poder Público, acatando o valor presumido.

Isso não pode ser assim. Devem existir critérios que forneçam um mínimo de racionalidade na quantificação do patrimônio transmitido. Vasculhar o ordenamento jurídico para encontrá-los e arrancá-los das profundezas do sistema, trazendo-os à luz, de modo a que todos possam compreendê-los – e até confrontá-los – é mais um dos propósitos desta pesquisa. Não dá mais para assistir, de forma imbele, esse estado de coisas, no qual a fiscalização simplesmente arbitra um valor para a transação, sem qualquer transparência. Beira-se algo similar àquilo que este estudo denominou de *direito tributário discricionário*, o que é de todo descabido. Não adianta afirmar que o lançamento é ato administrativo vinculado se não ficarem demonstrados, em detalhes, os passos a serem respeitados pelo agente público em cumprimento à lei.

IV.2.2.1. O valor do negócio jurídico global firmado entre as partes e o montante que pode ser alcançado pelo ITBI

O exame minucioso da materialidade do ITBI como um todo e de sua projeção para as transmissões de imóveis rurais revelam que, enquanto no ITCMD *quaisquer* bens ou direitos se somam à base de cálculo, para o imposto municipal há um recorte determinado pelo constituinte, limitando-o ao *bem imóvel.* É palmilhando essa categoria jurídica que o intérprete há de guiar-se, conferindo o que compõe o imóvel rural por natureza e por acessão física, e muito mais do que isso, qual a mensuração adequada para cada uma dessas grandezas.

Acontece que nem sempre o preço global firmado entre as partes está todo ele vinculado à transmissão de bens imóveis. No capítulo do ITCMD esse raciocínio foi desenvolvido e o compromisso na investigação do ITBI foi no sentido de que as considerações lançadas lá serviriam para cá, de forma direta, fazendo-se as adaptações necessárias. Por isso as mesmas perguntas podem ser reiteradas aqui: o que significa "valor venal" de uma fazenda no âmbito do ITBI? Como se chega a ele? Quais critérios podem ser aceitos? Qual a "verdade" das pautas de terras adotadas pelos Municípios?

Pois bem, remarcado que o imposto municipal só alcança a transmissão de bens imóveis por natureza ou acessão física, há de se relembrar que uma fazenda, usualmente, é composta por um conjunto de móveis e imóveis. Deixando as reflexões sobre o imóvel por natureza (as terras) para o próximo subitem, deve-se segregar as benfeitorias e demais bens móveis de tudo quanto seja imóvel quando se pensa no ITBI rural. Recapitulando o que se expôs para o ITCMD, uma fazenda pode compreender (i) benfeitorias físicas *sobre* o solo; (ii) máquinas, implementos agrícolas e demais utensílios; (iii) animais; (iv) construções; (v) benfeitorias *sob* o solo; (vi) e plantações. Trazendo essa visão para o imposto municipal, é bastante claro que em uma eventual negociação abrangente, ao modo "porteira fechada", as importâncias pagas que envolverem aquisição de maquinários (colheitadeiras, tratores, pulverizadores etc.) e de animais (bovinos, equinos, suínos etc.) devem ser devidamente decotadas da apuração, por serem bens móveis. Vale menção também aos cochos, bebedouros para animais (pilhetas) e sistemas de captação e fornecimento de água na propriedade, que são móveis. Aliás, por isso mesmo, recomenda-se que as partes façam a discriminação do que está sendo adquirido e qual o valor individual de cada bem ou conjunto de bens da transação.

Tirando essas rubricas, as demais se enquadram como bens imóveis por acessão física e então surge, outra vez, o obstáculo da mensuração desse patrimônio. Com relação (i) às benfeitorias fixas, construídas *sobre* o solo, como mangueiros (currais), cercas internas e externas e tanques de combustível; (iv) e às construções, isto é, a sede da fazenda, as casas de funcionários, galpões, barracões, armazéns e estruturas para fabricação de ração animal, *pelos mesmos fundamentos expostos para o ITCMD* só se pode considerar como base de cálculo possível o *valor contábil* de tais bens, aplicadas eventuais depreciações admitidas pela contabilidade.

Com efeito, não há como intuir um "valor médio estimado de mercado" de bens que isoladamente não estão no comércio, que são insuscetíveis de mensuração destacada. Um barracão construído em uma fazenda não tem um "valor de mercado" equivalente a um barracão na cidade, porque este último pode ser adquirido individualmente, de forma autônoma, conforme o lote no qual ele foi edificado. Ninguém compra uma fazenda apenas pelo barracão que tem, mas sim pela localização do imóvel, seu tamanho, a qualidade das terras, sua formação, o conjunto das benfeitorias existentes e outros fatores, de modo que o barracão em si mesmo não tem um "preço presumido" a ser considerado. Ou se admite eventual valor fixado pelas partes para ele na negociação ou então se aplica seu valor contábil, sendo ilegítima a conduta fiscal de querer arbitrar um valor aleatório.

A mesmíssima lógica vale para os demais bens imóveis por acessão: a sede da fazenda, as casas de funcionários, os galpões, os armazéns, as estruturas para fabricação de ração animal, os mangueiros, as cercas, tanques de combustível e objetos semelhantes que se agregam artificialmente ao solo são imóveis e se submetem ao ITBI, mas só podem ser computados pelo seu valor contábil. Embora o Município tenha um "valor venal" para imóveis urbanos, elaborado a partir de sua planta genérica, não dá para se pretender, de forma simplória, jogar o valor da pauta calculado pela quantidade de metros quadrados de construção para um imóvel rural.

No que diz respeito (v) às benfeitorias *sob* o solo, a exemplo dos corretivos, fertilizantes e investimentos com rotação de cultura, igualmente pelas razões declinadas no capítulo anterior, tais itens não podem ser considerados como elementos autônomos na base de cálculo do ITBI. É que esses melhoramentos já servem como fatores classificatórios da qualidade das terras, os quais, por sua vez, vão influenciar no enquadramento da propriedade conforme sua vocação e aptidão produtiva (lavoura, pecuária, silvicultura etc.). Logo, tomar em conta essas benfeitorias e, ao mesmo tempo, classificar o imóvel em pautas de valores variáveis é promover a tributação em duplicidade.

Por derradeiro, no que toca às plantações artificiais, as de ciclo médio de duração (pastagens da pecuária) também não podem ser vistas em separado, sob pena de *bis in idem*, mas para as de ciclo curto (como lavouras de soja, milho, algodão etc.) e para as florestas com finalidade de exploração da madeira não há empecilho. Recorde-se que plantações são bens imóveis por acessão física, segundo o Código Civil. É difícil imaginar, é verdade, que alguém venha a vender um imóvel rural com uma lavoura pendente; o mais comum é se firmar o negócio, mas o comprador ter que esperar a colheita pelo vendedor, que entrega o imóvel "limpo". Todavia, em tese, nada impede que a transação seja concluída dessa maneira, bastando checar a extensão de terras cultivadas, a média de produtividade estimada por hectare e o valor da saca. Para a floresta plantada, no entanto, esse trabalho é bem mais complexo, pois, como demonstrado para o ITCMD, tratando-se de um ciclo longo de maturação, não dá para saber quantos metros cúbicos serão produzidos, qual será o preço do metro cúbico no futuro e quiçá se as árvores serão cortadas ou não. Por isso mesmo, em geral, adota-se como parâmetro o preço de terras por hectare para silvicultura.

IV.2.2.2. Mais uma vez, o tema das pautas de valores: as presunções dos preços de terras adotadas pelos Municípios e sua análise crítica, sobretudo após o Tema 1.113 do STJ

No que diz respeito ao "valor venal" das terras produtivas, raciocínio semelhante ao empreendido para o ITCMD também pode ser invocado quando se pensa em ITBI. O problema reside no fato de que os entes tributantes, em especial no concernente à tributação sobre o patrimônio, valem-se, frouxamente, de pautas fiscais, que não são transparentes, cujos critérios para sua construção são desconhecidos.

Examinando a legislação dos Municípios tomados como paradigmas para o estudo, o que se nota é que, todos eles, trazem prescrições amplas, gerais, padronizadas sobre a forma de apuração do ITBI, guardando a discricionariedade do cálculo propriamente dito para o momento da aplicação da lei. O Município de Sorriso (MT), por exemplo, pela Lei 2.288/13, estabelece nos arts. 7º a 9º que a base de cálculo será o valor venal, o qual terá que ser informado pelo contribuinte, porém, o Município não só fica com a prerrogativa de reavaliar os bens, como, sobretudo, de valer-se de pauta de valores para tanto. Em Maracaju (MS), não é diferente (Lei Complementar nº 09/01). O art. 134, § 3º, da Lei Complementar nº 06/07 de Cristalina (GO) chega a ter um preceito específico para estipular o *"valor de pauta"* da terra nua e das benfeitorias das fazendas. Já em Uberaba (MG) o art. 43 da Lei Complementar nº 606/20 não destoa muito da previsão sobre as pautas. Por fim, em São Desidério (BA) a regra também é a de que haverá pautas mínimas (art. 113 da Lei 16/15).

Mas, há um aspecto bastante relevante, que modifica por completo esse cenário quando se esteja a tratar do tributo municipal: é que, diferentemente da doação ou da herança, *na transmissão onerosa há um preço pago pelo adquirente,* de modo que, salvo alguma situação excepcional a ser demonstrada pelo Fisco, *não pode o Município "presumir" que o valor da transação tenha sido outro.* E isso foi devidamente realçado pelo Superior Tribunal de Justiça, ao julgar o já mencionado Tema 1.113.

Para que fique bem claro o raciocínio, o que se defende neste estudo em relação à mensuração do valor das terras produtivas é o seguinte: (i) em primeiro lugar, há de ser observado o valor concreto da negociação, o preço pago pelo adquirente pela aquisição onerosa; (ii) se e somente se o Fisco lograr êxito em demonstrar que o real valor negociado foi subfaturado, aí se pode admitir a aplicação de sua pauta de valores, a qual, mesmo assim, deve observância aos critérios apontados por ocasião do exame das pautas dos Estados para o ITCMD.

Quanto ao primeiro aspecto suscitado, se a materialidade do ITBI recai sobre uma transmissão onerosa, é o valor pago por essa aquisição, e nenhum outro, que deve ser considerado. De acordo com o Superior Tribunal de Justiça, "a base de cálculo do tributo é o 'valor venal dos bens ou direitos transmitidos', que corresponde ao valor considerado para as negociações de imóveis em condições normais de mercado". Ademais, a mensuração em parâmetros genéricos "não impede que a avaliação de mercado específica de cada imóvel transacionado oscile dentro do parâmetro médio, a depender, por exemplo, da existência de outras circunstâncias igualmente relevantes e legítimas para a determinação do real valor da coisa". Nas palavras do Relator, Ministro Gurgel de Faria, "o fato gerador do imposto decorre de um negócio, porque nasce de um acordo de vontades entre o alienante e o adquirente".

Realmente, não pode o Município ignorar, desconsiderar por completo o preço ajustado entre as partes, afinal, é a partir do pagamento desse preço que o ato oneroso de transmissão do imóvel rural se concretiza. Daí a grande diferença entre o ITBI-fazendas e o ITCMD-fazendas: no imposto municipal, é da essência de sua hipótese de incidência a prática de um ato oneroso, cuja quantificação é definida pelas próprias partes, ao celebrar o negócio, enquanto no tributo estadual a mudança de titularidade dá-se por pressupostos não econômicos, como a morte ou a liberalidade, aí sim autorizando, mas *cum grano salis,* a adoção de um valor presumido.

Apenas se houver elementos indiciários robustos, o valor convencionado entre as partes pode ser colocado em xeque pelo Fisco. É óbvio que ninguém se desfaz de seus bens, vendendo-os por 10%, 20%, 30% do seu valor médio. Mas, não se pode dizer que uma venda na qual o comprador obteve um "desconto" de 10%, 20% ou mesmo 30% do "valor médio", por exemplo com pagamento à vista, seja manifestamente uma operação fraudulenta, até mesmo porque a definição do "valor médio", sobre ser algo vago, pressupõe valores máximos e valores mínimos a serem considerados. Mais ainda, devem ser acatadas as peculiaridades da propriedade rural vendida, a qual pode não ser toda formada, pode ter terras degradadas, pode ser de difícil acesso ou não ter condições de chuvas favoráveis. Tudo isso entra em jogo na formação do preço. Não se pode, portanto, partir para o exame da operação com vendas nos olhos acerca das potencialidades ou não da fazenda negociada.

Por isso mesmo, e com acerto, afirmou o Relator que "o valor da transação declarado pelo contribuinte presume-se condizente com o valor médio de mercado do bem imóvel transacionado". Essa presunção, ainda nos dizeres do Ministro, "somente pode ser afastada pelo fisco se esse valor se mostrar, de pronto, incompatível com a realidade".

Todavia, nessa hipótese, há de ser instaurado "procedimento próprio para o arbitramento da base de cálculo, em que deve ser assegurado ao contribuinte o contraditório necessário para apresentação das peculiaridades que ampararam o *quantum* informado".

Ora, para desconsiderar a base declarada pelo contribuinte não pode a autoridade fiscal escorar-se, comodamente, apenas no seu valor de pauta, isto é, a circunstância isolada de o valor ter ficado abaixo da pauta não pode ser suficiente para se presumir que houve sonegação, invertendo-se o "ônus" da prova. E assim se afirma porque, concordando com a exegese do Min. Gurgel de Faria, "a adoção desse valor de referência como primeiro parâmetro para a fixação da base de cálculo do ITBI, com a inversão do ônus da prova ao contribuinte para demonstrar o contrário, subverte o procedimento instituído no art. 148 do CTN, pois, a toda evidência, resulta em arbitramento da base de cálculo sem prévio juízo quanto à fidedignidade da declaração do sujeito passivo". Desse modo, incumbe ao Município comprovar que a real importância transacionada não foi aquela, o que é possível aferir, por exemplo, com o valor pago ao corretor de imóveis, com dados bancários ou mesmo com informações obtidas no âmbito do imposto sobre a renda. Havendo elementos probatórios seguros para se confirmar o verdadeiro preço praticado, é sobre esse montante que a diferença de ITBI deve ser exigida.

Superado esse relevante aspecto, vale dizer, uma vez tendo sido respeitados os trâmites exigidos pela ordem jurídica para o arbitramento, com a comprovação de que o valor informado não foi legítimo, mas sem que se tenha prova cabal do montante exato pela venda, surge, aí sim, a possibilidade de o Município arbitrar uma grandeza, estimando um valor médio de mercado e aplicando sua pauta.

Acontece, porém, que a pauta de valores não pode ser uma junção de incógnitas, não pode ser uma viagem por caminho desconhecido. Nessa parte o raciocínio volta a andar lado a lado com todas as ponderações desdobradas no que toca às pautas do ITCMD. Por isso mesmo, de uma forma sintética, basta rememorar, em primeiro lugar, que as pautas têm que ser públicas. É inaceitável o Fisco arbitrar um valor com lastro em uma pauta de gaveta, cujo acesso só os integrantes da repartição pública têm. Não só isso, os critérios que informam a elaboração da pauta também devem ser transparentes, ficando evidenciado quais métodos foram computados para sua construção. Na sequência, os elementos informadores da pauta devem ser compatíveis com os fins buscados, devem revelar que as comparáveis se afinam com o que é necessário para se chegar a uma "média". Pelo que se viu no capítulo anterior, os indicadores abstratos que podem formar a base presumida das terras são a localização, o tamanho, o estágio das terras, o tipo de atividade desenvolvida e as restrições ambientais. Mesmo assim, nada impede que no processo de arbitramento o contribuinte demonstre ser necessária a promoção de ajustes à base calculada, isto é, à propriedade rural vendida, com suas especificidades, de maneira a comprovar o desvio do preço-parâmetro estimado.

IV.2.2.3. As pautas de valores de ITR no SIPT, calculadas pelos Municípios, e seus reflexos no ITBI de imóveis rurais

Na elaboração de suas pautas, o Município não pode se dissociar do SIPT, alimentado por ele mesmo para fins de ITR. Com efeito, os Municípios nos quais a atividade rural é pujante firmam convênios com a Receita Federal para que possam fiscalizar, cobrar e arrecadar o ITR, como já foi salientado. Para cumprirem essa tarefa, os atos normativos impõem a eles que realizem os levantamentos necessários a serem lançados no SIPT – Sistema Integrado de Preços de Terras. E em razão da Instrução Normativa 1.877/19 da Receita Federal, a coleta de dados exige que um profissional da área técnica da engenharia faça esse trabalho, sendo certo que ficará gravada sua ART (anotação de responsabilidade técnica). O laudo oficial deve resultar de uma "valoração massiva e homogênea para a porção territorial das aptidões existentes na área territorial do município", partindo de uma "metodologia científica".

A influência da rigidez técnica que deve governar a apuração das informações para o SIPT/ITR em relação ao ITBI-fazendas é manifesta. Ainda que se queira dizer, e com razão, que as bases de cálculo dos dois tributos não são as mesmas – no ITR é o valor apenas da terra nua, ao passo que no ITBI, nessa faixa de incidência, é o valor da terra produtiva – parece claro que há uma relação lógica pela qual a primeira implica na segunda. A terra nua (conjunto menor), com os acréscimos próprios das benfeitorias e da aptidão produtiva do imóvel, desemboca na terra com potencial produtivo (conjunto maior). Se no ITR apura-se o *valor venal da terra nua,* no ITBI estima-se o *valor venal da terra produtiva,* isto é, somando-se a terra nua com as benfeitorias sob o solo.

Não se pode admitir, portanto, que o Município tenha uma pauta para o ITR e outra, totalmente alheia e dissociada daquela, para o ITBI. O único levantamento técnico que existe – e porque há imposição normativa – é o do ITR. Se a terra nua está compreendida na terra produtiva, esses dois conceitos devem ser integrados, acomodados, aproximados para que se estime o preço das terras no cálculo do ITBI, e não o contrário, como se fossem duas categorias estranhas uma à outra, como se fossem dois mundos em separado. A existência de uma pauta feita por um levantamento técnico para o ITR e outra sem transparência e sem qualquer critério científico para o ITBI só vem a infirmar a sustentação desta última no ordenamento jurídico. Se o imóvel é o mesmo, não pode o ente tributante dar dois valores inteiramente distintos a ele, como se fossem duas "verdades" construídas em dimensões díspares. Há que se pôr um freio nesses devaneios. A tributação deve ser levada a sério.

IV.2.2.4. As "holdings" rurais, a imunidade do ITBI e o Tema 796 julgado pelo Supremo

O derradeiro tema – mais um extremamente relevante – está voltado à investigação da possibilidade ou não de incidência de ITBI quando produtores rurais pessoas físicas transferem seu patrimônio imobiliário às denominadas *"holdings"*, como forma de integralização do capital social.

Sempre se entendeu que a imunidade capitulada no art. 156, § 2º, I, da Constituição tinha força jurídica suficiente para obstar a exigência de ITBI nas hipóteses em que alguém, ao subscrever e integralizar o capital social de uma empresa, se o fizesse não em dinheiro, mas com bens imóveis, não poderia ser alcançado pelo imposto. Essa operação só estaria dentro da competência tributária do Município se a atividade-fim da empresa fosse a compra e venda de bens imóveis, ou seja, se atuasse no mercado imobiliário. Como o intuito dos produtores rurais, ao criarem essas empresas, não é o de vender as fazendas, mas justamente o contrário, preservá-las no acervo familiar, parecia bem claro que nesse ato jurídico aplicar-se-ia a imunidade.

Porém, ao decidir o Tema 796, o Supremo Tribunal Federal, partindo de um caso paradigmático diferente e bastante peculiar, instituiu no subdomínio da tributação do agronegócio um cenário obscuro, dando margem a uma interpretação no sentido inverso, de acordo com a qual na primeira parte do enunciado constitucional poderia ser lançado o ITBI, ao passo que na segunda, não. E de lá para cá quase todos os Municípios vêm seguindo essa exegese, o que tem motivado bastante casuísmo nos Tribunais dos Estados, pois determinados órgãos julgadores avaliam que o Tema 796 não é *leading case* para o patrimônio rural, promovendo o chamado *distinguishing*, enquanto outros avaliam que, como o Supremo não fez distinção, a tese seria aplicável a todos.

Esse é o cenário dessa importantíssima questão, que vem repercutindo largamente Brasil afora. É claro que o debate sobre o cabimento ou não de ITBI na integralização de capital social de empresas com bens imóveis não atinge apenas o agro, afinal, qualquer empresa urbana também pode ter seu patrimônio formado por imóveis de seus sócios. Isso é verdade. Nada obstante, para a cadeia do agro esse viés interpretativo gera resultados bastante distorcidos, na medida em que as autoridades fiscais, como ponto de partida, deixam as fazendas "congeladas" pelo valor histórico de aquisição registrado na declaração de imposto sobre a renda do produtor pessoa física e então, na outra ponta, trazem-nas a um alegado "valor de mercado", lançando o imposto sobre a diferença. Seja porque o valor histórico normalmente é bastante antigo, defasado, e o que é pior, sem possibilidade de atualização pela legislação federal, seja porque o valor de mercado é elevado, matematicamente o saldo fica bem expressivo, tudo a revelar que se trata de uma base de cálculo artificial.

O debate tem ganhado dimensão nos diversos Estados nos quais o agronegócio mostra sua força, inclusive naqueles tomados neste estudo como paradigmas, reforçando a premissa de que há pontos de conflito gravitando sobre o ITBI-rural, até pela divergência que existe.[388] Como se

388. "Conforme entendimento jurisprudencial, quando o valor venal do imóvel é superior ao da integralização do capital social da empresa com o bem, deve ser recolhido o ITBI sobre a diferença. Se o município concedeu a imunidade em relação à parcela do imóvel necessária à integralização do capital social e cobrou ITBI apenas sobre a parte excedente, não há ato ilegal praticado pela autoridade impetrada e nem direito líquido e certo a ser amparado" (Tribunal de Justiça de Mato Grosso. Apelação nº 1000832-52.2022.8.11.0102. Câmaras Isoladas Cíveis de Direito Público. Rel. Des. Mário Roberto Kono de Oliveira. *DJe* 04.06.2024). "Na hipótese, se o valor do bem imóvel supera o importe do capital social da empresa a ser integralizado, o fisco poderá rever o valor do imóvel declarado para incidir o imposto de

verá, se o entrave está no julgamento da tese pelo Supremo, nada mais adequado do que escrutinar as bases fáticas das operações do agro e do caso concreto tomado para decisão, e mais, também dos fundamentos desenvolvidos nos votos, de tal ordem a se chegar a uma conclusão.

IV.2.2.4.1. A colocação do problema: integralização do capital social de PJs rurais com a própria fazenda

Em primeiro lugar, como ficou evidenciado no capítulo do ITCMD, essas empresas não podem ser classificadas, no sentido rigoroso do termo, como genuínas *holdings*. Se *holding* é uma pessoa jurídica que detém o controle acionário ou que participa de outras pessoas jurídicas, na maioria dos casos do agro não é isso o que acontece. Podem até existir *holdings* no agronegócio, e de fato elas existem, mas sua projeção é outra, é a de estruturas societárias controladoras de diversos negócios, por um *pool* de empresas. Quando se trata das atividades desenvolvidas "dentro da porteira"

---

transmissão de bens imóveis somente sobre o valor excedente, previsto no artigo 156, II, da Constituição Federal, sendo que essa interpretação decorre da aplicação do Tema n. 1113. III) Recurso conhecido, e desprovido para manter a decisão da Vice-Presidência que negou seguimento ao Recurso Especial da recorrente" (Tribunal de Justiça de Mato Grosso do Sul. Agravo interno em recurso especial nº 0826715-04.2021.8.12.0001. Órgão Especial. Rel. Vice-Presidente. *DJe* 22.02.2024). "Na incorporação de imóvel ao patrimônio de pessoa jurídica, para integralização do capital social, não há incidência do ITBI (art. 156, § 2º, inciso I, da CF). 2. A imunidade da operação de integralização de capital pelo sócio é incondicionada, ou seja, atinge todo o valor da operação, independentemente do valor do imóvel a ser incorporado ser o declarado no imposto de renda ou o valor de mercado, bem como independe se atividade preponderante da empresa é formada, em sua maioria, de receita proveniente de atividades imobiliárias" (Tribunal de Justiça de Goiás. Agravo de instrumento nº 5620501-41.2023.8.09.0151. 8ª Câmara Cível. Rel.ª Des.ª Juliana Pereira Diniz Prudente. *DJe* 28.10.2023). "O valor dos bens imóveis que superar o importe do capital a ser integralizado poderá ser objeto de tributação pelo Imposto sobre a Transmissão de Bens Imóveis (ITBI) (...)" (Tribunal de Justiça de Minas Gerais. Apelação nº 1.0000.20.024871-4/001. 6ª Câmara Cível. Rel. Des. Edilson Olímpio Fernandes. *DJe* 17.06.2020). "Diante do Tema 796/STF, bem como do exame da prova pré-constituída, a demonstrar que o valor dos imóveis excede ao valor do capital social, inexiste imunidade ao valor excedente" (Tribunal de Justiça da Bahia. Apelação nº 8000406-60.2017.8.05.0231. 3ª Câmara Cível. Rel. Des. Francisco de Oliveira Bispo. *DJe* 09.04.2024).

não se está a falar da criação de arranjos empresariais com ramificações em outros segmentos ou mesmo em uma rede de participações em propriedades rurais.

Não é isso. O que se tem são produtores rurais, normalmente casais de idade avançada, em cujos nomes se encontram registradas as matrículas (uma, às vezes duas, mais raramente três fazendas), havendo intenção do patriarca e da matriarca em deixar o patrimônio para seus filhos e o desejo de que permaneçam juntos, ou seja, que não vendam o legado da família, após a partida dos fundadores. Para isso, eles resolvem constituir uma empresa, uma sociedade agropecuária, na qual perenemente ficarão concentrados o patrimônio imobiliário e as atividades rurais. Daí em diante, todos serão sócios dessa unidade econômica, conforme os percentuais que vierem a ser definidos entre seus membros.

O funcionamento dessa engrenagem pressupõe que a titularidade do imóvel rural seja transferida para a empresa familiar constituída. Seria ilógico criar uma empresa para essa atividade deixando de fora seu principal ativo, que é a fazenda. Se o bem permanecesse em nome das pessoas físicas, o advento do falecimento de seus proprietários daria efeito a um indesejável ITCMD e aos potenciais conflitos familiares entre os descendentes, que ficariam como proprietários em condomínio indiviso, surgindo discussões intermináveis para a divisão física das terras após a morte dos que construíram o patrimônio. Sendo a fazenda da empresa da família, todos se tornam sócios e o eventual intento de alienação por parte de um dos herdeiros recai sobre sua participação societária, e não sobre a propriedade rural em si mesma, de modo que a continuidade da atividade agropecuária não fica prejudicada.

Por conta disso tudo, quando a empresa é aberta, a integralização de seu capital social é realizada com a própria fazenda, além de outros bens ou dinheiro que a família quiser. O foco aqui é discorrer apenas sobre a mudança de titularidade da fazenda da pessoa física para a pessoa jurídica, se suscetível ou não ao ITBI.

IV.2.2.4.2. A imunidade tributária do ITBI e outros fundamentos reveladores da impossibilidade de sua incidência

Fundar uma empresa familiar e canalizar a ela os bens individuais dos sócios é algo perfeitamente legítimo, assegurado pela legislação. A exploração agropecuária via pessoa jurídica (CNPJ), e não de forma segregada nas pessoas físicas (CPF), viabiliza a organização das atividades econômicas e é um fator decisivo em termos de planejamento sucessório. Ocorre que, quando da migração do patrimônio de seus sócios para a empresa, boa parte dos Municípios tem entendido, a partir do Tema 796, que seria exigível o ITBI entre o "valor contábil" da fazenda informado no contrato social e seu "valor de mercado". A pergunta a ser respondida é a seguinte: quando alguém integraliza as cotas sociais de uma empresa com um bem imóvel, em realização de capital, pode ser exigido o ITBI? É esse o problema a ser enfrentado.

Para resolvê-lo, deve-se retomar a base normativa do art. 156, § 2º, I, da Carta da República: de acordo com esse preceito, o ITBI "*não incide*". É esse o núcleo, o cerne do mandamento constitucional. Não incide sobre "o quê"? Não incide sobre "a *transmissão* de *bens* ou direitos *incorporados* ao patrimônio de pessoa jurídica em *realização de capital*". Essa parte do enunciado que interessa à análise, pois a outra, que envolve fusão, incorporação, cisão ou extinção de pessoa jurídica, está fora do quadro fático investigado aqui. Pelo que se pode ver, é certo concluir que a "*transmissão*" de um imóvel "*incorporado ao patrimônio*" de pessoa jurídica, "*em realização de capital*", fica enquadrado no regime jurídico de que o imposto "*não incide*".

Desde o início deste estudo, o fio condutor do raciocínio foi reconhecer que a linguagem é, em princípio, indeterminada e que o direito, por ser constituído pela linguagem, também padece da mesma dificuldade. A linguagem, realmente, permite que sejam exploradas diversas perspectivas, levantando muitas vezes desafios complexos a serem superados. No entanto, embora as palavras que formam o sistema comunicacional sejam indeterminadas enquanto não empregadas, *elas são determináveis quando utilizadas*, devendo passar pela elucidação necessária a fim de que sejam afastadas as ambiguidades e demarcadas as vaguezas. No processo de compreensão da mensagem transmitida, separam-se os sentidos possíveis dos termos e, por um processo racional e decisório, promove-se a seleção daquele que mais se ajusta ao contexto em que o vocábulo foi aplicado.[389]

Pois bem, olhando-se detidamente para o texto da Constituição Federal, fazendo-se não uma simples leitura (estágio inicial para qualquer interpretação), mas se buscando verdadeiramente compreender sua lógica, sua organização, construindo sua significação jurídica, *tem sentido enxergar, vislumbrar ou admitir no art. 156, § 2º, I, uma norma de tributação, e não de exceção a ela?* Ou seja, esse dispositivo permite que seja identificada uma norma que autoriza a tributação, ou justamente o contrário, que a veda? Para facilitar o exame, eis o que prescreve o art. 156 da Carta Magna a respeito do ITBI:

> Art. 156. Compete aos Municípios instituir impostos sobre:
>
> (...)
>
> II – transmissão "inter vivos", a qualquer título, por ato oneroso, de bens imóveis, por natureza ou acessão física, e de direitos

389. GRAU, Eros Roberto. *Por que tenho medo dos juízes:* a interpretação/aplicação do direito e os princípios. 10. ed. São Paulo: Malheiros /JusPodivm, 2021, p. 143/151.

> reais sobre imóveis, exceto os de garantia, bem como cessão de direitos a sua aquisição;
>
> (...)
>
> § 2º O imposto previsto no inciso II:
>
> I – não incide sobre a transmissão de bens ou direitos incorporados ao patrimônio de pessoa jurídica em realização de capital, nem sobre a transmissão de bens ou direitos decorrente de fusão, incorporação, cisão ou extinção de pessoa jurídica, salvo se, nesses casos, a atividade preponderante do adquirente for a compra e venda desses bens ou direitos, locação de bens imóveis ou arrendamento mercantil;
>
> II – compete ao Município da situação do bem.

A reprodução, *ipsis litteris,* do que o constituinte previu para esse tributo pode parecer desnecessária, mas não é. Seu suporte físico abre o leque visual para notar, claramente, que o *caput* é o que confere competência tributária geral aos Municípios em matéria de impostos; que o inciso II cuida de circunscrever a materialidade possível dessa espécie tributária; além disso, que o § 2º, II, colabora na definição da competência, fixando-a em favor do Município da situação do bem; e que o § 2º, I, versa sobre típica hipótese de imunidade tributária, *estando ali um comando proibitivo de tributação, e não autorizativo.* O art. 156, *caput,* o inciso II e o § 2º, II, revelam o que *podem* os Municípios fazer no manejo desse tributo, enquanto o art. 156, § 2º, I, o que *não podem.*

Voltando à tessitura normativa do preceito constitucional, algumas pistas de enunciação mostram o contexto no qual foi elaborado. Quando o constituinte estabeleceu que o ITBI não incide *"sobre"* a transmissão de bens ou direitos incorporados ao patrimônio de pessoa jurídica em realização de capital, *"nem sobre"* a transmissão de bens ou direitos decorrente de fusão, incorporação, cisão ou extinção de pessoa jurídica, é intuitivo observar que o dispositivo é formado por dois enunciados, estando implícito no primeiro o advérbio de negação *"nem"*, ao passo que no segundo ele aparece de forma expressa. Reconstruindo o sentido da oração, ficaria ao estilo *"nem, nem"*: não incide *nem* sobre a transmissão de bens ou direitos incorporados ao patrimônio de pessoa jurídica em realização de capital, *nem* sobre a transmissão de bens ou direitos decorrente de fusão, incorporação, cisão ou extinção de pessoa jurídica. Como o *"não"* foi empregado no início da frase, o *"nem"* na primeira parte ficaria redundante, embora esteja ali implícito. Se o *"nem"* que inicia o segundo trecho for substituído por seu sinônimo *"tampouco"*, a constatação de que há um *"nem"* implícito no primeiro fica ainda mais evidente.

Não é só. A terceira parte do preceito constitucional joga para muito longe qualquer dúvida que poderia pairar sobre as duas primeiras: a locução *"salvo se"*, nesses casos, a atividade preponderante do adquirente for a compra e venda desses bens ou direitos, locação de bens imóveis ou arrendamento mercantil indica que a única hipótese de tributação compreendida no art. 156, § 2º, I, foi essa última. Ou seja, as duas primeiras partes contemplam uma exceção à tributação (duas imunidades) e a terceira uma exceção à exceção (uma hipótese excepcionadora específica, para a qual a imunidade não se aplica).

Quando se depara com situações nas quais se exige a técnica da interpretação conforme a Constituição, o Supremo Tribunal Federal tem se posicionado no sentido de que ela é desnecessária "(i) se o sentido mais evidente da norma for compatível com a ordem constitucional; ou (ii) se a norma não comportar mais de uma possibilidade interpretativa".[390] É exatamente esse o contorno do art. 156, § 2º, I, primeira parte: o mandamento constitucional é bastante inequívoco de que se trata de uma imunidade tributária, inalcançável pelo ITBI. Por isso que, com Riccardo Guastini, se houvesse um rol de possibilidades hermenêuticas

390. ADIn 6855. Tribunal Pleno. Rel. Min. Roberto Barroso. *DJe* 02.03.2023.

legítimas, até se poderia cogitar da interpretação cognitiva, a qual "coloca em evidência, se assim podemos dizer, a indeterminação do ordenamento, ou seja, a equivocidade dos textos normativos", para o que "a interpretação decisória a soluciona".[391]

Como advertido no primeiro capítulo, a dimensão semântica precisa da expressão "não incide" não comporta maiores elucubrações. Não se pode tolerar uma exasperação da indeterminação da linguagem e um menoscabo de sua determinação, relembrando Humberto Ávila.[392] Eventuais dúvidas poderiam surgir sobre "o quê" não incide, jamais o que significa "não incide". Na medida em que a locução "não incide" está vinculada ao complemento certo e determinado "sobre *transmissão de bens* ou direitos *incorporados* ao patrimônio de pessoa jurídica em *realização de capital*", sem qualquer condicionante, não há como admitir uma exegese que vislumbra uma exceção implícita ao modo de que "*incide* sobre a diferença entre o valor contábil e o valor de mercado".

Quando posicionou, lado a lado, as expressões "não incide", "sobre transmissão", "de bens", "incorporados ao patrimônio de pessoa jurídica" e "em realização de capital", o constituinte fez uma escolha, entendeu melhor que as transferências de imóveis de pessoas físicas para pessoas jurídicas a título de integralização do capital social não deveriam sofrer incidência do ITBI, *"salvo se"* a empresa dedicar-se ao mercado imobiliário. Não sendo essa a situação, é inteiramente descabido *forçar uma exegese* para defender que seria imune a transferência somente até seu valor contábil, não entre este e o valor de mercado. Ora, a Constituição não trouxe qualquer exceção quanto a isso,

391. *Interpretar e argumentar.* Tradução Adrian Sgarbi, Frederico Menezes Breyner e Fernando Daniel de Moura Fonseca. Belo Horizonte: D'Plácido, 2021, p. 34.

392. ÁVILA, Humberto. *Teoria da indeterminação no direito:* entre a indeterminação aparente e a determinação latente. São Paulo: Malheiros, 2022, p. 9/13.

tratando-se de preceito explícito, até porque o mandamento recai sobre a *"transmissão de bem imóvel"*, pouco importando e não havendo nenhum indicativo de que o valor da transmissão tenha sido algo relevante para se decidir se a imunidade deve ou não ser respeitada.

Só teria sentido rumar para um ponto cardeal diametralmente oposto ao texto acaso se justificasse uma *exceção implícita*, na linha da teoria da derrotabilidade das normas (falibilidade ou *defeasibility*). Na medida em que o constituinte, dentro de suas possibilidades legislativas, avaliou que a "transmissão" de "bens" "incorporados" à pessoa jurídica deve ser protegida por norma imunizante, fica difícil acomodar no enunciado uma exceção necessária, mormente porque, no âmbito do Estado Democrático de Direito, as liberdades devem ser ampliadas, mas as restrições devem ser reduzidas. Só cabe a *defeasibility* da regra quando se conclui que, acaso não pressuposta uma exceção implícita, o resultado da interpretação levará a um absurdo. O respeito a uma imunidade tributária que protege o cidadão e estimula a criação de empresas não passa perto de uma hipótese de derrotabilidade da norma, porquanto a imunidade tem por escopo demarcar a amplitude em que a tributação pode ser validamente exercida, sendo uma incompetência tributária, de sorte que, justamente por isso, não há exceção implícita a ser imaginada.[393] A jurisprudência do Supremo mesmo é no sentido de que, nesse tema, há de se ter "interpretação teleológica das normas de imunidade tributária, de modo a maximizar o seu potencial de efetividade".[394]

Um segundo fundamento evidenciador do descabimento da tese municipal é esse: o Código Tributário Nacional não prevê a exigência de ITBI nesse tipo de ato jurídico,

---

393. Sobre a teoria da falibilidade das normas, vide, entre outros: HART, H. L. A. The ascription of responsibility and rights. *Proceedings of the Aristotelian society*. v. 49 (1948-1949), p. 171/194.

394. AI-Ag.R. 746.263. 1ª Turma. Rel. Min. Dias Toffoli. *DJe* 21.02.2013.

a revelar que não pode o Fisco cobrar imposto nessa situação. Se o CTN, que cumpre o papel de normas gerais em matéria tributária, não contempla a incidência de ITBI sobre transação societária, salvo naquelas em que há atividade imobiliária envolvida, qualquer investida do Município, sobre violar a imunidade, agride também o arcabouço delineado no Código Tributário Nacional.

Esse argumento se torna mais potente pelo fato de que o art. 156, II, da CF exige que a transmissão se dê por *ato oneroso*. E por ato oneroso, como já esclarecido, há de se compreendê-lo como aquele resultante de uma contrapartida econômica, de uma vantagem avaliável financeiramente para o adquirente, como uma compra e venda, na qual há pagamento de um preço pela aquisição do imóvel. Não é isso o que se dá na integralização do capital social de uma empresa com uma fazenda. Na verdade, o sócio "troca" seu direito de propriedade sobre um bem imóvel por um direito de propriedade sobre bem móvel, a cota da empresa. O imóvel, que era do sócio pessoa física, passa a integrar o patrimônio da pessoa jurídica, mas a pessoa jurídica não deixa de ser do sócio pessoa física, o qual é detentor das cotas que representam aquele próprio imóvel. O raciocínio é muito mais comparável a de uma simples permuta do que um ato oneroso propriamente dito. Se o sócio continua sendo o dono indireto do imóvel e direto das cotas que o representam economicamente, é evidente que não há que se falar em transmissão onerosa para terceiros, essa sim a hipótese de incidência do ITBI.

Tanto assim é que o próprio ordenamento jurídico admite esse tipo de operação. Com efeito, o art. 23 da Lei 9.249/95 dispõe que "as pessoas físicas poderão transferir a pessoas jurídicas, a título de integralização de capital, bens e direitos pelo valor constante da respectiva declaração de bens ou pelo valor de mercado". Ou seja, o sócio tem direito a constituir o capital social da empresa com base no valor pelo qual o bem está registrado em sua contabilidade, em especial na sua declaração de bens e direitos no imposto sobre a renda, de modo que não pode haver incidência de ITBI nessa modalidade. Na prática, por vias transversas o Município busca impor ao indivíduo que faça a abertura da empresa com outro valor, em patamar superior àquilo que o particular, no livre exercício de seus negócios, pretendeu. A interferência é descabida e atinge a liberdade econômica do cidadão, ao se pretender artificialmente aumentar o valor do capital social da empresa, contra a vontade dos sócios. Se o Município só aceita o valor de mercado, e não o valor contábil, o efeito vinculante é o de que esse imóvel entrará no capital social da empresa por um valor que as partes envolvidas não desejaram. Afinal, se elas forem obrigadas a pagar imposto sobre tudo, a alteração do capital social será mera formalidade.

E nem se contraponha, como costumam fazer os Municípios, que a legislação federal é inaplicável ao ente municipal, que tem sua própria competência. Esse argumento não convence. Não se discute que o Município recebeu do constituinte as atribuições para legislar sobre o ITBI, encontrando balizas também no CTN. O ponto é justamente que como descabe o imposto municipal sobre simples integralização de bens imóveis; como, em tese, pode incidir o imposto sobre a renda se o imóvel for incorporado em valor superior ao contábil; e se a própria legislação federal admite que o bem seja trazido por seu registro histórico; a atitude do Município acaba por enveredar por horizontes não permitidos, interferindo, sim, na legítima escolha realizada pelo constituinte e pelo contribuinte.

IV.2.2.4.3. O caso selecionado pelo Supremo: análise crítica do "leading case" envolvendo o Tema 796

Toda essa discussão é relativamente nova e surgiu em alguns Municípios a partir do julgamento do RE 796.376

(Tema 796), em agosto de 2020. Desde esse julgado, certas autoridades fiscais passaram a entender, de forma equivocada, que o Supremo teria avalizado a cobrança de ITBI toda vez que houvesse realização de capital com bens imóveis e as partes tenham lançado seu valor pelo registro contábil. Assim, seria legítima a exigência sobre a diferença entre o valor contábil e o valor de mercado.

Diante desse quadro, se é esse o embasamento invocado, nada mais correto do que ir à análise do suposto *leading case*. O grande problema causador de confusão é o de que a súmula do julgado, de fato, não foi adequadamente redigida. Se a fonte normativa vem do Tema 796, deve-se investigá-la para compreender sua projeção. A tese se limita a estabelecer o seguinte: "a imunidade em relação ao ITBI, prevista no inciso I do § 2º do art. 156 da Constituição Federal, não alcança o valor dos bens que exceder o limite do capital social a ser integralizado".

Sendo essa a súmula do julgado, sua interpretação depende do exame das bases fáticas do caso paradigma. Naquele caso, oriundo de Santa Catarina, o que ocorreu foi o seguinte: os sócios criaram uma empresa e decidiram que seu capital social seria de R$ 24.000,00, tendo trazido para ela, a título de integralização, 17 imóveis avaliados em R$ 802.724,00, de modo que lançaram como capital social os R$ 24.000,00 e a diferença de R$ 778.724,00 destinaram à conta contábil denominada "reserva de capital", isto é, para futuro aumento do capital social, de maneira que, em ato oportuno, o total do patrimônio contabilmente registrado (R$ 802.724,00) e o total do capital social pudessem ser equivalentes (R$ 24.000,00 + R$ 778.724,00 = R$ 802.724,00). E mais, *tratava-se de uma empresa de participações*, e não empresa operacional.

Nessa situação específica, o Município envolvido entendeu que poderia cobrar o ITBI sobre a diferença entre o capital social integralizado (*menor que o patrimônio contábil* da empresa) *e o próprio valor contábil* dos imóveis (já que compunham o patrimônio contábil da sociedade). Ou seja, nesse caso em particular, *o valor das cotas era inferior ao valor contábil dos bens.* Foi nessa hipótese individualizada que o Supremo autorizou a cobrança do ITBI. Isso fica bem claro na seguinte passagem do voto do Ministro Alexandre de Moraes:

> (...) revelaria interpretação extensiva a exegese que pretendesse albergar, sob o manto da imunidade, os imóveis incorporados ao patrimônio da pessoa jurídica *que não fossem destinados à integralização do capital subscrito,* e sim a outro objetivo – como, no caso presente, em que se destina *o valor excedente à formação de reserva de capital* (sem destaques no original).

Essa particularidade faz toda diferença para compreender o porquê da redação da tese. Com esse esclarecimento prestado, a tese ganha outro sentido: "a imunidade em relação ao ITBI, prevista no inciso I do § 2º do art. 156 da Constituição Federal, não alcança o valor dos bens *que exceder o limite do capital social a ser integralizado*" (sem destaques no original). Como se vê, o caso usado para fixação daquela tese específica apresentava peculiaridades e, por isso mesmo, sequer deveria ter sido escolhido para julgar a matéria. *Caso paradigma é caso que se repete, é caso que espelha uma multiplicidade de processos.*

A operação tratada no Tema 796 não tem nada que ver com as integralizações de suas fazendas promovidas por produtores rurais em sociedades agropecuárias, nas quais se respeita o valor contábil da propriedade. Os produtores rurais, diferentemente do caso que serviu como pano de fundo para o Tema 796, não criam empresas com capital social abaixo do valor contábil do imóvel, ou seja, não lançam um capital social baixo e um imóvel acima do seu valor e contabilizam a diferença como reserva de capital. Pelo contrário, nos exatos termos da lei, valem-se do legítimo valor contábil dos imóveis para mensurar o tamanho do capital social que a empresa terá, vale dizer, o valor dos imóveis e o valor do capital social é exatamente o mesmo.

IV.2.2.4.4. Sobre a interpretação de precedentes na nova ordem processual: breves provocações

As observações lançadas no subtópico anterior só vêm a reforçar os cuidados que se deve ter na interpretação de precedentes na nova ordem processual. Este trabalho não versa sobre Direito Processual Civil, mas são bastante impactantes as transformações por que passou a legislação processual e seus reflexos nos diversos domínios jurídicos, inclusive e especialmente no âmbito tributário. A partir do momento em que um Tribunal Superior fixa uma "tese", seu enunciado será replicado em milhares de processos, muitas vezes sem os cuidados necessários.

Os operadores do direito, tradicionalmente, foram formados intelectualmente para que dominassem as técnicas de interpretação de textos normativos postos no plano geral e abstrato, sejam os enunciados da Constituição, dos Códigos, das leis complementares, de leis ordinárias, decretos, portarias ou mesmo instruções normativas. Ocorre que essa classe de normas é resultado de uma avaliação de política legislativa, a qual aponta no sentido de que o legislador (em sentido amplo), olhando para a sociedade ao seu redor, decide criar uma norma para regulamentar o comportamento das pessoas. A situação fática está sempre pressuposta, mas não há uma demarcação sólida e inequívoca de quais fatos justificaram a edição da regra jurídica, abrindo-se espaço para o intérprete avaliar se há subsunção ou não do caso concreto àquela moldura normativa.

A grande diferença no sistema de precedentes é que a escolha do caso paradigma é tão importante quanto a decisão a ser tomada. Se as bases fáticas do processo eleito não são incontroversas, não são uniformes ou se não denotam uma multiplicidade de conflitos, qualquer solução que advier da causa poderá ser inservível aos demais processos, ou que é pior, poderá trazer mais problemas do que soluções. O Tribunal Superior, avaliando os elementos fáticos e as interpretações defendidas pelas partes, decide quem tem razão e formula uma tese, uma síntese, a fim de que possa ser replicada em processos iguais. Os juízes de primeiro grau e os Tribunais inferiores, por sua vez, *têm que avaliar muito bem se há identidade de parâmetros* entre o *leading case* e o caso concreto, sob pena de o pretenso *leading case* não ser, verdadeiramente, um caso paradigma. Juízes e desembargadores foram treinados, na sua formação jurídica, para interpretar a lei, que é por si só geral e abstrata, e resolver se ela se aplica ou não ao caso, de modo individual e concreto, e não para interpretar sínteses de julgamento, que são apenas o desfecho do raciocínio, cuja conclusão partiu de uma determinada base fática.

A modificação da lei, em outro momento lógico e cronológico, equipara-se ao *overruling* no sistema de precedentes, isto é, quando o Tribunal decide mudar seu entendimento. Os maiores desafios não estão aqui. A dificuldade acentuada reside na *subsunção da lei* à situação fática considerada, o mesmo se passando na *subsunção da tese* ao caso concreto. Fazer a distinção, mostrar que a previsão da lei não se amolda às peculiaridades do caso é bem menos complexo e mais fácil de convencer do que evidenciar o *distinguishing* entre a tese e o caso concreto, seja porque as bases fáticas do caso paradigma não foram devidamente esmiuçadas pelo Tribunal Superior, seja por uma presunção descabida por parte dos julgadores de instância inferior de que os Ministros consideraram todas as valências fáticas possíveis na tomada de decisão. Mantovanni Colares Cavalcante traz interessantes reflexões sobre o tema:

No Brasil, o problema é que há uma cultura consolidada de valorização de *ementas*, pois as decisões de órgãos colegiados em tribunais seguem todo um texto de um julgador que expôs sua opinião (*voto*), mas ao final *se faz um resumo* com a indicação do resultado (*ementa*) e muitas vezes ainda se faz um desdobramento para um resumo mais apertado, a *súmula*. A *ementa* e a *súmula* são *frases sem texto*.

Com o advento do Código de Processo Civil de 2015, ao final de determinado julgamento, cujo efeito será o de *vincular* todos os julgadores que estejam subordinados jurisdicionalmente ao tribunal, impõe-se a fixação de uma *tese*, e isso tem sido feito, a meu ver equivocadamente, na *ementa* (*frase sem texto*).

As consequências podem ser graves, caso não se faça a *recontextualização* dessa *frase sem texto*. Para tanto, é preciso adotar o critério fundamental de saber o que efetivamente se configura como *tese* no julgado que servirá de paradigma, simplesmente ler a *ementa* ou a *tese* ali anunciada é insuficiente.[395]

É preciso muito cuidado ao se elaborar e ao se aplicar uma tese de julgamento. O Tema 796 é a prova cabal disso.

IV.2.2.4.5. O Supremo não autorizou a cobrança do ITBI entre o valor contábil e o valor de mercado do imóvel rural

Nos trechos anteriores foram demonstradas duas premissas com relação ao pronunciamento do Supremo: (i) em primeiro lugar, realmente a redação da tese ficou obscura,

---

395. Frases sem texto: a utilização de precedentes a partir de ementas. *In:* CARVALHO, Paulo de Barros (coord.); SOUZA, Priscila de (org.). *XVII Congresso Nacional de Estudos Tributários* – texto e contexto no Direito Tributário. São Paulo: Noeses, 2020, p. 891 (com destaques no original). Vide também: BEZERRA NETO, Bianor Arruda. O que é um precedente?. *In:* CARVALHO, Paulo de Barros (coord.); SOUZA, Priscila de (org.). *XVI Congresso Nacional de Estudos Tributários* – Constructivismo Lógico-Semântico e os diálogos entre teoria e prática. São Paulo: Noeses, 2019, p. 121/131; KOURY, Paulo Arthur Cavalcante. A "sumularização" do direito tributário brasileiro: a manipulação do escopo objetivo dos julgados por meio da "tese de julgamento". *Revista de Direito Tributário Atual*, São Paulo: IBDT, nº 55, ano 41, p. 305/347, 3º quadr. 2023.

abrindo espaço para aplicação em potencial para casos que não se ajustam ao que foi julgado; (ii) tanto assim que as peculiaridades do caso eleito como paradigma são bem diferentes do que usualmente se vê nas transações em geral, e nas do agro em particular. Cabe, agora, investigar se, superado o problema da vagueza da tese, *as razões de decidir* indicam se o Supremo avalizou ou não a cobrança do ITBI sobre a diferença entre o valor contábil (valor histórico) da fazenda e seu valor de mercado (valor atual).

Fazendo um exame bem detido do voto-condutor, a conclusão a que se chega é a de que, em trecho algum do acórdão, o Supremo diminuiu a força normativa da imunidade do art. 156, § 2º, I, da Constituição, a qual existe desde o texto editado em 1988 e jamais deu qualquer margem a problemas. Tanto assim que o Ministro Alexandre de Moraes afirma que "a imunidade prevista *na primeira parte* do dispositivo (...) *é incondicionada,* desde que, por óbvio, refira-se à conferência de bens para integralizar capital subscrito" (sem destaques no original). Ora, se a imunidade da primeira parte do enunciado – justamente na qual se enquadram as transmissões promovidas por produtores para as empresas agropecuárias familiares por eles constituídas – *"é incondicionada"*, desde que o ato tenha por intuito a integralização dos bens no capital social da pessoa jurídica, isso quer dizer que é insustentável qualquer exegese levada a cabo pelo Fisco Municipal para exigir o ITBI.

O intuito do Supremo foi apenas evitar manobras societárias que pudessem diminuir o valor contábil de imóveis (por exemplo, como no caso julgado, trazendo imóveis de mais de R$ 800.000,00 por R$ 24.000,00, os quais poderiam ser depois vendidos pelos R$ 24.000,00), nesses casos sim com evasão fiscal de ITBI. Mais ainda, o Supremo também não afastou, em nenhuma linha, o comando da legislação federal que assegura às pessoas a transmissão pelo valor contábil (art. 23 da Lei 9.249/95). À luz da teoria geral da validade dos atos jurídicos, como poderia um ato jurídico concreto ser ao mesmo tempo lícito e ilícito, ou seja, legítimo aos olhos do Fisco Federal, mas não por parte do Fisco Municipal? A posição em sentido contrário leva a esse paradoxo.

Talvez, porém, o aspecto mais relevante de toda essa argumentação seja esse: tanto é equivocada a interpretação dos Municípios em torno do Tema 796 que, por mais que se procure no voto, *não se encontra a expressão "valor de mercado"*, usada pelas autoridades municipais para cobrar o imposto. Esse é o fundamento crucial da controvérsia, a cujo respeito não se tem prestado atenção, inclusive nos julgados de alguns Tribunais que têm chancelado a ilegalidade dos Municípios. O caso do Supremo era de "valor do contrato social abaixo do valor contábil dos imóveis" para "diferença do valor do contrato social para o valor contábil dos imóveis", e não "valor do contrato social igual ao valor contábil dos imóveis", nem "valor do contrato social para valor de mercado dos imóveis". É bem verdade que o Ministro chega a mencionar a diferença do "valor dos bens" para o "valor do capital social subscrito a ser integralizado", todavia, o cerne do raciocínio desenvolvido foi comparar o valor do capital social diante do valor contábil dos bens.

A diferença é gritante. Lá se combateu subterfúgio societário para que os imóveis fossem transmitidos em valor *inferior* ao contábil, coisa que não tem relação alguma com as transações realizadas pelos produtores, nas quais se busca apenas levar os imóveis das pessoas físicas para a pessoa jurídica pelo mesmíssimo valor contábil. Não houve autorização pelo Supremo para que os Municípios quisessem fazer o comparativo entre "valor contábil" (autorizado pela legislação) e "valor atual de mercado" (que nem aparece no precedente). Se o Supremo quisesse ter dado carta branca aos Municípios para que passassem a avaliar os imóveis por valor de mercado e, com isso, cobrassem o imposto sobre a diferença, com certeza isso teria constado nos votos, até pela gravidade envolvida. Mas, não constou.

Tanto isso é verdade que o Ministro Gilmar Mendes, ao julgar um caso no qual o produtor rural promoveu a integralização de sua fazenda na pessoa jurídica por ele constituída *pelo valor contábil do imóvel,* afirmou que "a controvérsia trazida na espécie *não é a mesma* que conduziu à tese firmada no referido paradigma", pois, nas palavras de Sua Excelência, "naquele processo discutia-se o valor excedente destinado à criação de capital de reserva". Com isso, a decisão do Tribunal de Justiça de Mato Grosso do Sul, que reconheceu a imunidade tributária a essa operação, foi validada.[396]

Em face desse contexto, a conclusão a que se chega é a de que não há respaldo no Tema 796 para a interpretação defendida pelos Municípios sobre essa matéria, tornando-a, portanto, ilegal.[397]

IV.2.2.4.6. Jurisprudência não cria obrigação tributária: necessidade de lei municipal específica, com respeito à anterioridade e à irretroatividade

O penúltimo desdobramento a ser considerado, de forma autônoma, é o seguinte: mesmo que a Suprema Corte tivesse convalidado essa exegese, a cobrança do ITBI dessa forma pressuporia edição de lei municipal específica, com respeito à anterioridade e à irretroatividade, porque jurisprudência não cria obrigação tributária.

---

396. RE nº 1.449.120. Rel. Min. Gilmar Mendes. *DJe* 14.06.2024 (sem destaques no original). No mesmo sentido, vide também: ARE nº 1.485.056. Rel. Min. Edson Fachin. *DJe* 30.04.2024.

397. BRAGHETTA, Daniela de Andrade. Exigência de ITBI na integralização de fazendas em empresas familiares: polêmicas e alternativas. *In:* CARVALHO, Paulo de Barros (coord.); SOUZA, Priscila de (org.). *XX Congresso Nacional de Estudos Tributários* – Direito tributário: fundamentos jurídicos da incidência. São Paulo: Noeses, 2023, p. 331/342.

Inexistindo na legislação local comando normativo prevendo que o imposto seja lançado sobre essas bases, não pode o agente público contrariar a lei local, à qual está vinculado. Jurisprudência não cria tributo. O Supremo não disse o que os Municípios dizem que ele disse. Mesmo que tivesse dito, no entanto, *os Municípios teriam que adaptar suas legislações para abarcar a possibilidade de exigência de ITBI em transações societárias*, levando em conta a diferença entre o valor do capital social e o valor de mercado do imóvel.

A Constituição Federal e o Código Tributário Nacional são normas delineadoras da competência tributária, mas seu exercício efetivo pressupõe, via lei, a edição de normas próprias por parte do ente tributante. Só com lastro na CF e no CTN o tributo não incide na municipalidade. Por essa razão, os Municípios só estariam autorizados a lançar o imposto sobre os valores atuais das fazendas nas integralizações de capital social de empresas se suas legislações, em suas Leis Orgânicas ou nos Códigos Tributários Municipais, contivessem regra expressa nesse sentido. Na maioria das localidades não há. Ao contrário, as leis locais continuam contemplando o respeito à imunidade. Trata-se de um enfoque independente sobre o assunto, o qual deve ser devidamente aquilatado. Enquanto não houver previsão específica na lei municipal, o tributo não pode ser cobrado dessa maneira.

IV.2.2.4.7. Direito adquirido, ato jurídico perfeito e o descabimento de revisão de imunidades reconhecidas

Para encerrar, se essa equivocada exegese não tem sustentação para os casos atuais e para os futuros, com muito menos razão ela pode ser projetada para o passado, revendo-se imunidades já reconhecidas. Há barreiras de índole constitucional que impedem esse tipo de pretensão, do que são exemplos o direito adquirido e o ato jurídico perfeito. Se o cidadão, dotado de boa-fé, não escondeu do Município nenhuma informação, tendo feito um requerimento formal e transparente reivindicando o reconhecimento desse direito; e se o Poder Público, após os devidos trâmites, examinou o pleito e os documentos que o embasaram, tendo deferido o pedido, revisitar esse ato administrativo para anulá-lo, longe de ser uma deferência à legalidade, é, isso sim, uma afronta a ela.

Ademais, o art. 146 do Código Tributário Nacional é outro vetor vigoroso na coibição dessas práticas, ao prescrever que a modificação introduzida, de ofício ou em consequência de decisão administrativa ou judicial, "nos critérios jurídicos adotados pela autoridade administrativa" no exercício do lançamento "somente pode ser efetivada, em relação a um mesmo sujeito passivo, quanto a fato gerador ocorrido posteriormente à sua introdução". Cuida-se, como se vê, de um mandamento realizador do primado da segurança jurídica.

CAPÍTULO V

OUTROS TRIBUTOS ESTADUAIS E MUNICIPAIS E O AGRONEGÓCIO

V.1. A EXPLICAÇÃO DESTE CAPÍTULO: ANÁLISE AGLUTINADA DE OUTROS TRIBUTOS QUE IMPORTAM AO AGRONEGÓCIO

Depois de estruturar minuciosamente as bases epistemológicas a partir das quais o tema poderia ser demarcado e sistematizado; após mergulhar, com riqueza de detalhes, sobre o ICMS que repercute na cadeia rural, avaliando os impactos desse imposto nas fases do "antes", do "dentro" e do "depois da porteira", inclusive no que diz respeito aos "fundos do agro"; uma vez examinados os pontos relevantes do ITCMD, dando especial ênfase à avaliação dos bens da atividade rural; e tendo sido escrutinados os meandros do ITBI, notadamente quanto à materialidade e à grandeza tributável; a intenção era encerrar este estudo com o capítulo "Outros Tributos Estaduais e Municipais e o Agronegócio", fazendo breves considerações sobre o IPVA, o IPTU, o ISS e as taxas municipais, demonstrando a forma como esses tributos podem ter relevância para o agro.

No meio do caminho, porém, veio a Reforma Tributária, o que deslocou este capítulo para ocupar a posição de penúltimo na ordem de exposição da matéria. Embora não seja o capítulo de encerramento do trabalho, ele é o que fecha a análise acerca do sistema *como é* atualmente, ficando o último preordenado ao exame de *como será* nos próximos anos. Uma vez seguida essa sequência, crê-se que a abordagem ficará completa, propiciando o paralelo entre o hoje e o amanhã da tributação do agro.

Pois bem, o intuito deste capítulo, como já havia sido salientado no início, é fazer com que a pesquisa não deixe de fora nenhum tributo que mereça reflexão quando se esteja a pensar sobre a maneira como Estados e Municípios vertem suas prescrições sobre o agronegócio. Para que essa missão seja satisfeita, não poderiam ser olvidados o IPVA, o IPTU, o ISS e as taxas municipais de alvará de localização e funcionamento, afinal, todas essas espécies tributárias atingem, com maior ou menor intensidade, as atividades rurais. Todavia, esses tributos, ainda que mereçam atenção por ostentarem peculiaridades dignas de nota, não apresentam densidade suficiente que pudesse justificar a abertura de um capítulo para cada um deles. Daí o motivo pelo qual, por opção metodológica, julgou-se melhor aglutiná-los neste trecho do trabalho, com sua análise em um só bloco de argumentos. Enfim, esse é o propósito.

V.2. O IMPOSTO SOBRE PROPRIEDADE DE VEÍCULOS AUTOMOTORES (IPVA) E O AGRONEGÓCIO: CABIMENTO OU NÃO DO IMPOSTO SOBRE COLHEITADEIRAS, TRATORES E DEMAIS MÁQUINAS AGRÍCOLAS (NA REDAÇÃO ANTERIOR À REFORMA TRIBUTÁRIA)

Ainda que o direito seja uno e indecomponível, uma vez que formado por um conjunto de normas jurídicas que se pretende coeso e com o objetivo de regular as condutas interpessoais, sendo dividido em ramos ou matérias apenas para fins didáticos de melhor compreensão, quem lida com o direito aplicado no dia a dia pelos Tribunais ou com o Direito com pretensões científicas bem sabe que há temas que são mais relevantes, porque mais recorrentes; e temas menos relevantes, porque mais raros. Deparar-se com um caso que envolve um contrato de compra e venda de bem imóvel é algo bastante frequente para um profissional, mas ter visto alguma vez na vida um codicilo é bem difícil. No direito tributário não é diferente: os debates sobre IR, PIS/COFINS, ICMS e ISS são comuns, mas não são constantes discussões em torno do imposto sobre exportação ou de contribuição de melhoria, por exemplo. O IPVA, a despeito de ser um tributo bem conhecido de todos, porque se projeta anualmente sobre os proprietários de veículos automotores, pode ser classificado nessa segunda categoria, dos tributos a cujo respeito há pouca litigiosidade e, bem por isso, poucas reflexões acadêmicas.

Dizer que o IPVA pode ser enquadrado na segunda categoria supramencionada não significa que ele é um tributo de segunda classe, de uma exação irrelevante. Não é isso. Todos os tributos têm sua importância e ocupam, da perspectiva puramente técnico-jurídica, igual posição no organograma constitucional. Não dá para esconder, no entanto, que as receitas arrecadadas com o IPVA são infinitamente menores do que as do ICMS, logo, é natural que os Estados deem maior atenção ao imposto que grava as transações da indústria, do comércio, do agro, dos serviços de transporte interestadual e intermunicipal e de comunicação, dentro de um contexto dinâmico, do que o tributo que colhe o fato jurídico específico de alguém ser proprietário de um veículo automotor, ainda mais se a engrenagem dessa exação é movimentada uma vez por ano, denotando um prisma estático de funcionamento. Naturalmente também as próprias pesquisas acadêmicas acabam não se aprofundando na investigação desse imposto, ficando, muitas vezes, na superficialidade dos critérios gerais de sua regra-matriz, deixando de enfrentar temas árduos, como o problema envolvendo a sujeição passiva no *leasing*. Como tivemos a oportunidade de dizer em um texto voltado ao IPVA, "a ciência não se mede pelo bolso, o que reforça a convicção de que é necessário resgatar do ostracismo esses tributos".[398]

É preciso romper, pois, com esse círculo tipicamente vicioso, no qual tudo fica como está porque ninguém se põe a pensar além do cenário dos fundamentos óbvios. O que se propõe neste trecho do trabalho é dar uma contribuição nesse sentido, é levantar provocações que possam, de algum modo, mover as estruturas cognitivas para um aspecto ainda não refletido, promovendo o saudável liame entre uma pesquisa acadêmica e os problemas práticos. Como o foco das atenções é o agronegócio, a indagação que se formula é a seguinte: *antes da EC 132/23, poderia incidir IPVA sobre colheitadeiras, tratores e demais máquinas agrícolas?*

A pergunta é relevante porque já houve pretensão dos Estados nesse sentido. Embora a recente Reforma Tributária tenha trazido agora previsão expressa sobre o tema baldando essa amplitude, não há como desconsiderar essa possibilidade em relação ao passado. Aliás, o jogo político para que, doravante, essa questão fosse tratada de maneira explícita pela Constituição só reforça a ideia de que tal problema é vivenciado por esse setor econômico, já que, do contrário, não mereceria um dispositivo constitucional para algo que não teria importância. O novo preceito da Constituição será examinado no próximo capítulo, junto com os demais introduzidos pela Reforma Tributária.

398. LOUBET, Leonardo Furtado. O Direito Tributário deve continuar a avançar: o IPVA, esse (ainda) ilustre desconhecido. *Revista de direito tributário contemporâneo*, São Paulo: RT, ano 01, v. 2, p. 141-142, set-out. 2016.

Um dos grandes desafios do IPVA é superar o olhar histórico que ainda impera quando se esteja a tratar desse tributo. Quase não há estudo sobre IPVA que não sinta a necessidade de explicar qual era o ordenamento anterior que o imposto sobre veículos automotores veio a substituir. Com frequência, bate-se na tecla de que o IPVA originou-se da EC 27/85 à Constituição de 1967 (com a redação dada pela EC 01/69), a qual passou a prever que Estados e Distrito Federal poderiam instituir imposto sobre "propriedade de veículos automotores, vedada a cobrança de impostos ou taxas incidentes sobre a utilização de veículos", sucedendo a antiga TRU – Taxa Rodoviária Única, que era arrecadada pelos Estados e pelo Distrito Federal quando do licenciamento dos veículos. Igualmente é comum a justificativa de que o IPVA foi atribuído aos Estados-membros e ao Distrito Federal porque eles controlam os cadastros de veículos por meio dos DETRANs – incumbindo ao CONTRAN e ao DENATRAN, que são órgãos federais, o estabelecimento de regras complementares administrativas e de trânsito a serem seguidas em todo o território nacional[399].

Não há problema algum em se explicar qual era e como era o ordenamento anterior para se compreender melhor uma determinada categoria jurídica, inclusive uma dada espécie tributária. "O que não está correto, no entanto, é interpretar a competência tributária desse imposto com o ranço do passado, com a mentalidade do sistema revogado".[400] Com efeito, o exame histórico, que tem potencial de enriquecer a análise, não pode servir como alicerce exclusivo ou preponderante para solução dos problemas jurídicos

399. Sobre a evolução histórica do IPVA, vide: MARTINS, Rogério Lindenmeyer Vidal Gandra da Silva. O perfil do Imposto sobre a Propriedade de Veículos Automotores - IPVA. *In:* MARTINS, Ives Gandra da Silva (coord.). *Curso de direito tributário.* 12. ed. São Paulo: 2010, p. 829.

400. LOUBET, Leonardo Furtado. O Direito Tributário deve continuar a avançar: o IPVA, esse (ainda) ilustre desconhecido. *Revista de Direito Tributário Contemporâneo*, São Paulo: RT, ano 01, v. 2, p. 142, set./out. 2016.

atuais. Se a intenção é aprofundar-se nas possibilidades do sistema normativo em vigor, em uma atitude firmemente dogmática, não cabe ao intérprete tirar suas conclusões tendo às mãos o texto vigente ontem, e não o que produz efeitos hoje, sobretudo para enxergar no diploma presente regras que existiam no passado e que não sobreviveram na elaboração do novo enredo normativo.

Outro problema bastante grave em matéria de IPVA é a lacuna legislativa existente entre a Constituição e as leis dos Estados. O estudioso do Direito Tributário é perseguido pelo tema da lei complementar. Quando se põe a pensar sobre o ICMS ou ISS, por exemplo, o intérprete é chamado a todo instante a promover associações entre a Constituição Federal, o plano da lei complementar e o horizonte das leis ordinárias. A posição intercalar da lei complementar é nota típica do ordenamento brasileiro, sendo um elemento a mais de dificuldade no já complexo domínio das normas tributárias. Não vem ao caso aqui, no entanto, enveredar-se pela polêmica discussão sobre as funções das leis complementares e o dilema sobre as correntes dicotômica e tricotômica. O que importa questionar é o seguinte: qual lei complementar dá o acabamento normativo ao IPVA, como ocorre com os demais tributos?

Nenhuma. O CTN é de 1966, o IPVA apareceu no sistema jurídico em 1985 e a Constituição é de 1988, porém, passado tanto tempo, ainda hoje não há lei complementar do IPVA. Essa falta de padronização, por certo, tem contribuído para os conflitos envolvendo esse imposto, a exemplo das divergências a respeito da materialidade (se alcança ou não aeronaves e embarcações ou mesmo as hipóteses de alienação fiduciária) e os conflitos envolvendo o local da ocorrência do fato jurídico tributário (sinal de uma verdadeira guerra fiscal que está em curso entre os Estados). A solução elaborada pelo Supremo para esse vazio jurídico foi invocar o art. 24, § 3º, da Carta da República, de acordo com o qual "inexistindo lei federal sobre normas gerais, os Estados exercerão a competência legislativa plena, para atender a suas peculiaridades".[401] A resposta não foi das mais adequadas, porque, olhando para o IPVA, não há "peculiaridades" locais a serem atendidas. Ao que se vê, a Corte só seguiu essa exegese dado que, do contrário, teria que pronunciar a inconstitucionalidade de todas as legislações estaduais envolvendo o imposto estadual.

Pois bem, essas duas características do IPVA são fatores que tornam mais dificultosa a resposta ao questionamento levantado. Saber se, na redação anterior à EC 132/23, era possível ou não exigir IPVA sobre colheitadeiras, tratores e demais máquinas agrícolas esbarra, em certo sentido, no viés histórico que está arraigado nesse imposto e na ausência de lei complementar. Sobre o aspecto histórico, porém, *há de ser afastada qualquer pretensão que tome por base a TRU – taxa rodoviária única,* que vigorava antes, *para saber se o IPVA pode ou não incidir em determinada circunstância.* Não interessa – repita-se, não interessa – se antes existia a TRU e se ela foi extinta, tendo sido substituída pelo IPVA. Afinal de contas, o IPVA foi um imposto contemplado pelo constituinte de 1988 com perfil jurídico próprio, com suas próprias valências, tanto assim que já foi modificado por três emendas constitucionais (ECs 03/93, 42/03 e 132/23) e nenhuma delas quis resgatar o sistema antigo. Se no passado a TRU pressupunha o uso de estradas, no IPVA esse fato é estranho a sua materialidade, sendo juridicamente irrelevante.

De igual modo, a ausência de lei complementar, a despeito de dificultar a questão, não tem força bastante para impedir o desate desse nó. É bem verdade que a existência de lei complementar poderia suprir esse vácuo legislativo,

401. Foi esse o mote argumentativo utilizado, por exemplo, no AI nº 167.777 (Rel. Min. Marco Aurélio, j. 04.03.1997), no RE nº 414.259 (Rel. Min. Eros Grau, j. 24.06.2008) e no RE nº 601.247 (Rel. Min. Ricardo Lewandowski, j. 29.05.2012).

trazendo segurança jurídica a todos, Fisco e contribuintes. Nada obstante, uma vez que os Estados-membros haurem sua competência do Texto Constitucional, o que genuinamente vai importar é a construção dos sentidos possíveis que os vocábulos "veículos" e "automotores" permitem, máxime se o Supremo Tribunal Federal já deixou assentado que esses entes federativos não estão obrigados a aguardar a edição de lei complementar para levar adiante a tributação, via IPVA.

Como o aspecto envolvido não diz respeito aos contornos do signo linguístico "propriedade" – algo que é extremamente relevante, mas que não está em jogo aqui – o que ganha relevância para o estudo é a extensão semântica que as expressões "veículo" e "automotor" podem conotar. Na forma do art. 155, III, da Constituição, os Estados e o Distrito Federal podem instituir imposto sobre "propriedade de veículos automotores". Essas quatro palavras que demarcam a competência outorgada servem também para construção da regra-matriz do IPVA, no trecho que importa a este trabalho. Se o imposto incide sobre a propriedade de veículos automotores, qual é o critério material? Ser proprietário de veículo automotor, evidentemente.

Todavia, o ponto nevrálgico é que o ordenamento nacional não dá uma definição do que se entende por "veículo automotor" para fins de IPVA, justamente porque não há lei complementar. O instrumento normativo que tem servido nesses debates é o Código de Trânsito Brasileiro (Lei Federal 9.503/97), o qual cumpre parcialmente os propósitos de colmatação com o IPVA. O art. 96 do Código de Trânsito vem acompanhado da seguinte epígrafe: "Dos Veículos" (Capítulo IX). A lei classifica os veículos conforme a *tração* (inciso I), a espécie (inciso II) e a categoria (inciso III). Quando se refere à tração, o Código contempla, de modo expresso, o veículo "*automotor*" (art. 96, I, "a"). E no Anexo I, intitulado "Dos Conceitos e Definições", o legislador estabeleceu, na redação da Lei 14.599/23, que, *para os efeitos do Código,* adotam-se algumas definições, entre elas a de veículo automotor, assim entendido o "veículo a motor de propulsão a combustão, elétrica ou híbrida que circula por seus próprios meios e que serve normalmente para o transporte viário de pessoas e coisas ou para a tração viária de veículos utilizados para o transporte de pessoas e coisas, compreendidos na definição os veículos conectados a uma linha elétrica e que não circulam sobre trilhos (ônibus elétrico)".

Quem olha o enunciado de forma apressada pode tirar a equivocada conclusão de que tratores e máquinas agrícolas não estariam nesse conjunto. A definição legal, entretanto, deve ser fatiada entre o que é seu núcleo e o que é seu complemento ilustrativo. O veículo automotor é aquele que é movido a motor de propulsão a combustão, elétrica ou híbrida e que circula por seus próprios meios, esse é o cerne do mandamento legal. O complemento ilustrativo adota o advérbio de modo segundo o qual o veículo automotor "normalmente" serve para o transporte viário de pessoas e coisas ou para a tração viária de veículos. Note-se, porém, que não é da essência do conceito que o veículo sirva para o transporte viário de pessoas e coisas ou para a tração viária de veículos. A prova disso é que o próprio Código de Trânsito estabelece que o *trator* é um "*veículo automotor* construído para realizar trabalho agrícola, de construção e pavimentação e tracionar outros veículos e equipamentos" – sendo certo que o trator, que é veículo automotor para o legislador do CTB, normalmente não serve para o transporte viário de pessoas e coisas ou para a tração viária de veículos utilizados para o transporte de pessoas e coisas.

Portanto, o Código de Trânsito Brasileiro propicia elementos úteis, mas não suficientes, para o exame da tributação pelo IPVA. Esse diploma legislativo estrutura o conceito conotativo de "veículo automotor" para fins de trânsito, sendo subsumível à noção de "veículo automotor" para fins de IPVA. Ou seja, o veículo movido a motor de propulsão a combustão, elétrica ou híbrida e que circule por seus próprios meios preenche os critérios exigidos para que o imposto estadual possa gravar sua propriedade. Colhendo as referências do Código de Trânsito, o intérprete identificará, denotativamente, o automóvel, a caminhonete, a camioneta, o ciclomotor, o microônibus, a motocicleta, o motor-casa *(motor-home)*, o ônibus e o trator. Não entra o que não for movido a motor de propulsão, como a bicicleta, a carroça, a charrete, o reboque e o *trailer*.

Diante desse contexto, uma parte do problema já está respondida: os tratores agrícolas são veículos automotores, de tal sorte que não haveria empecilhos, sob a ótica exclusivamente dogmática do ordenamento jurídico (antes da redação da Reforma Tributária), que fossem tributados pelo IPVA. Decidir se conviria ou não impor o IPVA sobre tratores seria algo a debater sob o ângulo da política legislativa fiscal, mas, sob o prisma apenas da Constituição Federal, não haveria invalidade alguma.

Mas, e as colheitadeiras e demais máquinas agrícolas? O fato de o Código de Trânsito Brasileiro não ter se referido a elas de maneira explícita não as retira do rol de possibilidades, tendo em vista que a enunciação exemplificativa não infirma o núcleo do conceito envolvendo o "veículo automotor". Em outras palavras, todo veículo automotor classificado como tal pelo CTB é tributável pelo IPVA, mas não é pelo fato de determinado veículo automotor não estar catalogado no Código de Trânsito que a tributação pelo IPVA fica obstada. A legislação de trânsito, dentro dessa ótica, cumpre de forma utilíssima o papel de dar o tom necessário à compreensão do tema, mas não se pode esquecer que o Código de Trânsito, evidentemente, tem por finalidade *organizar a circulação de veículos e pessoas nas vias públicas, contexto no qual não estão inseridas as colheitadeiras e as demais máquinas agrícolas*, que são usadas dentro de fazendas. Daí por que o Código não se deteve na disciplina desses veículos automotores. Não é pela circunstância de o CTB não fazer menção às colheitadeiras e demais máquinas agrícolas que o IPVA não poderia ser exigido. O que genuinamente importa é se o objeto é ou não um veículo automotor – e as colheitadeiras e demais máquinas agrícolas movidas a motor de propulsão a combustão, elétrica ou híbrida e que tenha a capacidade de se mover por seus próprios meios preenchem, inequivocamente, esses critérios.

Nesse passo fica demonstrado que o Código de Trânsito não extrapola o núcleo de significação constitucionalmente previsto para "veículo automotor", estando adequadamente compreendido dentro dos seus sentidos possíveis e legitimados. Os tratores, as colheitadeiras e as demais máquinas agrícolas movidas a motor a propulsão, antes da Reforma Tributária, poderiam ser tributados pelo IPVA. Aliás, se não fosse assim, com certeza o constituinte reformador não teria se preocupado em dar uma nova disciplina sobre as máquinas e tratores agrícolas por ocasião da EC 132/23. Seria ilógico pretender excluir do campo de tributação algo que nunca esteve nele incluído. Só é necessário lembrar que os *implementos agrícolas,* ou seja, os equipamentos usados na atividade rural que não têm motor, como roçadeiras, pulverizadores e semeadoras, não estão nessa categoria, justamente porque não são veículos automotores.

Para encerrar, sempre surge o questionamento envolvendo os cadastros das máquinas agrícolas nos DETRANs. Como tratores e colheitadeiras não têm placa identificadora, logo vem a objeção no sentido de que, na ausência de cadastro, não caberia o IPVA. Esse é um argumento frágil, porém. O art. 115 do Código de Trânsito estabelece que "o veículo será identificado externamente por meio de placas dianteira e traseira (...)". Complementando essa regra, o § 4º-A do mesmo dispositivo estabelece, na redação da Lei 14.599/23, que "os tratores e demais aparelhos automotores destinados a puxar ou a arrastar maquinaria agrícola ou a executar trabalhos agrícolas, desde que facultados a transitar em via pública, são sujeitos ao registro único, sem ônus, em cadastro específico do Ministério da Agricultura e Pecuária, acessível aos componentes do Sistema Nacional de Trânsito". O art. 129-A tem orientação prescritiva semelhante: "o registro dos tratores e demais aparelhos automotores destinados a puxar ou a arrastar maquinaria agrícola ou a executar trabalhos agrícolas será efetuado, sem ônus, pelo Ministério da Agricultura e Pecuária, diretamente ou mediante convênio".

Pelo que se pode ver, desde a Lei 14.599, de 19 de junho de 2023, os tratores e demais aparelhos automotores destinados a puxar ou a arrastar maquinário agrícola *"ou a executar trabalhos agrícolas"* (no que se inserem, em princípio, as colheitadeiras) deverão ser registrados no MAPA – Ministério da Agricultura, Pecuária e Abastecimento. O fato de esse cadastro ter que ser realizado em órgão federal não retirava a competência estadual para exigir o IPVA antes da Reforma Tributária, e mais, igualmente antes da própria obrigatoriedade de cadastro no MAPA. A mesma objeção era levantada antes, de forma equivocada, para as aeronaves e embarcações.[402]

Enfim, não havia no ordenamento jurídico nacional óbice a que colheitadeiras, tratores e demais máquinas

402. "Já a circunstância de os cadastros de aeronaves e embarcações serem nacionais, isso não é motivo para se tolher a incidência do imposto estadual. Afinal de contas, mesmo que o cadastro seja nacional e ainda que as aeronaves e embarcações possam transitar por todo território nacional, com certeza absoluta o contribuinte, mesmo no cadastro nacional, indica um endereço, com nome de rua, número, bairro, cidade e estado, que serve juridicamente de seu domicílio. Assim, para efeitos de IPVA é o domicílio do contribuinte que deve ser levado em conta para fins de tributação. Para arrematar, a possibilidade de aeronaves e embarcações transitar por todo território nacional não é característica exclusiva desses veículos, pois os terrestres também têm essa capacidade" (LOUBET, Leonardo Furtado. O Direito Tributário deve continuar a avançar: o IPVA, esse (ainda) ilustre desconhecido. *Revista de Direito Tributário Contemporâneo,* São Paulo: RT, ano 01, v. 2, p. 155, set./out. 2016).

agrícolas pudessem ser tributados pelo IPVA. Esse cenário se modificou com o advento da Reforma Tributária, como se perceberá no próximo capítulo.

V.3. O IMPOSTO SOBRE PROPRIEDADE PREDIAL E TERRITORIAL URBANA (IPTU) E O AGRONEGÓCIO

Na sequência dos tributos a serem analisados aparece o imposto sobre propriedade predial e territorial urbana (IPTU). Diferentemente do que o exame de primeiro instante pode sugerir, a abordagem se justifica *porque é possível o desenvolvimento de uma atividade rural dentro de um imóvel urbano, sendo cabível o imposto municipal,* e não o ITR. Vai daí que o estudo de um tributo que pode impactar no desenvolvimento do agronegócio, como o IPTU, não poderia ser negligenciado em uma pesquisa que se pretende ampla, mesmo que não seja tão comum a prática rural em imóveis urbanos. É necessário, no entanto, que a legislação local dispense a esses imóveis um tratamento adequado, sob pena de deturpar a adequada calibração fiscal, que há de ser respeitada.

V.3.1. A reafirmação do critério topográfico para se identificar um imóvel urbano

Se o estudo envolve tributação no agronegócio, necessariamente não é o ITR que deve incidir, mesmo que a atividade seja desenvolvida em perímetro urbano? É esse o entendimento da jurisprudência, porém, como se pretende demonstrar, trata-se de exegese incorreta. Para se chegar a essa conclusão revela-se imprescindível recuperar-se aqui algumas premissas, que estão na base dos fundamentos da tributação brasileira.

O IPTU e o ITR são dos poucos tributos que revelam zonas de conflito envolvendo o critério espacial, algo que, a bem da verdade, decorre da própria interpretação desajeitada da norma de competência. O estudo cuidadoso da distribuição de possibilidades legislativas em matéria tributária indica que o constituinte colheu o fato-signo presuntivo de riquezas identificado pela "propriedade" como hábil a fazer irradiar consequências fiscais. Enquanto a propriedade de bens móveis (veículos automotores) ficou com os Estados, via IPVA, a propriedade de imóveis foi repartida entre União e Municípios: os rurais ficaram a cargo da União, com o ITR, ao passo que os urbanos foram atribuídos aos Municípios, pelo IPTU. Não custa registrar que a pretensa "municipalização" do ITR só envolveu as atividades de fiscalização, cobrança e arrecadação, de modo que a competência tributária continua com a União. Até aí, tudo parece razoavelmente simples de ser compreendido: como não há uma terceira espécie, ou os imóveis são urbanos ou são rurais. Como se cogitar de conflitos de competência nessa matéria, portanto?

Infelizmente, o Brasil se acostumou com o fator complexidade quando o tema tratado seja o exercício da tributação. É difícil travar contato com algum tema tributário que não demande uma boa dose de controvérsia. A repartição de competências entre diversos entes federativos e a possibilidade de introdução de normas por instrumentos de vários níveis hierárquicos – isso já foi dito antes – tornam a tributação brasileira um prato cheio para inseguranças. Somem-se a isso a edição de leis mal redigidas e uma jurisprudência instável e o resultado será um terreno pantanoso no qual a única certeza é a incerteza. A busca por critérios claros e coerentes de organização e compreensão do sistema jurídico é o mínimo que o intérprete pode fazer para tentar reverter esse estado de coisas.

Pois bem, mas qual é, exatamente, o problema envolvido? A questão colocada é que, conforme a orientação que prevalece hoje, *para a zona rural incide o ITR, mas para a zona urbana não necessariamente há IPTU.* Essa solução desencontrada e desconexa é fruto do art. 15 do Decreto-lei 57/66, de acordo com o qual "o disposto no art. 32 da Lei nº 5.172, de 25 de outubro de 1966 [Código Tributário Nacional], não abrange o imóvel de que, comprovadamente, seja utilizado em exploração extrativa vegetal, agrícola, pecuária ou agroindustrial, incidindo assim, sobre o mesmo, o ITR e demais tributos com o mesmo cobrados". A sofrível redação do art. 15 do DL 57/66 instaurou na ordem jurídica brasileira uma espécie de *supraterritorialidade,* de tal ordem que para os imóveis situados fisicamente na zona rural só pode ser exigido o ITR, porém, em relação aos imóveis existentes na zona urbana, aí depende: se o imóvel estiver fisicamente na zona urbana, mas for destinado à exploração econômica de uma atividade rural, teria cabimento o ITR. Deparando-se com essa regra, o Superior Tribunal de Justiça fixou o entendimento segundo o qual "não incide IPTU, mas ITR, sobre imóvel localizado na área urbana do Município, desde que comprovadamente utilizado em exploração extrativa, vegetal, agrícola, pecuária ou agroindustrial (art. 15 do DL 57/1966)".[403]

Em estudo no qual se dedicou ao exame da tributação federal no agronegócio, este autor teve a oportunidade de dar suas razões, de forma detalhada, pelas quais acredita, piamente, que o art. 15 do DL 57/66 não foi recepcionado pela Carta em vigor.[404] Não vem ao caso aqui repetir tudo o que já foi dito naquela obra, porém, para que o raciocínio não fique incompleto, evidenciando que, a despeito de ser explorada atividade rural em imóvel urbano, só tem espaço o IPTU, convém trazer, de uma forma sintetizada, os fundamentos pelos quais a competência tributária do imposto municipal há de ser preservada.

403. REsp 1.112.646/SP. 1ª Seção. Rel. Min. Herman Benjamin. *DJe* 28.08.2009.

404. LOUBET, Leonardo Furtado. *Tributação federal no agronegócio.* 2. ed. São Paulo: Noeses, 2022, p. 461/476.

O primeiro aspecto a ser considerado é o de que, evidentemente, a norma que fala mais alto nessa seara é a de índole constitucional. Não é o CTN, muito menos o Decreto-lei 57/66 que irão ditar, com assomos de supremacia, qual a compreensão que se deve ter da regra de competência delineada constitucionalmente. Tratando do ITR, o art. 153, VI, previu que compete à União instituir "imposto sobre propriedade territorial rural". Não há, na Carta da República, um enunciado que defina o que deve ser entendido por "imóvel rural". O mesmo se pode dizer em relação ao art. 156, I, envolvendo o "imposto sobre propriedade predial e territorial urbana", não havendo um conceito de "imóvel urbano". Não há previsão explícita na Constituição e não haveria de existir mesmo, porque a Carta Constitucional "não é um texto lexicográfico, que necessite de um glossário para ser adequadamente compreendido. Há um mínimo de significação nas palavras usadas pela Constituição, um núcleo semântico básico que não pode ser desprezado pelo exegeta".[405]

Com essa advertência que se pode aceitar que coube ao Código Tributário Nacional, prevenindo potenciais conflitos de competência, esmiuçar o sentido dessas expressões, fazendo-o nos arts. 29 e 32. O critério definido pelo CTN para a zona rural foi *por exclusão,* isto é, será zona rural o que não estiver na zona urbana; e para esta, a zona urbana, o legislador adotou o critério dos melhoramentos físicos do art. 32, vale dizer, ao menos dois dos cinco requisitos devem estar presentes: (i) meio-fio ou calçamento, com canalização de águas pluviais; (ii) abastecimento de água; (iii) sistema de esgoto sanitário; (iv) rede de iluminação pública, com ou sem posteamento para distribuição domiciliar; (v) e escola primária ou posto de saúde a uma distância máxima de três quilômetros do imóvel considerado. Todos esses

---

405. LOUBET, Leonardo Furtado. *Tributação federal no agronegócio.* 2. ed. São Paulo: Noeses, 2022, p. 463-464.

melhoramentos devem ter sido construídos ou ser mantidos pelo Poder Público Municipal. Como se vê, o Código Tributário Nacional adotou, de forma inequívoca, o critério da *localização* do imóvel, a partir de dados palpáveis, dos melhoramentos físicos ali existentes ou não.

O art. 15 do Decreto-lei 57/66 tentou inverter essa lógica, mas apenas para o ITR. Como se viu, esse enunciado normativo passou a prever que, *mesmo que o imóvel esteja dentro da zona urbana*, seria possível exigir o ITR, conquanto que no referido imóvel haja exploração de uma atividade rural. É nessa parte que o problema surge e que deveria ter sido estancado. Não é a lei, ainda que pudesse ser recebida com o *status* de lei complementar, que dá os contornos da competência tributária. É a Constituição Federal e somente ela. Logo, o que importa averiguar é se o critério adotado pelo DL 57/66 é compatível ou não com o que veio a ser fixado pela Constituição de 1988. A resposta é negativa. Como esclarecemos na obra mencionada, o correto é o dado da localização, e não da destinação do imóvel:

> A Constituição outorgou competência à União para tributar a propriedade *"territorial"* rural. A noção de territorialidade, aqui, é muito forte. Quando o Texto Constitucional refere-se à propriedade "territorial" - portanto, de bem imóvel - e mais, agrega a essa locução a nota de ter de ser "rural", transmite a nítida mensagem prescritiva de que a precisa sistematização do critério distintivo deve passar por um dado físico, da localização do bem, separando as áreas rurais das áreas urbanas ("propriedade" + "territorial" + "rural"). Afinal, o território só pode ser dividido em rural ou urbano, não há uma terceira hipótese.
>
> "Área" ou "zona" rural é um conceito topográfico, físico, e não econômico. Noutras palavras, se o imposto recai sobre propriedade territorial não é a destinação econômica que lhe é empregada o fator relevante, mas sim o local onde se encontra. A competência outorgada não foi a de tributar os imóveis onde são exploradas atividades rurais; o que se deferiu foi tributar os imóveis localizados na zona rural. *Se não fosse assim, ter-se-ia que admitir que a materialidade do ITR não é "ser proprietário de imóvel rural", mas sim "explorar uma atividade econômica*

> *rural"*, o que seria um incontornável equívoco, por deturpar a própria competência fixada constitucionalmente. Nesse sentido, a legislação complementar, a pretexto de definir o que deve ser compreendido por "imóvel rural", não pode adotar um conceito econômico, que lhe é estranho. Caberia à lei apenas definir critérios divisórios a partir de dados topográficos, não econômicos, porque "área rural" ou "zona rural" remetem a uma ideia de territorialidade, e não de exploração econômica.[406]

Por essas e outras razões que o art. 15 do DL 57/66 não foi recepcionado pela Constituição em vigor, mesmo que os Tribunais digam o contrário. Essa forma míope de se compreender a ordem jurídica nas suas raízes tem levado também à criação de verdadeiros "vazios urbanos" nas cidades, pois, sendo tolhidos de exigir o IPTU sobre lotes apenas formalmente voltados à exploração da atividade rural – beirando as raias da fraude – os Municípios vêm assistindo ao crescimento de espaços desocupados, nos quais seus proprietários escondem-se do IPTU progressivo pela via de um ITR maquiado. Nessas hipóteses, o intuito do titular do imóvel não é realizar uma exploração rural propriamente dita, mas apenas escapar do imposto municipal. Eis mais um aspecto agravante, que reforça a convicção de que nas zonas urbanas o correto é incidir o IPTU.

V.3.2. A possibilidade de exploração de atividade rural dentro de um imóvel urbano

Pelas considerações expostas no subtópico anterior, é necessário que fique muito claro o seguinte: é possível, é legítimo que seja explorada uma atividade rural dentro de um imóvel situado dentro da zona urbana, porém, esse fato isoladamente considerado não retira a competência do Município para exigir o IPTU. Não é essa a jurisprudência que

---

406. LOUBET, Leonardo Furtado. *Tributação federal no agronegócio*. 2. ed. São Paulo: Noeses, 2022, p. 471-472 (com destaques no original).

vem prevalecendo, mas é essa a exegese correta do ordenamento, já que os critérios normativos encampados pelo art. 15 do Decreto-lei 57/66 não foram recepcionados pela Carta de 1988. E mais, não há contradição alguma nesse raciocínio, na medida em que o uso do imóvel – se para fins industriais, comerciais, rurais ou para moradia – é subcritério que serve para balizar a calibração do IPTU, mas não para afastá-lo.

É curial que os Municípios se valham dos instrumentos que estão à sua disposição para caracterizar e combater os casos de fraude, em que contribuintes, a pretexto de serem "produtores rurais", buscam somente camuflar uma atividade rural para continuar a especulação imobiliária, deixando de dar a destinação econômica exigida pela Constituição a imóveis urbanos. Como? Muito simples: se o indivíduo afirma que usa aquele determinado imóvel para fins rurais, então é perfeitamente possível que o Município, no exercício regular de sua fiscalização, lhe exija as provas documentais necessárias à comprovação de que ali há uma atividade econômica genuína, com comprovação das despesas de custeio e investimentos realizados na atividade rural, e mais, das receitas respectivas vindas dessa atividade. Não se olvide que o propalado art. 15 do DL 57/66, a despeito de sua redação defeituosa, passa a mensagem de que o IPTU só estará afastado se o imóvel, *"comprovadamente"*, for *"utilizado em exploração"* vegetal, agrícola, pecuária ou agroindustrial. Vale dizer, esse dispositivo não foi recepcionado pela Carta em vigor, o que, por si só, já daria ensejo exclusivamente ao IPTU, e não ao ITR, sobre esses imóveis. Todavia, mesmo que se queira dizer que seus comandos são aplicáveis ainda hoje, nem por isso o Município ficaria de mãos atadas na fiscalização. Na forma do art. 15 do Decreto-lei 57/66, o IPTU só estará afastado se e somente se houver comprovação de que ali se explora uma atividade econômica extrativa vegetal, agrícola, pecuária ou agroindustrial. O simulacro usado por alguns sonegadores de colocar no imóvel alguns poucos animais ou de plantar algumas frutas, por exemplo, não são suficientes para se dizer que ali só pode incidir o ITR. Há de haver prova de que o imóvel é usado para uma atividade econômica. Se não houver, é legítima a descaracterização para fins de ITR e o lançamento do IPTU.

Para produção dessa prova é cabível a interlocução com os órgãos federais no que diz respeito à confirmação, no âmbito do imposto sobre a renda, de que aquele contribuinte exerce, genuinamente, uma atividade rural naquele imóvel, desde que sejam respeitados os procedimentos cabíveis para o compartilhamento de dados fiscais. Mais ainda, como hoje em dia o próprio Município pode fazer o intercâmbio com a União Federal para fiscalizar o ITR – o que também é inconstitucional, mas que vem sendo praticado rotineiramente – isso significa que o Município mesmo tem em mãos os dados cadastrais daquele imóvel especificamente considerado, incluindo as alegadas atividades rurais desenvolvidas no ano anterior. Ora, basta, portanto, um cruzamento de informações disponíveis na base de dados do Município entre ITR e IPTU para que o ente municipal possa checar se, de fato, há uma real atividade rural desenvolvida no imóvel ou se essa é apenas uma estratégia fraudulenta para fugir do IPTU – cujas alíquotas são mais elevadas que as do ITR.

Em sendo afastada qualquer hipótese de fraude, aí é perfeitamente possível que convivam, harmonicamente, uma atividade rural desenvolvida em um imóvel urbano e o imposto municipal incidente sobre a propriedade predial e territorial urbana. Embora, repita-se, não sejam comuns e nem economicamente expressivas, há atividades rurais desenvolvidas em imóveis urbanos, em especial em imóveis localizados mais distantes dos centros residenciais, próximos à periferia, como chácaras. Nesses locais há exploração econômica de frutas, verduras, legumes, leite e seus derivados, mel, ovos e granjas. À luz da legislação, o indivíduo será produtor rural, recolhendo os tributos incidentes sobre essa atividade sob o prisma dinâmico da operação (como o IRPF, FUNRURAL, SENAR, ICMS etc.), e será contribuinte de IPTU, por estar seu imóvel situado dentro do perímetro urbano, sob o ângulo estático do bem.

V.3.3. A forma adequada de se apurar o IPTU onde são desenvolvidas atividades rurais

Dizer que pode incidir o IPTU sobre imóveis localizados na zona urbana onde são desenvolvidas atividades rurais não quer dizer que o imposto municipal não deva ter as devidas adaptações, merecendo a calibração da carga fiscal adequada.

Em primeiro lugar, porque o IPTU segue a lógica da planta genérica de valores. A própria municipalidade, dispondo das informações cadastrais de todos os imóveis situados na zona urbana, promove as respectivas classificações conforme os locais nos quais estão esses imóveis, os melhoramentos ali existentes, o tipo de construção e o uso. A planta genérica de valores deve espelhar, na medida do possível, as características do imóvel e seu enquadramento nos zoneamentos respectivos. Assim, o imóvel pode estar situado no centro da cidade ou em um bairro. Os bairros, por sua vez, podem ser divididos em categorias para fins de mensuração, isto é, aqueles nos quais os imóveis são considerados de valor mais elevado ou não. Além disso, devem ser apurados os melhoramentos existentes, se há energia elétrica, água encanada, sistema de esgoto e de gás, iluminação pública, asfalto, calçamento, meio-fio, arborização, meio-transporte, enfim, tudo o que pode pesar na avaliação do bem. Não é só, igualmente são feitas as análises envolvendo se o imóvel é apenas um lote ou se há construção, sendo certo que, em existindo construção, é sopesado o tipo de construção, se de um ou mais pisos, quantos banheiros existem, o número de quartos, churrasqueira, piscina etc., tudo de modo a checar, com a maior riqueza de detalhes possível, o padrão da construção. Outro fator que é levado em conta é o uso empregado, se para fins residenciais ou com objetivo industrial, comercial, religioso, educacional ou rural.

São vários os aspectos que influenciam na classificação de um determinado imóvel dentro da planta genérica de valores. E os próprios Municípios têm nos seus padrões classificatórios a modalidade "rural" para saber se em um dado imóvel é explorada uma atividade rural, realizando as adaptações necessárias. Em sendo um imóvel urbano enquadrado como "rural" é porque ali são desenvolvidas pequenas atividades rurais. Esse aspecto há de refletir no respectivo enquadramento do imóvel na planta genérica de valores, pressupondo tratar-se de um terreno amplo (onde as atividades rurais são desenvolvidas), com um padrão de construção menor e mais simples. Tudo isso há de ser refletido na base calculada, por ocasião do lançamento anual do IPTU.

V.4. O IMPOSTO SOBRE SERVIÇOS DE QUALQUER NATUREZA (ISS) E O AGRONEGÓCIO

Igualmente o imposto sobre prestação de serviços de qualquer natureza tem ocupado um espaço cada vez maior no cenário do agronegócio brasileiro. Os chamados *agrosserviços* cresceram vertiginosamente, a ponto de dados estatísticos indicarem que, em data recente, havia quase dez milhões de pessoas envolvidas com essa atividade.[407] São várias as profissões abarcadas, entre elas os serviços prestados por médicos veterinários, engenheiros agrônomos, zootecnistas, administradores de empresa, consultores na

407. Reflexos do agronegócio no mercado de trabalho brasileiro. Disponível em: https://ibre.fgv.br/blog-da-conjuntura-economica/artigos/reflexos-do-agronegocio-no-mercado-de-trabalho-brasileiro.

área ambiental, enfim, o leque é considerável. Não é esse tipo de atividade, porém, que importa a esta análise. Que um prestador de serviço que atende de forma personalizada algum cliente está ao alcance da incidência do ISS isso parece indiscutível. O que vai importar são algumas operações distintas, inclusive algumas delas relativamente novas que esse pujante segmento vem trazendo, as quais merecem ser refletidas quanto ao seu adequado enquadramento para fins de ISS.

V.4.1. O ISS e as atividades de armazenagem de grãos

Quando da análise do ICMS envolvendo o ciclo situado no "depois da porteira", os agentes econômicos foram classificados de acordo com o tipo de atividade empregada, incluindo os armazéns gerais. Salientou-se, no entanto, que a armazenagem em si de grãos não denota uma operação relativa à circulação de mercadoria, estando alheia ao ICMS, porque, na mera armazenagem, não há compra e venda. Ou seja, quando o produtor destina sua produção agrícola a um armazém geral, o intuito é o de que os grãos fiquem ali depositados, sob sua guarda, formando uma relação jurídica própria, até que o produtor decida vendê-los. Se o agricultor resolver vender a produção para um terceiro, aí haverá uma segunda relação, essa sim submetida, em tese, ao ICMS. Pode ocorrer também de o produtor entabular a venda com o próprio armazém geral, formando igualmente outra relação jurídica, a qual, nessa hipótese, não será de simples prestação de serviços, mas de genuína compra e venda de mercadorias. Nessa modalidade a empresa assume atividade própria de cerealista, sendo comum, aliás, que esses estabelecimentos tenham como objeto social não só a atividade de armazém (prestação de serviços), como também de compra e venda de grãos.

Pois bem, o que importa a este trecho do trabalho é o exame mais detalhado dessas operações, se sujeitas ou não ao ISS. A primeira observação a ser feita é justamente a que se mencionou acima, isto é, a distinção clara se o negócio jurídico envolve mera guarda de produtos agrícolas ou se o ato diz respeito a uma compra e venda. Na verdade, dificilmente um estabelecimento como esse é estruturado para servir apenas como armazém geral, como mero prestador de serviços. Por questões logísticas e de oportunidade de negócios, o normal é que, em uma mesma empresa, sejam oferecidas duas possibilidades ao produtor: (i) ou ele encaminha os grãos aos silos do armazém geral para guarda e conservação, ali permanecendo mediante uma remuneração, para que depois voltem à fazenda do produtor (se ele tiver silos em sua propriedade que já estiverem desocupados) ou para que dali saiam diretamente a outro estabelecimento, em virtude de um contrato de compra e venda de grãos com terceiro; (ii) ou então fiquem momentaneamente depositados na empresa como atividade de armazenagem típica, até que as condições de preço melhorem e então o produtor faça a venda dos grãos para esse mesmo estabelecimento, o qual, dentro dessa ótica, tem um duplo ganho, isto é, pela cobrança de determinado preço pela prestação de serviços e ainda pela compra dos grãos (os quais, em virtude dos serviços remunerados, já foram padronizados, isto é, estão em condições de serem comercializados), compra essa em patamares de mercado favoráveis à companhia, viabilizando posterior revenda desses produtos em valores mais elevados.

Apesar de aparentemente ser fácil distinguir uma operação da outra, na prática nem sempre é isso o que ocorre. Mesmo na atividade de guarda em si dos grãos, não há simples recebimento e armazenamento de produtos "brutos", pelo contrário, dá-se uma classificação dos cereais, compreendendo a recepção, a limpeza, a secagem e a armazenagem propriamente dita, denotando um beneficiamento, o que tem atraído discussões sobre a incidência de IPI e, por corolário, do próprio ICMS. A Fazenda do Estado de São Paulo, por exemplo, já manifestou entendimento no sentido de que "a atividade de secagem de grãos (beneficiamento), se executada sobre mercadorias de terceiro, destinadas a posterior comercialização ou industrialização pelo autor da encomenda, sujeita-se à incidência do imposto estadual".[408]

A grande dificuldade envolvendo esse tema é a de que as atividades de armazéns gerais são tangenciadas por vários deveres instrumentais que gravitam sobre o ICMS, haja vista a necessidade de controle por parte do Estado das futuras operações de venda dos grãos. Noutras palavras, o grão não é depositado no armazém apenas para guarda, sem qualquer destinação comercial futura; pelo contrário, o produto agrícola fica ali momentaneamente depositado para que seja comercializado assim que as condições de preço, ao ver do produtor, estejam mais benéficas. Portanto, não se questiona que a armazenagem é uma etapa, uma fase prévia e preparatória para comercialização posterior. Entretanto, *nem por isso a atividade de armazenagem em si, isoladamente considerada, deve ser vista como sujeita ao ICMS*. Relembre-se que há lei própria disciplinando o sistema de armazenagem de produtos agropecuários, a Lei 9.973/00. E a regulamentação dessa lei, introduzida pelo Decreto 3.855/01, reforça a convicção de que há duas operações bem distintas, a da armazenagem propriamente dita e a da comercialização para o próprio estabelecimento, se e somente se as partes envolvidas entrarem em acordo. O art. 12 do referido decreto prescreve que "a comercialização do produto recebido em depósito requer a prévia concordância formal do depositante, ou a de seu representante legal, devendo o documento de formalização ser mantido arquivado até o vencimento do contrato", no

---

408. Resposta à consulta tributária nº 20842/2019, de 29 de outubro de 2020. Disponível em: https://legislacao.fazenda.sp.gov.br/Paginas/RC20842_2019.aspx.

que é complementado pelo parágrafo único, o qual dispõe que "o depositário deverá manter registros específicos das operações de comercialização dos produtos de terceiros".

Como se vê, não há de se cogitar de ICMS sobre a atividade de armazenamento, ainda que a empresa não se limite a receber e a devolver o mesmo produto. Há, de fato, um beneficiamento sobre os grãos, mas o negócio jurídico de armazenagem não pode ser confundido com outro, que lhe é distinto, compreendendo a comercialização, com terceiros ou com o próprio estabelecimento onde o produto está depositado. Trata-se de exegese decorrente da própria distribuição de competências fixada nos arts. 155, II, e 156, III, da Carta Constitucional, os quais segregam os atos de operação relativa à circulação jurídica de mercadorias, indicando uma transferência de propriedade, dos que envolvem uma prestação de serviços. Enquanto os grãos estão depositados no armazém, eles continuam sendo de propriedade do agricultor, não havendo que se falar em ICMS. Inclusive, porque pode ser que o agricultor resolva não comercializar seus produtos com a empresa onde os grãos estão depositados, mas com outra. Ora, como haveria ICMS sobre a armazenagem, se nessa hipótese o vendedor (o agricultor) faz a comercialização com um terceiro, que não o armazém geral?

A Lei Kandir não contraria essa hermenêutica. O art. 12, III, preconiza que se considera ocorrido o fato gerador do imposto no momento "da transmissão a terceiro de mercadoria depositada em armazém geral ou em depósito fechado, no Estado do transmitente". Ora, se só se reputa ocorrido o fato jurídico tributário no momento *"da transmissão"* da mercadoria, enquanto não houver transmissão de propriedade não há ainda fato alcançável pelo ICMS. O Convênio SINIEF s/n, de 15 de dezembro de 1970, corrobora essa linha argumentativa, prescrevendo no art. 26 que as remessas de mercadorias para armazém geral deverão estar acompanhadas de nota fiscal, a qual conterá, entre outros requisitos, a indicação dos dispositivos legais que preveem a *"não incidência"* do imposto estadual. A título exemplificativo, o Regulamento do Código Tributário Estadual de Goiás igualmente prevê no art. 79, I, "l", que o ICMS *"não incide sobre"* a operação que *"destine mercadoria a armazém geral"* situado dentro do Estado, para depósito em nome do remetente e seu retorno ao estabelecimento depositante. O art. 2º do Anexo XII dispõe que essa operação deve ser classificada como "outras saídas – remessa para depósito", devendo ser citado o dispositivo legal indicador da *"não incidência do ICMS"*. Trata-se, portanto, de categoria desonerativa que envolve a "não incidência" enquanto hipótese explicitadora de ato jurídico que não se encaixa à materialidade do imposto estadual ("não incidência em sentido amplo").

Dizer que não incide o ICMS sobre a armazenagem não significaria dizer, necessariamente, que seria forçoso concluir que caberia o ISS, mas nesse caso específico é, sim, o que deve ocorrer. Não é porque não tem cabimento um imposto que, por consequência, algum outro deve incidir. Só haverá que se cogitar de algum tributo sobre determinado fato econômico se estiverem ajustadas a previsão constitucional para esse tributo e as circunstâncias empíricas que o fato apresenta. Na armazenagem, a atividade desenvolvida pelo contratado se subsome, se amolda à hipótese de incidência admitida constitucionalmente, que é a de uma prestação de serviços ao contratante. Nas palavras do Prof. Aires Fernandino Barreto, considera-se serviço tributável "o desempenho de atividade economicamente apreciável, sem subordinação, produtiva de utilidade para outrem, sob regime de direito privado, com fito de remuneração, não compreendido na competência de outra esfera de governo".[409]

---

409. *ISS na Constituição e na lei.* São Paulo: Dialética, 2003, p. 35.

Adentrando nas especificidades da operação, o produtor rural remete os grãos colhidos em sua fazenda para que o estabelecimento os guarde, sob sua fé, competência e risco, mediante um acerto prévio de remuneração, ficando obrigado a devolvê-los, assim que solicitado. Ou seja, o armazém geral deve guardar os bens, de forma adequada, para que sejam restituídos quando o contratante o requerer. Mais ainda, os grãos não são armazenados da mesma forma como recebidos, isto é, o "grão verde", o "grão bruto". Há todo um processo de beneficiamento aplicado, compreendendo a coleta em grandes recipientes (recepção); a partir daí é feita a limpeza, descartando as impurezas (como sujeiras, palhas, insetos, restos de vegetação daninha); realiza-se a classificação, separando apenas os grãos com potencial comercial, eliminando-se os avariados (queimados, ardidos, mofados, fermentados, germinados, danificados, imaturos e chochos); e promove-se a secagem dos grãos (eliminando-se o excesso de umidade), por exemplo com a injeção de ar quente por meio de dutos.

Ora, considerando esses aspectos, parece não haver dúvida acerca do enquadramento da operação no subitem 11.04 da Lei Complementar nº 116/03, o qual arrola como modalidades de serviços para incidência do ISS o "*armazenamento,* depósito, carga, descarga, arrumação e *guarda de bens* de qualquer espécie".[410] E mais, cabe o enquadramento também no subitem 14.05, de acordo com o qual são serviços tributáveis pelo imposto municipal, entre outros, o *"beneficiamento"*. Quando chamado a decidir questão análoga, o Superior Tribunal de Justiça decretou que incide ISS sobre armazenagem em terminal portuário alfandegado.[411] E olhando sob a ótica do beneficiamento do arroz, o Tribunal de Justiça do Rio Grande do Sul posicionou-se no

410. Nesse sentido: DÁCOMO, Natália de Nardi. *Hipótese de incidência do ISS*. São Paulo: Noeses, 2006, p. 164.

411. REsp 1.805.317. 1ª Turma. Rel. Min. Gurgel de Faria. *DJe* 18.02.2021.

sentido de que "a prestação de serviço de beneficiamento enseja a cobrança de ISS".[412]

Portanto, é correto afirmar que as atividades de armazenagem de grãos – a etapa da armazenagem, não eventual compra e venda do produto, posteriormente, pelo armazém – estão submetidas ao ISS. O problema que resta a considerar é o do "preço" do serviço, refletindo na base de cálculo. Mas, se o ISS é um imposto que incide sobre a prestação de serviços; se a base de cálculo desse imposto é o valor cobrado pelos serviços; e se a armazenagem é um serviço tributável, qual exatamente seria o problema existente? A questão envolvida, como foi demonstrado no Capítulo II, é que *na armazenagem de grãos o contratado não cobra pelos seus serviços em dinheiro, mas aplica um "desconto" sobre a quantidade dos produtos depositados,* ficando para ele, armazém, esses grãos pelos serviços prestados.

Com efeito, o armazém cobra pelos serviços pelo que se conhece no mercado como "descontos", sendo essa a contrapartida exigida pelas atividades de recepção, limpeza, secagem e a própria armazenagem. No caso da soja, a remuneração é cobrada por saca, de modo a transformar a "soja bruta" em soja "padrão-indústria". Quando os grãos do produtor são descarregados dos caminhões a granel no armazém há um padrão classificatório aceitável, o qual é definido pela Instrução Normativa 11/07 do MAPA (com respaldo na Lei 9.972/00 e no Decreto 6.268/07) em até 1% de impurezas, 8% de avariados e de até 14% de umidade dos grãos. Essa é a margem de tolerância, a qual é aferida por amostragem. Sendo ultrapassadas essas margens, o produtor sofrerá descontos sobre as cargas, em grãos. E esses grãos ficam com o armazém. Além disso, com relação aos serviços de armazenagem em si, cobra-se do produtor

412. Apelação Cível nº 0031379-85.2019.8.21.7000 (nº 70080594708). 2ª Câmara Cível. Rel.ª Des.ª Laura Louzada Jaccottet. *DJe* 06.02.2020.

um montante na entrada (também em sacas) e outro quinzenalmente, de tal modo que, quanto mais o produto ficar depositado, maior será o "desconto" aplicado sobre o produtor, ficando esses grãos também com o armazém. Por fim, há, ainda, o desconto a título de "quebra técnica", que é o percentual admitido pela CONAB pela perda de umidade do grão (admite-se uma perda de 0,005 por dia por quilo).

Ou seja, *o produtor não desembolsa dinheiro para pagar pela armazenagem dos grãos.* A remuneração do armazém vem mediante esses "descontos", aplicados sobre o próprio produto. O agricultor deposita, por hipótese, 100 sacas de soja bruta e recebe de volta 96 sacas de soja padrão-indústria. Essa diferença a menor é a remuneração cobrada pelo armazém pelos serviços. Estaria o ISS, por conta disso, inviabilizado de incidir? Não, pois o pagamento do preço pode ser em dinheiro ou em bens. Para que a municipalidade não fique prejudicada, basta checar junto aos armazéns os montantes "descontados" do produtor, em sacas de soja, apurar o valor da saca no dia da liquidação da operação e aplicar sobre essa base a alíquota prevista para o imposto. Note-se que o produtor não "vendeu" soja ao armazém nessa operação; ele, na verdade, pagou pelos serviços em produto mesmo, isto é, em grãos. Nem por isso se desnatura a relação jurídica como uma genuína prestação de serviços. Eis mais um aspecto diferenciado envolvendo a tributação do agro, que merece ser pensado.

V.4.2. O ISS e o "boitel"

Outra modalidade de negócios bem típica do agro é a de confinamento de bovinos, o chamado "boitel". Ela já foi mencionada neste trabalho, quando se examinou o cabimento ou não de se estabelecer um contrato de parceria rural entre o pecuarista e a empresa de confinamento, com seus respectivos reflexos no ICMS, sendo positiva essa possibilidade, desde que as partes, de fato, entabulem a partilha de riscos e dos resultados advindos da operação. Entretanto, foi esclarecido também que pode ser que o pecuarista não queira dividir seus lucros com o estabelecimento, preferindo pagar um valor fixo diário por cabeça. Trata-se de uma hipótese perfeitamente válida e que é praticada também por alguns produtores rurais.

Em sendo esse o perfil do contrato, seria possível dizer que estaria presente uma parceria rural, com a possibilidade de divisão dos resultados e, portanto, com o futuro recolhimento do ICMS pela venda dos bovinos que couberem para cada um? Não, como foi exposto no trecho em que esse tema foi trazido, só há verdadeira parceria quando as partes assumem os riscos do negócio. Se no modelo citado o pecuarista não quis partilhar riscos, nem dividir lucros com o confinamento, preferindo pagar um valor por dia por rês, não há parceria rural, de tal modo que todo o rebanho pertencia e continuará a pertencer a ele. Nesse formato o confinamento não irá receber nenhum animal como pagamento. E é aqui que surge a dúvida: se nessa hipótese o valor a ser recebido pelo confinamento será uma importância fixa e em dinheiro, estaria configurada uma prestação de serviços, passível de cobrança pelo ISS?

A questão é nova e se desconhece qualquer caso em que algum Município tenha exigido o ISS sobre os valores cobrados pelo confinamento. Nem por isso, porém, o tema é irrelevante, ao contrário, o intuito da tese é justamente examinar os aspectos polêmicos e ainda inexplorados da tributação no agronegócio. Para dizer se cabe ou não o ISS nessa modalidade de contrato, em primeiro lugar é necessário entender a operação. Não se discute que a empresa que faz o confinamento cobra um preço por isso. E não se questiona também que não há transferência de propriedade dos bovinos na modalidade "diária fixa". O que faz a empresa é receber os animais do pecuarista, colocando-os nas suas estruturas físicas, para guarda, trato, manejo, atendimento veterinário e, fundamentalmente, fornecimento de intensa nutrição animal aos bovinos, de modo a que haja ganho de peso. O cerne do contrato não é o deslocamento dos animais dos pastos da fazenda para a sede do "boitel" apenas para que lá sejam cuidados. O que se busca, isso sim, é que o animal engorde, de sorte que, por ocasião do abate pelo frigorífico, o produtor possa receber um retorno financeiro maior. A guarda dos animais, o trato, o manejo e os cuidados veterinários são importantes, mas não são o núcleo do propósito das partes. Só há sentido cogitar-se de remessa de bovinos para o confinamento se os animais ganharem peso. É a nutrição animal, pois, o traço marcante do negócio.

Em princípio, essa seria uma prestação de serviços, perfeitamente cabível debaixo do regime jurídico do ISS. Há, de um lado, um contratante (o pecuarista), de outro, o contratado (a empresa de confinamento) e um objeto, que revela uma obrigação de fazer (tratar os animais para que ganhem peso). O problema é que quando se olha para os 40 (quarenta) itens da lista da Lei Complementar nº 116/03, em nenhum deles há subsunção. Como hoje já não se discute, a partir da jurisprudência consolidada pelo Supremo, que a lista do ISS é taxativa, comportando interpretação elástica apenas com relação aos congêneres, só pode o Município pretender fazer incidir ISS se o ato estiver catalogado como um serviço tributável.[413]

O item 03, por exemplo, prevê que os serviços podem ser prestados "mediante locação, cessão de direito de uso e congêneres". Sem embargo dos debates sobre a locação, reputada inválida pelo Supremo Tribunal Federal, o fato é que esse item é inservível, pois o confinamento não "cede"

413. Tese: "É taxativa a lista de serviços sujeitos ao ISS a que se refere o art. 156, III, da Constituição Federal, admitindo-se, contudo, a incidência do tributo sobre as atividades inerentes aos serviços elencados em lei em razão da interpretação extensiva" (Tema 296). RE 784.439. Tribunal Pleno. Rel.ª Min.ª Rosa Weber. *DJe* 15.09.2020.

ou "loca" sua estrutura física ao pecuarista.[414] Na verdade, o pecuarista envia seus animais ao estabelecimento e é a própria empresa que continua a ocupar as instalações. Também o nome "boitel", pelo qual essa operação ficou conhecida, não pode induzir o intérprete a equívocos.

O item 09 da lista prevê que são serviços alcançáveis pelo ISS os relativos à "hospedagem, turismo, viagens e congêneres", mas não se pode dizer que os bovinos são "hospedados" no estabelecimento, tendo em vista que esse é um tipo de serviço disponibilizado essencialmente a humanos.

O item 14, de igual modo, não se encaixa ao caso. O legislador estabeleceu para essa faixa de incidência os "serviços relativos a bens de terceiros". Examinando os respectivos subitens, em especial o 14.01 e o 14.05, os atos ali descritos não resolvem a questão, por envolver, por exemplo, lubrificação, limpeza, lustração, conserto, restauração e conservação de "máquinas, veículos, aparelhos, equipamentos, motores, elevadores ou de qualquer objeto" e por indicar a restauração, recondicionamento, acondicionamento, pintura, beneficiamento, lavagem, secagem, tingimento, recorte, acabamento, polimento e "congêneres de objetos quaisquer". Não há agregação do perfil legislativo desses itens e subitens à situação envolvida, que é a de fornecimento de nutrição a animais.

E nem mesmo o item 05 da lista, que cuida dos "serviços de medicina e assistência veterinária e congêneres", amolda-se a esse contrato. A despeito de existirem cuidados veterinários quando os animais estão no confinamento, *o objeto do contrato não é esse*, mas sim a oferta de ração com alto valor proteico para que o animal engorde. O subitem 05.08, ao referir-se à "guarda" e ao "alojamento" de animais no contexto veterinário, está claramente preordenado a disciplinar

---

414. Súmula Vinculante 31: "É inconstitucional a incidência do imposto sobre serviços de qualquer natureza – ISS sobre operações de locação de bens móveis".

os "*pet shops*" e estabelecimentos do gênero, nos quais pequenos animais ficam momentaneamente sob a guarda da empresa, sendo essa a intenção das partes – não havendo qualquer preocupação com o fornecimento de nutrição animal e com os resultados advindos do ganho de peso.

Enfim, a atividade desempenhada pelo "boitel" seria, em princípio, passível de ser tributada pelo ISS. No entanto, falando de forma pragmática, não há na Lei Complementar 116/03, na sua redação em vigor, qualquer item que autorize a exigência do imposto sobre esse negócio jurídico. Eventual modificação da lei, em um olhar *de lege ferenda*, pode levar a uma mudança desse cenário para o futuro.

V.4.3. As UBSs – Unidades de Beneficiamento de Sementes e o ISS

A derradeira modalidade de novos negócios que o agro vem mostrando selecionada para este estudo diz respeito às UBSs – unidades de beneficiamento de sementes. Mais uma vez é cabível resgatar trechos anteriores desta pesquisa, de modo a fazer o paralelo com o ISS, enriquecendo as reflexões. Por ocasião do exame das operações de ICMS dos agentes situados "antes da porteira", discutiu-se se o imposto estadual pode ou não incidir sobre os valores de *royalties* cobrados na venda de sementes geneticamente modificadas, tendo se concluído que não. Se não incide ICMS, pode incidir então o ISS? Esse é o tema a ser analisado aqui.

A resposta passa pelo posicionamento de cada ator econômico no seu devido eixo. Há, em uma ponta, a empresa multinacional que desenvolve a tecnologia e que é detentora do registro no INPI; ao meio, estão as "sementeiras", que são as empresas que se encarregam de multiplicar as sementes, responsabilizando-se pelo plantio com finalidade de semeadura, pela colheita e pela ulterior venda desse produto já padronizado (podendo existir também os meros revendedores, comerciantes que compram com intuito de revenda); e, na outra ponta, estão os produtores rurais, que adquirem as sementes para produção agrícola.

A primeira indagação que surge é se seria cabível o ISS sobre o pagamento de royalties das "sementeiras" para a multinacional. Ou seja, o aspecto levantado é se a companhia detentora da patente prestaria um "serviço" aos demais elos da cadeia, na modalidade "serviços de pesquisa". Esse debate já surgiu, tendo os Tribunais decidido que "considerando que os contratos acostados preveem a cobrança de *royalties* sobre a licença para a multiplicação, o armazenamento e a comercialização de espécies de sementes de trigo melhoradas geneticamente, não cabe a incidência de ISS, pois não se enquadra como prestação de serviços de pesquisa".[415] De fato, nem a multinacional presta um serviço à "sementeira", nem o contrário, vale dizer, a empresa local também não tem uma obrigação de fazer para com a indústria titular da patente. O que há, de fato, é o pagamento do *royalty* pelo uso da tecnologia. E não se trata, como bem pontuado pela Corte estadual, de pagamento pela prestação de serviços de pesquisa.

Não sendo cabível o ISS sobre essa operação, em qual outra haveria discussão? A outra diz respeito à "terceirização" da produção de sementes. Com efeito, as UBSs necessitam de grandes espaços territoriais para que as sementes sejam plantadas e para que os grãos com finalidade de semeadura sejam colhidos. Ou seja, olhando de fora não haveria diferença alguma entre uma plantação de soja para produção de grãos comerciais e uma plantação de soja para geração de sementes, por exemplo. Entretanto, nem todo lugar é propício ao plantio de soja para futura produção de sementes, na medida em que a terra e as condições de altitude devem atender a determinados padrões. Logo, não dá para plantar soja para

---

415. Tribunal de Justiça do Rio Grande do Sul. Apelação Cível nº 0263385-64.2019.8.21.7000 (nº 70082914763). 2ª Câmara Cível. Rel. Des. Ricardo Torres Hermann. *DJe* 08.11.2019.

semente onde se quer, mas apenas onde se pode. E isso reduz os espaços disponíveis para que essas empresas possam se dedicar ao plantio para semente. Por conta disso, elas são forçadas a firmar contratos com determinados produtores donos de terras aptas à geração de sementes, para que eles plantem os grãos cuja colheita, por força de contrato, estará vinculada à UBS, com objetivo de seleção para sementes. Uma unidade de beneficiamento de semente pressupõe uma escolha rigorosa no padrão dos grãos, os quais devem ser classificados com critérios técnicos adicionais de exigência. Não é só isso, a conservação deve ser feita em temperatura amena, de tal modo que os barracões devem ser adequadamente refrigerados. É um processo trabalhoso.

Pois bem, mas nessa hipótese narrada o produtor estaria a prestar um "serviço" à UBS? Ou seja, a UBS seria a contratante de um "serviço" a ser prestado pelo produtor, que teria por cerne o plantio de grãos para geração de sementes? Também não. Não se trata de prestação de serviço, pois não há uma obrigação de fazer envolvida. As terras são do agricultor e ele que faz o plantio, com seus próprios investimentos. O que há, isso sim, é o desenvolvimento do plantio em determinada região predeterminada da fazenda ("talhões"), a qual é constantemente fiscalizada pela UBS para controle de qualidade, de modo que, em se atingindo o ponto de colheita, aqueles grãos serão vendidos pelo produtor à empresa em razão de contrato, evidentemente que por um preço maior do que o grão comum. Não há, portanto, que se cogitar de ISS também nessa modalidade de negócio.

V.5. AS TAXAS MUNICIPAIS A TÍTULO DE ALVARÁ DE LOCALIZAÇÃO E FUNCIONAMENTO E O AGRONEGÓCIO

Para encerrar este capítulo, vale a pena trazer um entrave não muito comum – mas que, vez por outra, acontece e é bastante descabido – que os produtores rurais enfrentam nas suas atividades econômicas. Quando desempenha a agricultura ou a pecuária na condição de pessoa física, o produtor pleiteia junto ao Fisco Estadual uma inscrição estadual, indicando o nome e o local da fazenda onde a atividade será explorada, e o órgão estadual a concede. Trata-se de algo bem corriqueiro. No entanto, quando decide desenvolver a atividade rural como pessoa jurídica (sociedade agropecuária), indicando como domicílio fiscal a sede da fazenda, é necessário pedir um alvará de localização e funcionamento junto ao Município no qual o imóvel está situado e aí, em algumas localidades, vem a surpresa: a autoridade fiscal municipal, seguindo com as vistas cerradas a cartilha que lhe é imposta, sem saber como agir calcula o montante da taxa levando em conta o tamanho total da propriedade rural, o que, não raro, gera um valor elevadíssimo a título de taxa.

Não é preciso muito esforço para demonstrar que essa prática não se sustenta. Primeiro porque é questionável, para dizer o mínimo, a exigência de um "alvará de localização e funcionamento" sobre um imóvel que está na zona rural e que não tem atendimento ao público, justamente porque nada mais é do que a sede da fazenda. As taxas, como se sabe, decorrem ou da prestação de serviços públicos específicos e divisíveis, fruídos ou fruíveis, ou então *"em razão do exercício"* do poder de polícia, nos termos do art. 145, II, da Constituição. Ademais, o poder de polícia, conforme o art. 78 do Código Tributário Nacional, é a atividade da Administração Pública que, limitando ou disciplinando direito, interesse ou liberdade, regula a prática de ato ou a abstenção de fato "em razão de interesse público concernente à segurança, à higiene, à ordem, aos costumes, à disciplina da produção e do mercado, ao exercício de atividades econômicas dependentes de concessão ou autorização do Poder Público, à tranquilidade pública ou ao respeito à propriedade e aos direitos individuais ou coletivos". Trata-se de um apanhado grande de expressões vagas, porém, parece claro que em nenhuma delas a exploração de atividade agropecuária em imóvel rural se encaixa. Se o exercício dessa atividade no modelo de pessoa física não depende da aquiescência do Poder Executivo Municipal, por que razão plausível o simples fato de a exploração ser por intermédio de uma pessoa jurídica, *que não tem atendimento ao público*, legitimaria a cobrança de uma taxa? Nenhuma.

Mesmo, no entanto, que se admitisse a competência do Município para impor um alvará de localização e funcionamento, nem por isso o cômputo da taxa levando em conta o tamanho da fazenda estaria respaldado. Ora, a taxa é norteada pelo princípio da retributividade, o que significa dizer que sua exigência deve ter por parâmetro o reembolso do custo da fiscalização. Atualmente, a expedição eletrônica de um alvará para uma sociedade agropecuária sequer pressupõe a ida dos fiscais até a zona rural, e muito mais do que isso, não leva a custos da máquina pública que deveriam ser dosados pelo tamanho da propriedade. A fiscalização em potencial do Município, acaso existente, diz respeito apenas ao funcionamento da parte de escritório da fazenda, com a recepção e expedição dos documentos fiscais, não tendo relação alguma com o cumprimento das exigências legais atribuíveis às terras, a exemplo das questões agrárias, fundiárias, ambientais ou trabalhistas. Se a fazenda tem 100, 1.000 ou 10.000 hectares é algo *absolutamente irrelevante* para fins de emissão do alvará de localização e funcionamento. Nessa ordem de ideias, a taxa pelo exercício do poder de polícia jamais pode ter por base de cálculo a extensão do imóvel rural. Eis mais um ponto que merece atenção no estudo da tributação incidente sobre o agronegócio brasileiro.

CAPÍTULO VI

A REFORMA TRIBUTÁRIA E O AGRONEGÓCIO

VI.1. O CONTEXTO DA ABORDAGEM SOBRE A REFORMA TRIBUTÁRIA NESTA OBRA

Concluído todo esse longo – mas necessário – percurso, no qual foram enfrentados, um a um, os desafiantes temas da tributação estadual e municipal que geram efeitos sobre o agronegócio, a intenção inicial era encerrar por aí, propiciando ao leitor um texto sistematizador, consistente e aprofundado revelando *qual é* e *como é* esse subsistema próprio. Entretanto, no curso da pesquisa acabou por advir a tão falada "Reforma Tributária", algo que vinha sendo anunciado há décadas, mas que nunca saía do papel. Quando já ninguém mais acreditava que haveria espaço intelectual e político para uma alteração profunda do ordenamento, foi aprovada a EC 132, em 20 de dezembro de 2023.

Com o surgimento de um veículo normativo de estatura constitucional e tão relevante, evidentemente que o estudo não poderia ignorar a força dessa inovação, fingindo que ela não trará reflexos para o agro. Por esse motivo, as energias tiveram que ser renovadas para que o projeto continuasse, de tal modo a ampliar o horizonte para dar o contexto de *como será* a tributação que incidirá sobre o agro no futuro. Aliás, por isso mesmo o título da obra teve de ser adaptado, passando a ser denominado "Tributação Estadual e Municipal no Agronegócio: antes e depois da Reforma Tributária". Daqui a alguns anos continuará a existir um modelo próprio de tributação de Estados e Municípios para a atividade rural no que concerne ao ITCMD e ao ITBI, por exemplo, mas com a profunda supressão do ICMS e do ISS, que deixarão de existir, havendo uma tributação aglutinada daí em diante.

Justamente por conta disso, são necessárias duas explicações. A primeira delas, como advertido na apresentação do livro, gira em torno da expressão *"como será"*. No exato instante do fechamento deste texto ainda não foram aprovadas as leis complementares que darão o acabamento normativo à Reforma Tributária. E sem a regulamentação da EC 132/23 não dá para saber ainda, com exatidão, *"como"*, de fato, *"será"* o novo sistema. Estaria então inviabilizado o enfrentamento do tema, sendo recomendável ao intérprete dar as costas à pujante circunstância de que já há uma profunda reestruturação constitucional em vigor? De forma alguma. Ora, o que se espera de um jurista é que passe longe da covardia, que não incorra em omissão. Seu papel é apontar caminhos, é mostrar os meios exigidos para que a tributação seja desempenhada com respeito estrito à Constituição, sobretudo quando a Carta tiver sido reformada. Aliás, no ambiente de "limbo jurídico" que a obra pode ter mais utilidade ainda, a fim de que as leis complementares que venham a ser votadas não destoem dos novos limites fixados constitucionalmente. Por isso o *"como será"* deve ser entendido *"como pode ser"* ou *"como deve ser"*, na acepção de demarcação da competência tributária recém-inaugurada.

A segunda explicação está centrada na transição entre os dois sistemas. Com fervor, a pesquisa buscou encarar todas as vicissitudes relevantes do ICMS incidente sobre o agronegócio, sistematizando-as conforme padrões claros e intelectualmente compreensíveis. Terá sido esse um esforço em vão, em virtude do advento da Reforma Tributária? Não, de modo algum. Mesmo que o imposto estadual desapareça a partir de um determinado momento, até lá muitos conflitos no agro fatalmente surgirão, isso para não dizer dos processos em que essa temática é e continuará sendo discutida, os quais se arrastarão por décadas. Como se isso não bastasse, ninguém pode cravar, conhecendo como funciona a lógica da política brasileira, que a implantação efetiva do modelo de IBS/CBS não será adiada ou mesmo que ajustes no corpo da própria emenda sejam feitos. É aguardar para ver.

Pois bem, o fato é que a EC 132/23 trouxe várias e densas modificações. A amplitude dos temas tratados na Reforma é bastante considerável. E isso reclamará um esforço intenso do Congresso Nacional, com a edição de todos os atos normativos necessários à regulamentação – e consequente efetiva implantação – do novo sistema. Basta ver que, tirando as referências da EC 132/23 às leis complementares já existentes (como a LC 87/96 e a LC 160/17), o texto faz menção, *em 61 (sessenta e uma) vezes,* à figura da "lei complementar". Não necessariamente será esse o número de leis complementares que serão editadas, porém, a recorrência a esse veículo introdutor de normas é um bom indicativo de que a Reforma só estará completa após um longo labor legislativo. Para além disso, ainda são recentes os textos doutrinários a respeito, os quais levarão um tempo para que sejam adequadamente absorvidos com a profundidade que certamente atingirão.[416]

---

416. Vide, por exemplo: CARVALHO, Paulo de Barros (coord.); VERGUEIRO, Camila Campos; BRITTO, Lucas Galvão (org.). *A reforma do Sistema Tributário Nacional sob a perspectiva do Constructivismo Lógico-Semântico:* o texto da Emenda Constitucional 132/23. São Paulo: Noeses, 2024; GAETA, Flávia Holanda (coord.). *Comentários à EC 132/23:* Reforma Tributária. São Paulo: Thompson Reuters, 2024;

De todas as alterações promovidas, as que interessam a esta pesquisa são as que dizem respeito ao agronegócio especificamente. Haverá muita repercussão para todos os setores da economia, contudo, o recorte temático impõe que as reflexões fiquem circunscritas ao universo do agro. Esse instante histórico leva à necessidade, portanto, de que o exame *seja delimitado aos preceitos da EC 132/23*, o que não é pouca coisa e em nada prejudica a investigação. Afinal, por se tratar de mudança promovida no patamar da Carta da República, é claro que as futuras leis deverão respeito ao mandamento maior. Fatalmente, todavia, as leis complementares a serem promulgadas destoarão do Texto Magno, causando um desgastante contencioso fiscal que se arrastará por muitos anos, havendo tempo suficiente para que, se necessário, a pesquisa seja complementada oportunamente em outros âmbitos. Não é preciso ter dons premonitórios para dizer isso, infelizmente. Basta olhar para o passado para projetar o futuro.[417]

VI.2. A REFORMA: OS PROPÓSITOS ANUNCIADOS E O TEXTO AO FINAL APROVADO

O autor deste trabalho se sente bem à vontade para criticar a Reforma Tributária. E isso não só por perceber que

---

MACHADO SEGUNDO, Hugo de Brito. *Reforma Tributária:* comentada e comparada – Emenda Constitucional 132, de 20 de dezembro de 2023. Barueri: Atlas, 2024. Além dessas obras, vide os seguintes artigos publicados na *Revista de direito tributário atual nº 56:* SCAFF, Fernando Facury. Panorama sobre a EC nº 132: um salto no escuro, com torcida a favor. *Revista de Direito Tributário Atual*, São Paulo: IBDT, nº 56, p. 666/700, 1º quadr. 2024; ÁVILA, Humberto. Limites constitucionais à instituição do IBS e da CBS, *Revista de Direito Tributário Atual*, São Paulo: IBDT, nº 56, p. 701/730, 1º quadr. 2024; GRECO, Marco Aurélio; ROCHA, Sérgio André. Vetores do sistema tributário nacional após a EC 132. *Revista de Direito Tributário Atual*, São Paulo: IBDT, nº 56, p. 731/751, 1º quadr. 2024.

417. Ao se referirem à Emenda Constitucional nº 23, de 01 de dezembro de 1983, Geraldo Ataliba, Aires Fernandino Barreto e Cleber Giardino, embora tenham recebido bem aquele veículo (superando as amarras da Constituição de 1967, com a redação da Emenda 01 de 1969), manifestaram preocupação com as “profundas alterações” introduzidas (Reforma Tributária. *Revista de Direito Administrativo*, Rio de Janeiro, nº 155, p. 155, jan./mar. 1984).

apenas alguns poucos comemoraram seu resultado, quase que como um triunfo pessoal, enquanto a maioria – e gabaritada – representação da comunidade acadêmica tem lançado duras críticas ao que se fez. Não se trata, de forma alguma, de pretender pegar carona no conhecimento alheio, menos ainda de se esconder, covardemente, nas costas de nomes de peso das letras tributárias. Muito menos de não julgar que o sistema que irá ser substituído era bastante complexo, merecendo mesmo alterações, ou quiçá de não desejar o melhor para o País, como irresponsavelmente foi pregado na testa de quem se posicionou de forma contrária ao texto.

A questão não é essa. Alterações legislativas para aperfeiçoar o sistema seriam bem-vindas, mormente para torná-lo menos intrincado. Mas, e a diminuição da carga fiscal, essa foi uma bandeira do projeto? Não. Aliás, a redação inicial aprovada na Câmara dos Deputados, de forma explícita, previa que os patamares arrecadatórios seriam mantidos (art. 130, § 3º). E o problema vai além desse aspecto. Como é possível conviver, em um mesmo ambiente, em um mesmo sistema, de forma harmônica, uma previsão segundo a qual o Sistema Tributário Nacional deve observar o princípio da "*simplicidade*" (art. 145, § 3º, com a redação da EC 132/23), se a emenda tem *28 (vinte e oito) páginas* de texto normativo? Que "*simplicidade*" há se foram introduzidos *487 (quatrocentos e oitenta e sete) enunciados prescritivos* pela referida emenda, entre artigos, parágrafos, incisos e alíneas? Como se pode afirmar que o ordenamento ficou mais simples se foram enxertadas na Constituição formas legislativas como "art. 149-A", "art. 149-B" e "art. 149-C", *não havendo entre eles qualquer relação de pertinência?* O que dizer de um *período de convivência entre dois sistemas* (o atual e o novo) por praticamente 10 (dez) anos? Como alguém pode ter a audácia de defender que o texto é simplificador *se para sua implantação completa será necessário aguardar até 2097* (art. 132, § 3º, do ADCT)? E o que dizer das matérias tratadas, que vão desde a competência jurisdicional do Superior Tribunal de Justiça até "*parques temáticos"* e *"sociedades anônimas de futebol"*? Como parques temáticos e SAFs foram parar na Constituição? Quantos parques e sociedades anônimas dessas existem no Brasil para justificar sua inclusão no documento de maior importância jurídica de uma Nação? O que dizer das várias remissões, em texto constitucional, a leis complementares em vigor, *constitucionalizando matérias de ordem legal?* E como pode o legislador acreditar que a Constituição é lugar para lançar *cifras monetárias,* como as previstas no art. 13, se não há como saber como estará a economia daqui a 20 (vinte) anos? E os dispositivos repetidos então, como justificá-los? O art. 146, III, "d", o art. 156-A, § 1º, IX, o art. 195, § 17 e o art. 225, § 1º, VIII, *aparecem 03 (três) vezes* na EC 132/23 *com redações diferentes* (arts. 1º, 3º e 4º), ao passo que o art. 153, § 6º, IV, e o art. 195, § 19, *são mencionados 02 (duas) vezes,* igualmente com *base textual distinta uma da outra.* (arts. 1º e 4º). A justificativa dada pelo art. 23 foi a de que para cada lapso temporal vigorará uma redação. Que simplicidade é essa? Agora, a assessoria da Casa Civil da Presidência da República deverá estar atenta para *lembrar de "trocar" os enunciados da Constituição de tempos em tempos* no sítio do Planalto, repositório legislativo oficial, pois para cada período haverá um enunciado em vigor. O que dizer então do mote? A Reforma Tributária não era a "Reforma sobre o consumo"? Ora, mas introduziram uma *nova COSIP* (art. 149-A) e alteraram *o ITCMD, o IPVA e o IPTU.* E o regime jurídico das contribuições, o qual, na prática, foi sepultado com a equivalência entre IBS e CBS? *Que referibilidade há ainda para se distinguir uma contribuição de um imposto?* A sólida construção de Paulo Ayres Barreto foi simplesmente ignorada pelo legislador reformador.[418] Para dar o arremate, como pôde o constituinte, de forma escancarada, *tentar constitucionalizar os inconstitucionais "fundos do agro"?*

418. *Contribuições:* regime jurídico, destinação e controle. 2. ed. São Paulo: Noeses, 2011.

Como se vê, entre os propósitos iniciais anunciados e o texto ao final aprovado há uma distância abissal. Imagina-se que nem mesmo os autores intelectuais da proposta devam ter ficado contentes com o resultado, ainda que não o admitam. Se essas críticas valem para a Reforma Tributária como um todo, no que diz respeito ao agro em particular elas acabam tendo que assumir um sabor mais ácido ainda. A "fonte de pesquisa" que nutriu os estudos da proposta com relação ao agro *tomou como base um único autor estrangeiro*, e o que é pior, *adotou como paradigma, exclusivamente, a atividade rural da Itália.*[419] Com todo respeito que as boas intenções merecem, isso é desconhecer por completo a realidade do agronegócio brasileiro. Não dá para comparar, mas nem de longe, as atividades desenvolvidas em minúsculas propriedades rurais italianas, no contexto familiar, com a pujança empresarial que o agro nacional atingiu nos últimos anos. Mais ainda, *o novo modelo ignora, por inteiro, a sazonalidade desse setor, suscetível a fatores exógenos, como a variação cambial e as intempéries climáticas.* Querer empurrar sobre o produtor rural o mesmo modelo que é benéfico à indústria é *criar para ele um seriíssimo problema de fluxo de caixa,* como será demonstrado. Afirmar que o IBS e a CBS para o agronegócio terão um suposto "efeito neutro" significa ou não ter noção do que se está falando, ou então, propositalmente, buscar aumento de carga sobre esse setor.

VI.3. A LÓGICA DE FUNCIONAMENTO DO IBS E DA CBS

Naquilo que é seu cerne, a Reforma Tributária extingue 05 (cinco) tributos para substituí-los por 02 (dois), havendo possibilidade ainda de incidência de um terceiro

419. SANTI, Eurico Marcos Diniz; MACHADO, Nelson. *Imposto sobre bens e serviços:* Centro de Cidadania Fiscal. São Paulo: Max Limonad, 2023, p. 125.

em determinadas ocasiões. As contribuições ao PIS e à COFINS, o IPI, o ICMS e o ISS deixarão de existir. Em seu lugar, foram criados o IBS – imposto sobre bens e serviços e a CBS – contribuição sobre bens e serviços. O IBS e a CBS, por força de mandamento constitucional, serão gêmeos siameses, pois têm duas cabeças, mas um só corpo: terão os mesmos fatos geradores, bases de cálculo, hipóteses desonerativas, sujeitos passivos, regimes específicos, diferenciados e favorecidos e as mesmas regras de não cumulatividade e de creditamento (art. 149-B). Ou seja, criou-se, de maneira explícita, uma *bitributação constitucionalmente autorizada*. A única diferença será a destinação dos recursos, pois o IBS será repartido entre Estados, Distrito Federal e Municípios, ao passo que a CBS servirá para o custeio da Seguridade Social (tendo em vista que o *caput* do art. 195 não foi alterado). Da perspectiva do contribuinte, porém, não haverá diferença alguma, serão a mesma coisa.

Outra modificação bastante significativa diz respeito à materialidade. No futuro, de acordo com a literalidade da emenda, não importará mais qual é a origem do dinheiro que justifica a exação. As "operações com bens materiais ou imateriais, inclusive direitos, ou com serviços" estarão suscetíveis aos novos tributos (art. 156-A, § 1º, I). Portanto, a distinção entre bem, mercadoria, serviço, direito ou qualquer outra, a prevalecer essa lógica, ficará relegada a nada, será irrelevante, havendo um grande conjunto captador de movimentações econômicas que poderão ser atingidas. Juntam-se, na sua essência, as materialidades do IPI, do ICMS e do ISS, mas não somente deles, qualquer operação com bens materiais ou imateriais, aí incluídos os direitos, estará contemplada. Debates como a tributação da cessão de direito de uso, por exemplo, estarão superados.

Mais uma novidade – essa de grande repercussão – é a de que não serão contribuintes apenas pessoas jurídicas, havendo sinal verde para que também pessoas físicas, nos seus negócios mais singelos (como uma pessoa aposentada que recebe um valor de aluguel), estejam submetidas ao IBS e à CBS. Alarga-se a materialidade e amplia-se a sujeição passiva consideravelmente. Se PIS e COFINS só colhiam empresas e se o IPI repercutia, essencialmente, sobre a indústria, o ICMS no comércio e o ISS sobre os prestadores de serviços, agora, com o IBS/CBS, todos estarão sujeitos aos novos tributos, que gravitarão, de forma sobranceira, não só sobre setores organizados da economia, como também para atividades corriqueiras de pessoas físicas e de pequenos empreendimentos. Pouca gente se deu conta disso.

A última explicação de ordem genérica para os propósitos desta obra que merece ser mencionada é a sistemática não cumulativa. O art. 156-A, § 1º, VIII, estabelece que o IBS será não cumulativo (por corolário, também a CBS), compensando-se o imposto devido pelo contribuinte com o montante cobrado sobre "todas as operações nas quais seja adquirente de bem material ou imaterial, inclusive direito, ou de serviço, excetuadas as consideradas de uso ou consumo pessoal" especificadas em lei complementar e as hipóteses previstas na Constituição. Ou seja, *adotou-se para todos a lógica da operação econômica em cadeia, inclusive para operações nas quais, não necessariamente, há ciclo econômico*, a exemplo dos aluguéis, do agro e dos prestadores de serviços. A tônica empregada foi a de encaixar o quadrado no redondo, como se todos vivenciassem a mesma realidade, os mesmos problemas. A despeito disso, promete-se uma não cumulatividade plena, pelo critério de créditos financeiros, algo que, em certo sentido, já havia sido prometido quando da Constituição em 1988. Só o tempo dirá se o constituinte, desta vez, falou a verdade.

Como se pode ver dessas breves noções introdutórias ao tema, a intenção clara é a de que todos passem a ser contribuintes de IBS e de CBS. Não serão apenas empresas, industriais, comerciantes ou prestadores de serviços que deverão se preocupar, daqui em diante, com os tributos, mas, em princípio, todas as pessoas. Mais ainda, além dessas duas novas espécies tributárias, previu-se também o imposto seletivo (IS), que terá por norte onerar a "produção, extração, comercialização ou importação de bens e serviços prejudiciais à saúde ou ao meio ambiente", nos termos de lei complementar. Essa técnica de carregar no apelo emocional que as palavras provocam pelo emprego de belas expressões – como o combate aos itens "prejudiciais à saúde ou ao meio ambiente" – não vem de agora, pelo contrário, já não é de hoje que o legislador camufla seu verdadeiro propósito arrecadatório por trás de pautas que geram consenso na sociedade. Ninguém há de ficar contra a proteção à saúde e ao meio ambiente, isso é claro. Daí a ter de existir um tributo que incida sobre operações com "bens e serviços prejudiciais" a esses dois vetores é algo bastante perigoso, sobretudo pela vagueza, à exaustão, de tais signos linguísticos. Alguém tem condições de dizer, de antemão e em termos objetivos, o que é prejudicial à saúde e ao meio ambiente? Basta refletir sobre esse aspecto da questão para notar a porta aberta que foi deixada.

VI.4. O IBS E A CBS E O AGRONEGÓCIO

A aprovação da Reforma Tributária enfrentou – com razão – muita resistência, haja vista que a ideia inicial era a de que houvesse um só modelo aplicável a todos, sem exceção. Ao longo dos debates, porém, foi se percebendo que não dava para chapar sobre setores tão distintos a mesma sistemática. As contingências da indústria são diferentes da construção civil, que são diversas das do segmento hoteleiro, da educação, da saúde, dos profissionais liberais e do agro, entre outros. Isso levou a ajustes na fase pré-legislativa, os quais conduziram à criação de regimes específicos, diferenciados e favorecidos de tributação.

O agronegócio foi um dos segmentos econômicos para o qual o constituinte reformador teve de reconhecer a necessidade de um regramento distinto. Não foi simples, entretanto, o processo de convencimento para que se desembocasse nesse resultado. E a despeito de terem sido dispensadas ao agro normas com conteúdo diferente, a verdade é que, mesmo assim, são esperados reflexos negativos de aumento de carga tributária pelos fundamentos que serão trazidos adiante. Ademais, os próprios enunciados prescritivos elaborados, na forma com que foram aprovados, dão margem a muita dúvida e insegurança, sinal de que vem um longo contencioso fiscal a ser dirimido pelos Tribunais.

Nos próximos subitens a preocupação será a de examinar de que maneira a Reforma Tributária pode impactar o agronegócio. A investigação terá por ferramenta de trabalho o texto resultante da EC 132/23, mesmo que ainda não tenham sido votadas e sancionadas as leis complementares que irão regulamentá-lo. Basta ter em mãos o documento normativo introduzido pela Reforma para se antever que o cenário é desafiador e de causar apreensão.[420]

VI.4.1. Colocaram o produtor em um problema que não era dele: doravante, todas as operações do agro ("antes", "dentro" e "depois da porteira") serão, em princípio, tributadas, de modo que não dá para falar que não haverá aumento de carga

Desde o início deste trabalho, notadamente no capítulo envolvendo o ICMS, houve uma preocupação muito grande em se demonstrar que o agronegócio merece uma

420. Chama a atenção também o fato de que esse sistema poderá ser modificado ao longo dos anos, nos termos do art. 9º, § 10, da EC 132/23: "os regimes diferenciados de que trata este artigo serão submetidos a avaliação quinquenal de custo-benefício, podendo a lei fixar regime de transição para a alíquota padrão, não observado o disposto no § 2º, garantidos os respectivos ajustes nas alíquotas de referência".

tributação diferenciada. Não se trata de um favor, de uma benesse, de um privilégio que se concede a esse setor. Muito pelo contrário, as peculiaridades intrínsecas da atividade econômica, associadas ao fato de que é o agro que produz alimentos – bem jurídico considerado pela própria Constituição como essencial a todos no art. 6º – exigem que o Estado brasileiro lhe dispense políticas legislativas e atos de gestão que tenham o condão de tornar concretos os ideais do constituinte.

O art. 187 da Carta Magna, ao versar, de maneira bastante clara, sobre a "política agrícola", dispôs que ela será planejada e executada na forma da lei, com a "participação efetiva do setor de produção", compreendendo produtores e trabalhadores rurais, bem como os segmentos de comercialização, armazenamento e transportes. Como já reconheceu o Supremo Tribunal Federal, além das modalidades explícitas de democracia direta (pelo plebiscito, referendo e iniciativa popular), "a Constituição da República aventa oportunidades tópicas de participação popular na administração pública", entre as quais se insere a capitulada no referido art. 187.[421] Ora, mas por que motivo o Texto Maior previu a participação do setor de produção na definição das políticas públicas agrícolas? Justamente porque é ele, setor produtivo, que tem condições de contribuir, empiricamente, com o que é necessário para garantir níveis seguros de produtividade. E entre outras ferramentas para que esse objetivo seja alcançado o art. 187, I, ordenou que sejam levados em conta, "especialmente, os *instrumentos* creditícios e *fiscais*".

Diante desse contexto, percebe-se que a Constituição jamais previu uma imunidade tributária para as operações do agro. Apenas sempre exigiu que fossem respeitadas as especificidades dessa cadeia econômica, tomando por base,

421. ADI 244. Tribunal Pleno. Rel. Min. Sepúlveda Pertence. *DJe* 31.10.2002.

de modo particular e como normas de indução, os instrumentos fiscais a ela aplicáveis, mas não só isso, que fossem observados igualmente os padrões da tributação em geral, como o princípio da capacidade contributiva, a vedação ao confisco e a extrafiscalidade. Esse conjunto de fatores induz à conclusão de que a atividade rural não pode receber da lei o mesmo tratamento da indústria de supérfluos, por exemplo. Foi sopesando esses aspectos que o legislador permanentemente buscou, ainda que com várias imperfeições, distribuir a carga fiscal ao longo da cadeia, desonerando, com critério de discrímen justificado, determinadas etapas ou produtos agropecuários.

A Reforma Tributária, em boa dose, põe tudo isso abaixo. As críticas de antes estavam endereçadas às regras postas no plano infraconstitucional, por limitarem direitos por leis complementares, leis ordinárias, por decretos ou instruções normativas, desafiando a adequada interpretação que a Carta da República assegurava. Salvo exceções a alguns preceitos, o foco de denúncias nunca foi o Sistema Constitucional Tributário em si mesmo considerado. Agora, o quadro mudou. A Reforma modifica de tamanho vulto o ordenamento *que a própria Constituição, com sua redação em vigor, passa a ser o alvo.* Mas não por renitência dos estudiosos, por capricho ou por má vontade. É que os novos enunciados desnaturam o desenho estruturado até então pelo constituinte, criando zonas de irritação ou pontos de conflito entre dispositivos de mesma envergadura, tornando complexa a exegese para harmonizá-los.

Uma prova disso é precisamente o novel regime jurídico-tributário do agronegócio. Colocaram o produtor em um problema que não era dele. Como a imensa maioria de produtores rurais brasileiros é de pessoas físicas, as perguntas a serem feitas são as seguintes: o PIS era um tributo com o qual o agricultor ou o pecuarista deveriam se preocupar? Não, porque essa contribuição só repercutia sobre pessoas jurídicas. E a COFINS? A mesma coisa. O IPI incidia sobre as operações do produtor pessoa física? Não, porque esse imposto pressupunha (e ainda pressupõe) a industrialização de produtos, algo que não faz parte das atividades rurais. E o ISS? Igualmente não, na medida em que o produtor não presta serviços. O que dizer do ICMS então? Mesmo quanto ao ICMS, por tudo o que se viu neste trabalho, as políticas legislativas adotadas pelos Estados-membros costumam, com razão, conceder desonerações nessa etapa do elo econômico ("dentro da porteira"), deslocando a tributação para a fase dos adquirentes, em especial das agroindústrias.

Portanto, *o PIS, a COFINS, o IPI, o ISS e o próprio ICMS não eram um problema para o produtor rural pessoa física.* Com o advento do IBS e da CBS, no entanto, esses tributos passarão a se incorporar ao cotidiano dos agropecuaristas, porque o art. 9º da EC 132/23 previu, de modo expresso, que eles farão parte do novo sistema, embora com carga menor. Se no sistema anterior alguns insumos do agro eram desonerados de ICMS ("antes da porteira"), agora todos eles estarão sujeitos à tributação. Se a venda interna de vários produtos rurais não sofria incidência do imposto estadual ("dentro da porteira"), pela nova regra haverá IBS/CBS. E se os Estados fixavam normas para que a transformação de alguns produtos agropecuários não estivesse sujeita ao tributo ("depois da porteira"), não poderão mais fazê-lo.

Ou seja, *doravante todas as operações do agro ("antes", "dentro" e "depois da porteira") serão, em princípio, tributadas.* Não haverá mais espaço para que Estados e Municípios definam as políticas públicas voltadas a determinados setores dentro de seus territórios, porque há vedação expressa nesse sentido (art. 156-A, § 1º, IV). E afirma-se que todas operações serão, "em princípio", tributadas, porque alguns produtos não estarão submetidos ao IBS/CBS, como os da Cesta Básica Nacional (art. 8º) e hortícolas, frutas e ovos (art. 9º, § 3º, II, "b"), além das exportações (art. 156-A, § 1º, III). Os demais, no entanto, poderão ter incidência dos novos tributos, salvo se as leis instituidoras dessas exações venham a colocá-los debaixo do regramento das isenções.

Exatamente por conta disso que não dá para falar que não haverá aumento de carga para o agronegócio. Ora, trata-se de uma imposição das leis da matemática: se antes vários insumos, produtos agropecuários e alimentos transformados pelas agroindústrias eram desonerados, mas se agora boa parte deles passará a sujeitar-se ao IBS e à CBS (à exceção apenas daqueles da Cesta Básica Nacional, de hortícolas, frutas e ovos e de produtos exportados), como dizer que não haverá impacto fiscal sobre esse segmento econômico? Não se pode esquecer, ademais, *que a Reforma Tributária não mexe com os outros tributos a que está sujeito o produtor rural,* como o IRPF, o FUNRURAL, o SENAR e o ITR, o que só reforça a convicção de aumento de carga.

A Reforma Tributária, ao que se percebe, buscou resolver o problema da indústria brasileira penalizando – e não há outra palavra para designar o imbróglio que não seja "penalizando" – outros setores da economia, em especial o agronegócio e os prestadores de serviços.

VI.4.2. A sistemática de redução das alíquotas aplicáveis ao agronegócio na condição de regime diferenciado de tributação e o contexto da não cumulatividade

Mesmo com todos esses problemas, o agronegócio foi incluído na Reforma Tributária, de tal sorte que a tarefa agora é compreender como serão os desdobramentos daí decorrentes. O art. 9º da EC 132/23 prescreveu o seguinte:

Art. 9º. A lei complementar que instituir o imposto de que trata o art. 156-A e a contribuição de que trata o art. 195, V, ambos da Constituição Federal, poderá prever os regimes diferenciados de tributação de que trata este artigo, desde que sejam uniformes em todo o território nacional e sejam realizados os respectivos ajustes nas alíquotas de referência com vistas a reequilibrar a arrecadação da esfera federativa.

> § 1º A lei complementar definirá as operações beneficiadas com redução de 60% (sessenta por cento) das alíquotas dos tributos de que trata o *caput* entre as relativas aos seguintes bens e serviços:
>
> (...)
>
> VIII – alimentos destinados ao consumo humano;
>
> (...)
>
> X – produtos agropecuários, aquícolas, pesqueiros, florestais e extrativistas vegetais *in natura*;
>
> XI – insumos agropecuários e aquícolas;
>
> (...)
>
> § 2º É vedada a fixação de percentual de redução distinto do previsto no § 1º em relação às hipóteses nele previstas.

O primeiro aspecto que chama atenção no dispositivo é o verbete *"poderá"*. Quem se deparar com o texto em uma atitude apressada de simplesmente ler, e não interpretar, tirará a equivocada conclusão de que o legislador "poderá", se quiser, criar um regime diferenciado de tributação para esse setor, mas também se assim não desejar, que não haveria problemas, pois seria uma mera faculdade, uma escolha. Não é essa, no entanto, a exegese cabível para esse trecho da Reforma. A ambiguidade do signo linguístico "poder" persegue os juristas. Não se trata de simples potestade, pelo contrário, esse verbo – "poder" – expressa, na verdade, uma competência legislativa outorgada constitucionalmente, isto é, uma atribuição cujo padrão deverá ser observado. Assim, a lei que criar o IBS e a CBS *deverá também* prever o regime diferenciado de tributação para os segmentos elencados no rol do art. 9º. Ao fazê-lo, deverá prescrever que a alíquota aplicável terá uma redução de 60%, de tal modo que, falando pela via inversa, haverá uma tributação à ordem de 40%.

O grande problema nessa análise é que ainda não se conhece qual será a alíquota do IBS e da CBS. A única coisa que se sabe é que, quando vierem esses tributos, para o agro haverá uma redução de 60% (uma tributação de 40% sobre os percentuais das alíquotas). A despeito de ainda não ter sido votada a lei complementar que instituirá esses tributos, ninguém nega nos meios especializados que a tributação será alta, que a alíquota-padrão do IBS/CBS não será inferior a 25%. Tomando-se como referência a alíquota prevista no PLP 68/2024, aprovado pela Câmara dos Deputados (mas cujo processo legislativo ainda não foi concluído no momento da finalização deste texto), de que será de 26,5%, *a carga para o agro, em isso se confirmando, será de 10,6%.* Não é pouca coisa.

Para além desse aspecto, é importante notar que, conscientemente ou não, *o constituinte reformador abarcou as três pontas do agronegócio,* embora em ordem invertida nos dispositivos. Com efeito, nos termos do art. 9º, § 1º, haverá tributação diferenciada para "insumos agropecuários" (inciso XI – "antes da porteira"), para os "produtos agropecuários" (inciso X – "dentro") e para os "alimentos destinados ao consumo humano" (inciso VIII – "depois da porteira"). Isso significa que será seguida uma alíquota linear para todas as etapas do agro, da fase pré-produtiva ao produto pronto e acabado. A previsão explícita dos três elos econômicos desse setor ratifica o sentimento de que, diferentemente do sistema atual, no novo haverá tributação em todas as fases (salvo para os produtos mencionados antes, cujos comentários serão apresentados mais adiante).

Essa realidade criada pela Reforma Tributária irá impactar grandemente a vida do produtor rural, em especial aqueles não habituados com as "questões burocráticas" da atividade, como tivemos a oportunidade de demonstrar em trabalho recente, já pós-Reforma.[422] Se, talvez, para as empresas fornecedoras de insumos ("antes") e para as empresas adquirentes ("depois") seja mais fácil se ajustar à lógica de que, em tese, tudo será tributado, mas tudo dará crédito, para o produtor rural ("dentro da porteira") haverá muitas dificuldades na implantação desse modelo. E assim se diz, basicamente, por dois motivos. O primeiro é o de que a imensa maioria dos produtores brasileiros é de pessoas físicas (e não empresas agropecuárias), o que significa prever que pessoas que não estão habituadas às questões documentais, notadamente na seara contábil, muitas delas residentes em rincões afastados do Brasil onde mal pega *internet*, serão forçadas a assumir uma organização digital típica de uma empresa urbana. É claro que o mundo muda e que a tecnologia veio para ficar. Porém, exigir que pessoas do campo, boa parte delas não familiarizadas com esses aspectos, passem a controlar créditos e débitos de tributos é desconhecer a realidade rural. O outro aspecto, esse ainda mais gravoso, é o de que como ninguém esconde mais que as alíquotas do IBS e da CBS serão bastante altas (somadas, passarão da casa dos 25%), a forma de atenuar essa gritante elevação de carga é a possibilidade (na verdade, necessidade) de creditamento dos tributos incidentes nas compras.

Todavia, pelo que foi exposto em trechos anteriores deste trabalho, *o produtor rural não faz simples revenda de mercadorias prontas compradas da indústria*, muito pelo contrário, ele está situado na fase primária da economia (atividade extrativa), não participando do ciclo indústria

422. LOUBET, Leonardo Furtado. Impactos da reforma tributária para o agronegócio. *In:* CARVALHO, Paulo de Barros (coord.); VERGUEIRO, Camila Campos; BRITTO, Lucas Galvão (org.). *A reforma do Sistema Tributário Nacional sob a perspectiva do Constructivismo Lógico-Semântico:* o texto da Emenda Constitucional 132/23. São Paulo: Noeses, 2024, p. 585/596.

(setor secundário) e comércio (setor terciário) como mero comerciante, *mas sim inaugura um novo ciclo econômico a partir das riquezas da natureza.* O que se quer demonstrar com isso é que o leque de "insumos" passíveis de gerar crédito não será assim tão amplo a ponto de contrabalancear para ele o aumento de carga. Nessa ordem de ideias, sustentar que o sistema será "neutro" não é exatamente uma verdade para o produtor. Para fins ilustrativos e retomando o raciocínio desenvolvido páginas atrás, partindo-se da alíquota-padrão *estimada* de 26,5%, que constou no Projeto de Lei Complementar 68/2024, e aplicando-se a ela a redução de 60%, isso resultará em uma alíquota para o agro de 10,6% (algo a ser confirmado quando vier a ser aprovada a lei complementar instituidora do IBS e da CBS). Eis como funcionará o novo sistema no segmento do agronegócio:

Cadeia de insumos	→	Produtor rural	→	Adquirentes
(IBS/CBS 10,6%)423	→	(IBS/CBS 10,6%)	→	(IBS/CBS 10,6%)

– Corretivos de solo – Fertilizantes – Sementes – Defensivos agrícolas – Vacinas etc.	– Soja – Milho – Algodão – Gado – Eucalipto etc.	– Cerealistas – Esmagadoras – Frigoríficos – Laticínios – Usinas – *Tradings* etc.

Esse quadro expõe bem como a cadeia rural será afetada pelo IBS/CBS. Antes, não havia PIS, COFINS, IPI e ICMS em várias dessas etapas, menos ainda ISS, por não envolver prestação de serviços. Agora, no entanto, à exceção dos produtos a serem incluídos futuramente na Cesta Básica Nacional e de hortícolas, frutas e ovos, todos os

423. Alíquota estimada a partir do que constou no PLP nº 68/2024.

demais serão tributados, ainda que com uma carga fiscal menor (menor se comparada à alíquota-padrão projetada, mas mesmo assim elevada). A questão a ser confirmada nos próximos anos é se a não cumulatividade terá condições, realmente, de não gerar aumento de custo de produção e, por consequência, de preço nas gôndolas dos supermercados.

VI.4.3. A sujeição do produtor rural a esse modelo e as graves implicações que surgirão por conta da sazonalidade, da variação cambial e das intempéries climáticas, prejudicando seu fluxo de caixa: como esse sistema será "neutro" para o produtor?

A exposição da cadeia por essa tabela ilustrativa leva o raciocínio a outros meandros mais específicos e, por isso mesmo, mais preocupantes para o produtor rural. Pregou-se que o agro não seria impactado, que o sistema seria "neutro", porque, afinal de contas, embora todos os produtos venham a ser tributados, tudo gerará crédito, de maneira que o sistema não seria pernicioso.

Afirmações desse jaez, no entanto, só corroboram o desconhecimento do setor. E assim se diz porque *todos os preços são fixados em sacas e porque entre a compra de insumos até o recebimento pela venda do produto muitas das vezes se passa mais de um ano.* No caso da soja, por exemplo, que é a maior *commodity* do Brasil, o produtor tem que adquirir os insumos (em especial fertilizantes e sementes) com bastante antecedência, não só em virtude da alta demanda nos momentos próximos ao plantio, mas também por questões logísticas e pelas altas de preços. E quando ele faz a compra o preço é calculado com base no valor da saca da soja no dia da aquisição. Passados meses, aí ele inicia o preparo da terra e o plantio. Vem, então, o período de germinação da planta, algo em torno de quatro a cinco meses.

Só então os grãos são colhidos, estando aptos para a venda. No entanto, *muitas vezes no momento da venda os preços já são outros,* com oscilação para mais ou para menos. Se o preço da saca no momento da venda estiver menor do que quando foi usada como indexador no momento da compra dos insumos (como aconteceu nos últimos anos), o que pode ocorrer é não só uma diminuição de lucros, mas um efetivo prejuízo.

Mas, por que motivo o preço pode variar? Por uma infinidade de fatores, como a variação do preço do dólar no Brasil, o valor do *bushel* praticado na Bolsa de Chicago (a grande balizadora dos preços de *commodities* agrícolas do mundo), os períodos de seca ou de muita chuva, o maior ou menor consumo no mercado exterior, entre outros. Por exemplo, se no momento da compra dos insumos o preço da saca da soja estava a R$ 150,00, uma alíquota estimada de 10,6% para o agro projetada sobre os insumos levaria a um custo tributário de IBS/CBS de R$ 15,90 por saca. Porém, se no momento da venda a saca estava cotada a R$ 100,00 (como aconteceu em vários locais), o IBS e a CBS sobre o preço de venda, na mesma alíquota, seria de R$10,60. Nesse exemplo, nota-se que o produtor "ficou com crédito", porque viu seus insumos sofrerem uma incidência maior do que os produtos por ele vendidos. "Ficar com crédito", porém, não resolve o problema, *porque sua atividade é sazonal, ou seja, ele só conseguirá aproveitar esse crédito no outro ano, no próximo ciclo agrícola,* prejudicando consideravelmente seu fluxo de caixa.

E o que dizer então se o produtor compra insumos estimando uma produtividade de 70 sacas por hectare, mas, por conta de falta de chuvas nas épocas certas, a colheita efetiva só atinge 40 sacas? Nessa hipótese (que também é comum de ocorrer), o produtor terá desembolsado um valor para comprar seus insumos vendo a incidência de IBS/

CBS, mas, na outra ponta, não conseguirá dar vazão a esses tributos na venda dos grãos.

Essas relevantes questões não foram sopesadas quando se pensou em um modelo que faz todo sentido para a indústria e para o comércio urbanos, que têm transações diárias, mas que para o agro irá prejudicar bastante o desenvolvimento da atividade.

VI.4.4. A indeterminação da linguagem, os novos conceitos constitucionais introduzidos ("insumos agropecuários", "produtos agropecuários" e "alimentos destinados ao consumo humano") e o horizonte conflituoso que se anuncia

A condução dos estudos por caminhos com embasamento teórico sólido, por reflexões alicerçadas em modelos consistentes, permite antever problemas sérios que fatalmente surgirão, dada a técnica escolhida pelo constituinte reformador. Ao fazer a segregação das atividades que estarão enquadradas no conjunto de tributação com regime diferenciado, o art. 9º da EC 132/23 encampou duas valências: arrolou no § 1º as atividades que terão direito à redução de 60% das alíquotas, entre elas os insumos agropecuários e aquícolas, os produtos agropecuários, aquícolas, pesqueiros, florestais e extrativistas vegetais *in natura* e os alimentos destinados ao consumo humano, mas também previu que a lei complementar "definirá as operações beneficiadas" com essa redução.

Eis que se anuncia, uma vez mais, um horizonte conflituoso, ressuscitando um velho problema: o das "listas" definidas em lei complementar. Será a lei complementar que dará direito a que os insumos agropecuários, os produtos agropecuários e os alimentos destinados ao consumo humano sofram uma tributação menor? Não, é a Constituição que já estabeleceu esse mandamento. O enunciado normativo lançado pela Reforma não foi o de que caberá ao legislador complementar avaliar quais atividades ou operações deverão sofrer uma tributação diferenciada, mas sim o de que tais atividades por ele próprio arroladas no § 1º terão *"redução de 60% (sessenta por cento) das alíquotas"*, competindo à lei complementar apenas "definir" as operações beneficiadas.

Quem se dedica ao estudo da teoria da linguagem bem sabe que é um palco para discussões esse tipo de enunciado. O que é "definir"? Qual a significação normativa desse verbo? Se, por imperativo ontológico do sistema jurídico, a Constituição ocupa posição de proeminência na pirâmide normativa, dela derivando todas as demais normas, seria ilógico, desarrazoado, contraditório imaginar que a lei complementar teria força de regência maior do que a própria Constituição. O entrave, porém, é que as palavras escolhidas pelo legislador constituinte não ajudam muito, há de se reconhecer. Estabelecer que a lei complementar "definirá as operações beneficiadas" passa a impressão de que esse instrumento normativo, ao fim e ao cabo, é o que definiria tudo, que decidiria, sobranceiramente, quem tem e quem não tem direito à tributação diferenciada. Mas, e se o legislador complementar não inserir como um "insumo agropecuário" com direito ao regime distinto as "sementes", por exemplo, estaria ele respeitando o preceito constitucional? Existe atividade agrícola sem sementes? É claro que não. E se isso, por hipótese, ocorrer, a lei complementar estaria em conformidade com a Constituição? Não também. Ora, eis a prova de que não é a lei complementar que fixa, genuinamente, quais rubricas estarão no subsistema diferenciado, mas é o próprio Texto Constitucional, mesmo que fluidamente, de forma pressuposta.

Esse raciocínio pode ser transportado para todos os demais itens do art. 9º, § 1º, incluindo o que se deve entender por "produtos agropecuários, aquícolas, pesqueiros, florestais e extrativistas vegetais *in natura*" e por "alimentos destinados ao consumo humano". A partir do momento em que o constituinte incorpora à base textual da Carta da República vocábulos com a intenção de produzir efeitos jurídicos, ele acaba criando novos conceitos a serem construídos, delimitados, interpretados, no contexto da linguagem. E tudo vai clareando ou obscurecendo quando as ideias são testadas com exemplos, obtendo como respostas "sim", "não" e "talvez". O gado bovino é um produto agropecuário? Sim. A exploração de minerais, como pedras preciosas, envolve um produto agropecuário, aquícola, pesqueiro, florestal ou extrativo vegetal *in natura*? Não. Mas, e a criação de peixes ornamentais, é um produto aquícola ou pesqueiro para fins da norma? Talvez. A mesma estrutura argumentativa pode ser posta para os "alimentos destinados ao consumo humano". Um saco de arroz é um alimento destinado ao consumo humano? Sim, com certeza. E a produção do couro, destinada à indústria do vestuário? Não. Porém, e um pacote de batata frita processada, industrializada, terá que estar nesse rol também, com tributação reduzida? Talvez. Por isso que se repete algo que foi dito no primeiro capítulo deste trabalho: a linguagem pode ser *a priori* indeterminada, mas é determinável.

Esse imenso conjunto de dúvidas, de hipóteses, de "talvez" prova que a Reforma Tributária nada tem de simples e que não é verdadeiro que haverá redução de contencioso fiscal. No caso do peixe ornamental o constituinte previu que "produtos aquícolas" têm que ter direito à redução, assim como no exemplo da batata frita processada, já que se cuida, sem dúvida, de um alimento destinado ao consumo humano – lembrando que no art. 9º, § 1º, VIII, *não se exige que o alimento seja saudável,* diferentemente dos produtos da Cesta Básica Nacional do art. 8º, que devem ser saudáveis para que sejam totalmente desonerados.

E aí haverá outro gigantesco debate – também não inédito – que diz respeito ao cabimento de intervenção ou não do Poder Judiciário para corrigir falhas do legislador, com a tese já pronta por parte do Fisco de que isso não seria possível, por não ser dado ao Judiciário atuar como legislador positivo. Se as sementes não forem "listadas" como insumos, se os frangos não forem incluídos como produtos agropecuários e se a carne pronta no supermercado não for considerada como alimento destinado ao consumo humano, estaria o legislador complementar blindado contra tamanhos tropeços? Parece claro que não. É o que basta, pois, para demonstrar que o Poder Judiciário sempre tem que estar a postos para fazer a Constituição ser respeitada.

Uma última consideração envolvendo os "insumos agropecuários" e os "alimentos destinados ao consumo humano", que terão direito à tributação reduzida. Traçando um paralelo com o Convênio CONFAZ ICMS nº 100/97, demonstrou-se que tudo aquilo que é necessário para produzir deve ser incluído nesse rol, a exemplo dos corretivos de solo (calcário e gesso), os fertilizantes (adubos), as sementes, os defensivos agrícolas (herbicidas, fungicidas e inseticidas) e as vacinas. No entanto, não são apenas esses os insumos que o produtor rural contrata para produzir. Cinco insumos, além desses, são cruciais à atividade: (i) as máquinas e implementos agrícolas, (ii) os combustíveis, (iii) os lubrificantes, (iv) a energia elétrica e (v) o frete. Quanto às máquinas e implementos agrícolas, eles serão comentados adiante, porque há uma previsão constitucional que pode resolver o problema. Com relação aos demais, no entanto, há um quadro de incertezas, na medida em que combustíveis, lubrificantes, energia elétrica e frete podem até não ser "insumos agropecuários" em sentido estrito, mas são insumos "da" agropecuária em uma acepção ampla. Sem eles não há condições de produção. E se o legislador não os incluir na lista para que possam ser reconhecidos como insumos passíveis de crédito com uma carga reduzida, de uma forma ou de outra terão que dar crédito como uma aquisição como qualquer outra no contexto do crédito financeiro da não cumulatividade. No entanto, nessa hipótese haverá aumento de custo para a produção, já que as alíquotas serão mais gravosas. Não podem ser esquecidos também os prestadores de serviços para o agro, como agrônomos, veterinários, zootecnistas e mesmo assessorias contábeis e jurídicas, cuja contratação há de garantir crédito para a atividade rural.

No que concerne aos "alimentos destinados ao consumo humano", o art. 9º, § 13, II, da EC 132/23 estabeleceu que estão incluídos "entre os alimentos de que trata o inciso VIII do § 1º, os sucos naturais sem adição de açúcares e conservantes". A iniciativa é louvável, todavia, há de se reconhecer que, tomada ao pé da letra a regra, apenas o suco feito na hora encaixar-se-á aí, pois, a rigor, todo suco embalado leva algum tipo de conservante.

VI.4.5. A sutil e preocupante modificação no regramento desonerativo das exportações do agronegócio

Outro tema que é relevantíssimo para o meio rural é o das exportações, como se sabe. O Brasil ganhou protagonismo no cenário mundial nos últimos anos, sem dúvida alguma, graças às exportações das *commodities* doagro. Essa matriz econômica faz com que os números da balança comercial sejam positivos, gerando riquezas, empregos e tributos no seu entorno, movimentando fortemente a engrenagem da economia. Em respeito a acordos internacionais, o Brasil passou a prever que as exportações de seus produtos sejam imunes aos tributos que poderiam repercutir nessas transações, como PIS/COFINS, o IPI e o próprio ICMS.

Acontece que, também aqui, a Reforma Tributária coloca um grande ponto de interrogação sobre como suas novas regras irão ser interpretadas e aplicadas, mais uma vez por conta de uma redação problemática. Enquanto o art. 149, § 2º, I, da Carta Magna estabelece que as contribuições sociais e de intervenção no domínio econômico "não incidirão" sobre as receitas "decorrentes" de exportação; o art. 153, § 3º, III, prevê que o IPI "não incidirá" sobre produtos industrializados "destinados" ao exterior; e o art. 155, § 2º, X, "a", dispõe que o ICMS "não incidirá" sobre operações que "destinem" mercadorias para o exterior, o art. 156-A, § 1º, III, ao tratar do IBS (e, por consequência, da CBS), passa a prescrever que o novo imposto "não incidirá" sobre *"as exportações"*.

É diferente. Diferente e preocupante. A fraseologia encampada pela Constituição no contexto anterior à Reforma era a de que todas as operações que estão inseridas na cadeia da exportação devem ser desoneradas, não só a etapa final, que envolve a venda do exportador brasileiro para o adquirente no estrangeiro. Por isso o emprego de expressões como *"decorrentes"*, *"destinados"* e *"destinem"*, claramente indicando que a operação como um todo deve receber os efeitos da desoneração, e não apenas o último elo econômico. Se não fosse assim, haveria incidência embutida de tributos, prejudicando a lógica do sistema. O Supremo Tribunal Federal, como demonstrado em outra passagem desta pesquisa, reconheceu que também as *exportações indiretas,* isto é, as vendas internas com finalidade de exportação, devem estar abrangidas pela imunidade.

A Reforma ameaça dar um novo tratamento às exportações. Novo, mas que vai significar um retrocesso. O enunciado introduzido pela EC 132/23 previu que o IBS não incidirá *"sobre as exportações"*, e não sobre as mercadorias e bens "destinados às exportações", ou alguma expressão equivalente. A reforçar a inquietude com a técnica redacional incorporada à Carta, o inciso III prossegue, prevendo que serão assegurados *"ao exportador"* a manutenção e o aproveitamento dos créditos. Se antes a mensagem normativa era integrativa, era abrangente, com o advento da EC 132/23 essa lógica parece ter sido alterada de forma profunda.

Mas, afinal, *o que antes era uma inequívoca imunidade tributária aplicável a toda a cadeia do agronegócio, agora se tornou mero benefício ao agente exportador*, como último ocupante posicionado na etapa final, desconsiderando que o segmento produtivo pressupõe várias etapas econômicas, desde o campo até a remessa ao exterior? Ou seja, o produtor que vende um boi ou colhe um pé de soja com finalidade de exportação passará a pagar IBS/CBS? E a empresa local que adquire esses produtos e os vende aos grandes frigoríficos ou às *tradings*, também terão que recolher o IBS e a CBS, lembrando que hoje elas não estão obrigadas ao pagamento de PIS, COFINS, IPI e ICMS? Apenas quem firmar o contrato internacional com o adquirente no exterior será "beneficiado" com a imunidade de IBS/CBS, havendo incidência desses tributos ao longo de todas as etapas prévias da cadeia?

A exegese não pode ser essa. Há de ser preservada a ideia de imunidade ampla das exportações, até porque decorre de compromissos internacionais, de se exportar produtos, não tributos. Acaso não seja essa a interpretação, haverá indisfarçável repercussão econômica do fardo fiscal nos produtos brasileiros a serem exportados, contrariando toda a lógica do que sempre previu a Constituição nessa matéria. Os efeitos de "simplicidade" e de "neutralidade" da Reforma, em sendo adotada uma hermenêutica restritiva, ficarão apenas no papel. Daí a preocupação manifestada neste trabalho no que toca à disciplina a ser dada ao tema pela lei complementar que vier a ser aprovada.

VI.4.6. A regra de ficar de fora da regra: opção de o produtor rural não aderir ao novo regime

O art. 9º, § 4º, da EC 132/23 trouxe uma prosaica regra de acordo com a qual o produtor pode optar por ficar de fora da nova regra. Com efeito, estabelece esse dispositivo que "o produtor rural pessoa física ou jurídica que obtiver receita anual inferior a R$ 3.600.000,00 (três milhões e seiscentos mil reais), atualizada anualmente pelo Índice Nacional de Preços ao Consumidor Amplo (IPCA), e o produtor integrado de que trata o art. 2º, II, da Lei nº 13.288, de 16 de maio de 2016, com a redação vigente em 31 de maio de 2023, poderão optar por ser contribuintes dos tributos de que trata o *caput*".

Esse enunciado comporta diversos desdobramentos. O primeiro deles é sua amplitude: tanto faz se o produtor é pessoa física ou jurídica, vale dizer, uma sociedade agropecuária. Os fatores de discrímen foram a atividade desenvolvida (ser produtor rural) e a receita anual (R$ 3.600.000,00).

A segunda observação a ser considerada é justamente sobre a receita obtida anualmente, que deve ser inferior a R$ 3.600.000,00, baliza essa que será atualizada pelo IPCA a cada ano. O elemento normativo relevante é a *"receita anual" em reais, e não a produção agropecuária.* Noutras palavras, gado no pasto ou grãos no armazém, enquanto ainda não vendidos, não são receita da atividade. Só quando houver venda e se os valores recebidos em dinheiro por ano ultrapassarem esse limite é que o produtor estará automaticamente no novo sistema.

Terceira ponderação: por que motivo se cravou que a receita anual deveria ser de R$ 3.600.000,00, e não de R$ 4.800.000,00, como acontece com o Simples Nacional e com o próprio limite exigido no âmbito do imposto sobre a renda para fins de LCDPR – livro-caixa digital do produtor rural? Ninguém sabe explicar. Em vez de seguir um padrão, o constituinte reformador, desnecessariamente, inovou nessa matéria.

O quarto ponto envolvido é o seguinte: é receita bruta, não lucro. Embora o valor previsto possa parecer muito, a grandeza eleita, na verdade, diz respeito ao total da receita da atividade, o que, em termos agrícolas, por exemplo, enquadra o produtor previsto nesse dispositivo como pequeno ou médio. Tomando por hipótese uma lavoura de soja, com 70 sacas colhidas por hectare e com um preço médio de R$ 150,00 por saca, isso daria uma lavoura de pouco mais de 340 hectares, o que no mercado é considerado como um produtor de pequeno a médio. Essa projeção é só levando em conta a safra de verão, pois, se o produtor fizer também a safra de inverno ("safrinha"), com cerca de 200 hectares de área plantada ele já estouraria esse limite.

Há outro fator, que pode vir a ser implementado no futuro pelos produtores que não desejarem optar pelo novo sistema: como em praticamente todas as fazendas o negócio é familiar, é conduzido por pai e filhos, pode ocorrer de essas famílias decidirem fatiar a produção, cada um plantando, colhendo e vendendo seus próprios produtos rurais, de modo a não atingir o limite individual de R$ 3.600.000,00 ao ano. A divisão da posse e da exploração agrícola entre várias pessoas é prevista pelo Estatuto da Terra e nada tem de ilegítima, desde que, evidentemente, seja um negócio verdadeiro, genuíno, e não simulado. Nessa hipótese, cada um passaria a explorar a atividade em nome próprio, com suas receitas e despesas, sem que sejam obrigados a pagar IBS/CBS.

Por fim, igualmente o produtor integrado de que trata a Lei 13.288/16, isto é, aquele que desenvolve atividade agrossilvipastoril para recebimento de bens ou serviços com intuito de produção e fornecimento de matéria-prima, sobretudo nas atividades de agricultura, pecuária, silvicultura, aquicultura, pesca ou extrativismo vegetal, terá direito a optar ou não pelo IBS/CBS. Os contratos de integração são muito fortes nas áreas da avicultura e da suinocultura, nas quais grandes empresas contratam esses produtores para produzir as aves e os suínos, para futuro abate. Quanto ao produtor do contrato de integração, porém, o art. 9º, §

4º, da EC 132/23 não estabeleceu faixa predeterminada de faturamento, de tal sorte que a ele sempre será assegurado o direito de optar pelo novo sistema ou não.

Pois bem, nesse contexto o que se nota é que tanto o produtor rural pessoa física ou jurídica que aufira receita anual de até R$ 3.600.000,00, quanto o produtor integrado poderão ou não optar por serem contribuintes de IBS/CBS. Se optarem, ser-lhes-ão aplicadas as regras dos novos tributos, com incidência fiscal e técnica de não cumulatividade. Mas, e se não optarem, o que verdadeiramente irá acontecer? A Constituição silenciou-se a respeito das consequências da não adesão. A única e óbvia conclusão é a de que eles não estarão obrigados ao pagamento desses dois tributos, em princípio não gerando, na outra ponta, créditos para os adquirentes. Da perspectiva exclusivamente tributária, é como se, na prática, eles continuassem no sistema antigo, sem PIS/COFINS (ou por ser pessoa física, ou porque os produtos são desonerados), IPI (por não haver industrialização), ISS (por inexistir prestação de serviços) e o próprio ICMS (cuja venda dentro do Estado é desonerada sob o rótulo do polissêmico e equivocado "diferimento").

VI.4.7. A política de créditos presumidos prevista para os adquirentes que comprarem de produtores não optantes do IBS e da CBS

O fato de se ter estabelecido (com justificativa coerente) que produtores rurais e produtores integrados não participem do novo sistema abriu uma fenda na cláusula-mestra da Reforma, que era a de acabar com todo regime diferenciado, especialmente no que diz respeito a políticas de créditos presumidos. Eis a realidade, mais uma vez, impondo-se sobre o mundo ideal do elaborador da legislação. No que diz respeito ao número de pessoas que se dedicam à atividade, o agro é formado, em larga escala, por micro, pequenos e médios produtores, que fomentam a cadeia da agroindústria de hortifrutigranjeiros e de suínos. Impor a esses pequenos produtores, muitos deles sequer letrados, o mesmo sistema da indústria e do comércio, sobre ser injusto, seria forçar uma informalidade indesejada, porque eles não teriam como se adaptar a seu funcionamento.

Mas, se essas pessoas ficarão de fora do novo regramento; e se só é possível haver crédito de IBS e de CBS se quem estiver na etapa anterior for contribuinte; como ficariam as agroindústrias nesse cenário? Haveria inegável aumento de carga tributária, de custo de produção, por incidirem os novos tributos sobre sua receita bruta, sem direito a creditamento. Qual foi a solução encontrada? A mesma de antanho: conceder a esses agentes créditos presumidos. O § 5º do art. 9º teve de autorizar a concessão de crédito ao contribuinte adquirente de bens e serviços de produtor rural pessoa física ou jurídica que "não opte por ser contribuinte na hipótese de que trata o § 4º", algo a ser regulamentado por lei complementar. O Poder Executivo da União e o Comitê Gestor do IBS poderão revisar, anualmente, o valor do crédito presumido, o qual terá como objetivo "permitir a apropriação de créditos não aproveitados por não contribuinte do imposto". O crédito presumido será aplicável também ao adquirente de serviços de transportador autônomo de carga pessoa física que não seja contribuinte do imposto e de resíduos e demais materiais destinados à reciclagem, reutilização ou logística reversa.

Naquilo que importa ao agro, chama a atenção o fato de o art. 9º, § 5º, não incluir o produtor integrado (que também poderá optar por não ser contribuinte) no rol daqueles que darão crédito presumido aos adquirentes, haja vista que o enunciado se restringiu ao produtor rural pessoa física ou jurídica. A outra ponderação de relevo é a do valor do crédito presumido: embora caiba a regulamentação por lei complementar, o intuito do crédito presumido é assegurar a apropriação pelo adquirente dos créditos não aproveitados pelo vendedor que não quis optar por ser contribuinte de IBS/CBS. Só assim, de fato, estará preservada a ideia de não cumulatividade, ainda que, operacionalmente, seja bem desafiadora a implantação dessa regra, por pressupor uma análise dos insumos do produtor – e não uma projeção estimada ou presumida sobre seu preço de venda.

VI.4.8. A técnica de "redução em 100% das alíquotas" para alguns produtos: que fenômeno jurídico é esse?

Outra questão bastante interessante, e que suscita dúvidas, é a técnica desonerativa utilizada pelo texto envolvendo alguns produtos do agro. De acordo com o art. 9º, § 3º, II, "b", "a lei complementar a que se refere o *caput* preverá hipóteses de: (...) II – redução em 100% (cem por cento) das alíquotas dos tributos referidos no *caput* para: (...) b) produtos hortícolas, frutas e ovos". Trata-se de algo que pode passar despercebido da doutrina, mas que, aparentemente, inaugura uma nova forma de se delinear a competência tributária. A pergunta é: que fenômeno jurídico é esse?

Quando se fala em categorias desonerativas deve-se pensar, em primeiro lugar, nos dois grandes troncos que norteiam a tributação, o da competência, de um lado, e o da incompetência, de outro. Na coluna da competência tributária estão todos os fatos de acordo com os quais o constituinte permitiu o legislador complementar ou ordinário agir, instituindo os tributos segundo os padrões normativos ali previstos. Já na prateleira da incompetência estão ou fatos ou pessoas em relação aos quais o constituinte, explicitamente, estabeleceu uma hipótese de incompetência tributária de maneira expressa (denominada de imunidade), ou então, em um sentido mais amplo, os fatos a cujo respeito o constituinte silenciou-se, não se encaixando à moldura dos fatos tributáveis (não incidência em sentido amplo). Se o fato tratado está no rol dos fatos passíveis de serem tributados, aí o legislador pode exigir seus tributos na sua plenitude (competência tributária regularmente exercida), ou então suprimir determinados fatos ou pessoas do campo de incidência, mitigando a abrangência da norma (isenção). Há, ainda, a possibilidade de se alterar a calibragem da carga fiscal, via outras categorias desonerativas (redução de base de cálculo, aplicação de alíquota reduzida e concessão de créditos presumidos ou outorgados). Tudo isso foi visto no capítulo no qual se examinou o ICMS.

Pois bem, a desafiadora questão que surge com a Reforma Tributária é em que categoria pode ser enquadrada a previsão do art. 9º, § 3º, II, "b". Para estruturar uma resposta, é necessário voltar ao enunciado. O núcleo do mandamento é no sentido de que a lei complementar "preverá hipóteses de *redução em 100%* (cem por cento) *das alíquotas*" do IBS e da CBS "para produtos hortícolas, frutas e ovos". Pelo que se pode ver, em vez de introduzir, de modo explícito, uma imunidade tributária, ao modo de "são imunes ao IBS e à CBS os produtos hortícolas, as frutas e os ovos", o constituinte, não se sabe a razão, fixou que a lei complementar deverá prever hipóteses de redução em 100% das alíquotas.

A análise se torna mais complexa ainda da perspectiva acadêmica quando se olha para os demais incisos do art. 9º, § 3º. A redação é a de que a lei complementar "preverá hipóteses" de: I – *"isenção"*, em relação aos serviços de que trata o § 1º, VII, isto é, serviços de transporte público coletivo de passageiros rodoviário e metroviário de caráter urbano, semiurbano e metropolitano; II – *"redução em 100% das alíquotas"* para: a) os bens de que cuida o § 1º, III a VI (rubricas que envolvem a saúde das pessoas, como medicamentos); b) os produtos hortícolas, as frutas e os ovos; c) serviços prestados por Instituição Científica, Tecnológica e de Inovação (ICT) sem fins lucrativos; d) e automóveis de passageiros adquiridos por pessoas com deficiência, com transtorno do espectro autista ou por taxistas, conforme os requisitos fixados em lei complementar; III – *"redução em 100% da alíquota"* da CBS para os serviços de educação de ensino superior do Programa Universidade para Todos (Prouni); IV – e *"isenção ou redução em até 100% (cem por cento) das alíquotas"* para atividades de reabilitação urbana de zonas históricas e de áreas críticas de recuperação e reconversão urbanística.

É problemática a fórmula adotada. Sempre houve consenso na doutrina e na jurisprudência de que Constituição Federal é lugar para imunidades, não para isenções. O resultado do trabalho político materializado na EC 132/23, no entanto, parece colocar essa premissa em xeque, conferindo à lei complementar o papel para "prever hipóteses" de "isenção" (inciso I), de "redução em 100% das alíquotas" (incisos II e III) e de "isenção *ou* redução *em até* 100% das alíquotas" (inciso IV).

Postas as coisas dessa maneira, é chegada a hora de uma tomada de decisão, defendendo, claramente, de que forma esses preceitos devem ser interpretados. A Constituição instituiu, no campo da incidência fiscal, o IBS e a CBS? Não, a Constituição não cria tributos, ela cria competências para que, via lei, os tributos sejam efetivamente instituídos. Tanto assim que caberá ao Congresso Nacional elaborar, discutir e votar as leis complementares que irão fazer a Reforma Tributária acontecer na prática. E quando o Congresso for elaborar, discutir e votar essas leis, ele poderá deixar de "prever hipóteses" de "isenção" para "medicamentos", por exemplo? Não, não poderá, na medida em que a interpretação conjunta do art. 9º, § 1º, V, e § 3º, I, impõe que os medicamentos não sofram tributação via IBS e CBS. Em outras palavras, os medicamentos estão dentro da competência tributária outorgada pelo constituinte reformador ao Congresso Nacional para que, por uma decisão política posterior, avalie se serão ou não tributados, ou estão fora dessa competência, por essa já ter sido uma avaliação política na fase pré-legislativa da própria EC 132, que resultou na introdução, no mesmo texto, de que podem ser criados o IBS e a CBS, mas não para os medicamentos? Essa foi uma decisão tomada no âmbito do exercício do poder constitucional reformador e, como tal, tecnicamente está enquadrada como uma norma de índole constitucional. Portanto, *apesar da redação defeituosa e da estranha técnica adotada, no exemplo citado os medicamentos foram colocados, de forma expressa, na coluna da incompetência tributária*, estando juridicamente classificados debaixo de uma genuína *imunidade tributária.*

Não se trata de simples "isenção", porque a isenção pode ser inserida ou revista a qualquer momento, ao sabor do político; se, nem mesmo em tese, poderão os medicamentos sofrer a incidência de IBS e de CBS, é sinal de que sua desoneração não advém de mera isenção, mas sim de norma de imunidade tributária, de envergadura constitucional. Justamente por isso a referência no § 3º à circunstância de que a lei complementar "preverá hipóteses" de "isenção" não produz efeitos facultativos, de uma autorização graciosa, a qual, se o legislador complementar quiser, a acata ou não; muito pelo contrário, dado que os medicamentos não poderão ser tributados por força de mandamento constitucional, a locução *"preverá hipóteses"* só poderá ser interpretada como a *previsão dos requisitos a serem cumpridos para que a imunidade seja observada,* a exemplo de eventual exigência de que o medicamento tenha sido aprovado pela ANVISA, e não um campo linguístico incerto e maleável para se prever se os medicamentos seriam ou não desonerados ou mesmo para reduzi-los a alguns poucos produtos. Essa é a única forma de se compatibilizar, conforme padrões científicos consistentes, a confusão de planos normativos criada pelo constituinte reformador.

Voltando ao agro, a lógica do raciocínio há de ser a mesma. Se a lei complementar deverá prever *"redução em 100% das alíquotas"* do IBS e da CBS para produtos hortícolas, frutas e ovos, essa expressão é o equivalente nominal de uma legítima imunidade, *na medida em que, com a ordem para redução a zero das alíquotas, não há tributação alguma.* E nesse passo é importante perceber a distinção entre o art. 9º, § 3º, II, e o inciso IV do mesmo dispositivo. Os produtos hortícolas, as frutas e os ovos estão no inciso II, debaixo da regra de que haverá *"redução em 100%"*, enquanto no inciso IV, que cuida das atividades de reabilitação urbana de zonas históricas e de áreas críticas de recuperação e reconversão urbanística, o constituinte não previu um mandamento, uma regra impositiva, conferindo ao legislador complementar a possibilidade de graduar a tributação, reduzindo *"em até"* 100% as alíquotas, ou então a desonerando via verdadeira – aí sim – isenção. Os dispositivos são diferentes e o inciso IV só reforça a convicção quanto à exegese envolvendo o inciso II. No inciso II o texto constitucional não dá margem de liberalidade alguma à lei complementar, impondo-lhe que reduza *"em 100%"* as alíquotas do IBS e da CBS para os bens, produtos e serviços ali arrolados, entre eles, as hortícolas, frutas e ovos. Por isso não se trata de mera isenção, mas de imunidade.

O que caberá à lei complementar fazer com relação a esses produtos é estabelecer os pressupostos, as condições a serem demonstradas para que a imunidade seja respeitada. Em relação aos produtos hortícolas, catalogando quais itens se enquadram nesse conjunto, mas sempre lembrando que "hortícola" é o que vem da "horta", os vegetais comestíveis, como legumes e verduras. Poderá haver alguma discussão sobre a produção de flores, que estão no mesmo ramo das hortícolas. Quanto às frutas, o grau de abstração é menor, na medida em que a comercialização de qualquer fruta haverá de estar submetida à regra desonerativa. As dúvidas que podem surgir girarão em torno do estado das frutas, se somente as frutas *in natura* ou se também as transformadas em sucos, geleias e pastas. O fato de o art. 9º, § 13º, II, ter previsto que os sucos naturais sem adição de açúcares e conservantes se enquadra como "alimentos destinados ao consumo humano" para fins do inciso VIII do § 1º – os quais, portanto, serão tributados, embora com carga menor – pode levar à interpretação de que no art. 9º, § 3º, II, "b", estariam contempladas apenas as frutas *in natura*. Por fim, no que concerne aos ovos, aí o campo certo de significação é maior ainda, porque o sentido do signo, senão é unívoco, não dá margem para maiores ambiguidades ou vaguezas.

Enfim, seria muito mais fácil se o constituinte reformador tivesse prescrito uma imunidade de maneira verbal em relação a esses produtos, ainda que concedendo à lei complementar a tarefa de veicular os requisitos para satisfação da norma. Mas, não o fez. E esse debate ganha bastante relevância, na medida em que o art. 156-A, § 7º, I e II, prescreve que *"a isenção e a imunidade"* não implicarão crédito para compensação com o montante devido nas operações seguintes e acarretarão a anulação do crédito relativo às operações anteriores, salvo quando previsto em contrário pela lei complementar. *"Redução em 100% das alíquotas"* é claramente uma imunidade? É uma isenção? Em termos retóricos, é possível defender que não, que seriam fenômenos diferentes, para se apregoar que o contribuinte teria direito a apropriar-se dos créditos e a mantê-los. Não é essa, porém, a exegese defendida nesta obra. Cuida-se de imunidade.

VI.4.9. A ambígua "não incidência" do imposto seletivo (IS) sobre a cadeia do agro

Na trilha das inseguranças hermenêuticas que a linguagem empregada pelo constituinte da Reforma provoca está a ambígua "não incidência" do imposto seletivo (IS) sobre a cadeia do agro. O art. 9º, § 9º, previu que "o imposto previsto no art. 153, VIII, da Constituição Federal não incidirá sobre os bens ou serviços cujas alíquotas sejam reduzidas nos termos do § 1º deste artigo".

Eis mais uma aparição, entre tantas, da polissêmica "não incidência", que representa tanta coisa, a ponto de dificultar a tarefa do intérprete para que possa ajeitar as ideias nos seus devidos eixos. Dos vários sentidos possíveis, a "não incidência", como igualmente já demonstrado no capítulo do ICMS, pode designar uma imunidade ou a explicitação de um fato que não se encaixa à previsão abstrata da norma. Em tese, os dois sentidos se enquadram no enunciado do § 9º: o primeiro, por fixar uma imunidade tributária; o outro, por denotar que nenhum produto do agro se ajusta às hipóteses do imposto seletivo.

Com efeito, voltando ao rol do art. 9º, § 1º, da EC 132/23, já se viu que ali estão indicados os "insumos agropecuários" ("antes da porteira"), os "produtos agropecuários" ("dentro") e os "alimentos destinados ao consumo humano" ("depois da porteira"). Para averiguar se teria cabimento ou não o IS, é necessário recorrer ao enunciado do art. 153, VIII. O imposto seletivo será exigível sobre a "produção, extração, comercialização ou importação de bens e serviços prejudiciais à saúde ou ao meio ambiente, nos termos de lei complementar".

Deixando de lado os aspectos periféricos envolvendo as operações (produção, extração, comercialização ou importação) e focando nos pressupostos em si desse tributo extrafiscal (bens e serviços prejudiciais à saúde ou ao meio ambiente), das três etapas da cadeia do agronegócio seria possível descartar, desde logo, a fase desenvolvida pelo produtor rural, "dentro da porteira". Afinal de contas, os produtos do campo não podem ser vistos, *a priori,* como "prejudiciais à saúde ou ao meio ambiente". Um produto não é prejudicial à saúde enquanto não consumido, o que significa dizer que somente após a fase da agroindústria é que se poderia cogitar de sua classificação sob esse rótulo. E o produto rural, de igual modo, não pode ser encarado como prejudicial ao meio ambiente, se só é possível produzir licitamente, no Brasil, mediante rigorosa observância das duras leis ambientais, com respeito às matas ciliares, às áreas de reserva legal, às áreas de preservação permanente, às técnicas de conservação do solo e todo o restante que decorre da fiscalização ambiental. Logo, não haveria como cravar que a produção rural, por si só, seria prejudicial ao meio ambiente para os fins de IS.

Sobrariam apenas o "antes" e o "depois da porteira": o "antes", focado nas questões ambientais de produção de insumos; o "depois", na seara da prejudicialidade ou não à saúde. Mesmo com relação a elas, porém, seria bastante questionável cogitar do imposto seletivo. Faltariam critérios técnicos e objetivos para se concluir que a produção de insumos, como os corretivos de solo, os fertilizantes, as sementes e os defensivos agrícolas, é prejudicial ao meio ambiente. Hoje há várias licenças ambientais que têm que ser expedidas para que tais atividades possam ser levadas adiante. E elas não são fáceis de serem obtidas, pressupondo o atendimento a rigorosos padrões ambientais.

Do outro lado, no que toca à saúde, os produtos da agroindústria não poderiam também, sem maiores embates, ser tachados como prejudiciais à saúde das pessoas. Não se olvide que se está a tratar aqui do produto do campo para a mesa, tendo a agroindústria como agente transformador desses produtos, e não alimentos altamente processados e que levam uma infinidade de ingredientes químicos. Os produtos vendidos pelas agroindústrias passam, igualmente, por várias certificações e aprovações das autoridades sanitárias, de tal modo que não haveria como cravar, de antemão, que eles são prejudiciais à saúde a ponto de justificar a incidência do imposto seletivo.

Para que não houvesse esse tipo de questionamento, no entanto, andou bem o constituinte ao lançar no art. 9º, § 9º, uma imunidade tributária bastante clara e objetiva, não dando espaço para interpretações equivocadas que pudessem dar azo a um longo contencioso nessa matéria.

VI.4.10. Os impensados reflexos para os contratos de arrendamento e parceria rurais são algo extremamente preocupante

Quando o legislador estrutura um novo modelo normativo, evidentemente que nem todas as circunstâncias podem ser previstas de antemão. Só o transcorrer do tempo vai mostrando as adaptações necessárias, os ajustes, de modo a que o conjunto normativo arquitetado não projete efeitos indesejados.

Um foco de preocupações muito grande, e que fatalmente não foi cogitado, recai sobre os contratos agrários de arrendamento e de parceria rurais. Essas duas modalidades contratuais, como salientado antes, estão previstas no Estatuto da Terra, contendo regras obrigatórias, por isso que considerados contratos típicos. De uma forma resumida, esses contratos se assemelham por pressupor que o dono das terras (o arrendador ou também denominado de arrendante, no contrato de arrendamento, ou o parceiro-outorgante, tratando-se de contrato de parceria rural) ceda a posse da fazenda para uma outra pessoa, que passará a explorar a atividade rural. Quem recebe a posse será chamado de arrendatário, no arrendamento, e de parceiro-outorgado, na parceria. Não se discute que o possuidor (arrendatário ou parceiro-outorgado) que passar a desenvolver uma atividade agropecuária em terras alheias estará enquadrado no regime tributário do agro, já que fará uma exploração econômica de origem animal ou vegetal, preenchendo, pois, os pressupostos legais para ser considerado um produtor rural. O problema, portanto, não está no possuidor. A questão duvidosa reflete sobre o proprietário.

Com efeito, se o arrendamento e a parceria têm esse ponto de contato, algo que os aproxima, a grande distinção é a forma pela qual o proprietário transfere a posse do imóvel ao possuidor. Quando o proprietário não quer correr nenhum risco, deseja receber um valor fixo mensal, semestral ou anual pelo uso da terra por parte do possuidor, ele predefine sua remuneração em dinheiro, não assumindo qualquer risco quanto ao sucesso ou não da atividade a ser exercida pelo possuidor. Por isso que essa modalidade contratual se assemelha a um aluguel, na medida em que o uso da posse é remunerado por uma prévia quantia em dinheiro definida no contrato. Esse é o contrato de arrendamento rural. Por outro lado, se o dono das terras concorda em receber mais ou menos a depender do êxito da atividade exercida pelo possuidor, ele assume riscos, sendo sua participação definida em percentuais dos frutos gerados. Eis o contrato de parceria rural. Pela legislação do imposto sobre a renda, *os frutos recebidos pelo proprietário decorrentes de legítimo contrato de parceria rural são classificáveis como resultado da atividade rural*, ao passo que *os valores auferidos em contrato de arrendamento,* por serem equiparáveis a um aluguel, *não*.

Pois bem, em que medida a Reforma Tributária pode impactar esses contratos? A primeira delas está na incidência de um novo peso fiscal sobre os contratos de arrendamento rural, coisa que não existia antes. Com efeito, o dono de terras que não quer correr riscos, porque quer ter uma receita fixa, já calcula o preço do arrendamento levando em conta que pagará, se pessoa física, até 27,5% de imposto sobre a renda. O imposto sobre a renda continuará a existir, não foi modificado pela EC 132/23. A questão é que com a criação de dois novos tributos – o IBS e a CBS – os quais, pela materialidade alargada e pela sujeição passiva espichada, passarão a onerar as receitas de aluguéis, isso, com certeza, trará reflexos na definição dos preços. Tomando-se por base uma alíquota não inferior a 25% de IBS/CBS, como se anuncia, parece inegável que os tributos criados pressionarão os preços, dado que o arrendador, por certo, não irá concordar em ver seu retorno financeiro diminuído, anunciando-se uma intenção de repactuação de preços.

Sob o ângulo do possuidor (o arrendatário), no entanto, não há muito mais margem para ver aumentado o preço pela locação das terras, na medida em que, além do valor do arrendamento, ele tem que pagar todas as despesas da atividade (insumos, sementes, vacinas, fertilizantes, funcionários, energia elétrica, compra de animais, maquinários etc.) e depois dessa equação ainda tem que obter seu retorno financeiro. Será muito difícil encontrar uma solução para esse problema se o legislador não se atentar para a realidade do setor. Ou seja, agora, *o proprietário, não bastasse ter que pagar o IR, recolherá também IBS/CBS*, de modo que, muito provavelmente, esse custo será repassado ao arrendatário, cujas margens são bastante apertadas.

Uma saída possível está na prudência do legislador ao exercitar a competência do art. 156-A, § 6º, II, "a" e "b", da Carta Constitucional. De acordo com esses enunciados, lei complementar disporá sobre *"regimes específicos de tributação"*, entre outros, para *"operações com bens imóveis"*, podendo prever *"alterações nas alíquotas, nas regras de creditamento e na base de cálculo"*, inclusive com a possibilidade de afastamento da não cumulatividade, ou então *"hipóteses em que o imposto incidirá sobre a receita ou o faturamento"*, igualmente com possibilidade de alíquotas diferentes e sem necessidade de aplicação da técnica de não cumulatividade. Se não forem dosadas adequadamente essas bases fiscais, haverá muitos problemas para os aluguéis em geral, aí incluídos os contratos de arrendamento rural.

Por outro lado, com relação ao contrato de parceria rural também há dúvidas a serem consideradas. A principal delas assenta-se no questionamento se o parceiro-outorgante que auferir, em virtude da parceria, até R$ 3.600.000,00 ao ano terá ou não direito de "não optar" por ser contribuinte de IBS/CBS, na forma do art. 9º, § 4º. A princípio, a resposta tem que ser sim. Haja vista que quando o parceiro-outorgante, ao receber sua cota pela atividade desenvolvida pelo parceiro-outorgado, tem direito a lançar esses rendimentos como próprios da atividade rural, estando enquadrado na legislação nessa categoria, não pode haver empecilhos a que ele, legitimamente, exerça a opção de ser contribuinte de IBS/CBS ou não. Uma questão interessante, e que decorre dessa, é se também o arrendador que auferir valores inferiores a R$ 3.600.000,00 terá o mesmo direito. O enunciado do art. 9º, § 4º, não exige que a receita seja decorrente da atividade rural, mas apenas que o sujeito seja *"produtor rural"*. E o arrendador, sem dúvida alguma, é um produtor rural, ainda que tenha cedido a posse de suas terras ao arrendatário por determinado período. Ou seja, é perfeitamente possível que, para fins de imposto sobre a renda, o arrendador recolha o IRPF a 27,5%, mas, no âmbito do IBS/CBS, opte por não ser contribuinte.

VI.4.11. A sujeição das máquinas e implementos agrícolas e a necessidade de desoneração como bens de capital

Como se não bastassem todas as questões aqui reveladas, há outra, igualmente preocupante, que envolve a sujeição das máquinas e implementos agrícolas ao IBS e à CBS, encarecendo tais bens na etapa de produção do "antes da porteira", com potenciais reflexos para o produtor rural. No ordenamento em vigor, há várias previsões de categorias desonerativas no âmbito do PIS e da COFINS, além do próprio ICMS. O legislador, no regramento prévio à Reforma Tributária, costumeiramente aplicava isenções, "suspensões", reduções de base de cálculo ou de alíquotas como instrumento para estimular a livre circulação desses equipamentos, por certo por enquadrá-los como "insumos em sentido amplo", na terminologia adotada neste estudo. Entendendo que máquinas e implementos agrícolas são indispensáveis à atividade rural e que, portanto, merecem um tratamento diferenciado, a legislação altera o padrão da regra-matriz de incidência tributária, de modo a desonerar por completo ou, ao menos, a suavizar a carga fiscal que repercute sobre esses objetos. Não é demais recordar que o Convênio CONFAZ 52/91 enumera várias fórmulas para atenuar a maneira que o ICMS grava a comercialização desses bens.

Ocorre que, com o advento da Reforma Tributária, a venda de máquinas e implementos agrícolas estará sujeita, em princípio, ao IBS/CBS, cujo patamar somado de alíquotas é projetado em algo não inferior a 25%. Ora, é evidente que uma calibração fiscal nessa grandeza poderá aumentar o preço final de venda. E aqui surge um problema, porque máquinas e implementos agrícolas são "insumos em sentido amplo" da atividade rural, como foi demonstrado no capítulo no qual se estudou o ICMS-agro. Ou seja, ainda que não sejam "insumos agropecuários" na visão estrita, são insumos "da" agropecuária, sob o ângulo contextual. Nessa ordem de ideias, terão direito à sistemática diferenciada de redução do IBS/CBS em 60% prevista no art. 9º, § 1º, XI, da EC132/23? O correto é que sim. O vocábulo "insumo" é mais um que tem projeções semânticas indefinidas, cujos contornos são difíceis de se estabelecer por padecer de vagueza. Dos seus vários sentidos possíveis, é preciso construir, com argumentos coerentes, qual aquele que melhor se ajusta ao enredo em que foi empregado.

Ora, se o constituinte reformador, olhando para o conjunto normativo vigente e ao modificar o sistema, respeitou a importância do agronegócio e a necessidade de que receba regras com conteúdo diferente; e se, por isso mesmo, encampou no art. 9º, § 1º, a divisão em "antes", "dentro" e "depois da porteira", curvando-se ao imperativo de que a cadeia do agro é integrada, abarcando todas as etapas na fixação do tratamento diferenciado; então, na fase do "antes da porteira" todos os insumos necessários à produção devem estar ali contemplados. Seria ilógico imaginar que a Reforma Tributária previu uma tributação reduzida para um insumo, mas não para outro. Se o objetivo claro é um tratamento desonerativo parcial uniforme, não há razão para que máquinas e implementos agrícolas sejam deixados de fora do rol dos itens que devem ter tratamento distinto.

Jogar a comercialização de tratores, colheitadeiras, semeadoras e outros debaixo da alíquota cheia é desprezar, é negar que sem esses e outros bens não há como produzir, não há futuro "produto agropecuário", simples assim. De nada adianta desonerar a semente se sem trator e semeadeira não há plantio. Logo, o regramento dos "insumos em sentido estrito" da atividade rural, compreendendo os corretivos de solo, os fertilizantes, as sementes, as mudas, os defensivos agrícolas, vacinas, medicamentos veterinários e ração animal, há que contemplar também as máquinas, implementos agrícolas e o frete, todos se sujeitando à mesma moldura normativa, com direito à redução de 60% das alíquotas de IBS e de CBS. Se não for assim, as máquinas e equipamentos agrícolas não receberão regime jurídico de genuínos insumos e serão tributados com carga cheia, desnaturando a organicidade desse subsistema jurídico.

Outra saída possível para evitar esse contrassenso é tratar os maquinários rurais como bens de capital. O art. 156-A, § 5º, V, da Constituição, com a redação dada pela EC 132/23, estabelece que "lei complementar disporá sobre", entre outras hipóteses, "a forma de desoneração da aquisição de bens de capital pelos contribuintes, que poderá ser implementada por meio de: a) crédito integral e imediato do imposto; b) diferimento; ou c) redução em 100% (cem por cento) das alíquotas do imposto". A intenção é boa. Porém, uma vez mais, o legislador constituinte reformador pecou na elaboração do enunciado.

É inacreditável que o projeto de Reforma Tributária tenha ficado tantos anos em tramitação, que tanta gente especializada tenha se envolvido com ele, mas que o resultado final tenha sido esse. Prever que lei complementar *"disporá sobre"* a forma de desoneração de bens de capital é um preceito forte e bem construído, pois nele não se enxertou a problemática cláusula "poderá dispor" – o que poderia passar a impressão equivocada de que se estaria diante de simples faculdade. Não é. Cabe à lei complementar, portanto, excepcionando a regra, fixar a desoneração da aquisição de bens de capital. E por *"bens de capital"* deve-se entender o conjunto de bens voltado à atividade produtiva, sobretudo máquinas, algo que se aplica não só aos parques industriais, senão também ao agronegócio.

Afinal de contas, a fabricação de tratores, colheitadeiras, semeadoras, arados, grades niveladoras e similares é feita pela indústria e é pensada para uma atividade geradora de riquezas, com a única diferença que o produto final, em vez de ser um produto acabado (como uma camisa, por exemplo), é um produto primário (como o algodão colhido no campo). Como não dá para desenvolver atividade rural sem máquinas e implementos agrícolas, esses itens devem ser vistos como bens de capital, sem sombra de dúvidas.

Se o legislador constituinte acertou ao determinar à lei complementar a adoção de políticas fiscais para desonerar a aquisição de bens de capital pelos contribuintes, errou ao enumerar as formas de desoneração. O que se percebe aqui – aliás, como em tantos outros trechos deste trabalho – é o receio do legislador de empregar os vocábulos certos para os fenômenos jurídicos que busca disciplinar.

Para tentar escapar da "isenção", que não dá créditos para as operações seguintes e leva à aniquilação das operações antecedentes (art. 156-A, § 7º), o novo texto da Constituição faz malabarismos linguísticos invocando a possibilidade de concessão de *"crédito integral e imediato do imposto"*, a aplicação do polissêmico *"diferimento"* ou ainda a *"redução em 100% (cem por cento) das alíquotas do imposto"*.

Por qual razão não previu apenas que seria deferida uma isenção para aquisição de bens de capital com possibilidade de manutenção dos créditos? Quando o enunciado prevê que uma das formas de desoneração é o *"crédito integral e imediato do imposto"*, qual exatamente é o sentido dessa locução? A promessa da Reforma Tributária não era a não cumulatividade plena, com geração e tomada de créditos integrais e imediatos mesmo? Não é isso o que decorre do art. 156-A, § 1º, VIII? Se o adquirente tem direito a se creditar integral e imediatamente do imposto gerado na etapa anterior, qual a lógica desse preceito? Como se vê, trata-se de um pleonasmo, de um dispositivo redundante, que, ao fim e ao cabo, não leva à desoneração alguma. A não ser que se queira resgatar a truncada e descabida regra do ICMS envolvendo as restrições de geração de créditos sobre ativo imobilizado.

O que dizer, então, do nebuloso "diferimento"? Que verdadeiro "diferimento", enquanto postergação do tributo devido pelo alienante para que seja retido e recolhido pelo adquirente, haverá na compra de uma máquina? O diferimento só tem sentido no contexto de uma operação econômica dinâmica, na qual há compra e venda do mesmo produto ou do produto transformado. Quem compra uma máquina não a adquire para revendê-la. No caso do agro, um trator ou uma colheitadeira duram mais de 05 (cinco) anos na atividade. Na indústria urbana, algumas máquinas têm duração maior do que isso. Se a lei complementar estabelecer que a venda de tratores estará sujeita ao "diferimento", essa, da perspectiva técnico-jurídica, será uma denominação equivocada, porque não haverá "diferimento" algum, mas sim uma indisfarçável isenção. O mesmo se afirme com relação à "redução em 100% das alíquotas do imposto". A redução a 0% das alíquotas nada mais é do que uma fórmula para se conceder uma isenção, pois qualquer base de cálculo multiplicada por zero será igual a zero. Trata-se de lei da matemática. O direito pode muito, mas não tudo.

A conclusão a que se chega é a de que ou o legislador complementar terá que se valer do art. 156-A, § 5º, V, para desonerar por completo a venda de máquinas e implementos agrícolas, colocando-a no regime jurídico de isenção (ainda que não venha a assim rotulá-la), ou, ao menos, máquinas e implementos agrícolas deverão ser vistas como insumos da atividade rural, sujeitando-se à tributação reduzida em 60% de que trata o art. 9º, § 1º, da EC 132/23.

VI.4.12. A Cesta Básica Nacional de Alimentos

Sem prejuízo dos sérios problemas apontados nos tópicos e subtópicos anteriores, o decote dos dispositivos que versam mais diretamente sobre o agro indica que haverá outros grandes desafios interpretativos no futuro. Um deles envolve a tal *"Cesta Básica Nacional de Alimentos"*. Prevista no art. 8º da Reforma Tributária, esse dispositivo, embora até bem-intencionado, demandará muito esforço na sua aplicação. O texto é o seguinte:

Art. 8º. Fica criada a Cesta Básica Nacional de Alimentos, que considerará a diversidade regional e cultural da alimentação do País e garantirá a alimentação saudável e nutricionalmente adequada, em observância ao direito social à alimentação previsto no art. 6º da Constituição Federal.

Parágrafo único. Lei complementar definirá os produtos destinados à alimentação humana que comporão a Cesta Básica Nacional de Alimentos, sobre os quais as alíquotas dos tributos previstos nos arts. 156-A e 195, V, da Constituição Federal serão reduzidas a zero.

Eis mais uma prova de que o legislador brasileiro acredita, piamente, que é criando mais normas, com prevalência para as constitucionais, que a realidade de um povo se altera para melhor.

VI.4.12.1. No papel, é um plano programático perfeito, mas seus desafios são muitos

O tom do art. 8º da Reforma Tributária é o de típica norma programática. Sua fraseologia é bela e promete maravilhosas concretizações de direitos, bem ao estilo da tradição nacional. Carrega-se dose exacerbada de esperanças poéticas, cuja implantação, todavia, nem sempre é fácil, demandando uma série de providências legislativas e também de ordem administrativa. Do papel à prática há uma distância enorme no que concerne ao delineamento jurídico, às possibilidades orçamentárias e à efetiva vontade política de tornar esse mandamento concreto. Sob a perspectiva jurídica há pistas de problemas que se avizinham. O verbete, afinal, é um prato cheio para questionamentos.

O constituinte reformador quis criar uma "Cesta Básica Nacional de Alimentos" no contexto de uma "Reforma Tributária". A pergunta que logo vem à menta é essa: para quê? Ora, se o intuito é aproximar os signos linguísticos "cesta básica" e "tributos", só pode ser para dispensar-lhe um tratamento distinto. A questão, porém, começa na própria construção do enunciado do art. 8º, *caput*, que é impregnado de vaguezas e ambiguidades. Ao mesmo tempo em que os verbos empregados são fortes – "considerará" e "garantirá" – seus complementos são recheados de vagueza, com expressões do tipo "diversidade regional e cultural da alimentação do País" e "alimentação saudável e nutricionalmente adequada".

Se haverá um conjunto de produtos que comporá a cesta básica *nacional*, a ser definido por lei complementar (igualmente nacional, por óbvio), soa estranho atrelar a esse novo signo jurídico, que se pretende uniforme, a ordem para que seja considerada a diversidade *regional* e *cultural* da alimentação do País. Como isso será possível? Não dá para colocar no mesmo pacote os diversos itens alimentícios do Brasil. Será difícil compatibilizar esses dois vetores, na medida em que no bojo de uma legislação nacional terão que ser apreciados os aspectos regionais e culturais do Brasil inteiro, de tal modo que a lista de produtos, seguindo esse raciocínio, será bastante extensa. Sendo essa a solução legislativa, todos os componentes desse enorme rol serão desonerados, o que significa dizer, em princípio, que o consumidor do Rio Grande do Sul poderá adquirir, no seu Estado, produtos tipicamente nordestinos, sem tributação. Se não for essa a técnica adotada pela lei, mas sim a de criar uma lista de produtos regionais, aí não se terá uma cesta básica genuinamente nacional, mas sim vários formatos de cestas básicas por região. Como se vê, a costura do texto aprovado não foi das mais adequadas.

A segunda observação recai sobre o outro mandamento do enunciado: a cesta básica nacional "garantirá" – esse foi o termo – a "alimentação saudável e nutricionalmente adequada". Trata-se de uma pérola normativa. A respeito do verbo "garantirá", parece claro que ninguém há de imaginar que um texto normativo, seja a Constituição, seja qualquer lei, irá garantir, na prática, algo para a população brasileira, ainda mais alimento à mesa. Afinal, o direito garante, efetivamente, apenas expectativas normativas, impulsionadoras da transformação no plano fático.[424]

424. "A caracterização dos fatos juridicamente relevantes (a partir das operações

Não bastasse esse aspecto, a definição do que vem a ser "alimentação saudável e nutricionalmente adequada" igualmente chama a atenção: ovo faz bem ou mal à saúde? E o leite? O café? O açúcar? A carne vermelha? A farinha? Sobre esses e outros tantos produtos a própria ciência diverge, inclusive quanto às doses diárias recomendadas. E mais, a vagueza (sempre ela) da expressão abrirá espaço para se pensar sobre quem estará autorizado a dar o veredicto. Haverá um conselho de especialistas no assunto, que ditarão ao legislador o que fazer? Se nem mesmo as pessoas que se dedicam, cientificamente, ao estudo da nutrologia e da nutrição entram em um consenso, como a lei poderá cravar que um tipo de alimento merece compor esse rol? O caráter subjetivo em si da locução está aí a revelar que se trata de mais um exemplo de enunciado cuja significação é obscura, com contornos maleáveis.

Uma última observação: a cesta básica prevista no art. 8º que sofrerá regime distinto só compreende os *alimentos*, mas todos sabem que uma cesta básica é composta por outros produtos, como os de higiene pessoal e limpeza. Para esses, o art. 9º, § 1º, IX, não garantiu a desoneração completa da Cesta Básica Nacional, mas apenas o tratamento diferenciado de redução de 60% das alíquotas do IBS/CBS.

---

internas dos programas normativos do sistema jurídico) e a identificação da Justiça como a consistência adequada dessas operações apontam para limites muito claros do sistema jurídico. Sua tarefa é a de garantir e manter expectativas quanto aos interesses tutelados pelo direito e oferecer respostas, claras e justificadas, no caso de conflito. Daí a definição luhmanniana de direito como 'generalização congruente de expectativas normativas'. Com base em expectativas normativas estabilizadas, os programas do sistema jurídico implementam o valor do código do direito (lícito/ilícito). (...) A referência jurídica é sempre normativa. É por meio do código direito/não-direito e de seus programas normativos que o sistema pode combinar referências externas e internas". CAMPILONGO, Celso Fernandes. *Política, sistema jurídico e decisão judicial.* São Paulo: Max Limonad, 2002, p. 78-79.

VI.4.12.2. A lista dos produtos a ser definida em lei complementar: será ressuscitado o debate sobre a taxatividade ou não das listas?

Quando da análise do art. 9º, § 1º, envolvendo os novos conceitos constitucionais introduzidos e suas dificuldades à luz da indeterminação inerente à linguagem – "insumos agropecuários", "produtos agropecuários" e "alimentos destinados ao consumo humano" – os quais terão direito à redução de 60% dos novos tributos, ficou evidenciado que há um horizonte conflituoso adiante, *notadamente no que diz respeito à taxatividade ou não das listas da lei complementar.* Afinal de contas, no contexto da linguagem as palavras muitas vezes pressupõem um esforço de elucidação. O problema é que, na forma como o preceito constitucional foi elaborado, dá-se a entender que terá a lei complementar que indicar quais produtos preenchem e quais não os critérios conotativos da norma. Trata-se de algo de inegável relevância, pois, acaso o produto esteja "dentro" da lista, poderá pagar IBS e CBS com uma carga de 40% calculada sobre a alíquota-padrão (redução de 60%); se estiver "fora", arcará com a carga cheia.

Pois bem, a mesmíssima discussão, fatalmente, surgirá no âmbito da Cesta Básica Nacional de Alimentos. A Reforma Tributária, que se prometia simplificadora, ressuscitou um debate que, acreditava-se, já estava sepultado. É que o art. 8º, parágrafo único, previu que lei complementar *"definirá"* os produtos destinados à alimentação humana *"que comporão"* a Cesta Básica Nacional, *"sobre os quais as alíquotas"* do IBS e da CBS *"serão reduzidas a zero"*. É evidente que quem lida com alimentos tem interesse jurídico em ver seu produto contemplado nesse rol, por envolver a lista de produtos desonerados. Eis o porquê o parágrafo único é fonte para um punhado a mais de dúvidas.

Repete-se uma pergunta feita outrora: o que é "definir"? A indagação parece tola, mas quem lida em matéria tributária sabe bem sua importância. A lei complementar terá o poder de estabelecer, em caráter absoluto, quais alimentos serão carimbados com a alíquota zero da Cesta Básica Nacional, e quais não serão, ou sua função será apenas de elencar tais produtos com intuito exemplificativo, não impedindo que eventuais distorções sejam corrigidas pela Administração Pública ou pelo próprio Poder Judiciário? Em poucas palavras: *a "lista" de produtos será taxativa ou exemplificativa?* A tradição do direito tributário brasileiro registra que, por décadas, essa discussão foi vivenciada, quando o assunto envolvia a lista de serviços para fins de ISS, gerando muita insegurança jurídica. As duas posições antagônicas que eram defendidas tinham solidez de argumentos, acabando por prevalecer a tese intermediária de que a lista é taxativa, no entanto, que os itens tributáveis são extensíveis às atividades congêneres.

A questão que se coloca no contexto da Cesta Básica Nacional é a de que, *diferentemente do ISS, serão os contribuintes que desejarão estar nela incluídos,* e não necessariamente o Fisco. Se na lista da Lei Complementar 116/03 a bandeira empunhada pelos contribuintes é a de que deveria haver uma interpretação restritiva, taxativa, na Cesta Básica Nacional será justamente o contrário, na medida em que os agentes econômicos que produzem alimentos terão interesse em ver a lista ampliada, flexibilizada. Se o legislador incluir no seu regramento produtos que não devam ser considerados como essenciais para a alimentação humana, ou o contrário, deixar de incluí-los, em especial sob a ótica da diversidade regional e cultural, como se solucionar esse impasse? O cuscuz é um item cultural da alimentação do nordestino, assim como a erva-mate do povo do Sul e do Centro-Oeste. E aí, poderá o Judiciário, em nome do princípio da inafastabilidade da jurisdição, excluir um produto da lista se ali indevidamente colocado, ou o mais difícil, incluí-lo, por se tratar de um produto da cultura regional? Estaria nessa última hipótese agindo o Poder Judiciário como legislador positivo? Ou estaria no cumprimento estrito da ordem prevista no *caput* do art. 8º? Entendendo-se que a lista é taxativa, apenas os produtos que nela estiverem merecerão a alíquota 0%, mesmo que o legislador complementar, por uma falha qualquer, deixar de prever um gênero alimentício. Por outro lado, acaso a compreensão seja a de que a tal lista é exemplificativa, caberá uma interpretação axiológica e integrativa para que outros produtos ou mesmo os congêneres sejam incluídos.

A propalada reforma simplificadora do sistema, está-se a perceber, ficou longe desse propósito. A posição defendida neste estudo é a de que o Judiciário pode e deve sempre corrigir tropeços do legislador, desde que fincado nos limites da própria Constituição, em especial, nesse caso, a partir da orientação firmada sobre a admissão de uma interpretação extensiva envolvendo rubricas similares ou congêneres previstas em lista. O problema é que, até o Poder Judiciário deliberar sobre isso, em definitivo, já terá se passado mais de uma década, com certeza.

Recentemente, pelo Decreto Federal 11.936, de 05 de março de 2024, o Poder Executivo da União publicou ato normativo que busca dispor sobre a "composição da cesta básica de alimentos no âmbito da Política Nacional de Segurança Alimentar e Nutricional e da Política Nacional de Abastecimento Alimentar". Não vem ao caso aqui destrinchar os dispositivos desse decreto, até mesmo porque a lei complementar vindoura não estará a ele vinculada. Não é demais registrar, porém, que esse decreto só reforça a convicção da linguagem quase que fabular adotada para um enunciado que se pretende eminentemente jurídico.

Ao estabelecer no art. 2º, II, por exemplo, que se considera alimentação adequada e saudável o "direito humano básico que envolve a garantia ao acesso permanente e regular, de forma socialmente justa, a uma prática alimentar adequada aos aspectos biológicos e sociais do indivíduo", o dispositivo traz apenas um conjunto de obviedades. Isso fica mais claro ainda nas alíneas, ao agregar que essa política deve estar acoplada às "necessidades alimentares especiais e ser: a) referenciada pela cultura alimentar e pelas dimensões de gênero, raça e etnia; b) acessível do ponto de vista físico e financeiro; c) harmônica em quantidade e qualidade, atendidos os princípios da variedade, do equilíbrio, da moderação e do prazer; e d) baseada em práticas produtivas adequadas e sustentáveis". É quase dizer o nada sobre coisa alguma. Um amontoado de palavras apelativas da perspectiva emocional, absolutamente dissociadas da realidade da pobreza vivida por milhões de brasileiros.

No art. 4º o decreto buscou destrinchar esses produtos por grupos, dividindo-os em: I – feijões (leguminosas); II – cereais; III – raízes e tubérculos; IV – legumes e verduras; V – frutas; VI – castanhas e nozes (oleaginosas); VII – carnes e ovos; VIII – leites e queijos; IX – açúcares, sal, óleos e gorduras; e X – café, chá, mate e especiarias. A técnica adotada pelo decreto, segregando os produtos em grupos, é interessante, mas não resolve todos os problemas. Essa lista é fechada? Por exemplo, quando o decreto inclui os "cereais", pressupôs-se o cereal transformado, como o trigo, que é a base para o pão e o macarrão? Está na lista da cesta básica o macarrão, que é um produto largamente adquirido pela população mais pobre? E os enlatados, também amplamente consumidos por essa faixa populacional, como as salsichas, estão no rol? Mais ainda, dentro das respectivas classes estão abrangidas todas as subclasses? O arroz, que é um cereal, está catalogado no rol, mas todas as variedades, como o arroz arbóreo, que serve para risotos, considerado um prato sofisticado? E as frutas, todas elas estão no rol, como as frutas importadas? No quesito "café" há também diversos tipos, como o café *gourmet*. Todo café terá direito à tributação diferenciada?

Como se vê, a intenção é boa, mas os desafios são muitos. Não dá para estabelecer critérios objetivos, previamente definidos, para abraçar todas as possibilidades. Não por outra razão o próprio decreto previu no art. 4º, § 1º, que, consideradas as especificidades das ações, das políticas e dos programas relacionados à produção, ao abastecimento e ao consumo de alimentos, *"poderão ser realizadas adaptações na composição da cesta básica de alimentos"*. O § 2º segue pela mesma vereda, estabelecendo que essa adaptação, inclusive no que concerne à *"devolução de tributos às pessoas físicas"*, deverá considerar seu impacto fiscal e distributivo, com vistas a ampliar a progressividade das políticas públicas e a reduzir as desigualdades de renda. Mais, o § 3º previu que os grupos de alimentos previstos no *caput* *"deverão estar refletidos em relação não exaustiva de alimentos"* constante em ato do Ministro de Estado do Desenvolvimento e Assistência Social, Família e Combate à Fome. Ou seja, a lógica desse decreto é a de que o rol é flexível.

Os alimentos processados poderão ser admitidos na composição da cesta básica de alimentos, em caráter excepcional, conforme ato do Poder Executivo, vedada a inclusão de alimentos ultraprocessados (§ 4º). Deverão ser priorizados, quando possível, "alimentos agroecológicos e da sociobiodiversidade", produzidos em âmbito local, oriundos da agricultura familiar, de acordo com o § 5º. Por fim, prevê o § 6º que os Estados, o Distrito Federal e os Municípios, no âmbito de suas políticas públicas relacionadas à alimentação adequada e saudável e à segurança alimentar e nutricional, poderão orientar suas ações pelas diretrizes e regras fixadas no decreto.

Se a lei complementar que vier a regulamentar o art. 8º da EC 132/23 seguir essa tônica, duas questões acentuar-se-ão: (i) se os grupos alimentares estarão previstos *"em relação não exaustiva de alimentos"*, é porque a lista é meramente exemplificativa, deixando uma porta aberta para inclusão de outros; (ii) e aí, no contexto dos princípios da tipicidade e da estrita legalidade, a extensão da competência deferida a atos infralegais, que, ao fim e ao cabo, irão catalogar quais alimentos são esses, fatalmente será questionada. E com sólidos argumentos.

VI.4.12.3. Outra novidade implantada pela EC 132/23: previsão de "redução a zero" de alíquotas na Constituição

A Reforma Tributária trouxe outro desafio, o qual foi mencionado antes, que foi o de prever, no bojo do Texto Constitucional, a figura da "redução a zero" de alíquotas. Assim como o fez no art. 9º, § 3º, II, "b", também no art. 8º, parágrafo único, o constituinte reformador fez alusão à redução a zero das alíquotas de IBS e de CBS para determinados produtos, algo a ser implementado pela lei complementar que tratar da matéria.

A maneira com que esse tema foi disciplinado dá ensejo, uma vez mais, a uma postura crítica. No art. 9º, o intuito era dar o contorno normativo para os regimes diferenciados de tributação, que terão uma redução de 60% das alíquotas. Portanto, cuida-se de rol que irá contemplar os produtos que serão tributados, embora com alíquota menor. Nada obstante, no art. 9º, § 3º, II, "b", o constituinte não se conteve e determinou que certos produtos terão que ter alíquota zero, ordenando ao legislador complementar que assim o faça, entre eles, "produtos hortícolas, frutas e ovos". Ora, mas produtos hortícolas, frutas e ovos já não são, por si só, produtos que estarão na Cesta Básica Nacional de Alimentos, prevista no art. 8º? Sim. Nada obstante, o constituinte, de forma redundante, segregou no art. 9º uma subclasse que já pertence à classe dos produtos que serão desonerados, por força do art. 8º. Ou seja, produtos hortícolas, frutas e ovos serão, necessariamente, desonerados, seja porque devem compor a Cesta Básica Nacional de

Alimentos do art. 8º, seja porque, de forma explícita, estão no art. 9º, § 3º, II, como sujeitos à alíquota zero.

Tirando esse aspecto, o fato é que os demais produtos a serem incluídos na Cesta Básica Nacional de Alimentos terão que receber o mesmo tratamento, estando enquadrados no mesmo fenômeno jurídico. O art. 9º, § 3º, II, "b", não deixou margem de manobra para o legislador complementar, pelo contrário, a lei complementar, no que diz respeito aos produtos hortícolas, frutas e ovos, deverá prever *"redução em 100% (cem por cento) das alíquotas"* de IBS e de CBS. Se a lei complementar, total ou parcialmente, deixar de prever redução em 100% das alíquotas, estará indo contra o preceito constitucional, resvalando para o campo da invalidade. Não se previu nesse dispositivo faixas possíveis, mas apenas uma: redução em 100% (cem por cento). As críticas cabíveis a essa técnica legislativa foram feitas páginas atrás, tendo lá se concluído que, apesar da fórmula inusitada e descomprometida com a melhor tradição constitucional, trata-se de uma hipótese de imunidade tributária.

O mesmo se passa com o art. 8º, parágrafo único. Usando a equação matemática ao contrário, em vez de prever "redução em 100% (cem por cento)" tal qual o art. 9º, o art. 8º previu que as alíquotas do IBS e da CBS para os produtos da Cesta Básica Nacional de Alimentos "serão reduzidas a zero". Ora, *"redução em 100%" ou "redução a zero" matematicamente implicam no mesmo resultado.* Daí o motivo por que, sob o ângulo jurídico, a redação escolhida pelo constituinte reformador fica sujeita a críticas, por criar confusão, por querer inovar onde era desnecessário, por não seguir o padrão técnico construído por décadas pela doutrina e pela jurisprudência no que concerne às categorias desonerativas, enfim, por lançar vocábulos distintos para dar o mesmo efeito.

A pergunta a ser feita é a seguinte: a lei complementar que instituir a Cesta Básica Nacional de Alimentos poderá, ao mesmo tempo, criá-la e prever que os produtos nela contidos sejam tributados? Não, não poderá, porque o intuito da Cesta Básica Nacional é um só: desonerar os alimentos nela contidos, por força de mandamento constitucional. Não se trata de programa concebido no âmbito inferior hierarquicamente da legislação infraconstitucional, que pode, a qualquer momento, ser revisto, ser reduzido, ser modificado. A ordem vem de cima, vem da Constituição Federal. É por essa razão que aqui se defende que, mesmo que a técnica legislativa não tenha sido das mais adequadas, a "redução a zero" do art. 8º, parágrafo único, da EC 132/23 espelha uma hipótese de genuína imunidade. Trata-se de norma constitucional que define a incompetência política dos entes federativos em matéria tributária, de tal ordem que o parágrafo único se afeiçoa a uma imunidade. Algo como uma imunidade de eficácia limitada, para cuja atribuição de efeitos aguarda-se a edição da lei complementar para apontar os produtos vinculados a ela.

VI.4.12.4. Para encerrar: se não for reconhecido o direito à cadeia do agro, a norma constitucional ficará relegada a ser um benefício a supermercados

Por fim, não poderia deixar de ser comentado outro aspecto relevantíssimo: trata-se da extensão da desoneração. A tal lei complementar definirá esses produtos, *"sobre os quais"* as alíquotas do IBS e da CBS *"serão reduzidas a zero"*. A regra em análise será aplicável apenas aos "produtos" da "Cesta Básica Nacional de Alimentos", enquanto produto acabado, ou a toda a cadeia geradora de tais produtos? Falando pela via direta, o benefício incidirá apenas na etapa final, isto é, na venda dos produtos para o consumidor no âmbito dos supermercados, ou a interpretação axiológica leva em conta uma desoneração cujo propósito é reduzir os custos na composição geral dos preços, necessariamente levando, pois, à desoneração da cadeia como um todo?

Aqui também a exegese é instigante. No entanto, o direito deve ser interpretado inteligentemente.[425] Imaginar que a desoneração deva recair apenas na ponta final na venda dos produtos à disposição na gôndola dos varejistas seria desprezar a lógica de que o intuito manifesto foi o de desoneração dos produtos na sua totalidade. Ou seja, se a redução a 0% de IBS/CBS recair apenas sobre a venda dos produtos prontos da cesta básica em si, *transformar-se-á o querer constitucional em reles benefício às redes de supermercados,* que fazem a venda ao consumidor final. Um saco de arroz colocado à venda na prateleira pressupõe alguém que cultivou a terra, plantou e colheu o arroz (o produtor rural), depois o vendeu a uma empresa classificadora que retirou a casca e as impurezas (uma cerealista), a qual, em etapa posterior, o revendeu a uma agroindústria atacadista (uma indústria beneficiadora), que, por sua vez, o revendeu ao varejista (o supermercado).

Toda a cadeia terá que ser desonerada ou só a etapa final, isto é, a última venda, feita pelo supermercado à pessoa que adquire o produto acabado? A resposta coerente é a de que toda a cadeia deve ser contemplada, sob pena de haver uma incidência em cascata de tributos, e mais, porque o enunciado estabelece que os produtos *"destinados"* à alimentação humana devem estar nesse grupo. Se não for assim o art. 8º, parágrafo único, perderá sua força normativa, passando a desempenhar a função de simples benesse para varejistas, em descompasso com o espírito que orientou a criação dessa nova figura jurídica. Mais um prato cheio para discussões, como se pode antever.

---

425. MAXIMILIANO, Carlos. *Hermenêutica e aplicação do direito.* 9. ed. Rio de Janeiro: Forense, 1980, p. 10.

VI.5. A PROGRESSIVIDADE DO ITCMD NÃO É PROPRIAMENTE UMA NOVIDADE

Embora o aspecto central da Reforma Tributária tenha sido a extinção do PIS, da COFINS, do IPI, do ICMS e do ISS e sua substituição pelo IBS e pela CBS, com a possibilidade de exigência ainda do IS sobre algumas hipóteses, a EC 132/23 não ficou restrita a esses temas, tendo enveredado para outras matérias alheias à noção de "Reforma sobre o Consumo". Uma delas foi a previsão de que o ITCMD, doravante, poderá ser progressivo.

Com efeito, o art. 155, § 1º, VI, com o texto da EC 132, passou a prescrever que o ITCMD, além de outras modificações, *"será progressivo em razão do valor do quinhão, do legado ou da doação"*. As demais alterações envolvem a circunstância de que, relativamente a bens móveis, títulos e créditos, o imposto compete ao Estado onde era domiciliado o *de cujus*, ou tiver domicílio o doador (inciso II), tendo sido suprimida a remissão de onde se processa o inventário ou arrolamento, e que o imposto não incidirá sobre as transmissões e doações para instituições sem fins lucrativos de relevância pública e social, inclusive as organizações assistenciais e beneficentes de entidades religiosas e institutos científicos e tecnológicos, e por elas realizadas na consecução dos seus objetivos sociais, observadas as condições estabelecidas em lei complementar (inciso VII).

Pois bem, muito se tem alardeado, desde a publicação do novo diploma reformador, sobre a progressividade do ITCMD, como se fosse uma novidade criada pelo constituinte agora. Ocorre que não se trata de novidade alguma. Há muito tempo o Supremo Tribunal Federal já havia se pronunciado, em repercussão geral (Tema 21), no seguinte sentido:

> RECURSO EXTRAORDINÁRIO. CONSTITUCIONAL. TRIBUTÁRIO. LEI ESTADUAL: PROGRESSIVIDADE DE ALÍQUOTA DE IMPOSTO SOBRE TRANSMISSÃO *CAUSA MORTIS* E DOAÇÃO DE BENS E DIREITOS. CONSTITUCIONALIDADE. ART. 145, § 1º, DA CONSTITUIÇÃO DA REPÚBLICA. PRINCÍPIO DA IGUALDADE MATERIAL TRIBUTÁRIA. OBSERVÂNCIA DA CAPACIDADE CONTRIBUTIVA. RECURSO EXTRAORDINÁRIO PROVIDO.[426]

A redação do Tema 21 ficou assim: "é constitucional a fixação de alíquota progressiva para o Imposto sobre Transmissão *Causa Mortis* e Doação – ITCD". Pelo que se pode ver, já existia autorização deferida pelo Supremo aos Estados para que previssem em suas respectivas legislações uma tributação progressiva, conforme o valor do quinhão, legado ou doação. Isto é, pela jurisprudência da Corte Suprema não tinha que se falar em inconstitucionalidade se o Estado previsse que, quanto maior o valor do patrimônio, progressivamente maiores são as alíquotas aplicáveis de ITCMD.

Pode-se até discordar do entendimento do Supremo (e esse não é o foco neste trecho do trabalho), mas a verdade é que a tributação progressiva desse imposto está avalizada, no mínimo, desde 2013, com o julgamento em repercussão geral. Nessa ordem de ideias, a emenda constitucional apenas incorporou à Carta da República, de forma explícita, o entendimento manifestado pelo Tribunal sobre a matéria. É bem verdade que vários Estados ainda preveem tributação fixa (e não em faixas) para o ITCMD, mas não se pode dizer que a inserção do inciso VI ao art. 155, § 1º, tenha sido propriamente uma novidade. A legislação paradigma dos Estados eleitos neste estudo mostrou que em vários a progressividade já era uma realidade. O intuito foi o de se criar um modelo único de tributação sobre a sucessão e herança. Os Estados, no entanto, continuarão tendo a prerrogativa

426. RE 562.045-RG. Tribunal Pleno. Rel. Min. Ricardo Lewandowski. Rel.ª p/ acórdão Min.ª Cármen Lúcia. *DJe* 27.11.2013.

de dispor sobre as alíquotas incidentes no seu território, dado que nesse aspecto não houve mudança.

O ponto de alerta envolve não a progressividade, mas a eventual elevação das alíquotas máximas do imposto. Em consonância com o art. 155, § 1º, IV, da Constituição, que estabelece que esse tributo "terá suas alíquotas máximas fixadas pelo Senado Federal", a Resolução nº 09/92 do Senado padronizou como teto 8% de ITCMD (art. 1º), e mais, a resolução, desde seu berço, já previa a técnica progressiva (art. 2º) – se bem que, como demonstrado no Capítulo III, apenas sobre a herança (não explicitamente sobre a doação) e somente sobre o quinhão herdado (e não sobre o valor total do patrimônio). Nesse contexto, acaso advier aumento do percentual máximo de ITCMD (a depender do Senado), associado à progressividade a ele aplicável, evidentemente que poderão haver reflexos onerosos para os produtores, na medida em que os imóveis rurais, em quase todo o País, experimentaram inegáveis elevações de preços nos últimos anos.

Enfim, neste tópico específico não se pode afirmar que a Reforma Tributária inovou genuinamente. Apenas se elevou ao Texto Constitucional algo que já estava previsto parcialmente na Resolução nº 09/92 do Senado Federal e, sobretudo, no Tema 21 do Supremo Tribunal Federal.

VI.6. A IMUNIDADE DE IPVA PARA AVIÕES AGRÍCOLAS, TRATORES E DEMAIS MÁQUINAS DA ATIVIDADE

Outro tributo que foi modificado pela EC 132/23 foi o IPVA. Olvidando-se do seu eixo central, que era dar um novo tratamento à sistemática incidente sobre o consumo, o constituinte reformador acabou por alterar também o regime jurídico do imposto sobre propriedade de veículos automotores, mudando o enunciado do inciso II e inserindo um inciso III, com suas respectivas alíneas, ao § 6º do art. 155. Agora, a Constituição dispõe que o IPVA poderá ter alíquotas diferenciadas em função do tipo, do valor, da utilização e do impacto ambiental (inciso II) e que incidirá sobre a propriedade de veículos automotores terrestres, aquáticos e aéreos (inciso III), à exceção das hipóteses veiculadas nas alíneas "a" a "d".

Em respeito ao recorte metodológico eleito neste estudo e voltando as atenções para o agro, o que vai importar é a previsão contida nas alíneas "a" e "d". A alínea "b" trata de embarcações de pessoa jurídica detentora de outorga para prestar serviços de transporte aquaviário ou de pessoa física ou jurídica que pratique pesca industrial, artesanal, científica ou de subsistência. As embarcações para pesca artesanal ou de subsistência, portanto, estão fora do alcance do IPVA. O mesmo se diga da hipótese da alínea "c": as plataformas suscetíveis de se locomoverem na água por meios próprios, inclusive as voltadas à exploração de atividades econômicas em águas territoriais e na zona econômica exclusiva e embarcações que tenham essa mesma finalidade não poderão também sofrer incidência do IPVA.

Feitos esses esclarecimentos, naquilo que envolve o agro a primeira observação recai sobre o signo linguístico "*excetuados*". O IPVA, na sua nova formatação constitucional, agora contempla, de forma expressa, a possibilidade de recair sobre veículos automotores terrestres, aquáticos e aéreos, *excetuados* os arrolados nas alíneas "a" a "d". Dizer que o IPVA pode ser instituído sobre esses objetos, excetuados alguns outros, significa, juridicamente, que o constituinte reformador estabeleceu hipóteses de imunidade tributária. Ou seja, trata-se de norma constitucional que define negativamente a competência tributária, por isso uma norma de imunidade tributária. Do rol possível de veículos automotores (classe) aéreos (subclasse), por exemplo, os Estados não poderão criar o imposto sobre veículos automotores aéreos enquadrados como aeronaves agrícolas ("sub-subclasse" ou classe de segundo nível). Assim, sobre as aeronaves agrícolas, classificadas como tais pela legislação, não poderá ser exigido o IPVA, por se tratar de hipótese de imunidade tributária.

Como demonstrado antes, sempre foi possível instituir IPVA sobre veículos automotores aéreos e aquáticos.[427] O fato é que, com a modificação introduzida, daqui em diante se estabeleceu esse alcance de forma objetiva, ainda que para o constituinte reformador tenha parecido relevante politicamente elencar algumas imunidades, como a de aeronaves agrícolas. Certamente a intenção foi a de impedir a tributação daqueles que usam o veículo como instrumento de trabalho, o que foi alargado para "operador certificado para prestar serviços aéreos a terceiros", no que parece se enquadrar o conjunto das companhias aéreas. Não seria demais o texto ter sido mais claro. E essa lógica, embora possa ter seu mérito, não foi reproduzida para as transportadoras de cargas e as empresas de transporte rodoviário de passageiros, que também usam veículos para prestar seus serviços – e não foram imunizadas. De todo modo, o fato é que as empresas que fazem pulverização agrícola aérea são imunes ao IPVA.

Além disso, os tratores e máquinas agrícolas igualmente foram imunizados, como se vê da alínea "d". A inserção desses veículos no rol das imunidades chama a atenção e só vem a reforçar a ideia de que, antes, era possível exigir-se IPVA sobre tais bens, na medida em que as hipóteses catalogadas nas demais alíneas envolvem veículos automotores aéreos e aquáticos, ou seja, aeronaves (alínea "a"), embarcações (alínea "b") e plataformas (alínea "c"). A novidade em matéria de IPVA foi a ampliação de sua materialidade,

---

427. LOUBET, Leonardo Furtado. O Direito Tributário deve continuar a avançar: o IPVA, esse (ainda) ilustre desconhecido. *Revista de Direito Tributário Contemporâneo*, São Paulo: RT, ano 01, v. 2, p. 155, set./out. 2016.

de maneira expressa, para atingir aeronaves e embarcações, de tal modo que os veículos que passariam a ser imunes, pela lógica, deveriam ficar restritos às novas faixas de competência. Como "tratores e máquinas agrícolas" não são nem veículos automotores aéreos, nem aquáticos, o enxerto dessa previsão na alínea "d" só corrobora que, até ali, havia possibilidade de se exigir IPVA sobre esses veículos.

Enfim, com a roupagem normativa trazida pela EC 132/23 tratores e demais máquinas agrícolas se tornaram imunes ao IPVA. Quanto às máquinas agrícolas, claro, desde que sejam máquinas agrícolas movidas a motor, porque, se não o forem (como uma semeadora), não estarão enquadrados, nem mesmo em tese, no campo possível de incidência do imposto sobre propriedade de veículos automotores.

VI.7. O ART. 136 DO ADCT E SUA PRETENSÃO DE CONVALIDAR OS "FUNDOS DO AGRO"

O derradeiro tema a ser tratado diz respeito ao art. 136 do Ato das Disposições Constitucionais Transitórias, inserido pela Reforma Tributária, e sua pretensão de convalidar os "fundos do agro". Contra tudo – absolutamente tudo – o que foi minuciosamente exposto no trecho em que essas anômalas figuras foram encaradas neste estudo, o constituinte reformador, desviando-se por completo de seu propósito de cuidar da "Reforma sobre o Consumo", imiscuiu-se em assunto que não guarda relação alguma com esse mote, e o que é pior, a cujo respeito os Estados sempre defenderam que sequer era tributo. Um concerto político escabroso resultou na inserção de um preceito na Carta da República que sequer tinha envergadura constitucional, na medida em que se tratava de algo previsto no plano das legislações ordinárias de alguns Estados-membros da Federação. Com isso, buscou-se baldar qualquer tipo de insurgência contra esses "fundos". Eis o teor do art. 136 do ADCT:

> Art. 136. Os Estados que possuíam, em 30 de abril de 2023, fundos destinados a investimentos em obras de infraestrutura e habitação e financiados por contribuições sobre produtos primários e semielaborados estabelecidas como condição à aplicação de diferimento, regime especial ou outro tratamento diferenciado, relativos ao imposto de que trata o art. 155, II, da Constituição Federal, poderão instituir contribuições semelhantes, não vinculadas ao referido imposto, observado que:
>
> I – a alíquota ou o percentual de contribuição não poderão ser superiores e a base de incidência não poderá ser mais ampla que os das respectivas contribuições vigentes em 30 de abril de 2023;
>
> II – a instituição de contribuição nos termos deste artigo implicará a extinção da contribuição correspondente, vinculada ao imposto de que trata o art. 155, II, da Constituição Federal, vigente em 30 de abril de 2023;
>
> III – a destinação de sua receita deverá ser a mesma das contribuições vigentes em 30 de abril de 2023;
>
> IV – a contribuição instituída nos termos do *caput* será extinta em 31 de dezembro de 2043.
>
> Parágrafo único. As receitas das contribuições mantidas nos termos deste artigo não serão consideradas como receita do respectivo Estado para fins do disposto nos arts. 130, II, 'b', e 131, § 2º, I, 'b', deste Ato das Disposições Constitucionais Transitórias.

A redação do enunciado dá conta, de forma bem clara, que foi "encomendada" pelos Estados diretamente interessados nesse debate.A partir do texto aprovado é possível reconstruir o processo legislativo, identificando o autor da façanha (ou o principal deles): o Estado de Mato Grosso é o único que prevê a "habitação" como uma das destinações a esses "fundos". Como leciona Tárek Moysés Moussallem, a enunciação sempre deixa pistas no enunciado.[428] Tendo em vista que o art. 136, no intuito de convalidar esse tributo mal

---

428. *Fontes do direito tributário.* 2. ed. São Paulo: Noeses, 2006, p. 121.

disfarçado, remete-se justamente à "habitação", não é preciso muito esforço intelectual para, no mínimo, suspeitar que Mato Grosso trabalhou fortemente para emplacar uma cláusula tão desconexa aos objetivos da proposta. E nisso o outrora projeto de Reforma Tributária, que tanto se dizia coeso e técnico, acaba por ficar fortemente comprometido, desnaturando-se consideravelmente.

Nos próximos subtópicos procurar-se-á demonstrar que, a despeito do empenho demonstrado pela *mens legislatoris,* a norma posta não tem o alcance que se pretendeu, não sepultando, de modo algum, essa batalha pela defesa do genuíno Estado de Direito, que continua aberta.

VI.7.1. Em primeiro lugar, também as emendas constitucionais se sujeitam a controle e o art. 136 do ADCT, claramente, atropela o denominado "Estatuto do Contribuinte"

Antes de se passar ao exame em si da costura linguística materializada no art. 136 para checar se ele convalidou ou não os "fundos do agro", uma questão antecedente, e que por isso mesmo tem que ser trazida primeiro, é a de que, mesmo que isso fosse verdade, aí a própria emenda, ao menos nessa parte, seria inconstitucional. Emenda constitucional pode muito, mas não tudo. Há um núcleo duro, imodificável, inalcançável pelo poder reformador, representado pelas chamadas cláusulas pétreas, entre as quais estão os direitos e garantias individuais. Somente o legítimo poder constituinte, que é o originário, tem a prerrogativa de estabelecer, de forma sobranceira, as vigas mestras do sistema jurídico de um país. É com a edição da Carta Magna que o constituinte vincula não só os Poderes Executivo e Judiciário, mas também o Legislativo do futuro. Colocar a salvo de ulteriores modificações determinados temas significa que, para o constituinte, aqueles são os grandes valores depositados por um povo no documento normativo fundante da Nação.

Dizer que os direitos e garantias individuais não podem ser afetados pelas reformas constitucionais expressa que o destinatário dessa proteção é o indivíduo, não o Estado. As liberdades individuais, na sua projeção mais ampla, representam barreiras oponíveis às pretensões estatais, mas não só sob a perspectiva do direito de ir e vir apenas, senão também no que toca aos desdobramentos patrimoniais daí decorrentes. E uma das formas pelas quais o patrimônio do indivíduo é afetado é justamente pela cobrança de tributos. Por essa razão que a exigência de tributos deve estar em tudo e por tudo conforme a Constituição. Qualquer afronta, um deslize que seja, na instituição de um tributo deve levar – ao menos é essa a ideologia que inspira o Sistema Constitucional Tributário, a qual, infelizmente, vem sendo desrespeitada na prática – à invalidação da obrigação. A noção de concordância popular, de mandato, é intrínseca à tributação democrática. O exercício da competência tributária só se torna legítimo se e somente se fiel à autorização deferida constitucionalmente.[429]

Esse conjunto normativo dos direitos e garantias individuais olhado sob o ângulo fiscal é o que se conhece por "Estatuto do Contribuinte". O cidadão pagador de tributos só pode ser chamado a desembolsar quantias em dinheiro compulsoriamente quando União, Estados, Distrito Federal e Municípios respeitam as fronteiras detalhadas na Lei Maior. A forma fervorosa com que o Prof. Roque Antonio Carrazza defende, e com acerto, esse mandamento nuclear há de ser respeitada, pois essas são as balizas mínimas que o Estado deve cumprir.[430]

---

429. ATALIBA, Geraldo. *República e Constituição*. 2. ed. São Paulo: Malheiros, 2001, p. 40.

430. *Curso de direito constitucional tributário*. 34. ed. São Paulo: JusPodivm, 2023, p. 363.

Pois bem, mas o que essas ponderações de cunho eminentemente constitucional, que estão no plano dos fundamentos do Estado de Direito, têm que ver com a questão aqui analisada? Embora o tema seja complexo, a resposta é bem simples: tudo, porque o art. 136 do ADCT atropela o "Estatuto do Contribuinte". Valendo-se de uma redação truncada, defeituosa e sem qualquer apego à técnica, o constituinte reformador previu que determinados Estados, a saber, aqueles que *"possuíam, em 30 de abril de 2023, fundos destinados a investimentos (...) financiados por contribuições sobre produtos primários e semielaborados"*, as quais foram estabelecidas como condição à aplicação de diferimento, regime especial ou outro tratamento diferenciado *"relativos"* ao ICMS, *"poderão instituir contribuições semelhantes"*, mas desde que *"não vinculadas ao referido imposto"*. A alíquota, o percentual e a base de cálculo não podem ser superiores ou mais amplas que as vigentes em 30 de abril de 2023 e a destinação deve ser a mesma prevista até essa data. Com a instituição da "nova" contribuição, extingue-se a anterior, *"vinculada ao imposto de que trata o art. 155, II, da Constituição Federal, vigente em 30 de abril de 2023"*. E a que vier substituí-la vigorará até 31 de dezembro de 2043.

A dissecação dos signos linguísticos empregados – alguns deles até contraditórios, como as duas vezes em que a palavra "vinculada" é usada – será feita mais adiante. A questão aqui é outra, é antecedente: *que "contribuição" o constituinte reformador autorizou os Estados instituírem, à margem do Sistema Tributário Nacional?* Afirmar que os Estados (alguns, não todos) podem *"instituir contribuições semelhantes, não vinculadas ao referido imposto* [ICMS]", quer dizer o que, exatamente? Não se trata de "contribuição" enquanto espécie tributária típica? Se não for, de que natureza é ela, qual sua ontologia jurídica? Qual regime normativo se lhe aplica? É uma prestação pecuniária compulsória, em moeda ou cujo valor nela se possa exprimir, que não constitua sanção de ato ilícito, instituída em lei e cobrada mediante atividade administrativa plenamente vinculada, *mas não é tributo?*

Está aí, exatamente aí, o aspecto central do problema. A roupagem que o constituinte reformador quis colocar, indevidamente influenciado pelos Estados interessados, não retira a essência da coisa. Se durante todos esses anos os Estados defendiam que essas "contribuições" não eram tributos, porque não eram compulsórias, já que seriam mera "opção", não era dado à EC132/23, ao fim e ao cabo, reconhecer que, antes, elas eram mesmo vinculadas ao ICMS e que, com a nova contribuição, não estarão mais vinculadas a esse imposto. Cria-se um triplo problema: (i) com relação ao passado, fica confessado que essas contribuições não passavam de adicionais de ICMS; (ii) quanto ao futuro, deixa-se uma mensagem no escuro, no sentido de que, doravante, elas não estarão mais vinculadas ao imposto estadual, o que as desfalcam de causa jurídica legitimadora para que sejam enquadradas na ordem jurídica constitucional; (iii) e o fato de esse tema ter sido elevado ao patamar constitucional torna escancarada a afronta à lógica e à organicidade do sistema, deslocando o debate para um plano não só mais evidente, como também mais profundo, no qual se põe à prova a possibilidade de ser autorizado ou não que o Estado crie contra o cidadão um dever de recolher quantias aos cofres públicos, de forma não voluntária e sem que haja ato ilícito, que não seja um tributo propriamente dito.

A afronta ao "Estatuto do Contribuinte" é flagrante. Ninguém pode ser obrigado a pagar uma quantia em dinheiro ao Estado se não for de forma voluntária, ou então em virtude de um ato ilícito ou via tributos. Que o art. 136 do ADCT não trata de multas ou indenizações isso parece evidente. A absoluta ausência de qualquer menção no texto à ideia de facultatividade, de opção, por sua vez, afasta essa "contribuição" do contexto de ser voluntária, sobretudo porque o constituinte reformador fez questão de ressaltar que as *"contribuições semelhantes"* a serem instituídas não estarão *"vinculadas ao referido imposto"*. Trata-se de aspecto relevantíssimo, diferenciador, de tudo quanto equivocadamente disseram Estados e Judiciário por décadas sobre esses "fundos". Repita-se: tenha percebido ou não o elaborador da norma, *agora não mais se poderá dizer que essas "contribuições" são facultativas.*

Só resta, portanto, examiná-las para ver se são classificáveis ou não como tributos. E sob esse prisma, das duas, uma: ou essas "contribuições" são tributos, devendo respeito a todo arcabouço do Sistema Constitucional Tributário, inclusive no que se refere ao seu enquadramento a uma das espécies tributárias existentes, ou, acaso se pretenda cravar que não se trata de tributo, aí sua invalidade salta por si mesma, porque o cidadão não pode ser obrigado a pagar quantias ao Poder Público, ausentes a ilicitude e a voluntariedade, se não for em virtude de um tributo. Não há um *tertium genus* nessa matéria. A esse propósito, o art. 136 do ADCT só faz confirmar o que insistentemente veio sendo dito nesta pesquisa: *esses "fundos do agro", inequivocamente, pretendem ser uma estrutura paralela de arrecadação, à margem do Sistema Tributário Nacional.* Está aí a prova.

Emendas constitucionais não são absolutas, também se submetem ao controle previsto na própria Constituição, por óbvio. Pelos fundamentos expostos, o art. 136 do ADCT padece desse vício, sendo inconstitucional.

VI.7.2. Emenda constitucional não convalida norma inconstitucional anterior

Mesmo que o art. 136 parasse em pé, ainda assim ele não teria o efeito desejado. E assim se afirma porque *lei inconstitucional* é até uma contradição entre termos. Ou a lei nasce de acordo com os padrões procedimentais e seu conteúdo respeita a autorização estampada na norma que lhe é superior, ou, retoricamente, é lei natimorta, é veículo normativo que não é compatível com a ordem jurídica em vigor.

A jurisprudência do próprio Supremo Tribunal Federal é bem firme nesse sentido. A validade de uma norma se afere segundo o sistema vigente ao tempo de sua edição. Quando do julgamento do famoso *leading case* envolvendo o alargamento da base de cálculo da COFINS pela Lei 9.718/98, que se afastou do conceito de "faturamento" para se estender para todas as "receitas" das pessoas jurídicas, cujo enredo tentou ser consertado pelo advento da EC 20/98, o Supremo definiu as balizas sobre essa matéria, fixando entendimento de que emenda constitucional posterior *não convalida* lei inconstitucional anterior.[431]

O enfoque aqui é exatamente o mesmo. A pergunta a ser feita é a seguinte: independentemente da validade ou não do art. 136 do ADCT, esse novel dispositivo, isoladamente, teria força jurídica suficiente para apagar as inconstitucionalidades desses "fundos do agro", os quais foram criados ao tempo em que não havia preceito semelhante, ou mesmo poderia ratificar as invalidades por eles geradas? Não, é claro que não, pois emenda constitucional não modifica o ontem jurídico, mas só o porvir normativo. Se essas "contribuições" não tinham (como continuam não tendo) respaldo na Constituição Federal, sua análise deve ser feita tal qual sua certidão de nascimento atesta, como uma fotografia tirada quando veio ao mundo jurídico. Uma vez que o ordenamento não contemplava a possibilidade de tão esdrúxula figura, o advento do art. 136, sinceramente, não deve afetar em nada a discussão.

431. RE 346.084. Tribunal Pleno. Rel. Min. Ilmar Galvão, Rel. p/ acórdão Min. Marco Aurélio. *DJe* 01.09.2006.

VI.7.3. O sentido e alcance do dispositivo: destrinchando o mal construído enunciado do art. 136 do ADCT

Este trabalho foi elaborado, desde o início, com uma preocupação muito grande com o esmero da linguagem jurídica, na convicção firme de que a melhor e mais profícua forma de estudar o direito é tratar a linguagem com deferência, tentando absorver ao máximo os postulados modernos que esse campo do conhecimento oferece. Não se trata, mas nem de longe, de se apenas ler o enunciado, menos ainda de se propagar uma interpretação literal. Na verdade, é justamente o oposto. É observando com cuidado os arranjos sintáticos dos signos normativos, meditando serenamente sobre suas projeções semânticas e atentando-se para suas variações pragmáticas que o intérprete consegue identificar ambiguidades, elucidando o sentido mais ajustado do termo, e apontar vaguezas, delimitando seu campo de significação cabível, isso tudo de acordo com o que o próprio plano textual permite. Parte-se do texto para voltar a ele, em um processo dialético constante de compreensão.

O art. 136 do ADCT, porém, é um desafio à inteligibilidade. Sua fórmula mal construída só reforça o que todos que lidam com o direito e que acompanham minimamente o mundo da política sabem: a elaboração das leis está longe de ser um processo técnico e racional. Daí por que é imprescindível destrinchá-lo, de modo a evidenciar seu sentido e alcance.

A primeira observação é a de que o constituinte reformador quis "congelar" um estado de coisas, a partir de um marco temporal previamente escolhido, para prolongá-lo no tempo: de 30 de abril de 2023 até 31 de dezembro de 2043. Ou seja, a intenção é que os tais "fundos do agro" sobrevivam por mais de 20 (vinte) anos, se tomadas essas datas. Mas, por que 30 de abril de 2023? Não se sabe. Todos Estados interessados – Mato Grosso do Sul, Mato Grosso,

Tocantins, Maranhão, Goiás e Piauí – já tinham instituído seus "fundos" antes, até 2022. E entre o final de 2022 e 30 de abril de 2023 não se tem notícia de outra "contribuição" similar. A referência, por quatro vezes, à data de "30 de abril de 2023" em um mesmo artigo é mais um indicativo do pouco caso que se tem com a construção de um enunciado constitucional.

Acontece que essa constitucionalização de uma prévia situação fática e jurídica cria alguns problemas. A circunstância de o art. 136 prever que os Estados que "*possuíam*" (outro verbo mal empregado), em 30 de abril de 2023, fundos destinados a investimentos financiados por essas "contribuições" poderão instituir contribuições semelhantes, mas cuja calibragem não pode ser superior à existente, nem a destinação pode ser outra, significa que o dispositivo "congela" também as leis estaduais atuais e futuras? Para ficar mais claro, a questão posta é a de que, com o advento do art. 136, em se entendendo que ele convalida essas "contribuições", não poderia o legislador local alterar as leis em vigor sobre essa matéria, por exemplo para inserir um novo produto como suscetível ao "fundo" ou mesmo para elevar a alíquota incidente. Haveria uma espécie de ineficácia técnica projetada pela norma constitucional sobre a legislação infraconstitucional estadual. Se o constituinte reformador decidiu agasalhar essas figuras estaduais, ele o teria feito de acordo com o que estava vigorando naquela data, de tal sorte que seria descabido alteração posterior pelo político local. Mas também as "novas" contribuições, que irão substituir as atuais, estariam engessadas, porque o art. 136, I e III, estabelece que a alíquota ou o percentual de contribuição "não poderão ser superiores e a base de incidência não poderá ser mais ampla" que as vigentes em 30 de abril de 2023 e que "a destinação de sua receita deverá ser a mesma". Ou seja, a lei da nova contribuição, na sua essência, deveria ser uma cópia da anterior.

Outra questão, igualmente grave, está no inciso II. Pelo seu teor, a instituição da contribuição prevista no art. 136 "implicará a extinção da contribuição correspondente, vinculada ao imposto de que trata o art. 155, II, da Constituição Federal, vigente em 30 de abril de 2023". Pois bem, mas e se o Estado, simplesmente, não instituir uma "nova" contribuição? A atual, que foi editada inconstitucionalmente e que o art. 136 veio alegadamente tentar consolidá-la, continuará a produzir seus efeitos até 31 de dezembro de 2043, sem que haja qualquer mecanismo para que o contribuinte possa se insurgir? Ora, o constituinte reformador colocou o contribuinte em um limbo jurídico: nem a EC 132/23 repudiou essas "contribuições", permitindo-as apenas para o futuro, nem as convalidou por completo, para o passado e para o futuro. Deu uma carta em branco para que o legislador estadual, querendo, institua nova contribuição, que valerá até 31 de dezembro de 2043, mas não fixou prazo para que elas sejam criadas. Ou seja, os Estados, comodamente, podem deixar tudo do jeito que está. E isso não pode ser assim, é claro. As contribuições atuais e as vindouras são inconstitucionais e podem ser questionadas com densos fundamentos, não sendo o art. 136 um escudo que as blinde de qualquer investida.

Também a data final não fica imune a críticas. Autorizar, em flagrante desrespeito à ordem jurídica, um ornitorrinco jurídico como o são essas "contribuições" até 31 de dezembro de 2043 é transigir demais, é fazer de tolo o contribuinte. A alegação de que esses Estados necessitariam dessas verbas para fazer frente a certas despesas, sobre não ser um argumento comprovado, é igualmente assertiva sem consistência, porque todos entes federativos têm suas dificuldades orçamentárias, não sendo característica exclusiva dos que desafiaram a Constituição e criaram esses tributos com o nome de "contribuições facultativas". Ademais, o prazo é exacerbadamente longo para se admitir uma *fonte alternativa* de arrecadação, às custas do contribuinte. E não é demais alertar, desde logo, antevendo o que pode acontecer – conhecendo a tradição brasileira nesses temas – que à base de uma canetada, de um conchavo político, quando o prazo fatal estiver bem próximo, a data de encerramento pode ser espichada adiante, prolongando, ainda mais, o desaparecimento dessa estranha figura. Basta lembrar das constantes prorrogações fixadas por emendas constitucionais em torno da Zona Franca de Manaus.

Mais um problema: como fica o equilíbrio federativo se o constituinte reformador agraciou apenas alguns Estados, aqueles que, astutamente, desrespeitaram a Carta da República para criar uma fonte paralela de arrecadação, chancelando essa rubrica de ingestão de recursos, em detrimento dos demais, que, obedientes ao sistema jurídico, não agiram dessa maneira? Haverá agora dois grupos estaduais no contexto da Federação, *aqueles que têm direito a uma arrecadação extra e os que não têm?* Trata-se de uma constatação preocupante. Quando os arts. 130, II, "b", e o próprio art. 136, parágrafo único, todos do ADCT, dispõem que no cálculo da alíquota de referência do IBS haja equivalência com a redução das receitas com esses "fundos do agro", "excetuadas as receitas dos fundos mantidas na forma do art. 136", e que "as receitas das contribuições mantidas nos termos deste artigo não serão consideradas como receita do respectivo Estado", o que está a Emenda 132/23 a fazer é cindir duas classes, a dos que instituíram essas "contribuições" e que não verão seus valores influenciarem no cômputo da substituição do ICMS pelo IBS e os Estados que não as criaram. *Os Estados agressores da Constituição foram premiados pelo constituinte derivado.* E a solução, evidentemente, não está em alargar a inválida competência para quem não a recebeu do constituinte reformador, mas sim o contrário, de estancá-la, retornando ao *status quo ante.*

Por último e por mais relevante está a análise comparativa das "contribuições" em si relatadas no art. 136. Pelo que já se demonstrou, o constituinte reformador não incorporou os "fundos do agro", deixando-os do jeito que estão; ele previu que os Estados que os criaram *"poderão instituir contribuições semelhantes"*. A futura ou nova contribuição, no entanto, é fortemente demarcada pela atual, tanto assim que as materialidades, as alíquotas e as bases de cálculo não podem ser maiores e as destinações devem ser as mesmas. Ocorre que – mais uma vez – as fórmulas linguísticas de que se valeu a emenda constitucional são obscuras. No *caput,* fez-se referência a contribuições *"semelhantes, não vinculadas"* ao ICMS. No inciso I, que a nova contribuição não poderá ter bases maiores que os das *"respectivas"* contribuições vigentes. No inciso II, que a criação da nova contribuição implicará a extinção da contribuição *"correspondente, vinculada"* ao ICMS. E no parágrafo único que as receitas das contribuições *"mantidas"* pelo dispositivo não serão consideradas como receita do Estado para fins de migração do ICMS para o IBS. Afinal, as contribuições atuais e futuras são *"semelhantes"* e *"correspondentes"* ou a relação entre elas é de *"respectivas"* e *"mantidas"*? A que estava em vigor em 30 de abril de 2023 estava *"vinculada"* ao ICMS e a que vier a ser instituída *"não vinculada"*?

O texto não ajuda. O que é *"semelhante"* não foi *"mantido"*, nem é *"respectivo"*. Pode ser *"correspondente"*. Mas não é igual. Ou será uma nova contribuição ou é a contribuição atual, sem necessidade alguma de mudança. Nesse jogo nebuloso de sentidos, alguns ambíguos, quase todos vagos, *não dá para falar que as "novas contribuições" a serem instituídas com fundamento no art. 136 do ADCT sejam iguais às atuais.* Elas poderão ser iguais apenas na forma, nos artigos, parágrafos, incisos e alíneas das futuras leis, mas no seu pressuposto jurídico haverá uma distinção gigante, que as deixarão sem respaldo. Se antes elas foram ardilosamente pensadas para ser uma contrapartida no âmbito de um suposto favor fiscal, como a concessão de diferimento, de regime especial ou de algum tratamento diferenciado de ICMS, por isso mesmo alegadamente facultativas, *agora o ICMS será extinto, o regramento do IBS será nacional e uniforme e os tratamentos diferenciados já estão todos previstos na própria Constituição.* Não dá mais para encarar esse tema como se estivesse no universo de uma "condição facultativa", a ser aplicada quanto a esses tipos de categorias *"relativos"* ao ICMS, vinculados a ele. Extinto o ICMS, que diferimento, regime especial ou outro tratamento diferenciado sobrará para o Estado, unilateralmente, conceder ou não?

É aqui que o vocábulo *"semelhantes"* perde sua aderência com o passado. Ao prescrever que os Estados que tenham criado fundos custeados por contribuições sobre produtos primários e semielaborados estabelecidas como condição ao diferimento, regime especial ou outro tratamento diferenciado, relativos ao ICMS, *"poderão instituir contribuições semelhantes, não vinculadas ao referido imposto"*, a norma fica sem raiz, sem sustentação. Não haverá como criar futuramente uma contribuição semelhante, evidentemente que não vinculada ao ICMS (que deixará de existir), se a lógica da anterior, embora inconstitucional, pressupunha alguma margem de manobra individualizadora no enquadramento dos contribuintes, segregando aqueles para quem o Estado julgava que mereciam diferimento, regime especial ou outro tratamento diferenciado, nesse engenhoso *direito tributário discricionário* que se tornou o sistema jurídico brasileiro nos últimos anos, em especial no âmbito estadual.

Ou seja, o "novo" FUNDERSUL, FETHAB, FET, FDI, FUNDEINFRA ou FDI-PI não estarão *"vinculados"* (outra expressão ambígua) ao ICMS porque, com o novo sistema, advirá o IBS. Acontece que, com o IBS, não se cogitará mais de legislações locais ou atos normativos infralegais que possam maleabilizar tratamentos distintos aos contribuintes, na medida em que haverá uma legislação unificadora, nacional e uniforme para o imposto, com produção de efeitos em todo o Brasil, e também porque os tratamentos diferenciados já foram previstos no próprio texto da EC 132/23. Portanto, *como poderá haver uma "contribuição facultativa" se sua principal característica, sua essência, era a de pressupor uma "opção" manifestada pelo contribuinte, a qual, sob a perspectiva teórica e prática, deixará de existir?*

Igualmente nesse alvo fica demonstrada a inconstitucionalidade do art. 136 e das eventuais "contribuições" que vierem a ser criadas, invocando-o como fundamento. A exigência de valores a título de "contribuições" a "fundos" sem que se dê ao indivíduo meios para não ser contribuinte só tem um nome: tributo.

VI.7.4. Não estão abrangidas, nem mesmo em tese, incidências sobre importação, exportação, energia elétrica, gás natural, combustíveis e minérios

O preceito normativo analisado não tem a amplitude que se buscou. A manobra apressada de se enxertar na fase final de votação um dispositivo que jamais fez parte do projeto só poderia resultar mesmo em um texto confuso, cuja aplicabilidade porá em xeque o intelecto de legisladores, representantes do Fisco e contribuintes, causando mais um ponto de irritação litigiosa, entre tantos outros demonstrados.

Se o verbete não tem a envergadura que se apregoou para a instituição propriamente dita de novas "contribuições", no que tange à incidência sobre importação, exportação, energia elétrica, gás natural, combustíveis e minérios sua aplicação está mais descartada ainda. Pelo que foi detalhado em trecho próprio deste trabalho, os Estados, na prática, perderam qualquer pudor no trato dessa matéria, enxergando esses "fundos" como portas abertas para operarem como bem desejarem, alargando-os, sem quaisquer amarras. A origem tímida e circunscrita a alguns produtos do agronegócio desses "fundos" foi abandonada há muito tempo. Não só invadem a competência do ICMS, como chegam ao cúmulo de extrapolar as balizas do próprio ICMS, a exemplo da cobrança sobre exportações.

Apesar do número enorme de críticas que o art. 136 do ADCT comporta, espera-se que, ao menos, ele tenha um efeito: de não mais permitir que essas "contribuições" repercutam sobre operações de importação e de exportação e sobre transações com energia elétrica, gás natural, combustíveis e minérios, como se passa atualmente. É que o núcleo alegadamente acolhido pelo art. 136 envolve as contribuições sobre "*produtos primários e semielaborados*". Nada se tratou de outros.

E nessa locução não cabem energia elétrica, gás natural, combustíveis e nem mesmo minérios. Quanto aos primeiros, não são produtos "brutos", mas sim pressupõem indústrias transformadoras. Já em relação aos minérios, de igual forma, sua extração e beneficiamento exigem processos industriais. A importação e a exportação, por sua vez, não estão compreendidas no dispositivo, porquanto não se vinculam ao polissêmico "diferimento", nem têm por embasamento "regime especial" ou "outro tratamento diferenciado". Especificamente no que tange à exportação, ademais, há imunidade tributária, não podendo um "fundo" contornar esse mandamento – especialmente pela introdução de um enunciado via emenda, o qual, se tivesse esse alcance, seria inconstitucional. Enfim, nunca coube, mas agora menos ainda, conceber-se que essas operações fossem oneradas pelos Estados, via "contribuições facultativas".

VI.7.5. Além disso, as destinações de diversos "fundos do agro" não estão ali contempladas

Outro argumento que mostra que o art. 136 não ostenta o caráter abrangente pretendido assenta-se no fato de que as destinações nele previstas não abarcam vários "fundos do agro". Na dicção do preceito, apenas os Estados que já tinham em seus ordenamentos jurídicos fundos destinados a investimentos *"em obras de infraestrutura e habitação"* podem se sentir contemplados.

Entretanto, os "fundos do agro" apresentam outras destinações aí não incluídas, o que leva à constatação de que, igualmente por esse motivo, mesmo que o art. 136 do ADCT pudesse convalidar tais figuras, nem todas seriam sustentadas por ele. Por exemplo, é o que se passa com o FETHAB, ao prever sua vinculação a gastos com mobilidade urbana, projetos de empresa pública, financiamento da agricultura familiar, assistência social, defesa sanitária animal e vegetal e "despesas obrigatórias e essenciais" (presumivelmente, com saúde e educação), além das transferências aos Municípios e dos absurdos repasses à Assembleia Legislativa, ao Tribunal de Justiça, ao Ministério Público, ao Tribunal de Contas e à Defensoria Pública. Com relação ao FUNDEINFRA, os gastos para manutenção de aeroportos.

Ainda que se admita que a expressão *"obras de infraestrutura e habitação"* tenha um campo demarcado de significação certa, parece claro que a vagueza subjacente a ela dá espaço a muitas dúvidas. Nem por isso, porém, aquilo que manifestamente extrapolar uma "obra" que esteja atrelada à "infraestrutura e habitação" poderá estar contido semanticamente no enunciado.

VI.7.6. Em conclusão: o art. 136 do ADCT não convalidou os "fundos do agro", que continuam inconstitucionais

A exposição concatenada de cada um dos argumentos trazidos mostra bem que, apesar dos esforços dos Estados, o art. 136 do Ato das Disposições Constitucionais Transitórias não teve a capacidade de convalidar os "fundos do agro". Seja porque o preceito em si, a despeito de ter vindo de emenda constitucional, é inconstitucional, seja porque, quanto ao seu conteúdo, não há espaço nem para chancelar as "contribuições" atuais, nem para avalizar "contribuições" futuras.

Todos esses "fundos" devem ser examinados conforme a ordem jurídica vigente ao tempo de sua criação, inclusive porque emenda não torna constitucional norma nascida inconstitucional. A Carta da República não admite tamanha afronta. O preceito mencionado não conseguiu – e nem poderia – colocar uma pedra sobre qualquer tipo de discussão, notadamente no que concerne às vindouras "contribuições" nele previstas, que perderão o ponto de apoio retórico sobre o qual se apoiavam: a pseudofacultatividade. Em síntese, os "fundos do agro" continuam e continuarão inconstitucionais.

REFERÊNCIAS

A FASCINANTE PROFUSÃO de usos da soja: insumos para a indústria. Disponível em: https://revistacultivar.com.br/artigos/a-fascinante-profusao-de-usos-da-soja:-insumos-para-a-industria.

ABBAGNANO, Nicola. *Dicionário de filosofia*. São Paulo: Martins Fontes, 2007.

ABREU, Anselmo Zilet; DANIEL NETO, Carlos Augusto; COSTA, Marcio Cesar (org.). *Direito constitucional tributário e tributação municipal:* estudos em homenagem à Professora Elizabeth Nazar Carrazza. São Paulo: Quartier Latin, 2021.

AGRO GERA 27% do PIB e é setor seguro e promissor para quem quer investir; veja oportunidades. Disponível em: https://exame.com/agro/agro-gera-27-das-riquezas-do-brasil-e-e-setor-seguro-e-promissor-para-quem-quer-investir-veja-oportunidades/.

ALCOFORADO, Antônio Machado Guedes. A não cumulatividade do ICMS nas operações com diferimento (substituição tributária para trás). *XIV Congresso Nacional de Estudos Tributários* – racionalização do Sistema Tributário. São Paulo: Noeses, 2017.

ALHO NETO, João de Souza. *Interpretação e aplicação de benefícios fiscais*. São Paulo: IBDT, 2021.

ALVES, Fabio Silva; PINTO, Francis Tenorio Duarte; MURAYAMA, Janssen (org.). *Tributação na distribuição de combustíveis*. Rio de Janeiro: Lumen Juris, 2018.

APÓS PRESSÃO, PL de taxação do agro é retirada da pauta. Disponível em: https://www.agrimidia.com.br/agronegocio/apos-pressao-pl-de-taxacao-do-agro-e-retirada-da-pauta/.

ATALIBA, Geraldo. *Hipótese de incidência tributária*. 6. ed. São Paulo: Malheiros, 2002.

ATALIBA, Geraldo. *República e Constituição*. 2. ed. São Paulo: Malheiros, 2001.

ATALIBA, Geraldo. *Sistema constitucional tributário brasileiro*. São Paulo: RT, 1968.

ATALIBA, Geraldo; BARRETO, Aires Fernandino; GIARDINO, Cléber. Reforma tributária. *Revista de Direito Administrativo*, Rio de Janeiro, nº 155, jan./mar. 1984.

ATALIBA, Geraldo; GIARDINO, Cléber. Diferimento do ICM – cana-de-açúcar em caule – entidade subjetivamente isente de ICM quanto a mercadorias de sua própria produção – substituição tributária. *Revista de Direito Tributário*, São Paulo: RT, nº 50, out/dez. 1989.

ATALIBA, Geraldo; GIARDINO, Cléber. ICM – linhas mestras constitucionais – o diferimento. *Revista de Direito Tributário*, São Paulo: RT, nº 23/24, jan./jun. 1983.

ATALIBA, Geraldo; GIARDINO, Cléber. Núcleo da definição constitucional do ICM. *Revista de Direito Tributário*, São Paulo: RT, 25/26, jul./dez.1983.

ÁVILA, Humberto. Argumentação jurídica e a imunidade do livro eletrônico. *Revista da Faculdade de Direito da UFRGS*, v. 19, 2001.

ÁVILA, Humberto. *Constituição, liberdade e interpretação.* 2. ed. São Paulo: Malheiros/JusPodivm, 2021.

ÁVILA, Humberto. Limites constitucionais à instituição do IBS e da CBS. *Revista de Direito Tributário Atual*, São Paulo: IBDT, nº 56, 1º quadr. 2024.

ÁVILA, Humberto. Presunções e pautas fiscais à eficiência administrativa. *Grandes questões atuais do direito tributário.* São Paulo: Dialética, 2005.

ÁVILA, Humberto. *Teoria da igualdade tributária.* 4. ed. São Paulo: Malheiros, 2021.

ÁVILA, Humberto. *Teoria da indeterminação no direito:* entre a indeterminação aparente e a determinação latente. São Paulo: Malheiros/JusPodivm, 2022.

BALEEIRO, Aliomar. *Direito tributário brasileiro.* 11. ed. Atual. Misabel Abreu Machado Derzi. Rio de Janeiro: Forense, 2001.

BANDEIRA DE MELLO, Celso Antônio. *Conteúdo jurídico do princípio da igualdade.* 3. ed. São Paulo: Malheiros, 1997.

BANDEIRA DE MELLO, Celso Antônio. *Curso de direito administrativo.* 32. ed. São Paulo: Malheiros, 2015.

BANDEIRA DE MELLO, Celso Antônio. Eficácia das normas constitucionais sobre justiça social. *Revista de direito público nº 57/58.*

BANDEIRA DE MELLO, Oswaldo Aranha. *Princípios gerais de direito administrativo.* 2. ed. Rio de Janeiro: Forense, 1979, t. I.

BARBOSA, Joanna Oliveira Rezende. Planejamento patrimonial e sucessório no âmbito da atividade rural. *In:* REBOUÇAS, Rodolfo; CASTRO JR., Paulo Honório de; HORTA, Nereida (org.) *et al. Controvérsias tributárias atuais no agronegócio.* São Paulo: Dialética, 2021. v. I.

BARBOSA, Rui. *Réplica* (Reedição do Conselho Seccional do Rio de Janeiro da OAB e da Fundação Casa de Rui Barbosa). Rio de Janeiro: Gráfica Mec Editora, 1980. v. I e II.

BARRETO, Aires Fernandino. *Curso de direito tributário municipal.* São Paulo: Saraiva, 2009.

BARRETO, Aires Fernandino. *ISS na Constituição e na lei.* São Paulo: Dialética, 2003.

BARRETO, Aires Fernandino. ITBI – transmissão de bens imóveis da empresa 'A' para as empresas 'B' e 'C': conceito de 'atividade preponderante' – a imunidade específica prevista no artigo 156, parágrafo 2º, I, da CF – observância dos requisitos dos parágrafos 1º e 2º do art. 37 do CTN. *Revista de Direito Tributário,* São Paulo: RT, nº 166, 1999.

BARRETO, Paulo Ayres (coord.). *Estudos tributários sobre a economia digital.* São Paulo: Noeses, 2021.

BARRETO, Paulo Ayres. Conceitos constitucionais e competência tributária. *In:* SANTOS, Nélida Cristina dos (coord.). *Temas de direito tributário:* estudos em homenagem a Eduardo Bottallo. São Paulo: Saraiva, 2013.

BARRETO, Paulo Ayres. *Contribuições:* regime jurídico, destinação e controle. 2. ed. São Paulo: Noeses, 2011.

BARTHES, Roland. *Elementos de semiologia.* Tradução Izidoro Blikstein. São Paulo: Cultrix, 2012.

BECHO, Renato Lopes. *Sujeição passiva e responsabilidade tributária.* São Paulo: Dialética, 2000.

BECKER, Alfredo Augusto. *Teoria geral do direito tributário.* 3. ed. São Paulo: Lejus, 2002.

BENTO, Marcelo Guaritá Borges; BORGES, Manuel Eduardo Cruvinel Machado. A possibilidade de eleição de domicílio fiscal por produtor rural: oportunidades de impactos em relação ao ITCMD. *In:* FERRARI, Bruna Camargo; DONIAK JR., Jimir; PEIXOTO, Marcelo Magalhães (coord.). *Tributação e contabilidade no agronegócio*. São Paulo: MP Editora, 2023.

BERGAMINI, Adolpho. *ICMS:* análise de legislação, manifestações de administrações tributárias, jurisprudência administrativa e judicial e abordagens de temas de gestão tributária. 5. ed. São Paulo: Thomson Reuters Brasil, 2023.

BEVILACQUA, Lucas. Imunidade tributária do ICMS na cadeia produtiva agroexportadora: venturas e desventuras do agronegócio na jurisprudência dos Tribunais Superiores. *In:* REBOUÇAS, Rodolfo; CASTRO JR., Paulo Honório de; HORTA, Nereida (org.) *et al. Controvérsias tributárias atuais no agronegócio*. São Paulo: Dialética, 2021. v. I.

BEVILACQUA, Lucas. *Incentivos fiscais às exportações:* desoneração da tributação indireta na cadeia exportadora e concorrência fiscal internacional. Rio de Janeiro: Lumen Juris, 2018.

BEVILACQUA, Lucas; FONSECA, Rafael. Compensações pela desoneração do ICMS nas exportações de bens primários e semielaborados. *In:* SCAFF, Fernando Facury; TORRES, Heleno Taveira; DERZI, Misabel de Abreu Machado *et al.* (coord.). *Federalismo (s)em juízo*. São Paulo: Noeses, 2019.

BEZERRA NETO, Bianor Arruda. *O que define um julgamento e quais são os limites do juiz?* São Paulo: Noeses, 2018.

BEZERRA NETO, Bianor Arruda. O que é um precedente?. *In:* CARVALHO, Paulo de Barros (coord.); SOUZA, Priscila de (org.). *XVI Congresso Nacional de Estudos Tributários* – Constructivismo Lógico-Semântico e os diálogos entre teoria e prática. São Paulo: Noeses, 2019.

BIFANO, Elidie Palma. *Desafios do novo ano: é urgente rever o tratamento tributário dos royalties*. Disponível em: https://www.conjur.com.br/2022-jan-05/consultor-tributario--urgente-rever-tratamento-tributario-royalties/.

BIFF, Mariely. *Caminhos da sucessão: insights* sobre os principais desafios da sucessão familiar no agronegócio. São Paulo: Brilho Coletivo, 2023.

BOBBIO, Norberto. *O positivismo jurídico*. Tradução Márcio Pugliesi. São Paulo: Ícone, 1995.

BOBBIO, Norberto. *Saggi sulla scienza giuridica*. Torino: Giappichelli, 2011.

BOLETIM DA RECEITA ESTADUAL. Disponível em: https://www5.sefaz.mt.gov.br/receita-publica.

BORGES, Eduardo de Carvalho (coord.). *Tributação no agronegócio*. São Paulo: Quartier Latin, 2005.

BORGES, José Souto Maior. *Ciência feliz*. 3. ed. São Paulo: Quartier Latin, 2007.

BORGES, José Souto Maior. *Lançamento tributário*. 2. ed. São Paulo: Malheiros, 1999.

BORGES, José Souto Maior. *Lei complementar tributária*. São Paulo: RT/EDUC, 1975.

BORGES, José Souto Maior. *Teoria geral da isenção tributária*. 3. ed. São Paulo: Malheiros, 2011.

BORGES, José Souto Maior. Um ensaio interdisciplinar em direito tributário: superação da dogmática. *Revista Dialética de Direito Tributário*, São Paulo: Dialética, nº 211, abr. 2013.

BORGES, Manuel Eduardo Cruvinel Machado; ALMEIDA, Filipe Harzer Gomes. Os impactos sobre o diferimento, isenção e creditamento do ICMS decorrentes das operações interestaduais de transferência entre estabelecimentos. *In:* CUNHA, Gabriel Hercos da; CISOTTO, Liliane Bertelli Imura; MOUMDJIAN, Rafael Garabed *et al.* (org.). *ICMS e o agronegócio:* livro em homenagem ao Professor Fábio Calcini. Belo Horizonte: Casa do Direito, 2024.

BRAGHETTA, Daniela de Andrade. Exigência de ITBI na integralização de fazendas em empresas familiares: polêmicas e alternativas. *In:* CARVALHO, Paulo de Barros (coord.); SOUZA, Priscila de (org.). *XX Congresso Nacional de Estudos Tributários* – Direito tributário: fundamentos jurídicos da incidência. São Paulo: Noeses, 2023.

BRAZ, Jacqueline Mayer da Costa Ude. *Substituição tributária no ICMS:* construção de sentido e aplicação. São Paulo: Noeses, 2020.

BULYGIN, Eugenio. *Essays in legal philosophy.* Oxford: Oxford University Press, 2015.

BURANELLO, Renato. *Manual do direito do agronegócio.* 2. ed. São Paulo: Saraiva, 2018.

CALCINI, Fábio Pallaretti. *Tributação no agronegócio:* algumas reflexões. Londrina: Thoth, 2023.

CALCINI, Fábio Pallaretti; PRATA, Gabriel Magalhães Borges. Violações à imunidade do ICMS sobre exportações de produtos agropecuários: alguns aspectos práticos. *In:* CUNHA, Gabriel Hercos da; CISOTTO, Liliane Bertelli Imura; MOUMDJIAN, Rafael Garabed *et al.* (org.). *ICMS e o agronegócio:* livro em homenagem ao Professor Fábio Calcini. Belo Horizonte: Casa do Direito, 2024.

CAMPILONGO, Celso Fernandes. *Política, sistema jurídico e decisão judicial.* São Paulo: Max Limonad, 2002.

CANTO, Gilberto de Ulhôa. Presunções no direito tributário. *In:* MARTINS, Ives Gandra da Silva (coord.). *Caderno de Pesquisas Tributárias:* presunções no direito tributário. São Paulo: Resenha Tributária, 1984.

CARRAZZA, Roque Antonio . *Curso de direito constitucional tributário.* 34. ed. São Paulo: Malheiros/JusPodivm, 2023.

CARRAZZA, Roque Antonio. *ICMS*. 19. ed. São Paulo: Malheiros/JusPodivm, 2022.

CARRAZZA, Roque Antonio. Imunidade, isenção e não-incidência. *In:* BARRETO, Aires F.; BOTTALLO, Eduardo Domingos (coord.). *Curso de iniciação em direito tributário*. São Paulo: Dialética, 2004.

CARRAZZA, Roque Antonio. Legalidade, praticabilidade e eficácia dos decretos, regulamentos e instruções normativas, em matéria tributária. *V Congresso Nacional de Estudos Tributários* – Direito tributário, linguagem e método. São Paulo: Noeses, 2008.

CARVALHO SANTOS, João Manuel de. *Código Civil brasileiro interpretado, principalmente do ponto de vista prático por J. M. de Carvalho Santos*. Direito das Sucessões (arts. 485-553). 10. ed. Rio de Janeiro: Freitas Bastos, 1984. v. VII.

CARVALHO SANTOS, João Manuel de. *Código Civil brasileiro interpretado, principalmente do ponto de vista prático por J. M. de Carvalho Santos*. Direito das Obrigações (arts. 1.122-1.187). 10. ed. Rio de Janeiro: Freitas Bastos, 1980. v. XVI.

CARVALHO, Aurora Tomazini. *Curso de teoria geral do direito:* o Constructivismo *Lógico*-Semântico. 5. ed. São Paulo: Noeses, 2016.

CARVALHO, Osvaldo dos Santos. Livre concorrência, neutralidade tributária e não cumulatividade dos tributos. *IX Congresso do IBET* – Sistema Tributário Nacional e a estabilidade da federação brasileira. São Paulo: Noeses, 2012.

CARVALHO, Paulo de Barros (coord.); VERGUEIRO, Camila Campos; BRITTO, Lucas Galvão (org.). *A reforma do Sistema Tributário Nacional sob a perspectiva do Constructivismo* Lógico-*Semântico:* o texto da Emenda Constitucional 132/23. São Paulo: Noeses, 2024.

CARVALHO, Paulo de Barros. "Guerra Fiscal" e o princípio da não cumulatividade no ICMS. *In:* CARVALHO, Paulo de Barros (coord.). *III Congresso do IBET* – Interpretação e Estado de Direito. São Paulo: Noeses, 2006.

CARVALHO, Paulo de Barros. A prova no procedimento administrativo tributário. *Revista Dialética de Direito Tributário*, São Paulo: Dialética, nº 34, jul. 1998.

CARVALHO, Paulo de Barros. Algo sobre o Constructivismo Lógico-Semântico. *In:* CARVALHO, Paulo de Barros (coord.); CARVALHO, Aurora Tomazini de (org.). *Constructivismo* Lógico-*Semântico*. São Paulo: Noeses, 2014. v. I.

CARVALHO, Paulo de Barros. *Curso de direito tributário*. 33. ed. São Paulo: Noeses, 2023.

CARVALHO, Paulo de Barros. *Derivação e positivação no direito tributário*. São Paulo: Noeses, 2011. v. I.

CARVALHO, Paulo de Barros. *Derivação e positivação no direito tributário*. São Paulo: Noeses, 2016. v. III.

CARVALHO, Paulo de Barros. *Direito tributário, linguagem e método*. 7. ed. São Paulo: Noeses, 2018.

CARVALHO, Paulo de Barros. *Direito tributário:* fundamentos jurídicos da incidência. 10. ed. São Paulo: Saraiva, 2015.

CASSIRER, Ernst. *A filosofia das formas simbólicas* – primeira parte, a linguagem. Tradução Marion Fleischer. São Paulo: Martins Fontes, 2001.

CASTRO JR., Paulo Honório. A inconstitucionalidade do FUNDEINFRA. *In:* FERRARI, Bruna Camargo; DONIAK JR., Jimir; PEIXOTO, Marcelo Magalhães (coord.). *Tributação e contabilidade no agronegócio*. São Paulo: MP Editora, 2023.

CASTRO JR., Paulo Honório. O controle das ficções jurídicas no direito tributário: um estudo a partir da venda de floresta plantada. CARDOSO, Alessandro Mendes; TEIXEIRA, Alexandre Alkmin; MASSARA, Luiz Henrique Nery *et al.* (org.). *Processo administrativo tributário.* Belo Horizonte: D'Plácido, 2018.

CASTRO, André Fernando Vasconcelos. As operações de transferência de produtos agropecuários à luz da ADC 49/RN, a "quebra" do diferimento e os efeitos do artigo 20, § 6º, I, da Lei Complementar nº 87/1996 ('Lei Kandir'). *In:* CUNHA, Gabriel Hercos da; CISOTTO, Liliane Bertelli Imura; MOUMDJIAN, Rafael Garabed *et al.* (org.). *ICMS e o agronegócio:* livro em homenagem ao Professor Fábio Calcini. Belo Horizonte: Casa do Direito, 2024.

CASTRO, Rogério Alessandre de Oliveira. Agronegócio e o direito comercial brasileiro: a contribuição do PLS 487/2013 para o surgimento de um novo sub-ramo desse direito. *In:* PARRA, Rafaela Aiex (org.). *Direito aplicado ao agronegócio:* uma abordagem multidisciplinar. Londrina: Thoth, 2018.

CAVALCANTE, Mantovanni Colares. Frases sem texto: a utilização de precedentes a partir de ementas. *In:* CARVALHO, Paulo de Barros (coord.); SOUZA, Priscila de (org.). *XVII Congresso Nacional de Estudos Tributários* – texto e contexto no direito tributário. São Paulo: Noeses, 2020.

CEPEA/ESALQ. Disponível em: https://www.cepea.esalq.usp.br/br.

CHIASSONI, Pierluigi. *Técnica da interpretação jurídica.* São Paulo: Thomson Reuters Brasil, 2020.

CHIASSONI, Pierluigi. *Tecnica dell'interpretazione giuridica.* Bologna: Il Mulino, 2007.

CHIAVARI, Joana; LOPES, Cristina Leme. Sistema registral brasileiro e os diferentes cadastros rurais. *In:* PARRA, Rafaela Aiex (org.). *Direito aplicado ao agronegócio:* uma abordagem multidisciplinar.. Londrina: Thoth, 2018.

CHIESA, Clélio. Créditos de ICMS: situações polêmicas. *Congresso Nacional de Estudos Tributários.* Direito tributário e os conceitos do direito privado. São Paulo: Noeses, 2010.

CHIESA, Clélio. *ICMS: sistema constitucional tributário* – algumas inconstitucionalidades da LC 87/96. São Paulo: LTr, 1997.

CISOTTO, Liliane Bertelli Imura. O ICMS nas cadeias produtivas do agronegócio: dos créditos de óleo diesel utilizado em bens de terceiros. *In:* CUNHA, Gabriel Hercos da; CISOTTO, Liliane Bertelli Imura; MOUMDJIAN, Rafael Garabed *et al.* (org.). *ICMS e o agronegócio:* livro em homenagem ao Professor Fábio Calcini. Belo Horizonte: Casa do Direito, 2024.

CLEMENTINO, Marco Bruno Miranda; PINTO, Lucas José Bezerra. Um pântano processual-tributário, 15 anos depois: a necessidade de construção de um sistema de precedentes cooperativo. *XIX Congresso Nacional de Estudos Tributários:* as conquistas comunicacionais no direito tributário atual. São Paulo: Noeses, 2022.

COÊLHO, Sacha Calmon Navarro. A isenção como simples previsão legislativa de intributabilidade: a alternativa proposta. *In:* CARVALHO, Paulo de Barros (coord.); SOUZA, Priscila de (org.). *XVI Congresso Nacional de Estudos Tributários* – Constructivismo Lógico-Semântico e os diálogos entre teoria e prática. São Paulo: Noeses, 2019.

COÊLHO, Sacha Calmon Navarro. *Curso de direito tributário brasileiro.* 18. ed. Rio de Janeiro: Forense, 2022.

COÊLHO, Sacha Calmon Navarro. *Teoria geral do tributo, da interpretação e da exoneração tributária.* 3. ed. São Paulo: Dialética, 2003.

CONTRATAÇÃO DE FRETE no agronegócio cresceu 21% no quarto trimestre de 2023. Disponível em: https://

globorural.globo.com/especiais/caminhos-da-safra/noticia/2024/01/contratacao-de-frete-no-agronegocio-cresceu-21-pontos-percentuais-no-quarto-trimestre-de-2023.ghtml.

COPI, Irving M. *Introdução à lógica*. Tradução Álvaro Cabral. São Paulo: Mestre Jou, 2004.

COSTA, Alcides Jorge. *ICM na Constituição e na lei complementar.* São Paulo: Resenha Tributária, 1979.

COSTA, Cláudio. *Filosofia da linguagem*. 2. ed. Rio de Janeiro: Jorge Zahar, 2003.

COSTA, Leandra Guimarães; TOLENTINO, Luciana Marques Rodrigues. *Holding* rural e planejamento sucessório. *In:* MASSARA, Luiz Henrique Nery; CAMPOS, Marcelo Hugo de Oliveira; CASTRO JR., Paulo Honório de (coord.). *A tributação no agronegócio*. Belo Horizonte: Casa do Direito, 2020.

COSTA, Mário Luiz Oliveira. Açúcar VHP – redução da base de cálculo do ICMS. *In:* REBOUÇAS, Rodolfo; CASTRO JR., Paulo Honório de; HORTA, Nereida (org.) *et al.* *Controvérsias tributárias atuais no agronegócio*. São Paulo: Dialética, 2021. v. II.

COSTA, Regina Helena. *Código Tributário Nacional comentado em sua moldura constitucional*. 3. ed. Rio de Janeiro: Forense, 2023.

COSTA, Regina Helena. *Curso de direito tributário:* Constituição e Código Tributário Nacional. 14. ed. São Paulo: Saraiva, 2024.

CUNHA, Gabriel Hercos. Convênio ICMS nº 100/1997 e a concorrência internacional no agronegócio. *In:* MASSARA, Luiz Henrique Nery; CAMPOS, Marcelo Hugo de Oliveira; CASTRO JR., Paulo Honório de (coord.). *A tributação no agronegócio*. Belo Horizonte: Casa do Direito, 2020.

CUNHA, Gabriel Hercos; CISOTTO, Liliane Bertelli Imura; MOUMDJIAN, Rafael Garabed; VIEIRA, Renato Teixeira Mendes; FALEK, Thales Saldanha (coord.). *ICMS e o agronegócio:* livro em homenagem ao Professor Fábio Calcini. Belo Horizonte: Casa do Direito, 2024.

CUNHA, Gabriel Hercos; HALAH, Lucas Issa; CAVALCANTI, Müller; FALEK, Thales Saldanha; DUTRA, Viviane Faulhaber. *CARF e o agronegócio.* Belo Horizonte/São Paulo: D'Plácido, 2022.

CURY, Fábio Lemos. *ITCMD:* regime geral e o papel da lei complementar. São Paulo: Noeses, 2022.

DÁCOMO, Natália de Nardi. *Hipótese de incidência do ISS.* São Paulo: Noeses, 2006.

DAVID, José Mário Neves. Planejamento sucessório e patrimonial no agronegócio: aspectos tributários, vantagens estratégicas e questões para análise. *In:* REBOUÇAS, Rodolfo; CASTRO JR., Paulo Honório de; HORTA, Nereida (org.) *et al. Controvérsias tributárias atuais no agronegócio.* São Paulo: Dialética, 2021. v. I.

DERIVADOS DO MILHO são usados em mais de 150 diferentes produtos industriais. Disponível em: https://www.esalq.usp.br/visaoagricola/sites/default/files/VA_13_Industrializacao-artigo4.pdf

DERZI, Misabel de Abreu Machado. Conceitos constitucionais tributários e seus reflexos na repartição de receitas. *In:* CARVALHO, Paulo de Barros (coord.); SOUZA, Priscila de (org.). *XVII Congresso Nacional de Estudos Tributários:* texto e contexto no direito tributário. São Paulo: Noeses, 2020.

DERZI, Misabel de Abreu Machado. *Direito tributário, direito penal e tipo.* 2. ed. São Paulo: RT, 2007.

DERZI, Misabel de Abreu Machado; MOREIRA, André Mendes. Presunções e ficções na tributação: limites entre a substituição tributária progressiva e as pautas fiscais. *In:* PARISI, Fernanda Drummond; TORRES, Heleno Taveira; MELO, José Eduardo Soares de (coord.). *Estudos de direito tributário em homenagem ao Professor Roque Antonio Carrazza.* São Paulo: Malheiros, 2014.

DIA DA PECUÁRIA: atividade representa quase 7% do PIB do Brasil. Disponível em: https://globorural.globo.com/pecuaria/noticia/2023/10/dia-da-pecuaria-atividade-representa-quase-7percent-do-pib-do-brasil.ghtml.

DINIZ, Maria Helena. *Compêndio de introdução à ciência do direito.* 25. ed. São Paulo: Saraiva, 2014.

DINIZ, Maria Helena. *Curso de direito civil brasileiro.* 30. ed. São Paulo: Saraiva, 2015. v. IV.

DOMINGO, Luiz Roberto. O ITR e o lançamento de ofício com base no SIPT. *In:* CARVALHO, Paulo de Barros (coord.). *Direito tributário e os novos horizontes do processo.* São Paulo: Noeses, 2015.

DONIAK JR., Jimir. Contribuições e fundos estaduais como a fraude à Constituição e às normas de ICMS. *In:* CUNHA, Gabriel Hercos da; CISOTTO, Liliane Bertelli Imura; MOUMDJIAN, Rafael Garabed *et al.* (org.). *ICMS e o agronegócio:* livro em homenagem ao Professor Fábio Calcini. Belo Horizonte: Casa do Direito, 2024.

DRAGO, Florence Cronemberger Haret. Considerações sobre a dedutibilidade da pesquisa e produção de semente geneticamente modificada: *royalties,* sementes transgênicas, percentuais de dedução de IR, dentre outros temas. *In:* FERRARI, Bruna Camargo; DONIAK JR., Jimir; PEIXOTO, Marcelo Magalhães (coord.). *Tributação e contabilidade no agronegócio.* São Paulo: MP, 2023.

ECHAVE, Delia Teresa; URQUIJO, María Eugenia;GUIBOURG, Ricardo A. *Lógica, proposición y norma.* 7. reimp. Buenos Aires: Astrea, 2008.

ECO, Umberto. *As formas do conteúdo.* Tradução Pérola de Carvalho. São Paulo: Perspectiva, 2004.

ECO, Umberto. *Os limites da interpretação.* Tradução Pérola de Carvalho. São Paulo: Perspectiva, 2015.

ECO, Umberto. *Tratado geral de semiótica.* Tradução Antônio de Pádua Danesi e Gilson Cesar Cardoso de Souza. São Paulo: Perspectiva, 2014.

FERRAGUT, Maria Rita. *Presunções no direito tributário.* 2. ed. São Paulo: Quartier Latin, 2005.

FERRAGUT, Maria Rita. Presunções: meio de prova do fato gerador?. *In:* FERRAGUT, Maria Rita; SANTI, Eurico Marcos Diniz de; NEDER, Marcos Vinícius (coord.). *A prova no processo tributário.* São Paulo: Dialética, 2010.

FERRAGUT, Maria Rita. *Responsabilidade tributária e o Código Civil de 2002.* São Paulo: Noeses, 2005.

FERRARI, Bruna Camargo; DONIAK JR., Jimir; PEIXOTO, Marcelo Magalhães (coord.). *Tributação e contabilidade no agronegócio.* São Paulo: MP Editora, 2023.

FERRAZ JR., Tercio Sampaio. *A ciência do direito.* 2. ed. São Paulo: Atlas, 1980.

FERREIRA, Aurélio Buarque de Holanda. *Novo dicionário da língua portuguesa.* 2. ed. Rio de Janeiro: Nova Fronteira, 1986.

FERREIRA, Mariana de Oliveira; GUIMARÃES, Mariana Valença. Redução da Base de Cálculo de ICMS no Agronegócio Brasileiro. *In:* SOUSA, Frederico Augusto Alves Feliciano de; MURAYAMA, Janssen; ROSA, Julian Davis de Santa *et al.* (coord.). *Tributação no agronegócio.* Rio de Janeiro: Lumen Juris, 2023.

FERRER-BELTRÁN, Jordi. *Prova e verdade no direito.* Tradução Vitor de Paula Ramos. 2. ed. São Paulo: JusPodivm, 2024.

GAETA, Flávia Holanda (coord.). *Comentários à EC 132/23:* Reforma Tributária. São Paulo: Thompson Reuters, 2024.

GAMA, Tácio Lacerda. *Competência tributária:* fundamentos para uma teoria da nulidade. 2. ed. São Paulo: Noeses, 2011.

GOMES, Luiz Paulo Jorge. O ICMS, a transferência de mercadorias entre estabelecimentos do mesmo contribuinte para diferentes estados da federação e a regular manutenção do crédito tributário no contexto do agronegócio. *XVII Congresso Nacional de Estudos Tributários:* meio século de tradição. São Paulo: Noeses, 2021.

GOMES, Orlando. *Direitos reais.* 8. ed. Rio de Janeiro: Forense, 1983.

GONÇALVES, José Artur Lima. *Imposto sobre a renda:* pressupostos constitucionais. São Paulo: Malheiros, 2002.

GRAU, Eros Roberto. *Por que tenho medo dos juízes:* a interpretação/aplicação do direito e os princípios. 10. ed. São Paulo: Malheiros/JusPodivm, 2021.

GRECO, Marco Aurélio; ROCHA, Sérgio André. Vetores do sistema tributário nacional após a EC 132. *Revista de Direito Tributário Atual*, São Paulo: IBDT, nº 56, 1º quadr. 2024.

GRIGOLETO, Marcos Rogério. Os créditos do ICMS na aquisição de bens do ativo imobilizado no agronegócio. *In:* CUNHA, Gabriel Hercos da; CISOTTO, Liliane Bertelli Imura; MOUMDJIAN, Rafael Garabed *et al.* (org.). *ICMS e o agronegócio:* livro em homenagem ao Professor Fábio Calcini. Belo Horizonte: Casa do Direito, 2024.

GUASTINI, Riccardo. *Das fontes às normas.* São Paulo: Quartier Latin, 2005.

GUASTINI, Riccardo. Interpretación y construcción jurídica. *Isonomia – Revista de Teoría y Filosofia del Derecho,*

Ciudad de Mexico: Instituto Tecnológico Autónomo de México, n. 43, out. 2015.

GUASTINI, Riccardo. *Interpretar e argumentar.* Tradução Adrian Sgarbi, Frederico Menezes Breyner e Fernando Daniel de Moura Fonseca. Belo Horizonte: D'Plácido, 2021.

GUIMARÃES, Bruno Augusto François. A correta caracterização do conceito de 'encargos' aptos a comporem a base de cálculo do ICMS-ST e a impossibilidade de sua confusão com *royalties* pagos pelos contribuintes. *Revista Tributária e de Finanças Públicas*, São Paulo: ABDT, nº 142, ano 27.

GUIMARÃES, Gustavo de Queiroz. A tributação na pecuária e a hipótese de isenção "'judicialmente qualificada'" nas transferências interestaduais de bovinos entre estabelecimentos de um mesmo produtor rural. *Revista ABRADT Fórum de Direito Tributário:* doutrina e jurisprudência selecionada, Belo Horizonte: Fórum, nº 8, ano 04, 2014.

HARADA, Kyoshi. *ITBI:* doutrina e prática. 3. ed. Belo Horizonte: Dialética, 2021.

HARET, Florence Cronemberger. *Tributação no agronegócio.* 2. ed. São Paulo: IDEA, 2015.

HART, H. L. A. The ascription of responsibility and rights. *Proceedings of the Aristotelian society.* (1948-1949). v. 49.

HOFFMANN, Susy Gomes. Breves considerações sobre as provas no processo administrativo tributário. *In:* CARVALHO, Paulo de Barros (coord.). *III Congresso do IBET* – Interpretação e Estado de Direito. São Paulo: Noeses, 2006.

HORVATH, Estevão. Deveres instrumentais e seus limites. *III Congresso Nacional de Estudos Tributários* – Interpretação e Estado de Direito. São Paulo: Noeses, 2006.

https://www.conab.gov.br/images/arquivos/normativos/30000_sistema_de_operacoes/30.512_analise_de_perdas_nos_estoques_em_armazens_5_10_2022_2_versao.pdf.

https://www1.folha.uol.com.br/mercado/2023/06/safra-cheia-acelera-pib-do-agronegocio-apos-dois-anos-de-problemasclimaticos.shtml#:~:text=O%20bom%20desempenho%20da%20soja,dobro%20da%20m%C3%A9dia%20do%20pa%C3%ADs

JULIO, Danieli Trevisan. Dos fundos estaduais decorrentes da concessão de benefícios e incentivos fiscais de ICMS e decisões judiciais sobre a matéria. *In:* CUNHA, Gabriel Hercos da; CISOTTO, Liliane Bertelli Imura; MOUMDJIAN, Rafael Garabed *et al.* (org.). *ICMS e o agronegócio:* livro em homenagem ao Professor Fábio Calcini. Belo Horizonte: Casa do Direito, 2024.

KOURY, Paulo Arthur Cavalcante. A "sumularização" do direito tributário brasileiro: a manipulação do escopo objetivo dos julgados por meio da "tese de julgamento". *Revista de Direito Tributário Atual*, São Paulo: IBDT, nº 55, ano 41, 3º quadr. 2023.

LAPORTA, Francisco. *El imperio de la ley:* una visión actual. Madrid: Trotta, 2007.

LARENZ, Karl. *Metodologia da ciência do direito.* Tradução José Lamego. 3. ed. Lisboa: Fundação Calouste Gulbenkian, 1997.

LEBEAU, Martin. *De l'interprétation stricte des lois:* essai de méthodologie. Paris: Defrénois, 2012.

LEITE, Geilson Salomão (org.). *Do imposto de transmissão de bens imóveis* – ITBI: uma homenagem a Professora Maria do Livramento Bezerra. São Paulo: Dialética, 2023.

LEITE, Priscila Farisco Rocha. Planejamento patrimonial e sucessório em empresas familiares no agronegócio. *In:* TORRES, Heleno Taveira; DONIAK JR., Jimir (coord.). *Agronegócio, tributação e questões internacionais.* São Paulo: Quartier Latin, 2021. v. II.

LINS, Robson Maia. *Curso de direito tributário brasileiro.* 2. ed. São Paulo: Noeses, 2022.

LONGO, José Henrique. Criação de *holding* e proteção patrimonial. *In:* SOUZA, Priscila de (org.). *IX Congresso Nacional de Estudos Tributários* – Sistema Tributário Nacional e a estabilidade da Federação brasileira. São Paulo: Noeses, 2012.

LOUBET, Leonardo Furtado. A teoria das provas e o agronegócio: entre o "descobrimento" da "verdade" e a tributação ilegítima via presunção por pautas fiscais. *In:* CARVALHO, Paulo de Barros (coord.); SOUZA, Priscila de (org.). *XIX Congresso Nacional de Estudos Tributários:* as conquistas comunicacionais no direito tributário atual. São Paulo: Noeses, 2022.

LOUBET, Leonardo Furtado. As flagrantes inconstitucionalidades do FUNDERSUL e do FETHAB: o Supremo precisa pôr um freio nesses mecanismos paralelos de arrecadação. *In:* CARVALHO, Paulo de Barros (coord.); SOUZA, Priscila de (org.). *XVII Congresso Nacional de Estudos Tributários:* texto e contexto no direito tributário. São Paulo: Noeses, 2020.

LOUBET, Leonardo Furtado. Impactos da reforma tributária para o agronegócio. *In:* CARVALHO, Paulo de Barros (coord.); VERGUEIRO, Camila Campos; BRITTO, Lucas Galvão (org.). *A reforma do Sistema Tributário Nacional sob a perspectiva do Constructivismo* Lógico-*Semântico:* o texto da Emenda Constitucional 132/23. São Paulo: Noeses, 2024

LOUBET, Leonardo Furtado. O direito tributário deve continuar a avançar: o IPVA, esse (ainda) ilustre desconhecido. *Revista de Direito Tributário Contemporâneo*, São Paulo: RT, ano 01, v. 2, set./out. 2016.

LOUBET, Leonardo Furtado. Regime especial de exportação de *commodities* agrícolas para fins de controle do

ICMS e suas inconsistências normativas: práticas abusivas em MS e MT e que ameaçam se espalhar Brasil afora. *In:* TORRES, Heleno Taveira; DONIAK JR., Jimir (coord.). *Agronegócio, tributação e questões internacionais.* São Paulo: Quartier Latin, 2021, v. II.

LOUBET, Leonardo Furtado. *Tributação federal no agronegócio.* 2. ed. São Paulo: Noeses, 2022.

LOUBET, Leonardo Furtado; McNAUGHTON, Charles William. A prova na percussão tributária. *In:* SALOMÃO, Marcelo Viana; PAULA JR., Aldo de (org.). *Processo administrativo tributário:* federal e estadual. São Paulo: MP Editora, 2005.

LOUBET, Leonardo Furtado; REBOUÇAS, Daniele Yukie Fukui. O FETHAB e sua inexigibilidade nas exportações. *In:* REBOUÇAS, Daniele Yukie Fukui; GONÇALVES, Christiano; TAVARES, Vitor *et al. Quarta com tributo:* 2ª coletânea de artigos da Comissão de Estudos Tributários e Defesa do Contribuinte da OAB/MT. Rio de Janeiro: Lumen Juris, 2022.

LOURENÇO, Eduardo. Reforma tributária: riscos para o agronegócio. *In:* TORRES, Heleno Taveira; DONIAK JR., Jimir (coord.). *Agronegócio, tributação e questões internacionais.* São Paulo: Quartier Latin, 2021. v. II.

LUNA, André. *Benefício fiscal:* teoria normativa geral e prática das concessões do ICMS. Rio de Janeiro: Lumen Juris, 2021.

LUNARDELLI, Pedro Guilherme Accorsi; CAINZOS, Alexander Silvério. ICMS – transferência de mercadorias: a ADC nº 49, o Convênio nº 178/2023 e os impactos no agronegócio. *In:* CUNHA, Gabriel Hercos da; CISOTTO, Liliane Bertelli Imura; MOUMDJIAN, Rafael Garabed *et al.* (org.). *ICMS e o agronegócio:* livro em homenagem ao Professor Fábio Calcini. Belo Horizonte: Casa do Direito, 2024.

MACCORMICK, Neil. *Rhetoric and the rule of law:* a theory of legal reasoning. Oxford: Oxford University Press, 2005.

MACEDO; José Alberto Oliveira. *ITBI:* aspectos constitucionais e infraconstitucionais. São Paulo: Quartier Latin, 2010.

MACHADO SEGUNDO, Hugo de Brito. *Reforma Tributária:* comentada e comparada – Emenda Constitucional 132, de 20 de dezembro de 2023. Barueri: Atlas, 2024.

MACHADO, Paulo Coelho. *Parceria pecuária:* seus contratos e modalidades, inclusive o FICA de Mato Grosso. São Paulo: Saraiva, 1972.

MANO FILHO, Ben-Hur Carvalho Cabrera. *Tributação da atividade rural.* São Paulo: Almedina, 2019.

MARCONDES, Danilo. *Filosofia analítica.* Rio de Janeiro: Jorge Zahar, 2004.

MARQUEZI JR., Jorge Sylvio. *Diferimento do ICMS no ordenamento jurídico brasileiro.* 2016. Tese (Doutorado em Direito) – Pontifícia Universidade Católica de São Paulo, PUC-SP, São Paulo, 2016.

MARTINS, Ives Gandra da Silva (coord.). *O princípio da não-cumulatividade (Pesquisas tributárias – nova série – nº 10).* São Paulo: RT, 2004.

MARTINS, Ives Gandra da Silva. Guerra fiscal: reflexões sobre a concessão de benefícios no âmbito do ICMS. *IX Congresso do IBET* – Sistema Tributário Nacional e a estabilidade da Federação brasileira. São Paulo: Noeses, 2012.

MARTINS, Ives Gandra da Silva. Presunções e Fraude. Os princípios da tipicidade cerrada e da estrita legalidade em face das presunções em matéria tributária. *Revista de Direito Tributário*, São Paulo: RT, nº 32, 1985.

MARTINS, Ricardo Lacaz. *Tributação das heranças e doações.* São Paulo: IBDT, 2021.

MARTINS, Rogério Lindenmeyer Vidal Gandra da Silva. O perfil do Imposto sobre a Propriedade de Veículos Automotores – IPVA. *In:* MARTINS, Ives Gandra da Silva (coord.). *Curso de direito tributário.* 12. ed. São Paulo: 2010.

MASSAFERA, Andressa. Controvérsias nas operações de remessa com fim específico de exportação. *In:* REBOUÇAS, Rodolfo; CASTRO JR., Paulo Honório de; HORTA, Nereida (org.) *et al. Controvérsias tributárias atuais no agronegócio.* São Paulo: Dialética, 2021. v. I.

MASSARA, Luiz Henrique Nery. A imunidade do ICMS nas exportações do agronegócio. A inconstitucionalidade do regime especial de "controle e fiscalização" do Estado de Mato Grosso do Sul. Novas perspectivas. *In:* MASSARA, Luiz Henrique Nery; CAMPOS, Marcelo Hugo de Oliveira; CASTRO JR., Paulo Honório de (coord.). *A tributação no agronegócio.* Belo Horizonte: Casa do Direito, 2020.

MASSARA, Luiz Henrique Nery. As controvérsias atuais sobre a incidência do ITR ou do IPTU sobre imóveis situados na área urbana. *In:* MASSARA, Luiz Henrique Nery; CAMPOS, Marcelo Hugo de Oliveira; CASTRO JR., Paulo Honório de (coord.). *A tributação no agronegócio.* Belo Horizonte: Casa do Direito, 2020.

MASSARA, Luiz Henrique Nery; CAMPOS, Marcelo Hugo de Oliveira; CASTRO JR., Paulo Honório (coord.). *A tributação no agronegócio.* Belo Horizonte: Casa do Direito, 2020.

MAXIMILIANO, Carlos. *Hermenêutica e aplicação do direito.* 9. ed. Rio de Janeiro: Forense, 1980.

MAZZARESE, Tecla. Interpretación literal: juristas y linguistas frente a frente. *Doxa: Cuadernos de Filosofía del Derecho*, Alicante (Espanha): Universidad de Alicante, n. 23, 2000.

MEIRA JR., José Julberto. *ICMS:* substituição tributária uma visão crítica. 2. ed. Curitiba: Juruá, 2019.

MELLO, Henrique. *Os terceiros na sujeição passiva tributária e o alterlançamento.* São Paulo: Noeses, 2020.

MELO, Fábio Soares de. *Imposto sobre serviços de qualquer natureza (ISS):* estrutura e jurisprudência. Porto Alegre: Livraria do Advogado, 2021.

MELO, José Eduardo Soares de. *ICMS:* teoria e prática. 16. ed. Belo Horizonte: Forum, 2023.

MELO, José Eduardo Soares de; LIPPO, Luiz Francisco. *A não-cumulatividade tributária* (ICMS, IPI, ISS, PIS e COFINS). 2. ed. São Paulo: Dialética, 2004.

MESQUITA, Glauber; SIMÕES, Vinícius. O imposto sobre transferência onerosa de bens imóveis: impactos do julgamento do RE 796/376/SC (Tema 796) no agronegócio. *In:* REBOUÇAS, Rodolfo; CASTRO JR., Paulo Honório de; HORTA, Nereida (org.) *et al. Controvérsias tributárias atuais no agronegócio.* São Paulo: Dialética, 2021. v. I.

MIGIYAMA, Tatiana Midori. Planejamento tributário e sucessório em empresas familiares no agronegócio. *In:* TORRES, Heleno Taveira; DONIAK JR., Jimir (coord.). *Agronegócio, tributação e questões internacionais.* São Paulo: Quartier Latin, 2021. v. II.

MIGUEL, Carolina Romanini. Princípio da seletividade: a essencialidade como critério constitucional para fixação de alíquotas do ICMS. *XVII Congresso Nacional de Estudos Tributários:* meio século de tradição. São Paulo: Noeses, 2021.

MIGUEL, Carolina Romanini. *Regimes especiais de ICMS: natureza jurídica e limites.* 2013. Tese (Doutorado em Direito Econômico e Financeiro) – Faculdade de Direito, Universidade de São Paulo, São Paulo, 2013.

MIGUEL, Luciano Garcia. *Incidência do ICMS nas operações de importação.* São Paulo: Noeses, 2013.

MILEO FILHO, Francisco Sávio Fernandez. *Os fundamentos normativos da seletividade do IPI e do ICMS*. São Paulo: IBDT, 2022.

MIURA, Artur Mitsuo; TOMASCHITZ, Alexandre; VALLE, Maurício Dalri Timm. O Fundo Estadual de Transporte e Habitação (FETHAB) do Estado de Mato Grosso. *Revista de Direito Tributário Atual*, São Paulo: IBDT, nº 51, ano 40, 2º quadr. 2022.

MOCELLIN, Graciele. *Dedutibilidade dos* royalties *no setor de sementes*. Disponível em: https://revistacultivar.com.br/artigos/dedutibilidade-dos-royalties-no-setor-de-sementes.

MOREIRA, André Mendes. *A não-cumulatividade dos tributos*. 4. ed. São Paulo: Noeses, 2020.

MOREIRA, André Mendes. A neutralidade vertical e o direito de deduzir o ICMS incidente na aquisição de bens intermediários. *In:* CARVALHO, Paulo de Barros (coord.); SOUZA, Priscila de (org.). *XVI Congresso Nacional de Estudos Tributários* – Constructivismo *Lógico*-Semântico e os diálogos entre teoria e prática. São Paulo: Noeses, 2019.

MORETI, Daniel. *Regime especial de controle e fiscalização de tributos e a livre-concorrência*. São Paulo: Noeses, 2017.

MOSQUERA, Roberto Quiroga. *Tributação no mercado financeiro e de capitais*. São Paulo: Dialética, 1999.

MOTA, Douglas; SERPA, Lyvia de Moura Amaral. Atualidades sobre a não incidência do ICMS sobre as transferências entre estabelecimentos do mesmo contribuinte: ADC 49, Convênio ICMS nº 178/202 e PLP 116/2023. *In:* CUNHA, Gabriel Hercos da; CISOTTO, Liliane Bertelli Imura; MOUMDJIAN, Rafael Garabed *et al.* (org.). *ICMS e o agronegócio:* livro em homenagem ao Professor Fábio Calcini. Belo Horizonte: Casa do Direito, 2024.

MOUMDJIAN, Rafael Garabed. ICMS subvenção para investimento: implicações diferenciadas por modelos de benefícios fiscais, impactos do estorno de crédito e obrigações acessórias. *In:* CUNHA, Gabriel Hercos da; CISOTTO, Liliane Bertelli Imura; MOUMDJIAN, Rafael Garabed *et al.* (org.). *ICMS e o agronegócio:* livro em homenagem ao Professor Fábio Calcini. Belo Horizonte: Casa do Direito, 2024.

MOUSSALLEM, Tárek Moysés. *Fontes do direito tributário.* 2. ed. São Paulo: Noeses, 2006.

MOUSSALLEM, Tárek Moysés. Sobre as definições. *In:* CARVALHO, Paulo de Barros (coord.); BRITTO, Lucas Galvão de (org.). *Lógica e direito.* São Paulo: Noeses, 2016.

NOGUEIRA, Ruy Barbosa. *Curso de direito tributário.* 9. ed. São Paulo: Saraiva, 1989.

NORMA DA ORGANIZAÇÃO DA CONAB (NOC). Análise de perdas nos estoques em Armazéns Próprios 30.512. Disponível em:

OKUMA, Alessandra. A cobrança do ICMS sobre quebra e retenção técnica de grãos na exportação. *In:* CARVALHO, Paulo de Barros (coord.); SOUZA, Priscila de (org.). *XX Congresso Nacional de Estudos Tributários* – Direito tributário: fundamentos jurídicos da incidência. São Paulo: Noeses, 2023.

OKUMA, Alessandra. Os fundos estaduais de Goiás, Tocantins e Maranhão. *In:* CUNHA, Gabriel Hercos da; CISOTTO, Liliane Bertelli Imura; MOUMDJIAN, Rafael Garabed *et al.* (org.). *ICMS e o agronegócio:* livro em homenagem ao Professor Fábio Calcini. Belo Horizonte: Casa do Direito, 2024.

OKUMA, Alessandra. Os *royalties* no agronegócio e o impacto tributário. *In:* REBOUÇAS, Rodolfo; CASTRO JR., Paulo Honório de; HORTA, Nereida (org.) *et al. Controvérsias tributárias atuais no agronegócio.* São Paulo: Dialética, 2021. v. I.

OLIVEIRA, André Felix Ricotta. *Manual da não cumulatividade do ICMS:* a regra-matriz do direito ao crédito de ICMS. 2. ed. São Paulo: Noeses, 2023.

OLIVEIRA, André Felix Ricotta. O ICMS sobre o transporte de carga intermunicipal e/ou interestadual até o porto para exportação e a posição do STF. *In:* CARVALHO, Paulo de Barros (coord.); SOUZA, Priscila de (org.). *XV Congresso Nacional de Estudos Tributários* – 30 anos da Constituição Federal e o sistema tributário brasileiro. São Paulo: Noeses, 2018.

OLIVEIRA, Ricardo Mariz de. Presunções. Indícios. Ficções. *Direito Tributário Contemporâneo: Estudos em Homenagem a Geraldo Ataliba.* São Paulo: Malheiros, 2011.

OLIVEIRA, Ricardo Mariz. Base de cálculo do IPTU e do ITBI (e do ITCMD). *Revista de Direito Tributário Atual*, São Paulo: IBDT, nº 50, ano 40, 1º quadr. 2022.

PAULSEN, Leandro. *Curso de direito tributário completo.* 15. ed. São Paulo: Saraiva, 2024.

PECZENIK, Aleksander. *On law and reason.* 2. ed. Dordrecht (Netherlands): Springer, 2008.

PECZENIK, Aleksander. *Scientia juris:* legal doctrine as knowledge of law and as a source of law. Dordrecht (Netherlands): Springer, 2005.

PEREIRA, Sandra Rosa; BULOS, Dâmia. Desafios da não cumulatividade do ICMS e do novo IBS na cadeia produtiva do agronegócio. *In:* CUNHA, Gabriel Hercos da; CISOTTO, Liliane Bertelli Imura; MOUMDJIAN, Rafael Garabed *et al.* (org.). *ICMS e o agronegócio:* livro em homenagem ao Professor Fábio Calcini. Belo Horizonte: Casa do Direito, 2024.

PINHEIRO, Hendrick; HORVATH, Estevão. O diferimento condicionado do ICMS no Mato Grosso do Sul como sanção premial. *Revista Quaestio Iuris*, Rio de JaneirO, v. 15, n. 03, 2022.

PINO, Giorgio. Interpretazione cognitiva, interpretazione decisoria, interpretazione creativa. *Rivista di Filosofia del Diritto (Journal of Legal Philosophy) n. 01*. Bologna: Il Mulino, 2013, p. 77/102. Disponível em: https://www.academia.edu/25552055/Interpretazione_cognitiva_interpretazione_decisoria_interpretazione_creativa.

PIRES, Rodrigo Henrique. A qualificação da exportação indireta nos variados setores do agronegócio para fins de incidência da imunidade do FUNRURAL. *In:* MASSARA, Luiz Henrique Nery; CAMPOS, Marcelo Hugo de Oliveira; CASTRO JR., Paulo Honório de (coord.). *A tributação no agronegócio*. Belo Horizonte: Casa do Direito, 2020.

"PLUTÃO É UM PLANETA", afirma diretor da Nasa. Disponível em: https://revistagalileu.globo.com/Ciencia/noticia/2019/08/plutao-e-um-planeta-afirma-diretor-da-nasa.html.

PONTES MIRANDA, Francisco Cavalcante. *Sistema de ciência positiva do direito*. 2. ed. Rio de Janeiro: Borsoi, 1972.

PONTES MIRANDA, Francisco Cavalcante. *Tratado de direito privado*. Atual. Vilson Rodrigues Alves. Campinas: Bookseller, 1999. t. I.

PRODUTORES DO MA obtêm anulação de cobrança de taxa de transporte de grãos. Disponível em: https://www.conjur.com.br/2023-out-09/tj-ma-derruba-cobranca-taxa-transporte-soja-milho/.

QUARESMA NETO, Leônidas Barbosa; OSAKI, Marcos Pereira; SUKAR, Rayane Gomes Dornelas Alcoforado. A ilegalidade da sanção premial embutida na obrigação principal tributária. *Revista de Direito Tributário Atual*, São Paulo: IBDT, nº 47, ano 39, 1º quadr. 2021.

QUEIROZ E SILVA, Jules Michelet Pereira. Standards *de prova no direito tributário.* São Paulo: IBDT, 2022.

QUEIROZ, João Eduardo Lopes. Direito do agronegócio: é possível a sua existência autônoma?. *In:* SANTOS, Márcia Walquíria Batista dos; QUEIROZ, João Eduardo Lopes (coord.). *Direito do agronegócio.* Belo Horizonte: Fórum, 2005.

QUERUBINI, Albenir; SILVA, José Roberto Reis. Contrato agrário de entressafra agrícola. *In:* QUERUBINI, Albenir; PARRA, Rafaela; CICILIATO, Rodolfo (org.). *Direito agrário como instrumento de desenvolvimento do agronegócio brasileiro.* Londrina: ESG LAW, 2023.

RÁO, Vicente. *Ato jurídico:* noção, pressupostos, elementos essenciais e acidentais, o problema do conflito entre os elementos volitivos e a declaração. 3. ed. São Paulo: Saraiva, 1981.

RAZ, Joseph. *Between authority and interpretation:* on the theory of law and practical reason. Oxford: Oxford University Press, 2009.

REBANHO BOVINO brasileiro alcançou recorde de 234,4 milhões de animais em 2022. Disponível em: https://www.gov.br/agricultura/pt-br/assuntos/noticias/rebanho-bovino-brasileiro-alcancou-recorde-de-234-4-milhoes-de-animais-em-2022#:~:text=O%20rebanho%20bovino%20brasileiro%20alcan%C3%A7ou,Brasileiro%20de%20Geografia%20e%20Estat%C3%ADstica.

REBOUÇAS, Daniele Yukie Fukui. *As inconstitucionalidades das "contribuições" do agronegócio.* São Paulo: Noeses, 2024.

REBOUÇAS, Rodolfo; CASTRO JR., Paulo Honório; HORTA, Nereida; FALEK, Thales Saldanha; CUNHA, Gabriel Hercos (coord.). *Controvérsias tributárias atuais no agronegócio.* São Paulo: Dialética, 2021. v. I e II.

REFLEXOS DO AGRONEGÓCIO no mercado de trabalho brasileiro. Disponível em: https://ibre.fgv.br/blog-da-conjuntura-economica/artigos/reflexos-do-agronegocio-no-mercado-de-trabalho-brasileiro.

RODRIGUES, Sílvio. *Direito civil.* Dos contratos e das declarações unilaterais de vontade. 28. ed. São Paulo: Saraiva, 2002. v. 3.

RONDÔNIA DÁ UM PASSO atrás em projeto que cria imposto para o agro. Disponível em: https://globorural.globo.com/politica/noticia/2023/10/rondonia-da-um-passo-atras-em-projeto-que-cria-imposto-para-o-agro.ghtml.

ROSA, José Roberto. A substituição tributária no ICMS e sua eficácia. *V Congresso Nacional de Estudos Tributários* – Direito tributário, linguagem e método: as grandes disputas entre jurisprudência e dogmática na experiência brasileira atual. São Paulo: Noeses, 2005.

ROSA, Julian Davis de Santa. Reflexões sobre a constitucionalidade do FETHAB Mato-Grossense. *In:* SOUSA, Frederico Augusto Alves Feliciano de; MURAYAMA, Janssen; ROSA, Julian Davis de Santa *et al.* (coord.). *Tributação no agronegócio.* Rio de Janeiro: Lumen Juris, 2023.

ROSS, Alf. *Direito e justiça.* Tradução Edson Bini. São Paulo: Edipro, 2003.

RUGGIERO, Roberto. *Instituições de direito civil.* Tradução Paolo Capitanio. Campinas: Bookseller, 1999, v. I.

SAFA CHEIA ACELERA PIB do agronegócio após dois anos de problemas climáticos. Disponível em:

SALUSSE, Eduardo Perez. ICMS e perdas nos processos de produção e de comercialização. *In:* TORRES, Heleno Taveira; DONIAK JR., Jimir (coord.). *Agronegócio, tributação e questões internacionais.* São Paulo: Quartier Latin, 2019.

SANTI, Eurico Marcos Diniz de. Introdução: norma, evento, fato, relação jurídica, fontes e validade no direito. *In:* SANTI, Eurico Marcos Diniz de (coord.). *Curso de especialização em direito tributário:* estudos analíticos em homenagem a Paulo de Barros Carvalho. Rio de Janeiro: Forense, 2005.

SANTI, Eurico Marcos Diniz; MACHADO, Nelson. *Imposto sobre bens e serviços:* Centro de Cidadania Fiscal. São Paulo: Max Limonad, 2023.

SAUSSURE, Ferdinand. *Curso de linguística geral.* 28. ed. São Paulo: Cultrix, 2012.

SCAFF, Fernando Facury. O debate sobre o valor venal como base de cálculo do ITBI e do IPTU. Disponível em: https://www.conjur.com.br/2022-dez-12/justica-tributaria-valor-venal-base-calculo-itbi-iptu/.

SCAFF, Fernando Facury. Panorama sobre a EC nº 132: um salto no escuro, com torcida a favor. *Revista de Direito Tributário Atual*, São Paulo: IBDT, nº 56, 1º quadr. 2024.

SCAFF, Fernando Facury; BEVILACQUA, Lucas. Imunidades tributárias do agroexportador via *tradings companies. In:* TORRES, Heleno Taveira; DONIAK JR., Jimir (coord.). *Agronegócio, tributação e questões internacionais.* São Paulo: Quartier Latin, 2021. v. II.

SCAVINO, Dardo. *A filosofia atual:* pensar sem certezas. São Paulo: Noeses, 2014.

SCHAUER, Frederick. *Thinking like a lawyer:* a new introduction to legal reasoning. Cambridge: Harvard University Press, 2009.

SCHOUERI, Luís Eduardo. *Direito tributário.* 13. ed. São Paulo: Saraiva, 2024.

SCHOUERI, Luís Eduardo. Presunções simples e indícios no procedimento administrativo fiscal. *In:* ROCHA, Valdir de Oliveira (coord.). *Processo administrativo fiscal.* São Paulo: Dialética, 1997.

SERPA LOPES, Miguel Maria de. *Curso de direito civil* (fontes das obrigações: contratos). 4. ed. Rio de Janeiro: Freitas Bastos, 1964, v. III.

SILVEIRA, Marcelo Pimentel da. *Literatura e ciência:* Monteiro Lobato e o ensino de química. Tese (Doutorado) – USP. São Paulo: USP, 2013. p. 123. Disponível em: https://www.teses.usp.br/teses/disponiveis/81/81132/tde-01122014-153625/publico/Marcelo_Pimentel_da_Silveira.pdf.

SIMÕES, Argos Campos Ribeiro. *ICMS-importação:* proposta de reclassificação e suas aplicações. São Paulo: Noeses, 2014.

SIMÕES, Argos Campos Ribeiro. O princípio da não-cumulatividade no ICMS e suas restrições. *In:* SANTI, Eurico Marcos Diniz de (coord.). *IV Congresso Nacional de Estudos Tributários:* tributação e processo. São Paulo: Noeses, 2007.

SISTEMA SOLAR. Disponível em: https://mundoeducacao.uol.com.br/geografia/sistema-solar.htm.

SOARES, Maria Helena Tavares de Pinho Tinoco. ICMS: sementes – Convênio ICMS 100//97. *In:* CUNHA, Gabriel Hercos da; CISOTTO, Liliane Bertelli Imura; MOUMDJIAN, Rafael Garabed *et al.* (org.). *ICMS e o agronegócio:* livro em homenagem ao Professor Fábio Calcini. Belo Horizonte: Casa do Direito, 2024.

SOUBHIA, Marília; BARBOSA, Thiago Bronzeri; Ferreira, Susana Pinto. Resultado de ADC 49 e o futuro do ICMS nas transferências entre estabelecimentos do mesmo contribuinte. *In:* CUNHA, Gabriel Hercos da; CISOTTO, Liliane Bertelli Imura; MOUMDJIAN, Rafael Garabed *et al.* (org.). *ICMS e o agronegócio:* livro em homenagem ao Professor Fábio Calcini. Belo Horizonte: Casa do Direito, 2024.

SOUSA, Frederico Augusto Alves Feliciano; MURAYAMA, Janssen; ROSA, Julian Davis de Santa; CRUZ, Michael Gomes (coord.). *Tributação no agronegócio*. Rio de Janeiro: Lumen Juris, 2023.

SOUZA, Helen Rodrigues; TAMARINDO, Ubirajara Garcia Ferreira. RE nº 796/376 (Tema 796/STF): análise jurisprudencial dos impactos colaterais do julgamento do STF na cobrança do ITBI na integralização de imóveis da *holding* rural. *In:* SOUSA, Frederico Augusto Alves Feliciano de; MURAYAMA, Janssen; ROSA, Julian Davis de Santa *et al.* (coord.). *Tributação no agronegócio*. Rio de Janeiro: Lumen Juris, 2023.

SOUZA, Igor Nascimento; FILHO CAMPANATTI, Marcos Antonio; BAPTISTA, Gustavo Bretas Nascimentos. Da inconstitucionalidade da contribuição ao FUNDEINFRA do Estado de Goiás e novas perspectivas para os fundos estaduais com a Reforma Tributária. *In:* CUNHA, Gabriel Hercos da; CISOTTO, Liliane Bertelli Imura; MOUMDJIAN, Rafael Garabed *et al.* (org.). *ICMS e o agronegócio:* livro em homenagem ao Professor Fábio Calcini. Belo Horizonte: Casa do Direito, 2024.

SOUZA, Pedro Guilherme Gonçalves. A cláusula de *Washout* no comércio de grãos e a não incidência do PIS e da Cofins – Uma análise jurisprudencial. *Revista Direito Tributário Atual*, São Paulo: IBDT, nº 52, ano 40, 3º quadrimestre 2022.

SOUZA, Pedro Guilherme Gonçalves. Intributabilidade das quebras técnicas e de transporte: reflexões sobre o ICMS no ciclo de comercialização de grãos. *In:* REBOUÇAS, Rodolfo; CASTRO JR., Paulo Honório de; HORTA, Nereida (org.) *et al. Controvérsias tributárias atuais no agronegócio*. São Paulo: Dialética, 2021. v. II.

SOUZA, Pedro Guilherme Gonçalves. *La Mano de Dios:* o FETHAB e a Suprema jurisprudência. *In:* TORRES,

Heleno Taveira; DONIAK JR., Jimir (coord.). *Agronegócio, tributação e questões internacionais*. São Paulo: Quartier Latin, 2021. v. II.

SOUZA, Pedro Guilherme Gonçalves. *Regimes especiais tributários:* legitimação e condicionantes de segurança jurídica e de governança na perspectiva constitucional. São Paulo: Quartier Latin, 2018.

TAKANO, Caio Augusto. *Deveres instrumentais dos contribuintes:* fundamentos e limites. São Paulo: Quartier Latin, 2017.

TAMARINDO, Ubirajara Garcia Ferreira; PIGATTO, Gessuir. *Tributação no agronegócio:* uma análise geral dos principais tributos incidentes. Leme: JH Mizuno, 2018.

TEIXEIRA, Diogo Martins; CANTARELLI, Isabela. A constitucionalidade do Convênio ICMS 100/1997 nas operações com defensivos agrícolas: a controvérsia instaurada no STF e perspectivas à luz da Reforma Tributária sobre o consumo. *In:* CUNHA, Gabriel Hercos da; CISOTTO, Liliane Bertelli Imura; MOUMDJIAN, Rafael Garabed *et al.* (org.). *ICMS e o agronegócio:* livro em homenagem ao Professor Fábio Calcini. Belo Horizonte: Casa do Direito, 2024.

TOMÉ, Fabiana Del Padre. *A prova no direito tributário*. 4. ed. São Paulo: Noeses, 2016.

TOMÉ, Fabiana Del Padre. A prova no processo administrativo fiscal. *In:* SANTI, Eurico Marcos Diniz de (coord.). *Curso de especialização em direito tributário:* estudos em homenagem a Paulo de Barros Carvalho. Rio de Janeiro: Forense, 2005.

TORRES, Heleno Taveira. Constituição Financeira e o federalismo cooperativo brasileiro. *In:* SCAFF, Fernando Facury; TORRES, Heleno Taveira; DERZI, Misabel de Abreu Machado *et al.* (coord.). *Federalismo (s)em juízo*. São Paulo: Noeses, 2019.

TORRES, Heleno Taveira. *Direito tributário internacional:* planejamento tributário e operações transnacionais. São Paulo: RT, 2000.

TORRES, Heleno Taveira. *O papel do Senado na regulação de alíquotas de ICMS*. Disponível em: https://www.conjur.com.br/2013-jun-19/consultor-tributario-historico-senado-regulacao-aliquotas-icms.

TORRES, Heleno Taveira. Os incentivos fiscais do ICMS não podem se converter em adicionais de impostos: o caso do FETHAB. *In:* MASSARA, Luiz Henrique Nery; CAMPOS, Marcelo Hugo de Oliveira; CASTRO JR., Paulo Honório de (coord.). *A tributação no agronegócio*. Belo Horizonte: Casa do Direito, 2020.

TORRES, Heleno Taveira. Provas e presunções em matéria tributária e sua aplicabilidade nos casos de simulação. *In:* TORRES, Heleno Taveira Torres; QUEIROZ, Mary Elbe (coord.). *Desconsideração da personalidade jurídica em matéria tributária*. São Paulo: Quartier Latin, 2005.

TORRES, Heleno Taveira; CATÃO, Marcos André Vinhas (org.). *Tributação no setor de petróleo*. São Paulo: Quartier Latin, 2005.

TORRES, Heleno Taveira; DONIAK JR., Jimir (coord.). *Agronegócio, tributação e questões internacionais*. São Paulo: Quartier Latin, 2019.

TORRES, Heleno Taveira; DONIAK JR., Jimir (coord.). *Agronegócio, tributação e questões internacionais*. São Paulo: Quartier Latin, 2021. v. II.

VELLUZZI, Vito. Interpretazione degli enunciati normativi, linguaggio giuridico, certezza del diritto. *Criminalia*, Pisa: ETS Edizioni, n. 3, p. 493, 2008. Disponível em: https://www.academia.edu/1409897/Interpretazione_degli_enunciati_normativi_linguaggio_giuridico_certezza_del_diritto.

VIEIRA, Lucas; MOURÃO, Pablo; MANICA, Alexandre. *Tributação previdenciária, interventiva e corporativa do agronegócio.* Rio de Janeiro: Lumen Juris, 2021.

VILANOVA, Lourival. *As estruturas lógicas e o sistema do direito positivo.* São Paulo: RT, 1977.

VILANOVA, Lourival. *Causalidade e relação no direito.* 4. ed. São Paulo: RT, 2000.

WARAT, Luís Alberto. *O direito e sua linguagem.* 2. Versão. Porto Alegre: Sérgio Antônio Fabris, 1984.

WITTGENSTEIN, Ludwig. *Investigações filosóficas.* Tradução José Carlos Bruni. São Paulo: Nova Cultural, 1999.

YGESCA, Camilla; RIBEIRO, Karina Perissinoto; REIS, Marcus. Os contratos de financiamento, a cláusula *washout* e o perigo do rompimento da cadeia do agronegócio global. *In:* QUERUBINI, Albenir; PARRA, Rafaela; CICILIATO, Rodolfo (coord.). *Direito agrário como instrumento do desenvolvimento do agronegócio brasileiro.* Londrina: ESG LAW, 2023.

YURGEL, Ana Paula Olinto; MASSUCATTO, Diego Zenatti. Convênio ICMS n. 100, de 1997: modelo 2022 e impactos no setor de fertilizantes. *In:* REBOUÇAS, Rodolfo; CASTRO JR., Paulo Honório de; HORTA, Nereida (org.) *et al. Controvérsias tributárias atuais no agronegócio.* São Paulo: Dialética, 2021. v. I.

ZONO, Silvia Martins de Castro Cunha; VALVERDE, Erlan. Desafios no planejamento sucessório para famílias dedicadas ao agronegócio – aspectos tributários e societários. *In:* REBOUÇAS, Rodolfo; CASTRO JR., Paulo Honório de; HORTA, Nereida (org.) *et al. Controvérsias tributárias atuais no agronegócio.* São Paulo: Dialética, 2021. v. I.